utilisables facilement sur smartphones *via* les QR codes,
ou sur college.editions-bordas.fr

Des animations et des cartes mentales pour visualiser les notions

120 animations Cabri

Pour voir des constructions type du collège à maîtriser.

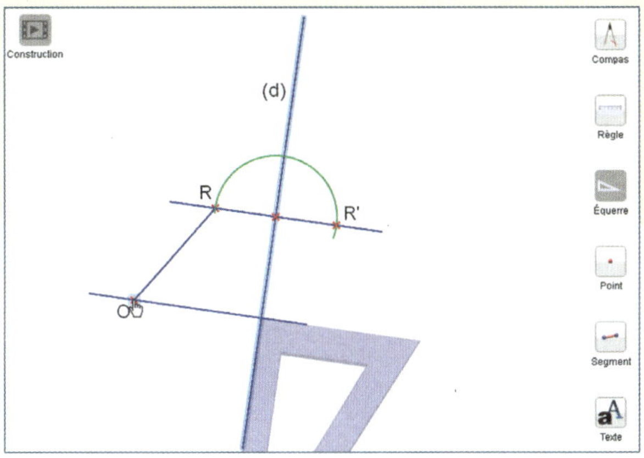

Quand je vois Voir l'animation : bordas.media/733776_207

1. Je flashe.
2. Je regarde une ou plusieurs fois pour bien comprendre.

46 cartes mentales

Pour retenir les points essentiels du cours de chaque chapitre.

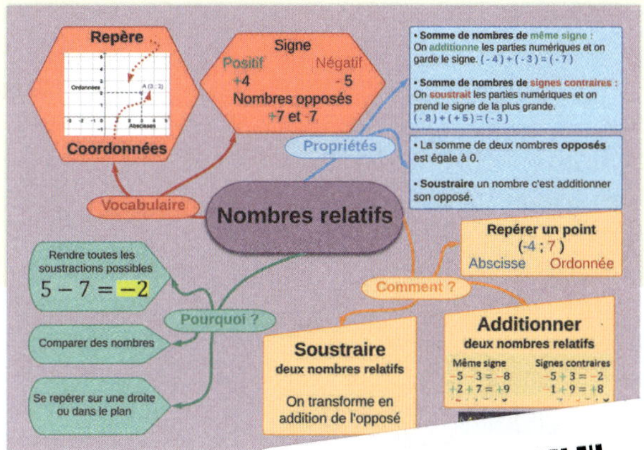

Des exercices interactifs pour progresser

92 QCM

46 QCM pour réviser les notions à connaître avant de commencer un nouveau chapitre.

46 QCM pour faire le point sur sa connaissance du cours du chapitre.

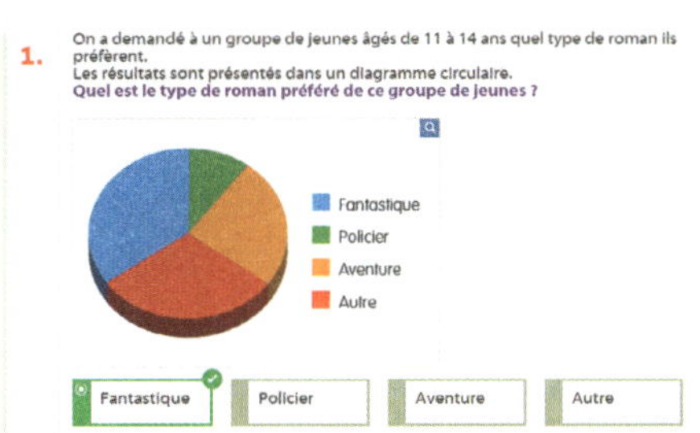

Quand je vois S'entraîner avec Aplusix : bordas.media/733818_011

1. Je flashe.
2. Je fais la série d'exercices.

S'entraîner pour maîtriser les bases du calcul avec Aplusix

150 séries d'exercices Aplusix pour travailler les exercices du manuel de façon guidée et s'entraîner sur des exercices du même type avec des données qui changent encore et encore de façon aléatoire afin de pouvoir faire des gammes.

Aplusix te signale que tu as fait une erreur avant même que tu finisses ton calcul.

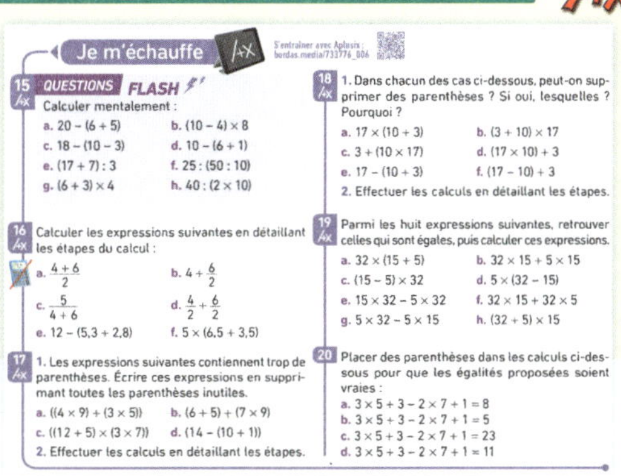

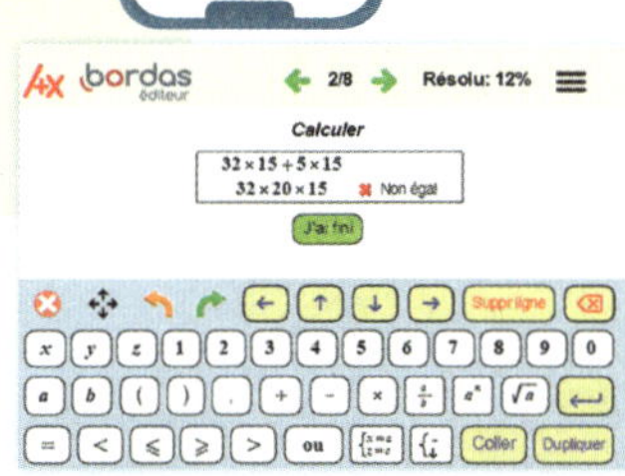

W0243927

S'entraîner avec Aplusix

Myriade et Aplusix

Quel élève n'a pas un jour réalisé un calcul, numérique ou algébrique, puis appelé son professeur pour s'entendre dire qu'il avait fait une erreur à la première étape, puis deux à la quatrième et enfin une autre à la dernière .... Difficile alors pour lui de se pencher sur ses nombreuses erreurs, la frustration prenant souvent le pas ! Aplusix est vraiment la solution à ce problème. Ce logiciel a un principe simple : il ne laisse pas un élève continuer un calcul, un développement, une factorisation ou une résolution tant que l'étape en cours n'est pas validée. Il envoie ainsi un message à l'élève sur l'erreur qu'il a commise et force celui-ci à s'interroger dans l'instant. Ce concept a fait ses preuves en terme d'apprentissages des règles de calcul, numérique et algébrique et permet aux élèves de progresser.

Avec la collection Myriade, les élèves pourront s'entraîner sur des exercices du manuel de façon guidée avec Aplusix et des exercices du même type, générés aléatoirement mais avec les mêmes subtilités, et ce à l'infini.

Marc Boullis vous présente Aplusix

Voir la vidéo : bordas.media/733819_500

Avec Aplusix, tu peux t'entraîner sur des exercices du manuel et d'autres du même type, le logiciel t'alertera quand tu auras commis une erreur !

C'est simple quand tu vois le logo Aplusix, tu flashes avec ta tablette ou ton téléphone et tu lances la série d'exos ! Tu peux aussi le faire sur un ordinateur en rentrant le mini-lien.

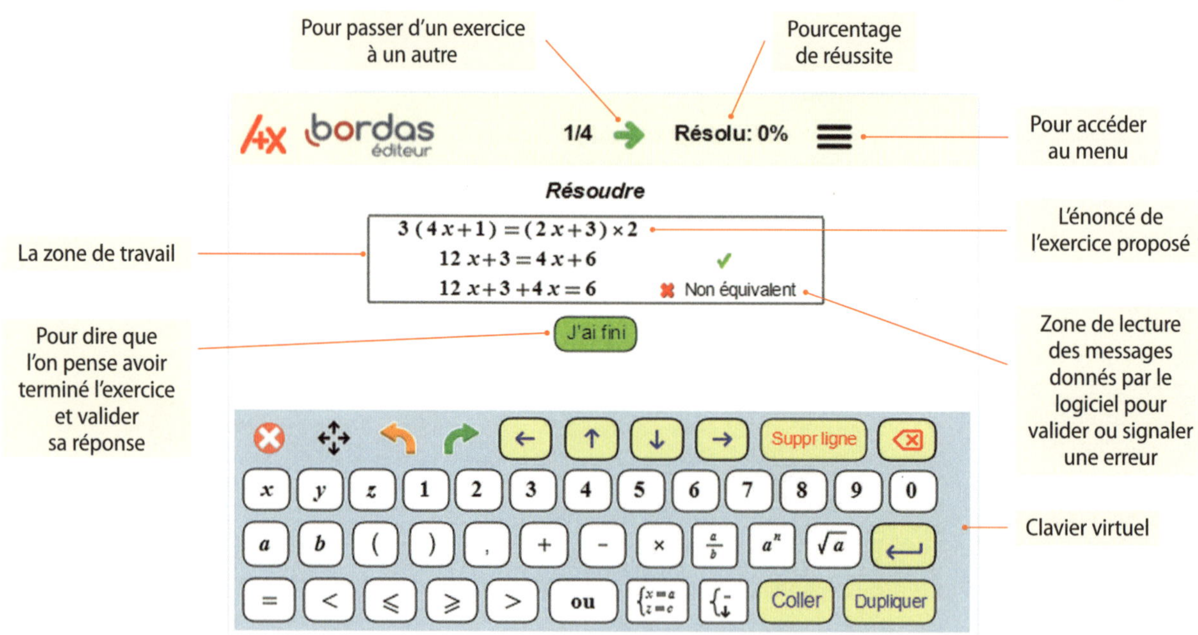

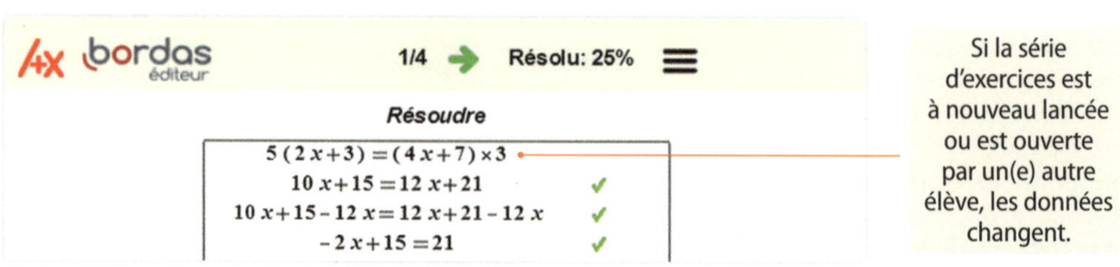

Clara, une élève de collège, t'explique comment te servir d'Aplusix.

Voir la vidéo : bordas.media/733819_501

COLLECTION MYRIADE 3e

Maths

Conforme au programme 2018 et aux repères de progression 2019

Sous la direction de
Marc Boullis

Marc Boullis

Maxime Cambon

Virginie Gallien

Élodie Hermann

Stéphane Percot

Axelle Soto

bordas
éditeur

sommaire

CHAPITRE 6
Proportionnalité

CHAPITRE 7
Statistiques et probabilités

CHAPITRE 8
Triangles semblables – Théorème de Thalès

CHAPITRE 9
Transformations du plan – Rotation et Homothétie

CHAPITRE 10
Trigonométrie

CHAPITRE 11
Géométrie dans l'espace

Repères de progression pour la classe de 3e

Nombres et calculs

Nombres décimaux relatifs

Le travail est consolidé notamment lors des résolutions de problèmes.

Fractions, nombres rationnels

La notion de fraction irréductible est abordée, en lien avec celles de multiple et de diviseur qui sont travaillées tout au long du cycle.

Racine carrée

La racine carrée est utilisée dans le cadre de la résolution de problèmes.
Aucune connaissance n'est attendue sur les propriétés algébriques des racines carrées.

Puissances

Les puissances de base quelconque d'exposants négatifs sont introduites et utilisées pour simplifier des quotients.
La connaissance des formules générales sur les produits ou quotients de puissances n'est pas un attendu du programme : la mise en œuvre des calculs sur les puissances découle de leur définition.

Divisibilité, nombres premiers

Tout au long du cycle, les élèves sont amenés à modéliser et résoudre des problèmes mettant en jeu la divisibilité et les nombres premiers.

La notion de fraction irréductible est introduite. L'utilisation d'un tableur, d'un logiciel de programmation ou d'une calculatrice permet d'étendre la procédure de décomposition en facteurs premiers.

Calcul littéral

Expressions littérales

Le travail sur les expressions littérales est consolidé avec des transformations d'expressions, des programmes de calcul, des mises en équations, des fonctions…

Distributivité

La double distributivité est abordée.
Le lien est fait avec la simple distributivité. Il est possible de démontrer l'identité $(a + b)(c + d) = ac + ad + bc + bd$ en posant $k = a + b$ et en utilisant la simple distributivité.

Équations

La factorisation d'une expression du type $a^2 - b^2$ permet de résoudre des équations produits se ramenant au premier degré (notamment des équations du type $x^2 = a$ en lien avec la racine carrée).
Aucune virtuosité calculatoire n'est attendue dans les développements et les factorisations.

Organisation et gestion de données, fonctions

Statistiques

Un indicateur de dispersion est introduit : l'étendue.
Le travail sur les représentations graphiques, le calcul, en particulier celui des effectifs et des fréquences, et l'interprétation des indicateurs de position est consolidé.
Un nouveau type de diagramme est introduit : les histogrammes pour des classes de même amplitude.

Probabilités

Le constat de la stabilisation des fréquences s'appuie sur la simulation d'expériences aléatoires à une épreuve à l'aide d'un tableur ou d'un logiciel de programmation. Les calculs de probabilités, à partir de dénombrements, s'appliquent à des contextes simples faisant prioritairement intervenir une seule épreuve. Dans des cas très simples, il est cependant possible d'introduire des expériences à deux épreuves. Les dénombrements s'appuient alors uniquement sur des tableaux à double entrée, la notion d'arbre ne figurant pas au programme.
Les élèves simulent une expérience aléatoire à l'aide d'un tableur ou d'un logiciel de programmation.

Proportionnalité

Le lien est fait entre taux d'évolution et coefficient multiplicateur, ainsi qu'entre la proportionnalité et les fonctions linéaires.
Le champ des problèmes de géométrie relevant de la proportionnalité est élargi (homothéties, triangles semblables, configurations de Thalès).

Fonctions

Les notions de variable, de fonction, d'antécédent, d'image sont formalisées et les notations fonctionnelles sont utilisées.
Un travail est mené sur le passage d'un mode de représentation d'une fonction (graphique, symbolique, tableau de valeurs) à un autre. Les fonctions affines et linéaires sont présentées par leurs expressions algébriques et leurs représentations graphiques. Les fonctions sont utilisées pour modéliser des phénomènes continus et résoudre des problèmes.

Grandeurs et mesures

Calculs sur des grandeurs mesurables

La formule donnant le volume d'une boule est utilisée.
Le travail sur les grandeurs mesurables et les unités est poursuivi.
Il est possible de réinvestir le calcul avec les puissances de 10 pour les conversions d'unités.
Par exemple, à partir de : $1\ m = 10^2\ cm$, il vient $1\ m^3 = (1\ m)^3 = (102\ cm)^3 = 106\ cm^3$
ou, à partir de : $1\ dm = 10^{-1}\ m$, il vient $1\ dm^3 = (10^{-1}\ m)^3 = 10^{-3}\ m^3$.

Effet des transformations sur des grandeurs géométriques

Les élèves connaissent et utilisent l'effet des transformations au programme (symétries, translations, rotations, homothéties) sur les longueurs, les angles, les aires et les volumes.
Le lien est fait entre la proportionnalité et certaines configurations ou transformations géométriques (triangles semblables, homothéties).

Espace et géométrie

Représenter l'espace

Le repérage s'étend à la sphère (latitude, longitude). Un logiciel de géométrie est utilisé pour visualiser des solides et leurs sections planes. Les élèves produisent et mettent en relation différentes représentations des solides étudiés (patrons, représentation en perspective cavalière, vues de face, de dessus, en coupe).

Géométrie plane

Figures et configurations

Une définition et une caractérisation des triangles semblables sont données. Le théorème de Thalès et sa réciproque dans la configuration du papillon sont énoncés et utilisés (démonstration possible, utilisant une symétrie centrale pour se ramener à la configuration étudiée en quatrième). Les lignes trigonométriques (cosinus, sinus, tangente) dans le triangle rectangle sont utilisées pour calculer des longueurs ou des angles.
Deux triangles semblables peuvent être définis par la proportionnalité des mesures de leurs côtés.
Une caractérisation angulaire de cette définition peut être donnée et démontrée à partir d'un cas d'égalité des triangles et d'une caractérisation angulaire du parallélisme.

Transformations

Les élèves transforment (à la main ou à l'aide d'un logiciel) une figure par rotation et par homothétie (de rapport positif ou négatif). Le lien est fait entre angle et rotation, entre le théorème de Thalès et les homothéties.
Les élèves identifient des transformations dans des frises, des pavages, des rosaces.
Les définitions ponctuelles d'une translation, d'une rotation et d'une homothétie ne figurent pas au programme.
Pour faire le lien entre les transformations et les configurations du programme, il est possible d'identifier (à la main ou à l'aide d'un logiciel de géométrie) l'effet, sur un triangle donné, de l'enchaînement d'une translation, d'une rotation et d'une homothétie, voire d'une symétrie axiale et réciproquement, pour deux triangles semblables donnés, chercher des transformations transformant l'un en l'autre.

Algorithmique et programmation

Écrire, mettre au point, exécuter un programme

Les repères qui suivent indiquent une progressivité dans le niveau de complexité des activités relevant de ce thème.
Certains élèves sont capables de réaliser des activités de troisième niveau dès le début du cycle.

1er niveau	2e niveau	3e niveau
À un premier niveau, les élèves mettent en ordre et/ou complètent des blocs Scratch fournis par le professeur pour construire un programme simple. L'utilisation progressive des instructions conditionnelles et/ou de la boucle « répéter … fois » permet d'écrire des scripts de déplacement, de construction géométrique ou de programme de calcul.	À un deuxième niveau, les connaissances et les compétences en algorithmique et en programmation s'élargissent par : • l'écriture d'une séquence d'instructions (condition « si … alors » et boucle « répéter … fois ») ; • l'écriture de programmes déclenchés par des événements extérieurs ; • l'intégration d'une variable dans un programme de déplacement, de construction géométrique, de calcul ou de simulation d'une expérience aléatoire.	À un troisième niveau, l'utilisation simultanée de boucles « répéter … fois », et « répéter jusqu'à … » et d'instructions conditionnelles permet de réaliser des figures, des calculs et des déplacements plus complexes. L'écriture de plusieurs scripts fonctionnant en parallèle permet de gérer les interactions et de créer des jeux. La décomposition d'un problème en sous-problèmes et la traduction d'un sous-problème par la création d'un bloc-utilisateur contribuent au développement des compétences visées.

Mon manuel de maths

Ouverture

Une **situation de la vie quotidienne** avec une question que tu pourras résoudre dans la tâche complexe finale grâce aux notions vues dans le chapitre.

Les **objectifs** t'indiquent ce que tu vas apprendre à faire dans le chapitre.

Un QCM interactif pour faire le point sur ce que tu sais déjà et qui te sera utile pour ce chapitre (voir couverture).

Tu devras pouvoir résoudre ces **exercices types** à la fin du chapitre.

Cours

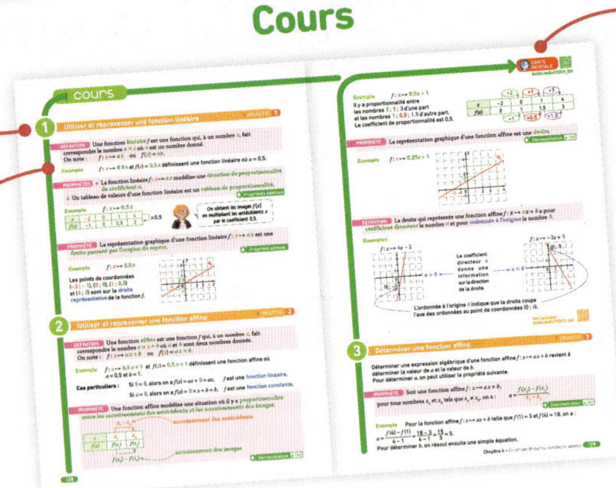

Un **cours** structuré selon les objectifs du chapitre.

Des exemples pour t'aider à comprendre les propriétés et définitions.

Une **carte mentale** pour t'aider à retenir les points essentiels du cours (voir couverture).

Les pages Objectifs

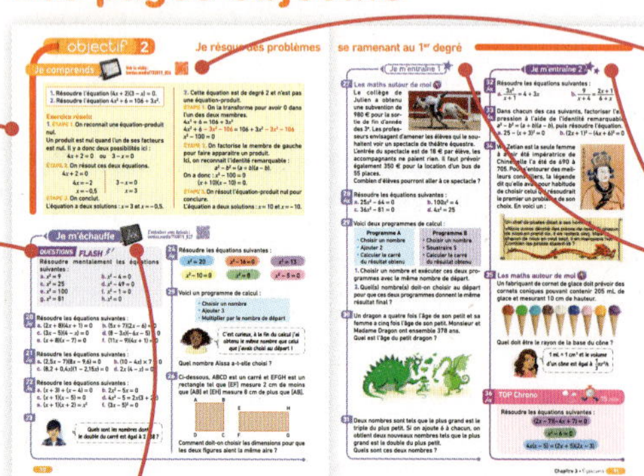

Dans **Je comprends**, une méthode t'est expliquée étape par étape.

Des exercices d'application directe du cours pour faire tes gammes.

Tu peux revoir cette méthode en vidéo sur un autre exemple (voir couverture).

Deux parcours d'exercices de difficulté croissante pour t'entraîner à ton rythme.

Ce picto t'indique **des exercices de calcul aléatoires Aplusix** (voir couverture), tu peux t'entraîner autant que tu veux et le logiciel t'alertera si tu fais une erreur !

Je travaille seul(e)

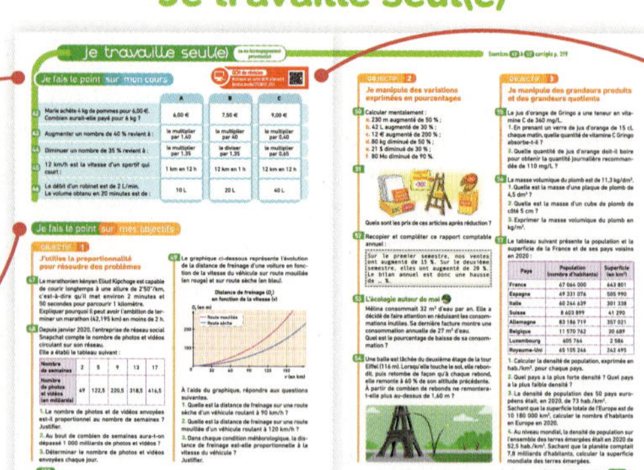

Un **QCM** avec une seule réponse exacte à chaque fois pour faire le point sur ta connaissance du cours.

Des exercices, **tous corrigés à la fin du manuel**, pour travailler en autonomie, te tester ou réviser avant un contrôle.

Tu peux aussi te tester avec un QCM interactif (voir couverture).

Myriade 3e

Je résous des problèmes

Des **problèmes** à résoudre rangés par objectifs pour travailler de façon ciblée et des « multi-objectifs » pour travailler plusieurs objectifs dans un même exercice.

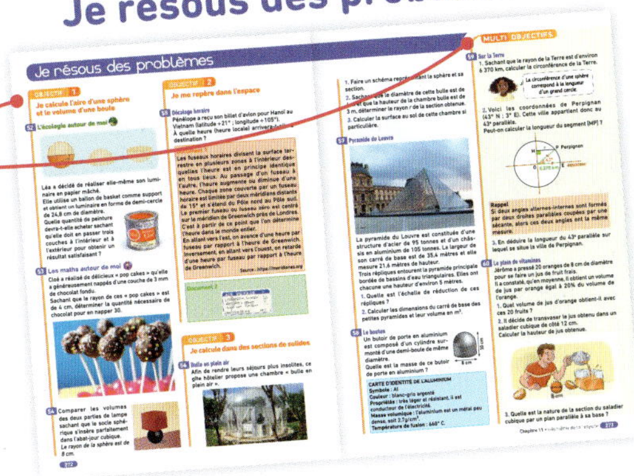

Je développe mes compétences

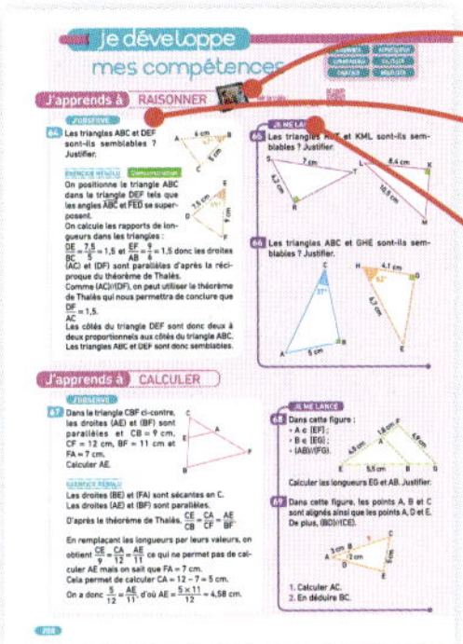

Dans ces vidéos, « **La preuve par Du^2** », tu apprends à démontrer de façon animée avec les frères DUDU.

Ici tu « vois » une des 6 **compétences mathématiques** à l'œuvre sur un problème...

... et là tu peux la « mettre en œuvre » sur un problème ressemblant au premier pour voir si tu as bien compris.

J'utilise mes compétences

Des problèmes faisant appel à tous les objectifs du chapitre pour utiliser tes compétences.

Dans « **Je fais ma story** », tu peux utiliser ta créativité et tes talents de vidéaste pour résoudre un problème mathématique seul ou à plusieurs.

Vu au brevet

Des **extraits de sujets de brevet** récents utilisant les notions du chapitre pour commencer à t'entraîner à l'examen.

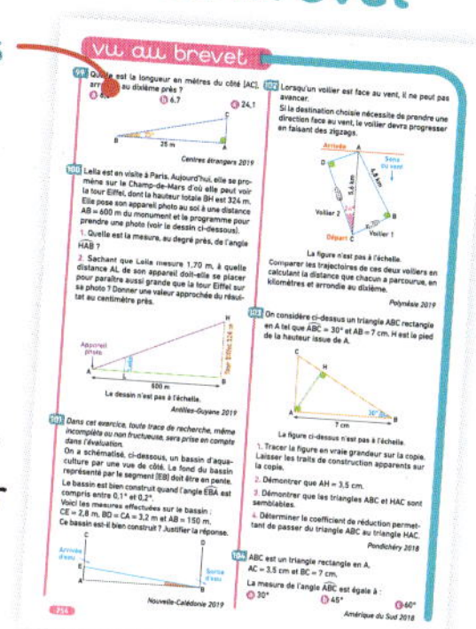

En route vers le brevet

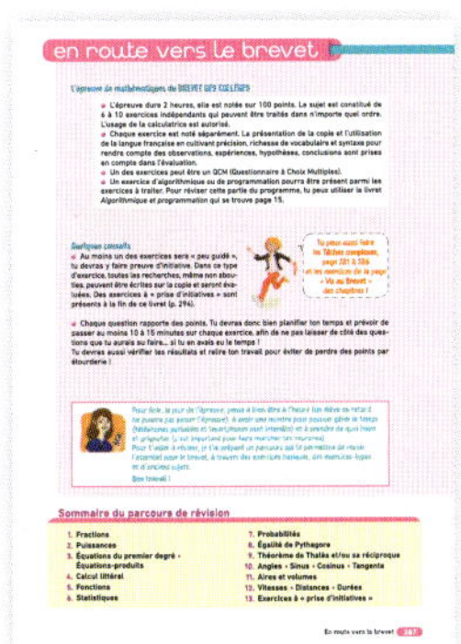

Un livret en fin de manuel pour te familiariser avec l'épreuve de mathématiques du brevet !

Tâches complexes

Quand tu résoudras cette **tâche complexe**, tu auras la réponse à la question posée au début du chapitre.

Une autre tâche complexe posée en vidéo par les frères DUDU.

Les pictos du manuel

- Utilisation de la calculatrice
- Utilisation d'un logiciel
- Téléchargement d'une ressource à utiliser pour l'exercice ou l'activité
- Cet exercice peut entraîner un débat entre élèves
- Cet exercice peut être fait à plusieurs
- pix — Cet exercice peut permettre de travailler la compétence numérique indiquée
- **Les maths autour de moi**, exercices ancrés dans le quotidien
- **L'écologie autour de moi**, exercices en lien avec le développement durable

Les ressources numériques

- QCM interactifs de révision et d'évaluation
- La carte mentale du chapitre pour retenir les points essentiels du cours
- Vidéo « Je comprends » pour voir la méthode en action
- Des animations pour mieux comprendre
- Exercices Aplusix à faire sur ordinateur, tablette ou téléphone pour t'entrainer encore et encore
- Vidéo « La preuve par Du^2 » une démonstration faite par les frères DUDU
- Vidéo permettant de résoudre le problème DUDU du chapitre

Les 6 compétences

Pour acquérir une compétence, tu dois d'abord connaître ton cours, t'entraîner sur les méthodes vues en classe et avoir des attitudes positives qui te permettront de progresser. Ainsi tu vas acquérir les 6 compétences mathématiques que tu sauras utiliser pour résoudre les problèmes proposés.

Bon travail !

RAISONNER

C'est utiliser les propriétés et définitions pour démontrer ce que tu affirmes, expliquer et convaincre tout en sachant écouter les arguments des autres.

1 Résoudre des problèmes impliquant des grandeurs variées (géométriques, physiques, économiques) : mobiliser les connaissances nécessaires, analyser et exploiter ses erreurs, mettre à l'essai plusieurs solutions.

2 Mener collectivement une investigation en sachant prendre en compte le point de vue d'autrui.

3 Démontrer : utiliser un raisonnement logique et des règles établies (propriétés, théorèmes, formules) pour parvenir à une conclusion.

4 Fonder et défendre ses jugements en s'appuyant sur des résultats établis et sur sa maîtrise de l'argumentation.

CHERCHER

C'est prendre des informations dans différents documents, les manipuler, faire des essais, émettre des hypothèses, essayer à nouveau...

1 Extraire d'un document les informations utiles, les reformuler, les organiser, les confronter à ses connaissances.

2 S'engager dans une démarche scientifique, observer, questionner, manipuler, expérimenter (sur une feuille de papier, avec des objets, à l'aide de logiciels), émettre des hypothèses, chercher des exemples ou des contre-exemples, simplifier ou particulariser une situation, émettre une conjecture.

3 Tester, essayer plusieurs pistes de résolution.

4 Décomposer un problème en sous-problèmes.

MODÉLISER

C'est traduire une situation réelle en langage mathématique ou à l'aide d'une figure.

1 Reconnaître des situations de proportionnalité et résoudre les problèmes correspondants.

2 Traduire en langage mathématique une situation réelle (par exemple, à l'aide d'équations, de fonctions, de configurations géométriques, d'outils statistiques).

3 Comprendre et utiliser une simulation numérique ou géométrique.

4 Valider ou invalider un modèle, comparer une situation à un modèle connu (par exemple un modèle aléatoire).

CALCULER

C'est effectuer des opérations avec différents types de nombres mentalement, à la main ou à la calculatrice et avoir les moyens de vérifier que les résultats obtenus sont cohérents.

1 Calculer avec des nombres rationnels, de manière exacte ou approchée, en combinant de façon appropriée le calcul mental, le calcul posé et le calcul instrumenté (calculatrice ou logiciel).

2 Contrôler la vraisemblance de ses résultats, notamment en estimant des ordres de grandeur ou en utilisant des encadrements.

3 Calculer en utilisant le langage algébrique (lettres, symboles, etc.).

COMMUNIQUER

C'est répondre en langage courant, à l'oral ou à l'écrit, au problème posé de façon claire, précise et argumentée.

1 Faire le lien entre le langage naturel et le langage algébrique. Distinguer des spécificités du langage mathématique par rapport à la langue française.

2 Expliquer à l'oral ou à l'écrit (sa démarche, son raisonnement, un calcul, un protocole de construction géométrique, un algorithme), comprendre les explications d'un autre et argumenter dans l'échange.

3 Vérifier la validité d'une information et distinguer ce qui est objectif et ce qui est subjectif ; lire, interpréter, commenter, produire des tableaux, des graphiques, des diagrammes.

REPRÉSENTER

C'est traduire une situation à l'aide de schémas, graphiques, calculs ou de dessins de solides dans l'espace.

1 Choisir et mettre en relation des cadres (numérique, algébrique, géométrique) adaptés pour traiter un problème ou pour étudier un objet mathématique.

2 Produire et utiliser plusieurs représentations des nombres.

3 Représenter des données sous forme d'une série statistique.

4 Utiliser, produire et mettre en relation des représentations de solides (par exemple, perspective ou vue de dessus/de dessous) et de situations spatiales (schémas, croquis, maquettes, patrons, figures géométriques, photographies, plans, cartes, courbes de niveau).

DICO des Maths

Affirmation (ou Proposition)

Phrase qui dit que quelque chose est vrai d'après la personne qui la prononce.

Il est en général demandé dans un exercice de vérifier si c'est « Vrai ou Faux ».

Exemples

- **Vrai ou Faux ?**
« 15 est un multiple de 5 ».
C'est une **affirmation** vraie.
- **Vrai ou Faux ?**
« 53 est un nombre pair ».
C'est une **affirmation** fausse.

Calculer

Obtenir un résultat en effectuant une ou plusieurs opérations.

Exemple

Calculer $14 + 25 - 11$, c'est dire que cette expression est égale à 28.

Caractériser

Donner un moyen de définir un objet autrement que par sa définition de départ.

Exemple

Les nombres pairs sont définis comme étant les multiples de 2 mais on peut **caractériser** les nombres pairs en disant que ce sont les nombres qui se terminent par 0 ; 2 ; 4 ; 6 ou 8.

Chercher

Explorer plusieurs pistes pour répondre à une question ou résoudre un problème.

Exemple

Pour **chercher** le seul multiple de 13 parmi les nombres 161 ; 273 ; 313 ; 349, on peut écrire tous les multiples de 13 jusqu'à 400 et voir lequel de ces nombres est dans la liste.

Il y a d'autres pistes plus efficaces à explorer également.

Choisir

Prendre un élément parmi d'autres.

Exemple

Pour **choisir** un nombre entier inférieur à 100, on peut choisir 34 par exemple, c'est un nombre entier parmi les 100 nombres entiers inférieurs à 100.

Comparer (deux nombres)

Dire si un nombre est plus petit, plus grand ou égal à un autre nombre.

Exemple

On **compare** 4,5 et 3,9 en disant que $4{,}5 > 3{,}9$.

Conjecturer

Écrire une affirmation que l'on pense être vraie mais qui n'a pas encore été démontrée.

Exemple

En constatant que :
- $3 + 6 = 9$;
- $6 + 15 = 21$;
- $9 + 6 = 15$;
- $12 + 6 = 18$

on peut **conjecturer** que, quand on additionne deux multiples de 3, le résultat est toujours un multiple de 3.

Cette conjecture doit cependant être démontrée (pour qu'elle devienne une propriété) ou rejetée.

Consécutifs (nombres)

Nombres qui se suivent dans une liste de nombres déjà connue.

Exemples

- 7 ; 8 ; 9 et 10 sont quatre nombres entiers **consécutifs**.
- 7 ; 9 ; 11 et 13 sont des nombres impairs **consécutifs**.
- 10 ; 15 et 20 sont des multiples de 5 **consécutifs**.

Construire (une figure)

Tracer une figure en utilisant les instruments de géométrie et les propriétés du cours.

Exemple

Construire un triangle ABC rectangle en A.

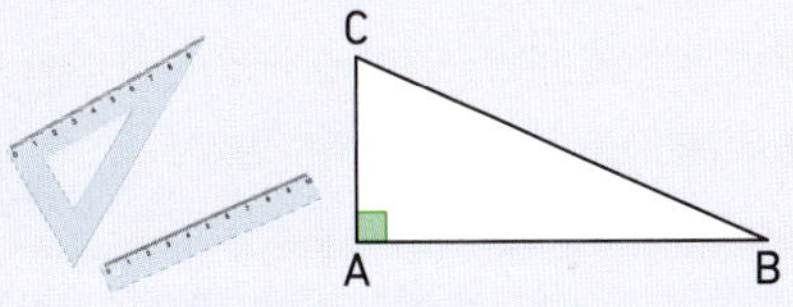

Contre-exemple

Exemple qui permet de montrer qu'une affirmation n'est pas toujours vraie donc qu'elle est fausse.

Exemple

L'affirmation « Tous les multiples de 3 se terminent par 0 ; 3 ; 6 ou 9 » est fausse, voici un **contre-exemple** qui le prouve : $3 \times 5 = 15$ donc 15 est un multiple de 3, pourtant il se termine par 5 !

Convention

Règle acceptée par un ensemble de personnes.

Exemple

Par **convention**, on sait que pour trouver le résultat de $11 - 3 + 7$, on doit effectuer les calculs de gauche à droite.

Déduire

Prouver quelque chose en utilisant le résultat obtenu juste avant.

Exemple

Voici un extrait de problème :

1. Montrer que le triangle ABC est un triangle rectangle.
2. En **déduire** que les droites (AB) et (AC) sont perpendiculaires.

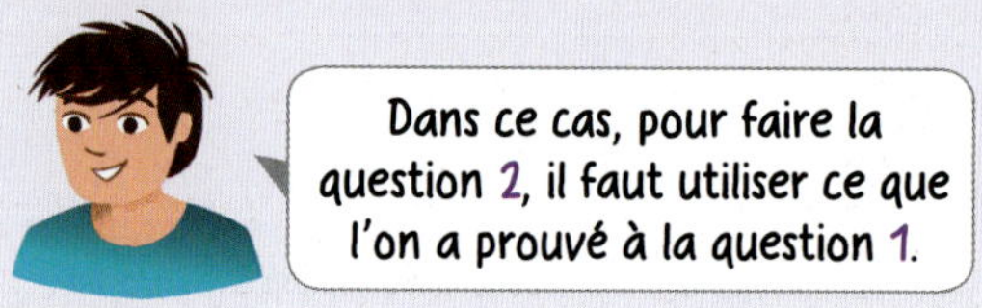

Définition

Texte qui permet de savoir ce qu'est un objet nouveau.

Exemple

Un triangle rectangle est un triangle qui possède un angle droit.

Démontrer

Rédiger un raisonnement mathématique, utilisant des propriétés, accepté par les mathématiciens et qui montre qu'une affirmation est vraie.

Exemple

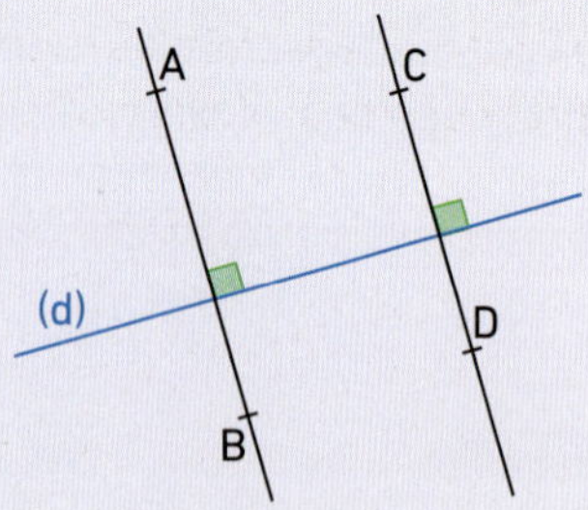

La droite (AB) est perpendiculaire à la droite (*d*) ;
la droite (CD) est perpendiculaire à la droite (*d*).
Si deux droites sont perpendiculaires à une même troisième, alors elles sont parallèles.
Donc (AB) et (CD) sont parallèles.

On a **démontré** que les droites (AB) et (CD) étaient parallèles.

Déterminer

Obtenir précisément ce qui est demandé par un calcul ou un raisonnement.

Exemple

On peut **déterminer** tous les nombres qui sont **multiples de 2 et de 3 compris entre 10 et 20** à l'aide d'un petit raisonnement qui consiste à écrire tous les multiples de 3 et à ne conserver que les nombres pairs (multiples de 2) de cette liste :

10	11	12	13	14	15	16	17	18	19	20
		12			15			18		
		12						18		

Expliquer

Écrire un texte qui a pour but de faire comprendre à celui qui le lit ce que l'on a fait pour arriver au résultat ou à la conclusion donnée.

Exemple

Pour trouver les nombres qui sont multiples de 2 et de 3 compris entre 10 et 20, on prend les multiples de 3, c'est-à-dire 12, 15 et 18 et on ne garde que ceux qui sont pairs, soit 12 et 18.

Interpréter

Donner un sens ou une signification.

Exemple

66 % des collégiens mangent à la cantine.

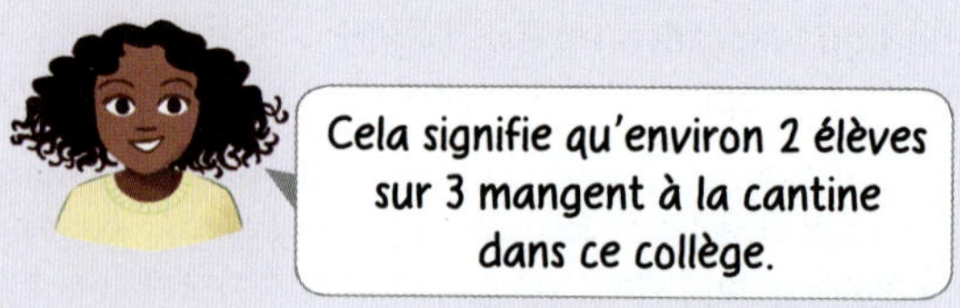

Justifier

Donner une preuve à la réponse proposée.

Exemple

Un élève affirme que 1 425 est un multiple de 3 et de 5.
Pour **justifier** cette affirmation, il peut dire que :
• 1 425 se termine par 5 donc c'est un multiple de 5 ;
• $1 + 4 + 2 + 5 = 12$ qui est un multiple de 3 donc 1 425 est aussi un multiple de 3.
Donc 1 425 est bien un multiple de 3 et de 5.

Modéliser

Passer d'une situation réelle à une situation mathématique qui la représente au mieux et qui pourra être ainsi étudiée.
Une modélisation peut être un dessin, un graphique, une expression mathématique, un calcul, etc.

Exemple

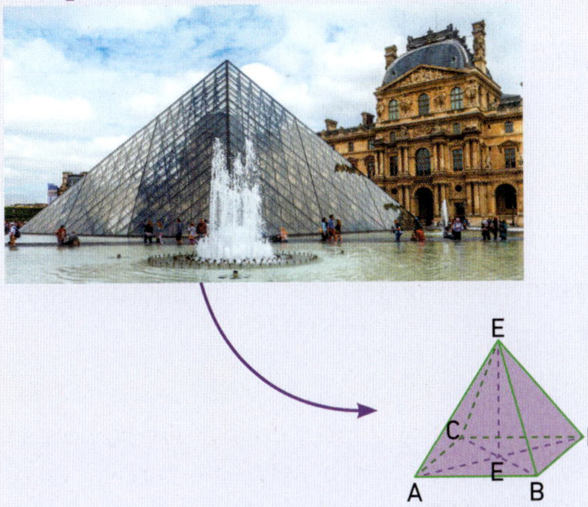

Grâce à cette **modélisation**, on peut par exemple estimer au mieux le volume de la pyramide de la photo.

Propriété

Affirmation vraie qui peut être démontrée et qui s'écrit souvent sous la forme « **Si** ... **alors** ... ».

Exemple

« Si deux droites sont perpendiculaires à une même droite, alors elles sont parallèles » est une **propriété** étudiée en classe de 6e.

Prouver

Rédiger un raisonnement mathématique qui montre qu'une propriété ou qu'une affirmation est vraie.

Exemple

Pour **prouver** que la somme de deux nombres pairs est encore un nombre pair, on peut raisonner sur le dernier chiffre de chaque nombre à l'aide d'un tableau et voir ainsi que quel que soit le dernier chiffre du premier nombre et quel que soit le dernier chiffre du second nombre, le dernier chiffre de leur somme sera toujours 0 ; 2 ; 4 ; 6 ou 8, ce qui prouve bien que c'est un nombre pair.

+	0	2	4	6	8
0	0	2	4	6	8
2	2	4	6	8	10
4	4	6	8	10	12
6	6	8	10	12	14
8	8	10	12	14	16

Réduire

Écrire en utilisant moins de symboles.

Exemple

On peut **réduire** l'expression : $x + 3 + x + 5 + x - 7$.
Elle s'écrit aussi : $3x + 1$.

Représenter

Traduire la situation étudiée par un schéma, un dessin, un croquis ou un graphique.

Exemple

Voici un tableau qui présente, pour une ville donnée, le nombre moyen d'heures d'ensoleillement par jour :

Janvier	Février	Mars	Avril	Mai	Juin
2,9	4	5	6	6,4	8
Juillet	Août	Sep.	Oct.	Nov.	Déc.
9,1	8	6,8	5,2	3,7	3

On peut **représenter** ces données par un graphique :

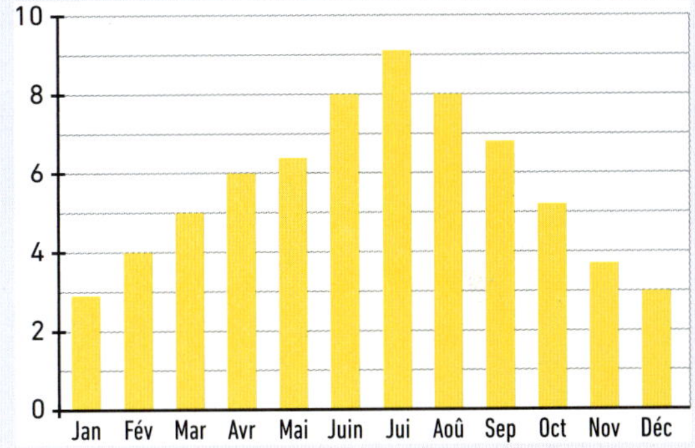

Reproduire (une figure)

Tracer une figure qui possède les mêmes contraintes que celle proposée dans l'exercice.

Exemple

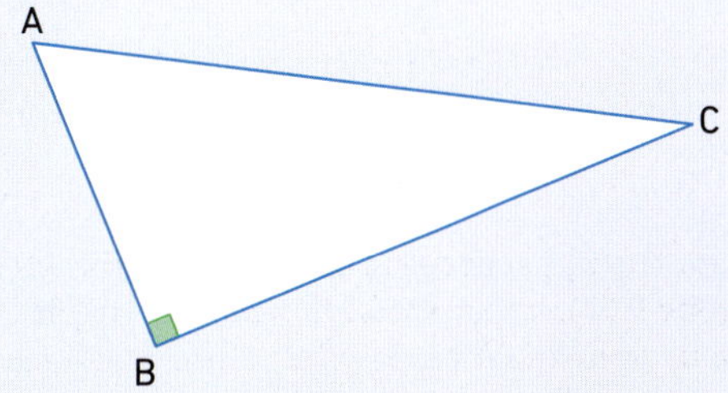

Pour **reproduire** ce triangle, il faut veiller à ce que l'angle $\widehat{ABC}$ soit droit. Pour le reste, il n'y a pas de contraintes, les côtés du triangle peuvent avoir des longueurs au choix.

DICO des Maths

Reproduire (une figure) en vraie grandeur

Tracer une figure en respectant les mesures données par l'énoncé.

Exemple

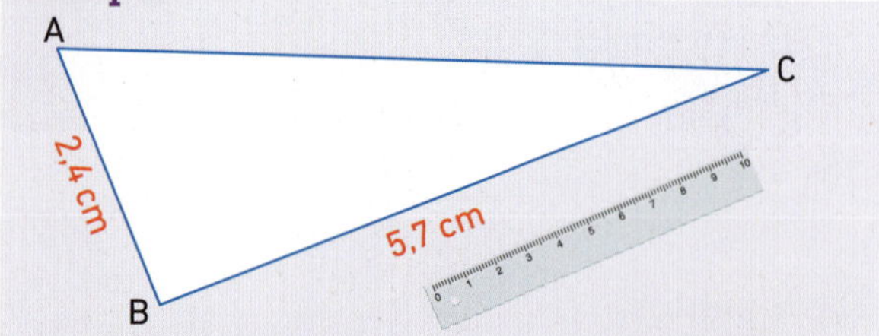

Pour **reproduire** ce triangle en vraie grandeur, il faut veiller à ce que l'angle $\widehat{ABC}$ soit droit, le segment [BC] mesure bien 5,7 cm et que le segment [AB] mesure bien 2,4 cm.

Schématiser

Faire un dessin qui met en avant les données essentielles d'un problème afin d'avoir sous les yeux tous les éléments importants de celui-ci.

Exemple

Alan et Béatrice sont éloignés de 18,4 km et marchent l'un vers l'autre. Alan a marché 7,2 km et Béatrice a marché 8,9 km. Quelle distance les sépare encore ?

On peut **schématiser** la situation :

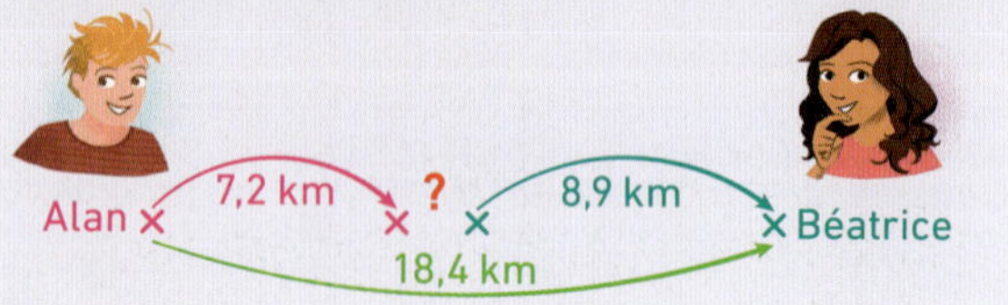

Tracer

Dessiner en utilisant les instruments de géométrie.

Exemple

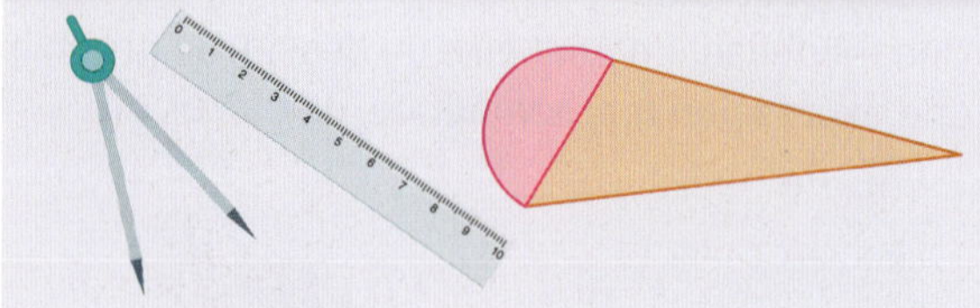

Tracer à main levée

Dessiner sans utiliser les instruments de géométrie.

Exemple

Vérifier

S'assurer que quelque chose est exact, par exemple à l'aide d'un calcul.

Exemple

On peut **vérifier** que pour $x = 3$, l'expression $4 \times x - 7$ est égale à 5 :

$$4 \times \mathbf{3} - 7 = 12 - 7 = 5.$$

Livret

Algorithmique et programmation

Séquences
1. Instructions et algorithme
2. Utilisation des boucles
3. Utilisation des variables
4. Utilisation des instructions conditionnelles
5. Utilisation d'un bloc d'instructions paramétré

Projets
1. Le labyrinthe infernal
2. Jeu de tir sous-marin
3. Tu brûles ! Tu refroidis !
4. Messages codés
5. Un jeu sérieux : la roue tourne

Attendu de fin d'année

- Écrire, mettre au point et exécuter un programme simple

SAVEZ-VOUS SCRATCHER ?
GÉNIAL !
650
503
TROP FORT !!
YIPI !
PLAYER 1
YOU WIN!
BRAVO ! TU AS ENCORE GAGNÉ !
TU N'AIMERAIS PAS CRÉER DES JEUX VIDÉOS PLUS TARD ?
OOOUU ! CELA DOIT ÊTRE TRÈS DIFFICILE !
OUI, CERTAINEMENT ! MAIS IL EST DÉJÀ POSSIBLE DE PROGRAMMER DES PETITS JEUX SYMPAS SUR L'ORDINATEUR !
NON ? TU SAIS FAIRE ÇA
BEN OUI. TU VEUX QUE JE TE MONTRE ?
J'AI FAIT UN PETIT JEU AVEC LE LOGICIEL « SCRATCH »
A TES SOUHAITS !
MAIS NON ! SCRATCH EST UN LOGICIEL QUI PERMET DE PROGRAMMER DES ALGORITHMES !...
C'EST QUOI UN AGORITHME ?

Dans ces **menus** se trouvent les instructions à faire glisser dans la zone de script. Il y a une couleur par menu.

La **scène** permet d'exécuter le programme.

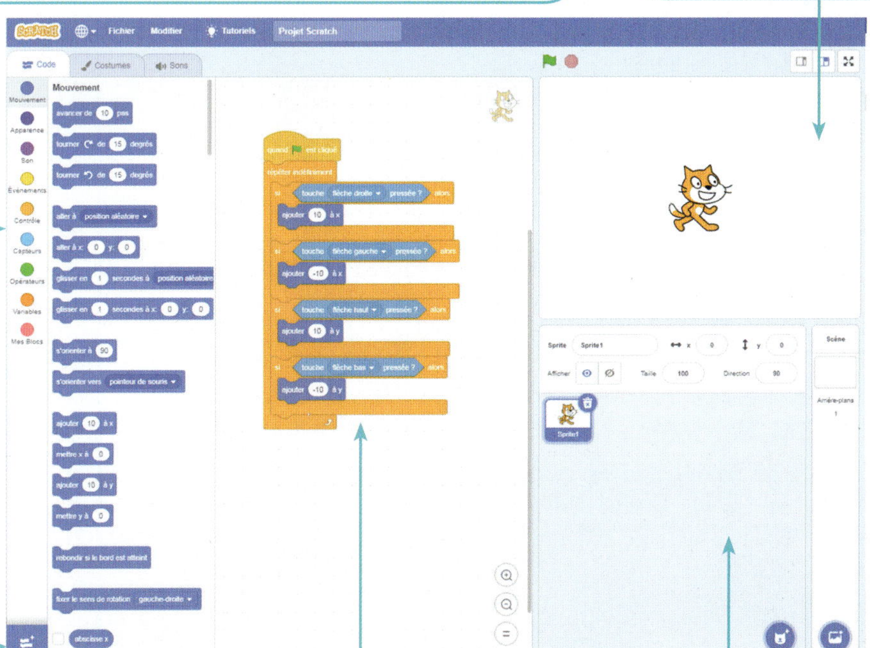

Bouton permettant de rajouter des menus d'instruction comme le **stylo** par exemple.

C'est dans la **zone de script** que l'on assemble les instructions du programme.

Zone de gestion et de création des **lutins** et/ou **arrière-plans**.

Principales instructions dans Scratch

Mouvement

Mouvement

Ce menu sert principalement à déplacer les lutins dans la scène et à leur donner des directions de déplacement.

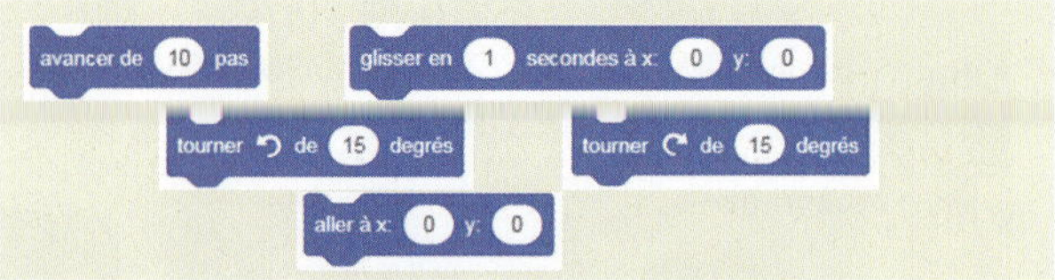

Apparence

Apparence

Ce menu permet de changer l'apparence des lutins et surtout de leur faire dire des choses ce qui permet de communiquer les résultats d'un calcul par exemple.

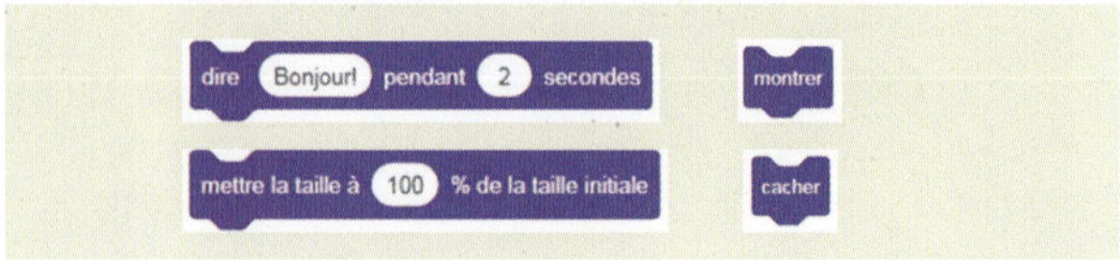

Sons

Son

Ce menu permet de faire jouer des sons courts ou une musique de fond et de gérer ces sons.

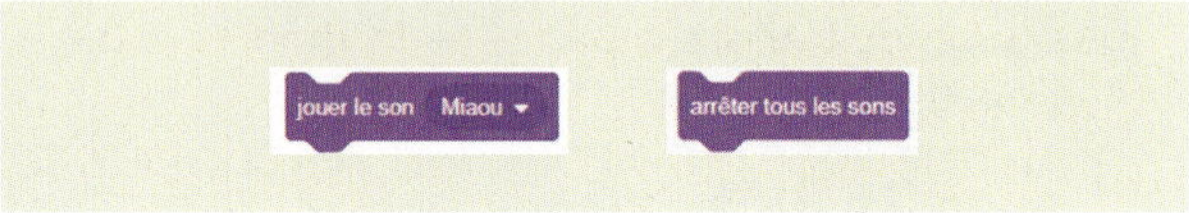

Événements

Événements

Ce menu permet de définir l'événement qui déclenchera le programme : un appui sur le drapeau vert ou sur une touche du clavier par exemple.

Contrôle

Contrôle

C'est dans ce menu que se trouvent les différentes boucles et les instructions conditionnelles.

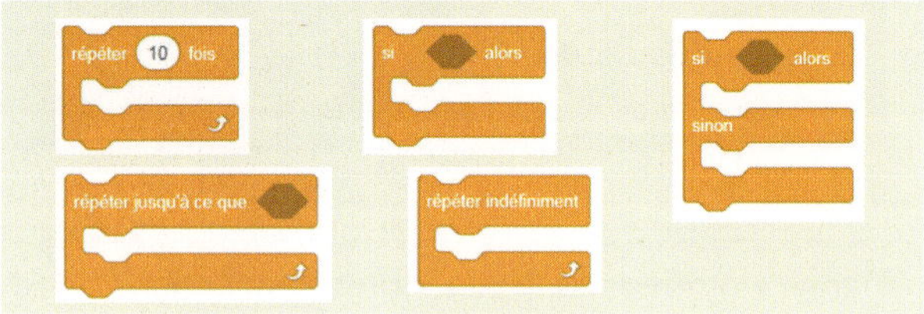

Capteurs

Capteurs

Par ce menu, on aura la possibilité de faire poser une question aux lutins et de mémoriser temporairement la réponse.
On trouvera également différents tests à insérer dans les boucles ou instructions conditionnelles.

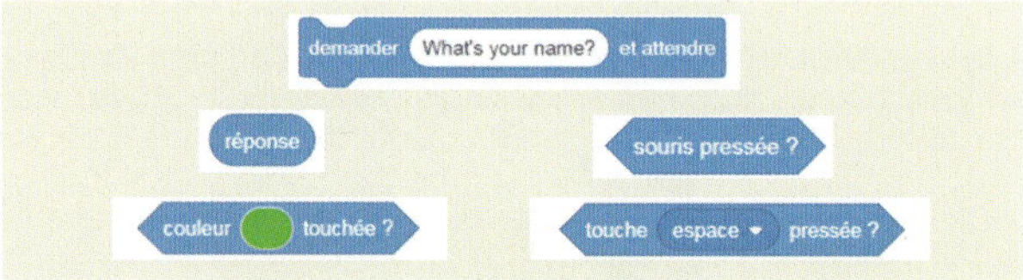

Opérateurs

Opérateurs

Ce menu permet d'effectuer des calculs, de regrouper des chaînes de caractères et de créer des tests à insérer dans les boucles ou instructions conditionnelles.

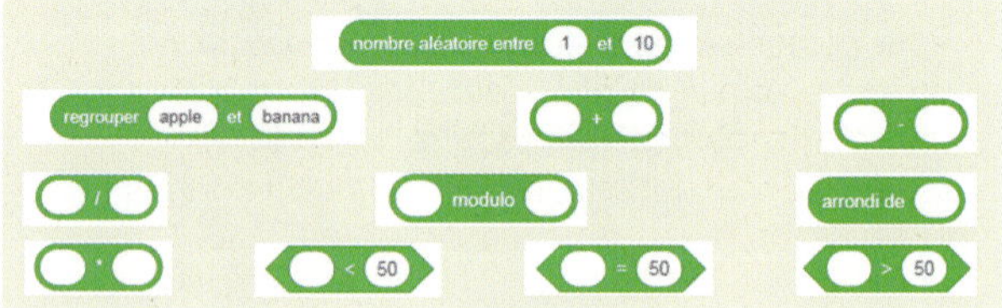

Variables

Variables

Ce menu permet de définir des variables et ensuite d'opérer sur celles-ci en ajoutant ou affectant des valeurs.

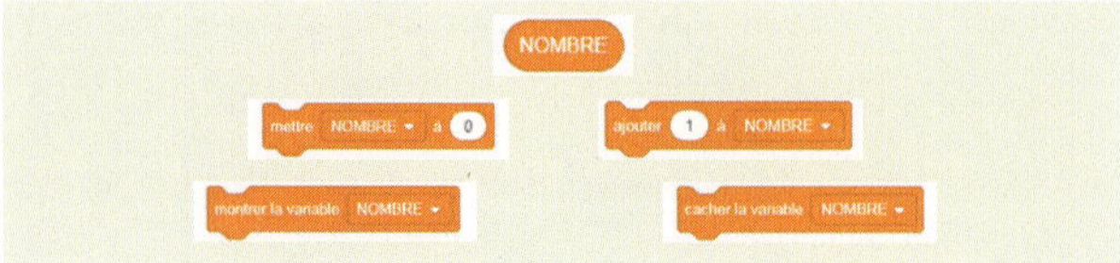

Stylo

Stylo

Pour activer le menu « Stylo » il faut le sélectionner ici :
Ce menu permet de laisser une trace, ou pas, lors des déplacements des lutins ce qui permet par exemple de tracer des figures.

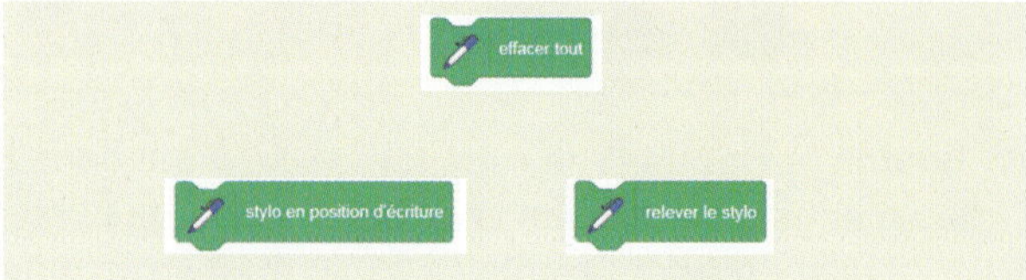

Trucs et astuces

Génération aléatoire d'un nombre

L'instruction 

permet de générer aléatoirement un nombre.

Si les deux bornes sont des nombres entiers, l'instruction génère un nombre **entier**.

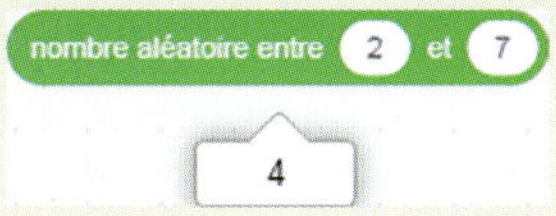

Si l'une des bornes contient un nombre comportant une virgule, l'instruction génère un nombre **décimal**.

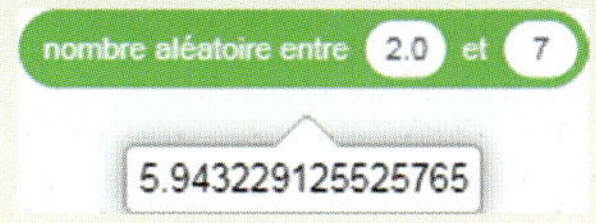

Duplication de script

Quand on doit écrire à peu près le même script, il est parfois utile de le dupliquer, puis de changer quelques paramètres.

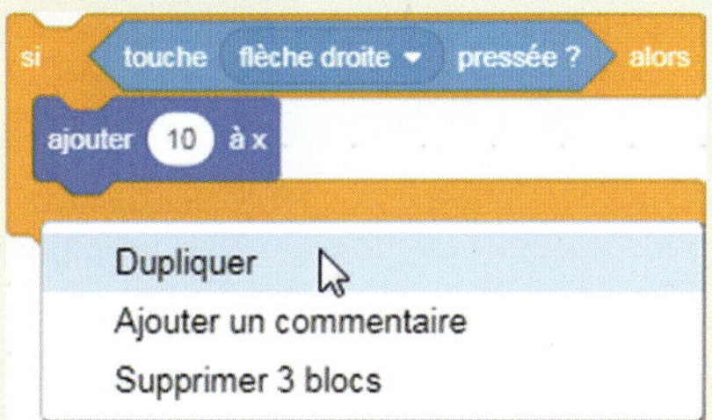

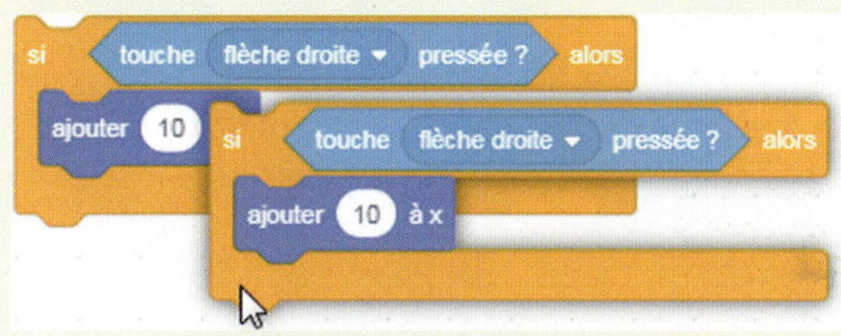

et ainsi après modification

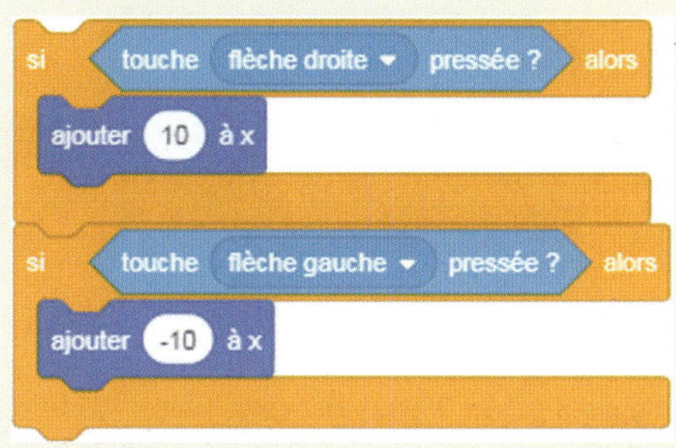

Copie d'un morceau de script

Pour copier un morceau de script d'un lutin vers un autre lutin, il suffit de faire un cliquer-glisser afin d'attraper ce morceau de script et de le lâcher sur le lutin sur lequel on veut le copier.

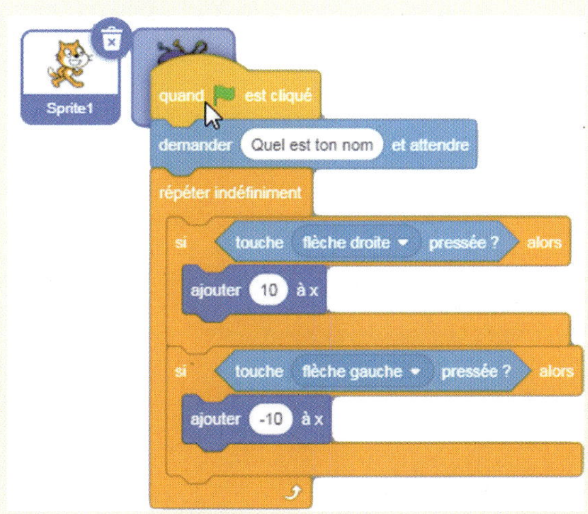

Instructions et algorithme

■ Une **séquence d'instructions** est une suite d'actions à exécuter dans un ordre donné.

Exemple : Marc joue à un célèbre jeu de football sur console. Il communique des **instructions** aux joueurs à l'aide d'une manette. Voici la **séquence** d'instructions qui permet de célébrer un but en faisant des saltos arrière :

– *Maintenir la touche* R2.

– *Appuyer deux fois brièvement sur la touche* ■.

■ Un **algorithme** est une suite finie d'instructions permettant de résoudre un problème.

Exemple : Une recette de cuisine est un algorithme.
En effet, on dispose d'ingrédients au départ, on applique les instructions données par la recette et on obtient le plat désiré à la fin.

1 Le lavage de mains Niveau 1

Fermer le robinet

Prendre du savon

Se mouiller les mains

Frotter et faire mousser

Ouvrir le robinet

Rincer abondamment

S'essuyer avec une serviette

Écris un algorihme permettant de se laver les mains en remettant les instructions suivantes dans le bon ordre.

2 Le repas de l'ours Niveau 2

Dans ce cas, pour que Ted l'ours puisse atteindre son repas le poisson, il doit suivre la séquence d'instructions suivante : ▶ ▶ ▲ ▶ ▶ ▼

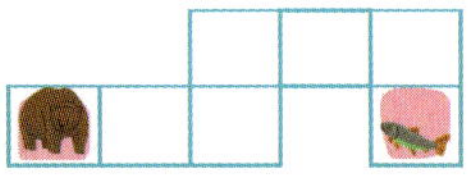

Dans chacun des cas ci-dessous, écrire l'algorithme permettant à Ted de retrouver le poisson à l'aide des quatre instructions : ◀ ▶ ▲ ▼

1.

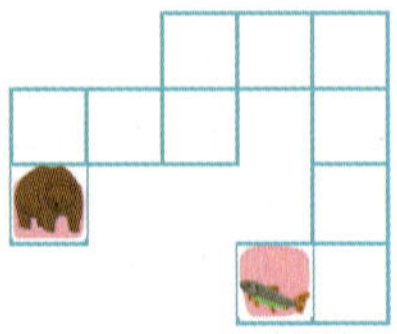

2.

3.

Attention ! Il faut éviter le chasseur et contourner la montagne.

3 Un bon film Niveau 3

Écris un algorithme qui permet de te rendre au cinéma.

Instructions et algorithme

■ On peut programmer les algorithmes avec un logiciel dédié comme le logiciel **Scratch**.

Ce logiciel, avec lequel nous allons apprendre à travailler toute l'année, est téléchargeable et utilisable gratuitement : http://scratch.mit.edu/

Exemple

Ce programme permet de faire tracer au lutin la figure ci-contre à chaque fois que l'utilisateur appuie sur ⚑.

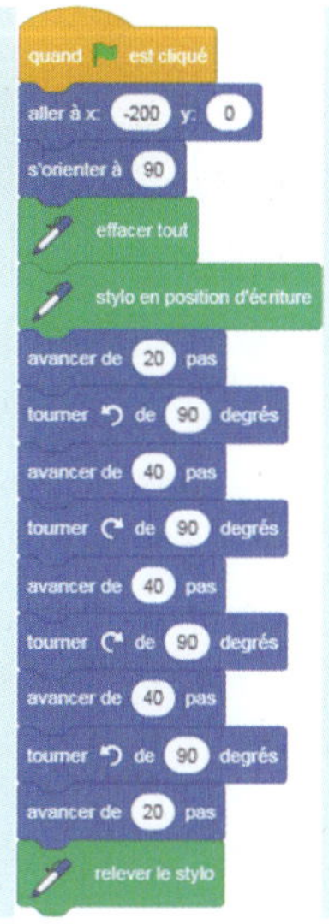

Entre ce programme dans Scratch et exécute-le afin de vérifier qu'il produit bien le résultat attendu.

4 Cache-cache avec un rectangle Niveau 1

1. Écrire un programme qui permet de tracer un rectangle de dimensions 50 et 100.
2. Compléter ce programme pour que le chat se cache une fois qu'il a fini de tracer.

Aide Utiliser les instructions [cacher] et [montrer]

3. Compléter le programme pour qu'il trace également les diagonales de ce rectangle.

Aide L'instruction [aller à x: 0 y: 0] permet de réaliser des déplacements dont on ne connait ni la longueur, ni l'orientation mais dont on connait le point d'arrivée.

4. Compléter le programme pour que le chat attende 0,5 seconde entre chaque tracé de segment.

Aide Utiliser l'instruction [attendre 1 secondes].

5. Compléter le programme pour que le chat dise « J'ai fini ! » lorsque le tracé est terminé.

Aide Utiliser l'instruction [dire Bonjour! pendant 2 secondes]

6. Compléter le programme pour que chaque segment soit tracé d'une couleur différente, choisie aléatoirement ou non.

Aide Utiliser l'instruction [mettre la couleur ▾ du stylo à 50] ou [nombre aléatoire entre 1 et 200].

5 L'alphabet Niveau 2

1. Écrire un programme qui permet de tracer la lettre M à l'écran.

Aide Penser à jouer sur la taille et la couleur du stylo.

2. Écrire un autre programme qui permet de tracer ses initiales.

Utilisation des boucles

Dans un algorithme, une **boucle** consiste à faire répéter un certain nombre de fois (connu à l'avance ou non) une même séquence d'instructions.
Il existe principalement deux types de boucles : la boucle « Répéter *x* fois » et la boucle « Répéter jusqu'à ».

Exemple : Pour aider Teddy à rejoindre le poisson, on peut donner comme instructions ▶▶▶▶.

On peut aussi utiliser des boucles :

« Répéter 4 fois ▶ »

On utilise la boucle « Répéter *x* fois » quand on sait déjà combien de fois on doit faire répéter les instructions.

« Répéter ▶ jusqu'à *Le poisson est atteint* »

On utilise la boucle « Répéter jusqu'à » quand on ne sait pas combien de fois on doit répéter les instructions mais quand on sait à quel moment on doit s'arrêter.

6 À la pêche ! Niveau 1

Dans chacun des cas ci-dessous, écrire des algorithmes permettant à Ted d'atteindre le poisson à l'aide des quatre instructions ◀▶▲▼ et d'une boucle.

Aide
On peut utiliser plusieurs boucles. De plus, une boucle peut contenir plusieurs instructions.

1. 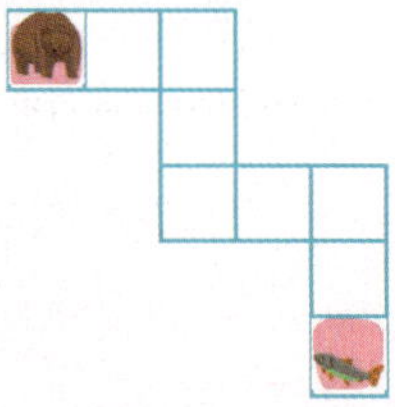

2. 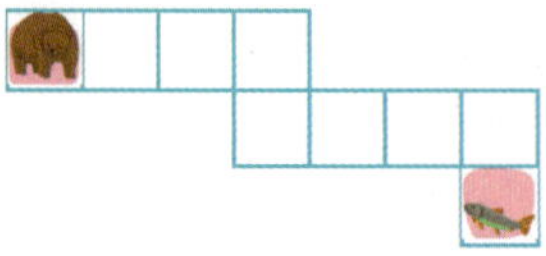

3. 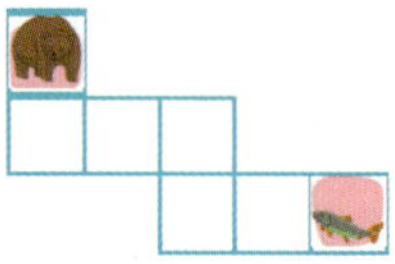

4. 

5. 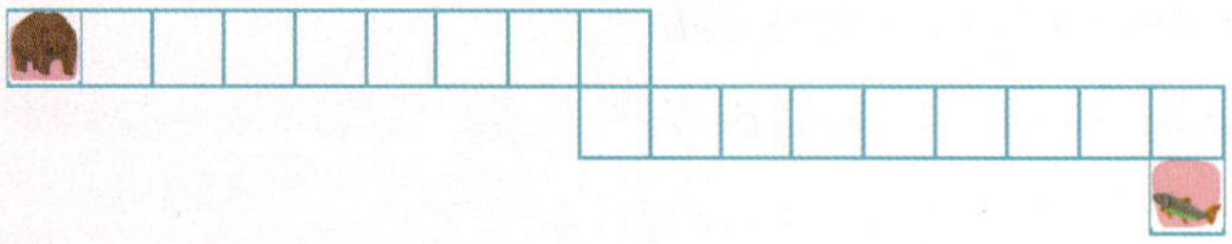

7 En natation Niveau 2

En natation, l'épreuve du 4 fois 200 m nage libre consiste à parcourir quatre fois 200 m avec quatre nageurs différents dans un bassin de longueur 50 m.

1. Décrire simplement cette épreuve à l'aide de boucles et des instructions suivantes : « **Traverser le bassin** », « **Changer de nageur** ».
2. Comment pourrait-on décrire de la même manière l'épreuve du 10 fois 100 m nage libre que l'on pratique souvent en interclubs ?

Utilisation des boucles

Les différents types de **boucles** de Scratch sont dans le menu Contrôle.

On peut indiquer le nombre de répétitions souhaitées.

La répétition est ici effectuée jusqu'à ce qu'un test soit validé.

Ces tests sont dans le menu Opérateurs ; par exemple, ( ) < 50, ( ) = 50 ou ( ) > 50.

Cette boucle est souvent utilisée quand on attend une réponse au clavier. Cela nécessitera généralement l'usage d'une instruction conditionnelle : elle sera utilisée dans cette partie.

Exemple

Ce programme permet de faire tracer au lutin la figure ci-dessous à chaque fois que l'utilisateur appuie sur le drapeau vert.

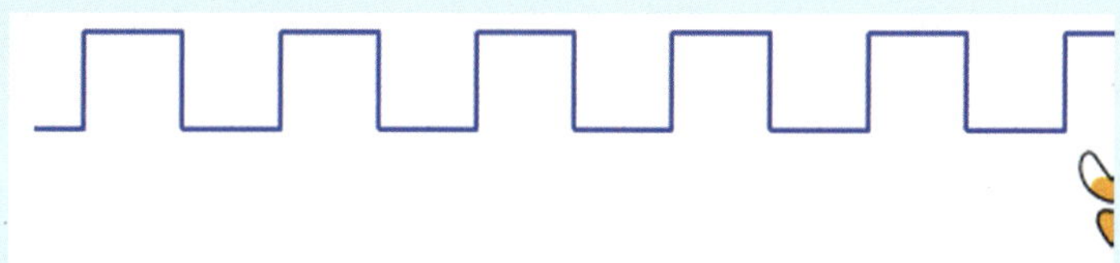

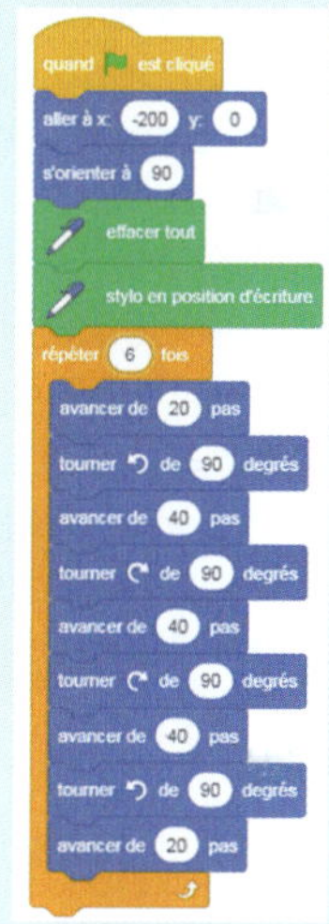

Entre ce programme dans Scratch et exécute-le afin de vérifier qu'il produit bien le résultat attendu.

8 Le tracé de polygones Niveau 1

1. Écrire le programme ci-contre dans Scratch et vérifier qu'il trace bien un pentagone (polygone à cinq côtés).
2. En utilisant une boucle, écrire plus simplement ce programme.
3. Expliquer pourquoi la valeur de l'angle de rotation est de 72°.
4. Modifier deux paramètres du programme pour qu'il trace un hexagone.
5. Modifier le programme pour qu'il trace un décagone de côté 80.

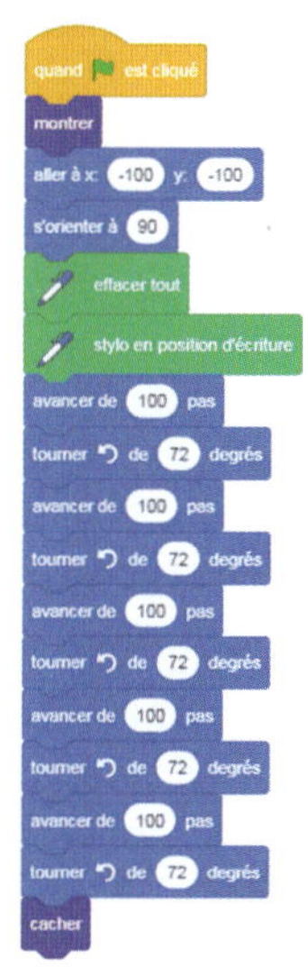

9 L'art contemporain Niveau 2

Écrire un programme qui répète indéfiniment l'action de glisser vers une position aléatoire (en 0,1 seconde par exemple) en changeant aléatoirement de couleur et de taille de stylo.
On obtient en quelque sorte une œuvre d'art !

Aide
Penser à utiliser les instructions « glisser en 0.1 secondes à position aléatoire » et « mettre la couleur du stylo à nombre aléatoire entre 1 et 200 ».

Utilisation des variables

Une **variable** est une boîte dans laquelle on stocke une information pour l'utiliser plus tard. On désigne une variable par un nom.

Exemple : Le score d'un joueur est une variable qui pourra évoluer tout au long du jeu, une nouvelle valeur efface la précédente.

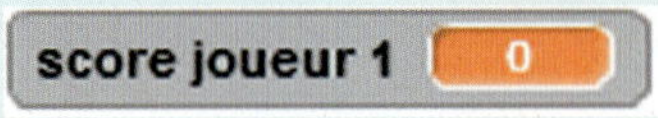

10 Le jeu des pièces d'or Niveau 1

Ce jeu se joue à deux joueurs ou plus.

Matériel : un dé à six faces numérotées de 1 à 6.

Règle du jeu : Au début d'une partie, chaque joueur reçoit 50 pièces d'or.

Tout au long du jeu, ce nombre de pièces va évoluer et les joueurs vont devoir gérer le nombre de pièces qu'ils possèdent. Pour cela, chaque joueur prend une feuille blanche pour noter son nouveau nombre de pièces en barrant l'ancien à chaque fois.

La partie se joue en 10 tours, le joueur qui a le plus de pièces à la fin de ces 10 tours gagne.

Le joueur qui débute la partie doit aussi comptabiliser, quelque part sur sa feuille, le nombre de tours qui ont été effectués. À tour de rôle, en tournant dans le sens des aiguilles d'une montre, chaque joueur lance le dé et exécute l'action correspondante :

Le résultat est un nombre pair.	Ton nombre de pièces augmente du nombre affiché par le dé.
Le résultat est un diviseur de 7.	Échange tes pièces avec un des joueurs qui en a le moins.
Le résultat est un multiple de 5.	Échange tes pièces avec le joueur de ton choix.
Le résultat est un multiple de 3.	Donne 10 pièces au joueur qui joue juste après toi.

Faire une ou plusieurs parties avec des camarades en se plaçant par groupe autour d'une table.

Une fois la partie terminée, répondre aux questions ci-dessous.

1. Dans ce jeu, il y a plusieurs **variables** :
   – une variable qui contient le nombre de tours effectués. On peut l'appeler « TOURS » ;
   – des variables qui contiennent les nombres de pièces de chaque joueur, on leur donnera comme nom le prénom de chaque joueur.

Combien de variables ont été utilisées dans cette partie ?

2. Si l'un des joueurs se nomme EMMA et un autre joueur se nomme SAMY, à quel résultat du dé correspond cette action programmée dans le logiciel Scratch ?

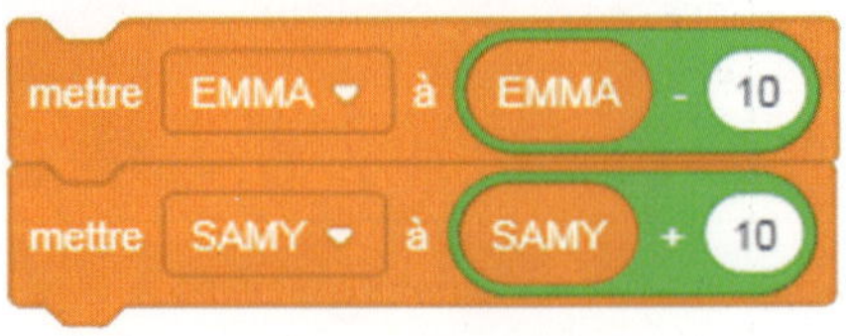

Utilisation des variables

• Avec le logiciel Scratch, on peut créer les variables à partir du menu  .

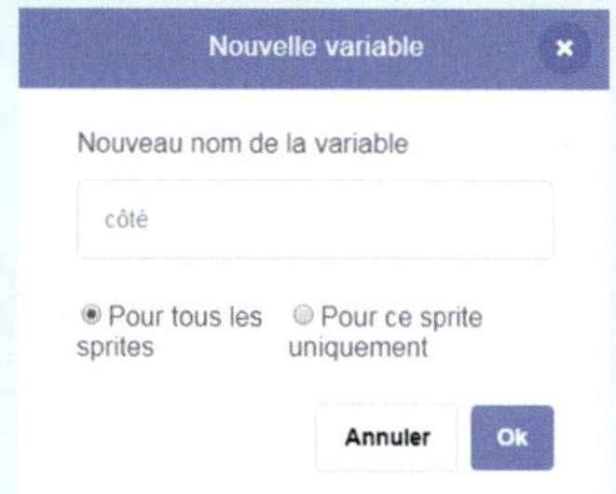

On commence par choisir le nom de ces variables.

• Dès que la variable est créée, plusieurs actions se découvrent :

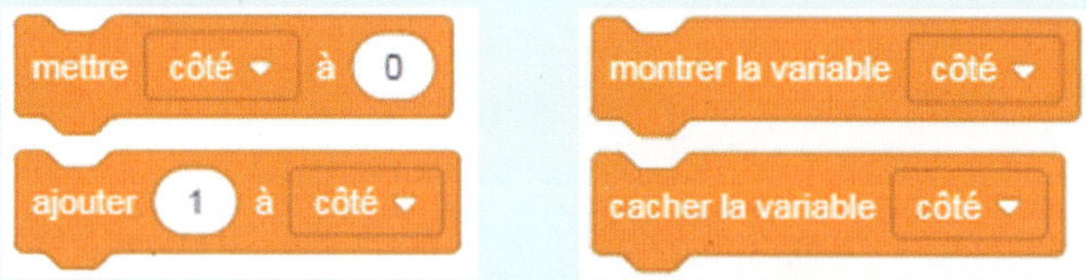

Exemple : Ce programme permet de faire calculer le triple d'un nombre saisi par l'utilisateur chaque fois qu'il appuie sur  .

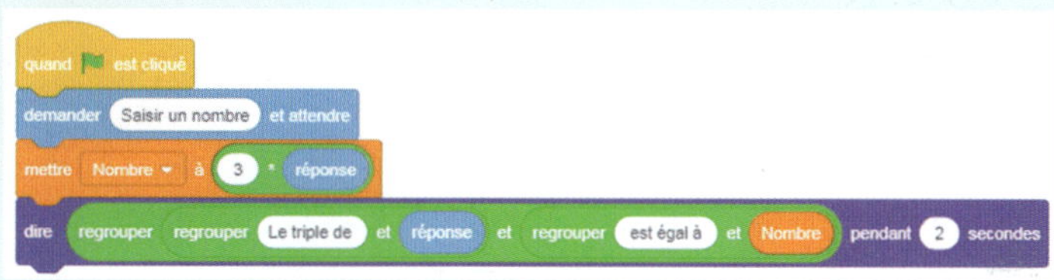

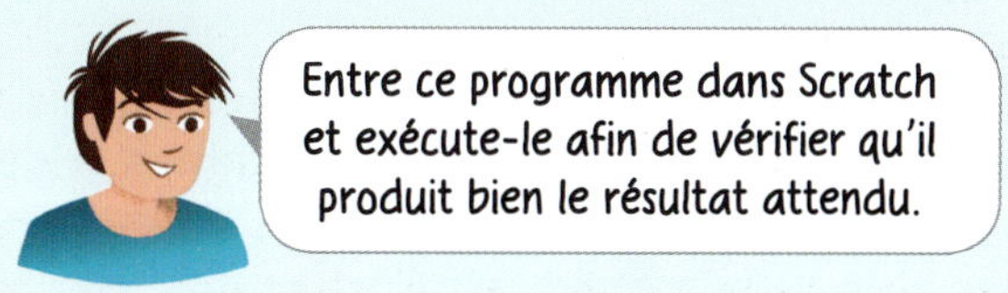

11 Des rectangles à la demande Niveau 1

1. Écrire un programme qui demande à l'utilisateur la largeur et la longueur d'un rectangle et les stocke dans deux variables « **LARGEUR** » et « **LONGUEUR** ».
2. Calculer le périmètre et l'aire du rectangle défini par l'utilisateur et stocker ces valeurs dans deux variables « **PERIMETRE** » et « **AIRE** ».
3. Faire dire au lutin le périmètre du rectangle, puis l'aire du rectangle.

4. Modifier le programme pour que le lutin trace le rectangle ensuite.

12 Les températures Niveau 2

Aux États-Unis, les températures sont exprimées en degrés Fahrenheit (°F) et non en degrés Celsius (°C) comme en France.

Pour convertir en °F une température exprimée en °C, il faut suivre le programme de calcul suivant :

- multiplier la température en °C par 9 ;
- diviser le résultat par 5 ;
- ajouter 32.

Écrire un programme dans lequel le lutin demande une température exprimée en °C, puis la convertit en °F.

Utilisation des instructions conditionnelles

Une **instruction conditionnelle** est de la forme :

Si « Condition »
    Alors « Instruction(s) »

Dans ce cas, si la « Condition » est réalisée, alors les « Instruction(s) » seront effectuées.

Exemple
Si le soleil brille cet après-midi,
alors j'irai à la piscine.

ou

Si « Condition »
    Alors « Instruction(s) 1 »
    Sinon « Instruction(s) 2 »

Dans ce cas, si la « Condition » est réalisée, alors les « Instruction(s) 1» seront effectuées, sinon ce sont les « Instruction(s) 2 » qui seront effectuées.

Exemple
Si le soleil brille cet après-midi, **alors** j'irai à la piscine, **sinon** j'irai au cinéma.

13 La chasse aux pommes - Épisode 1 Niveau 1

Recopier, puis compléter les algorithmes ci-dessous pour que le scarabée puisse atteindre la pomme.

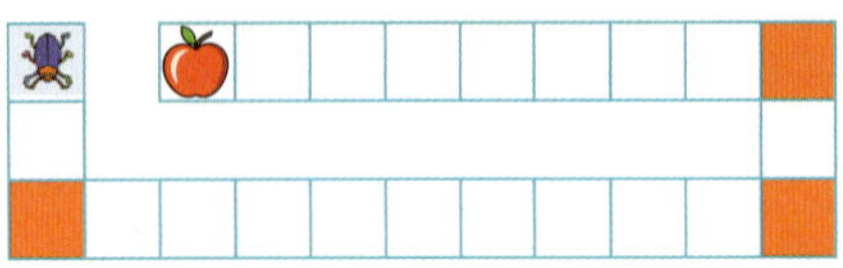

1. Répéter jusqu'à ce que la pomme soit atteinte :
    Avancer d'une case
    Si ... **Alors** « Tourner à .... de 90° »

2. Répéter jusqu'à ce que la pomme soit atteinte :
    Avancer d'une case
    Si ... **Alors** « Tourner à .... de 90° »
    Sinon « Tourner à .... de 90° »

14 Un programme de calcul Niveau 2

Simon a trouvé un programme de calcul dans son livre de mathématiques et il veut le programmer.
Voici l'algorithme qu'il a écrit :

- Choisir un nombre entier.
- Le stocker dans une variable.
- Répéter jusqu'à ce que la variable soit égale à 0 :
  – si ce nombre est pair, le diviser par 2 et stocker le résultat dans la variable ;
  – si ce nombre est impair, lui soustraire 1 et stocker le résultat dans la variable.

1. Vérifier qu'en choisissant le nombre 29 au départ, la variable prend successivement les valeurs : 29 ; 28 ; 14 ; 7 ; 6 ; 3 ; 2 ; 1 ; 0.
2. Quelles sont les valeurs prises par la variable si l'on choisit le nombre 57 au départ ? le nombre 85 ?
3. Réécrire l'algorithme de Simon en utilisant une instruction conditionnelle de type **Si ... Alors ... Sinon**.

Utilisation des instructions conditionnelles

Les différents types d'instructions conditionnelles de Scratch sont dans le menu Contrôle.

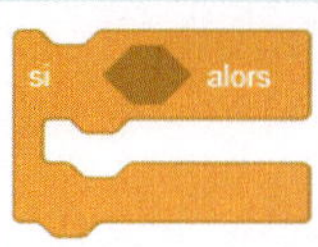

et

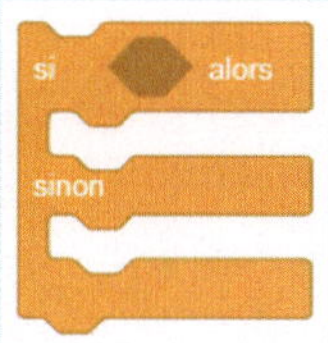

Les conditions sont à construire à partir des éléments du menu Opérateurs comme ( ) < 50, ( ) = 50 ou ( ) > 50.

Exemple

Ce programme permet de dire si un nombre saisi par l'utilisateur est « **PAIR** » ou « **IMPAIR** ».

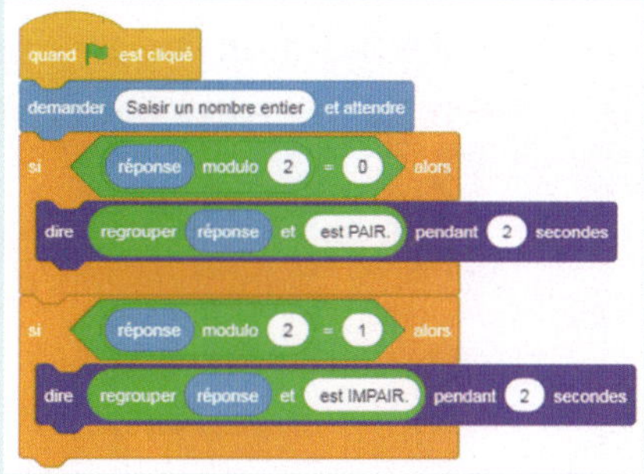

Entre ce programme dans Scratch et exécute-le afin de vérifier qu'il produit bien le résultat attendu.

15 Déplacement aléatoire Niveau 1

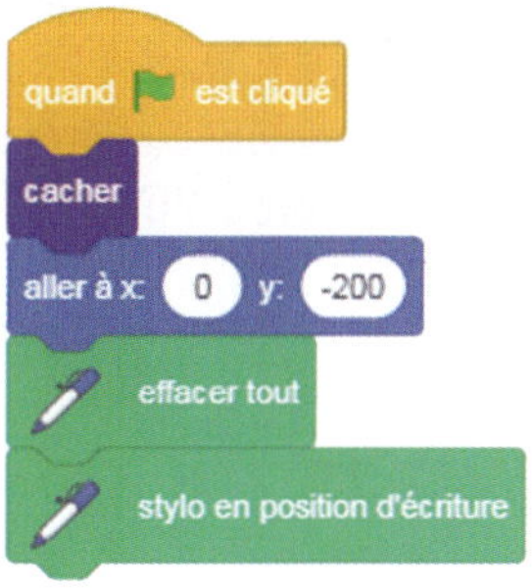

1. Écrire un programme comme celui ci-contre qui positionne le lutin en bas au milieu de l'écran, qui le cache, qui efface tout l'écran et qui met le stylo en position d'écriture.
2. Écrire un script qui se déclenche à chaque fois que l'on appuie sur la barre d'espace et qui choisit un nombre entier au hasard entre 1 et 3 et le stocke dans une variable.
   Suivant le nombre choisi, le lutin avance différemment :

   1 → 20 pas vers la gauche

   2 → 20 pas vers le haut

   3 → 20 pas vers la droite

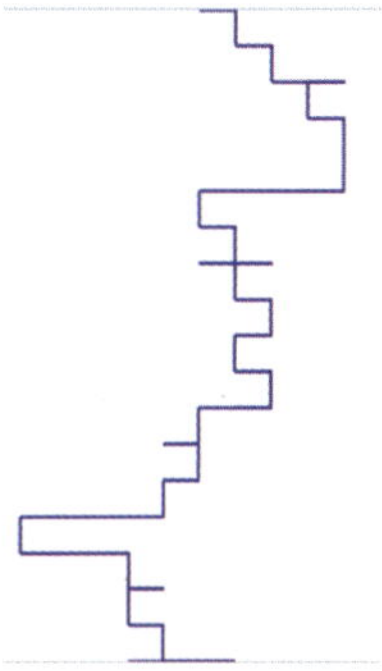

Aide

Il sera pratique d'utiliser les instructions « ajouter 10 à x » et « ajouter 10 à y » dans des instructions conditionnelles et le déclencheur « quand la touche espace est pressée ».

3. Faire fonctionner ce programme pour obtenir un déplacement aléatoire de bas en haut et modifier le programme pour que ces déplacements se fassent ensuite automatiquement jusqu'à ce que le haut de l'écran soit atteint.

Utilisation d'un bloc d'instructions paramétré

Un **bloc d'instruction paramétré** est un ensemble d'instructions, regroupées dans un seul bloc, qui s'exécutent en prenant éventuellement en compte un ou plusieurs paramètres.

Exemple

Lorsqu'un professeur dit à un élève « Tracer un carré de côté 5 cm », il fait appel au bloc d'instructions « Trace un carré » avec le paramètre « 5 » pour la longueur du côté. Le bloc « Trace un carré » contient toutes les instructions qui permettent de construire un carré mais pour les exécuter on a besoin de connaitre le paramètre « Longueur du côté ».

16 La chasse aux pommes - Épisode 2 Niveau 1

1. On a créé le bloc d'instructions nommé **PONT** qui exécute les instructions suivantes ▲ ▲ ▶ ▶ ▼ ▼.

Créer le script le plus court possible en utilisant les instructions ◀ ▶ ▲ ▼ et en faisant appel au bloc **PONT** autant de fois que nécessaire pour que le scarabée atteigne la pomme.

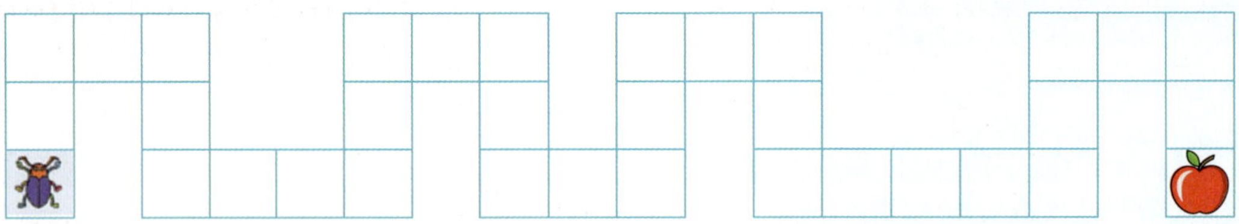

2. On a créé le bloc d'instructions paramétré nommé **VIRAGE(*n*)** qui exécute les instructions suivantes : *n* fois ▶, puis *n* fois ▼.

Par exemple, l'appel à l'instruction **VIRAGE(2)** déclenchera la séquence d'instructions : ▶ ▶ ▼ ▼.

Créer le script le plus court possible en utilisant les instructions ◀ ▶ ▲ ▼ et en faisant appel au bloc **VIRAGE(*n*)** autant de fois que nécessaire pour que le scarabée atteigne la pomme.

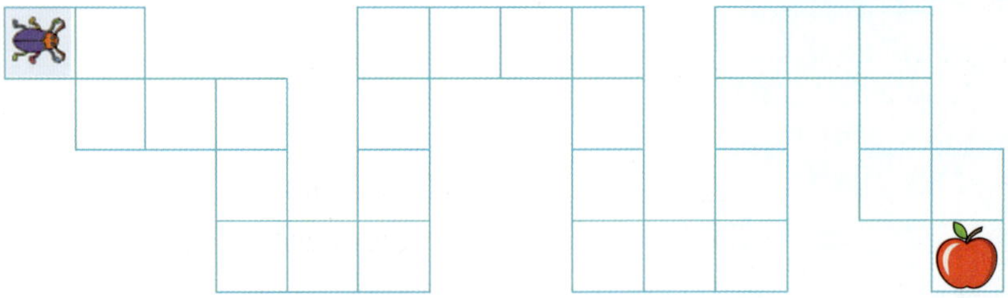

3. En utilisant les instructions ◀ ▶ ▲ ▼ et en faisant appel aux blocs **PONT** et **VIRAGE(*n*)** autant de fois que nécessaire, créer un script, aussi court que possible, permettant au scarabée d'atteindre la pomme.

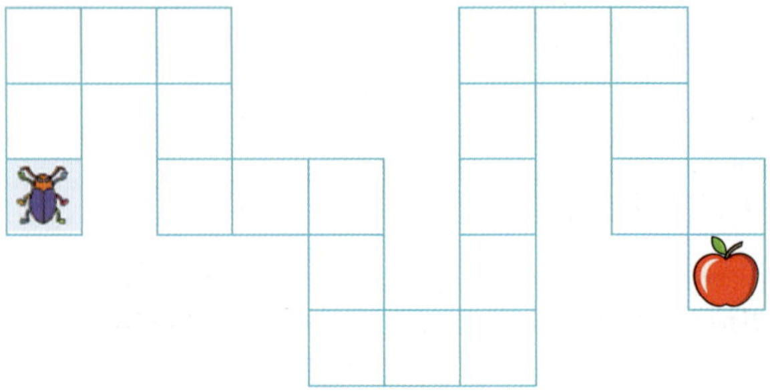

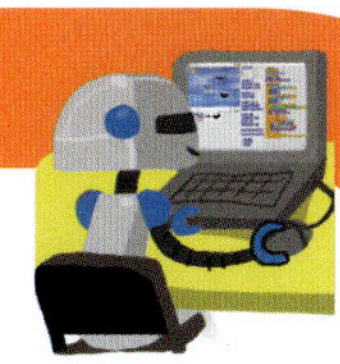

Utilisation d'un bloc d'instructions paramétré

La création et la gestion des blocs se font dans le menu  .

Exemple

Ce programme permet, à l'aide du bloc **Carré**, d'obtenir un joli dessin.

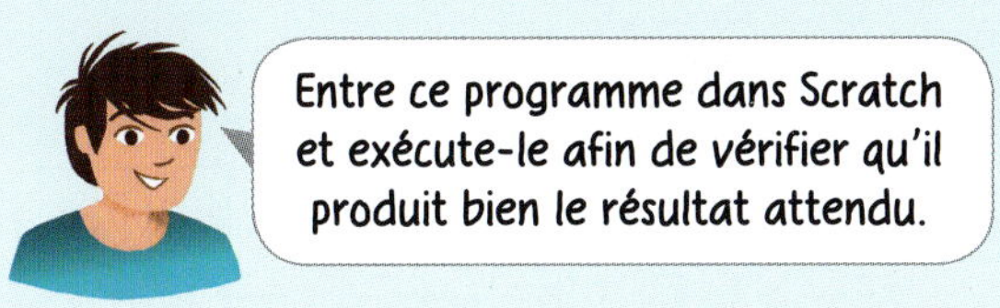

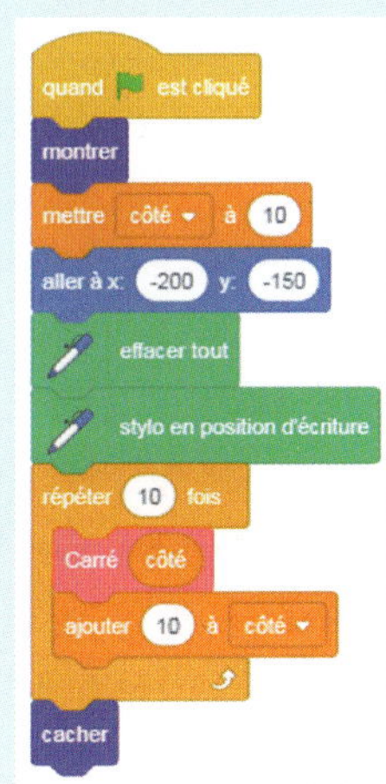

Bloc Carré

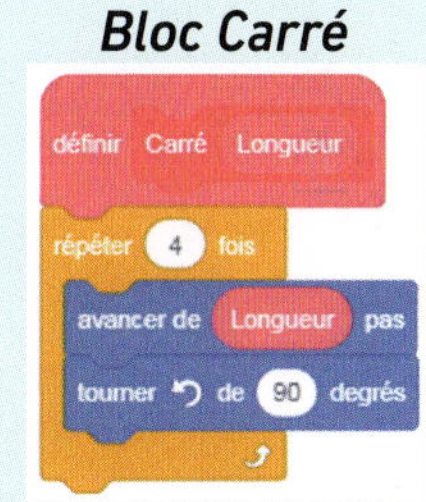

17 De jolis triangles Niveau 1

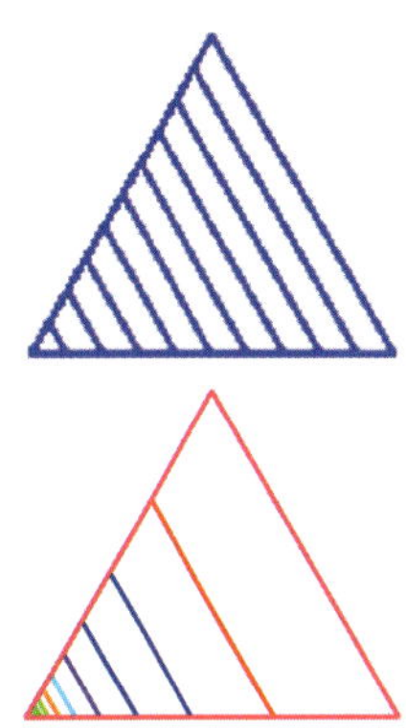

1. Écrire un programme qui permet d'obtenir le dessin ci-contre à l'aide d'un bloc Triangle ( ).
2. Modifier le programme pour que chaque triangle soit 50 % plus grand que le précédent et qu'il soit tracé d'une couleur aléatoirement choisie.

18 Au max ! Niveau 2

1. Créer un bloc MAXIMUM ( ) ( ) ( ) qui permet de mettre dans une variable Max le plus grand de trois nombres donnés.
2. Utiliser ce bloc pour créer un programme où l'utilisateur donne trois nombres et le lutin lui indique en réponse le plus grand des trois.

Projet 1

Le labyrinthe infernal

Voici un jeu dans lequel un scarabée doit sortir d'un labyrinthe en évitant les monstres qui veulent le manger…

Étape 1 ■ Mettre en place le labyrinthe

- Supprimer tous les lutins.
- Créer un labyrinthe à l'aide d'un générateur de labyrinthe comme celui-ci par exemple : **http://www.mazegenerator.net/**
- Penser à générer un labyrinthe au format 4/3 en créant un labyrinthe de 28 sur 21 par exemple.

Étape 2 ■ Positionner le scarabée et la sortie du labyrinthe

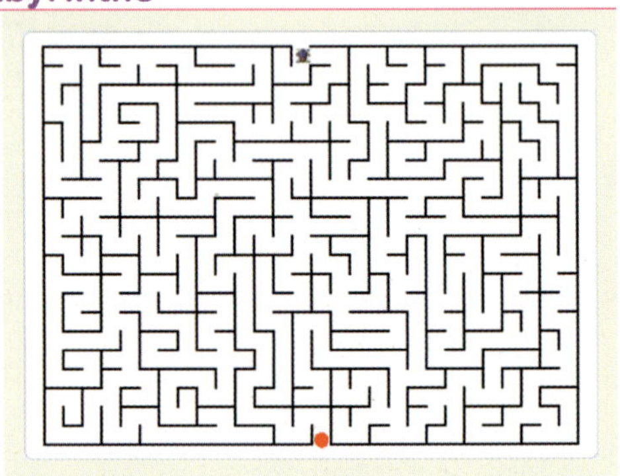

- Placer un disque rouge à la sortie du labyrinthe.
- Insérer le lutin « Beetle »  et le programmer pour qu'à l'appui sur le drapeau vert :
  - il fixe sa taille à 15% de sa taille initiale pour rentrer dans le labyrinthe ;
  - il se positionne en haut à l'entrée du labyrinthe ;
  - il s'oriente vers le bas.

Étape 3 ■ Faire se déplacer le scarabée dans le labyrinthe

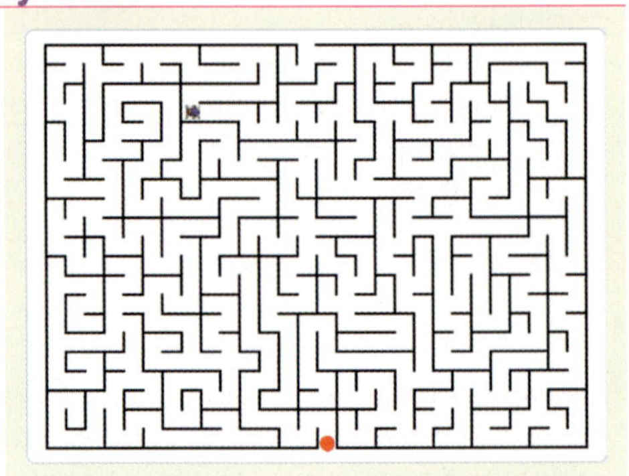

- Programmer le scarabée pour qu'à l'appui sur le drapeau vert, il répète indéfiniment les tests d'appui sur les quatre flèches directionnelles du clavier afin d'avancer tout en testant le contact avec les murs pour ne pas les traverser.

On pourra par exemple reproduire et adapter quatre fois le morceau de script suivant :

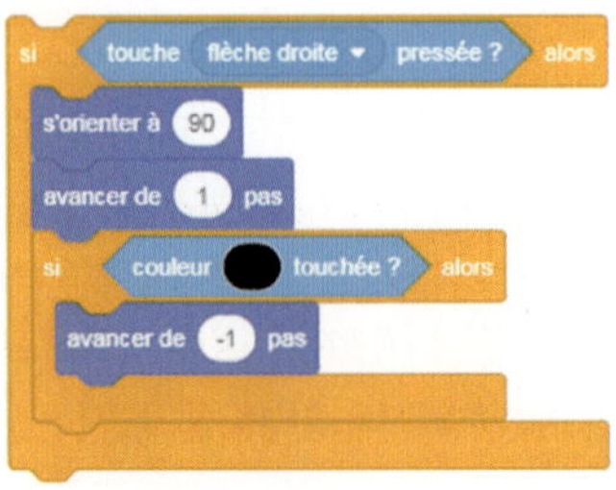

Étape 4 ■ Positionner un premier monstre et le faire se déplacer

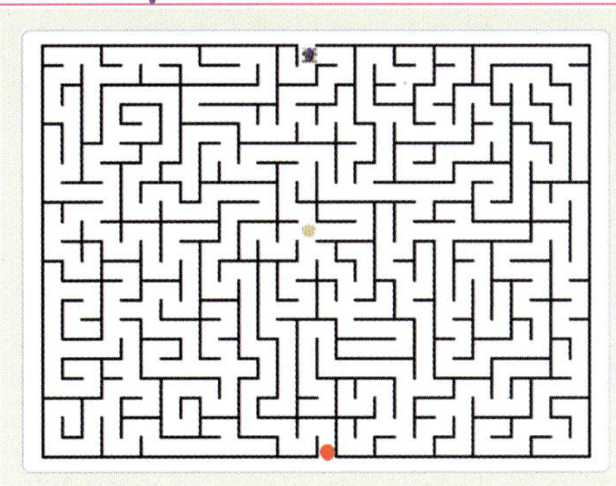

- Placer un premier monstre à un endroit stratégique du labyrinthe, par exemple le lutin « **Pufferfish** » et le programmer pour qu'il se déplace aléatoirement à droite, à gauche, en haut ou en bas jusqu'à ce qu'il rencontre un mur.
- Programmer le lutin pour qu'il débute toujours du même endroit.
- Penser à réduire la taille (environ à 10%) du lutin pour qu'il rentre dans le labyrinthe.

Pour choisir une direction aléatoirement, on peut choisir un nombre aléatoire entre 1 et 4 et le multiplier par 90°. On peut utiliser pour cela l'instruction :

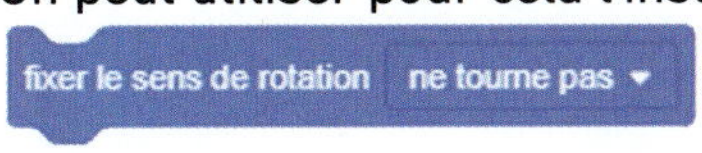

.

Étape 5 ■ Tester le contact du monstre avec le scarabée

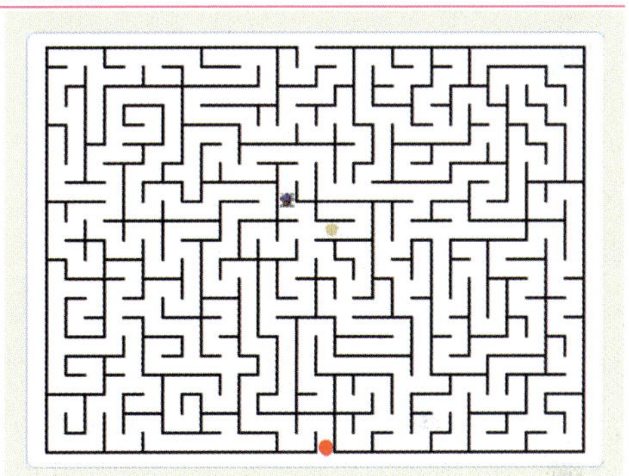

Dans un autre script du monstre « **Pufferfish** », tester le contact avec le scarabée.
Dès que le monstre touche le scarabée, il doit envoyer un message pour le signaler et ainsi, dès que le scarabée reçoit le message, il retourne à sa position de départ.

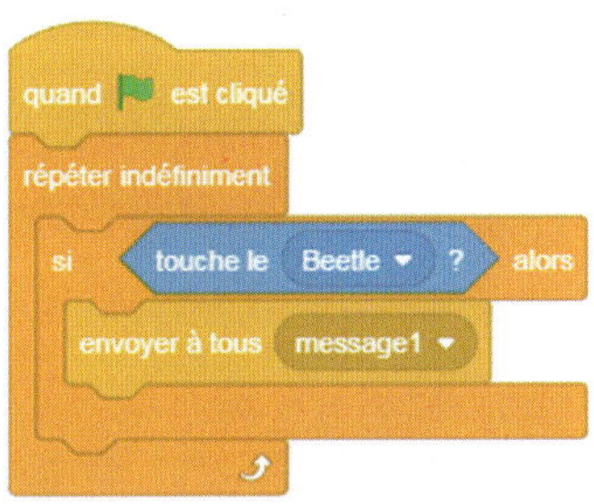

Étape 6 ■ Positionner plusieurs monstres et tester le gain de la partie

- Dupliquer le monstre en positionnant ses copies à différents endroits du labyrinthe ou insérer d'autres monstres en copiant les scripts du premier sur ces nouveaux monstres par glisser-déposer.
- Tester indéfiniment si le scarabée touche le disque rouge, et dans ce cas lui faire dire « GAGNE ».

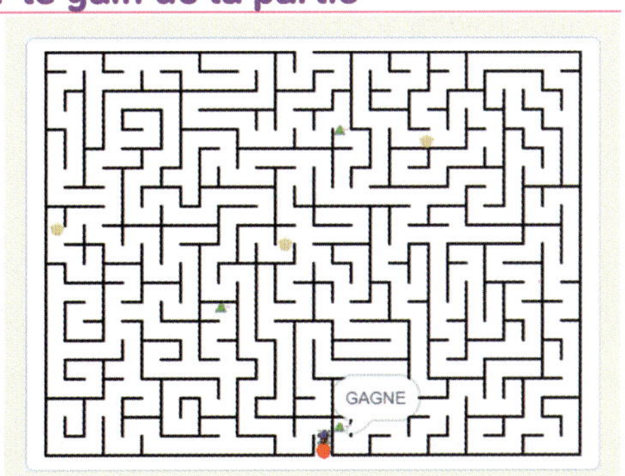

ÉVOLUTIONS POSSIBLES

- Ajouter des arrières-plans avec d'autres labyrinthes qui permettront de rallonger le parcours.
- Mettre en place un système de vies (perdues quand on touche les monstres).
- Insérer des bonus à récupérer dans le labyrinthe, couplé à un système de points.
- Mettre en place un chronomètre.
- ...

Projet 2

Jeu de tir sous-marin

Aider une étoile de mer à toucher ses amis les poissons avec un ballon de basket…
Voilà ton défi !

Étape 1 ■ Mise en place de l'arrière-plan et de l'étoile de mer

- Choisir un arrière-plan de fond sous-marin.
- Insérer le lutin « Starfish » et le programmer pour qu'à l'appui sur le drapeau vert, il apparaisse, à 50 % de sa taille initiale, toujours en bas au centre de l'écran.

Étape 2 ■ Déplacement de l'étoile de mer avec la souris

- Programmer l'étoile de mer pour qu'elle suive indéfiniment le curseur de la souris, tout en restant en bas de l'écran.

Pour cela, on pourra programmer une boucle infinie qui fait aller l'étoile de mer au point dont l'abscisse est la même que celle de la souris et l'ordonnée est la même que celle choisie initialement.

```
aller à x: (souris x) y: (-148)
```

Étape 3 ■ Tir du ballon au clic sur la souris

- Insérer le lutin « Basketball » et le programmer pour qu'il se mette au démarrage à 30 % de sa taille initiale.

De façon infinie, il doit se cacher et dès que l'utilisateur clique sur la souris, il doit apparaitre dans la bouche de l'étoile de mer (à la même abscisse que la souris) et monter verticalement vers le haut.
Pour le faire monter, on peut par exemple faire répéter 32 fois `ajouter (10) à y`.

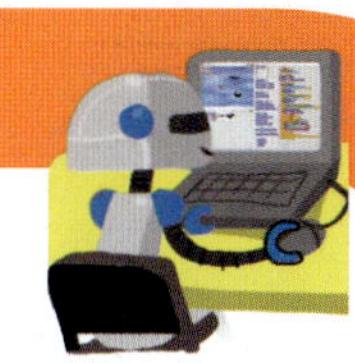

Étape 4 ■ Mise en place des poissons aux déplacements aléatoires

- Insérer le lutin « Fish » qui contient plusieurs costumes différents donc potentiellement plusieurs poissons.
- Programmer ce lutin pour qu'il puisse s'orienter uniquement de droite à gauche ou de gauche à droite et le faire s'arrêter aléatoirement.

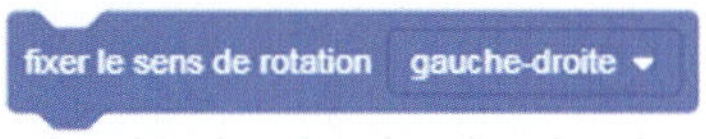

- De façon infinie, faire apparaitre le poisson à une taille choisie au hasard et le faire traverser l'écran dans un temps aléatoire compris entre 1 et 3 secondes.

- À la fin d'un parcours, faire changer de costume au poisson pour qu'un autre type de poisson apparaisse ensuite.

Étape 5 ■ Test du contact entre le ballon et les poissons

- Programmer le lutin « Fish » pour que, dans un autre script, il teste indéfiniment en parallèle le contact avec le lutin « Basketball ».

En cas de contact, le lutin doit se cacher et envoyer un message à tous les autres lutins. Ainsi, le lutin « Basketball » doit aussi se cacher quand il reçoit ce message pour donner l'illusion d'avoir touché le poisson.

Étape 6 ■ Comptabilisation du nombre de poissons touchés

- Créer une variable « POISSONS » qui permettra de comptabiliser le nombre de poissons touchés.

On ajoutera 1 à cette variable à chaque fois qu'un poisson est touché.

ÉVOLUTIONS POSSIBLES

- Mettre en place un système de score en donnant des valeurs différentes aux poissons en fonction de leur taille et de leur vitesse.
- Mettre un chronomètre avec des objectifs de points à réaliser.
- Intégrer une méduse dans le jeu qui peut apparaitre/disparaitre et faire perdre des points si on la touche.

Projet 3

Tu brûles ! Tu refroidis !

À la recherche d'un diamant précieux, le chat est là pour aider le joueur et lui dire s'il brûle ou refroidit dans sa recherche.

Étape 1 ■ Insérer et placer les différents lutins

- En plus du lutin « Cat », insérer les lutins « Snowflake » et « Sun ».
- À l'appui sur le drapeau vert :
  - placer « Cat » en bas de l'écran au milieu ;
  - mettre « Snowflake » à 20 % de sa taille initiale et le placer aligné avec « Cat » tout à gauche de l'écran ;
  - mettre « Sun » à 35 % de sa taille initiale et le placer aligné avec « Cat » tout à droite de l'écran.

Étape 2 ■ Débuter le jeu en cachant le diamant

- Insérer le lutin « Crystal » et le programmer pour qu'à l'appui sur le drapeau vert, il se cache et se place à une position aléatoire.

```
aller à (position aléatoire ▾)
```

- Faire dire au chat une phrase pour débuter le jeu et expliquer son rôle.

Étape 3 ■ Estimer la distance entre le diamant et la souris

- Créer une variable (Distance) à laquelle on attribuera à chaque clic de souris la distance qui sépare le pointeur de la souris du diamant.

```
(distance de (pointeur de souris ▾))
```

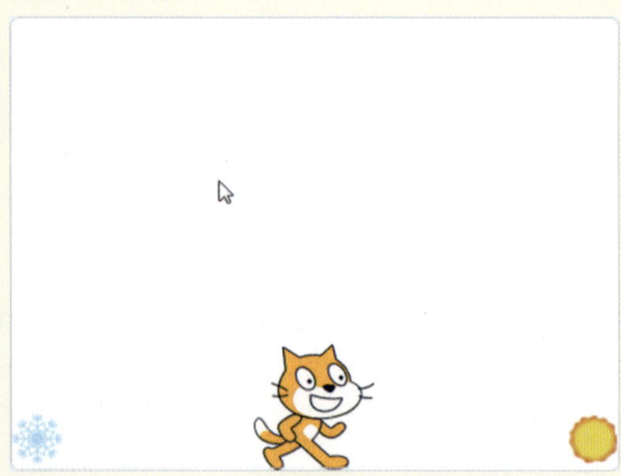

Étape 4 ■ Positionner le chat pour donner une indication

Horizontalement, le chat peut se déplacer entre le flocon (le plus froid) et le soleil (le plus chaud).

– À chaque clic, faire envoyer un message à tous par le diamant pour que le chat se positionne au mieux en fonction de la valeur contenue dans la variable « Distance ».

Plus la valeur de la variable est petite et plus le chat doit se placer près du soleil.
Pour plus de fluidité, on peut utiliser l'instruction :

```
glisser en (1) secondes à x: ( ) y: ( )
```

Étape 5 ■ Compter le nombre de clics faits par le joueur

– Créer une variable « Nombre de clics » qui permettra de comptabiliser les clics réalisés par le joueur pour trouver le diamant.

– À chaque clic, ajouter 1 à cette variable et la remettre à zéro au début de chaque jeu.

Étape 6 ■ Terminer le jeu lorsque le diamant est découvert

– Ajouter un test sur le diamant pour qu'au moment où la distance entre le pointeur de la souris et le diamant est inférieure à 10, le jeu s'arrête. Le diamant apparait et il félicite le joueur en lui disant combien de clics il a utilisés.

ÉVOLUTIONS POSSIBLES

– Rajouter d'autres objets à trouver.
– Insérer un chronomètre qui décroit encore plus vite à chaque clic.
– Mettre en place un score, les objets faisant gagner des points, les clics en faisant perdre.
– ...

Projet 4

Messages codés

Utilise le chiffrement de César pour coder et décoder des mots.

Étape 1 ■ Mémoriser l'alphabet

Le principe du codage de César permet de coder des messages par décalage.
Par exemple avec un décalage de 2, chaque lettre est remplacée par une autre :

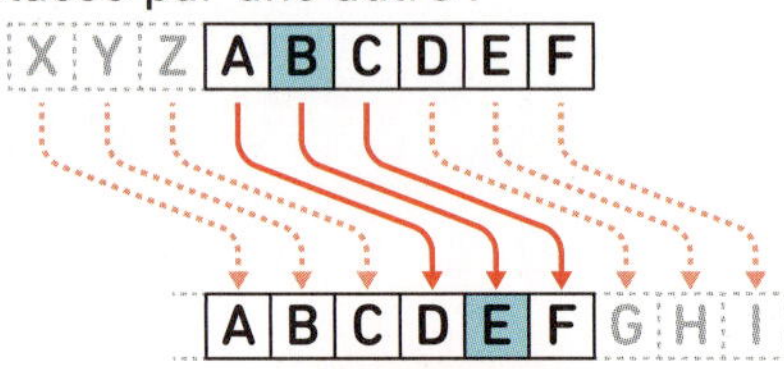

– Créer une variable ALPHABET qui doit contenir les 26 lettres de l'alphabet dans l'ordre et en majuscules.

Étape 2 ■ Saisir le décalage et le message à coder

– Demander à l'utilisateur de préciser le décalage qu'il souhaite utiliser pour le codage de son message (un nombre entier) et stocker cette valeur dans une variable DECALAGE.

– Demander à l'utilisateur le message qu'il souhaite coder (saisi en majuscules) et stocker cette valeur dans une variable MESSAGE.

Étape 3 ■ Déterminer la position d'une lettre dans l'alphabet

– Créer un bloc nommé « **Position dans l'alphabet** » auquel on donne une lettre et qui stocke dans une variable « **Position** » le rang de cette lettre dans l'alphabet.

Aide

On peut, par exemple, faire tourner une boucle qui ajoute 1 à la variable « Position » jusqu'à ce que la lettre soit trouvée dans l'alphabet grâce à l'instruction lettre Position de ALPHABET.

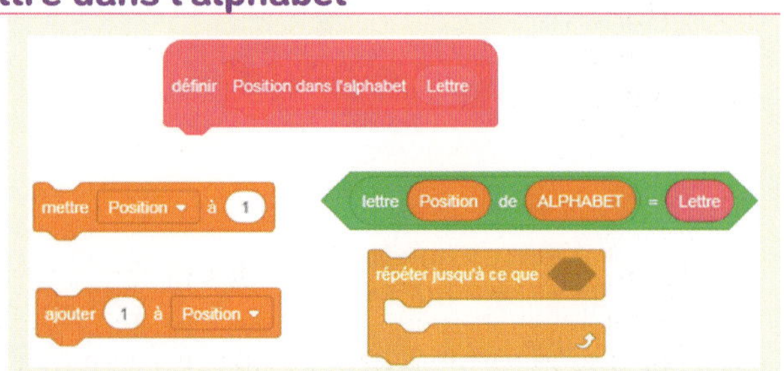

Étape 4 ■ Coder la lettre en décalant dans l'alphabet

– Créer un bloc « Décaler » auquel on donne un numéro de lettre et un décalage et qui met dans la variable « **Position** » la position dans l'alphabet de la lettre codée.

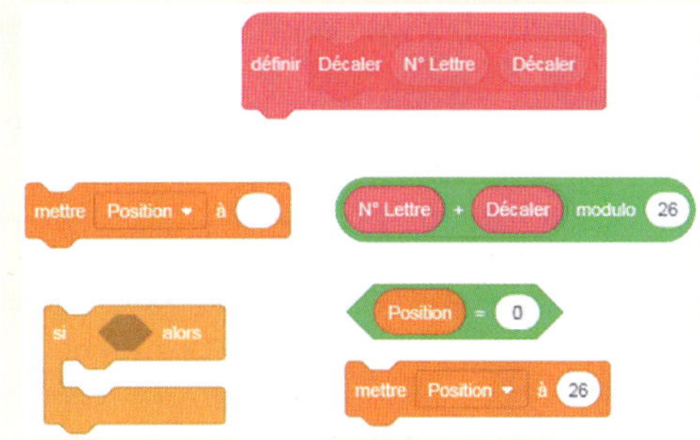

Il faut cependant penser que la lettre X (24e lettre) avec un décalage de 6 correspond à la lettre D (4e lettre). En effet, 24 + 6 = 30, mais :

24→X 25→Y 26→Z 27→A
28→B 29→C 30→D

Il faut donc trouver un moyen pour que 30 corresponde à 4.

Pour cela, le reste de la division euclidienne par 26 peut être utile  .

Il faut alors juste traiter le cas où le reste est 0, cas qui correspond à la 26e lettre en fait.

Étape 5 ■ Créer le message codé

– Créer une variable « **Compteur** » qui va permettre de compter les lettres du message à coder.

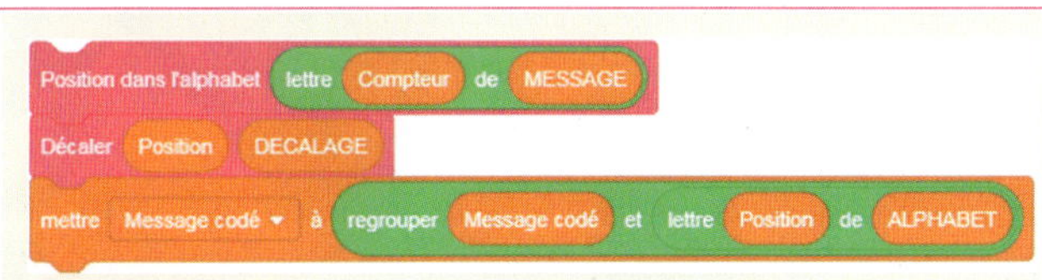

– À l'aide d'une boucle, pour chaque lettre du message, utiliser successivement les blocs 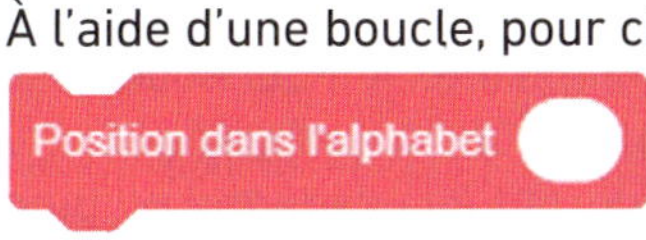 et 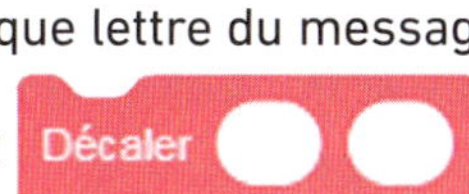 et rajouter ainsi dans une variable « **Message codé** » la lettre obtenue.

Étape 6 ■ Coder et décoder des mots

– Tester le programme en codant et décodant des mots.
Pour tester, un décalage de 26 ne doit pas changer le mot.

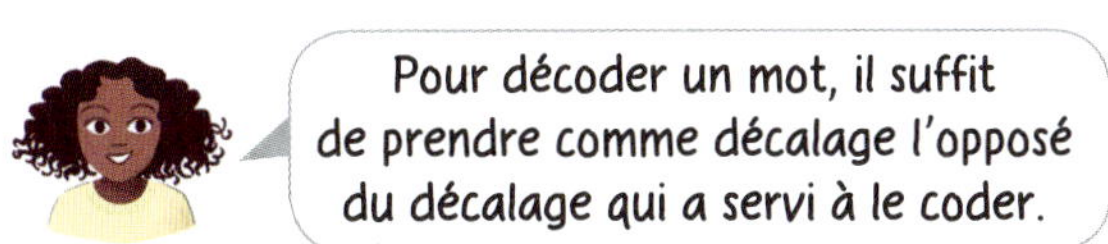

Par exemple, **BONJOUR** avec un décalage de 2 donne **DQPLQWT**.
Et si on code **DQPLQWT** avec un décalage de –2, on obtient **BONJOUR**.

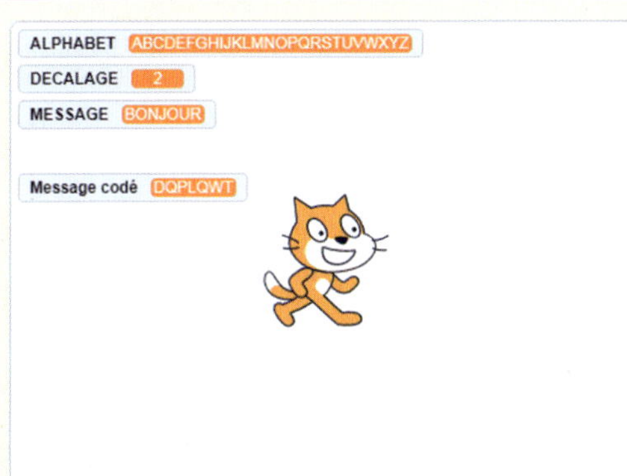

ÉVOLUTIONS POSSIBLES
– Ajouter la possibilité de coder des phrases en détectant les espaces.
– Intégrer le codage des caractères en minuscules et des caractères accentués.
– Créer une machine à décoder lorsque l'on ne connait pas le décalage du codage.
– …

Projet 5

Un jeu sérieux : la roue tourne

On peut apprendre tout en s'amusant ! Programme un jeu qui te permettra de mieux comprendre les lois du hasard et leurs rôles dans les jeux dits « de hasard »…

Une cagnotte qui débute à 100 points et qu'il faut faire évoluer avant d'avoir tout perdu !

Un rond de couleur qui permettra de choisir la couleur sur laquelle on mise en les faisant défiler. Si la roue donne cette couleur, on gagne, sinon on perd !

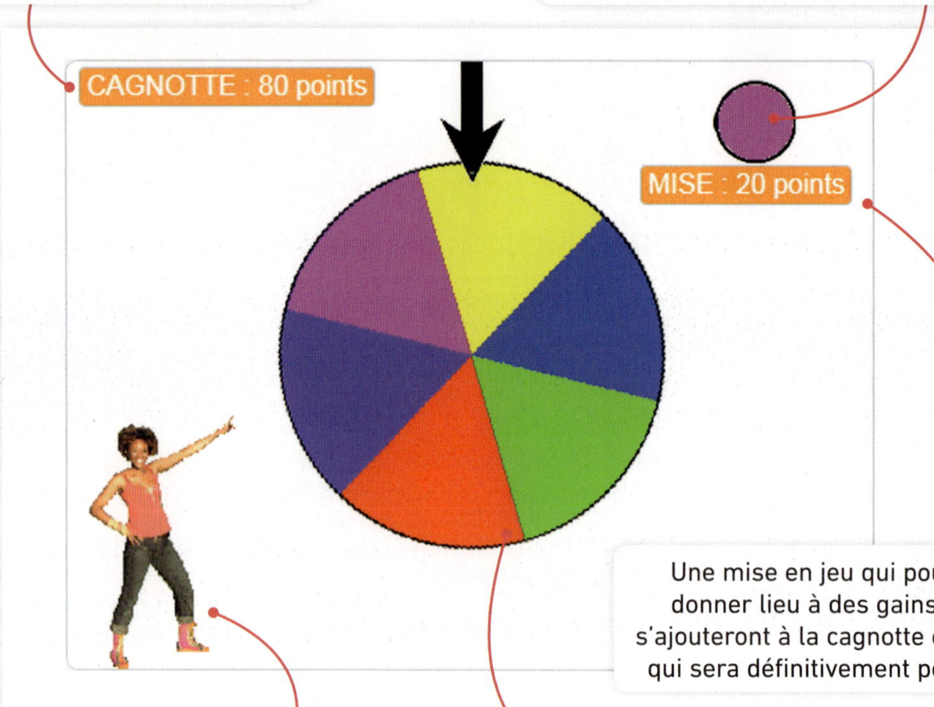

Une mise en jeu qui pourra donner lieu à des gains qui s'ajouteront à la cagnotte ou bien qui sera définitivement perdue.

Une présentatrice de jeu qui va demander combien l'on veut miser, comment faire tourner la roue et dire ensuite si l'on a perdu sa mise ou bien gagné et combien.

Une roue partagée en plusieurs secteurs identiques mais de couleurs différentes qui tourne aléatoirement quand on la lance.

Programme dans Scratch un jeu de ce type, en y ajoutant éventuellement d'autres variantes et jouer pour comprendre comment fonctionnent les jeux de hasard.

Comment peut-on **prévoir** les **éclipses** ?

Pour le savoir, rendez-vous en fin de chapitre

chapitre 1

QCM de révision
Avant de commencer ce chapitre, fais le point sur tes connaissances : bordas.media/733819_001

Arithmétique

objectifs

1. Je calcule avec des puissances
2. J'utilise des diviseurs, des multiples d'un nombre et des nombres premiers
3. Je décompose en produit de facteurs premiers et je rends une fraction irréductible

EXEMPLES DE RÉUSSITE !

3 20 37 40 47 48 83

cherchons ensemble

Si tu ne comprends pas certains des mots utilisés ici, demande à ton professeur ou consulte le *Dico des maths*, p. 10.

Activité 1 — Calculer avec des puissances

OBJECTIF 1

A. Puissance d'exposant négatif

1 Recopier et compléter les égalités suivantes :

a. $0{,}001 = \dfrac{1}{1\,000} = \dfrac{1}{10^{\cdots}} = 10^{\cdots}$ **b.** $0{,}25 = \dfrac{1}{4} = \dfrac{1}{2^{\cdots}} = 2^{\cdots}$

B. Produit de puissances

Arthur doit effectuer ce calcul : $\dfrac{2^3}{2^5}$.

2 Écrire 2^3 comme un produit de plusieurs facteurs égaux à 2 : $2^3 = 2 \times \ldots$

3 De même, écrire 2^5 comme le produit de plusieurs facteurs égaux à 2 : $2^5 = 2 \times \ldots$

4 En déduire un quotient égal à $\dfrac{2^3}{2^5}$ et le simplifier :

$$\frac{2^3}{2^5} = \frac{2 \times \ldots}{2 \times \ldots}$$

Simplifier une fraction, c'est diviser son numérateur et son dénominateur par un même nombre.

5 Proposer une écriture de $\dfrac{2^3}{2^5}$ sous la forme d'une puissance de 2 : $\dfrac{2^3}{2^5} = 2^{\cdots}$

Activité 2 — Jouer au jeu de Juniper Green

OBJECTIF 2

Le Juniper Green est un jeu qui se joue à deux sur une grille des 20, 50 ou 100 premiers nombres entiers. Ses règles sont très simples.

- Le premier joueur choisit un nombre.
- À tour de rôle, chaque joueur choisit un nombre parmi les multiples ou les diviseurs du nombre choisi précédemment par son adversaire (un nombre ne peut être joué qu'une seule fois).
- Un joueur est déclaré gagnant quand son adversaire ne peut plus jouer.

A. Un exemple de partie

Paul et Ines commencent à jouer au Juniper Green :

1 Dans cette partie, quels sont les nombres qu'Inès peut cocher au Tour 3 ?

2 Que peut-on lui conseiller de jouer ? Pourquoi ?

B. Vers une stratégie gagnante

3 Faire plusieurs parties avec un(e) camarade en essayant de trouver une stratégie gagnante.

4 Il existe une stratégie qui permet au joueur débutant la partie d'être certain de gagner. Quelle est cette stratégie ?

5 Cette stratégie est basée sur l'utilisation de certains nombres particuliers, quels sont ces nombres ?

6 Combien de diviseurs ont les nombres trouvés en **5** ? Y en a-t-il plusieurs dans la grille ?

Les nombres qui ont exactement deux diviseurs, 1 et eux-mêmes, sont appelés les nombres premiers.

C. Une nouvelle règle

Pour éviter qu'un joueur puisse utiliser la stratégie gagnante vue au **5**, on ajoute une règle :

Le premier joueur doit absolument choisir un nombre **pair**.

7 Faire plusieurs parties seul(e) ou avec un camarade en essayant de faire la plus longue partie possible.

Activité 3 — Décomposer en facteurs premiers et rendre une fraction irréductible

OBJECTIF 3

A. À l'aide des critères de divisibilité

1 Simplifier les fractions suivantes en utilisant les critères de divisibilité :

a. $\frac{55}{35}$ b. $\frac{21}{49}$ c. $\frac{270}{120}$

Lorsqu'une fraction ne peut plus être simplifiée, on dit qu'elle est irréductible.

B. À l'aide de décompositions en produits de facteurs premiers

2 **Décomposition du nombre 600**

600 est divisible par 2. On peut écrire 600 comme le produit de deux facteurs : $600 = 2 \times 300$. 300 est aussi divisible par 2. On peut donc aussi écrire 300 comme un produit de deux facteurs.

a. Recopier et compléter l'égalité : $600 = 2 \times 2 \times ...$

b. Poursuivre le processus entamé en **2a** autant que possible en cherchant à décomposer les nouveaux facteurs obtenus en produit de deux facteurs.
Vérifier que l'on obtient finalement $600 = 2 \times 2 \times 2 \times 3 \times 5 \times 5$, c'est-à-dire $2^3 \times 3 \times 5^2$.

3 a. Décomposer de même en produits de facteurs premiers le nombre 840.

b. En déduire une simplification de la fraction $\frac{600}{840}$.

C. À l'aide de la calculatrice

4 Utiliser le mode *Fraction* de la calculatrice pour saisir la fraction $\frac{60}{126}$ et vérifier que la calculatrice permet d'obtenir $\frac{10}{21}$.

$\frac{60}{126}$ $\frac{10}{21}$

5 Utiliser la calculatrice pour rendre irréductible les fractions suivantes :

a. $\frac{2\,700}{1\,850}$ b. $\frac{221}{289}$ c. $\frac{266}{322}$.

COURS

1 Puissances d'un nombre relatif

OBJECTIF 1

DÉFINITION • a désigne un nombre relatif et n un entier positif non nul.

• a^n désigne le produit de n facteurs tous égaux à a : $a^n = \underbrace{a \times a \times \ldots \ldots\ldots \times a \times a}_{n \text{ facteurs}}$.

• a^n se lit « a **puissance** n » ou « a **exposant** n ».

Exemples

1. $2^6 = 2 \times 2 \times 2 \times 2 \times 2 \times 2 = 64$.
2. $(-3)^3 = (-3) \times (-3) \times (-3) = -27$.

DÉFINITION

• a^{-n} désigne l'**inverse** de a^n. • $a^{-n} = \frac{1}{a^n}$, où a est un nombre relatif différent de zéro.

Exemples

1. $2^{-3} = \frac{1}{2^3} = \frac{1}{2 \times 2 \times 2} = \frac{1}{8}$.
2. $(-5)^{-2} = \frac{1}{(-5)^2} = \frac{1}{(-5) \times (-5)} = \frac{1}{25}$.

Cas particuliers : $a^1 = a$ et $a^{-1} = \frac{1}{a}$.

Convention : $a^0 = 1$ (avec $a \neq 0$).

2 Multiples, diviseurs et nombres premiers

OBJECTIF 2

DÉFINITION Dire qu'un nombre entier a est **multiple** d'un nombre entier b signifie qu'il existe un entier k tel que $a = b \times k$.
On dit aussi : « b est un **diviseur** de a » ou « a est **divisible par** b ».

Exemple

$15 = 3 \times 5$. On dit que 15 est un multiple de 5, que 5 est un diviseur de 15 ou que 15 est divisible par 5.

PROPRIÉTÉ Tout nombre entier est divisible par 1 et lui-même.

DÉMONSTRATION

Si a est un nombre entier : $a \times 1 = a$ donc 1 est diviseur de a et a est un diviseur de a.

Exemple

$12 \times 1 = 12$. 12 est donc divisible par 1 et 12.

DÉFINITION Un **nombre premier** est un entier qui n'admet **que** deux diviseurs distincts, 1 et lui-même.

Exemples

Voici le début de la liste des nombres premiers : 2, 3, 5, 7, 11, 13, 17, 19, 23, 29, 31...
Le nombre 1 n'en fait pas partie car il n'a qu'un seul diviseur.

PROPRIÉTÉS

- Un nombre est divisible par 2 s'il est pair donc s'il se termine par 0, 2, 4, 6 ou 8.
- Un nombre est divisible par 4 si le nombre formé par ses deux derniers chiffres est un multiple de 4.
- Un nombre est divisible par 5 s'il se termine par 0 ou 5.
- Un nombre est divisible par 3 si la somme de ses chiffres est un multiple de 3.
- Un nombre est divisible par 9 si la somme de ses chiffres est un multiple de 9.

Démonstration p. 54

Exemples

1. 276 est divisible par 2 car il se termine par « 6 ».
2. 752 est divisible par 4 car 52 est un multiple de 4.
3. 465 est divisible par 5 car il se termine par « 5 » et par « 3 » car $5 + 6 + 4 = 15$ (multiple de 3).

DÉFINITION Dire qu'un nombre d est un **diviseur commun** de deux nombres entiers a et b signifie que a et b sont divisibles par d.

Exemple Les diviseurs de 12 sont : 1 ; 2 ; 3 ; 4 ; 6 ; 12.
Les diviseurs de 18 sont : 1 ; 2 ; 3 ; 6 ; 9 ; 18.
1, 2, 3 et 6 sont les diviseurs communs à 12 et 18.

3 Décomposition et fractions irréductibles

OBJECTIF 3

PROPRIÉTÉ On peut toujours décomposer un nombre non premier en produit de plusieurs facteurs premiers.

Propriété admise

Exemple On peut décomposer 588 en produit de facteurs premiers :

$588 = 2 \times 294$
$2 \times 2 \times 147$
$2 \times 2 \times 3 \times 49$
$2 \times 2 \times 3 \times 7 \times 7$

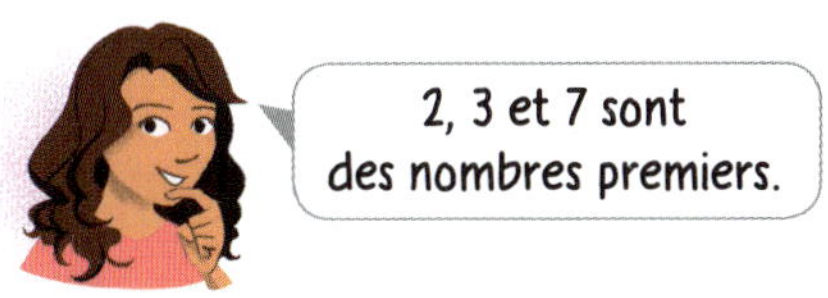

Ainsi, $588 = 2 \times 2 \times 3 \times 7 \times 7 = 2^2 \times 3 \times 7^2$.

DÉFINITION Soit a et b deux entiers.

Dire que la fraction $\frac{a}{b}$ est **irréductible** signifie que le seul diviseur commun à a et b est 1.

Exemple $\frac{15}{14}$ est une fraction irréductible car le seul diviseur commun à 15 et 14 est 1.

Remarque : On peut simplifier facilement une fraction et la rendre irréductible en décomposant son numérateur et son dénominateur en produits de facteurs premiers.

Exemple On veut rendre irréductible la fraction $\frac{120}{84}$.

$120 = 2^3 \times 3 \times 5$ et $84 = 2^2 \times 3 \times 7$.

$\frac{120}{84} = \frac{2^3 \times 3 \times 5}{2^2 \times 3 \times 7} = \frac{\cancel{2} \times \cancel{2} \times 2 \times \cancel{3} \times 5}{\cancel{2} \times \cancel{2} \times \cancel{3} \times 7} = \frac{2 \times 5}{7} = \frac{10}{7}$. $\frac{10}{7}$ est une fraction irréductible.

objectif 1

Je comprends

Voir la vidéo : bordas.media/733819_003

Écrire chaque expression comme la puissance d'un nombre entier :

- $A = 2^3 \times 2^5$ • $B = \dfrac{5^6}{5^8}$ • $C = 7^4 \times 3^4$

Exercice résolu

Dans l'expression A, on a un produit de deux puissances de 2.

En utilisant la définition des puissances, on obtient :

$A = 2^3 \times 2^6$
$= 2 \times 2 \times 2 \times 2 \times 2 \times 2 \times 2 \times 2 \times 2$
$= 2^9.$

Dans l'expression B, on a un quotient de puissances de 5.

En utilisant la définition des puissances, on peut simplifier la fraction obtenue :

$B = \dfrac{5^7}{5^9} = \dfrac{5 \times 5 \times 5 \times 5 \times 5 \times 5}{5 \times 5 \times 5 \times 5 \times 5 \times 5 \times 5 \times 5} = \dfrac{1}{5 \times 5} = \dfrac{1}{5^2} = 5^{-2}$

Dans l'expression C, on a le produit de deux nombres élevés à une même puissance.

En utilisant la définition des puissances et en regroupant les paquets de 7×3, on obtient :

$C = 7^4 \times 3^4 = 7 \times 7 \times 7 \times 7 \times 3 \times 3 \times 3 \times 3$
$= (7 \times 3) \times (7 \times 3) \times (7 \times 3) \times (7 \times 3) = (7 \times 3)^4 = 21^4.$

Je m'échauffe

S'entraîner avec Aplusix : bordas.media/733819_004

1 QUESTIONS FLASH

Calculer les puissances et donner la réponse sous forme d'un nombre entier ou décimal :

a. 7^2 **b.** 2^5 **c.** 5^2 **d.** 10^6
e. 2^{-2} **f.** 2^{-3} **g.** 10^{-4} **h.** 10^{-5}

2 Calculer en utilisant la calculatrice et donner la réponse sous forme d'un nombre entier ou décimal :

2^{10} 11^4 17^3 2^{-8}
4^{-5} $(-3)^{10}$ $(-8)^7$ $(-13)^6$

3 Simplifier les écritures suivantes en les écrivant sous la forme d'une puissance d'un nombre :

a. $8 \times 8 \times 8 \times 8 \times 8$ **b.** $0{,}3 \times 0{,}3 \times 0{,}3 \times 0{,}3$
c. $\dfrac{1}{100}$ **d.** $\dfrac{1}{6 \times 6 \times 6 \times 6 \times 6}$

4 Calculer chacune des expressions suivantes :

- $A = 3 + 3^3$ • $B = 7 + 10^2 + 10^{-2}$
- $C = 13 - 3^4$ • $D = 6^2 - 2^6$

5 Calculer chacune des expressions suivantes :

- $E = 5 \times 2^6$ • $F = (5 \times 2)^6$
- $G = 5 \times 2^4 - 5^2 \times 2$ • $H = 4^2 - 2^3 + 2^{-3}$

6 Écrire comme la puissance d'un nombre entier :

- $A = 3^4 \times 3^3$ • $B = (-5)^5 \times (-5)^2$ • $C = (5^4)^3$
- $D = \dfrac{8^7}{8^5}$ • $E = \dfrac{9^8}{9^6}$ • $F = 5^5 \times 7^5$

7 Donner l'écriture scientifique des nombres :

a. 240 000 **b.** 385 000 000 **c.** 0,006

> **Rappel**
> L'écriture scientifique est de la forme $a \times 10^n$, où a est un nombre compris entre 1 (inclus) et 10 (exclus) et n est un entier relatif.

8 Donner l'écriture scientifique des nombres :

a. 750×10^5 **b.** $4\,700 \times 10^{-8}$ **c.** $0{,}095 \times 10^7$

9 Vrai ou Faux ?

Pour chaque affirmation proposée, dire si elle est vraie ou fausse en justifiant la réponse.

Affirmation 1 $2^7 + 2^{-7} = 2^0$.

Affirmation 2 $3^5 \times 3^{-5} = 0$.

Affirmation 3 $(5^2)^3 \times 5^{-6} = 1$.

10 **1.** Écrire quelques mots courants commençant par les préfixes *méga*, *giga*, *micro* et *nano*.

2. Combien de nanomètres y a-t-il dans un décamètre ? Combien de microgrammes dans un kilogramme ?

Je m'entraîne 1

11 Écrire chaque expression sous la forme a^n, où a est un nombre relatif et n un entier relatif :
- $A = 7^3 \times 7^5$
- $B = 5^{-3} \times 5^7$
- $C = 2{,}1^4 \times 2{,}1^8$
- $D = \dfrac{5^{11}}{5^8}$
- $E = \dfrac{13^6}{13^{10}}$
- $F = \dfrac{11^{-3}}{11^5}$
- $G = 1{,}2^4 \times 5^4 \times 2^4$
- $H = (10^3)^2 \times 10^5$

12 Écrire chaque expression sous la forme a^n, où a est un nombre relatif et n un entier relatif :

a. $2^4 \times 32$ **b.** 16×4^7
c. 25×125 **d.** $9 \times 81 \times 3$

13 Donner l'écriture scientifique des nombres suivants en détaillant les étapes de calcul :
- $A = 4 \times 10^{11} \times 8 \times 10^{-5}$
- $B = -0{,}6 \times 10^{-8} \times 0{,}4 \times 10^3$
- $C = \dfrac{2\,500 \times 10^{-6}}{2 \times 10^5}$

14 **Physique-Chimie** La vitesse de la lumière est de 3×10^5 km/s.

1. Quelle distance parcourt la lumière en une minute ?

2. Combien de temps met la lumière pour faire le tour de la Terre (environ 40 000 km) ?

15 **L'écologie autour de moi**

Le parc éolien de Fruges (Pas-de-Calais) est le plus grand ensemble d'éoliennes en France. Il est composé de 70 éoliennes ayant chacune une puissance de 2 mégawatts.

1. Quelle est, en watts, la puissance totale de ce parc ?
On donnera la réponse en écriture scientifique.

2. Avec une capacité installée de 61,4 GW (gigawatt), le parc nucléaire français est le deuxième plus important parc au monde en terme de puissance.
Combien de parcs éoliens comme celui de Fruges faudrait-il pour remplacer complétement le nucléaire ?

Je m'entraîne 2

16 Écrire chaque expression sous la forme a^n, où a est un nombre relatif et n un entier relatif :
- $A = 7{,}1^3 \times 7{,}1^5$
- $B = 15^{-4} \times 15^7 \times 15^3$
- $C = \dfrac{5^4 \times 5^{11}}{5^8}$
- $D = \dfrac{11^{-5} \times 11^{11}}{11^{-3}}$
- $E = 0{,}4^4 \times 0{,}6^4 \times 25^4$
- $F = (-3)^{-3} \times 10^{-3} \times (-7)^{-3}$

17 Écrire chaque expression sous la forme a^n, où a est un nombre relatif et n un entier relatif :

a. $2^6 \times 64$ **b.** 64×4^5
c. 16×81 **d.** $0{,}25 \times 4^6$

18 Donner l'écriture scientifique des nombres suivants en détaillant les étapes de calcul :
- $A = \dfrac{4 \times 10^9 \times 6 \times 10^{-3}}{5 \times 10^5}$
- $B = \dfrac{1{,}5 \times 10^7 \times 4 \times 10^2}{2 \times 10^{-2}}$

19 **Physique-Chimie** Voici les distances (en km) qui séparent le Soleil de trois planètes du système solaire :
- Soleil-Vénus : 105×10^6 km ;
- Soleil-Mars : 2250×10^5 km ;
- Soleil-Terre : $1{,}5 \times 10^8$ km.

Parmi ces trois planètes, quelle est celle qui est la plus éloignée du Soleil ? Justifier.

20 **SVT** Une bactérie « se divise » en deux bactéries, chacune des deux bactéries obtenues « se partage » en deux nouvelles bactéries... Lorsque les conditions sont favorables, le nombre de bactéries peut être multiplié par 2 toutes les 30 minutes. Un chercheur place une bactérie en conditions favorables.

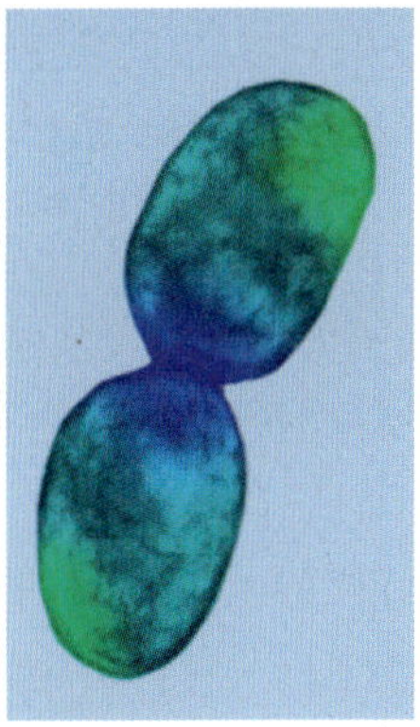

Combien obtient-il de milliards de bactéries au bout de 18 h ?

21 **TOP Chrono** 10 min

1. Le smartphone de Victor peut stocker 16 gigaoctets (Go) de données. Combien de photos de 2 Mo peut-il y stocker ?

2. L'atome d'oxygène a un rayon de 0,06 nanomètres (nm). Léa dit qu'il est 2 millions de fois plus petit qu'un ballon de basket (dont le diamètre est de 24 cm). A-t-elle raison ?

Je comprends

Voir la vidéo : bordas.media/733819_005

Un engrenage est composé de deux roues A et B comportant respectivement 18 et 24 dents.
La roue A tourne dans le sens des aiguilles d'une montre.
La roue B tourne dans le sens inverse.
Les flèches bleue et rouge indiquent la position de départ.
Au bout de combien de tours de chaque roue se retrouveront-elles dans la même position pour la première fois ?

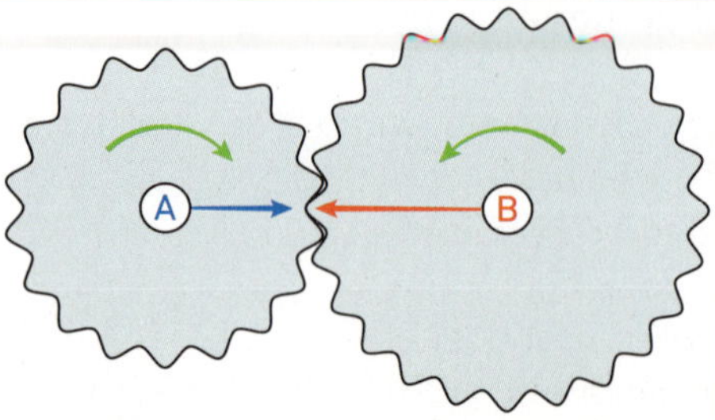

Exercice résolu

ÉTAPE 1. Pour que les roues se retrouvent dans la position initiale, il faut qu'elles effectuent un nombre entier de tours et il faut que le nombre de dents franchies ou utilisées soit le même des deux côtés.
Donc on cherche les multiples de leurs nombres de dents :
– multiples de **18** : 18, 36, 54, 72, 90, 108 ... ;
– multiples de **24** : 24, 48, 72, 96, 120 ....

ÉTAPE 2. On cherche le plus petit multiple commun à ces nombres de dents, **18** et **24**.
On trouve 72.
$72 = 18 \times 4$ donc la roue A a fait 4 tours.
$72 = 24 \times 3$ donc la roue B a fait 3 tours.

Je m'échauffe

22 QUESTIONS FLASH

Vrai ou Faux ?

1. Il existe des nombres qui ne possèdent aucun diviseur.
2. Un nombre possède toujours un nombre pair de diviseurs.
3. Un nombre premier a seulement deux diviseurs.
4. Tous les nombres premiers sont impairs.

23 Les nombres suivants sont-ils divisibles par 2 ? par 3 ? par 4 ? par 5 ? par 9 ?

a. 10 **b.** 18 **c.** 25 **d.** 27
e. 37 **f.** 48 **g.** 51 **h.** 75
i. 99 **j.** 123 **k.** 264 **l.** 396

24 Reproduire et compléter le tableau ci-dessous :

	Divisible par 2	Divisible par 3	Divisible par 5	Divisible par 9
145				non
276		oui		
420				
963				

25 Trouver tous les diviseurs des nombres suivants :

a. 8 **b.** 14 **c.** 20 **d.** 28
e. 32 **f.** 34 **g.** 40 **h.** 55

26 Donner cinq multiples de chacun des nombres suivants :

a. 7 **b.** 11 **c.** 15 **d.** 19
e. 23 **f.** 28 **g.** 37 **h.** 48

27
1. Donner tous les nombres premiers inférieurs à 20.
2. Donner tous les nombres premiers compris entre 40 et 60.
3. Combien y a-t-il de nombres premiers entre 80 et 100 ?

28 On distribue un jeu de 52 cartes de façon égale entre 7 joueurs.
1. Combien chacun aura-t-il de cartes ?
2. Combien de cartes ne seront pas distribuées ?

29 Je suis un nombre entier compris entre 1 509 et 1 534. Je suis divisible par 2 et par 3 mais pas par 4, ni par 9.
Qui suis-je ?

Je m'entraîne 1

30 Trouver trois nombres possédant chacun exactement trois diviseurs.

31 On a composé un engrenage à partir de deux roues dentées. La roue A possède 22 dents.
La roue B possède 14 dents.
Au bout de combien de tours de chaque roue se retrouveront-elles dans la même position pour la première fois ?

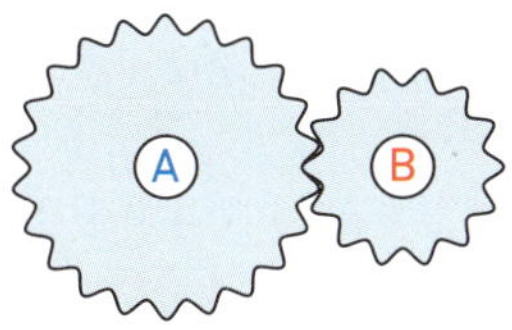

32 **Les maths autour de moi**
Sur la ligne C du RER parisien, deux trains partent en même temps mais en direction opposée de la station « Champ de Mars – Tour Eiffel » à 8 h 00.
Dans un sens, il passe un train toutes les 6 minutes.
Dans l'autre sens, il passe un train toutes les 8 minutes. À quelle heure y aura-t-il à nouveau deux trains en même temps dans la station ?

33 On a 24 croissants et 36 pains au chocolat que l'on veut répartir dans des corbeilles ayant toutes le même contenu.
Combien faut-il prévoir de corbeilles ?
Chercher toutes les possibilités.

34 Le célèbre pirate Edward Teach, dit « Barbe-noire », pille, en 1718, un navire chargé d'or.
Il dit à ses 300 hommes :
« Comptez ces pièces d'or. Partagez-les de façon à ce que chacun en ait le même nombre et donnez-moi le reste ! »

Le décompte montre que le butin s'élève à 6 850 pièces d'or.
Que peut-on dire de ce partage ?

Je m'entraîne 2

35 Trouver quatre nombres possédant chacun exactement quatre diviseurs.

36 On a composé un engrenage à partir de deux roues dentées.
La roue C possède 24 dents.
La roue D possède 57 dents.

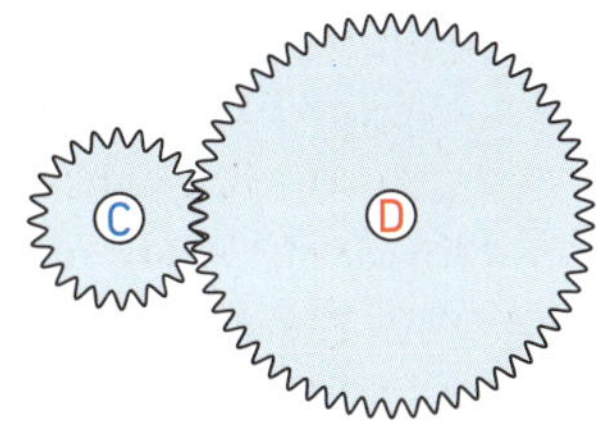

Au bout de combien de tours de chaque roue se retrouveront-elles dans la même position pour la première fois ?

37 Deux ampoules clignotent. L'une s'allume toutes les 153 secondes et l'autre toutes les 187 secondes.
À minuit, elles s'allument ensemble.
Déterminer l'heure à laquelle elles s'allumeront de nouveau ensemble.

38 Une fleuriste a 120 roses et 380 tulipes en stock dans son magasin. Pour la fête des mères, elle décide de former des bouquets avec des roses et des tulipes, de façon à ce que tous les bouquets soient identiques et que toutes les fleurs soient utilisées.

Combien de bouquets peut-elle faire ?
Chercher toutes les possibilités et donner la composition du bouquet dans chaque cas.

39 **TOP Chrono** 10 min

Dans le tableau final du spectacle de danse, tous les danseurs étaient en piste.

Lorsqu'ils se regroupaient par 2, il en restait 1 tout seul.
Lorsqu'ils se regroupaient par 3, il en restait 2.
Lorsqu'ils se regroupaient par 4, il en restait 3.
Lorsqu'ils se regroupaient par 5, il en restait 4.
Combien y avait-il de danseurs sachant qu'ils étaient moins de 100 ?

objectif 3 Je décompose en produit

Je comprends

Voir la vidéo : bordas.media/733819_006

Trouver la fraction irréductible égale à $\dfrac{882}{1\,134}$ en détaillant la méthode utilisée.

Exercice résolu

ÉTAPE 1. On cherche à décomposer en produit de facteurs premiers le nombre 882 qui est au dénominateur de la fraction.
882 est un nombre pair donc divisible par 2 donc $882 = 2 \times 441$.
441 est un multiple de 3 (car $4 + 4 + 1 = 9$) et $441 : 3 = 147$ donc $882 = 2 \times 3 \times 147$.
147 est un multiple de 3 (car $1 + 4 + 7 = 12$) et $147 : 3 = 49$ donc $882 = 2 \times 3 \times 3 \times 49$.
$49 = 7 \times 7$ donc finalement
$882 = 2 \times 3 \times 3 \times 7 \times 7 = \mathbf{2 \times 3^2 \times 7^2}$.

ÉTAPE 2. On cherche à décomposer en produit de facteurs premiers le nombre 1 134 au numérateur de la fraction.

$1\,134 = 2 \times 567 = 2 \times 3 \times 189 = 2 \times 3 \times 3 \times 63$
$= 2 \times 3 \times 3 \times 3 \times 21 = 2 \times 3 \times 3 \times 3 \times 3 \times 7$
$= \mathbf{2 \times 3^4 \times 7}$.

ÉTAPE 3. On simplifie la fraction en utilisant les facteurs communs au numérateur et au dénominateur :

$$\frac{882}{1\,134} = \frac{2 \times 3 \times 3 \times 7 \times 7}{2 \times 3 \times 3 \times 3 \times 3 \times 7} = \frac{7}{3 \times 3} = \frac{7}{9}.$$

Remarque : La calculatrice permet de vérifier ces calculs.

Je m'échauffe

S'entraîner avec Aplusix : bordas.media/733819_007

40 QUESTIONS FLASH

1. Donner la décomposition en facteurs premiers des nombres suivants :
a. 8 **b.** 12 **c.** 30 **d.** 50.

2. Rendre irréductibles les fractions suivantes :
a. $\dfrac{15}{35}$ **b.** $\dfrac{66}{30}$ **c.** $\dfrac{12}{51}$ **d.** $\dfrac{75}{45}$.

41 Parmi les fractions suivantes, trouver celles qui sont irréductibles :

$\dfrac{8}{11}$ $\dfrac{7}{14}$ $\dfrac{15}{9}$ $\dfrac{17}{18}$ $\dfrac{24}{17}$

42 Parmi les fractions suivantes, trouver celles qui sont irréductibles et simplifier les autres pour qu'elles le soient aussi :

$\dfrac{5}{15}$ $\dfrac{12}{7}$ $\dfrac{19}{16}$ $\dfrac{12}{9}$ $\dfrac{36}{23}$

43 En utilisant la simplification de fraction sur la calculatrice, rendre irréductible les fractions suivantes :

$\dfrac{54}{126}$ $\dfrac{84}{108}$ $\dfrac{165}{90}$ $\dfrac{459}{621}$

44 Sachant que $444 = 2^2 \times 3 \times 37$ et que $814 = 2 \times 11 \times 37$, trouver les fractions irréductibles égales aux fractions suivantes :
a. $\dfrac{444}{814}$ **b.** $\dfrac{814}{444}$ **c.** $\dfrac{4\,440}{8\,140}$

45 En utilisant uniquement le calcul mental, décomposer en produits de facteurs premiers les nombres suivants :

36 54 98 126

46 Décomposer en produits de facteurs premiers les nombres suivants :

42 88 195 396

47 En utilisant la méthode et les outils de son choix, décomposer en produit de facteurs premiers les entiers naturels suivants :

306 124 2 220 4 692

48 Rendre irréductibles les fractions suivantes :
a. $\dfrac{126}{168}$ **b.** $\dfrac{140}{340}$ **c.** $\dfrac{625}{1\,125}$ **d.** $\dfrac{7\,140}{2\,310}$

Je m'entraîne 1

49 /4x Rendre ces fractions irréductibles, puis les classer dans l'ordre croissant afin de découvrir le nom d'un pays :

- $D = \dfrac{320}{128}$
- $T = \dfrac{486}{810}$
- $A = \dfrac{405}{243}$
- $C = \dfrac{252}{336}$
- $H = \dfrac{315}{252}$

50 /4x Écrire chaque nombre sous la forme d'une fraction irréductible :

- $A = \dfrac{0{,}12}{3{,}6}$
- $B = \dfrac{2^2 \times 3 \times 7 \times 13}{2 \times 3^2 \times 13}$
- $C = \dfrac{3 \times 13 \times 15}{2 \times 9 \times 5 \times 13}$

51 **Les maths autour de moi**

Un influenceur organise un grand concours sur ses réseaux sociaux. Il a commandé 80 tee-shirts et 110 casquettes à son effigie pour les faire gagner à ses abonnés. Il souhaite faire le maximum de lots identiques avec tous ses tee-shirts et toutes ses casquettes.

1. Décomposer 80 et 110 en produits de facteurs premiers.

2. En déduire le plus grand diviseur commun à 80 et 110.

3. a. Combien de lots au maximum pourra faire l'influenceur ?

b. Quelle sera la composition de ces lots ?

52 **L'écologie autour de moi**

Thérèse possède un champ agricole rectangulaire de 180 m de long et 105 m de large.

Elle veut le partager en parcelles carrées pour faire des jardins familiaux qu'elle offrira aux habitants de son village.

Quelle sera la longueur maximale du côté des jardins carrés obtenus ?

Je m'entraîne 2

53 /4x Rendre ces fractions irréductibles, puis les classer dans l'ordre décroissant afin de découvrir le nom d'un pays :

- $R = \dfrac{4\,536}{5\,832}$
- $U = \dfrac{1\,426}{6\,417}$
- $P = \dfrac{4\,914}{5\,265}$
- $O = \dfrac{5\,616}{12\,636}$
- $E = \dfrac{6\,804}{8\,262}$

54 /4x Écrire chaque nombre sous la forme d'une fraction irréductible :

- $A = \dfrac{1{,}5}{0{,}09}$
- $B = \dfrac{13{,}8 \times 10^5}{16{,}1 \times 10^7}$
- $C = \dfrac{160 - 6}{105 + 7}$

55 **Les maths autour de moi**

Un cuisinier a préparé 7 950 g de riz pilaf et 5 400 g de rougail saucisse.

Il souhaite préparer un maximum de petits bols identiques avec tout son riz et tout son rougail pour faire gouter sa spécialité créole lors d'un marché gastronomique.

1. Décomposer 7 950 et 5 400 en produits de facteurs premiers.

2. En déduire le plus grand diviseur commun à 7 950 et 5 400.

3. a. Combien de bols au maximum le cuisinier pourra-t-il faire ?

b. Quelle sera la masse de riz et de rougail dans chaque bol ?

56 La caisse que Thomas doit livrer a la forme d'un parallélépipède rectangle. Ses arêtes mesurent un nombre entier de centimètres.

Les faces ont pour aire 2 700 cm^2, 4 050 cm^2 et 5 400 cm^2.

1. Décomposer en produit de facteurs premiers les nombres 2 700, 4 050 et 5 400.

2. En déduire la longueur des côtés de la caisse et son volume.

57 /4x **TOP Chrono** 10 min

1. Sans aucun calcul, expliquer pourquoi on peut simplifier la fraction $\dfrac{4\,114}{7\,650}$.

2. Rendre irréductible la fraction $\dfrac{4\,114}{7\,650}$.

je travaille seul(e)

ou en Accompagnement personnalisé

Je fais le point sur mon cours

QCM de révision
Retrouve un autre QCM interactif : bordas.media/733819_008

		A	B	C
58	$2^3 \times 2^5$ est égal à :	2^8	2^{15}	2^{35}
59	45 est un :	diviseur de 5	multiple de 90	multiple de 5
60	16 possède exactement :	trois diviseurs	quatre diviseurs	cinq diviseurs
61	La fraction irréductible égale à $\frac{36}{56}$ est :	$\frac{18}{28}$	$\frac{3}{5}$	$\frac{9}{14}$
62	La décomposition en facteurs premiers de 60 est :	$3 \times 4 \times 5$	$2 \times 2 \times 3 \times 5$	$2 \times 5 \times 6$

Je fais le point sur mes objectifs

OBJECTIF 1

Je calcule avec des puissances

63 Calculer les puissances suivantes et donner la réponse sous forme d'un nombre entier ou décimal :

8^2 2^8 5^3 10^9
4^{-1} 5^{-1} 8^{-1} 10^{-5}

64 Écrire chaque expression comme la puissance d'un nombre entier relatif :

- $A = 7^4 \times 7^3$
- $B = \frac{9^9}{9^5}$
- $C = (7^2)^3$
- $D = (-6)^5 \times (-6)^2$
- $E = \frac{11^5}{11^8}$
- $F = 2^5 \times 5^5$

65 Donner l'écriture décimale des expressions suivantes :

- $A = 5^2 + 2^2 \times 9$
- $B = \frac{3^2}{4 + 2^2}$
- $C = 5 \times 10^3 - 2 \times 10^2$
- $D = 6^2 - 3^3 + 2^{-2}$

66 Donner l'écriture scientifique des nombres suivants :

a. 7 400 **b.** 580 000 **c.** 0,00725
d. 980×10^6 **e.** 473×10^{-8} **f.** $0{,}095 \times 10^{-3}$

67 Léonie trie ses fichiers numériques. Elle a :
– 350 fichiers texte de 750 ko chacun ;
– 122 fichiers musicaux de 4,5 Mo chacun ;
– 37 vidéos de 1,2 Go chacune.
Elle décide d'acheter un nouveau disque dur pour les stocker.
Quelle capacité doit-elle au moins avoir pour assurer la sauvegarde de tous ses fichiers ?

OBJECTIF 2

J'utilise des diviseurs, des multiples d'un nombre et des nombres premiers

68 Trouver tous les diviseurs des nombres suivants :

a. 9 **b.** 12 **c.** 22 **d.** 26
e. 38 **f.** 46 **g.** 58 **h.** 72

69 Donner cinq multiples de chacun des nombres suivants :

a. 6 **b.** 13 **c.** 17 **d.** 21
e. 22 **f.** 27 **g.** 34 **h.** 41

70 Ethan a une grande cuve de 125 L remplie d'eau. Pour arroser son jardin, Ethan transvase l'eau de la cuve dans des seaux de 18 L.
Combien de seaux Ethan pourra-t-il remplir ?

71 Allan part faire le tour du monde. Après 157 jours, il revient chez lui.

1. Combien de semaines complètes représente ce voyage ?
2. Si Allan part un lundi, quel jour de la semaine va-t-il revenir chez lui ?

72 À l'anniversaire d'Evan, il y avait moins de 50 personnes. Pour faire des jeux, on a pu former des équipes de 4, puis des équipes de 5 mais pas d'équipes de 8. Combien y avait-il de personnes à l'anniversaire d'Evan ?

73 Un pâtissier dispose de 540 fraises, il en faut 50 pour faire une tarte.

1. Combien de tartes le pâtissier pourra-t-il réaliser ?
2. Combien de fraises lui restera-t-il ?
3. Avec les fraises qu'il lui reste, le pâtissier décide de réaliser des tartelettes nécessitant 8 fraises chacune.
Réussira-t-il à utiliser tout son stock de fraises ?

74 Lilian a retrouvé dans son coffre une collection de 44 toupies Beyblade et 66 cartes Pokémon. Il souhaite les vendre lors du vide-grenier de sa ville. Pour cela, il aimerait former des lots identiques avec des toupies et des cartes.
Combien de lots peut-il faire ?
Donner toutes les possibilités.

75 On a composé un engrenage à partir de deux roues dentées.
La roue A possède 25 dents.
La roue B possède 45 dents.
Au bout de combien de tours de chaque roue se retrouveront-elles dans la même position pour la première fois ?

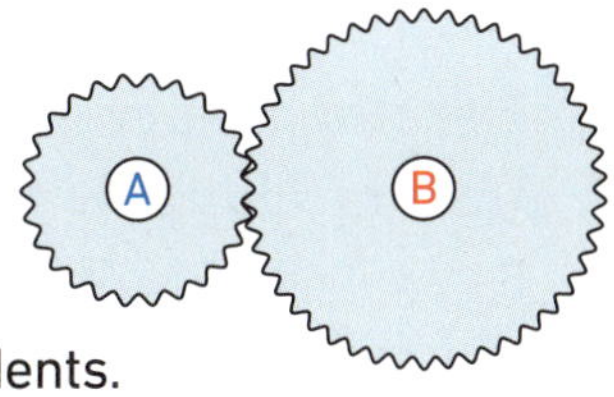

OBJECTIF 3

Je décompose en produit de facteurs premiers et je rends une fraction irréductible

S'entraîner avec Aplusix : bordas.media/733819_009

76 Parmi les fractions suivantes, trouver celles qui sont irréductibles et simplifier les autres pour qu'elles le soient aussi :

$\frac{7}{14}$ $\frac{12}{15}$ $\frac{12}{25}$ $\frac{17}{8}$ $\frac{36}{27}$

77 En utilisant la simplification de fraction sur calculatrice, rendre irréductibles les fractions suivantes :

$\frac{450}{630}$ $\frac{85}{238}$ $\frac{299}{414}$ $\frac{450}{198}$

78 En utilisant uniquement le calcul mental, décomposer en produits de facteurs premiers les nombres suivants :

42 84 120 900

79 Décomposer en produit de facteurs premiers les entiers naturels suivants :

204 1 400 204 2 310

80 Rendre irréductibles les fractions suivantes :

$\frac{391}{425}$ $\frac{168}{216}$ $\frac{80}{680}$ $\frac{1020}{630}$

81 Un vendeur possède un stock de 120 flacons de parfum au tiaré et de 144 savonnettes au monoï. Il souhaite faire le maximum de lots identiques avec tous ses flacons et toutes ses savonnettes.

1. Décomposer 120 et 144 en produits de facteurs premiers.
2. En déduire le plus grand diviseur commun à 120 et 144.
3. a. Combien de coffrets au maximum pourra faire le vendeur ?
b. Quelle sera la composition de ces coffrets ?

82 Voici les dimensions d'un terrain de football :

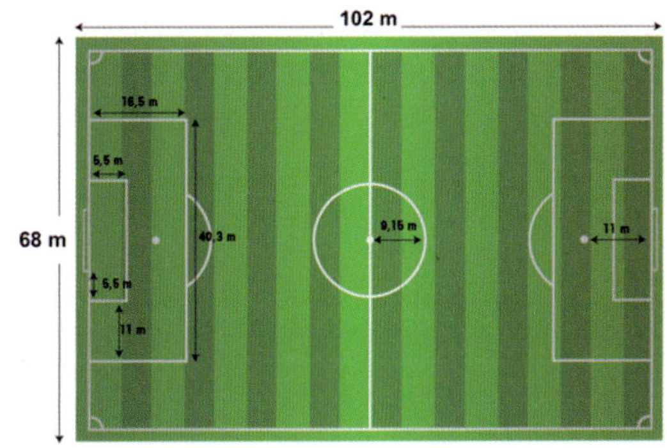

Pour une journée de football découverte, Max souhaite tracer des petits terrains sur cette pelouse afin de faire jouer les enfants sur des terrains réduits en utilisant toute la surface offerte par la pelouse.
Max souhaite tracer uniquement des terrains carrés.
Quelle sera la longueur maximale du côté de ces petits terrains ?

Je résous des problèmes

OBJECTIF 1

Je calcule avec des puissances

83 Un cuivre microscopique

Il y a environ 2×10^5 atomes de cuivre dans 211 ng de cuivre.

Quelle est environ la masse d'un atome de cuivre ?

84 L'arbre fractal

On veut décorer le mur d'une salle de classe en y peignant un arbre stylisé, construit à partir de carrés de la façon suivante :

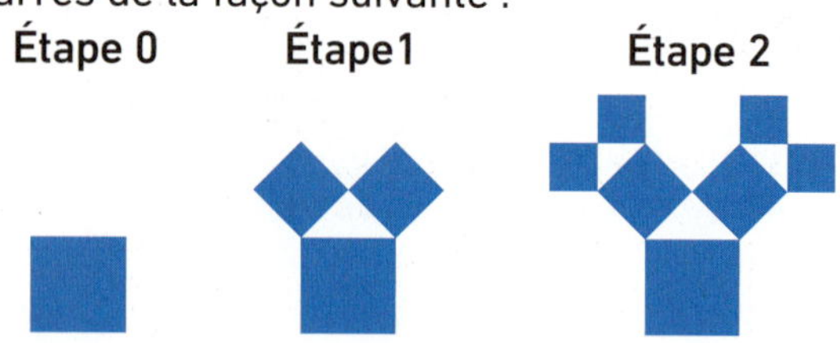

Combien y aura t-il de carrés à l'Étape 7 ?

85 Physique-Chimie La masse molaire des atomes

La mole est une unité internationale, apparue en 1971, utilisée en physique et en chimie pour compter les atomes. Par définition, la mole est le nombre d'atomes nécessaire pour obtenir 12 grammes de carbone 12.

1. Sachant que la masse d'un atome de carbone est environ égale à $1{,}99265 \times 10^{-26}$ kg, calculer le nombre d'atomes contenus dans une mole.

2. La masse d'un atome de plomb est égale à $3{,}45 \times 10^{-25}$ kg. Calculer la masse, en grammes, d'une mole de plomb.

OBJECTIF 2

J'utilise des diviseurs, des multiples d'un nombre et des nombres premiers

86 Les nombres amicaux

Deux nombres sont **amicaux** quand chacun est égal à la somme des diviseurs de l'autre (excepté le nombre).

1. Lister tous les diviseurs de 220 et 284.

2. Vérifier qu'ils sont amicaux.

87 Les nombres parfaits... ou presque

On dit qu'un nombre est **parfait** s'il est égal à la somme de tous ses diviseurs (autres que lui-même). Par exemple, 6 est parfait car $6 = 1 + 2 + 3$.

1. Expliquer pourquoi 28 est parfait.

2. Expliquer pourquoi 64 n'est pas parfait à cause d'une unité près.

On dit que 64 est **presque parfait**.

3. Trouver tous les nombres presque parfaits inférieurs à 20.

88 Les nombres premiers jumeaux

Deux nombres sont **premiers jumeaux** s'ils sont premiers et si leur différence est égale à 2.

Voici quelques paires de nombres premiers jumeaux : (3 ; 5) ; (5 ; 7) ; (11 ; 13) ; (17 ; 19) ; (29 ; 31).

1. Quel est le prochain couple de nombre premiers jumeaux de cette liste ?

2. Le couple (429 ; 431) est-il un couple de nombres premiers jumeaux ?

89 L'écologie autour de moi

Un agriculteur possède un champ rectangulaire de 480 m de long et 340 m de large. Pour favoriser la biodiversité, il décide de planter des arbres de différentes essences autour de son champ.

Il y a deux contraintes :

– un arbre doit être placé à chaque coin du champ ;

– l'espace entre chaque arbre est constant, c'est un nombre entier de mètres.

Au minimum, combien d'arbres l'agriculteur devra-t-il planter ?

OBJECTIF 3

Je décompose en produit de facteurs premiers et je rends une fraction irréductible

90 Au marché

Un maraîcher dispose de 408 pommes, 168 abricots et 216 poires. Il souhaite faire le maximum de lots identiques avec les trois fruits.

1. Combien de lots le maraîcher pourra-t-il faire au maximum ?

2. Quelle sera la composition de ces lots ?

91 Le livre de magie

Le grand livre de magie de Merlin est ouvert à la double page de la recette de la potion magique pour être fort en mathématiques.

Les folios de ces deux pages sont composés chacun de trois chiffres différents.

Le produit de ces six chiffres est égal à 2 400.

Quel est le folio de la première page de la recette ?

92 Plus Grand Diviseur Commun (PGCD)

1. a. Écrire la liste des diviseurs de 170.

b. Écrire la liste des diviseurs de 204.

c. En déduire la liste des diviseurs communs à 170 et 204.

d. Quel est le plus grand diviseur commun à 170 et 204 ?

Remarque : On appelle ce nombre le **Plus Grand Diviseur Commun** de 170 et 204 et on le note **PGCD** (170 ; 204).

2. a. Décomposer en produit de facteurs premiers 170 et 204.

b. Comment peut-on trouver le PGCD de ces deux nombres à partir de ces décompositions ?

3. a. Décomposer en produit de facteurs premiers les nombres suivants 1 050 et 1 386.

b. Quels facteurs sont communs à ces deux décompositions ?

c. Quel est donc le PGCD de 1 050 et 1 386 ?

4. Déterminer :

a. PGCD (60 ; 84) **b.** PGCD (75 ; 125)

c. PGCD (260 ; 312) **d.** PGCD (35 280 ; 46 200)

MULTI OBJECTIFS

93 Arbre généalogique

1. Clara est fille unique. Elle veut faire son arbre généalogique constitué de ses deux parents (première génération), ses quatre grands-parents (deuxième génération) ainsi de suite jusqu'à ses ancêtres de la cinquième génération.

Combien cet arbre comporte-t-il de personnes ?

2. On numérote ainsi les membres de l'arbre :

– Clara porte le numéro 1 ;

– son père le numéro 2 et sa mère le numéro 3 ;

– les parents du numéro n sont numérotés $2n$ pour le père et $2n + 1$ pour la mère.

En respectant ce modèle et en utilisant uniquement les mots *père*, *mère de*, *la*, *du*, *mon*, préciser qui porte le numéro 37.

94 Plus petit multiple commun (PPCM)

1. 54 est un multiple de 2 et un multiple de 9. On dit que 54 est un multiple commun à 2 et 9.

a. 84 est-il un multiple commun à 3 et 7 ?

b. Trouver un multiple commun à 3, 5 et 7.

2. Les nombres 2 et 9 ont plusieurs multiples en commun. Le plus petit d'entre eux est 18.

On l'appelle le **Plus Petit Multiple Commun** de 2 et 9 ce que l'on note **PPCM** (2 ; 9) = 18.

Déterminer :

a. PPCM(3 ; 7) **b.** PPCM (15 ; 21)

c. PPCM (3 ; 5 ; 7) **d.** PPCM (2 ; 3 ; 4 ; 5 ; 6)

3. Un engrenage est constitué de quatre roues comportant respectivement 12, 18, 14 et 24 dents.

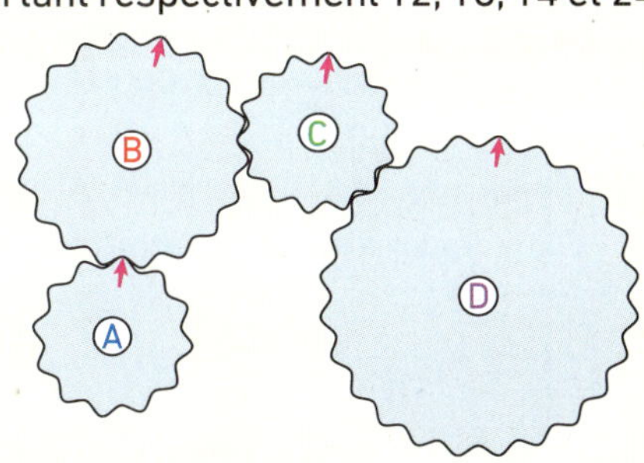

Au bout de combien de tours de chaque roue se retrouveront-elles dans la même position qu'au départ pour la première fois ?

je développe mes compétences

RAISONNER | REPRÉSENTER | COMMUNIQUER | CALCULER | CHERCHER | MODÉLISER

J'apprends à CHERCHER

J'OBSERVE

95 Quel est le plus petit nombre possédant exactement cinq diviseurs ?

EXERCICE RÉSOLU

Les nombres possèdent toujours un nombre pair de diviseurs sauf les carrés parfaits.

Testons donc les carrés parfaits successifs :
- 4 possède trois diviseurs : 1, 2 et 4 ;
- 9 possède trois diviseurs : 1, 3 et 9 ;
- 16 possède cinq diviseurs : 1, 2, 4, 8 et 16.

Donc 16 est le plus petit nombre possédant exactement cinq diviseurs.

JE ME LANCE

96 Quel est le plus petit nombre possédant exactement sept diviseurs ?

97 En deux minutes, trouver le plus possible de nombres :
a. possédant exactement trois diviseurs ;
b. possédant exactement quatre diviseurs.

98 Trouver un nombre possédant exactement dix diviseurs.

99 Baptiste est né le 1er janvier 2000. Il décide de prévoir une énorme soirée avec ses amis pour fêter ses 10 000 jours sur Terre ! À quelle date aura lieu cette énorme soirée ?

100 Un nombre est **gentil** s'il est multiple des dix premiers nombres entiers.
Trouver le plus petit nombre gentil, en expliquant la recherche.

J'apprends à RAISONNER

J'OBSERVE

101 Montrer que pour tous nombres entiers $\boldsymbol{a}$ et $\boldsymbol{b}$, supérieurs ou égaux à 1 et tels que $\boldsymbol{a} > \boldsymbol{b}$, le nombre $2^a \times 5^b$ s'écrit avec plus de $\boldsymbol{b}$ chiffres.

EXERCICE RÉSOLU Démonstration

- On décompose la puissance de 2 en deux parties pour avoir le même exposant pour 2 et 5 :
$2^a \times 5^b = 2^{a-b} \times 2^b \times 5^b$.
- On regroupe les puissances de 2 et de 5 en une seule puissance de 10 (2×5) :
$2^{a-b} \times 2^b \times 5^b = 2^{a-b} \times 10^b$.

Comme $\boldsymbol{a} > \boldsymbol{b}$, alors $a - b > 1$ et donc $2^{a-b} \geqslant 2$.
10^b s'écrit avec $b + 1$ chiffres.
Donc $2^{a-b} \times 10^b$ s'écrit avec au moins $b + 1$ chiffres.

JE ME LANCE

102 **Vrai ou Faux ?**
Quel que soit l'entier naturel n, le nombre $n^2 - n + 11$ a exactement deux diviseurs.

103 Démontrer que la somme de deux multiples de 7 est toujours un multiple de 7.

104 **Vrai ou Faux ?**
La somme d'un multiple de 5 et d'un multiple de 3 est toujours égale à un multiple de 8.

105 Montrer que parmi cinq nombres entiers quelconques, il en existe toujours trois dont la somme est divisible par 3.

106 Montrer que si deux nombres entiers a et b sont divisibles par un nombre d, alors la somme $a + b$ est également divisible par d.

j'utilise mes compétences

107 Nombres triangulaires

MODÉLISER • CALCULER D1.3

1. Un nombre triangulaire est un nombre égal à la somme de n premiers nombres entiers naturels (n est appelé l'ordre du nombre triangulaire). Par exemple 1, 3, 6 et 10 sont des nombres triangulaires et 10 est la somme des quatre premiers nombres entiers.

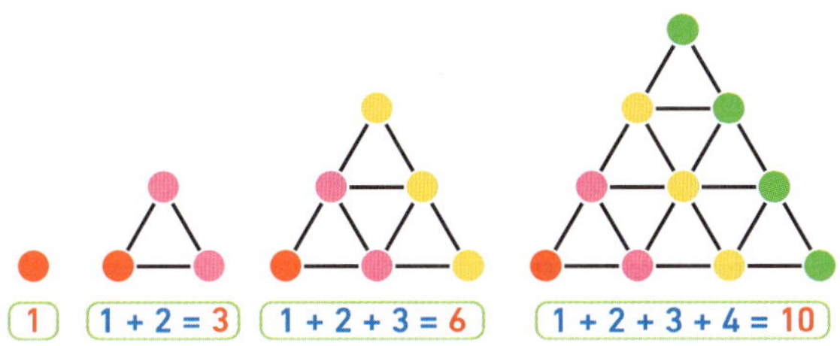

a. Trouver les dix premiers nombres triangulaires.
b. Choisir deux nombres triangulaires de cette liste et vérifier que leur somme est un carré parfait.
2. En utilisant deux fois le huitième nombre triangulaire, on peut former un rectangle 8×9.

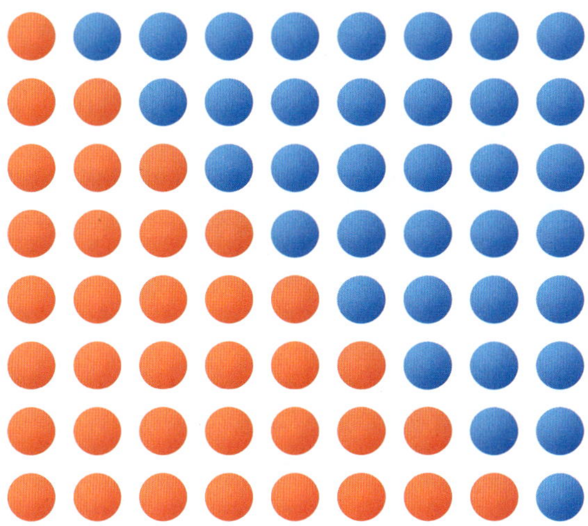

a. Combien y a t-il de points dans ce rectangle ?
b. En déduire la valeur du huitième nombre triangulaire.
c. Montrer de même que le double du n-ième nombre triangulaire est représenté par un rectangle $n \times (n+1)$.

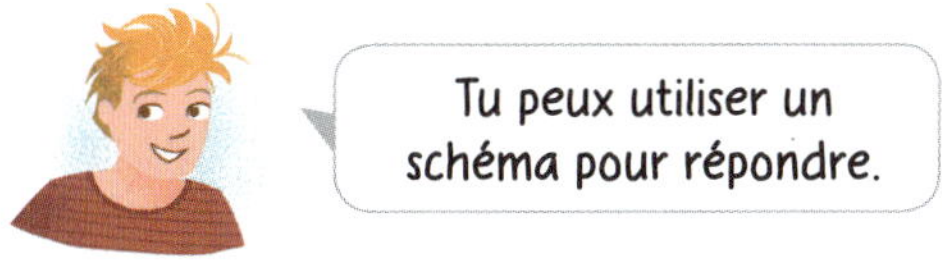

d. En déduire la formule suivante permettant de calculer la somme des n premiers entiers naturels :

$$1 + 2 + 3 + \ldots + n = \ldots\ldots\ldots\ldots$$

3. Elise fête son anniversaire. Chaque invité trinque avec tous les autres. Elise compte 66 tintements de verre.
Combien y a t-il de personnes à cet anniversaire ?

108 Anglais Lord Max Money

RAISONNER • COMMUNIQUER D1.2 et D1.3

Lord Max Money gathers all his grandchildren and tells them: "I am going to give £1 215 to all the girls and £945 to all the boys. But don't worry, you will each have the same amount of money in pounds sterling, corresponding to a whole number." How many grandchildren does he have?

109 Démontrer un critère de divisibilité

RAISONNER • COMMUNIQUER D1.3

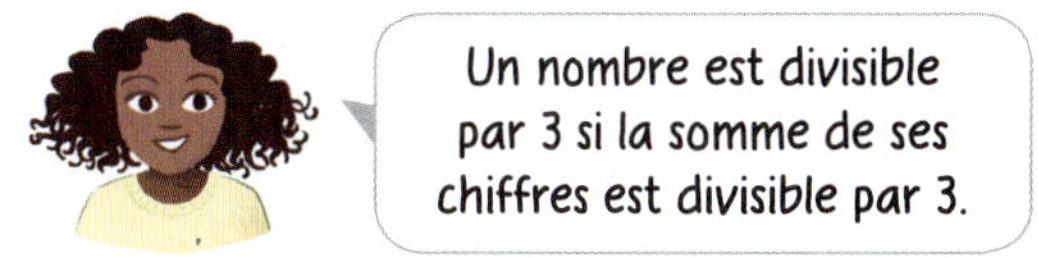

Il s'agit ici de démontrer cette propriété pour un nombre à quatre chiffres.
1. Soit $abcd$ un nombre à quatre chiffres. Recopier, puis compléter la décomposition suivante :

$$abcd = a \times 1\,000 + b \times \ldots + c \times \ldots + d.$$

2. En déduire que :

$$abcd = 9(111 \times a + 11 \times b + c) + a + b + c + d.$$

3. Expliquer pourquoi $9(111 \times a + 11 \times b + c)$ est divisible par 3.
4. Conclure que « $abcd$ est divisible par 3 » signifie que « $a + b + c + d$ est divisible par 3 ».
5. Peut-on généraliser ces démonstrations à des nombres s'écrivant avec un nombre quelconque de chiffres ?

110 Je fais ma story

pix 3.2

Le grand-bi de Jules est constitué d'une roue circulaire de longueur 450 cm (avant) et d'une roue circulaire de longueur 135 cm (arrière).
On a peint un repère rouge sur chaque roue.
Jules roule toujours à vitesse constante de 9 km/h.
À 11 h 00'00'', les deux repères rouges étaient en contact avec le sol.
Combien de temps Jules doit-il rouler précisément pour que les deux repères soient à nouveau en contact avec le sol au même instant ?
À l'oral, ou en vidéo, expliquer les étapes de la démarche suivie pour trouver ce temps et présenter le résultat obtenu.

vu au brevet

111 **QCM**

1. Quelle est la décomposition en produit de facteurs premiers de 28 ?

ⓐ 4×7 ⓑ 2×14 ⓒ $2^2 \times 7$

Centres étrangers 2019

2. La décomposition en produit de facteurs premiers de 24 est :

ⓐ $2 \times 3 \times 4$ ⓑ $2 \times 2 \times 2 \times 3$ ⓒ $2 \times 2 \times 6$

Polynésie septembre 2019

3. Lorsque j'ajoute deux multiples de 7, j'obtiens toujours un multiple :

ⓐ de 49 ⓑ de 14 ⓒ de 7

Nouvelle-Calédonie 2018

112 **Vrai ou Faux**

Pour chacune des affirmations suivantes, dire si elle est vraie ou fausse. On rappelle que la réponse doit être justifiée.

1. **Affirmation :** « Les nombres 70 et 90 ont exactement deux diviseurs premiers en commun ».

Amérique du Sud 2019

2. Voici un programme de calcul :

- Choisir un nombre
- Multiplier ce nombre par 4
- Ajouter 8
- Multiplier le résultat par 2

Affirmation : « Si le nombre choisi est un nombre entier, le résultat obtenu est un multiple de 8. »

Métropole juin 2018

3. On considère le nombre $a = 3^4 \times 7$.
Affirmation : « Le nombre $b = 2 \times 3^5 \times 7^2$ est un multiple du nombre a. »

Polynésie septembre 2018

4. **Affirmation :** $\frac{3}{5} + \frac{1}{2} = \frac{3+1}{5+2}$.

Amérique du Nord 2019

113 Damien a fabriqué trois dés à six faces.
Sur les faces du premier dé sont écrits les six plus petits nombres pairs strictement positifs : 2 ; 4 ; 6 ; 8 ; 10 ; 12.
Sur les faces du deuxième dé sont écrits les six plus petits nombres impairs positifs.
Sur les faces du troisième dé sont écrits les six plus petits nombres premiers.

1. Quels sont les six nombres figurant sur le deuxième dé ?
2. Quels sont les six nombres figurant sur le troisième dé ?

Antilles-Guyane 2019

114 Mathilde fait tourner deux roues de loterie A et B comportant chacune quatre secteurs numérotés comme sur le schéma ci-dessous :

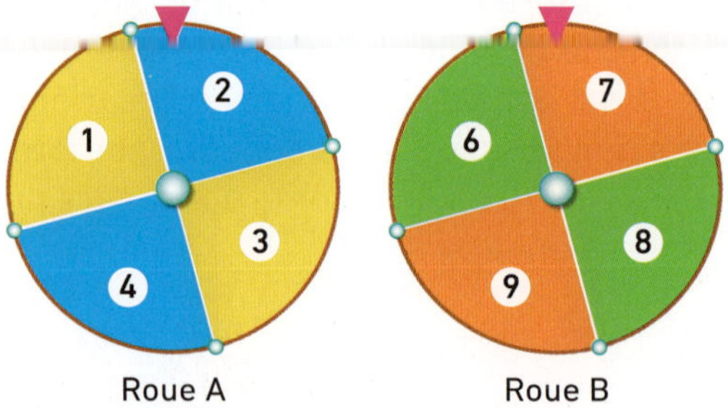

La probabilité d'obtenir chacun des secteurs d'une roue est la même. Les flèches indiquent les deux secteurs obtenus.
L'expérience de Mathilde est la suivante : elle fait tourner les deux roues pour obtenir un nombre à deux chiffres. Le chiffre obtenu avec la roue A est le chiffre des dizaines et celui avec la roue B est le chiffre des unités.
Dans l'exemple ci-dessus, elle obtient le nombre 27 (Roue A : 2 et Roue B : 7).

1. Écrire tous les nombres possibles issus de cette expérience.
2. Prouver que la probabilité d'obtenir un nombre supérieur à 40 est 0,25.
3. Quelle est la probabilité que Mathilde obtienne un nombre divisible par 3 ?

Grèce 2019

115 1. a. Déterminer la décomposition en produit de facteurs premiers de 2 744.
b. En déduire la décomposition en produit de facteurs premiers de $2\,744^2$.
c. À l'aide de cette décomposition, trouver x tel que $x^3 = 2\,744^2$.
2. Soient a et b deux nombres entiers supérieurs à 2 tels que $a^3 = b^2$.
a. Calculer b lorsque $a = 100$.
b. Déterminer deux nombres entiers a et b supérieurs à 2 et inférieurs à 10 qui vérifient l'égalité $a^3 = b^2$.

Métropole septembre 2019

116 1. Le nombre 588 peut se décomposer sous la forme $588 = 2^2 \times 3 \times 7^2$.
Quels sont ses diviseurs premiers, c'est-à-dire les nombres qui sont à la fois des nombres premiers et des diviseurs de 588 ?
2. a. Déterminer la décomposition en facteurs premiers de 27 000 000.
b. Quels sont ses diviseurs premiers ?
3. Déterminer le plus petit nombre entier positif impair qui admet trois diviseurs premiers différents. Expliquer votre raisonnement.

Métropole septembre 2018

Jeux mathématiques

117 Une grille arithmétique

	I	II	III	IV
A	■			
B			■	
C		■		
D				■

Horizontalement

A. Multiple de 9.
B. Diviseur de 88
– Solution de l'équation $2 \times 3^x \times 7^x = 882$.
C. Premier nombre premier – Multiple de 12.
D. Multiple de 11.

Verticalement

I. Multiple de 45.
II. Diviseur de 12 – Diviseur de 20.
III. Diviseur commun à tous les entiers – Multiple de 10.
IV. Multiple de 66.

118 Défi !

Énigme

119 Un caddy de supermarché contient dix produits dont les prix en euros sont des nombres entiers strictement positifs tous différents.
Exactement deux prix sont divisibles par 2.
Exactement trois prix sont divisibles par 3.
Exactement cinq prix sont divisibles par 5.
Exactement sept prix sont divisibles par 7.
Le total des prix est divisible par 11.
Le prix le plus grand est le plus petit possible.
Quel est le total des prix ?

D'après *Finale internationale FFJM*

devoirs à la maison

120 La conjecture de Goldbach

La conjecture de Goldbach est un énoncé mathématique (non démontré) qui dit que « tout nombre entier pair supérieur à 3 peut s'écrire comme la somme de deux nombres premiers ».
Par exemple :
$8 = 5 + 3$ (une solution) ;
$10 = 7 + 3 = 5 + 5$ (deux solutions).

1. a. Tester cette conjecture avec les entiers : 14 ; 28 ; 50 ; 58 et 138.

b. Pour chacun de ces nombres, il y a plusieurs combinaisons possibles.
Essayer de les trouver toutes.

2. a. Reproduire ce tableau et compléter les cases vertes et jaunes en faisant la somme des nombres correspondants en tête de ligne et colonne.

	3	5	7	11	13	17	19	23	29	31	37	41	43	47	53
3															
5															
7															
11															
13															
17															
19															
23															
29															
31															
37															
41															
43															
47															
53															

b. Vérifier qu'on obtient bien ainsi presque tous les nombres entiers pairs compris entre 3 et 100. Lesquels ne sont pas présents ?

c. Chercher si ces entiers pairs inférieurs à 100 manquants dans la grille peuvent s'écrire comme la somme de deux nombres premiers.

121 La fraction entière

Martin se demande pour combien d'entiers x la fraction $\dfrac{10x+1}{2x-1}$ est égale à un nombre entier.

Aider Martin à répondre à cette question.

avec un logiciel pix

Pour faire ces activités, télécharge les fiches logiciel Géométrie et Tableur sur le site college.editions-bordas.fr.

1 Puissances successives pix 1.3

Utiliser un tableur pour calculer les puissances successives d'un nombre.

15'

Difficulté mathématique — Difficulté technique

1 Dans une feuille de calcul, reproduire le tableau ci-contre.
Remarque : Dans la cellule **B1**, le nombre inscrit est celui dont on va calculer les puissances successives.

	A	B
1	exposant	2
2	1	
3	2	
4	3	
5	4	
6	5	
7	6	
8	7	
9	8	
10	9	
11	10	

2 Dans la cellule **B2**, saisir une formule permettant de calculer la puissance du nombre saisi en **B1** à l'exposant noté en **A2**. Tableur 1

Le caractère « ^ » est utile pour calculer une puissance.

L'utilisation d'une référence absolue à B1 : « \$B\$1 » peut être utile.

3 Recopier cette formule dans toute la colonne **B** pour obtenir les puissances successives du nombre saisi en **B1**. Tableur 2

4 Changer la valeur du nombre saisi en **B1** et observer les puissances obtenues.

5 Arthur gagne 2 € le premier jour du mois et il gagne ensuite le double de la veille chaque jour. Quel sera son salaire le 10e jour du mois ? puis le 20e ? le 30e ?

2 Test de primalité sur tableur pix 1.3

Utiliser le tableur pour trouver le nombre de diviseurs d'un nombre et savoir si c'est un nombre premier.

30'

Difficulté mathématique — Difficulté technique

1 Dans une feuille de calcul, reproduire le tableau ci-contre avec le nombre entier à tester (dans la cellule **A1**) et la liste des nombres entiers successifs en partant de 1 et en allant au moins jusqu'à la valeur du nombre choisi en **A1** (colonne **B**).

	A	B
1	7	1
2		2
3		3
4		4
5		5
6		6
7		7

2 **a.** Dans la cellule **C1**, calculer le reste de la division euclidienne du nombre choisi au départ par l'entier contenu dans la cellule **B1**.

	A	B	C
1	7	1	=MOD(\$A\$1;B1)

b. Recopier cette formule dans toute la colonne **B** de façon à obtenir tous les restes des divisions euclidiennes du nombre choisi par les différents entiers possibles.
c. Quelle valeur affichée dans une cellule de la colonne **C** permet d'identifier que l'on a bien trouvé un diviseur du nombre de départ ?

3 **a.** Dans la cellule **D1**, compter le nombre de fois où apparaît le 0 dans la colonne **C**.

On pourra utiliser la fonction « NB.SI ».

b. Dans la cellule **D3**, à l'aide d'une formule tableur, faire écrire une phrase permettant de conclure si le nombre choisi au départ est un nombre premier ou non.

La fonction « SI » peut être utile pour cette dernière question.

3 La conjecture de Syracuse ALGO pix 3.4

20'

Utiliser Scratch pour tester une conjecture.

Difficulté mathématique — Difficulté technique

La suite de Syracuse est une suite célèbre et simple. On part d'un nombre entier.
S'il est pair, on le divise par 2 ; s'il est impair, on le multiplie par 3 et ajoute 1.
Et on continue ainsi de suite…
La conjecture de Syracuse affirme que l'on obtient toujours le nombre 1 à un moment donné.

1 Dans le logiciel Scratch, créer une variable « nombre » et une liste nommée « suite de Syracuse ».

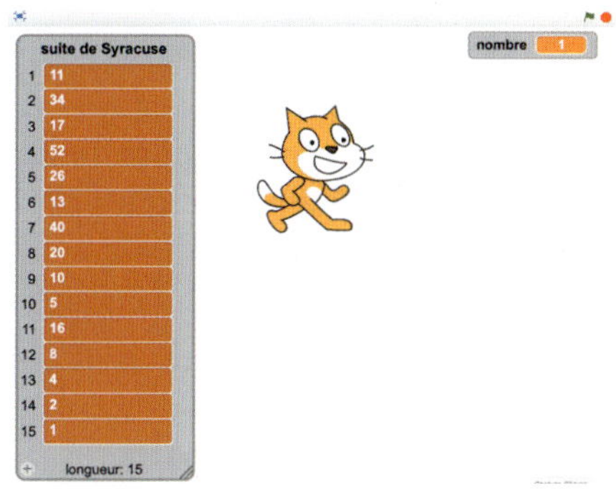

2 Demander quel est le nombre de départ, stocker la réponse dans « nombre » et vider la liste « suite de Syracuse ».

3 Répéter le bloc ci-dessous jusqu'à ce que le nombre soit égal à 1.

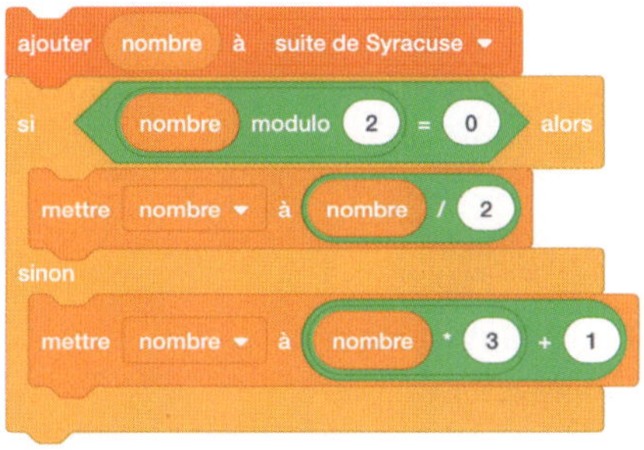

4 Tester ce programme pour plusieurs nombres de départ et essayer de trouver un nombre dont la suite comporte exactement 13 termes.

4 Recherche de diviseurs et test de primalité ALGO pix 3.4

30'

Utiliser Scratch pour trouver tous les diviseurs d'un nombre et savoir si c'est un nombre premier.

Difficulté mathématique — Difficulté technique

1 Créer trois variables nommées « nombreaetudier », « compteurdediviseurs », « compteurdetest » et créer une liste nommée « listedediviseurs ».

2 Demander quel est le nombre à étudier et stocker la réponse dans « nombreaetudier ».

3 Initialiser les variables « compteursdediviseurs » à 0 ; « compteurdetest » à 1 et vider la liste « listedediviseurs ».

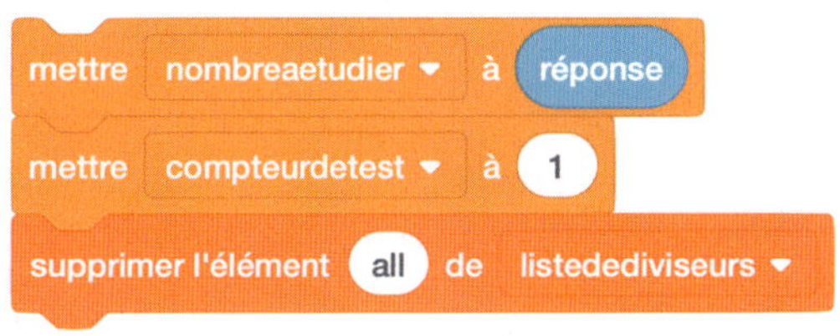

4 Répéter pour toutes les valeurs entières possibles du « compteurdetest » comprises entre 1 et le « nombreaetudier » le test ci-contre.

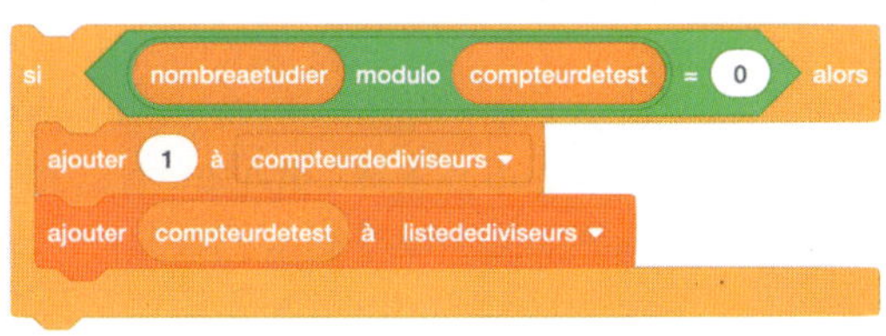

5 Afficher un message donnant le nombre de diviseurs du nombre « nombreaetudier » et un autre précisant si ce nombre est premier ou non.

tâches complexes

1 Les transits de Mercure et de Vénus

Les huit planètes du système solaire tournent autour du Soleil sur un même plan (le plan de l'écliptique). Les planètes Mercure et Vénus sont les plus proches du Soleil. Parfois, il arrive que l'une de ces deux planètes passent exactement entre le Soleil et la Terre. On appelle ce phénomène un **transit.** Mercure ou Vénus sont alors visibles d'un petit point noir traversant le disque solaire.

▶ **À l'aide des documents suivants, estimer la date des prochains transits de Vénus et de Mercure pour lesquels les astres (Soleil – planète – Terre) seraient dans la même position que leurs derniers transits observés.**

Pour cette recherche, on considérera que les données approximatives fournies ci-dessous sont exactes.

DOC 1 Durée de révolution des planètes

- Mercure : 88 jours
- Uranus : 84 jours
- Vénus : 225 jours
- Jupiter : 12 ans
- Terre : 365 jours
- Neptune : 165 ans
- Mars : 687 jours
- Saturne : 29 ans

DOC 2 Dernier transit de Vénus observé

6 juin 2012

DOC 3 Dernier transit de Mercure observé

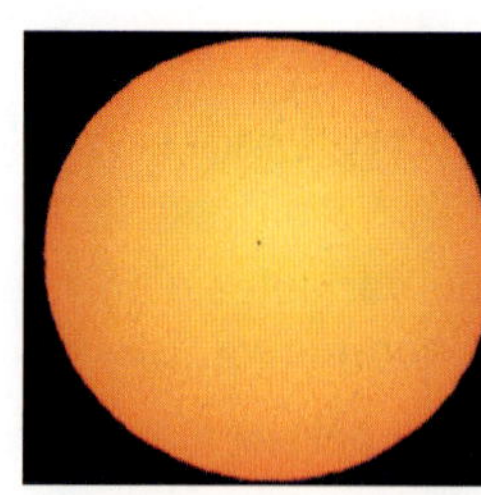

11 novembre 2019

2 Les problèmes DUDU

Dans cette vidéo, Julien présente un nouveau jeu à Arnaud sur les diviseurs et multiples. Ils se disputent encore…

▶ **Peux-tu aider les DUDU ?**

Voir la vidéo : bordas.media/733819_010

Peut-on **mesurer** la **diminution** des **glaciers** de l'Arctique sur une **photographie** ?

Pour le savoir, rendez-vous en fin de chapitre

chapitre 2

QCM de révision
Avant de commencer ce chapitre, fais le point sur tes connaissances : bordas.media/733819_011

Calcul littéral

objectifs

1. Je produis et j'utilise une expression littérale
2. Je connais et j'utilise la double distributivité et une identité remarquable
3. Je prouve ou réfute un résultat général

EXEMPLES DE RÉUSSITE !

3 17 22
24 31 38

cherchons ensemble

Si tu ne comprends pas certains des mots utilisés ici, demande à ton professeur ou consulte le *Dico des maths*, p. 10.

Activité 1 — Produire et utiliser une expression littérale

OBJECTIF 1

Le propriétaire d'un vignoble envisage de renouveler son stock de tonneaux.
Les tonnelleries DAMY proposent quatre dimensions de tonneaux :

Dimensions N°1
Diamètre de tête d : 0,55 m
Diamètre de bouge D : 0,70 m
Hauteur h : 0,95 m

Dimensions N°2
Diamètre de tête d : 0,88 m
Diamètre de bouge D : 1,05 m
Hauteur h : 1,15 m

Dimensions N°3
Diamètre de tête d : 0,77 m
Diamètre de bouge D : 0,81 m
Hauteur h : 1,10 m

Dimensions N°4
Diamètre de tête d : 0,37 m
Diamètre de bouge D : 0,42 m
Hauteur h : 0,75 m

Formule de calcul du volume d'un tonneau :

$$\frac{\pi h}{12}(2D^2 + d^2)$$

avec D, d et h en décimètres et le résultat obtenu en litres.

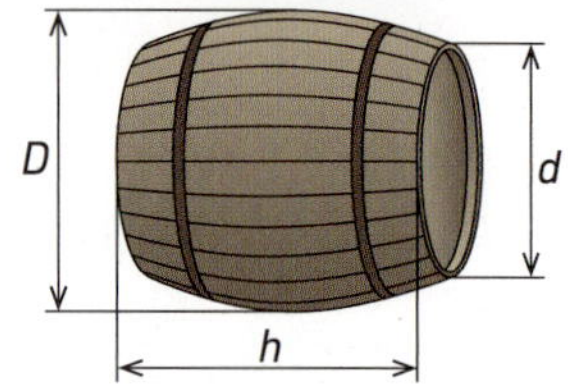

1 Calculer les volumes des tonneaux proposés par DAMY.

2 Trouver les dimensions d'un tonneau de 1 000 L.

3 Le viticulteur produit 45 000 L de vin par an. Combien de tonneaux devra-t-il prévoir pour stocker son vin ?

Activité 2 — Trouver l'opposé d'une expression littérale

OBJECTIF 2

1 **a.** Recopier et compléter les égalités suivantes par un nombre ou par une expression littérale réduite le plus possible :

$5{,}21 + \ldots = 0$ $\quad -4{,}2 + \ldots = 0$ $\quad 3x + 4 + \ldots = 0$ $\quad 5x - 3 + \ldots = 0$ $\quad -7 - x + \ldots = 0$

Si la somme de deux nombres est nulle, on dit que ces deux nombres sont opposés.

b. En utilisant les égalités précédentes, préciser :
- Quel est l'opposé de $3x + 4$?
- Quel est l'opposé de $5x - 3$?
- Quel est l'opposé de $-7 - x$?

2

$a - (b + c) = a - b + c.$

Aïssa

$a - (b + c) = a - b - c.$

Vadim

Qui a raison ? Donner une preuve.

3 Réduire les expressions ci-dessous en utilisant la propriété précédente si nécessaire :

a. $3x - (5 + 2x)$ **b.** $3x + (5 + 2x)$ **c.** $3x - (5 - 2x)$
d. $3x + (5 - 2x)$ **e.** $3x - (-5 + 2x - 2x^2)$ **f.** $3x + (5 - 2x + 2x^2)$

Activité 3 — Découvrir la double distributivité

OBJECTIF 2

1 Il existe de nombreuses techniques pour poser les multiplications.
En voici une appelée parfois « multiplication à l'anglaise », deux présentations sont possibles pour le calcul de 76×28 (en colonne ou en tableau) :

①

$$\begin{array}{rrl} & 70 + 6 & (= 76) \\ \times & 20 + 8 & (= 28) \\ \hline & 48 & (= 8 \times 6) \\ + & 560 & (= 8 \times 70) \\ + & 120 & (= 20 \times 6) \\ + & 1\,400 & (= 20 \times 70) \\ \hline & 2\,128 & \end{array}$$

②

×	20	8
70	1 400	560
6	120	48

$$\begin{array}{rrl} & 1\,400 & (= 70 \times 20) \\ + & 560 & (= 70 \times 8) \\ + & 120 & (= 6 \times 20) \\ + & 48 & (= 6 \times 8) \\ \hline & 2\,128 & \end{array}$$

Poser « à l'anglaise » de la même façon : 56×93.

2 **a.** En s'inspirant de la technique présentée ci-dessus, développer $(a + b) \times (c + d)$.
b. Démontrer l'égalité obtenue en utilisant l'identité $k \times (a + b) = k \times a + k \times b$.

3 Développer les expressions suivantes :
a. $(2x + 3)(5 + 4x)$ **b.** $(7x - 1)(3x + 6)$ **c.** $(4x - 2)(5 - 2x)$ **d.** $(-3 + x)(-x - 9)$

Activité 4 — Démontrer une identité remarquable

OBJECTIF 3

1 Effectuer les calculs suivants pour retrouver les expressions égales :

$5^2 - 2^2$ $9^2 - 8^2$ $(5 - 2)^2$ $(7 - 3)^2$ $7^2 - 3^2$

$(9 - 8)^2$ $(7 + 3) \times (7 - 3)$ $(5 + 2) \times (5 - 2)$ $(9 + 8) \times (9 - 8)$

2 **a.** En prenant modèle sur les égalités obtenues, recopier et compléter les égalités suivantes :
- $24^2 - 17^2 = \ldots \times \ldots$
- $(13 - 8) \times (13 + 8) = \ldots - \ldots$

b. Écrire trois autres égalités sur le même modèle avec des nombres au choix.

3 Ilyas affirme que le carré d'une différence de deux nombres est égal à la différence des carrés de ces deux nombres. Vrai ou Faux ? Donner une preuve.

4 Nawfel a représenté la situation à l'aide d'un carré qu'il a ensuite découpé en deux rectangles et un carré.
a. À l'aide de ces deux figures, écrire de deux façons différentes, en fonction de a et b, l'aire de la partie hachurée.
b. Écrire l'égalité obtenue, puis démontrer que cette égalité est toujours vraie.

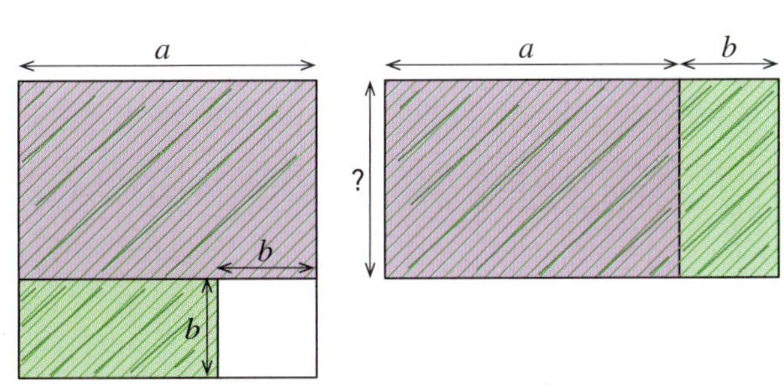

5 Recopier, puis compléter les égalités par l'expression qui convient :
a. $x^2 - 9 =$ **b.** $(x + 8)(x - 8) =$
c. $4x^2 - 25 =$ **d.** $(5 - 3x)(5 + 3x) =$

1 Utiliser une expression littérale

OBJECTIF 1

DÉFINITION Calculer la **valeur** d'une **expression littérale**, c'est attribuer un nombre à chaque lettre de l'expression afin d'effectuer le calcul.

Exemple

Calculer $A = 2x^3 - y^2 + 8(x-1)$ lorsque $x = -2$ et $y = -5$.

$A = 2 \times x^3 - y^2 + 8 \times (x-1)$ ← On écrit les signes × sous-entendus.

$A = 2 \times (-2)^3 - (-5)^2 + 8 \times (-2-1)$ ← On remplace x par –2 et y par –5 en mettant des parenthèses.

$A = -16 - 25 - 24$ ← On effectue les calculs en respectant les priorités.

$A = -65$.

Remarque : On peut aussi écrire les multiplications sous-entendues, en remplaçant x^3 par $x \times x \times x$ et y^2 par $y \times y$.

PROPRIÉTÉS
- Si une parenthèse est précédée d'un signe –, cela revient à multiplier ce qui est entre parenthèses par (–1).
- Si une parenthèse est précédée d'un signe +, cela revient à multiplier ce qui est entre parenthèses par +1.

Démonstration p. 62

Exemples

1. $4x + (5x - 6) = 4x + 1 \times (5x - 6)$
$= 4x + 1 \times 5x + 1 \times (-6)$
$= 4x + 5x - 6 = 9x - 6$.

2. $4x - (5x - 6) = 4x - 1 \times (5x - 6)$
$= 4x - 1 \times 5x - 1 \times (-6)$
$= 4x - 5x + 6 = -x + 6$.

2 Double distributivité et identité remarquable

OBJECTIF 2

PROPRIÉTÉ Quels que soient les nombres a, b, c et d, on a :

$$\underbrace{(a+b) \times (c+d)}_{\text{Produit de deux facteurs}} = \underbrace{a \times c + a \times d + b \times c + b \times d}_{\text{Somme de quatre termes}}$$

DÉMONSTRATION

$(a+b) \times (c+d) = a \times (c+d) + b \times (c+d) = a \times c + a \times d + b \times c + b \times d$.

Exemple

$(-3 + 2x) \times (7 - 4x)$

$= (-3) \times 7 + (-3) \times (-4x) + 2x \times 7 + 2x \times (-4x)$ ← Pour éviter les erreurs, il est conseillé d'effectuer mentalement cette étape.

$= -21 + 12x + 14x - 8x^2$

$= -8x^2 + 26x - 21$

PROPRIÉTÉ **Identité remarquable**

Quels que soient les nombres a et b, on a : $(a+b)(a-b) = a^2 - b^2$.

Démonstration p. 63

Remarque : Cette propriété sert à développer plus rapidement certaines expressions mais elle sert surtout à factoriser des expressions.

CARTE MENTALE
bordas.media/733819_012

3 Utiliser le calcul littéral pour démontrer une propriété

OBJECTIF 3

DÉFINITION Deux **expressions littérales** sont **égales** si elles sont toujours égales, c'est-à-dire si elles sont égales pour n'importe quelles valeurs attribuées aux lettres.

Exemple

Prouver que pour tout nombre x, on a $(2x+3)(5-x)+10 = 47+x(7-2x)-22$.

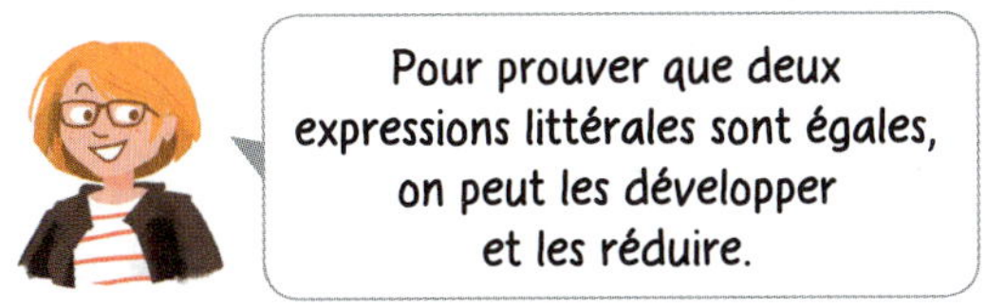

On développe et on réduit

$(2x+3)(5-x)+10$	$47+x(7-2x)-22$
$(2x+3)(5-x)+10$	$47+x(7-2x)-22$
$=10x-2x^2+15-3x+10$	$=47+7x-2x^2-22$
$=-2x^2+7x+25.$	$=-2x^2+7x+25.$

Les deux expressions développées sont égales donc l'égalité

$$(2x+3)(5-x)+10 = 47+x(7-2x)-22$$

est vraie pour toutes les valeurs de x.

Remarque : On peut utiliser une expression littérale pour décrire certaines propriétés des nombres entiers.

Exemples

1. Un nombre entier n étant choisi :
   - $n+1$ représente le nombre entier suivant ;
   - $n-1$ représente le nombre entier précédent.
2. Un nombre pair s'écrit toujours sous la forme $2n$.
3. Un nombre impair s'écrit toujours sous la forme $2n+1$ ou $2n-1$.
4. Un multiple de 3 s'écrit $3n$; un multiple de 7 s'écrit $7n$.
5. Un nombre de trois chiffres « abc » peut s'écrire $a \times 100 + b \times 10 + c$.

chiffre des centaines (a) — chiffre des dizaines (b) — chiffre des unités (c)

PROPRIÉTÉ Il suffit de trouver un seul exemple pour lequel deux expressions donnent des résultats différents pour prouver qu'elles ne sont pas égales.
Cet exemple s'appelle alors un contre-exemple.

Propriété admise

Exemple

Léo affirme : « Pour tous les nombres a et b, on a $(a+b)^2 = a^2+b^2$. »
A-t-il raison ?

Contre-exemple

Avec $a=2$ et $b=3$, on a $(a+b)^2=(2+3)^2=25$ alors que $a^2+b^2=2^2+3^2=13$.
C'est un contre-exemple, l'affirmation de Léo est donc fausse.

Je comprends

Voir la vidéo : bordas.media/733819_013

On construit des rectangles dont la longueur mesure 1 cm de plus que la largeur comme dans l'exemple ci-dessous :

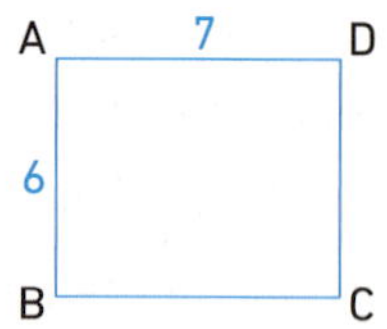

Trouver une formule qui donne l'aire de ces rectangles en fonction du côté le plus petit.

Exercice résolu

ÉTAPE 1. On fait quelques calculs en leur cherchant des points communs.
– Si AB = 6 cm, alors l'aire vaut $6 \times 7 = 42$ cm².
– Si AB = 13 cm, alors l'aire vaut $13 \times 14 = 182$ cm².
– Si AB = 1 cm, alors l'aire vaut $1 \times 2 = 2$ cm².
– Si AB = 1,8 cm, alors l'aire vaut $1{,}8 \times 2{,}8 = 5{,}04$ cm².

ÉTAPE 2. On généralise les calculs effectués à l'aide d'une expression littérale.
Si on note C la mesure du côté le plus petit, le côté le plus grand vaudra 1 cm de plus, soit $C + 1$.
L'aire du rectangle sera donnée par la formule $C \times (C + 1)$.

Je m'échauffe

1 QUESTIONS FLASH
Écrire à l'aide d'une expression littérale :
a. un nombre entier et les trois nombres qui le suivent ;
b. un nombre entier et les trois nombres qui le précédent ;
c. un nombre pair ;
d. un nombre impair ;
e. un multiple de 3 ;
f. un nombre entier qui s'écrit avec trois chiffres.

2 On nomme n un nombre entier. Écrire en fonction de n :
a. le produit de trois nombres consécutifs ;
b. la différence entre le nombre suivant n et le nombre précédant n ;
c. la somme de deux nombres impairs consécutifs.

3 Pour calculer l'expression $x^2 - 3$ lorsque $x = -1$, Julie a tapé le calcul suivant sur sa calculatrice :

$-1^2 + 3$

Obtiendra-t-elle la bonne réponse ? Si oui, expliquer pourquoi, si non corriger le calcul.

4 Calculer l'expression $2x^3 + 4x^2 + 3$ lorsque :
a. $x = 0$ b. $x = 4$ c. $x = 10$

5 1. Soit $A = -x^2 + 4(5 - x)$. Calculer A pour :
a. $x = 3$ b. $x = -4$ c. $x = -2{,}8$
2. Soit $B = (3 - 5x)^2 - x^2$. Calculer B pour :
a. $x = 8$ b. $x = -4$ c. $x = -2{,}5$

6 Calculer les expressions suivantes pour $x = -7$:
a. $10x - 2$ b. $13 - x$ c. $x^2 + 11$

7 Écrire les calculs, puis les effectuer.
Calculer les expressions suivantes pour $x = -5{,}4$:
a. $-x + 3{,}2$ b. $7 - x^2$ c. $(4x - 9)^2$

8 En nommant N le nombre de départ, écrire le résultat de chacun des programmes de calculs suivants en fonction de N.

1
- Choisir un nombre
- Ajouter 7
- Multiplier par 4
- Soustraire le double du nombre de départ

2
- Choisir un nombre
- Soustraire 10
- Mettre au carré
- Ajouter le tiers du nombre de départ

3
- Choisir un nombre
- Ajouter 3
- Diviser par 2
- Prendre l'opposé

4
- Choisir un nombre
- Multiplier par 5
- Soustraire 8
- Mettre le résultat au carré

9 Un mobile se déplace à 5 m/s. En notant x le temps exprimé en secondes, écrire une expression littérale qui donne la distance parcourue par le mobile en mètres durant x secondes.

10 Traduire par une expression littérale la phrase suivante : « Choisir un nombre et prendre l'opposé du triple de son carré. »

Je m'entraîne 1

11 On construit une frise avec des allumettes comme sur le modèle ci-dessous :

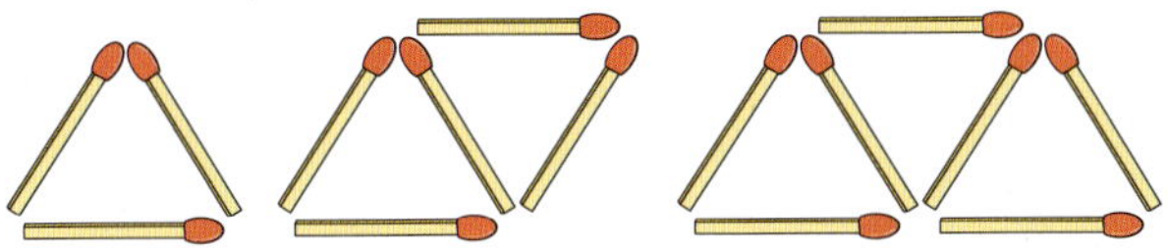

1. Combien faut-il d'allumettes pour faire 3 triangles ?

2. Combien faut-il d'allumettes pour faire 12 triangles ?

3. Combien faut-il d'allumettes pour faire 1 000 triangles ?

4. Écrire une expression qui donne le nombre d'allumettes nécessaires pour faire *n* triangles.

12 **Les maths autour de moi**

En France, le taux de TVA (Taxe sur la Valeur Ajoutée) qui s'ajoute au prix hors taxes dépend du type de produit vendu. Il peut valoir 20% ; 10% ; 8,5% ; 5,5% ou 2,1% du prix du produit. Un commerçant aimerait utiliser un tableur pour automatiser le calcul du prix TTC (Toutes Taxes Comprises). Voici son tableau :

	A	B
1	Prix Hors Taxes	
2	TVA 20%	
3	TVA 10%	
4	TVA 8,5%	
5	TVA 5,5%	
6	TVA 2,1%	

1. Quelles formules devra-t-il saisir dans les cases **B2**, **B3**, **B4**, **B5**, **B6** pour obtenir le prix total à afficher sur l'étiquette ?

2. En notant *P* le prix hors taxes, exprimer en fonction de *P* le prix toutes taxes comprises dans chacun des cas ci-dessus.

13 Voici le début d'une frise :

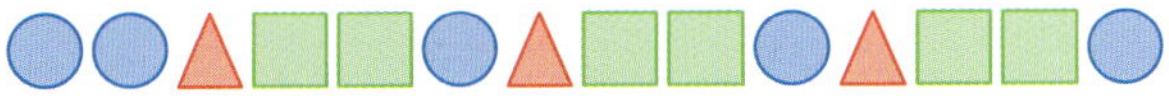

1. Écrire une expression littérale permettant de repérer la position des triangles rouges.

2. Le 2 535ᵉ symbole de la frise sera-t-il un triangle rouge ?

3. Quel sera le 150ᵉ symbole de cette frise ? Si c'est un carré vert, est-ce le premier ou le second ?

Je m'entraîne 2

14 **1.** Trouver le nombre qui est au milieu des nombres 6 et 10, c'est-à-dire celui qui est aussi proche de 6 que de 10.

2. Trouver le nombre qui est au milieu des nombres 2,5 et 18.

3. Écrire une expression qui donne le nombre qui est au milieu des nombres *a* et *b*.

4. Utiliser cette expression pour trouver le nombre qui est au milieu de 3,8 et $\frac{16}{3}$.

15 **L'écologie autour de moi**

La centrale géothermique de Rittershoffen permet d'éviter le rejet annuel d'environ 41 000 t de CO_2, soit l'équivalent de l'émission annuelle de 16 000 véhicules.

Pour la réaliser, on a creusé un puits de 2 500 m de profondeur pour capter de l'eau chaude sous pression à 170 °C.
Ce puits a la forme du tronc de cône représenté ci-dessous :

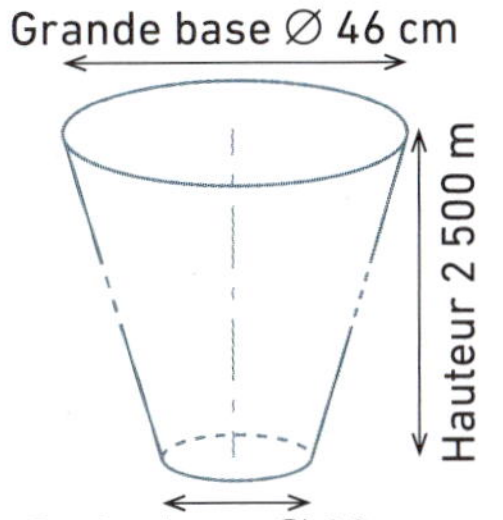

Calculer le volume de ce puits.
Le volume *V* d'un tronc de cône se calcule à l'aide de la formule $V = \frac{\pi}{3}h(R^2 + Rr + r^2)$, où *h* désigne la hauteur du tronc de cône, *R* le rayon de la grande base et *r* le rayon de la petite base.

16 **TOP Chrono** 20 min

1. Calculer $10 - x^2$ lorsque :

a. $x = 8$ **b.** $x = -3$ **c.** $x = \frac{2}{3}$

2. Calculer $\left(\frac{x+6}{2x}\right)^2$ lorsque :

a. $x = 8$ **b.** $x = -3$ **c.** $x = \frac{2}{3}$

objectif 2 Je connais et j'utilise la double

Je comprends

Voir la vidéo : bordas.media/733819_014

1. Développer et réduire $(3x - 4)(-6 + 2x)$. **2.** Factoriser l'expression $9 - 4x^2$.

Exercice résolu

1. Développer une expression, c'est transformer les produits de cette expression en somme.
L'expression $(3x - 4)(-6 + 2x)$ est un produit de deux facteurs.
$(3x - 4)(-6 + 2x)$
$= 3x \times (-6) + 3x \times 2x + (-4) \times (-6) + (-4) \times 2x$
$= -18x + 6x^2 + 24 - 8x$
$= 6x^2 - 26x + 24$.
L'expression développée de $(3x - 4)(-6 + 2x)$ est égale à $6x^2 - 26x + 24$.

2. Factoriser une expression, c'est l'écrire sous la forme d'un produit.
$9 - 4x^2$ est une différence.
En écrivant $9 - 4x^2$ sous la forme $(3)^2 - (2x)^2$, on reconnait l'identité remarquable

$$a^2 - b^2 = (a + b)(a - b),$$

avec $a = 3$ et $b = 2x$.
L'expression factorisée de $9 - 4x^2$ est égale à $(3 + 2x)(3 - 2x)$.

Je m'échauffe

S'entraîner avec Aplusix : bordas.media/733819_015

17 QUESTIONS FLASH

1. Utiliser l'identité remarquable $(a + b)(a - b) = a^2 - b^2$ pour calculer sans calculatrice et sans poser les opérations :

a. $25^2 - 15^2$ **b.** 26×34
c. $201^2 - 199^2$ **d.** 102×98
e. $48^2 - 47^2$ **f.** 33×27
g. $3{,}5^2 - 0{,}5^2$ **h.** $2{,}8 \times 3{,}2$

2. Développer et réduire :

a. $(x + 6)(x - 6)$ **b.** $(2x - 5)(2x + 5)$
c. $(4x + 5)(4x - 5)$ **d.** $(3 + 2x)(3 - 2x)$

18 **1.** Recopier et compléter le tableau suivant :

$\times$	$9x$	-3
$5x$		
$+4$		

2. Donner l'expression développée réduite de :

$$(9x - 3)(5x + 4)$$

3. Développer l'expression $(2x + 6)(4 - x)$.

Tu peux utiliser un tableau si nécessaire.

19 Développer et réduire les expressions suivantes :

a. $6 + (3x - 2)$ **b.** $-4x + (8 - 3x)$
c. $10 - (5 - 3x)$ **d.** $8x - (-3 - 5x)$
e. $5 - (2x + 3) \times 4$ **f.** $2x - 5(3x + 4)$

20 Développer et réduire les expressions suivantes :

a. $(x - 1)(2x + 5)$ **b.** $(4 - 2x)(5x - 9)$
c. $(-x + 1)(x - 1)$ **d.** $(-3 - 2x)(-6 - 3x)$

21 Développer et réduire les expressions suivantes :

a. $(4x + 1)(2x + 3)$ **b.** $(3 + 2x)(5x + 2)$
c. $(x + 1)(x + 1)$ **d.** $(2{,}5x + 4{,}8)(0{,}5 + 2x)$

22 Factoriser les expressions suivantes :

a. $5a + 15b$ **b.** $12x^2 - 15x$
c. $3a^2 - 5ab$ **d.** $8x - 4$
e. $x^2 - x$ **f.** $x^3 + 2x$

23 Factoriser les expressions suivantes :

a. $2x^2 + 3x^3$ **b.** $4xy - 5x^2$
c. $10x - 10$ **d.** $16x^2 - 4x$
e. $4x^2 - 6x^2$ **f.** $7x^3 + 14$

24 Développer et réduire les expressions suivantes :

a. $(2x - 3)(5x + 7)$ **b.** $-4x(6 - 3x)$
c. $3(2x + 1) - (6 - x)$ **d.** $(3x + 5y)(2x - 3y)$
e. $5(x + 3) - (2x - 6)$
f. $(2x + 1)(5 - 3x) - (7 - x^2)$

25 Développer les expressions à l'aide de l'identité remarquable $(a + b)(a - b) = a^2 - b^2$:

a. $(x + 1)(x - 1)$ **b.** $(5 + 2x)(5 - 2x)$
c. $(3x - 7)(3x + 7)$ **d.** $(2 - 5x)(5x + 2)$

26 Développer et réduire les expressions suivantes :

a. $(3x + 5)(3x + 5)$ **b.** $(7 - 2x)(7 - 2x)$
c. $(x + 1)(x + 1)$ **d.** $(x - 1)(x - 1)$

Je m'entraîne 1

27 1. Combien faut-il ajouter à $3x+8$ pour obtenir $5x+15$?

2. Combien faut-il ajouter à $4y-6$ pour obtenir $y+3$?

3. Combien faut-il soustraire à x^3+3x^2 pour obtenir $2x^2$?

4. Combien faut-il soustraire à $5x-4$ pour obtenir $7x+8$?

28 Développer et réduire les expressions suivantes :

a. $17-(2x+3)$

b. $-4x+(6-3x)$

c. $5(2x+4)-(10-3x)$

d. $(2x-3)-(5x+7)$

e. $x-8-(2+4x-(9-5x))$

29 Voici un programme de calcul :

- Choisir un nombre
- Soustraire 2
- Multiplier le résultat par la somme du nombre choisi et de 3
- Ajouter 6 au résultat
- Soustraire le carré du nombre choisi

1. Selon Élie, on retrouve toujours le nombre de départ à la fin du programme.
Faire le test en choisissant – 6 comme nombre de départ, puis refaire les calculs en prenant $\frac{4}{7}$ comme nombre de départ.

2. Prouver que l'affirmation d'Élie est vraie.

30 Sur un terrain rectangulaire, on prévoit de faire un potager lui aussi rectangulaire au centre et de laisser une bordure autour.
On note x la largeur de la bordure.

1. Calculer l'aire du potager lorsque $x = 3$.

2. a. Exprimer l'aire du potager en fonction de x.
b. Développer et réduire l'expression obtenue.

3. Quelle doit être la largeur de la bordure pour que l'aire du potager soit au moins de 150 m² ?

Je m'entraîne 2

31 Factoriser les expressions suivantes à l'aide de l'identité remarquable $a^2-b^2=(a+b)(a-b)$:

a. x^2-64 b. $4x^2-49$

c. $16x^2-144$ d. x^2-13

e. $100-15x^2$ f. $9-9x^2$

32 Factoriser les expressions suivantes à l'aide de l'identité remarquable $a^2-b^2=(a+b)(a-b)$:

a. x^2-8 b. $11-x^2$

c. $2x^2-5$ d. $4-3x^2$

33 Développer et réduire :

$(2x+3)^2$ $(4x-2)(3x^2+2x-6)$ $(x-2)^3$

34 Factoriser à l'aide de l'identité remarquable $a^2-b^2=(a+b)(a-b)$:

a. $(3x+6)^2-(4x+2)^2$ b. $(5-x)^2-(6x-8)^2$

c. $(x+1)^2-(x+3)^2$ d. $(7+x)^2-(7-x)^2$

35 **Les maths autour de moi**

Chaque objet en mouvement possède une énergie cinétique.
On peut la calculer grâce à la formule $E=\frac{1}{2}mv^2$,

où E est l'énergie cinétique exprimée en joules, m la masse en kilogrammes et v la vitesse en mètres par seconde.

1. Quelle est l'énergie d'une voiture qui pèse 1,5 tonne et qui roule à 30 km/h, c'est-à-dire à 25 m/s ?

2. De combien augmente cette énergie si on double la vitesse ?

3. Exprimer en fonction de m et de v l'augmentation de l'énergie si on augmente la vitesse de 20 m/s.

36 **TOP Chrono** 15 min

Dire si chacune des propositions suivantes est vraie ou fausse. Donner une preuve.

- **Proposition 1** : « Pour tous les nombres a et b, on a l'égalité suivante $(a-b)(a+b)(a+b)=a^3-b^3$. »
- **Proposition 2** : « Pour tous les nombres a et b, on a l'égalité suivante $a^2=4+(a+2)(a-2)$. »

objectif 3

Je prouve ou réfute

Je comprends

Voir la vidéo : bordas.media/733819_016

Prouver que la somme de deux nombres entiers consécutifs est un nombre impair.

Exercice résolu

ÉTAPE 1. On traduit l'énoncé en nommant n le premier nombre entier.
Le nombre entier suivant n s'écrit donc $n+1$.
La somme des deux s'écrit $n+(n+1)$.

ÉTAPE 2. On transforme cette écriture pour montrer qu'il s'agit d'un nombre impair :

$$n+(n+1)=n+n+1=2n+1.$$

$2n$ est un nombre pair car c'est un multiple de 2.
$2n+1$ est le nombre entier suivant $2n$, c'est donc un nombre impair.

Je m'échauffe

37 QUESTIONS FLASH

Dire si chacune des égalités suivantes est vraie ou fausse en argumentant oralement.

a. $8+4x=12x$

b. $16x^2-25=(8x+5)(8x-5)$

c. $(2x-1)^2=1-4x+4x^2$

d. $9x^2+4+12x=(3x+2)^2$

38 Les égalités suivantes sont-elles vraies ? Justifier la réponse.

a. $-(3x-7)=-3x+7$

b. $7-x=-(x-7)$

c. $4-\left(2x+5-x^2\right)=4-2x-5-x^2$

d. $4x-5y+2=5y-4x-2$

39 Pour chacune des égalités suivantes, dire si elle est toujours vraie.
Justifier la réponse en donnant une preuve.

a. $4+x^2=8x$

b. $(x+3)(2x+1)+x^2=3x^2+6x+9$

c. $(x-1)(x-2)(x-4)=x^3-5x^2+8x-4$

d. $2x^2-8x+15=(2x-4)(x-2)+7$

e. $(x+5)(x-3)=(x+1)^2-16$

40 Vrai ou Faux ?

La somme de deux multiples de 3 est toujours un multiple de 3.

Alex

Mais non, la somme de deux multiples de 3 est toujours un multiple de 9 !

Vadim

Dire si chacune de ces deux affirmations est vraie ou fausse. Donner une preuve.

41 La somme de deux nombres pairs est-elle toujours paire ? toujours impaire ? parfois paire, parfois impaire ? Donner une preuve.

42 **1.** Prouver que les expressions $A=2x-8(x-1)$ et $B=-6x+5$ ne sont pas égales.

2. Prouver que les expressions $C=4-\left(7-x^2\right)$ et $D=4\left(x^2-1\right)-\left(3x^2-1\right)$ sont égales.

43 La somme de deux nombres impairs est-elle toujours paire ? toujours impaire ? parfois paire, parfois impaire ? Donner une preuve.

44 Vrai ou Faux ?

La somme de trois nombres entiers consécutifs est toujours un multiple de 3.

Donner une preuve de la réponse donnée.

45 « Quels que soient les nombres positifs a et b, l'égalité $\sqrt{a}+\sqrt{b}=\sqrt{a+b}$ est vraie. »
Cette affirmation est-elle vraie ? Justifier.

46 Des élèves devaient développer ou factoriser l'expression $A=(2x+3)(4x-2)-(2x+3)(x-5)$.
Voici leurs réponses :

Eliott $(2x+3)(3x+3)$

Jade $6x^2+15x+9$

Raïssa $(2x+3)(3x-7)$

Maxime $6x^2+x-21$

Dire pour chacun des élèves si sa réponse est correcte ou non. Donner une preuve.

Je m'entraîne 1

47 **1.** Démontrer que les égalités suivantes sont toujours vraies :

a. $(a+b)^2 = a^2 + 2ab + b^2$

b. $(a-b)^2 = a^2 - 2ab + b^2$

2. Utiliser ces résultats pour développer directement les expressions suivantes :

a. $(x+2)^2$ **b.** $(x-3)^2$ **c.** $(2x+5)^2$

48 **Vrai ou Faux ?**

« La somme de deux nombres impairs consécutifs est toujours un multiple de 4. »

Donner une preuve.

49 Ali dessine des carrés de 3 cases sur 3 cases sur un calendrier. Ensuite, il calcule la différence entre les produits des deux nombres situés aux extrémités des diagonales :

Janvier						1
L	M	M	J	V	S	D
				1	2	3
4	5	6	7	8	9	10
11	12	13	14	15	16	17
18	19	20	21	22	23	24
25	26	27	28	29	30	31

Février						2
L	M	M	J	V	S	D
1	2	3	4	5	6	7
8	9	10	11	12	13	14
15	16	17	18	19	20	21
22	23	24	25	26	27	28

Mars						3
L	M	M	J	V	S	D
1	2	3	4	5	6	7
8	9	10	11	12	13	14
15	16	17	18	19	20	21
22	23	24	25	26	27	28
29	30	31				

1. Tester les calculs d'Ali avec le carré tracé

2. Recommencer en prenant un autre carré de 3 cases sur 3 cases. Que constate-t-on ?

3. Démontrer le résultat observé.

50 **1.** J'ai choisi deux nombres qui ont pour somme 250. Si j'augmente chacun des deux nombres de 6, de combien augmentera leur produit ? Expliquer.

2. J'ai choisi deux nombres qui ont pour somme 120. Si je diminue chacun des deux nombres de 3, de combien diminuera leur produit ? Expliquer.

3. Inventer un problème du même type et proposer une solution.

51 **1.** Vérifier les égalités suivantes :

$1^2 + 1 = 2^2 - 2$ $2^2 + 2 = 3^2 - 3$ $7^2 + 7 = 8^2 - 8$

$13^2 + 13 = 14^2 - 14$ $2{,}7^2 + 2{,}7 = 3{,}7^2 - 3{,}7$

2. Écrire une égalité du même type avec les nombres 42 et 43.

3. Établir une conjecture et la démontrer.

Je m'entraîne 2

52 Un magicien propose le tour suivant :

1. À la fin du calcul, Johnny annonce 27. Quels sont les deux nombres qu'il a choisis ?

2. Est-ce possible que le résultat final soit 132 ?

3. Quel est le plus grand résultat que l'on puisse obtenir ?

4. Expliquer l'astuce du magicien et prouver que son « truc » fonctionne toujours.

53 Un palindrome est un nombre qui se lit de la même façon si on le lit à l'endroit ou à l'envers. 343 ou 123 321 sont des palindromes par exemple.

Mourad affirme : « Les palindromes à quatre chiffres sont tous divisibles par 11. »

Vrai ou faux ?

54 **Les maths autour de moi**

En natation, la résistance à l'avancement du nageur est calculée grâce à la formule $R = KSV^2$.

Dans cette formule, K est un coefficient lié à la forme du nageur ; S est un coefficient qui se calcule par rapport à la position du nageur dans l'eau (l'idéal étant qu'il soit le plus horizontal possible) et V représente sa vitesse.

Pour les nageurs professionnels, l'objectif est donc de diminuer cette résistance au maximum tout en allant le plus vite possible.

Prouver que si le nageur va deux fois plus vite il aura une résistance quatre fois plus forte à affronter.

55 **TOP Chrono** 10 min

$A = (2x-3)^2 - 25$ $B = (2x+2)(2x-8)$

Les expressions A et B sont-elles toujours égales ?

je travaille seul(e) ou en Accompagnement personnalisé

Je fais le point sur mon cours

QCM de révision
Retrouve un autre QCM interactif : bordas.media/733819_017

		A	B	C
56	Si $x = -3$, alors $-x^2$ vaut :	9	-9	-6
57	La forme développée de $(4x - 5)(2 - 3x)$ est :	$23x - 12x^2 - 10$	$12x^2 - 7x - 10$	$-12x^2 + 7x + 10$
58	Quelle est l'expression factorisée de $25x^2 - 16$?	$(5x - 4)^2$	$(5x - 8)(5x + 8)$	$(5x + 4)(5x - 4)$
59	L'expression développée de $(6 + 3x)(3x - 6)$ est :	$9x^2 - 36$	$36 - 9x^2$	$3x^2 - 36$
60	L'expression $4x^2 + 3x$ est égale à :	$7x^3$	$(4x + 3) \times x$	$12x^3$

Je fais le point sur mes objectifs

S'entraîner avec Aplusix : bordas.media/733819_018

OBJECTIF 1

Je produis et j'utilise une expression littérale

61 **1.** Calculer les expressions suivantes en détaillant les étapes du calcul et pour $x = -4$:
a. $17 - x$ **b.** $x^2 + 6$ **c.** $(4x + 20)^2$
2. Reprendre les calculs de la question **1** avec $x = \frac{2}{3}$.

62 Calculer l'expression $3(-x + x^2)$ en détaillant les étapes du calcul lorsque :
a. $x = 5$ **b.** $x = -3$ **c.** $x = 0$

63 Douze ans après la fonte de certains glaciers, on voit apparaitre sur les roches des lichens, plantes qui se développent en formant un cercle.

La relation entre le diamètre de ce cercle et l'âge du lichen peut s'établir de façon approximative par la formule $d = 7 \times \sqrt{t - 12}$, où d est le diamètre du lichen en millimètres et $t > 12$ le nombre d'années écoulées depuis la disparition de la glace.
1. En utilisant la formule, calculer le diamètre d'un lichen 16 ans après la disparition de la glace.
2. Anne a mesuré le diamètre d'un lichen et a trouvé 42 millimètres. Depuis combien d'années la glace a-t-elle disparu à l'endroit précis où Anne a trouvé le lichen ? Indiquer le calcul effectué.

D'après PISA.

64 Un fermier plante des pommiers en carré. Afin de protéger ses arbres du vent, il plante des conifères tout autour du verger.
Voici un schéma qui présente cette situation :

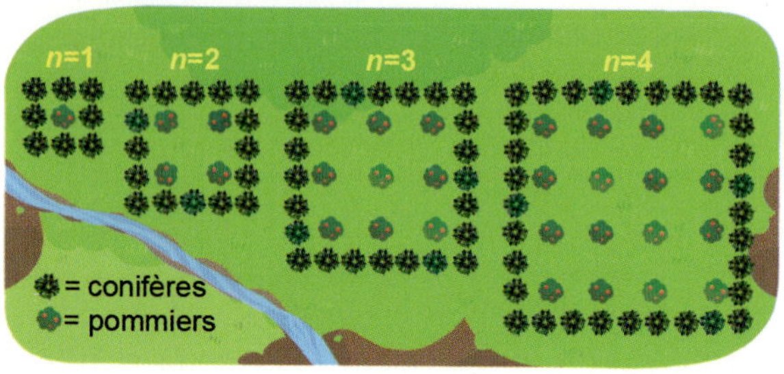

Trouver une formule qui donne le nombre de conifères en fonction du nombre de pommiers sur une rangée (n représente le nombre de pommiers sur une rangée).

65 Donner une écriture du nombre 27 montrant que :
a. c'est un nombre impair ;
b. c'est un multiple de 3 ;
c. c'est la somme de deux entiers consécutifs ;
d. c'est le produit de deux sommes ;
e. c'est la somme de deux produits.

66 Écrire à l'aide d'une expression littérale :
a. le produit de deux nombres impairs consécutifs ;
b. le produit de deux multiples de 7 ;
c. la différence des carrés de deux nombres pairs consécutifs.

OBJECTIF 2

Je connais et j'utilise la double distributivité et une identité remarquable

67 Recopier le tableau ci-dessous et y répartir si possible les expressions suivantes avec x un nombre quelconque :

- $A = x^2 + 4$
- $B = (2x + 3)^2$
- $C = 4x^2$
- $D = 1 + x^2$
- $E = (5x)^2 + 3^2$
- $F = (9 + x)^2$

Carré d'une somme	Carré d'un produit	Somme de carrés	Produit de deux carrés

D'après le document Ressources « Utiliser le calcul littéral »

68 Développer et réduire les expressions suivantes :

a. $4 - (5x + 2)$ **b.** $4x - (5 - 2x)$
c. $8 + (7x - 4)$ **d.** $(4x + 3) + (-6 - x)$

69 Développer et réduire les expressions suivantes :

a. $(5x + 8)(2x + 3)$ **b.** $(10 + x)(3x - 6)$
c. $(x + 8)(x - 8)$ **d.** $(3x + 5)(3x - 5)$

70 Factoriser les expressions suivantes en recherchant un facteur commun :

a. $25 + 10x$ **b.** $4x^2 + 5x$ **c.** $12x - 6$
d. $x^2 - x$ **e.** $20x^2 - 10x$ **f.** $4x^2 - 2x + 6$

71 Factoriser les expressions à l'aide de l'identité remarquable $a^2 - b^2 = (a + b)(a - b)$:

a. $4x^2 - 100$ **b.** $25 - 9x^2$ **c.** $x^2 - 16$
d. $x^2 - 23$ **e.** $81 - x^2$ **f.** $19 - x^2$

72 **1.** Recopier, puis ranger les douze expressions ci-dessous en mettant d'un côté les expressions factorisées et de l'autre les expressions développées.

$(x + 3)^2$ $x^2 - 9$ $x^2 + 3x$
$x^2 - 3x$ $(x - 3)^2$ $(x + 3)(x - 3)$
$(x + 2)(x + 3)$ $2x^2 - 6x$ $25 - x^2$
$x(x - 3)$ $4x^2 - 6$ $x^2 - 17$

2. Développer les expressions factorisées.

3. Factoriser les expressions développées.

OBJECTIF 3

Je prouve ou réfute un résultat général

73 Des élèves ont développé et réduit l'expression $B = 4 - (2x - 3) \times (-4)$. Voici leurs réponses :

Pierre $8x - 4$	*Marion* $8x + 16$
Malik $8x - 8$	*Axelle* $-8x + 16$

Pour chaque réponse, dire si elle est correcte ou non et donner une preuve.

74 **Vrai ou Faux ?**

Voici deux programmes de calcul :

Programme A
- Choisir un nombre
- Calculer son carré
- Ajouter 2
- Multiplier par 4
- Soustraire le double du nombre de départ

Programme B
- Choisir un nombre
- Calculer son double
- Soustraire 1
- Multiplier par 2
- Multiplier par le nombre de départ
- Ajouter 10

Lorenzo dit : « Si on choisit le même nombre au départ, les résultats obtenus avec ces deux programmes ont toujours 2 d'écart. »
Vrai ou Faux ? Donner une preuve.

75

Qui dit vrai ? Donner une preuve.

76

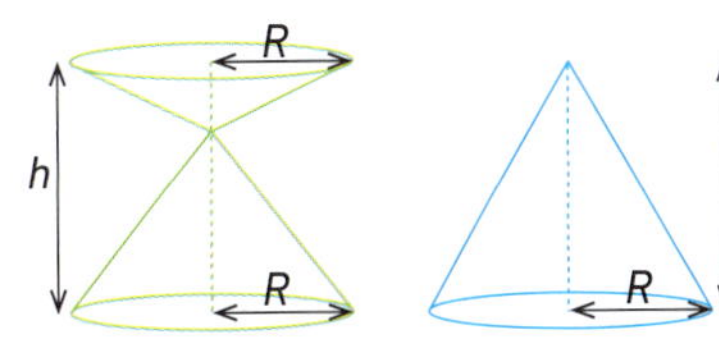

Les deux solides ci-dessus ont le même rayon pour leurs disques de base et la même hauteur. Prouver qu'ils ont le même volume

Rappel
$V_{cône} = \frac{\pi r^2 h}{3}$, où r est le rayon du disque de base et h la hauteur du cône.

Je résous des problèmes

OBJECTIF 1

Je produis et j'utilise une expression littérale

77 Les maths autour de moi

Selma fabrique des cubes avec des clics (petits carrés qui s'emboitent les uns aux autres).

1. Combien de clics ont été nécessaires à la construction du cube de hauteur 3 clics ?

2. Écrire une expression littérale qui donne le nombre de clics nécessaires à la fabrication d'un cube en fonction du nombre de clics de hauteur.

78 Les maths autour de moi

La fleur de sel est la mince couche de cristaux blancs qui se forme et affleure à la surface des marais salants. Chaque soir, Jean cueille la fleur de sel à la surface des carreaux.

Un carreau ici est un bassin de faible profondeur dans lequel on récolte le sel.

Pour transporter sa récolte, il utilise une brouette semblable à celle-ci :

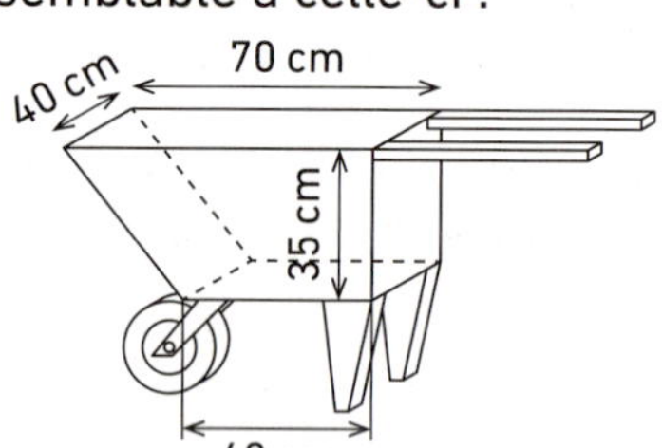

Prisme droit

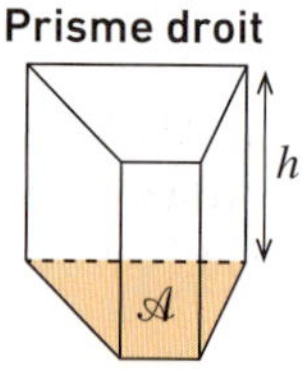

Volume = $\mathcal{A} \times h$

Trapèze

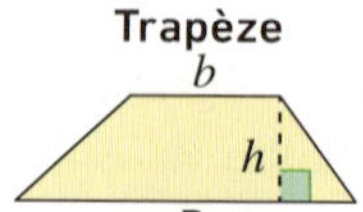

Aire = $\dfrac{(B+b) \times h}{2}$

Combien d'aller-retours devra-t-il faire pour transporter 2 m^3 de sel ?

Coup de pouce
1 m^3 = 1 000 dm^3 et 1 dm^3 = 1 000

D'après DNB 2018

OBJECTIF 2

Je connais et j'utilise la double distributivité et une identité remarquable

79 Curiosité numérique

1. Calculer :

a. $2 \times 2 - 1 \times 3$ **b.** $3 \times 3 - 2 \times 4$
c. $4 \times 4 - 3 \times 5$ **d.** $8 \times 8 - 7 \times 9$

2. Proposer trois autres calculs du même type, puis les effectuer.
Quelle conjecture peut-on faire ?

3. Prouver cette conjecture.

80 La nature

Soit le triangle ABC ci-dessous :

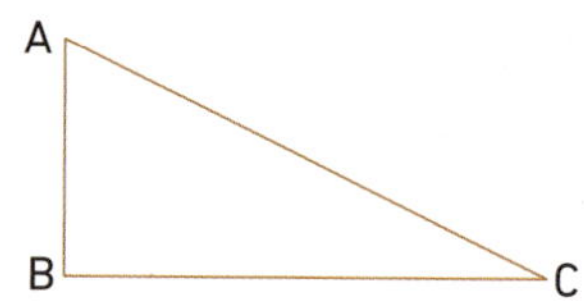

- AB = $3x + 6$
- BC = $4x + 8$
- AC = $5x + 10$

1. a. Faire la figure lorsque $x = 0$.
b. Le triangle obtenu est-il rectangle ? Prouver.

2. Le triangle ABC est-il toujours rectangle quelle que soit la valeur de x choisie ?

81 L'écologie autour de moi

Le barrage de Serre Ponçon dans les Hautes Alpes permet de fabriquer de l'électricité sans émettre de CO_2 grâce à la puissance générée par l'eau. Cette puissance dépend de la hauteur h de l'eau (120 m pour ce barrage) et du débit des turbines q qui vont produire l'électricité (360 m^3/s pour ce barrage).

Voici la formule permettant de la calculer :
$P = 9\,810\,hq$, où P est en watts (W), h la hauteur de l'eau en mètres et q le débit en m^3/s.

1. Calculer la puissance que peut produire le barrage de Serre Ponçon.

2. Sachant que ce barrage produit 700 millions de KWh par an et qu'une centrale à charbon émet 377 g de CO_2 par KWh produit, calculer la quantité de CO_2 économisée grâce à ce barrage.

OBJECTIF 3

Je prouve ou réfute un résultat général

82 Physique-Chimie La vitesse

La formule permettant de relier la vitesse, la distance et le temps est $v = \frac{d}{t}$, où d représente la distance parcourue, t le temps et v la vitesse.
Justifier les égalités suivantes en détaillant les étapes suivies : **a.** $d = v \times t$ **b.** $t = \frac{d}{v}$

83 Divisibilité par 4

On nomme N un nombre entier compris entre 100 et 999.

1. Démontrer que si le nombre formé par le chiffre des dizaines et le chiffre des unités est divisible par 4, alors N est divisible par 4.
Par exemple, pour 732, comme 32 est divisible par 4 alors 732 est divisible par 4.

2. Cette règle fonctionne-t-elle pour la divisibilité par 8 ? C'est-à-dire si le nombre formé par le chiffre des dizaines et le chiffre des unités d'un nombre N supérieur à 10 est divisible par 8, alors N est-il divisible par 8 ?

84 Arithmétique

- Choisir un nombre à deux chiffres
- L'ajouter au nombre obtenu en inversant les deux chiffres.

Nina dit que le résultat de ce programme est toujours un multiple de 11.
Vrai ou Faux ?
Donner une preuve.

> **Aide**
> Un nombre à deux chiffres peut s'écrire $a \times 10 + b$.

85 Les deux font la paire

Vrai ou Faux ? Justifier la réponse.

86 Augmentation

1. Prouver que si on multiplie le côté d'un carré par 10, son aire sera 100 fois plus grande.

2. De combien augmentera l'aire d'un carré si on ajoute 10 cm à chacun de ses côtés ?

MULTI OBJECTIFS

87 Vrai ou Faux ?

Murat affirme : « Le carré de la somme de deux nombres est égale à la somme des carrés de ces deux nombres. »

1. Traduire cette phrase à l'aide d'une égalité entre deux expressions littérales.

2. L'affirmation de Murad est-elle vraie ?

88 Les six familles

ABCDEFGH est un pavé droit. Ses faces ABCD et EFGH sont des carrés. La longueur AE vaut 10 cm. La longueur du côté AB est notée x.

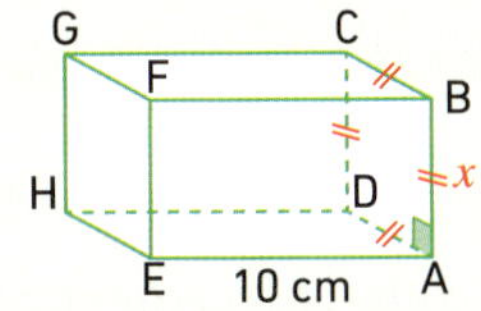

1. Classer les expressions littérales suivantes dans le tableau après l'avoir recopié :

$10x$; $4x$; $10x^2$; x^2 ; $48x$; $40x + 2x^2$; $40 + 8x$; $2x(20 + x)$; $2 \times x \times x + 4 \times 10 \times x$; $4 \times 10 + 4 \times x + 4 \times x$

Périmètre du carré ABCD	Aire du carré ABCD	Aire du rectangle ADHE	Longueur totale des arêtes du pavé	Aire totale des faces du pavé	Volume du pavé

2. Dans les cas où plusieurs réponses conviennent, montrer par le calcul comment on peut passer de l'une à l'autre.

D'après Ressources pour l'évaluation

89 L'aire en lettres

Exprimer l'aire de la figure ci-dessous en fonction de a et b sachant que ABDC est un rectangle.

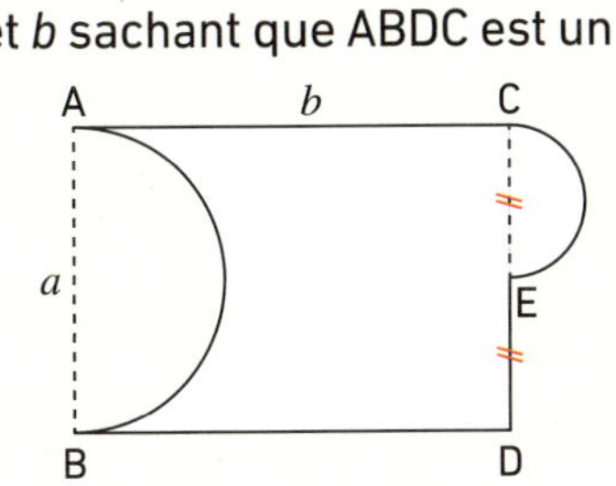

je développe mes compétences

RAISONNER · REPRÉSENTER · COMMUNIQUER · CALCULER · CHERCHER · MODÉLISER

J'apprends à CALCULER

S'entraîner avec Aplusix : bordas.media/733819_019

J'OBSERVE

90 Pour factoriser une expression, on peut utiliser deux techniques :
– **technique 1** : on repère un facteur commun dans chacun des termes de la somme ou de la différence ;
– **technique 2** : on repère une identité remarquable à utiliser comme par exemple $a^2 - b^2 = (a + b)(a - b)$.

Factoriser les expressions suivantes :
- $A = x^2 - 100$
- $B = 20x - 16x^2$
- $C = x^2 - 13$

EXERCICE RÉSOLU

- L'expression A est de la forme $x^2 - 10^2$, elle correspond donc à l'expression $a^2 - b^2$ où $a = x$ et $b = 10$. On peut donc la factoriser sous la forme $(a + b)(a - b)$, c'est-à-dire $A = (x + 10)(x - 10)$.
- L'expression B est une différence et chaque terme est multiple de $4x$. En effet, elle peut s'écrire : $4x \times 5 - 4x \times 4x$.
On peut donc factoriser par $4x$ et on obtient $B = 4x(5 - 4x)$.
- L'expression C peut s'écrire sous la forme $x^2 - (\sqrt{13})^2$ puisque 13 peut s'écrire $(\sqrt{13})^2$.
On a donc une expression de la forme $a^2 - b^2$ que l'on peut factoriser en $(a + b)(a - b)$, on obtient $C = (x + \sqrt{13})(x - \sqrt{13})$.

JE ME LANCE

91 Factoriser les expressions suivantes en repérant un facteur commun :
a. $3y - 5y^3$
b. $24x + 12$
c. $3x^3 - 6x^2 + 9$
d. $x^2 - x$
e. $4x^2 - 6xy$

92 Factoriser les expressions suivantes en repérant l'identité remarquable $a^2 - b^2 = (a - b)(a + b)$:
a. $x^2 - 64$
b. $4x^2 - 9$
c. $144 - x^2$
d. $x^2 - 11$
e. $9x^2 - 5$

J'apprends à MODÉLISER

J'OBSERVE

93 Pour traduire des propriétés des nombres entiers, on utilise souvent des expressions littérales.
Par exemple :
- un nombre pair est un multiple de 2 et s'écrit donc $2n$, où n est un nombre entier ;
- un nombre impair est le suivant ou le précédent d'un nombre pair. Il s'écrit donc $2n + 1$ ou $2n - 1$;
- un nombre à trois chiffres « *abc* » s'écrit avec des centaines, des dizaines et des unités. On peut donc l'écrire $100a + 10b + c$.

Écrire une expression littérale correspondant au programme de calcul ci-contre.

> • Choisir un nombre impair
> • Ajouter le nombre qui le suit
> • Diviser par 10

EXERCICE RÉSOLU

- **Choisir un nombre impair :** on désigne le nombre de départ par $2n + 1$.
- **Ajouter le nombre qui le suit :** le nombre qui suit $2n + 1$ est donc $2n + 1 + 1$, soit $2n + 2$.
- **Diviser par 10 :** on a donc au final l'expression suivante :

$$\frac{(2n + 1) + (2n + 2)}{10}.$$

JE ME LANCE

94 Modéliser les situations suivantes à l'aide d'une expression littérale.
- **Situation 1 :** choisir un nombre à deux chiffres et soustraire son chiffre des dizaines.
- **Situation 2 :** calculer le produit d'un nombre pair par le nombre pair précédent.
- **Situation 3 :** calculer le carré d'un nombre impair.
- **Situation 4 :** choisir un nombre à trois chiffres, ajouter son chiffre des centaines et soustraire son chiffre des dizaines.

j'utilise mes compétences

95 Anglais Lucky strike

RAISONNER • MODÉLISER • COMMUNIQUER D1.3 et D4

1. Choose a two-figured whole number, then subtract from it the numbers corresponding to its two figures.

2. Find on the table the symbol corresponding to the result.

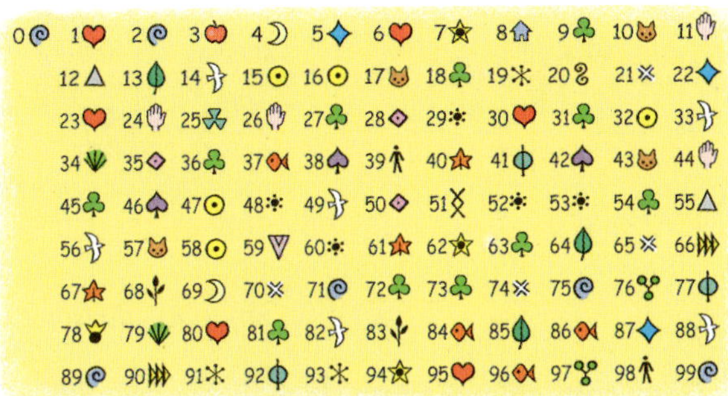

It's a clover leaf. Amazing, right? How can we explain this phenomenon?

96 Non ! Pas la piqure !

CHERCHER • CALCULER D1.3 et D4

1. Pour calculer le débit D d'une perfusion en gouttes par minutes, les infirmiers utilisent la formule $D = \dfrac{V}{3 \times T}$,

où V est le volume en millilitres de la perfusion et T le temps en heures que doit durer la perfusion.
À quel débit doit être réglée la perfusion si on veut transfuser 1,5 litre en un jour ?

2. Une perfusion est réglée sur un débit de 6 gouttes par minute. Quel volume de liquide sera perfusé en une heure et quart ?

3. Une perfusion a un volume de 250 mL et est réglée sur un débit de 8 gouttes par minute. Quelle devrait être la durée de la perfusion ? Donner le résultat en heures et en minutes.

97 Drôle de calculs

RAISONNER • MODÉLISER • COMMUNIQUER D1.3 et D4

1. Calculer :

a. $7^2 - 5^2$ **b.** $55^2 - 53^2$

c. $19^2 - 17^2$ **d.** $11^2 - 9^2$

2.

La différence des carrés de deux nombres impairs consécutifs est un multiple de 8.

Vrai ou Faux ? Donner une preuve.

98 Chaud devant

CHERCHER • CALCULER D1.3 et D4

En France, les températures sont mesurées en degrés Celsius noté °C. Les pays anglo-saxons utilisent le degré Fahrenheit noté °F.
Si on connaît la mesure T en degrés Celsius d'une température, sa mesure T' en degrés Fahrenheit est donnée par la formule $T' = T \times 1{,}8 + 32$.

1. À combien de degrés Fahrenheit correspond une température de – 4°C ?

2. On lit le message suivant sur un site internet :

Quelle température afficherait un thermomètre français ?

3. Est-il possible que deux thermomètres, placés au même endroit, l'un gradué en degrés Celsius et l'autre en degrés Fahrenheit, affichent au même moment la même température ?

D'après Ressources pour l'évaluation

99 Je fais ma story

pix 3.2

En course à pied, la vitesse dépend de deux choses : la foulée (F), c'est-à-dire la distance que l'on parcourt entre deux appuis au sol en centimètres, et la cadence (C), c'est-à-dire le nombre de foulées par minute.
La vitesse en km/h du coureur est obtenue par la formule :

$$V = \frac{60\,CF}{100}.$$

Faire une vidéo ou un roman photo qui montre à quelle vitesse vous courrez.

vu au brevet

100 **Vrai ou Faux ?**

Pour tout nombre x, on a :

$$(2x+1)^2 - 4 = (2x+3)(2x-1)$$

Amérique du Nord 2019

101 On considère le programme de calcul :

- Choisir un nombre.
- Prendre le carré de ce nombre.
- Ajouter le triple du nombre de départ.
- Ajouter 2.

1. Montrer que si on choisit 1 comme nombre de départ, le programme donne 6 comme résultat.

2. Quel résultat obtient-on si on choisit −5 comme nombre de départ?

3. On appelle x le nombre de départ, exprimer le résultat du programme en fonction de x.

4. Montrer que ce résultat peut aussi s'écrire sous la forme $(x+2)(x+1)$ pour toutes les valeurs de x.

5. La feuille du tableur suivante regroupe des résultats du programme de calcul précédent.

	A	B	C	D	E	F	G	H	I	J
1	x	−4	−3	−2	−1	0	1	2	3	4
2	$(x+2)(x+1)$	6	2	0	0	2	6	12	20	30

a. Quelle formule a été écrite dans la cellule B2 avant de l'étendre jusqu'à la cellule J2 ?

b. Trouver les valeurs de x pour lesquelles le programme donne 0 comme résultat.

Centres Étrangers 2019

102 Nina et Claire ont chacune un programme de calcul :

Programme de Nina	Programme de Claire
• Choisir un nombre • Soustraire 1 • Multiplier le résultat par −2 • Ajouter 2	• Choisir un nombre • Multiplier ce nombre par $-\frac{1}{2}$ • Ajouter 1 au résultat

Montrer que si les deux filles choisissent 1 comme nombre de départ, Nina obtiendra un résultat final 4 fois plus grand que celui de Claire.

2. Quel nombre de départ Nina doit-elle choisir pour obtenir 0 à la fin ?

3. Nina dit à Claire : « Si on choisit le même nombre de départ, mon résultat sera toujours quatre fois plus grand que le tien ».
A-t-elle raison ?

Asie 2019

103 On fournit les données suivantes :
– formule permettant de calculer la masse d'alcool en g dans une boisson alcoolisée :

$$m = V \times d \times 7{,}9$$

V : volume de la boisson alcoolisée en cL ;
d : degré d'alcool de la boisson (exemple, un degré d'alcool de 2 % signifie que d est égal à 0,02) ;
– deux exemples de boissons alcoolisées :

Boisson 1	**Boisson 2**
Degré d'alcool : 5 %	Degré d'alcool : 12 %
Contenance : 33 cL	Contenance 125 mL

La boisson 1 contient-elle une masse d'alcool supérieure à celle de la boisson 2 ?

Amérique du Nord 2019

104 Dans cette partie, toutes les longueurs sont exprimées en centimètres. On considère les deux figures ci-dessous, un triangle équilatéral et un rectangle, où x représente un nombre positif quelconque.

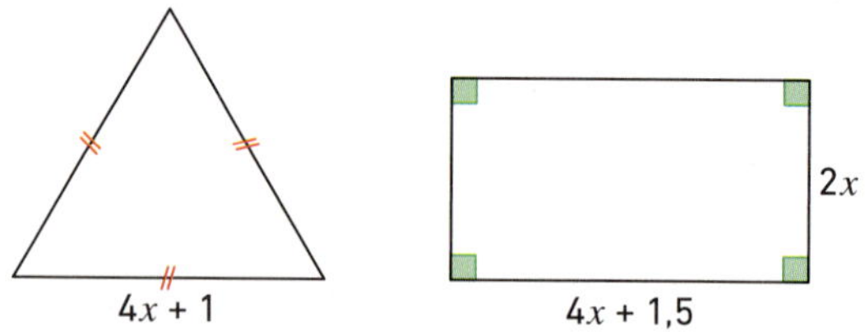

1. Construire le triangle équilatéral pour $x = 2$.

2. a. Démontrer que le périmètre du rectangle en fonction de x peut s'écrire $12x + 3$.

b. Pour quelle valeur de x le périmètre du rectangle est-il égal à 18 cm ?

3. Est-il vrai que les deux figures ont le même périmètre pour toutes les valeurs de x ? Justifier.

Centres Étrangers 2019

105 On considère le programme de calcul ci-dessous :

- Choisir un nombre
- Ajouter 5
- Multiplier le résultat obtenu par 2
- Soustraire 9

Affirmation : « Ce programme donne pour résultat la somme de 1 et du double du nombre choisi. »
Vrai ou faux ? Justifier soigneusement la réponse.

Centres Étrangers 2018

106 **QCM**

Question	Réponse A	Réponse B	Réponse C
$(2x-3)^2 = ...$	$4x^2 + 12x - 9$	$4x^2 - 12x + 9$	$4x^2 - 9$

Justifier la réponse.

Pondichéry 2016

Jeux mathématiques

107 Le pouilleux

Le jeu se joue à trois joueurs, toutes les cartes ci-dessous sont à réaliser et sont distribuées en début de partie :

$(x-1)^2$	x^2-1	$(x+1)(x-1)$
x^2-2x+1	$(x-2)^2$	x^2-4
$(x-2)(x+2)$	x^2-4x+4	$(2x-1)^2$
$4x^2-1$	$(2x+1)(2x-1)$	$2x^2-1$
$4x^2-4x+1$	$4(x^2-1)$	$4x^2-4$
$x(x-2)+1$	x^2+1-2x	

Règle du jeu : Le joueur dont c'est le tour pioche une carte de son choix dans le jeu du joueur précédent. Ensuite, s'il peut associer deux cartes qui présentent des expressions égales, il les pose.
Le vainqueur est celui qui a posé toutes ses cartes.

108 Défi !

Le prix des colliers de la bijouterie *Megachic* dépend uniquement du style de perles qui est utilisé pour le fabriquer.

Énigme

109 Chez moi j'ai des animaux.
Tous sauf deux sont des chats.
Tous sauf deux sont des chiens.
Tous sauf deux sont des lapins.
Peux-tu me dire combien j'ai d'animaux en tout ?

devoirs à la maison

110 Physique-Chimie — Objectif Lune

Contrairement à une idée repandue, le poids ne s'exprime pas en kilogrammes mais en Newton et il représente la force qu'exerce la planète sur le corps.
La masse et le poids sont liés par la relation suivante : $P = mg$, où P est le poids en Newton, m est la masse en kilogrammes de ce corps et g l'accélération de la pesanteur.

1. Sachant que $P = mg$, quelles sont les égalités qui sont vraies ici ?

$m = \frac{P}{g}$	$g = \frac{m}{P}$	$m = \frac{g}{P}$
$m = Pg$	$g = \frac{P}{m}$	$g = Pm$

2. Sur la Terre, g vaut environ 9,8.
Calculer le poids sur Terre d'un homme ayant une masse de 70 kg.

3. Sur la Lune, g vaut 1,7.
Calculer le poids sur la Lune de cet homme.

4. Est-il vrai que l'on pèse environ 5,5 fois moins lourd sur la Lune que sur Terre ? Donner une preuve.

111 De conjecture en démonstration

Tom doit calculer $3{,}5^2$. Sa sœur Julie lui dit qu'il n'a qu'à effectuer le produit de 3 par 4 et rajouter 0,25.

1. Effectuer le calcul proposé par Julie et vérifier que le résultat obtenu est bien le carré de 3,5.

2. Proposer une façon simple de calculer $7{,}5^2$ et donner le résultat.

3. Julie propose cette conjecture :

$$(n+0{,}5)^2 = n(n+1)+0{,}25,$$

où n est un nombre entier positif.
Prouver que la conjecture de Julie est vraie (quel que soit le nombre n).

avec un logiciel pix

Pour faire ces activités, télécharge les fiches logiciel Géométrie et Tableur sur le site college.editions-bordas.fr.

1 Un nombre qui se termine par 5 pix 3.1 et 3.4

35′ **Tester une conjecture à l'aide d'un tableur.**

Difficulté mathématique Difficulté technique

Dans le tableau ci-dessous, la première ligne comporte la suite des nombres entiers, la seconde est obtenue en calculant la somme des deux nombres de la colonne précédente et du nombre de la case située juste au-dessus.

1	2	3	4	5
1	4	9	16	
	$4 = 1 + 1 + 2$	$9 = 4 + 2 + 3$	$16 = 9 + 3 + 4$	

1 Quel nombre devra-t-on mettre dans la case violette du tableau ci-dessus ?

2 Akim fait la conjecture suivante :
« Dans la deuxième ligne, on obtient le carré du nombre situé dans la case juste au-dessus. »
a. Tester cette conjecture en construisant le tableau suivant avec le tableur et en complétant les cellules pour que les calculs soient automatisés.

	A	B	C	D	E	F	G
1	Suite des nombres	1	2	3	4	5	6
2	Méthode proposée	1					
3	Carré	1					

b. Démontrer que cette conjecture est vraie en montrant que l'on obtient bien $(n + 1)^2$ dans la case vide de ce tableau :

n	$n + 1$
n^2	**?**

2 Caravane de chameaux pix 1.3

50′ **Utiliser un tableur pour résoudre un problème ouvert.**

Difficulté mathématique Difficulté technique

Une caravane de commerçants touaregs transporte des sacs de sel. Au cours de leur périple, les touaregs doivent s'arrêter dans 42 oasis et, à chaque fois, donner 2 % de leur chargement en frais de séjour, puis échanger 6 sacs de sel contre de la nourriture. Pour que ce périple soit rentable, les marchands doivent arriver au bout de celui-ci avec au moins la moitié de leur chargement de départ.
L'objectif du travail proposé est de déterminer combien de sacs au minimum les touaregs doivent prendre au départ pour que leur périple soit rentable.

	A	B
1	Nombre de sacs de sel	
2	Après 1 arrêt	
3	2 arrêts	
4	3 arrêts	
5	4 arrêts	
6	5 arrêts	

1 Ouvrir une feuille de calcul, puis recopier le tableau ci-contre. Tableur 3

2 Entrer un nombre dans la cellule **B1** qui correspond au nombre de sacs de sel que les touaregs ont pris au départ de leur voyage.

3 Saisir une formule dans la cellule **B2** qui permet de calculer la quantité de sel restante à la fin du premier arrêt. Tableur 1

4 Copier cette formule dans les cellules de la colonne **B**. Tableur 2

5 Combien de sacs au minimum les touaregs doivent-ils prendre au départ pour que leur trajet soit rentable ?

3 Nombres triangulaires pix 1.3

Utiliser un tableur pour effectuer des calculs et établir des conjectures.

35' — Difficulté mathématique — Difficulté technique

De tous temps, les mathématiciens ont utilisé différents moyens pour représenter les nombres et rendre visibles certaines de leurs propriétés. Les nombres que l'on peut organiser sous la forme d'un triangle équilatéral s'appellent des *nombres triangulaires*. Voici les premiers nombres triangulaires :

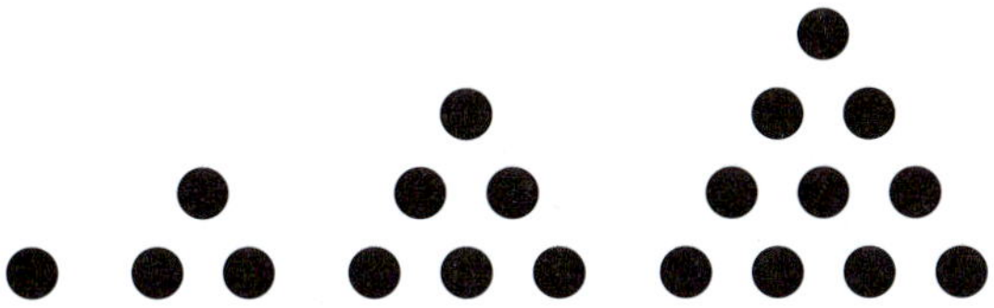

Comment passe-t-on d'un nombre triangulaire au suivant ?

1 À l'aide d'un tableur, déterminer le vingtième nombre triangulaire.

2 Certains s'amusent à donner une signification particulière à certains nombres.
Par exemple, le nombre 666 est appelé *le nombre de la bête*. Est-ce un nombre triangulaire ?
Qu'en est-il pour 2020 ?

3 Que peut-on dire de la somme de deux nombres triangulaires consécutifs ?

4 L'IMC (ALGO) pix 3.4

Créer un programme qui demande la masse en mètres et la taille en kilogrammes et qui calcule la valeur de l'IMC.

50' — Difficulté mathématique — Difficulté technique

L'Organisation Mondiale de la Santé (OMS) a défini l'Indice de Masse Corporelle (IMC) comme le standard pour évaluer les risques liés au surpoids ou à la maigreur chez l'adulte. Elle a également défini des intervalles standards (maigreur, indice normal, surpoids, obésité) en se basant sur la relation constatée statistiquement entre l'IMC et le taux de mortalité.
L'IMC se calcule de la façon suivante : $\text{IMC} = \dfrac{M}{T^2}$,
où M est la masse en kg et T la taille en m,
ce tableau permet d'interpréter le résultat obtenu.

Indice de masse corporelle (IMC)	Interprétation (d'après l'OMS)
moins de 18,5	Insuffisance pondérale (maigreur)
18,5 à 25	Corpulence normale
25 à 30	Surpoids
30 à 35	Obésité modérée
35 à 40	Obésité sévère
plus de 40	Obésité morbide ou massive

Dans le logiciel Scratch

1 Dans un programme, créer une variable nommée « Masse ».

2 Demander « Quelle est votre masse en kilogrammes ? » et stocker la réponse dans la variable « Masse ».

Aide
Utiliser 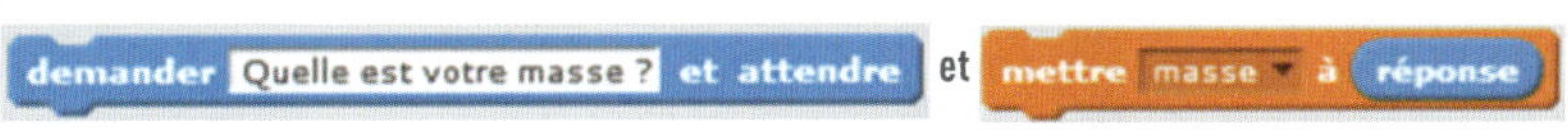

3 Faire de même pour demander la taille en mètres et stocker la réponse dans une variable.

4 Terminer le programme de façon à ce que le chat réponde :
« Votre IMC est de… »

5 Améliorer le programme pour que le chat réponde en donnant directement l'interprétation de l'IMC.

Aide
Utiliser plusieurs 

tâches complexes

1 C'est chaud !

La superficie des glaciers de l'Arctique se réduit de façon spectaculaire ce qui inquiète les spécialistes.

▶ **Estimer cette diminution entre 1984 et 2012 et l'exprimer à l'aide d'un pourcentage.**

DOC 1 Les glaciers arctiques

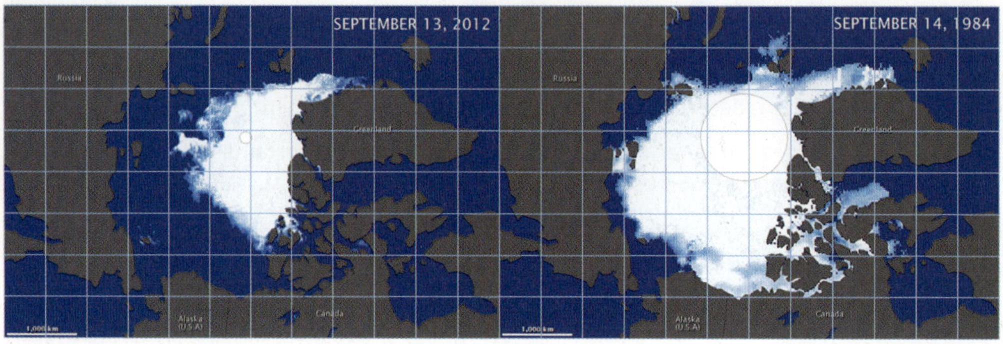

DOC 2 Formule de Pick

Georg Alexander Pick, né en 1859, est un mathématicien autrichien. Il a découvert une formule permettant d'exprimer l'aire A d'un polygone dont les sommets sont situés sur un quadrillage de points à partir du nombre i de points du réseau strictement intérieurs à ce polygone et du nombre b de points du réseau sur le bord du polygone : $A = i + \frac{b}{2} - 1$.

DOC 3 Exemple de calcul

Pour le polygone ci-dessous :
$i = 15$ et $b = 16$, donc, en utilisant la formule de Pick, $A = 15 + \frac{16}{2} - 1 = 22$.

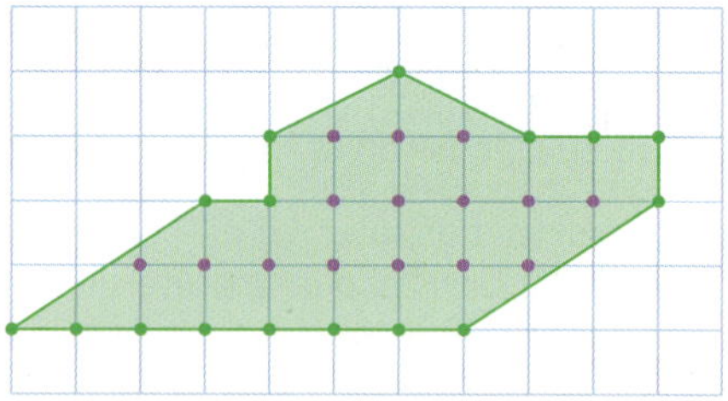

2 Les problèmes DUDU

Arnaud est-il un boss en calcul mental ou il y a un truc ?

▶ **Peux-tu aider Julien à le savoir ?**

Voir la vidéo : bordas.media/733819_020

Si on utilise la **même quantité de métal** pour faire des boîtes de conserve de formes différentes, auront-elles le **même volume** ?

Pour le savoir, rendez-vous en fin de chapitre

chapitre 3

QCM de révision
Avant de commencer ce chapitre, fais le point sur tes connaissances : bordas.media/733819_021

Équations

EXEMPLES DE RÉUSSITE !

1 6 7
12 21 24

objectifs

1 Je résous une équation

2 Je résous des problèmes se ramenant au 1er degré

cherchons ensemble

Si tu ne comprends pas certains des mots utilisés ici, demande à ton professeur ou consulte le *Dico des maths*, p. 10.

Activité 1 — Résoudre une équation du 1er degré

OBJECTIF 1

- Voici trois programmes de calcul :

Programme n° 1	Programme n° 2	Programme n° 3
• Choisir un nombre • Multiplier par 3 • Ajouter 25 • Multiplier par 2	• Choisir un nombre • Ajouter 10 • Multiplier par 11 • Ajouter 3	• Choisir un nombre • Multiplier par 12 • Ajouter 1 • Multiplier par 3 • Soustraire 6 fois le nombre de départ • Ajouter 7

- Voici quatre défis qu'il faut relever :

Défi n° 1 : Pour chacun de ces trois programmes, trouver le nombre qu'il faut choisir au départ pour obtenir 80 comme résultat final.

Défi n° 2 : Trouver le nombre qu'il faut choisir au départ pour que l'on obtienne comme résultat final le même nombre avec le Programme n° **1** et le Programme n° **2**.

Défi n° 3 : Trouver le nombre qu'il faut choisir au départ pour que l'on obtienne comme résultat final le même nombre avec le Programme n° **1** et le Programme n° **3**.

Défi n° 4 : Trouver le nombre qu'il faut choisir au départ pour que l'on obtienne comme résultat final le même nombre avec le Programme n° **2** et le Programme n° **3**.

Activité 2 — Résoudre un problème

OBJECTIF 1

Lors d'un entraînement, un cycliste effectue à plusieurs reprises l'aller-retour suivant :
– ascension d'un col à une vitesse moyenne de x km/h ;
– redescente immédiate, par la même route, vers le point de départ à une vitesse moyenne que l'on note y km/h.

On admet que la vitesse moyenne V du cycliste sur l'aller-retour est donnée par la formule : $\frac{2}{V} = \frac{x+y}{xy}$.

1 Calculer la vitesse moyenne du cycliste s'il monte à une vitesse moyenne de 10 km/h et qu'il redescend à la vitesse moyenne de 30 km/h.

2 Un cycliste est monté avec une vitesse moyenne de 8 km/h. À quelle vitesse doit-il redescendre pour que sa vitesse moyenne sur l'ensemble du trajet soit de 12 km/h ?

3 Reprendre la question **2** s'il monte à 10 km/h et a une vitesse moyenne de 18 km/h sur l'ensemble du trajet.

4

Louise : Je viens d'arriver au sommet avec une vitesse moyenne de 7 km/h. Je vais essayer d'avoir une vitesse moyenne sur l'ensemble du trajet de 14 km/h.

Enzo : Même si tu descends à fond tu n'y arriveras pas.

Qui a raison ?

Activité 3 — Résoudre une équation-produit nul

OBJECTIF 2

Voici un programme de calcul :

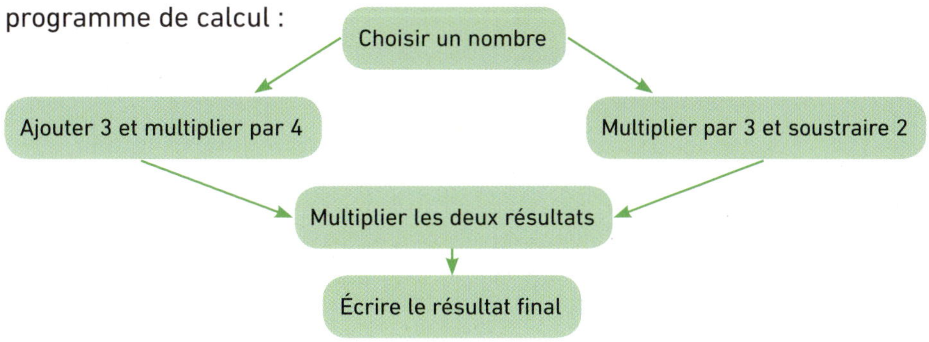

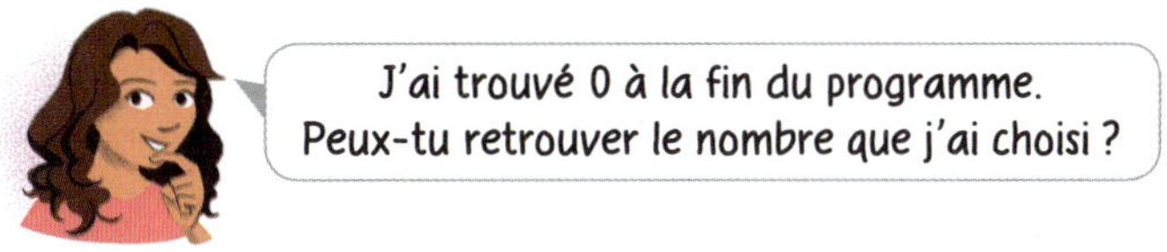

1 Pour résoudre ce problème, Élodie a écrit une équation en nommant N le nombre de départ.
a. Écrire l'équation d'Élodie, puis essayer de la résoudre.

2 Recopier, puis compléter les égalités suivantes par le nombre qui convient :
a. $... \times 7 = 0$ **b.** $19 \times ... = 0$ **c.** $(5 + 2x) \times ... = 0$ **d.** $... \times (3x^2 - 5) = 0$

3 Utiliser les résultats précédents pour résoudre l'équation d'Élodie.
Combien y a-t-il de possibilités ?

4 Résoudre les équations suivantes :
a. $(4x + 3)(2x + 6) = 0$ **b.** $(3x - 4)(-8 - x) = 0$ **c.** $(x + 2)(x - 1)(x + 7) = 0$

Activité 4 — Résoudre une équation de la forme $x^2 = a$

OBJECTIF 2

Michel et Christine ont acheté un terrain il y a longtemps et se le partagent pour faire un jardin potager. Le terrain de Michel (en vert) est carré, celui de Christine (en bleu) est rectangulaire et elle se rappelle qu'un côté mesure 5 m. La mairie leur propose de leur vendre un morceau de terrain supplémentaire comme sur le dessin ci-contre qui n'est pas à l'échelle.
Michel dit : « Si on achète ce morceau de terrain supplémentaire ce sera super, moi je prends la partie marron, toi la partie orange et on aura tous les deux la même superficie de terrain pour notre potager ! »

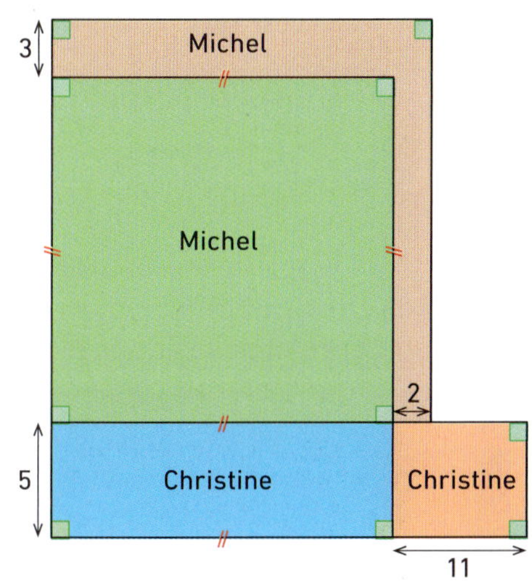

1 Écrire une expression littérale exprimant la superficie du terrain de Michel une fois qu'il aura ajouté la bande de terrain correspondante.

2 Faire de même pour Christine, puis écrire l'équation qui permet de modéliser l'affirmation de Michel.

3 Résoudre cette équation.

4 En utilisant ce qui a été vu précédemment, résoudre les équations suivantes :
a. $x^2 = 9$ **b.** $x^2 = 2$ **c.** $4x^2 = 100$

1 Résoudre une équation du 1er degré à une inconnue

OBJECTIF 1

a) Équations du 1er degré à une inconnue

PROPRIÉTÉS On ne change pas les solutions d'une équation :
- en développant, réduisant ou factorisant chacun des deux membres de l'équation ;
- en additionnant ou en soustrayant un même nombre aux deux membres de l'équation ;
- en multipliant ou en divisant les deux membres de l'équation par un même nombre non nul.

Propriétés admises

Exemple

Résoudre l'équation $6x + 5 = (3 - x) \times 4$.

Pour résoudre une équation du premier degré à une inconnue, on utilise les propriétés précédentes pour isoler l'inconnue dans un membre de l'équation.

On développe et on réduit ⟶ $6x + 5 = (3 - x) \times 4$

$6x + 5 = 12 - 4x$

On ajoute $4x$ aux deux membres de l'équation ⟶ $6x + 5 + 4x = 12 - 4x + 4x$

$10x + 5 = 12$

On soustrait 5 aux deux membres de l'équation ⟶ $10x + 5 - 5 = 12 - 5$

$10x = 7$

On divise les deux membres par 10 ⟶ $\frac{10x}{10} = \frac{7}{10}$

L'équation n'a qu'une seule solution ⟶ $x = 0{,}7$

b) Résoudre une équation contenant des quotients

PROPRIÉTÉ Quels que soient les nombres a, b, c et d, avec b et d différents de 0 :

si $\frac{a}{b} = \frac{c}{d}$, alors $ad = bc$.

Démonstration p. 58 de Myriade 4e

Exemple

Voir la vidéo : bordas.media/733819_022

1. Résoudre $\frac{n}{n+1} = \frac{4}{7}$.

Pour résoudre une équation contenant des quotients, on peut utiliser l'égalité des produits en croix. Ici, l'équation est donc équivalente à $7 \times n = 4 \times (n + 1)$, pour $n \neq -1$.

On développe les deux membres ⟶ $7 \times n = 4 \times n + 4 \times 1$

On soustrait $4n$ à chacun des deux membres ⟶ $7n - 4n = 4n + 4 - 4n$

$3n = 4$

On divise les deux membres par 3 ⟶ $\frac{3n}{3} = \frac{4}{3}$

L'équation n'a qu'une solution ⟶ $n = \frac{4}{3}$

2. Résoudre l'équation $\frac{x}{3} + \frac{4x}{7} = \frac{8}{21}$.

On écrit tous les quotients avec le même dénominateur :

$\frac{7 \times x}{7 \times 3} + \frac{3 \times 4x}{7 \times 3} = \frac{8}{21}$; $\frac{7x}{21} + \frac{12x}{21} = \frac{8}{21}$; $\frac{19x}{21} = \frac{8}{21}$, donc $19x = 8$ et $x = \frac{8}{19}$.

CARTE MENTALE bordas.media/733819_023

2 Problèmes qui se ramènent à un problème du 1er degré — OBJECTIF 2

a) Équations-produit nul

PROPRIÉTÉ Un produit est nul quand l'un de ses facteurs est nul.

Preuve Site compagnon

Remarque : On utilise la propriété ci-dessus pour résoudre des équations du second degré.

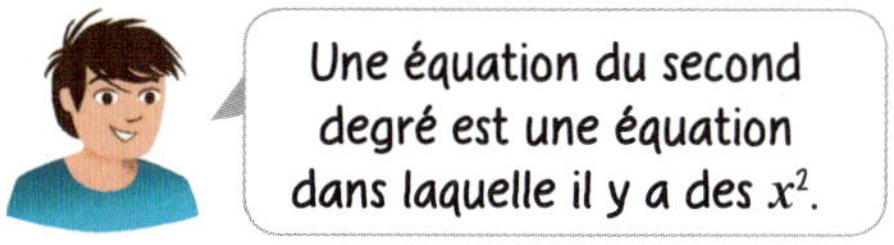

Exemple

Résoudre $(5x + 1)(3 - 2x) = 0$.

Grâce à la propriété ci-dessus, on peut dire que pour que $(5x + 1)(3 - 2x) = 0$, il faut que $5x + 1 = 0$ ou que $3 - 2x = 0$. Cette équation a donc deux solutions :

Première solution	Deuxième solution
$5x + 1 = 0$	$3 - 2x = 0$
$5x = -1$	$3 = 2x$
$x = -0{,}2$	$1{,}5 = x$

Les solutions sont $-0{,}2$ et $1{,}5$.

b) Équations de la forme $x^2 = a$

PROPRIÉTÉ Quels que soient les nombres a et b, $a^2 - b^2 = (a + b)(a - b)$.

Remarque : Pour résoudre une équation du second degré, on essaye de se ramener à une équation-produit nul.

Exemple

Résoudre $x^2 = 25$.

On fait apparaitre 0 dans l'un des deux membres ⟶ $x^2 - 25 = 25 - 25$
$-25 = 0$

On identifie la forme $a^2 - b^2$ ⟶ $(x)^2 - (5)^2 = 0$

On factorise $a^2 - b^2$ en $(a + b)(a - b)$ ⟶ $(x + 5)(x - 5) = 0$

On a donc :

soit $x + 5 = 0$	soit $x - 5 = 0$
$x = -5$	$x = 5$

Cette équation a donc deux solutions : -5 et 5.

DÉFINITION La **racine carrée** d'un nombre est le nombre positif qui, multiplié par lui-même, est égale à n.

Ce nombre se note $\sqrt{n}$.

Remarque : Par définition, on a $(\sqrt{n})^2 = n$.

PROPRIÉTÉS L'équation $x^2 = a$ admet :
- deux solutions si $a > 0$ qui sont $-\sqrt{a}$ et $\sqrt{a}$;
- une solution si $a = 0$ qui est 0 ;
- aucune solution si $a < 0$.

Démonstration Site compagnon

Exemples

1. $x^2 = 7$ admet deux solutions $-\sqrt{7}$ et $\sqrt{7}$.
2. $x^2 = 0$ admet une seule solution, 0.
3. $x^2 = -3$ n'admet pas de solution.

objectif 1

Je résous

Je comprends

Voir la vidéo : bordas.media/733819_024

Résoudre l'équation $17 - 5x = 22 + 4x$.

Exercice résolu

ÉTAPE 1. On annule dans un des deux membres le terme contenant l'inconnue.
Par exemple, ici, on soustrait $4x$ à chacun des membres : $17 - 5x - 4x = 22 + 4x - 4x$.
On réduit les membres obtenus : $17 - 9x = 22$.

ÉTAPE 2. On isole le terme qui contient l'inconnue.
On soustrait 17 à chacun des membres :
$17 - 9x - 17 = 22 - 17$.
On réduit les membres : $-9x = 5$.

ÉTAPE 3. On isole l'inconnue.
On divise chacun des membres par -9.
$\frac{-9 \times x}{-9} = \frac{5}{-9}$
On réduit les membres : $x = -\frac{5}{9}$.

ÉTAPE 4. On conclut.
L'équation obtenue est facile à résoudre, sa solution est $-\frac{5}{9}$.
La solution de l'équation $17 - 5x = 22 + 4x$ est $-\frac{5}{9}$.

Je m'échauffe

S'entraîner avec Aplusix : bordas.media/733819_025

1 QUESTIONS FLASH

1. Résoudre mentalement les équations suivantes :
a. $x - 5 = 30$ b. $x + 9 = 5$
c. $5x = 30$ d. $2x = 17$
e. $-3x = 12$ f. $x + 3 = 2$
g. $4x = -8$ h. $4 + 4x = 8x$
i. $7x = 5$ j. $5x = 4x$

2. Pour chacune des équations suivantes, dire si le nombre 4 est une solution :
a. $x + 8 = 3x$ b. $\frac{x}{2} = 2$
c. $5x + 2 = 7{,}5x$ d. $\frac{20}{x} = 9 - x$
e. $5x + 2 = 10x$ f. $4x - 4 = 3x$

2 Résoudre les équations d'inconnue x suivantes :
a. $7x + 17 = 9x + 29$ b. $4x + 15 = 7x + 24$
c. $8x + 26 = 5x + 14$ d. $23x + 31 = 16x + 17$

3 Résoudre les équations d'inconnue x suivantes :
a. $-2x + 7 = -x + 9$ b. $4x - 21 = 7x - 9$
c. $-7x - 12 = 8x + 3$ d. $7x + 13 = -3x - 7$

4 Résoudre les équations d'inconnue a suivantes :
a. $7a - 8 = 3a + 7$ b. $-2a + 3 = 14a - 1$
c. $3a - 4 = -5a - 8$ d. $7a - 6 = 9a - 11$

5 Résoudre les équations d'inconnue b suivantes :
a. $17b - 6 = 9b - 11$ b. $-3b + 4 = -7b + 11$
c. $2b - 1 = -13b + 5$ d. $-9b + 13 = 15b - 5$

6 Résoudre les équations suivantes :
a. $3x + 6 = 2x + 4$ b. $-2x + 6 = 4x - 10$
c. $4x - 8 = 7x + 4$ d. $5x - 3 = -x - 7$
e. $12x - 9 = 3x - 8$ f. $13 = 8 + 4x$

7 Résoudre les équations suivantes :
a. $3(4x + 1) = (2x + 3) \times 2$
b. $6(4x - 2) - 2(x + 8) = 12$
c. $5(7 - 2{,}2x) = 9 - 6x$
d. $3{,}2x + 4(5 - x) = 13 - (2x - 6)$

8 La somme de quatre nombres entiers consécutifs vaut 798. Quels sont ces quatre nombres ?

9 Dans la figure ci-contre, on a collé un rectangle contre un triangle équilatéral. Quelles doivent être les dimensions de la figure pour que le triangle ait le même périmètre que le rectangle ?

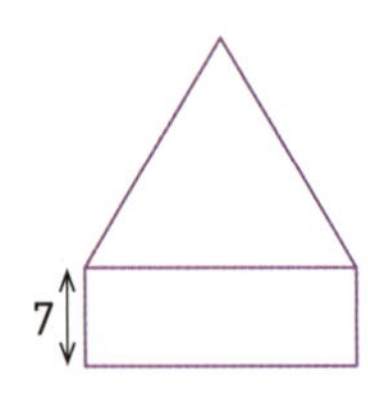

10 Élodie a 38 ans, sa fille Garance 4 ans et son fils Hugo 9 ans. Est-ce possible qu'un jour l'âge d'Élodie soit égal à la somme des âges de Garance et d'Hugo ? Quel âge aura-t-elle dans ce cas ?

Je m'entraîne 1

11 Je pense à un nombre, je lui ajoute 20, puis je double le résultat. Surprise, j'ai obtenu 10 fois le nombre de départ. Quel nombre ai-je choisi ?

12 **L'écologie autour de moi**

La facture d'eau d'un jardinier s'élève à 545 € par an.
Il prévoit d'économiser 55 € par an en installant un récupérateur d'eau de pluie.
Le récupérateur a coûté 199 € à l'achat et va nécessiter chaque année 13 € pour l'entretien (nettoyage, tuyau...).

Au bout de combien d'années l'installation sera-t-elle rentable ?

13 En partant d'un nombre placé dans la case supérieure, on constate que le chemin de gauche et le chemin de droite mènent au même résultat, dans la case inférieure.

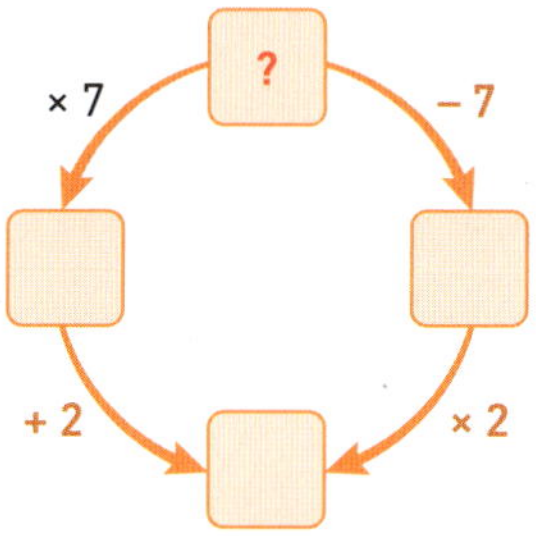

Quel est le nombre placé dans la case supérieure ? Y a-t-il plusieurs possibilités ?

14 On considère les deux programmes de calcul ci-dessous :

Programme A	Programme B
• Choisir un nombre	• Choisir un nombre
• Le multiplier par -2	• Lui soustraire 7
• Ajouter 13 au résultat	• Multiplier le résultat par 3

1. Quel nombre obtient-on avec le Programme **A** en choisissant 3 comme nombre de départ ?

2. Quel nombre faut-il choisir au départ pour obtenir 9 avec le Programme **B** ?

3. Peut-on trouver un nombre pour lequel les deux programmes de calcul donnent le même résultat ?

4. Peut-on trouver un nombre pour lequel le résultat obtenu avec le Programme **B** est le triple de celui obtenu avec le Programme **A** ?

Je m'entraîne 2

15 Résoudre les équations suivantes :

a. $\dfrac{x}{x+7} = \dfrac{4}{5}$ **b.** $\dfrac{3}{7} = \dfrac{x+5}{x}$

c. $\dfrac{4}{6-x} = \dfrac{3}{x}$ **d.** $\dfrac{2x}{3} - \dfrac{4x}{7} = 8x + 2$

16 **Les maths autour de moi**

Pour gagner un peu d'argent, Léa et Shoshana vendent des beignets sur la plage.

Léa gagne 990 € plus 10 % de ce qu'elle vend. Shoshana gagne 730 € plus 15 % de ce qu'elle vend. À la fin du mois, elles ont toutes les deux vendu pour le même montant de beignets et ont toutes les deux le même salaire.

1. Quel est le montant total des ventes qu'elles ont réalisées ?

2. Combien ont-elles gagné ?

17 **Les maths autour de moi**

Mélanie possède une boîte carrée où elle range du matériel pour fabriquer des colliers. Elle aimerait construire, à l'intérieur de cette boîte, 14 cases carrées identiques pour ranger des perles par couleurs. Elle aimerait aussi que sa boîte respecte les dimensions indiquées sur le schéma ci-dessus. Quelle est la longueur du côté d'une case carrée ?

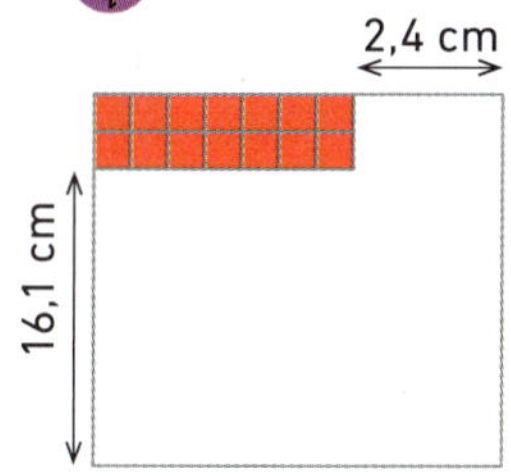

D'après IREM Poitiers.

18 **TOP Chrono** 15 min

Une délégation européenne va être envoyée à une conférence sur le climat. Elle sera composée de 75 personnes parmi lesquelles il y aura 2 fois plus d'Italiens que d'Allemands et 3 Allemands de moins que de Français.
Calculer le nombre de représentants de chaque pays.

objectif 2 Je résous des problèmes

Je comprends

Voir la vidéo : bordas.media/733819_026

1. Résoudre l'équation $(4x+2)(3-x)=0$.
2. Résoudre l'équation $4x^2+6=106+3x^2$.

Exercice résolu

1. ÉTAPE 1. On reconnait une équation-produit nul.
Un produit est nul quand l'un de ses facteurs est nul. Il y a donc deux possibilités ici :

$$4x+2=0 \quad \text{ou} \quad 3-x=0$$

ÉTAPE 2. On résout ces deux équations.

$4x+2=0$
$4x=-2$
$x=-0{,}5$

$3-x=0$
$x=3$

ÉTAPE 3. On conclut.
L'équation a deux solutions : $x=3$ et $x=-0{,}5$.

2. Cette équation est de degré 2 et n'est pas une équation-produit.
ÉTAPE 1. On la transforme pour avoir 0 dans l'un des deux membres.
$4x^2+6=106+3x^2$
$4x^2+6-3x^2-106=106+3x^2-3x^2-106$
$x^2-100=0$

ÉTAPE 2. On factorise le membre de gauche pour faire apparaitre un produit.
Ici, on reconnait l'identité remarquable :

$$a^2-b^2=(a+b)(a-b).$$

On a donc : $x^2-100=0$
$(x+10)(x-10)=0$.

ÉTAPE 3. On résout l'équation-produit nul pour conclure.
L'équation a deux solutions : $x=10$ et $x=-10$.

Je m'échauffe

S'entraîner avec Aplusix : bordas.media/733819_027

19 QUESTIONS FLASH

Résoudre mentalement les équations suivantes :

a. $x^2=9$ **b.** $x^2-4=0$
c. $x^2=25$ **d.** $x^2-49=0$
e. $x^2=100$ **f.** $x^2-1=0$
g. $x^2=81$ **h.** $x^2=0$

20 Résoudre les équations suivantes :

a. $(2x+8)(4x+1)=0$ **b.** $(5x+7)(2x-6)=0$
c. $(3x-5)(4-x)=0$ **d.** $(8-3x)(-6x-5)=0$
e. $(x+8)(x-7)=0$ **f.** $(11x-9)(4x+1)=0$

21 Résoudre les équations suivantes :

a. $(2{,}5x-7)(8x-9{,}6)=0$ **b.** $(10-4x)\times 7=0$
c. $(8{,}2+0{,}4x)(1-2{,}15x)=0$ **d.** $2x(4-x)=0$

22 Résoudre les équations suivantes :

a. $(x+3)+(x-4)=0$ **b.** $2x^2-5x=0$
c. $(x+1)(x-5)=0$ **d.** $4x^2-5=2x(3+2x)$
e. $(x+1)(x+2)=x^2$ **f.** $(3x-5)^2=0$

23

Quels sont les nombres dont le double du carré est égal à 2 738 ?

24 Résoudre les équations suivantes :

$x^2=20$ $x^2-16=0$ $x^2=13$
$x^2-10=0$ $x^2=8$ $x^2-5=0$

25 Voici un programme de calcul :

- Choisir un nombre
- Ajouter 3
- Multiplier par le nombre de départ

C'est curieux, à la fin du calcul j'ai obtenu le même nombre que celui que j'avais choisi au départ !

Quel nombre Aïssa a-t-elle choisi ?

26 Ci-dessous, ABCD est un carré et EFGH est un rectangle tel que [EF] mesure 2 cm de moins que [AB] et [EH] mesure 8 cm de plus que [AB].

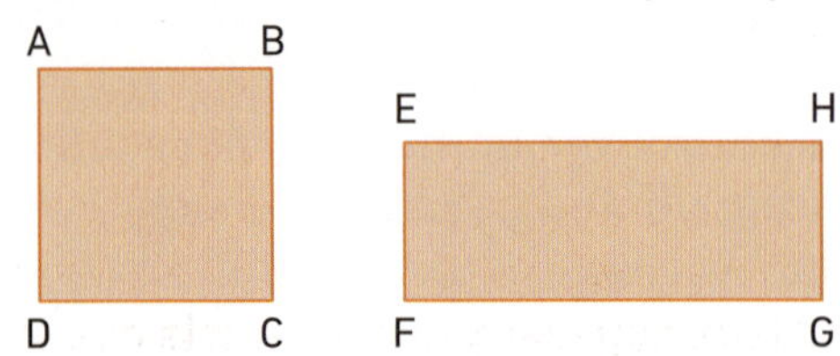

Comment doit-on choisir les dimensions pour que les deux figures aient la même aire ?

Je m'entraîne 1

27 **Les maths autour de moi**

Le collège de Julien a obtenu une subvention de 980 € pour la sortie de fin d'année des 3e. Les professeurs envisagent d'amener les élèves qui le souhaitent voir un spectacle de théâtre équestre.
L'entrée du spectacle est de 18 € par élève, les accompagnants ne paient rien. Il faut prévoir également 350 € pour la location d'un bus de 55 places.
Combien d'élèves pourront aller à ce spectacle ?

28 Résoudre les équations suivantes :

a. $25x^2 - 64 = 0$ **b.** $100x^2 = 4$
c. $36x^2 - 81 = 0$ **d.** $4x^2 = 25$

29 Voici deux programmes de calcul :

Programme A	Programme B
• Choisir un nombre • Ajouter 2 • Calculer le carré du résultat obtenu	• Choisir un nombre • Soustraire 5 • Calculer le carré du résultat obtenu

1. Choisir un nombre et exécuter ces deux programmes avec le même nombre de départ.

2. Quel(s) nombre(s) doit-on choisir au départ pour que ces deux programmes donnent le même résultat final ?

30 Un dragon a quatre fois l'âge de son petit et sa femme a cinq fois l'âge de son petit. Monsieur et Madame Dragon ont ensemble 378 ans.
Quel est l'âge du petit dragon ?

31 Deux nombres sont tels que le plus grand est le triple du plus petit. Si on ajoute 6 à chacun, on obtient deux nouveaux nombres tels que le plus grand est le double du plus petit.
Quels sont ces deux nombres ?

Je m'entraîne 2

32 Résoudre les équations suivantes :

a. $\dfrac{3x^2}{x+1} = 4 + 3x$ **b.** $\dfrac{9}{x+4} = \dfrac{2x+1}{6+x}$

33 Dans chacun des cas suivants, factoriser l'expression à l'aide de l'identité remarquable $a^2 - b^2 = (a+b)(a-b)$, puis résoudre l'équation.

a. $25 - (x+3)^2 = 0$ **b.** $(2x+1)^2 - (4x+6)^2 = 0$

34 Wu Zetian est la seule femme à avoir été impératrice de Chine, elle l'a été de 690 à 705. Pour s'entourer des meilleurs conseillers, la légende dit qu'elle avait pour habitude de choisir celui qui résoudrait le premier un problème de son choix. En voici un :

> Un chef de pirates disait à ses hommes :
> «Nous avons dérobé des pièces de tissu. Si chacun de nous en prend six, il en restera cinq. Mais si chacun de nous en veut sept, il en manquera huit. »
> Combien les pirates étaient-ils ?

35 **Les maths autour de moi**

Un fabriquant de cornet de glace doit prévoir des cornets coniques pouvant contenir 205 mL de glace et mesurant 10 cm de hauteur.

Quel doit être le rayon de la base du cône ?

1 mL = 1 cm³ et le volume d'un cône est égal à $\frac{1}{3}\pi r^2 h$.

36 **TOP Chrono** 15 min

Résoudre les équations suivantes :

$(2x-7)(-4x+7) = 0$

$x^2 - 6 = 0$

$4x(x-5) = (2x+5)(2x-3)$

je travaille seul(e) ou en Accompagnement personnalisé

Je fais le point sur mon cours

QCM de révision
Retrouve un autre QCM interactif : bordas.media/733819_028

		A	B	C
37	8 est une solution de l'équation :	$2 + 3x = 40$	$x^2 - 4 = 7x + 4$	$12 - x = 20$
38	Quel nombre est solution de l'équation $(7x + 1) \times 2 + 100 = -x^2 + 57$?	0	5	-5
39	L'équation $x^2 = 147$ a :	une solution	deux solutions	trois solutions
40	L'équation $(x - 1)(x + 1)(x + 5) = 0$ a :	une solution	deux solutions	trois solutions
41	La racine carrée de 9 est :	3	-3	81

Je fais le point sur mes objectifs

S'entraîner avec Aplusix : bordas.media/733819_029

OBJECTIF 1

Je résous une équation

42 Pour chacune des équations ci-dessous, dire si les nombres $\frac{4}{7}$; 5 ; -2 et -3 sont des solutions.

a. $-x + 8 = -5x$

b. $4x^2 + 16x = 6(4x + 10)$

43 Résoudre les équations suivantes :

a. $2x + 5 = 3x - 9$ **b.** $8 = 3x - 9$

c. $5 - x = x + 4$ **d.** $-6x + 4 = -2x$

44 Résoudre les équations suivantes :

a. $2x + 4 - x = 13$ **b.** $5(x - 2) = 7x$

c. $(5x + 2) \times 3 + 1 = x$ **d.** $8 - x = -2(x - 5)$

45 Résoudre les équations suivantes :

a. $3(x + 8) - 4 = 2 - (5 - 7x)$

b. $4x - (3 + x) \times 5 = 10x + 7$

c. $3x + 6 = -5(3x + 8)$

46 Résoudre les équations suivantes :

a. $\frac{x - 1}{6} = \frac{5x}{7}$ **b.** $\frac{3 + 2x}{5} - 4x = 8$

c. $\frac{11}{3} = \frac{5x}{x + 6}$ **d.** $\frac{4}{2 - x} = \frac{5}{3}$

47 Rodolphe achète un scooter. Il paye un sixième du prix à la commande et un tiers du prix à la livraison. Le reste doit être payé en cinq mensualités d'un montant de 330 € chacune.
Trouver le prix du scooter à l'aide d'une équation.

48 Dans la figure ci-dessous, ABCD est un rectangle et les points A, D et E sont alignés.

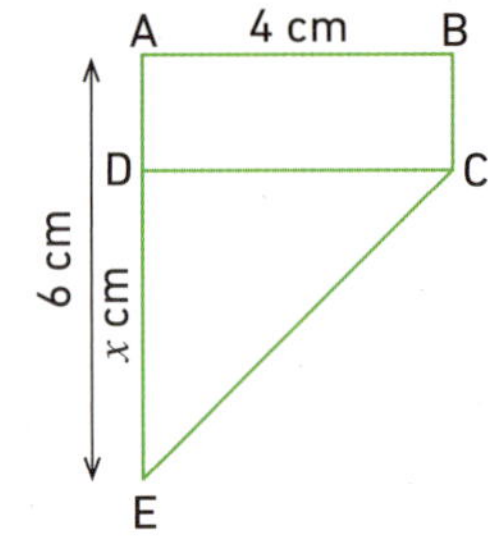

Pour quelle(s) valeur(s) de x, l'aire du triangle est-elle supérieure ou égale à celle du rectangle ?

49 Un triangle a un angle de 123° et pour ses deux autres angles, l'un est deux fois plus grand que l'autre.
Quelles sont les mesures des angles de ce triangle ?

50 Voici deux programmes de calculs :

Programme A	Programme B
• Choisir un nombre	• Choisir un nombre
• Ajouter 13	• Multiplier par 3
• Multiplier par 5	• Ajouter 13

1. Quel nombre doit-on choisir au départ pour que les deux programmes donnent le même résultat final ?

2. Quel nombre doit-on choisir au départ pour que le résultat obtenu avec le Programme **A** soit l'opposé de celui obtenu avec le Programme **B** ?

51 Dans la figure ci-dessous, ABCD est un rectangle :

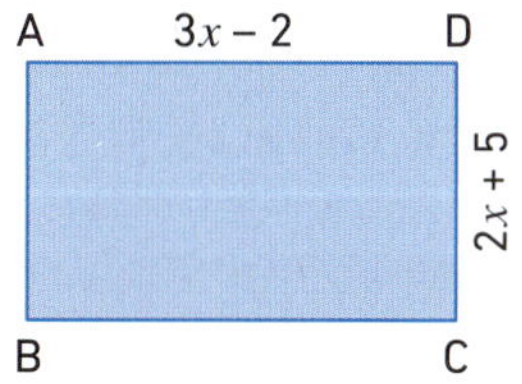

1. Construire la figure lorsque $x = 2$.

2. Pour quelle valeur de x, le rectangle est-il un carré ?

52 La moyenne de six nombres est 7.
On ajoute un septième nombre et la moyenne de ces sept nombres est alors 10.
Quel nombre a-t-on ajouté ?

OBJECTIF 2

Je résous des problèmes se ramenant au 1er degré

53 Résoudre les équations suivantes :

a. $(x + 3)(5 - x) = 0$ **b.** $(3x + 2)(4x + 7) = 0$

c. $(8x + 6)(3 - 3x) = 0$ **d.** $(6 - 2x)(3x - 11) = 0$

54 Résoudre les équations suivantes :

a. $x^2 = 100$ **b.** $x^2 - 25 = 0$

c. $x^2 = 6$ **d.** $x^2 - 13 = 0$

55 Résoudre les équations suivantes :

a. $9x^2 = 64$ **b.** $4x^2 - 36 = 0$

c. $100x^2 = 81$ **d.** $25x^2 - 16 = 0$

56 Résoudre $(x + 2)(x + 3) = x^2 + 6$.

57

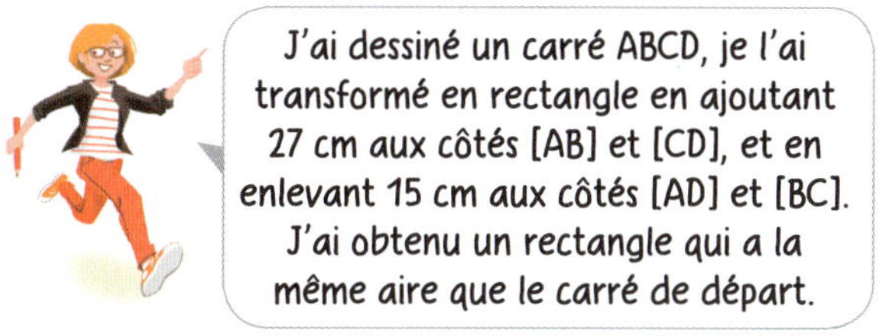

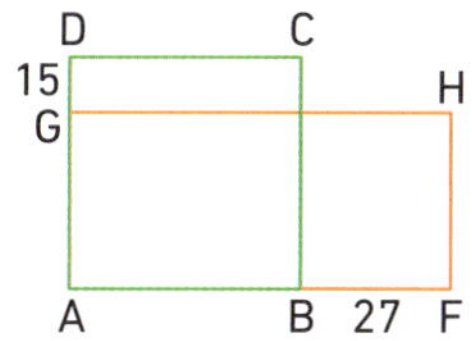

Quelle est la mesure du côté du carré de départ ?

58 Un triangle rectangle a l'un des côtés de l'angle droit qui mesure 12 cm et l'autre qui mesure 8 cm de moins que l'hypoténuse.
Quelles sont les dimensions du triangle ?

59 Dans chacun des cas suivants, factoriser l'expression à l'aide de l'identité remarquable $a^2 - b^2 = (a + b)(a - b)$, puis résoudre l'équation.

a. $4 - (5x + 6)^2 = 0$ **b.** $9x^2 - (x + 8)^2 = 0$

c. $(7x - 3)^2 - (3 - 4x)^2 = 0$

60 **1.** Trouver la valeur de x pour que le périmètre de la croix soit égal à 15 cm.

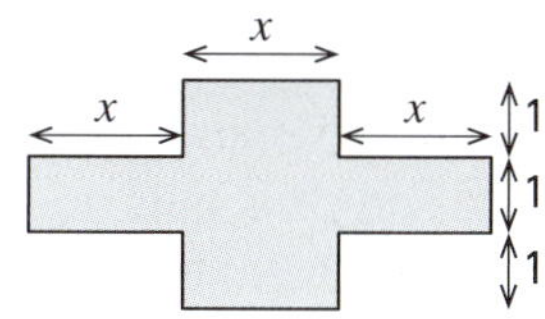

2. Trouver la valeur de x pour que l'aire de la croix soit égale à 8 cm^2.

D'après Petit x.

61 Mélanie adore les perles.
Avec celles qu'elle a, elle voulait faire cinq colliers mais il lui en manque 17 pour cela.
Elle change donc d'idée et fabrique des bracelets. Pour faire un bracelet, elle utilise deux fois moins de perles que pour un collier. Quand elle a terminé, elle a réussi à faire 9 bracelets et il lui reste 28 perles.

1. Combien avait-elle de perles en tout ?

2. Combien utilise-t-elle de perles pour faire un bracelet ? et pour faire un collier ?

62 **1.** Un père a 42 ans. Il a trois enfants de 11, 9 et 4 ans. Dans combien d'années l'âge du père sera-t-il égal à la somme des âges de ses trois enfants ?

2. Un père a 38 ans. Ses quatre enfants ont 18, 12, 8 et 6 ans. Est-il possible que l'âge du père soit un jour égal à la somme des âges de ses quatre enfants ?

D'après IREM d'Aquitaine.

Je résous des problèmes

OBJECTIF 1

Je résous une équation

63 Les collections

Estelle et ses amis collectionnent des autocollants avec des photos de footballeurs.
Elle a compté ses cartes et celles de ses copains ; elle en a trouvé 527.
Elle a pu constater que :
- Nicolas en a deux fois plus que Paul ;
- Paul en a deux fois plus que Mourad ;
- Mourad en a deux fois moins que Lilou ;
- Lilou en a deux fois moins que Jade ;
- Jade en a autant qu'Estelle.

Ta mission : calculer le nombre de cartes de chacun !

64 Physique-Chimie Une puissante intensité

La formule $P = UI$ permet de relier la puissance consommée par un appareil électrique (en watts), la tension d'alimentation de cet appareil (en volts) et l'intensité du courant qui le traverse (en ampères).
Pour brancher un sèche-cheveux ayant une puissance de 2 500 W sur une prise classique qui fournit du 220 V, quelle intensité doit pouvoir supporter le câble d'alimentation ?

65 On veut le double

Combien doit mesurer [AE] pour que le périmètre du rectangle EDCF soit au moins le double du périmètre du rectangle AEFB ?

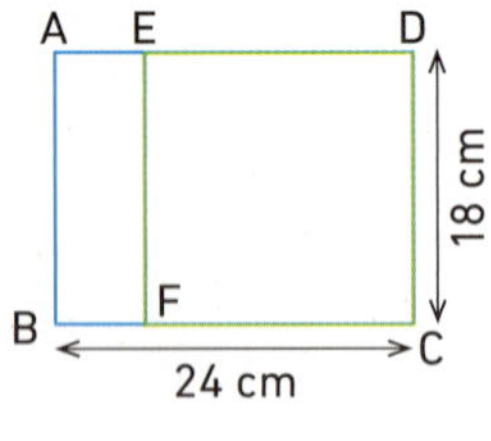

66 La ronde infernale

Sachant que, dans chaque bulle, il ne peut y avoir qu'un seul nombre, recopier et compléter ce schéma.

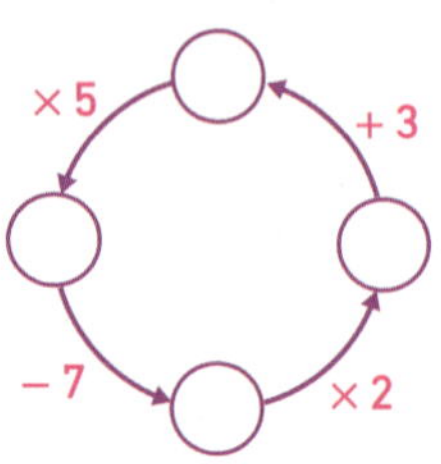

67 La bonne longueur

Dans la figure suivante, les mesures sont en centimètres. Les droites (RS) et (MN) sont parallèles et les points R et S appartiennent respectivement à (PM) et (PN).
Calculer la longueur PS.

On peut utiliser une équation.

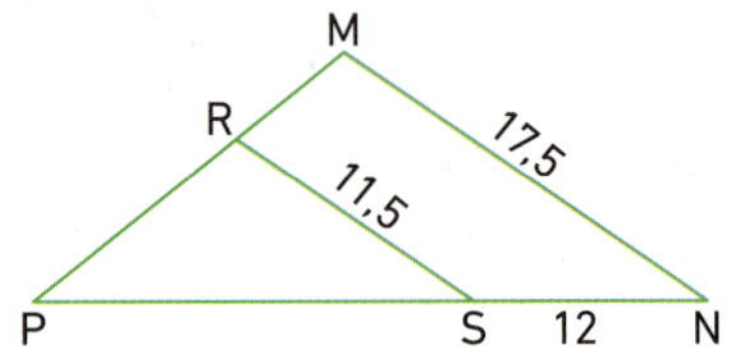

OBJECTIF 2

Je résous des problèmes se ramenant au 1er degré

68 Les deux nombres

Je pense à deux nombres entiers naturels.
Quand je les multiplie, je trouve 54.
Quand je divise le plus grand par le plus petit, je trouve 6.

1. Modéliser ce problème avec deux équations.
2. Résoudre le problème à l'aide de ces deux équations.

69 Salle comble

Hier soir, le Kawa Théâtre était plein à craquer pour la représentation de la pièce *12 hommes en colère*. 87 entrées ont été vendues pour une recette totale de 639 €.

Combien d'entrées à tarif réduit ont été vendues ?

70 Curiosité

Thomas

Le produit de deux nombres consécutifs diminue de 22 lorsqu'on les diminue chacun de deux unités.

Quels sont les deux nombres choisis par Thomas ?

MULTI OBJECTIFS

71 L'écologie autour de moi

De plus en plus de marques utilisent des déchets plastiques pour fabriquer des vêtements.

Par exemple, le Réal de Madrid ou le Bayern de Munich jouent avec des maillots fabriqués à partir de bouteilles en plastique recyclées.
De même, H&M produit certaines robes à partir de bouteilles en plastique.
Pour faire une robe, il faut 61 bouteilles de plus que pour faire un maillot de foot.
Avec 251 150 bouteilles, on a fabriqué 1 500 maillots et 2 350 robes.
Combien faut-il de bouteilles pour faire un maillot ? Combien en faut-il pour une robe ?

72 Faire zéro pix 3.4

Laura a créé trois variables, puis elle a réalisé le script ci-dessous :

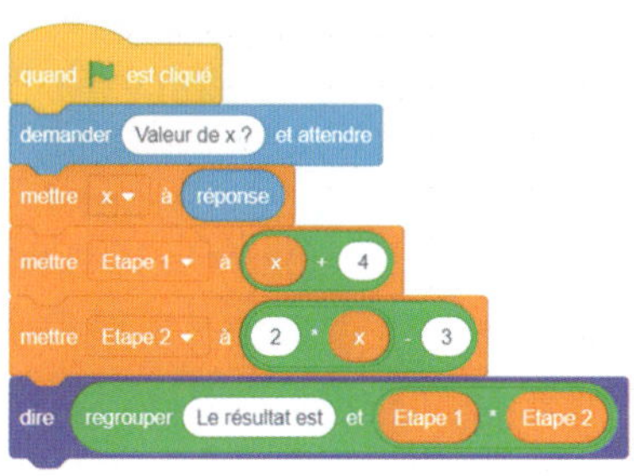

1. Vérifier que si la valeur de x est 5, alors le résultat est 63.
2. Quel résultat obtient-on si la valeur de x est -3 ?
3. Parmi les expressions suivantes, recopier celle qui correspond au programme de calcul donné par le script.

$A = (x + 4) \times (2x - 3)$ $B = x + 4 \times 2x - 3$

$C = x + 4 \times (2x - 3)$

4. Pour quelle(s) valeur(s) de x obtient-on un résultat égal à 0 ?

73 Les maths autour de moi

Avec la carte « Le Pass », en 2016, on paie 262,80 € plus 30 € de frais de dossier pour pouvoir aller au cinéma autant de fois que l'on veut pendant un an.

Le tarif normal est de 11,50 € pour une séance. À partir de combien de séances par an cette carte devient-elle rentable ?

74 SVT L'IMC

L'Indice de Masse Corporelle (IMC) permet d'évaluer rapidement sa corpulence simplement à partir de sa taille et de sa masse :

$$\text{IMC} = \frac{m}{T^2}$$

où m est la masse en kg et T la taille en m.

1. Loan a une masse de 78 kg pour une taille de 175 cm. Calculer son IMC.
2. Enzo a un IMC de 20 et mesure 1,53 m. Calculer sa masse.
3. Emilie a un IMC de 24 et pèse 63 kg. Calculer sa taille.

75 La rentabilité

Une entreprise fabrique des pièces de plomberie en quantité importante. Son gérant doit renouveler une de ses machines. Voici les propositions commerciales qui lui ont été faites :
- machine A : coût d'achat 360 000 €, chaque pièce produite reviendra à 0,70 € ;
- machine B : coût d'achat 480 000 €, chaque pièce produite reviendra à 0,50 €.

Quelle est la machine la moins chère ?
Étudier toutes les situations envisageables en fonction du nombre de pièces produites.

76 L'ombre d'un doute

Voici deux équations :

$x^2 = \frac{4}{9}$ $x^2 + 5 = 0$

Si elles ont des solutions, trouve-les toutes.
Si elles n'en ont pas, donner une preuve.

77 Le disque

Tracer un disque d'environ 106 cm^2.

je développe mes compétences

RAISONNER | REPRÉSENTER | COMMUNIQUER | CALCULER | CHERCHER | MODÉLISER

J'apprends à REPRÉSENTER

J'OBSERVE

78 Si j'achète cinq tickets de cinémas avec ma carte d'abonné, il me reste 8 €. En revanche, il me manque 5 € pour acheter sept places.
Quel est le prix d'une place ?

EXERCICE RÉSOLU

On peut représenter la situation en utilisant des rectangles pour représenter les nombres inconnus. Ici, un rectangle gris représente le prix d'une place de cinéma.

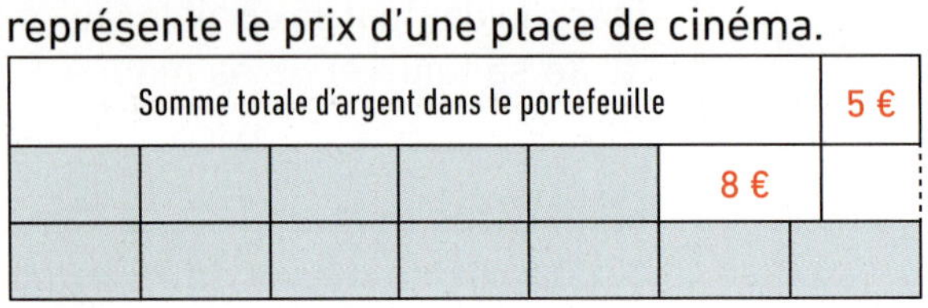

Avec cette représentation, on peut voir facilement qu'il faut 13 € (8 € + 5 €) pour acheter deux places de cinéma et donc qu'une place coûte 6,50 € .

JE ME LANCE

79 Jihane a deux fois plus d'argent qu'Emma et Faustine a 40 € de moins qu'Emma.
Ensemble, Jihane, Emma et Faustine ont 234 €.
Retrouver la somme que chacune possède en représentant par un schéma la situation.

80 Au bar de la plage, un jus de fruits coûte 1,30 € de plus qu'un café. Jérémie a commandé cinq cafés et quatre jus de fruits et il a payé 21,85 €.
Retrouver le prix d'un café et celui d'un jus de fruit en représentant par un schéma la situation.

J'apprends à MODÉLISER

J'OBSERVE

81 Dans la cour de la ferme, il y a des lapins et des poules.
On peut compter 47 têtes et 128 pattes.
Combien y-a-t-il d'animaux de chaque sorte ?

EXERCICE RÉSOLU

Pour modéliser un problème à l'aide d'une équation, on commence par désigner les nombres inconnus par des lettres. Parfois, une seule lettre est utile mais dans certains cas, il est plus simple d'en utiliser plusieurs.
Ici, on est tenté d'utiliser deux lettres, L pour le nombre de lapins et P pour le nombre de poules.
On obtient ainsi deux égalités :
- $2P + 4L = 128$ puisqu'il y a 128 pattes ;
- $P + L = 47$ puisqu'il y a 47 têtes.

On a donc : $P = 47 - L$.
On peut utiliser ceci dans l'équation exprimant le nombre de pattes : $2P + 4L = 2 \times (47 - L) + 4L$.
On peut ensuite résoudre l'équation $2 \times (47 - L) + 4L = 128$ avec la technique habituelle :

$$94 - 2L + 4L = 128$$
$$94 + 2L = 128$$
$$2L = 34$$
$$L = 17$$

Il y a donc 17 lapins et donc 30 poules ($47 - 17 = 30$).

JE ME LANCE

82 Un magasin loue des trottinettes à deux roues et des trottinettes à trois roues.
En tout, on compte 31 véhicules et 81 roues.
Combien y a-t-il de trottinettes à deux roues et de trottinettes à trois roues ?

83 Dans ma tirelire, j'ai des pièces de 0,20 € et des pièces de 2 €.
En tout j'ai 64 pièces ce qui représente 32,60 €.
Combien j'ai de pièces de chaque sorte ?

84 Pythagore donnait de l'argent à ses élèves pour les encourager à réussir. Imaginons qu'il donne 8 € quand son élève réussit un problème et que l'élève lui donne 5 € quand il se trompe, si au bout de 39 problèmes l'élève n'a rien gagné, combien a-t-il réussi de problèmes ? Combien en a-t-il raté ?

j'utilise mes compétences

85 Ça caille !

Pour convertir les degrés Fahrenheit en degrés Celsius, on utilise cette formule :

$$T_C = \frac{5}{9} T_F - \frac{160}{9}.$$

Louise

J'ai deux thermomètres pour vérifier la température de mon congélateur. L'un est en degrés Celsius, l'autre est en degrés Fahrenheit. Pourtant, aujourd'hui les deux affichent le même nombre…

Retrouver la température qu'il fait dans le congélateur de Louise.

86 Bricolage

Pour construire une terrasse, Jean-Pierre doit se faire livrer du béton. Il a le choix entre deux entreprises :

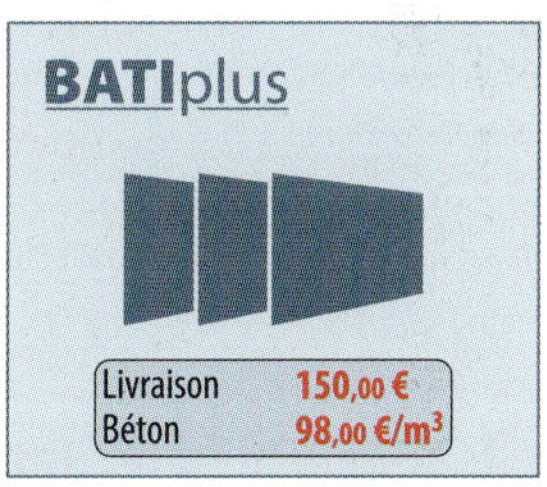

Préciser suivant le cas quelle est l'entreprise la moins chère.
Étudier toutes les situations possibles.

87 Largeur d'une rivière

Fouad et Rémi voudraient tendre une slackline (corde sur laquelle on peut marcher) sur toute la largeur de la rivière. Pour cela, ils doivent connaitre sa largeur et ils ont effectué quelques mesures.
Voici ce qu'ils ont noté :
DF = 20 m ; DC = 25 m ; CG = 32 m.

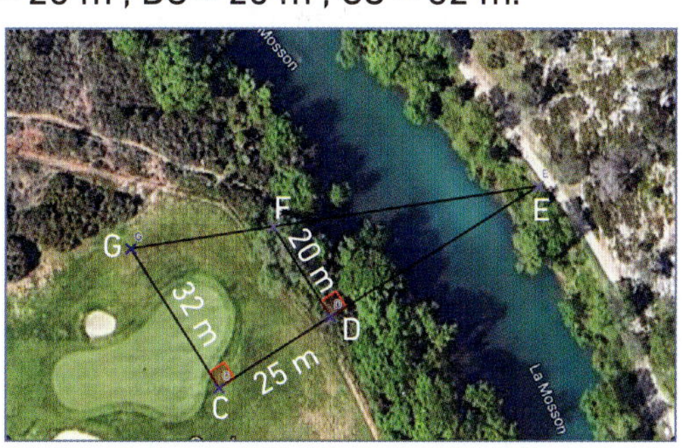

Calculer la largeur de la rivière.

La largeur de la rivière est la longueur ED.

88 Marketing et design

Pour des raisons de marketing, un fabriquant souhaite modifier la dimension de ses canettes mais conserver le même volume.

1. Vérifier que les canettes traditionnelles qui ont un diamètre de 6,6 cm et une hauteur de 9,8 cm ont un volume de 33 cL.

1 cL = 10 cm³ et le volume d'un cylindre vaut $\pi r^2 h$.

2. La nouvelle canette aura un diamètre de 5,6 cm. Quelle devra être sa hauteur pour conserver un volume de 33 cL ?

89 Geek

Rémy, Lassana et Florian ont acheté des jeux vidéos d'occasion qui coûtent tous le même prix.
Rémy en a acheté cinq, Lassana en a acheté trois de plus que Rémy et Florian en a acheté pour 203 €.
À eux trois, ils ont dépensé 580 € en jeux vidéos dans ce magasin.
Mathieu a dépensé 87 € en jeux vidéos dans ce magasin. Combien en a-t-il acheté ?

90 Anglais Interesting question

Can a sum of money invested at 6 % earn double the interest of the same sum invested at 5 %? If so, what is this sum? If not, why?

91 Je fais ma story

pix 3.2

Une boule a laissé une trace sur le sol.

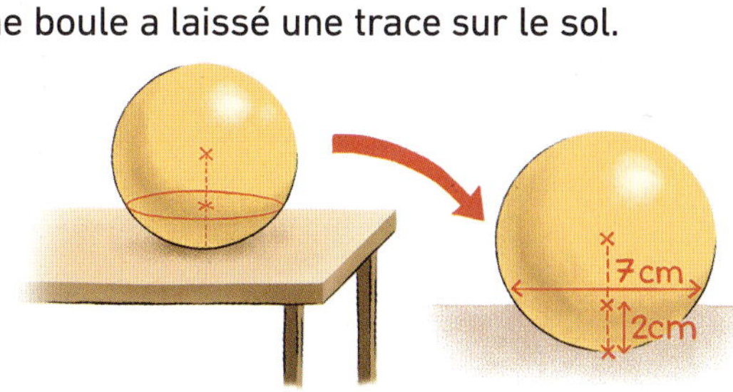

La largeur de l'empreinte mesure 7 cm et sa profondeur est de 2 cm.
Pourras-tu retrouver le rayon de la boule ?
Raconte ta recherche en faisant une vidéo ou un roman photo.

92 Voici deux programmes de calcul :

Programme 1
- Choisir un nombre
- Le multiplier par 3
- Ajouter 1

Programme 2

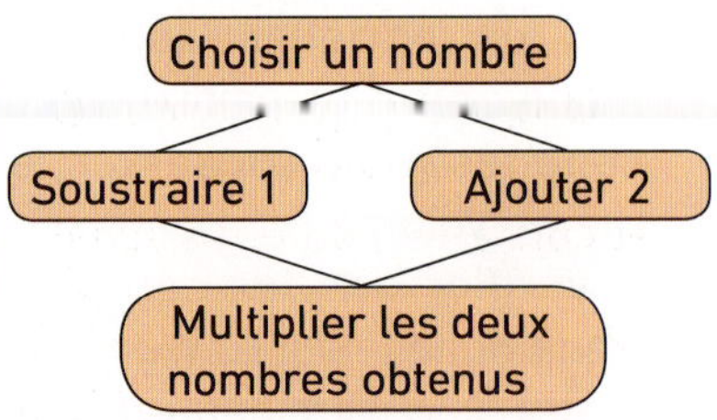

1. Vérifier que si on choisit 5 comme nombre de départ :
– le résultat du programme 1 est 16 ;
– le résultat du programme 2 est 28.

2. Déterminer le nombre que l'on doit choisir au départ pour obtenir 0 comme résultat du Programme 1.

3. Développer et réduire l'expression $(x-1)(x+2)$.

4. a. Montrer que la différence entre le Programme 2 et le Programme 1 est égale à $(x+1)(x-3)$.

b. Quels nombres doit-on choisir au départ pour que le Programme 1 et le Programme 2 donnent le même résultat ? Expliquer la démarche.

Métropole, 2019

93 On donne le programme de calcul suivant :

- Choisir un nombre de départ
- Ajouter 6 au nombre de départ
- Retrancher 5 au nombre de départ
- Multiplier les résultats des étapes 2 et 3
- Ajouter 30 à ce produit
- Donner le résultat

1. a. Montrer que si le nombre choisi est 4, le résultat est 20.

b. Quel est le résultat quand on applique ce programme de calcul au nombre -3 ?

2. Zoé pense qu'un nombre de départ étant choisi, le résultat est égal à la somme de ce nombre et de son carré.

a. Vérifier qu'elle a raison quand le nombre choisi au départ vaut 4, et aussi quand on choisit -3.

b. Démontrer que la proposition de Zoé est correcte.

c. Déterminer tous les nombres pour lesquels le résultat du programme est 0.

Métropole, septembre 2019

94 **1.** Calculer $5x^2 - 3(2x+1)$ pour $x = 4$.

2. Montrer que, pour toute valeur de x, on a :
$$5x^2 - 3(2x+1) = 5x^2 - 6x - 3$$

3. Trouver la valeur de x pour laquelle :
$$5x^2 - 3(2x+1) = 5x^2 - 4x + 1$$

Amérique du Sud, 2019

95 pix 3.4

On donne le programme ci-dessous où on considère deux lutins. Pour chaque lutin, on a écrit un script correspondant à un programme de calcul différent.

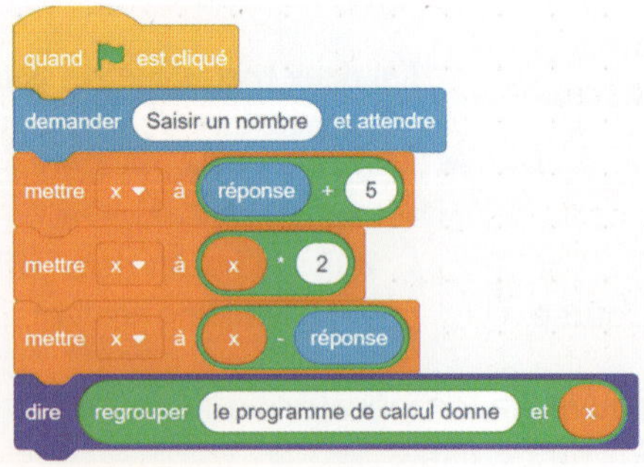

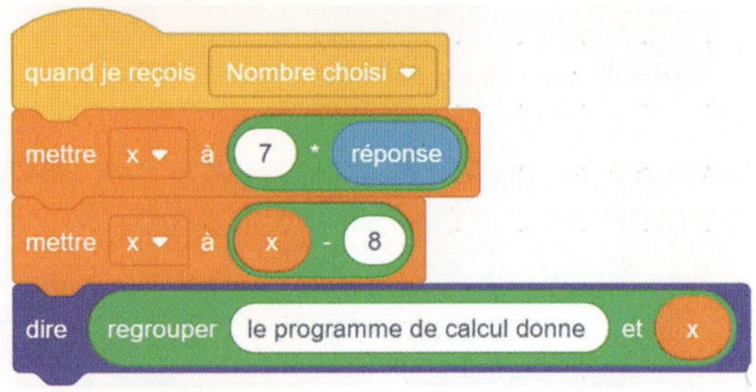

1. Vérifier que si on saisit 7 comme nombre, le lutin n° 1 affiche comme résultat 17 et le lutin n° 2 affiche 41.

2. Quel résultat affiche le lutin n° 2 si on saisit le nombre -4 ?

3. a. Si on appelle x le nombre saisi, écrire en fonction de x les expressions qui traduisent le programme de calcul du lutin n° 1, à chaque étape (instructions 3 à 5).

b. Montrer que cette expression peut s'écrire $x + 10$.

4. Célia affirme que plusieurs instructions dans le script du lutin n° 1 peuvent être supprimées et remplacées par celle-ci :

Indiquer, sur la copie, les numéros des instructions qui peuvent être remplacées par cette instruction.

5. Paul a saisi un nombre pour lequel les lutins n° 1 et n° 2 affichent le même résultat.
Quel est ce nombre?

Polynésie, 2019

96 Soit a et b deux nombres entiers supérieurs à 2 tels que $a^3 = b^2$.

a. Calculer b lorsque $a = 100$.

b. Déterminer deux nombres entiers a et b supérieurs à 2 et inférieurs à 10 qui vérifient l'égalité $a^3 = b^2$.

Métropole, septembre 2019

Jeux mathématiques

97 **Loto des équations**

Ce jeu se joue à trois, quatre ou cinq joueurs.

Matériel

• Cinq cartes-solutions numérotées de 1 à 5 :

1	2	3	4	5

• Vingt cartes-équations :

$3x - 2 = x$	$7x - 2 = 2x + 3$	$x + 1 = \frac{x+3}{2}$
$\frac{2x+3}{x+4} = 1$	$3x - 2 = x + 4$	$7x - 5 = 2x + 10$
$x + 1 = \frac{x+9}{3}$	$\frac{2x+4}{3x+1} = 1$	$3x - 2 = x + 8$
$7x - 7 = 2x + 18$	$x + 1 = \frac{x+19}{4}$	$\frac{5x+1}{3x+11} = 1$
$3x - 2 = x \times x$	$7x - 4 = x + 8$	$x + 1 = \frac{x+4}{2}$
$\frac{5x+1}{3x+5} = 1$	$3x - 2 = 2x + 2$	$7x - 10 = 3x + 6$
$x + 1 = \frac{4x-1}{3}$	$\frac{x \times x + 6}{5x+2} = 1$	

Règle du jeu : on distribue une carte-solution à chaque joueur et les cartes-équations forment la pioche face cachée.

• Un joueur retourne une carte-équation et la montre. Le joueur qui a la carte-solution de l'équation gagne la carte.

Si aucun joueur n'a la solution, la carte est remise dans la pioche.

• Le premier joueur qui a quatre cartes-équations dit « Quine » et remporte la partie.

98 **Défi !**

Dans le camp romain de Petitbonum, les légionnaires doivent se ranger.

S'ils se rangent en carré, il y a 57 légionnaires en trop. S'ils font un carré avec un homme de plus sur le côté, il manque alors 16 légionnaires. Combien sont-ils dans cette garnison ?

Énigme

99 Un cavalier et son cheval pèsent ensemble 186 kg. Le cheval pèse 61 kg de plus que son cavalier. Pourras-tu retrouver la masse du cavalier ?

devoirs à la maison

100 **Essence ou Diesel**

• Une Citrogeot 1.4 HDI 90 ch (diesel) consomme en moyenne 5,1 L pour 100 km et coûte 18 000 € à l'achat.

• Une Citrogeot 1.475 ch (essence) consomme en moyenne 6,7 L pour 100 km et coûte 14 500 € à l'achat.

• Un litre de diesel coute 1,099 €.

• Un litre de SP95 coûte 1,288 €.

1. Pour quelqu'un qui roulerait 50 000 km, quelle est la voiture la plus économique ?

2. Pour quelqu'un qui roulerait 250 000 km, quelle est la voiture la plus économique ?

3. Quelle distance faut-il parcourir pour que la Citrogeot diesel soit le choix le plus économique ?

4.

Quels choix ferais-tu ? Argumente ta décision.

101 **Une belle couronne**

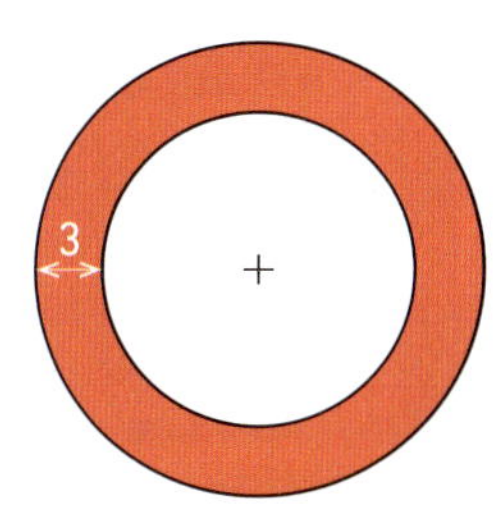

Dans la figure ci-contre les deux disques ont le même centre et l'aire de la partie coloriée est de 132 cm^2.

1. En nommant R le rayon du grand disque, exprimer le rayon du petit disque en fonction de R.

2. Écrire en fonction de R l'aire de la partie coloriée.

3. En déduire le rayon du grand disque. *On arrondira au millimètre près.*

4. Quel est le rayon du petit disque ?

5. Construire la figure.

avec un logiciel pix

Pour faire ces activités, télécharge les fiches logiciel Géométrie et Tableur sur le site college.editions-bordas.fr.

1 Les danseurs pix 1.3

Utiliser une liste pour résoudre un problème.

45′ Difficulté mathématique Difficulté technique

63 personnes ont participé à un concours de danse à deux (un homme danse avec une femme).
Au cours de ce concours, une première femme a dansé avec 8 hommes, une deuxième avec 9 hommes, une troisième avec 10 hommes, et ainsi de suite jusqu'à la dernière qui a dansé avec tous les hommes.
On veut connaitre le nombre de femmes et d'hommes présents à ce bal.

1 Répondre à ce problème en utilisant un tableur pour chercher la solution. Tableur 3

2 Répondre à ce problème à l'aide d'une équation.

2 Un triangle dans un carré pix 1.3

Utiliser un logiciel de géométrie dynamique pour conjecturer un résultat.

50′ Difficulté mathématique Difficulté technique

Sur un carré ABCD de côté 10 cm, on place un point E qui appartient à [BC] tel que BE = 8 cm et un point F qui peut se déplacer sur le côté [DC].

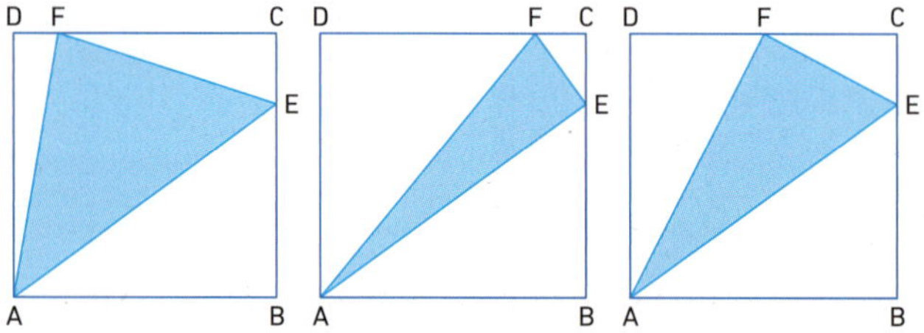

On cherche à savoir s'il est possible que le triangle AEF ait une aire égale à un quart de l'aire du carré.
Si oui, dans ce cas, on voudrait savoir où se situe le point F sur le segment [DC].

A. Construction de la figure

1 **a.** Construire un carré de côté 10 unités. Géométrie 29
b. Placer le point E sur [BC] pour que BE = 8 unités. Géométrie 3 et 13
c. Placer un point F sur [BD]. Géométrie 2
d. Faire afficher l'aire du triangle AFE. Géométrie 17

2 Déplacer le point F afin de s'approcher au mieux de la solution du problème. Géométrie 1

B. Résolution du problème par équation

3 **a.** En nommant x la longueur DF, exprimer en fonction de x la longueur du côté [FC], puis l'aire des triangles DAF et FCE.

L'aire d'un triangle est égale à $\dfrac{\text{Base} \times \text{Hauteur}}{2}$.

b. Exprimer en fonction de x l'aire du triangle AFE.
c. Résoudre le problème à l'aide d'une équation.

On peut d'abord calculer l'aire du triangle ABE.

3 Produit de nombres consécutifs pix 1.3

Utiliser un tableur pour résoudre une équation par tâtonnement.

30'

Difficulté mathématique Difficulté technique

Voici un problème :

> Le produit de trois nombres pairs consécutifs vaut 342 720. Quels sont ces trois nombres ?

Pour le résoudre, Eliot décide d'utiliser un tableur. Le début de son travail est visible ci-contre.

	A	B	C	D
1	Nombre pair	Nombre pair suivant	Nombre pair suivant	Produit des trois nombres
2				
3				
4				
5				
6				
7				

1 Reproduire ce tableau et compléter les cellules **B2** ; **C2** ; **D2** de sorte que lorsqu'on entre un nombre dans la cellule **A2**, les cellules **B2** ; **C2** ; **D2** se complètent automatiquement.

2 Utiliser cette feuille de calcul pour résoudre le problème et trouver les trois nombres en question.

3 En programmant une autre feuille de calcul, résoudre le problème suivant :

> Le produit de quatre nombres impairs consécutifs est égal à 62 985. Retrouver ces quatre nombres.

4 Un programme de calcul algorithmique ALGO pix 3.4

Utiliser un algorithme pour résoudre une équation par tâtonnement.

50'

Difficulté mathématique Difficulté technique

Voici un programme de calcul :

- Choisir un nombre
- Soustraire 15
- Calculer le carré du résultat obtenu
- Ajouter le double du nombre de départ
- Ajouter 26
- Multiplier le résultat obtenu par le nombre de départ

Pour cela, on aimerait faire un programme où le lutin dit : « Gagné ! » quand le résultat final est 728 ou « Cherche encore ! » quand ce n'est pas le cas.

Voici des blocs d'un programme qui a été commencé :

1 Assembler correctement ces blocs et terminer le programme.

2 Utiliser ce programme pour retrouver trois solutions différentes comprises entre 0 et 20.

tâches complexes

1 Les boîtes de pop-corn

Dans sa vidéo, *Popcorn Picker*, Dan Meyer enroule une même feuille de papier pour former deux cylindres différents qu'il remplit ensuite de pop-corn.

▶ **Peuvent-ils contenir le même volume de pop-corn ? Si non, lequel en contient le plus ?**

DOC 1 Dimension de la feuille utilisée

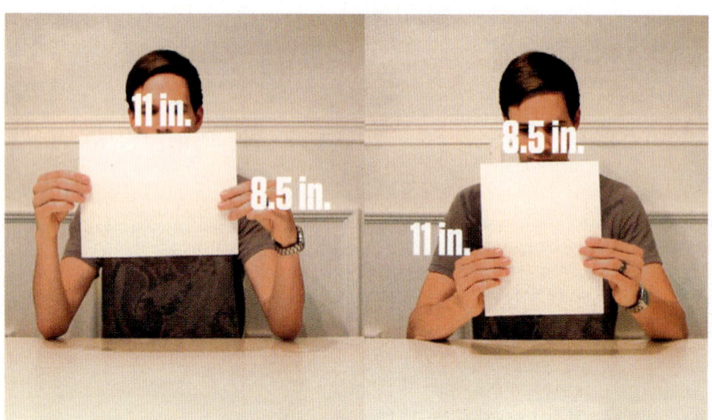

DOC 2 Conversion inch /centimètre

La conversion inch en cm se fait en multipliant la longueur en inch par 2,54.

DOC 3 Des formules utiles ou pas...

- Aire d'un disque : πr^2
- Périmètre d'un cercle : $2\pi r$
- Volume d'un cylindre : *Aire de la base* × *hauteur*

2 Les problèmes DUDU

Les DUDU attendent leur frère en prenant plusieurs verres dans un bar, le prix annoncé leur semble étrange...

▶ **Peux-tu aider les DUDU ?**

Voir la vidéo :
bordas.media/733819_030

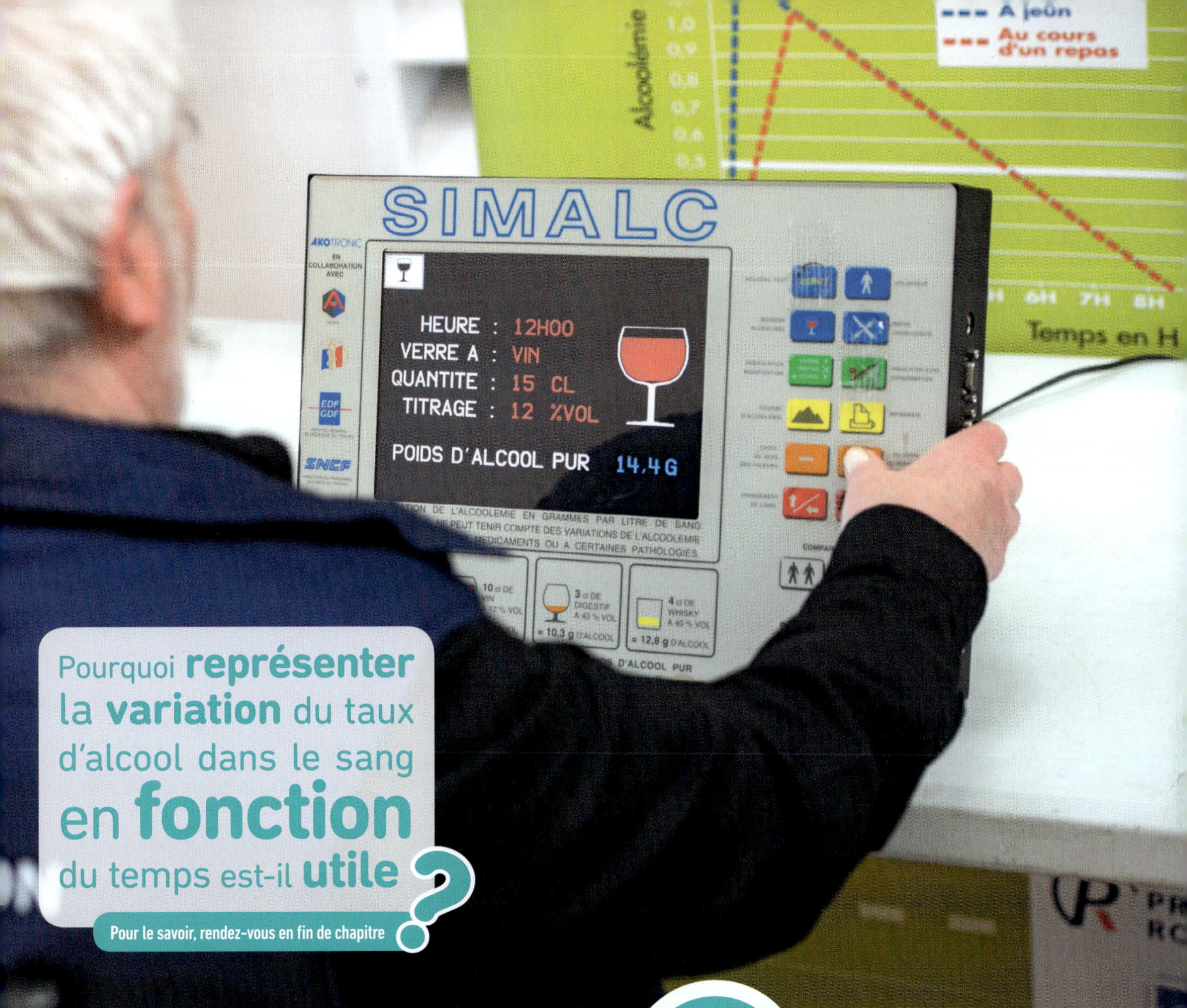

Pourquoi **représenter** la **variation** du taux d'alcool dans le sang en **fonction** du temps est-il **utile** ?

Pour le savoir, rendez-vous en fin de chapitre

chapitre 4

QCM de révision
Avant de commencer ce chapitre, fais le point sur tes connaissances : bordas.media/733819_031

Notion de fonction

objectifs

1. J'utilise la notion de fonction
2. Je détermine l'image d'un nombre par une fonction
3. Je détermine un antécédent d'un nombre par une fonction

EXEMPLES DE RÉUSSITE !

5 11 13 15 18 21 27 31 32 46 63

cherchons ensemble

Si tu ne comprends pas certains des mots utilisés ici, demande à ton professeur ou consulte le *Dico des maths*, p. 10.

Activité 1 — Découvrir la notion de fonction

OBJECTIF 1

Avec une corde de longueur 11 m étendue sur le sol, on fabrique un rectangle.
On désigne par x la longueur en mètres d'un côté de ce rectangle.

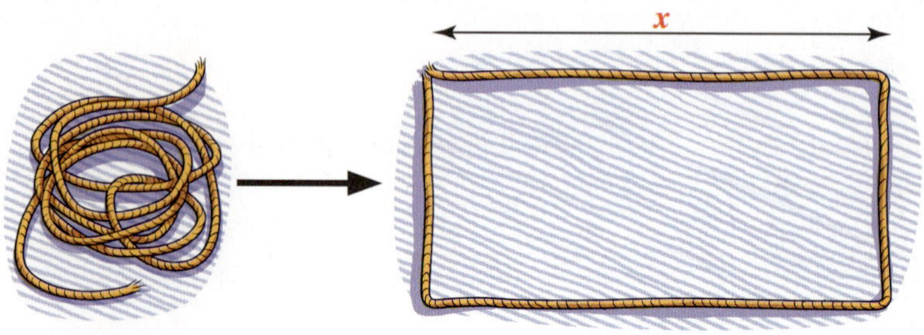

La longueur x est appelée la « variable » de la situation.

1 **a.** Quelles sont les dimensions du rectangle lorsque $x = 1$ m ?
Calculer l'aire du rectangle dans ce cas.

b. Mêmes questions pour $x = 2$ m.

2 **a.** Exprimer les dimensions du rectangle en fonction de x.

b. Démontrer que l'aire $A(x)$ du rectangle en m² s'exprime, en fonction de x, par la formule :
$A(x) = 5{,}5x - x^2$.

On écrit $A(x)$ car l'aire dépend de la longueur x.
$A(x)$ se lit « A de x ».

3 On cherche la valeur de x pour laquelle l'aire du rectangle est la plus grande possible.

a. Pour les différentes valeurs de x données dans le tableau, calculer l'aire $A(x)$ du rectangle.

x	1	1,5	2	2,5	3	3,5	4	4,5	5
$A(x)$	4,5								

On écrit A(1) = 4,5.
Cela signifie que, pour $x = 1$ m, l'aire est égale à 4,5 m².

b. Pour quelle valeur de x, l'aire du rectangle semble-t-elle la plus grande ?

4 **a.** Recopier le repère ci-contre, puis y placer tous les points dont les coordonnées $(x\ ;\ A(x))$ sont données dans le tableau précédent.

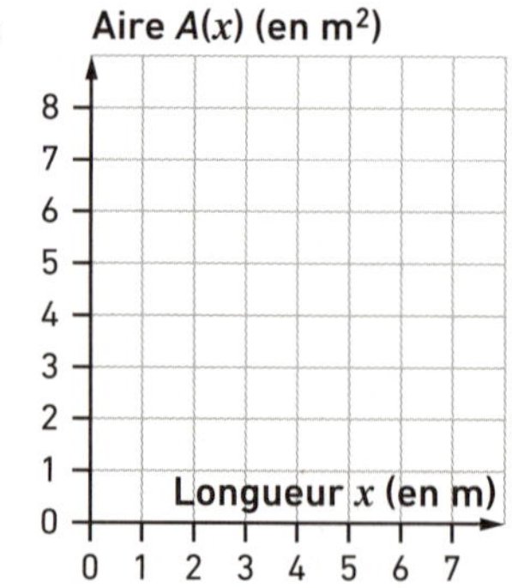

Tu dois placer, par exemple, le point de coordonnées (1 ; 4,5).

b. Décrire comment l'aire du rectangle semble évoluer lorsque la longueur x augmente.

c. Estimer graphiquement l'aire maximale du rectangle.

Activité 2 Déterminer l'image d'un nombre par une fonction ▸ OBJECTIF 2

On considère la fonction f telle que $f(x) = 21{,}75 \times x^2$.
$f(x)$ est la masse moyenne recommandée d'une personne, exprimée en kg, en fonction de sa taille x, exprimée en m.

1 Montrer que la masse moyenne recommandée pour une personne mesurant 1,60 m est de 55,68 kg.

On dit dans ce cas que l'**image** de 1,60 par la fonction f est égal à 55,68.
On écrit $f(1{,}60) = 55{,}68$ ou $f : 1{,}60 \mapsto 55{,}68$.

2 **a.** Quelle est l'image de 1,50 par la fonction f ?
b. Calculer $f(1{,}65)$.
c. Interpréter les résultats des deux questions précédentes pour la situation.

3 **a.** Recopier et compléter le tableau de valeurs suivant :

x	1,50	1,55	1,60	1,65	1,70	1,75	1,80
$f(x)$			55,68				

b. Recopier, puis compléter en prenant à chaque fois des nombres différents du tableau :
- $f(...) = ...$;
- $f : ... \mapsto ...$;
- le nombre ... a pour image ... par la fonction f ;
- ... est l'image de ... par la fonction f.

Activité 3 Déterminer un antécédent d'un nombre par une fonction ▸ OBJECTIF 3

La courbe ci-dessous représente la fonction f qui donne la température, en degrés Celsius, à Myriadole-les-bains durant une journée du mois de décembre 2016.

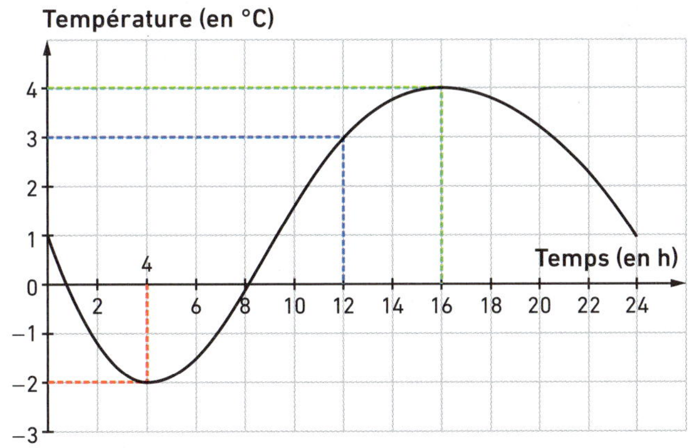

1 Sur quel tracé peut-on lire que la température à 12 h est égale à 3 °C : le rouge, le vert ou le bleu ?

2 Sur quel tracé peut-on lire que l'image de 16 par la fonction f est égale à 4 : le rouge, le vert ou le bleu ?

On dit dans ce cas que 16 est un **antécédent** de 4 par la fonction f.

3 Déterminer un antécédent de −2 par la fonction f.

4 Combien existe-t-il d'antécédents de 2 par la fonction f ?
Donner une valeur approchée de ces antécédents.

5 Donner une valeur approchée de l'image de 6 par la fonction f.

6 Peut-on trouver un antécédent de 5 par la fonction f ? Expliquer.

cours

1 Utiliser la notion de fonction

OBJECTIF 1

a) Définition et notation

DÉFINITION Une **fonction** est un procédé qui, à un nombre x, fait correspondre un autre nombre **unique**, noté $f(x)$.

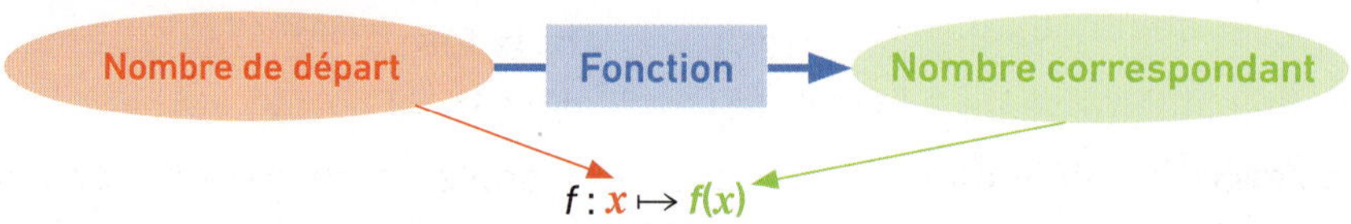

Exemples

- Pour toute fonction f, on note :
  - $f : 3 \mapsto f(3)$;
  - $f : -1 \mapsto f(-1)$;
  - $f : 10 \mapsto f(10)$.

- Pour la fonction f, qui a un nombre, fait correspondre son carré, on a :
  - $f : 3 \mapsto 9$ et donc $f(3) = 9$;
  - $f : -1 \mapsto 1$ et donc $f(-1) = 1$;
  - $f : 10 \mapsto 100$ et donc $f(10) = 100$.

Remarque : Si c'est un programme de calcul qui permet d'obtenir $f(x)$ à partir de x, on peut définir la fonction f par une expression algébrique.

Exemple

On définit la fonction f qui, à un nombre, fait correspondre son carré en écrivant :

$$f : x \mapsto x^2 \quad \text{ou} \quad f(x) = x^2$$

x est la **variable** de la situation.
x^2 est l'**expression algébrique** définissant la fonction f.

b) Tableau de valeurs

On peut présenter les couples de nombres liés par une même fonction dans un tableau de valeurs.

Exemple

Pour la fonction $f : x \mapsto x^2$, on a :

x	3	–1	10
$f(x)$	9	1	100

← Valeurs du nombre de départ
← Valeurs du nombre correspondant

c) Représentation graphique

DÉFINITION La **représentation graphique** $\mathscr{C}_f$ d'une fonction f est l'ensemble des points de coordonnées (x ; $f(x)$).

Exemple

Les points A(3 ; 9), B(– 1 ; 1) et C(10 ; 100) appartiennent à la représentation graphique de la fonction $f : x \mapsto x^2$.

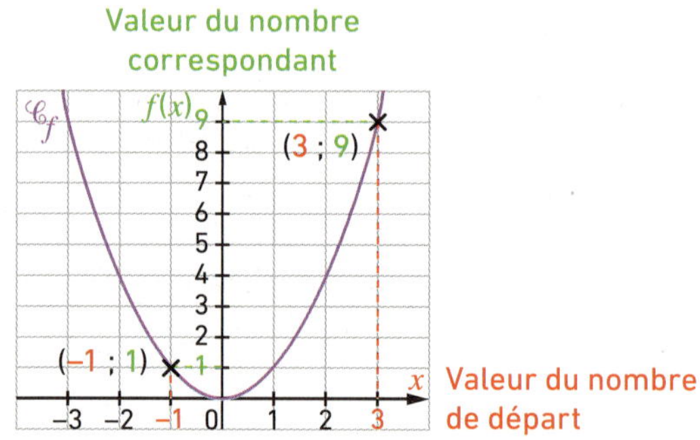

CARTE MENTALE
bordas.media/733819_032

2 Déterminer l'image d'un nombre par une fonction — OBJECTIF 2

DÉFINITION Par une fonction f, lorsqu'au nombre de départ a, on fait correspondre le nombre b, on dit que b est **l'image** de a par la fonction f.

$f(a) = b$ ⟵ Le nombre b est appelé l'image de a par la fonction f.

Exemples
- Si $f : 2 \mapsto -5$, alors -5 est l'image de 2 par la fonction f.
- Si $f(10) = 3{,}5$, alors 3,5 est l'image de 10 par la fonction f.

Remarque : Par définition, un nombre a une seule image par une fonction.

À partir de l'**expression algébrique** d'une fonction, on peut calculer l'image d'un nombre donné :

si $f : x \mapsto 2x + 5$,

l'image de 3 par f est 11

car

$f(3) = 2 \times 3 + 5$
$= 6 + 5$
$= 11$.

Dans **un tableau de valeurs** d'une fonction, on peut lire l'image d'un nombre donné :

x	-5	-1	1
$g(x)$	3	5	-1

L'image de -1 par g est 5.
$g(-1) = 5$.

Sur **une représentation graphique** d'une fonction, on peut lire l'image d'un nombre donné.

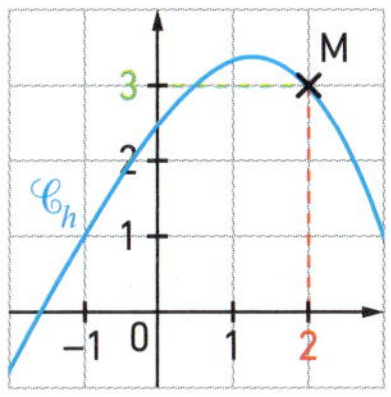

L'image de 2 par h est 3.
$h(2) = 3$

3 Déterminer un antécédent d'un nombre par une fonction — OBJECTIF 3

DÉFINITION Par une fonction f, lorsqu'au nombre de départ a, on fait correspondre le nombre b, on dit que a est **un antécédent** de b par la fonction f.

$f(a) = b$
⟵ Le nombre a est un antécédent de b par la fonction f.

Exemples
- Si $f : 2 \mapsto -5$, alors 2 est un antécédent de -5 par la fonction f.
- Si $f(10) = 3{,}5$, alors 10 est un antécédent de 3,5 par la fonction f.

Remarque : Un nombre peut avoir plusieurs antécédents par une fonction.

À partir de l'**expression algébrique** d'une fonction, on peut vérifier si un nombre est un antécédent d'un nombre donné :

si $f : x \mapsto 2x + 5$,

7,5 est un antécédent de 20 par f

car

$f(7{,}5) = 2 \times 7{,}5 + 5 = 20$.

Dans **un tableau de valeurs** d'une fonction, on peut lire un ou des antécédents d'un nombre donné :

x	-5	-1	1
$g(x)$	3	5	-1

Un antécédent de -1 par g est 1.

Sur **une représentation graphique** d'une fonction, on peut lire un ou des antécédents d'un nombre donné :

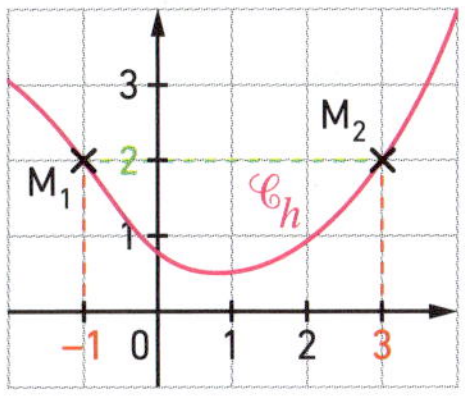

Des antécédents de 2 par h sont -1 et 3.

Je comprends

Voir la vidéo : bordas.media/733819_033

Voici un programme de calcul :

- Choisir un nombre
- Soustraire 5
- Élever le résultat obtenu au carré

1. Quel résultat obtient-on si on choisit 2 comme nombre de départ ? si on choisit 4 ? si on choisit – 1 ?

2. On note f la fonction qui, au nombre choisi x, associe le résultat du programme de calcul pour ce nombre.
Donner une expression algébrique de la fonction f.

3. Traduire les résultats de la question **1** par des égalités de la forme $f(...) = ...$

Exercice résolu

1. Si le nombre choisi est 2, on a comme calcul : $(2 - 5)^2 = (-3)^2 = 9$.
Si le nombre choisi est 4, on a comme calcul : $(4 - 5)^2 = (-1)^2 = 1$.
Si le nombre choisi est – 1, on a comme calcul : $(-1 - 5)^2 = (-6)^2 = 36$.

2. Si le nombre choisi est x, on a comme expression : $(x - 5)^2$.
La fonction f est donc définie par $f : x \mapsto (x - 5)^2$.

3. Par la fonction f, au nombre 2, on fait correspondre le nombre 9 donc $f(2) = 9$.
De même, on a $f(4) = 1$ et $f(-1) = 36$.

Je m'échauffe

1 QUESTIONS FLASH

Voici six programmes de calcul :
P1 : calculer le double d'un nombre ;
P2 : élever un nombre au carré ;
P3 : calculer le triple d'un nombre ;
P4 : élever un nombre au cube ;
P5 : prendre l'inverse d'un nombre ;
P6 : prendre l'opposé d'un nombre.
Quel résultat obtient-on avec chacun de ces programmes si on choisit x comme nombre de départ ?

2 Les graphiques suivants représentent la distance de Léa par rapport à chez elle en fonction du temps.
Associer chaque graphique à une situation.

Graphique 1

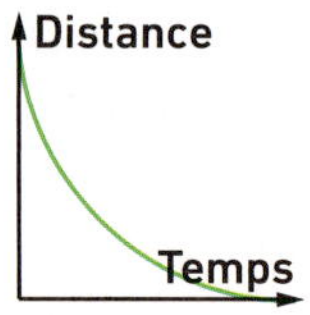

Graphique 2

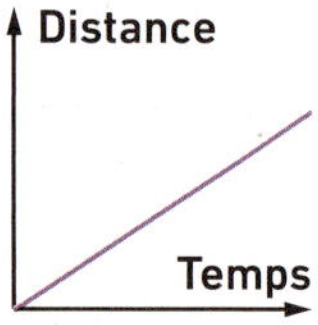

Graphique 3

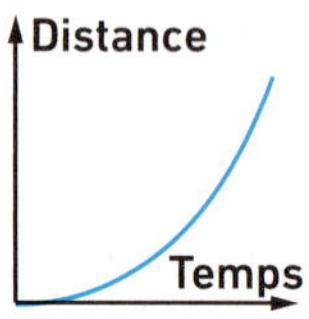

Situation A	Situation B	Situation C
Léa s'éloigne de chez elle à une vitesse constante.	Léa se rapproche de chez elle de plus en plus lentement.	Léa s'éloigne de chez elle de plus en plus rapidement.

3 Dans chaque cas, indiquer quelle est la variable de la situation et quelle est la grandeur qui dépend de cette variable :
a. la température d'un four et la durée d'utilisation de ce four ;
b. l'âge et la taille d'une personne ;
c. le niveau de précipitations et la quantité d'eau récupérée dans une cuve ;
d. la population d'un pays et l'année.

4 On donne les correspondances suivantes par la fonction f :

- $2 \mapsto -5$
- $0 \mapsto 4$
- $-8 \mapsto 5$
- $1 \mapsto 0$
- $5 \mapsto -1$
- $4 \mapsto 5$

On donne le tableau de valeurs suivant pour la fonction g :

x	6	0	5	– 3	7	3
$g(x)$	7	– 3	6	3	0	– 4

La courbe représentative de la fonction h passe par les points suivants :

- A(9 ; – 6)
- B(– 8 ; 10)
- C(3 ; 9)
- D(– 7 ; – 11))
- E(– 6 : 3)
- F(10 ; – 7)

En utilisant ces informations, recopier et compléter les égalités suivantes :
a. $f(0) = ...$ **b.** $g(3) = ...$ **c.** $h(-6) = ...$
d. $f(...) = 5$ **e.** $g(...) = 0$ **f.** $h(...) = -7$

Je m'entraîne 1

5 On considère la fonction définie par $f : x \mapsto 3x^2 - 7$.

1. Que représente x dans cette écriture ?

2. Que représente f dans cette écriture ?

3. Recopier et compléter : $f(x) = ...$

4. Décrire par des phrases les étapes successives du programme de calcul modélisé par la fonction f.

6 pix 3.4

Le script suivant décrit un programme de calcul :

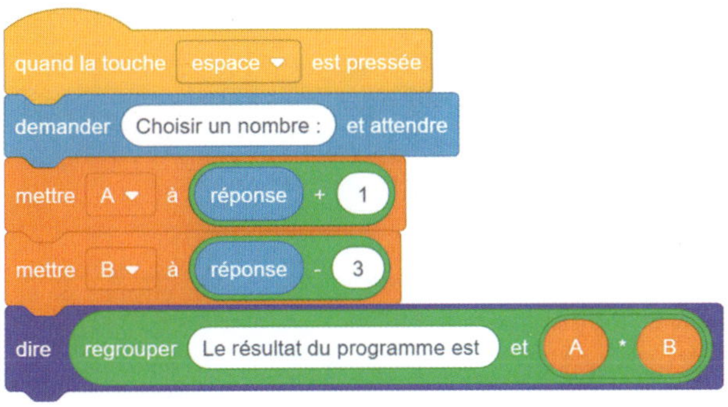

1. Recopier et compléter le tableau suivant :

Nombre choisi	0	−1	3	−10
Résultat obtenu				

2. On note f la fonction qui, au nombre choisi, associe le résultat du programme de calcul pour ce nombre. Donner une expression algébrique de la fonction f.

7 Les quadrilatères ABCD et CDEF sont deux rectangles.

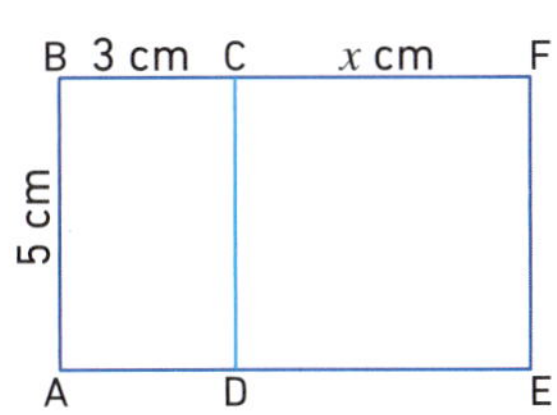

1. Donner des expressions algébriques en fonction de x des fonctions f et g sachant que :

a. $f(x)$ représente la longueur BF ;

b. $g(x)$ représente l'aire du rectangle CDEF.

2. Indiquer quelles grandeurs modélisent les fonctions suivantes :

a. la fonction h telle que $h(x) = 5(x + 3)$;

b. la fonction k telle que $k(x) = 2(x + 5)$.

8 On note x le temps écoulé en heures et $g(x)$ la distance parcourue en kilomètres par un automobiliste.

1. Que signifie la notation $g(2) = 150$ pour la situation ?

2. Traduire par une égalité le fait qu'après 3h30 min de trajet, l'automobiliste ait parcouru 300 km.

Je m'entraîne 2

9 **Les maths autour de moi**

On note h la fonction qui, à un temps en secondes, fait correspondre la hauteur d'une balle en mètres. On a représenté ci-dessous cette fonction :

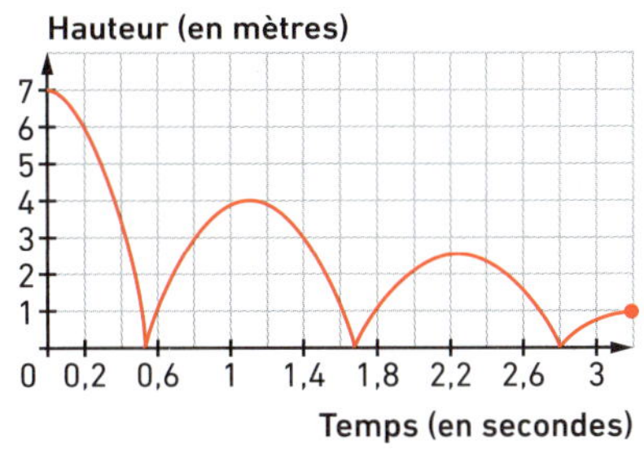

1. Expliquer ce que signifie pour la situation les égalités $h(0) = 7$ et $h(2,8) = 0$.

2. Recopier, puis compléter par lecture graphique les égalités $h(0,2) = ...$ et $h(1,8) = ...$

3. Combien de valeurs possibles peut-on écrire dans l'égalité $h(...) = 2$?
Expliquer ce que cela signifie pour la situation.

10 **Les maths autour de moi**

Soit S une fonction exprimant le salaire moyen mensuel en euros dans une entreprise en fonction de l'âge x des salariés en années.

x	20	25	30	35	40	45	50	55	60
$S(x)$	1500	1700	1900	2100	2250	2400	2550	2650	2750

1. Que signifie $S(20)$ pour cette situation ?

2. Que signifie $S(50) = 2\,550$ pour cette situation ?

3. Recopier et compléter : $S(35) = ...$ et $S : 25 \mapsto ...$

11 **TOP Chrono** 10 min

Voici un programme de calcul :

- Choisir un nombre
- Élever ce nombre au carré
- Ajouter le double du nombre de départ

1. Appliquer ce programme aux nombres 3 et −5.

2. Appliquer ce programme au nombre x.

3. On note h la fonction qui, à un nombre choisi au départ, fait correspondre le résultat du programme de calcul pour ce nombre.
Recopier et compléter :

a. $h(3) = ...$ **b.** $h(-5) = ...$ **c.** $h(x) = ...$

Je comprends

Voir la vidéo : bordas.media/733819_034

Déterminer l'image de 1 par les fonctions *f*, *g* et *h* sachant que :

a. la fonction *f* a pour tableau de valeurs :

x	0	1	4	6
$f(x)$	1	3	−5	2

b. la fonction *g* est telle que $g(x) = (x - 5)^2$;

c. la fonction *h* est représentée ci-contre.

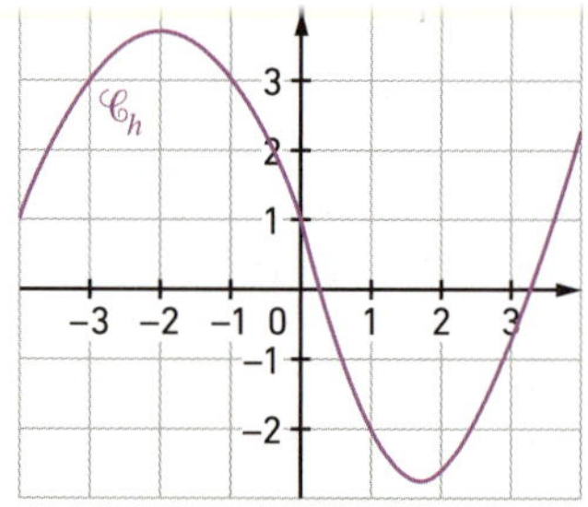

Exercice résolu

a. On repère 1 dans la première ligne du tableau (celle des valeurs de x), puis on lit que l'image de 1 par la fonction *f* est égale à 3.

x	0	1	4	6
$f(x)$	1	3	−5	2

b. On remplace x par 1 dans $g(x) = (x - 5)^2$, puis on calcule : $g(1) = (1 - 5)^2 = (-4)^2 = 16$.
L'image de 1 par la fonction *g* est égale à 16.

c. On repère le nombre 1 sur l'axe des abscisses.
On cherche le point de la courbe dont l'abscisse est égale à 1.
On trouve A(1 ; −2).
L'image de 1 par la fonction *h* est égale à −2.

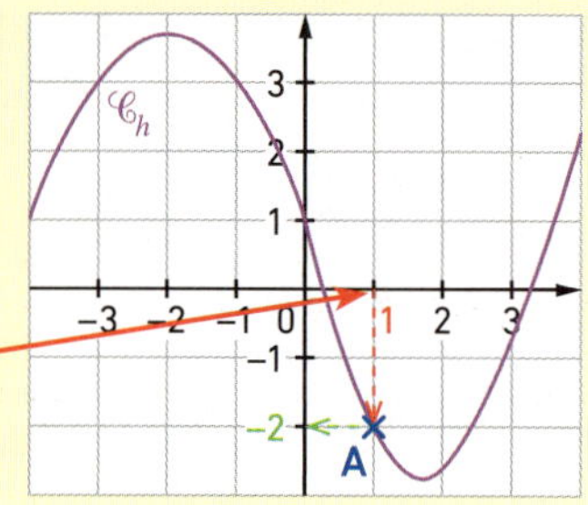

Je m'échauffe

12 QUESTIONS FLASH

1. On considère la fonction $f : x \mapsto x^2$.
Calculer les images par la fonction *f* de :

a. $\dfrac{9}{10}$ **b.** $-0{,}7$ **c.** 10^5

d. $-\dfrac{6}{5}$ **e.** $1{,}1$ **f.** 10^{-3}

2. On considère la fonction $g : x \mapsto x^3$.
Calculer les images par la fonction *g* de :

a. $\dfrac{3}{100}$ **b.** $0{,}5$ **c.** -10^2

d. $-\dfrac{1}{2}$ **e.** $0{,}1$ **f.** 10^{-4}

13 Recopier et compléter le tableau suivant :

$g(3) = 15$	... est l'image de ... par la fonction *g*.
$f(...) = ...$	L'image de − 1,1 par la fonction *f* est égale à 12.
...	0,25 a pour image 100 par la fonction *k*.
$h(0) = 7{,}3$	...

14 On donne les correspondances suivantes pour la fonction *f* :

- $2 \mapsto 3$ • $-1 \mapsto 5$ • $5 \mapsto 2$ • $3 \mapsto -1$

1. Donner les images de 2 et 3 par la fonction *f*.

2. Recopier et compléter : $f(-1) = ...$ et $f(5) = ...$

15 On donne le tableau de valeurs d'une fonction *g* :

x	10	−8	6	7	1	−9
$g(x)$	6	1	0	−9	6	10

1. Donner les images de − 8 et 1 par la fonction *g*.

2. Recopier et compléter : $g(6) = ...$ et $g(10) = ...$

16 La courbe $\mathscr{C}_h$ est la représentation graphique de la fonction *h*.

1. Lire graphiquement les coordonnées des points A, B, C et D.

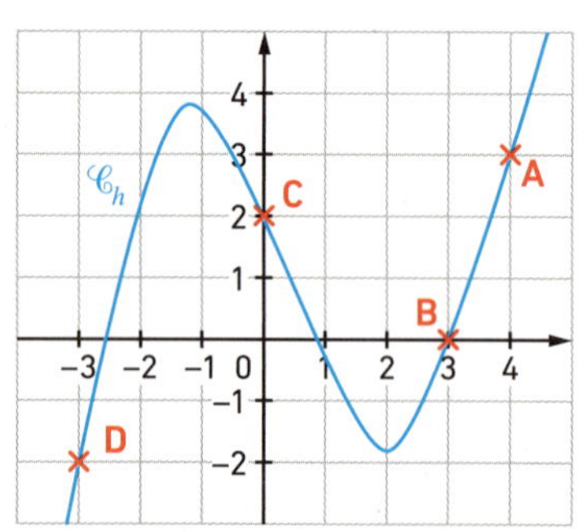

2. En déduire les images de −3 ; 0 ; 3 et 4 par la fonction *h*.

Je m'entraîne 1

17 On considère la fonction f définie par $f : x \mapsto \frac{x+1}{2}$.
Calculer :
a. $f(3)$ **b.** $f(-1)$ **c.** $f(10)$ **d.** $f(-4)$

18 On considère la fonction g telle que $g(x) = 2x^2 + 3$.
Calculer les images par la fonction g de :
a. 0 **b.** 5 **c.** -3 **d.** 10

19 On considère la fonction h telle que $h(x) = x(x+4)$.
Recopier et compléter le tableau de valeurs suivant :

x	-6	-4	-1	0	2	3	5
$h(x)$							

20 Recopier et compléter, par lecture graphique, le tableau de valeurs suivant :

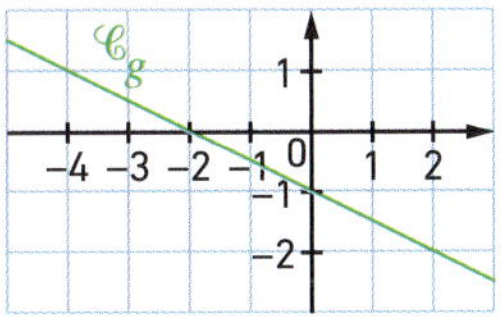

x	-4	-2	0	2
$g(x)$				

21 On a représenté la fonction f :

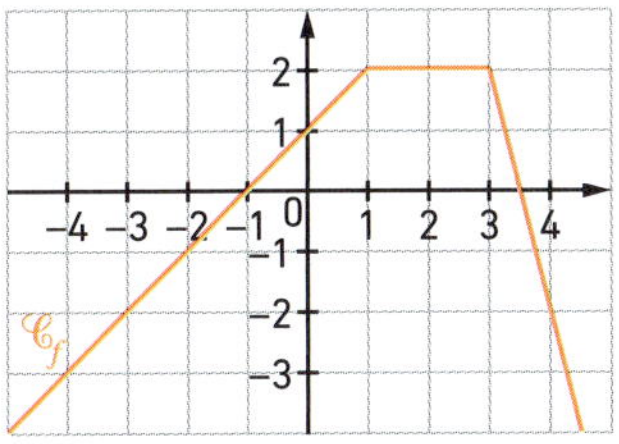

Répondre aux questions suivantes par lecture graphique.

1. Quelle est l'image de -4 par la fonction f ? et celle de 0 ? et celle de 4 ?

2. Déterminer $f(1)$, $f(-1)$ et $f(-3)$.

3. Quel(s) nombre(s) ont pour image -2 par la fonction f ?

4. Quel(s) nombre(s) ont pour image 2 par la fonction f ?

22 pix 1.3
Dans une feuille d'un tableur, on a créé un tableau de valeurs de la fonction f définie par : $f : x \mapsto 3x^2$.

	A	B	C	D	E
1	x	-1	0	1	2
2	f(x)	3	0	3	12

1. Quelle formule a été saisie dans la cellule **B2**, puis copiée jusqu'à la cellule **E2** ?

2. Si on change le contenu de la cellule **B1** pour -4, quelle sera la valeur affichée en **B2** ?

Je m'entraîne 2

23 Soit trois fonctions f, g et h définies par :
– un tableau :

x	-4	-2	1	2	3	4	5
$f(x)$	5	-2	5	-2	-4	1	1

– une formule : $g(x) = 3x - 4$;
– la courbe $\mathscr{C}_h$ ci-contre.

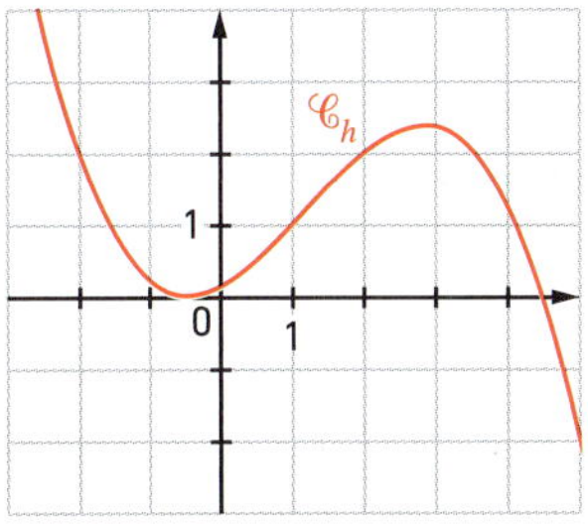

Dans chaque cas, préciser de quelle fonction il s'agit :
a. l'image de 3 par cette fonction est -4 ;
b. l'image de 4 par cette fonction est 8 ;
c. l'image de -2 par cette fonction est 2.

24 **Les maths autour de moi**
La distance de freinage f d'un véhicule (en m) est fonction de sa vitesse v (en km/h).
Sur route sèche, elle est donnée par la formule :

$$f(v) = \frac{v^2}{155}$$

1. Recopier et compléter le tableau de valeurs suivant :

v	20	40	60	80	100	120	140	160
$f(v)$								

On arrondira au dixième de mètre.

2. Représenter graphiquement les données du tableau dans un repère.
On prendra :
- *1 cm en abscisse pour 10 km/h ;*
- *1 cm en ordonnée pour 10 m.*

On reliera les points à main levée.

3. Peut-on affirmer que la distance de freinage d'un véhicule est proportionnelle à sa vitesse ?

25 **TOP Chrono** 15 min

On considère la fonction f telle que :
$$f(x) = 10x^2 - x.$$
1. Calculer : **a.** $f(-3)$ **b.** $f(5)$ **c.** $f(-100)$ **d.** $f(6)$

2. a. Le nombre 10 a pour image 9 990 par la fonction f. Vrai ou Faux ? Justifier.
b. Les nombres 0 et 0,1 ont la même image par la fonction f. Vrai ou Faux ? Justifier.

objectif 3 Je détermine un antécédent

Je comprends

Voir la vidéo : bordas.media/733819_035

Déterminer des antécédents de 2 par les fonctions *f*, *g* et *h*.

a. La fonction *f* a pour tableau de valeurs :

x	-1	0	2	5
$g(x)$	4	-3	1	2

b. La fonction *g* est telle que $g(x) = 5x + 7$.

c. La fonction *h* est représentée ci-contre :

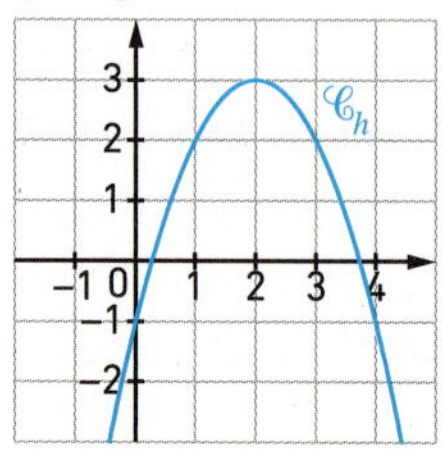

Exercice résolu

a. On repère 2 dans la deuxième ligne du tableau (celle des valeurs de $f(x)$), puis on lit qu'un antécédent de 2 par la fonction *g* est 5.

x	-1	0	2	5
$f(x)$	4	-3	1	2

b. On cherche les valeurs de x pour lesquelles $g(x) = 2$, autrement dit $5x + 7 = 2$

On résout cette équation :

$$5x + 7 - 7 = 2 - 7$$
$$5x = -5$$

donc $x = -1$.

Cette équation a une solution -1, donc -1 est l'antécédent de 2 par la fonction *g*.

c. On repère le nombre 2 sur l'axe des ordonnées.

On cherche les points de la courbe dont l'ordonnée est égale à 2.

On trouve B(1 ; 2) et C(3 ; 2).

Des antécédents de 2 par la fonction *h* sont 1 et 3.

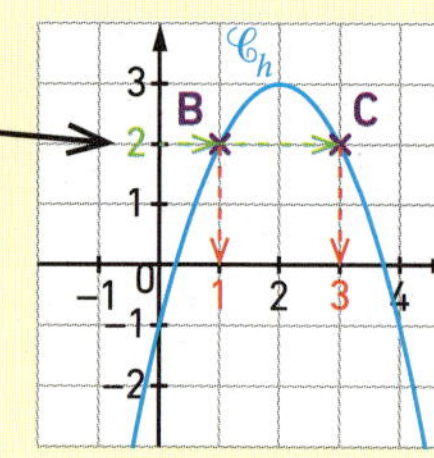

Je m'échauffe

26 QUESTIONS FLASH

1. On considère la fonction $f : x \mapsto x^2$.

Donner les antécédents par la fonction *f* de :

a. $\frac{9}{16}$ **b.** 0,25 **c.** 10^4

d. $\frac{49}{81}$ **e.** 0,04 **f.** 10^8

2. On considère la fonction $g : x \mapsto -\frac{1}{x}$.

Donner les antécédents par la fonction *g* de :

a. $-\frac{1}{8}$ **b.** $\frac{1}{7}$ **c.** $-\frac{2}{5}$

d. $\frac{9}{10}$ **e.** -8 **f.** 10

27 Recopier et compléter le tableau suivant :

$g(3) = 15$	... est un antécédent de ... par la fonction ....
$h(...) = ...$	Un antécédent de 5,6 par la fonction *h* est -100.
...	0 a pour antécédent 8 par la fonction *k*.
$f(0{,}25) = 100$	...

28 On donne les correspondances suivantes pour la fonction *f* :

• $2 \mapsto 3$ • $-1 \mapsto 5$ • $5 \mapsto 2$ • $3 \mapsto -1$

1. Donner des antécédents de 2 et 3 par la fonction *f*.

2. Recopier et compléter : $f(...) = 5$ et $f(...) = -1$.

29 On donne le tableau de valeurs d'une fonction *g* :

x	10	-8	6	7	1	-9
$g(x)$	6	1	0	-9	6	10

1. Donner des antécédents de 0 et 6 par la fonction *g*.

2. Recopier et compléter : $g(...) = 1$ et $g(...) = 10$.

30 La courbe $\mathscr{C}_h$ est la représentation graphique de la fonction *h*.

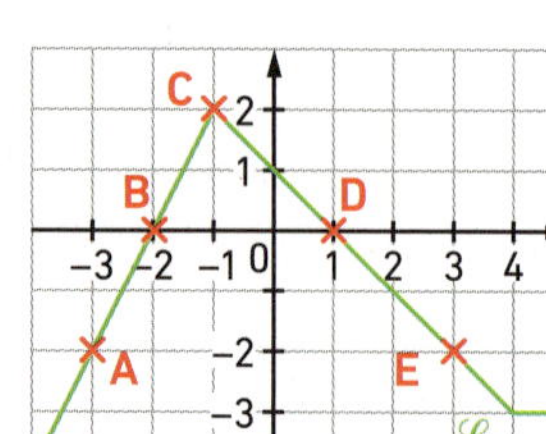

1. Lire graphiquement les coordonnées des points A, B, C, D et E.

2. En déduire des antécédents de 0 ; -2 et 2 par la fonction *h*.

Je m'entraîne 1

31 Déterminer à l'aide d'une équation :
a. l'antécédent de -3 par la fonction f définie par $f(x) = 4x + 1$;
b. l'antécédent de 5 par la fonction g définie par $g(x) = 2x - 3$;
c. l'antécédent de 10 par la fonction h définie par $h(x) = -3x - 4$.

32 Déterminer à l'aide d'une équation les antécédents de 0 par :
a. la fonction f définie par $f(x) = (x + 1)(x - 4)$;
b. la fonction g définie par $g(x) = x(2x + 11)$;
c. la fonction h définie par $h(x) = (3x + 6)(x - 9)$.

33 La courbe $\mathscr{C}_h$ représente la fonction h. Répondre par lecture graphique.

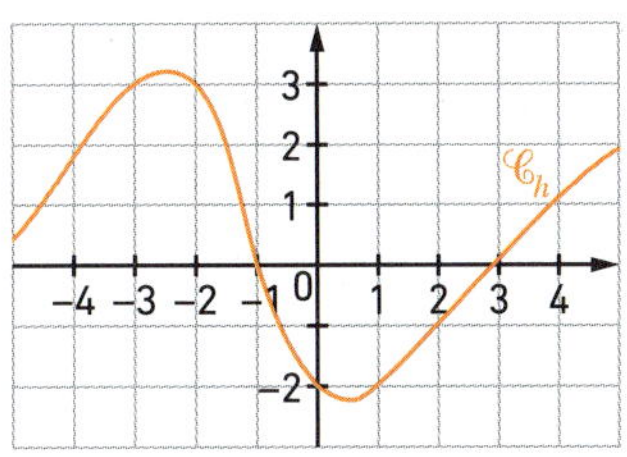

1. Donner des antécédents de 3 par la fonction h, puis des antécédents de -2.
2. Donner des valeurs de x telles que $h(x) = 0$.
3. Combien d'antécédents de 1 peut-on lire sur le graphique ? Donner leurs valeurs.

34 pix 3.4

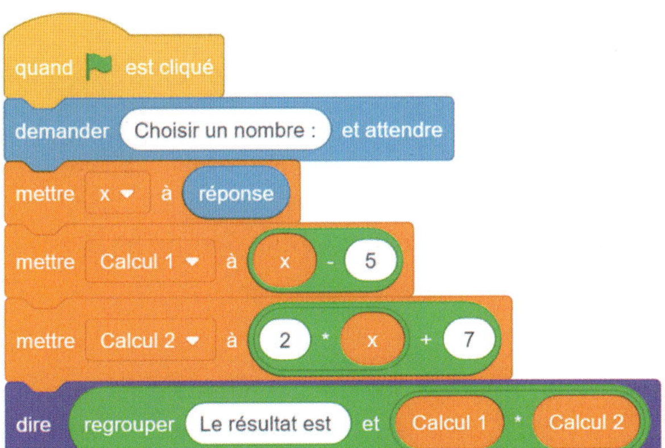

1. Parmi les expressions suivantes, quelle est celle qui correspond au programme de calcul donné par le script ?

$A(x) = (x - 5) \times (2x + 7)$ $B(x) = x - 5 \times 2x + 7$

$C(x) = x - 5 \times (2x + 7)$

2. Pour quelle(s) valeur(s) de x obtient-on un résultat égal à 0 ?

Je m'entraîne 2

35 **Les maths autour de moi**

Dans le tableau ci-dessous, la fonction t exprime l'évolution de la température en degrés Celsius durant une journée du mois de janvier en fonction du temps x donné en heures :

x	0	4	8	12	16	20
$t(x)$	-3	-6	-2	2	4	-2

1. Quelle température fait-il à 12 h ?
2. À quelles heures fait-il $-2°$?
3. Recopier et compléter : $t(...) = -3$ et $t(16) = ...$, puis écrire deux phrases traduisant cela en termes d'heures et de températures.

36 **Les maths autour de moi**

Dans la petite entreprise Rouletaboule, le bénéfice réalisé par la vente de x jouets est donné, en euros, par la fonction f représentée ci-dessous.

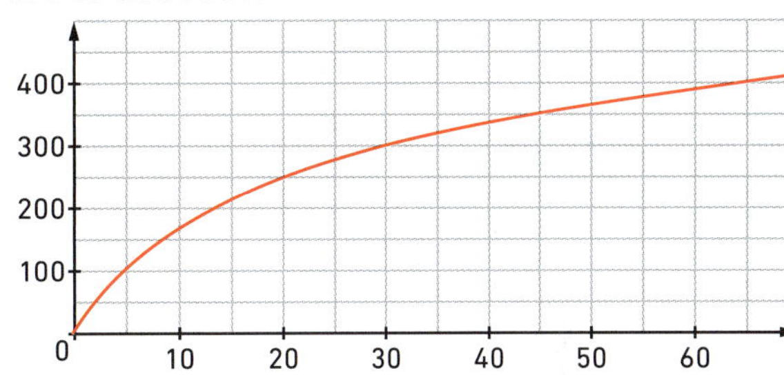

1. Quel est le bénéfice réalisé pour 20 jouets vendus ?
2. Combien de jouets faut-il vendre pour avoir un bénéfice égal à 100 euros ? à 300 euros ?

37 **TOP Chrono** 10 min

1. Déterminer graphiquement des antécédents de 2 et -3 par la fonction f.

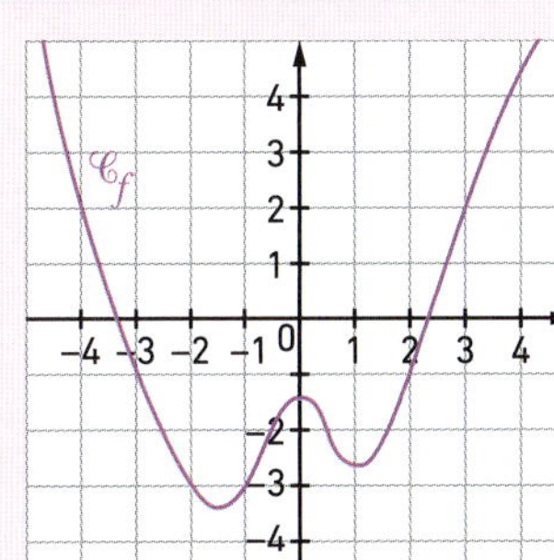

2. Vrai ou Faux ? Justifier.
a. Les nombres -4 et 3 ont le même antécédent par la fonction f.
b. Le nombre -2 a trois antécédents par la fonction f.

je travaille seul(e) ou en Accompagnement personnalisé

Je fais le point sur mon cours

QCM de révision
Retrouve un autre QCM interactif : bordas.media/733819_036

		A	B	C
38	D'après l'égalité $f(5) = 9$, on peut dire que :	9 est le nombre qui a pour image 5 par la fonction f.	l'image de 9 par la fonction f est 5.	9 est l'image de 5 par la fonction f.
39	Si 4 est un antécédent de -1 par une fonction f, alors on peut écrire :	$f(4) = -1$	$f(-1) = 4$	$-1 \mapsto f(4)$
40	On sait que $f(2) = 3$. Quelle représentation graphique peut être celle de la fonction f ?	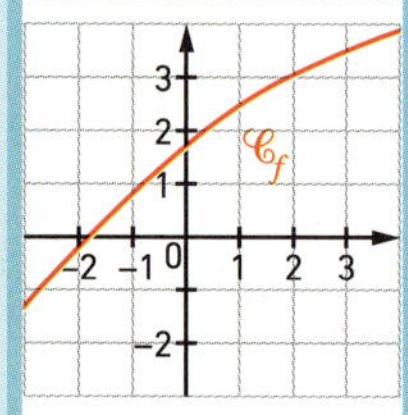	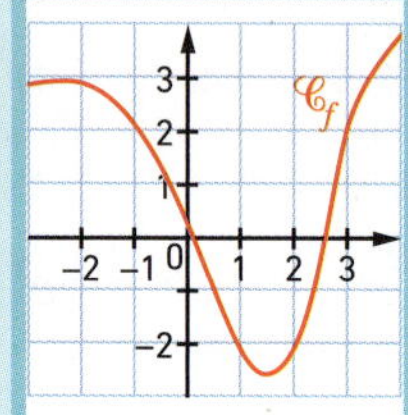	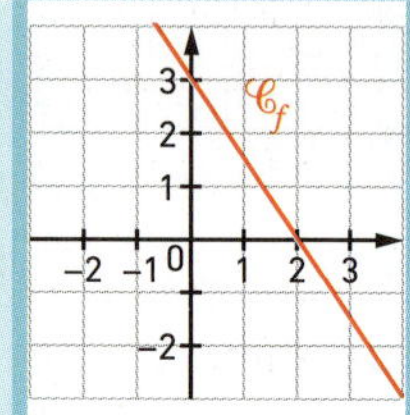
41	Soit $h : x \mapsto x^2$. Quelle est l'image de -3 par la fonction h ?	-9	-6	9
42	(tableau ci-dessous) D'après le tableau précédent, on a :	$g(1) = 3$	$g(5) = 3$	$g(5) = 1$

Tableau de la question 42 :

x	1	3	5
$g(x)$	5	1	3

Je fais le point sur mes objectifs

OBJECTIF 1

J'utilise la notion de fonction

43 Pour chaque représentation graphique, recopier et compléter la phrase suivante :
« Ce graphique représente ... en fonction de .... »

a.

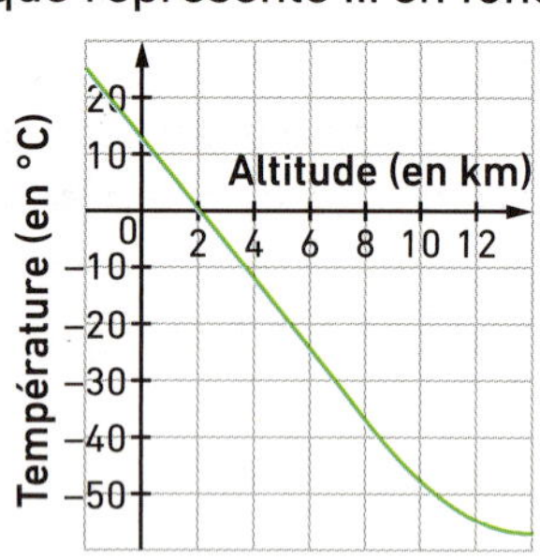

b.

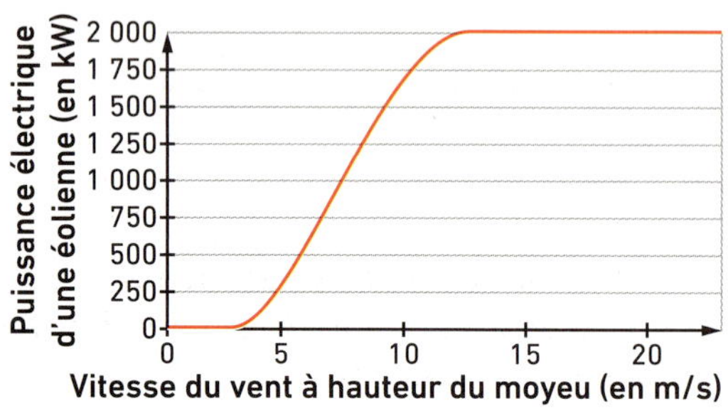

44 La fonction f donne le temps de téléchargement d'un fichier en secondes en fonction de la taille de ce fichier en mégaoctets.

1. Que signifie l'égalité $f(6) = 50$ pour la situation ?

2. Traduire par une égalité le fait que le téléchargement d'un fichier de 45 mégaoctets dure 6 min 15 s.

45 Voici deux programmes de calcul :

A	B
• Choisir un nombre • Élever au carré • Soustraire 3	• Choisir un nombre • Ajouter 5 • Prendre l'inverse

On note x le nombre choisi au départ.
On note $f(x)$ et $g(x)$ les résultats respectifs des programmes A et B.
Exprimer $f(x)$ et $g(x)$ en fonction de x.

46 Recopier et compléter :
« L'aire d'un rectangle dont le périmètre est égal à 30 cm et dont un côté a pour longueur x cm est donné par la fonction $A : x \mapsto ...$ »

OBJECTIF 2

Je détermine l'image d'un nombre par une fonction

47 On considère la fonction f telle que $f(x) = \frac{1}{x} + x$.

Calculer :

a. $f(1)$ b. $f(-1)$ c. $f(2)$
d. $f(4)$ e. $f(-10)$ f. $f(3)$

48 On considère la fonction $g : x \mapsto x^2 - 3x$.
Calculer les images de 0 ; 2 ; –3 et 5 par la fonction g.

49 Soit $h : x \mapsto x^3 + 1$, recopier et compléter le tableau de valeurs suivant :

x	–3	–2	–1	0	1	2	3
$h(x)$							

50 On donne un tableau de valeurs d'une fonction f :

x	10	6	–4	1	–2	0
$f(x)$	1	0	–2	6	10	–4

Recopier et compléter :

a. $f : 6 \mapsto$ ... b. $f(10) =$ ...
c. $f : -4 \mapsto$ ... d. $f(0) =$ ...
e. L'image de –2 par la fonction f est ...
f. Un nombre qui a pour image 6 par la fonction f est ....

51 On a représenté la fonction g ci-contre. Répondre par lecture graphique.

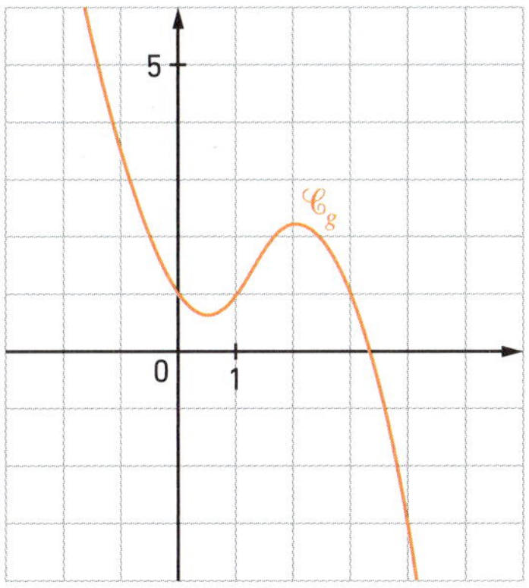

1. Quelle est l'image de 4 par la fonction g ? Et celle de –1 ?
2. Quel(s) nombre(s) ont pour image 1 par la fonction g ? et 5 ?

52 On considère la fonction $f : x \mapsto \frac{x-1}{x+1}$.

Vrai ou Faux ? Justifier.

a. 3 est l'image de 2 par la fonction f.
b. 1 a pour image 0 par la fonction f.
c. $f(10) > f(9)$
d. (0 ; –1) appartient à la courbe représentative de f.
e. L'image de –1 par la fonction f n'existe pas.

OBJECTIF 3

Je détermine un antécédent d'un nombre par une fonction

53 On considère la fonction $f : x \mapsto 5x - 1$.
Déterminer les antécédents de 4 ; 0 ; –1 ; –9 et 14 par la fonction f.

54 Déterminer les antécédents de 0 par les fonctions suivantes :

a. $f(x) = (x-3)(x+5)$ b. $g(x) = x(7-x)$
c. $h(x) = (2x+5)(x+6)$ d. $k(x) = (3x-1)^2$

55 On donne le tableau de valeurs d'une fonction g :

x	3	6	–1	5	9	–7
$g(x)$	9	–1	–7	3	6	5

Recopier et compléter :

a. $g : ... \mapsto 9$ b. $g(...) = -1$
c. $g : ... \mapsto 6$ d. $g(...) = 5$
e. Un antécédent de –7 est ....
f. Le nombre qui a pour antécédent 5 est ....

56 On considère la fonction h dont la courbe représentative est donnée ci-contre.

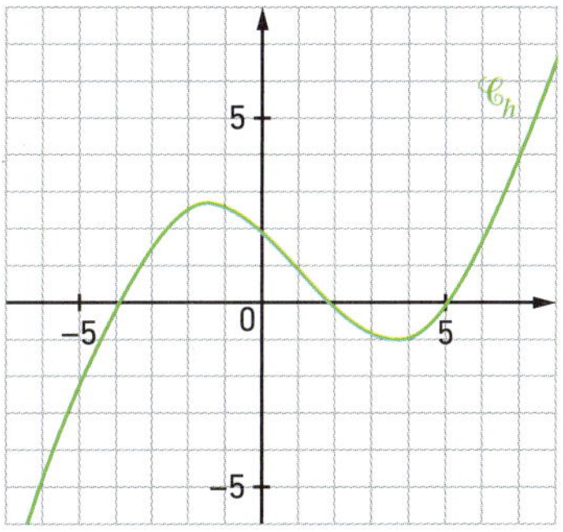

1. Par lecture graphique, donner :
a. des antécédents de –5, puis de 2 par la fonction h ;
b. le nombre qui a pour antécédent 7, puis –3 par la fonction h.
2. Donner un nombre dont on peut lire exactement deux antécédents sur le graphique.

57 On considère la courbe représentative de la fonction f :

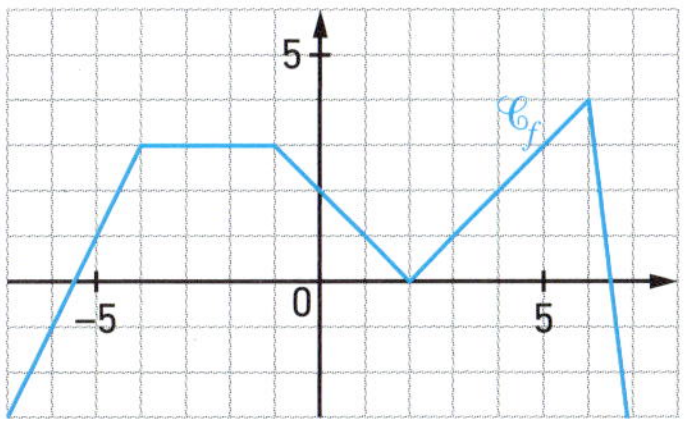

Vrai ou Faux ? Justifier.

a. Le nombre 2 a trois antécédents.
b. –3 est un antécédent de 3 par la fonction f.
c. 6 a pour antécédent 4.
d. Le nombre 5 n'a pas d'antécédent.

Je résous des problèmes

OBJECTIF 1

J'utilise la notion de fonction

58 L'écologie autour de moi

L'éco-conduite est un comportement responsable permettant de réduire sa consommation de carburant, les émissions de gaz à effet de serre et le risque d'accident.

Un de ses grands principes est de vérifier la pression des pneus de son véhicule. On estime qu'un pneu perd environ 0,1 bar par mois.

Le graphique ci-dessous donne un pourcentage approximatif de la consommation supplémentaire de carburant en fonction de la pression des pneus (zone orange) dans le cas d'une pression recommandée de 2,4 bars :

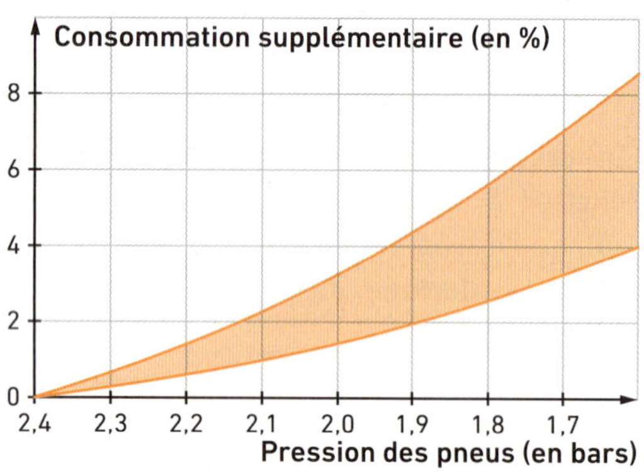

D'après le graphique, donner un encadrement approximatif du pourcentage de la consommation supplémentaire de carburant après 5 mois sans gonflage des pneus.

59 Histoire-Géographie Population mondiale pix 1.1

Les tableaux ci-dessous présentent l'évolution de la population mondiale en millions d'habitants.

Années	400	600	800	1000	1200	1400	1600	1800	1900
Millions d'hab.	200	200	225	250	400	375	575	950	1650

Années	1950	1960	1970	1980	1990	2000	2010	2020
Millions d'hab.	2525	3025	3700	4450	5275	6100	6850	7800

1. Représenter graphiquement les valeurs de ces tableaux dans un repère.

2. Faire des recherches pour expliquer pourquoi la population mondiale a diminué au cours du XIVe siècle.

OBJECTIF 2

Je détermine l'image d'un nombre par une fonction

60 Courses

On étudie les performances de deux nageurs.

1. La distance parcourue par le nageur 1 en fonction du temps est donnée par ce graphique :

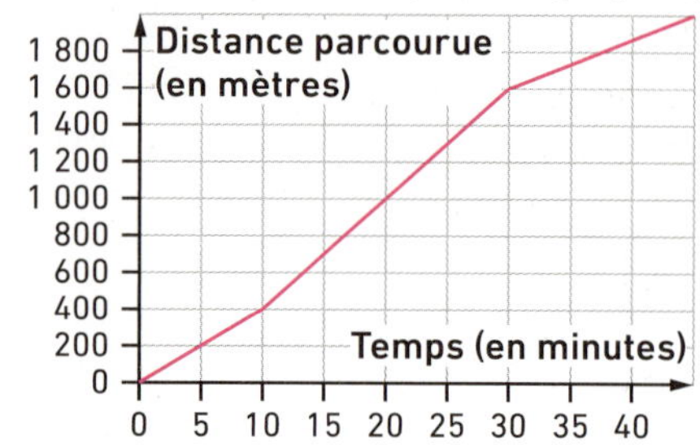

a. Par lecture graphique, déterminer la distance parcourue pendant les 5 premières minutes de course, puis pendant les 45 minutes de course.

b. Y a-t-il proportionnalité entre la distance parcourue et le temps sur l'ensemble de la course ? Justifier.

2. La fonction f définie par $f(x) = 50\,x$ représente la distance parcourue en mètres par le nageur 2 en fonction du temps x en minutes.

a. Calculer l'image de 10 par f.

b. Calculer $f(30)$.

3. Les nageurs 1 et 2 sont partis en même temps.

a. Lequel est en tête au bout de 10 min ? Justifier.

b. Lequel est en tête au bout de 30 min ? Justifier.

61 Avec le théorème de Thalès

On considère un triangle ABC rectangle en B tel que AB = 5 cm et BC = 3 cm.

D est un point quelconque du segment [AB]. La droite perpendiculaire à [AB] et passant par D coupe le segment [AC] en E.

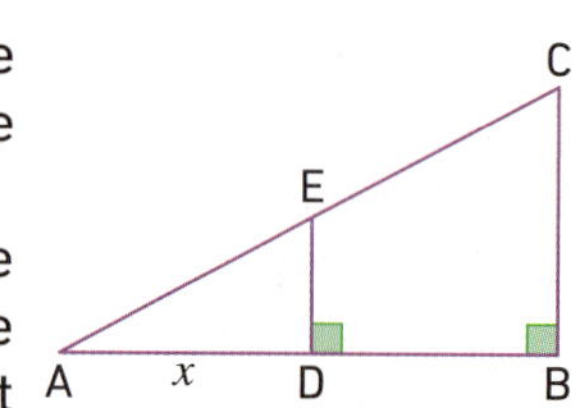

On pose AD = x.

1. En appliquant le théorème de Thalès, exprimer la longueur ED en fonction de AD.

2. Soit f la fonction qui, à x, fait correspondre la longueur ED. Vérifier que $f(x) = \frac{3}{5}x$.

3. Recopier et compléter ce tableau de valeurs :

x	0	1	2	3	4	5
$f(x)$						

4. Quelle est l'image de 2,5 par f ? Donner une interprétation géométrique de ce résultat.

MULTI OBJECTIFS

OBJECTIF 3

Je détermine un antécédent d'un nombre par une fonction

62 Les maths autour de moi

Ce graphique représente la valeur d'une voiture achetée neuve en fonction du temps écoulé depuis l'achat.

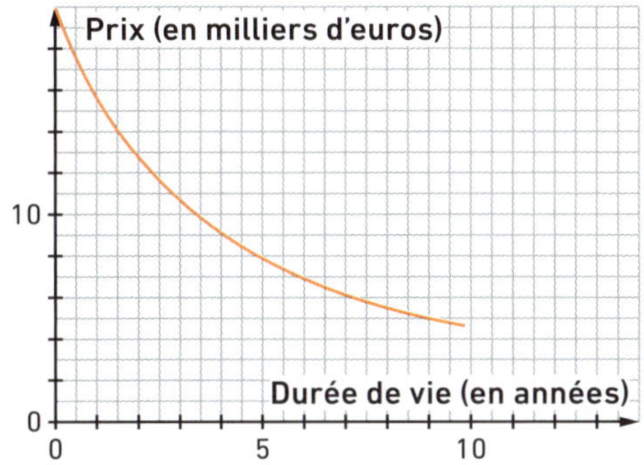

Répondre aux questions suivantes par lecture graphique.

1. Quel est le prix de la voiture neuve ?

2. Après combien d'années cette voiture a-t-elle perdu la moitié de sa valeur ?

3. Après combien d'années faut-il revendre cette voiture pour espérer obtenir 40 % de sa valeur neuve ?

63 Une boîte sur mesure

On découpe quatre carrés identiques aux quatre coins d'un rectangle de 20 cm de longueur et 13 cm de largeur. On obtient ainsi le patron d'un boîte parallélépipédique sans couvercle.

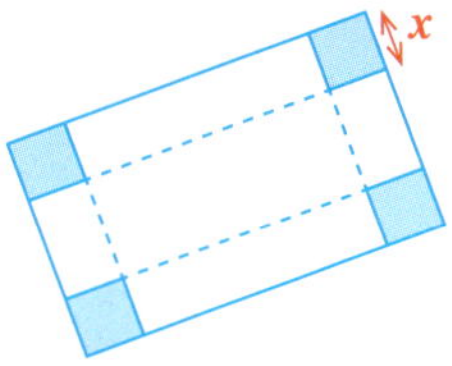

On note x la longueur des côtés des carrés découpés.

1. Quelle est la valeur minimale que peut prendre x ? Et la valeur maximale ?

2. Exprimer l'aire $A(x)$ du patron de la boîte en fonction de x.

3. Déterminer la longueur des côtés des carrés découpés qui correspond à une aire du patron de 208,16 cm^2.

Tu peux utiliser la méthode de ton choix pour répondre : résolution d'une équation, essais de valeurs, résolution graphique, …

64 Les maths autour de moi

Comme tous les dimanches matins, Élise fait son footing le long du canal. À l'aide d'une application GPS, elle peut afficher un graphique représentant la distance à son domicile en fonction du temps :

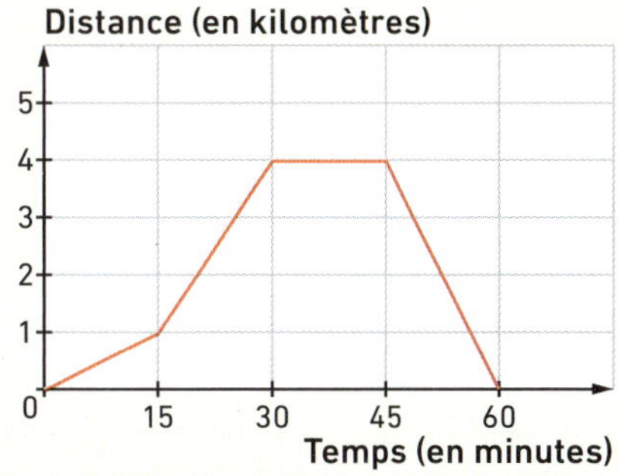

La maison d'Élise se situe le long du canal qui est rectiligne.
Répondre aux questions suivantes en effectuant les lectures graphiques nécessaires.
Expliquer les réponses.

1. Peut-on affirmer qu'Elise rejoint son domicile ?

2. Que se passe-t-il après 30 minutes de footing ?

3. Combien de temps Élise a-t-elle couru ?

4. Quelle distance a-t-elle parcourue ?

5. Durant quelle période a-t-elle été la plus rapide ?

65 En route pour les vacances

Pour calculer la vitesse moyenne v (en km/h) d'un véhicule parcourant une distance d (en km) pendant une durée t (en h), on utilise la formule :

$$v = \frac{d}{t}.$$

Odette doit parcourir 500 km pour se rendre sur son lieu de vacances.

1. Donner une expression de la fonction V qui donne la vitesse moyenne d'Odette en km/h en fonction de la durée t en h de son parcours.

2. a. Calculer $V(5)$.
b. Donner une interprétation du résultat précédent par rapport à la situation.

3. a. Calculer $V(3{,}5)$.
b. Odette peut-elle arriver à destination en moins de 3 h 30 min ? Justifier.

4. Si Odette roule à une vitesse de 80 km/h en moyenne sur le trajet, combien de temps va durer ce trajet ?

je développe mes compétences

RAISONNER · REPRÉSENTER · COMMUNIQUER · CALCULER · CHERCHER · MODÉLISER

J'apprends à COMMUNIQUER

J'OBSERVE

66 Ce graphique représente la distance d'un coureur par rapport à la ligne de départ d'une course en fonction du temps.

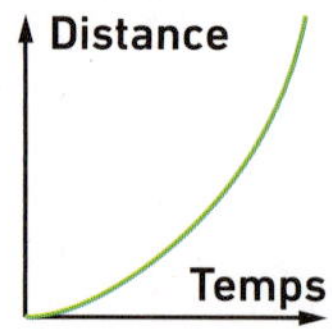

Décrire par des phrases les variations de cette distance par rapport au temps.

EXERCICE RÉSOLU

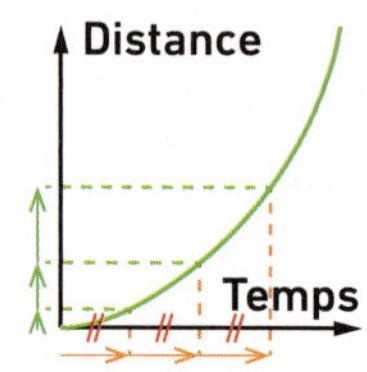

On observe que plus le temps augmente, plus la distance augmente (donc le coureur s'éloigne de la ligne de départ).
On constate que pour des augmentations régulières du temps, les augmentations de la distance sont de plus en plus grandes (donc le coureur accélère).

JE ME LANCE

67 Ce graphique représente la distance de deux coureurs par rapport à la ligne de départ d'une course en fonction du temps.

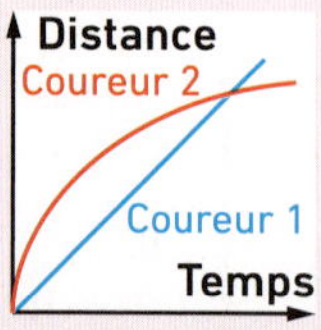

Décrire par des phrases les variations de ces distances par rapport au temps.

68 Ce graphique représente la distance de deux coureurs par rapport à la ligne d'arrivée d'une course en fonction du temps.

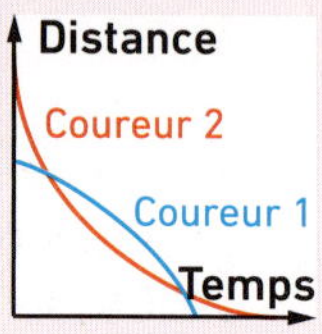

Décrire par des phrases les variations de ces distances par rapport au temps.

J'apprends à REPRÉSENTER

J'OBSERVE

69

Hauteurs d'eau dans le port de Saint-Malo (en m)

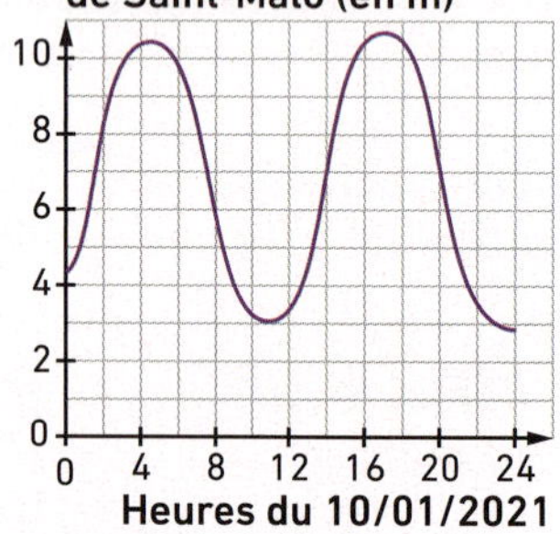

À quel(s) moment(s) de la journée la hauteur est-elle inférieure à 7 m ?

EXERCICE RÉSOLU

Hauteurs (en m)

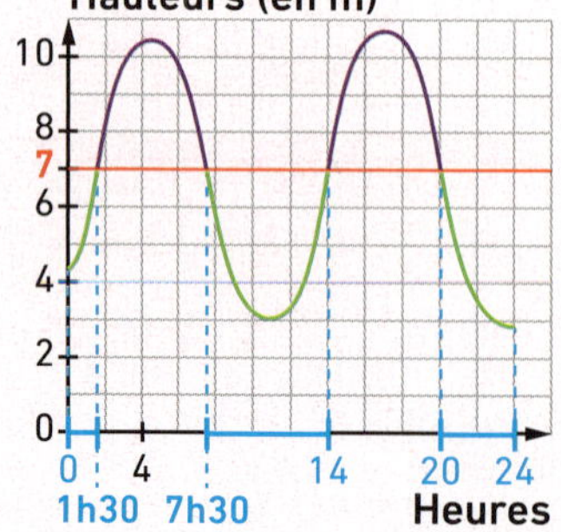

La hauteur est inférieure à 7 m entre minuit et 1 h 30, entre 7 h 30 et 14 h et entre 20 h et minuit.

JE ME LANCE

70 Altitudes atteintes au cours d'une randonnée (en mètres)

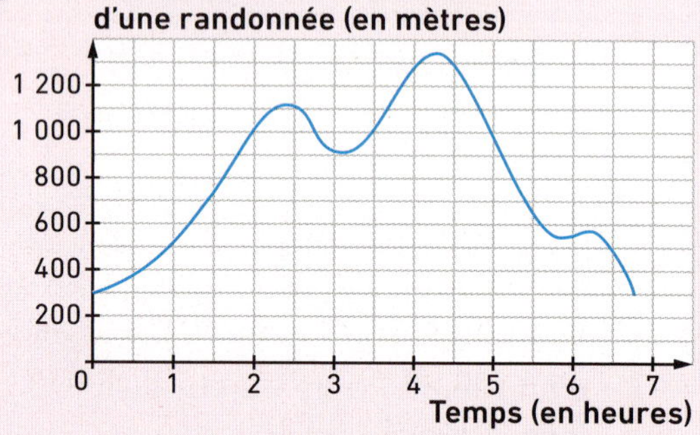

À quel(s) moment(s) de la randonnée l'altitude est-elle supérieure à 1 000 m ?

71 Économies de Karima (en €)

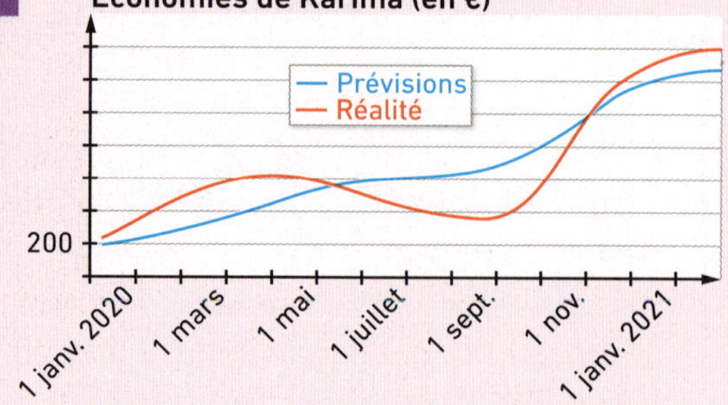

Sur quelle(s) période(s) les économies réelles de Karima ont-elles été inférieures aux prévisions ?

72 Les randonneurs

CHERCHER • REPRÉSENTER • RAISONNER D1, D3 et D4

Une famille a effectué une randonnée en montagne. Ce graphique donne la distance qu'elle a parcourue en fonction du temps :

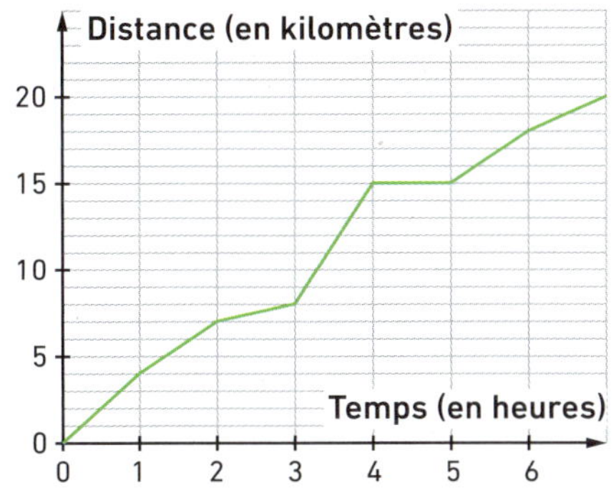

Un randonneur expérimenté marche à une vitesse moyenne de 4 km/h sur toute la randonnée.
Cette famille est-elle expérimentée ? Justifier.

73 Distance d'arrêt

MODÉLISER • CALCULER • RAISONNER D1 et D4

La distance d'arrêt d'un véhicule est la distance que parcourt un automobiliste entre le moment où il voit un obstacle, puis freine et le moment où son véhicule s'arrête.
Cette distance d'arrêt se décompose en :
– la distance de réaction, c'est-à-dire la distance parcourue avant que l'automobiliste ne commence à freiner, celui-ci met environ 1 seconde à réagir s'il est attentif ;
– la distance de freinage qui, sur route sèche, a une valeur approximative, exprimée en m, en fonction de la vitesse V, exprimée en km/h, donnée par : $0{,}007 \times V^2$.
Si un conducteur veut pouvoir s'arrêter en moins de 10 m, quelle est la vitesse qu'il ne doit pas dépasser, à 1 km/h près ?

74 Anglais Who's right?

CHERCHER • RAISONNER • COMMUNIQUER D1, D3 et D4

Here's a calculation program:

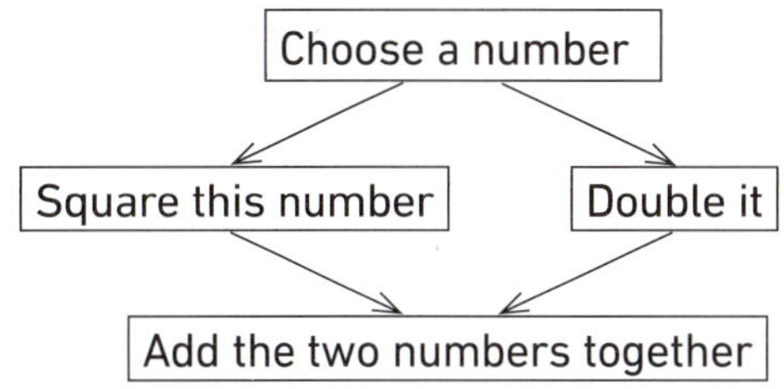

What do you think of these two statements? Explain why.

75 Je fais ma story

pix 3.2

Les quatre récipients ont le même volume et la même hauteur. On les remplit à ras bord avec un même robinet dont le débit est constant.

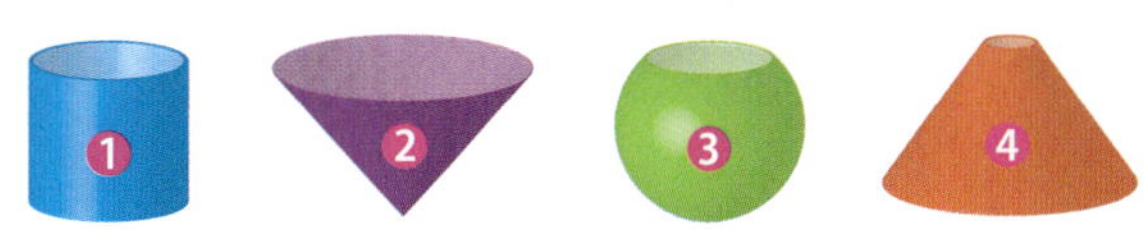

Les courbes représentant la hauteur d'eau en fonction du temps de remplissage sont tracées ci-dessous :

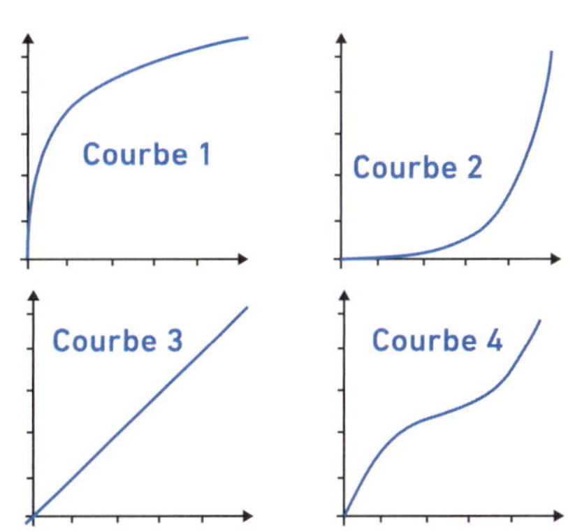

Dans une vidéo ou une présentation orale, expliquer comment associer chaque récipient à sa courbe.
Justifier avec soin les réponses.

vu au brevet

76 Chris fait une course en VTT. Le graphique ci-dessous représente sa fréquence cardiaque (en battements par minute) en fonction du temps lors de la course.

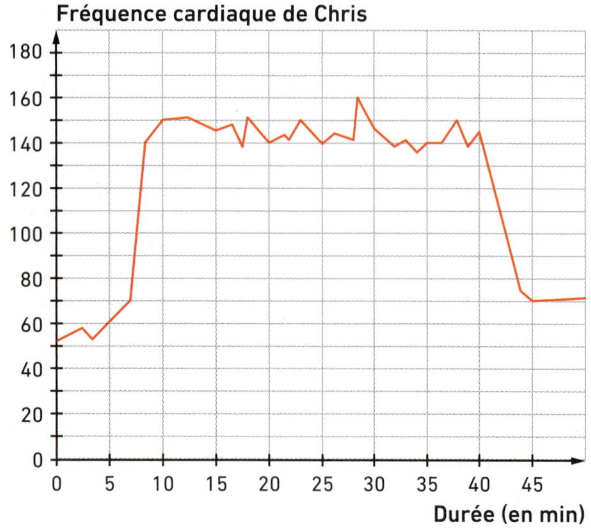

1. Quelle est la fréquence cardiaque de Chris au départ de sa course ?

2. Quel est le maximum de la fréquence cardiaque atteinte par Chris au cours de sa course ?

3. Chris est parti à 9 h 33 de chez lui et termine sa course à 10 h 26.
Quelle a été la durée, en minutes de sa course ?

4. Chris a parcouru 11 km lors de cette course. Montrer que sa vitesse moyenne est d'environ 12,5 km/h.

5. On appelle FCM (Fréquence Cardiaque Maximale) la fréquence maximale que peut supporter l'organisme.
Celle de Chris est FCM = 190 battements de cœur par minute.
En effectuant des recherches sur des sites internet spécialisés, il a trouvé le tableau suivant :

Effort	Léger	Soutenu	Tempo	Seuil anaérobie
Fréquence cardiaque mesurée	Inférieur à 70 % de la FCM	70 à 85 % de la FCM	85 % à 92 % de la FCM	92 à 97 % de la FCM

Estimer la durée de la période pendant laquelle Chris a fourni un effort soutenu au cours de sa course.

Pondichéry 2018

77 Voici deux programmes de calcul :

Programme 1
- Choisir un nombre
- Le multiplier par 3
- Ajouter 1

Programme 2

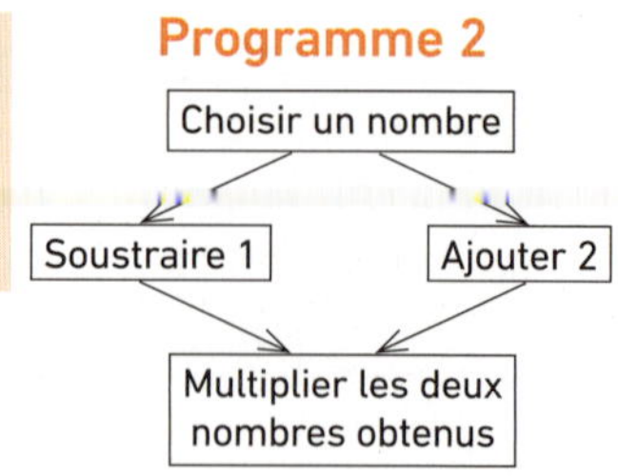

1. Vérifier que si on choisit 5 comme nombre de départ :
- le résultat du programme 1 vaut 16 ;
- le résultat du programme 2 vaut 28.

On appelle $A(x)$ le résultat du programme 1 en fonction du nombre x choisi au départ.
La fonction $B : x \mapsto (x-1)(x+2)$ donne le résultat du programme 2 en fonction du nombre x choisi au départ.

2. a. Exprimer $A(x)$ en fonction de x.
b. Déterminer le nombre que l'on doit choisir au départ pour obtenir 0 comme résultat du programme 1.

3. Développer et réduire l'expression :
$B(x) = (x-1)(x+2)$.

4. a. Montrer que $B(x) - A(x) = (x+1)(x-3)$.
b. Quels nombres doit-on choisir au départ pour que le programme 1 et le programme 2 donnent le même résultat ? Expliquer la démarche.

Métropole La Réunion 2019

78 Les représentations graphiques $\mathscr{C}_1$ et $\mathscr{C}_2$ de deux fonctions sont données dans le repère ci-contre.
Une de ces deux fonctions est la fonction f définie par $f(x) = -2x + 8$.

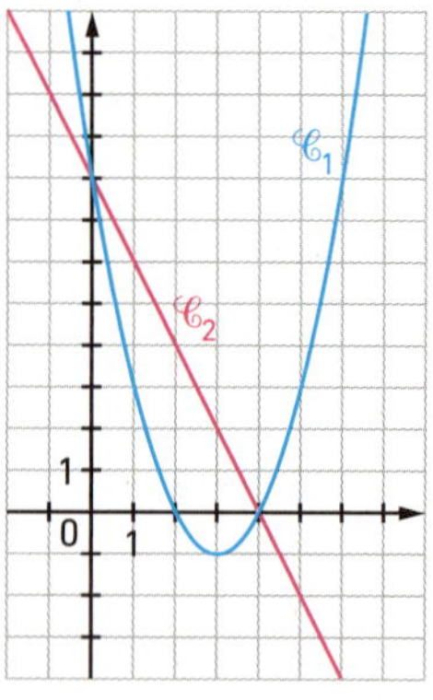

1. Laquelle de ces deux représentations est celle de la fonction f ?

2. Que vaut $f(3)$?

3. Calculer le nombre qui a pour image 6 par la fonction f.

4. La feuille de calcul ci-dessous permet de calculer des images par la fonction f.

	A	B	C	D	E	F	G
1	x	-2	-1	0	1	2	3
2	f(x)						

Quelle formule peut-on saisir dans la cellule **B2** avant de l'étirer vers la droite jusqu'à la cellule **G2** ?

Asie, 2019

Jeux mathématiques

79 **Le 3 septembre 2081**

1. Par lecture graphique, trouver les nombres manquants :

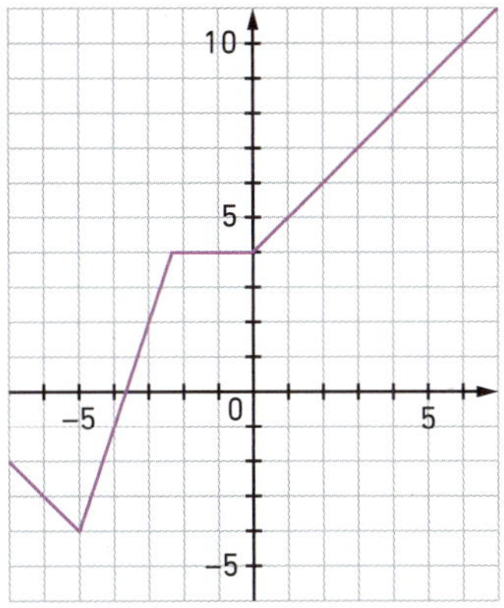

- $f(?) = 9$
- $-f(-6) = ?$
- $3 \times f(-1) = ?$
- $f(6) - 1 = ?$
- $f(-3) \times f(4) = ?$
- $2 \times f(3) + 5 = ?$
- $f(2) + f(-4) = ?$

2. Chaque nombre trouvé correspond au rang d'une lettre dans l'alphabet (1 pour A ; 2 pour B ; etc).
Décoder les résultats précédents pour savoir ce qui se passera le 3 septembre 2081.

80 **Défi !**

Voici le tracé de cinq circuits plats de 3 km :

L : ligne de départ

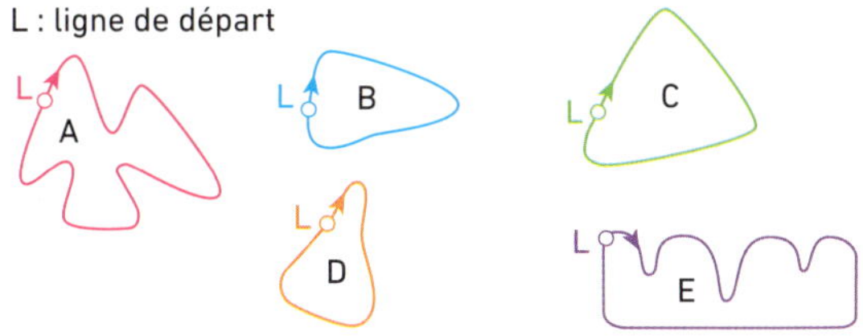

Sur quel circuit la voiture roulait-elle lors de l'enregistrement de sa vitesse sur le graphique ci-dessous ?

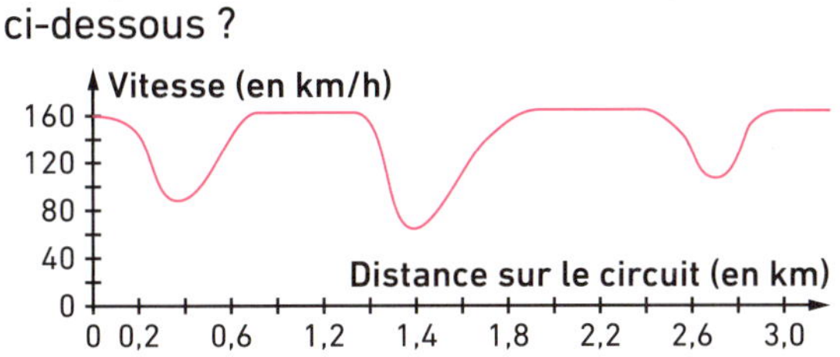

D'après Pisa 2011

Énigme

81 **Quelle activité permet d'obtenir un tel graphique ?**

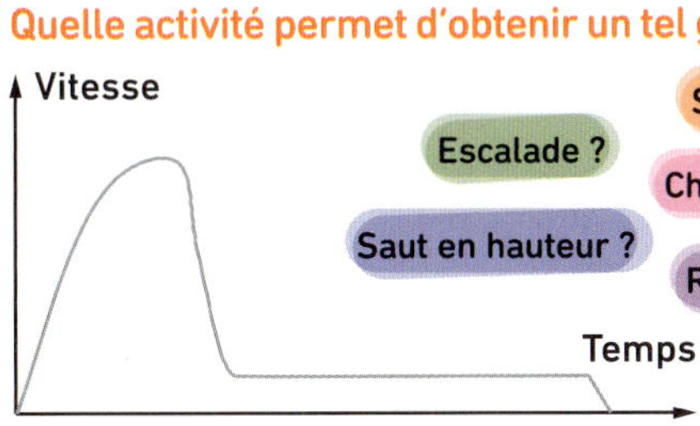

Saut à ski ?
Escalade ?
Chute libre ?
Saut en hauteur ?
Randonnée ?

devoirs à la maison

82 **Distance optimale** pix 1.1

Pour un bon confort visuel, un téléviseur doit être placé à une distance optimale de l'utilisateur.

1. a. À la maison, chez des voisins ou dans la famille, mesurer la longueur en centimètres de la diagonale d'un téléviseur.

b. Convertir cette longueur en pouces.

Pour faire cette conversion, fais les recherches nécessaires sur internet ou autres. Mais attention, tu dois expliquer par un calcul la méthode à appliquer !

2. a. Grâce au graphique suivant, déterminer un encadrement de la distance optimale conseillée entre le téléviseur et l'utilisateur. *On considérera que le téléviseur a un écran Full HD 1080 p.*

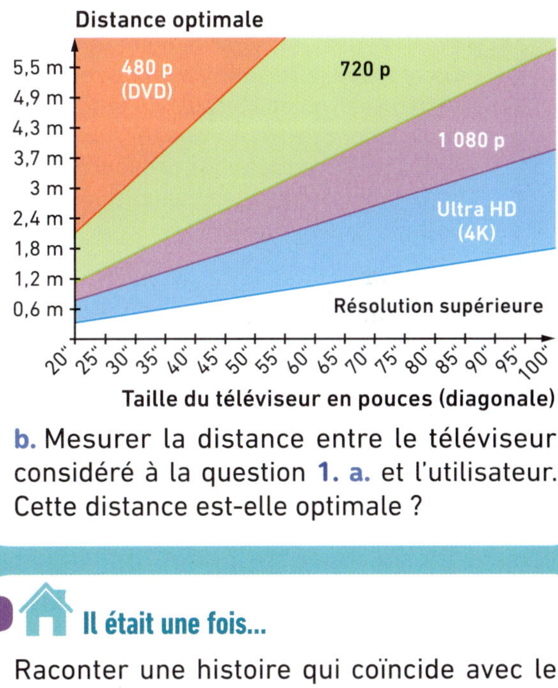

b. Mesurer la distance entre le téléviseur considéré à la question **1. a.** et l'utilisateur. Cette distance est-elle optimale ?

83 **Il était une fois...**

Raconter une histoire qui coïncide avec le graphique ci-dessous. Donner suffisamment de détails à chaque étape de l'histoire pour mettre en évidence le lien avec la partie du graphique correspondante.

avec un logiciel pix

Pour faire ces activités, télécharge les fiches logiciel Géométrie et Tableur sur le site college.editions-bordas.fr.

1 Programmes de calcul et fonctions pix 1.3

Démontrer qu'une même fonction peut posséder différentes expressions. 40'

Difficulté mathématique | Difficulté technique

On considère les trois programmes de calcul suivant :

Programme A
- Choisir un nombre
- Ajouter 20
- Multiplier le résultat précédent par le nombre de départ

Programme B
- Choisir un nombre
- Ajouter 10
- Élever le résultat au carré
- Soustraire 100

Programme C
- Choisir un nombre
- L'élever au carré
- Ajouter au résultat précédent le produit de 20 par le nombre de départ

1 Quel résultat donne le programme A si le nombre choisi au départ est 5 ? Même question pour le programme B et le programme C.

	A	B	C
1	Nombre	Programme A	
2	de départ	Etape 1	Etape 2
3	1	21	21
4	2	22	44
5	3	23	69
6	4	24	96

2 **a.** À l'aide d'un tableur, calculer les résultats donnés par le programme A pour tous les nombres entiers compris entre 0 et 100. Tableur 1, 2 et 3
b. Même question pour le programme B et le programme C.
c. À partir des résultats précédents, quelle conjecture peut-on faire ?

3 Pour la suite, x désigne le nombre choisi au départ.
On note $f(x)$ le résultat obtenu à l'aide du programme A, $g(x)$ le résultat obtenu à l'aide du programme B et $h(x)$ celui obtenu à l'aide du programme C.
a. Justifier que $f(x) = x(x+20)$.
b. Écrire les expressions des fonctions g et h.
c. Démontrer alors le résultat conjecturé à la question **2. c**.

2 Le saut de l'ange pix 1.3

Déterminer un antécédent d'un nombre par une fonction par essais successifs. 20'

Difficulté mathématique | Difficulté technique

Angelo saute du haut d'une falaise à Cassis.
On note t le temps (en secondes) qui s'est écoulé depuis le début de son saut.
L'altitude $a(t)$ d'Angelo (en mètres) est donnée par $a(t) = -t^2 + 0{,}5t + 20$.

	A	B
1	t (en seconde)	$a(t)$ (en mètre)
2	0	
3	1	
4	2	
5	3	
6	4	
7	5	

1 **a.** Dans une feuille de calcul d'un tableur, saisir dans la colonne **A** les valeurs du temps t de 0 à 5 secondes avec un pas de 1. Tableur 3
b. Dans la colonne **B**, saisir, puis copier une formule pour obtenir les altitudes d'Angelo pour les différentes valeurs de t. Tableur 1 et 2

2 En utilisant les valeurs obtenues avec le tableur, répondre aux questions suivantes.
a. Quelle est la hauteur de la falaise de laquelle Angelo saute ?
b. Donner un encadrement à la seconde près de la durée du saut d'Angelo.

3 En modifiant la feuille de calcul, donner un encadrement au dixième de seconde près de la durée du saut.

3 Les cochons d'Inde de Thomas

pix 1.3

30'

Résoudre graphiquement un problème d'aire maximale à l'aide d'un logiciel.

Difficulté mathématique | Difficulté technique

Thomas veut construire un petit enclos rectangulaire pour ses cochons d'Inde. Il dispose de 6,5 m de grillage. En plaçant l'enclos contre le mur de son jardin, le grillage ne délimitera que trois côtés.
Thomas place un premier poteau A contre le mur.
Il veut déterminer à quelle distance x placer le poteau B afin que la surface de l'enclos soit maximale pour ses cochons d'Inde. Le dessin ci-dessous schématise la situation.

1 Calculer l'aire de l'enclos pour $x = 2$ m.

2 Exprimer la longueur BC en fonction de x.

3 On considère la fonction A donnant l'aire de l'enclos en fonction de x.
Démontrer que $A(x) = 6{,}5x - 2x^2$.

4 **a.** À l'aide d'un logiciel, tracer la représentation graphique de la fonction A. Géométrie 26
b. Placer un point mobile sur la courbe et afficher ses coordonnées. Géométrie 2 et 24

5 **a.** Déterminer graphiquement une valeur approchée de x pour laquelle la surface de l'enclos est maximale.
b. En déduire les dimensions de l'enclos de Thomas dans ce cas.
c. Quelle est la surface maximale de l'enclos ?

4 Magie-calcul

ALGO pix 3.4

15'

Prouver un résultat à l'aide de calculs algébriques.

Difficulté mathématique | Difficulté technique

1 **a.** Saisir le programme ci-contre dans Scratch.
b. L'exécuter et le tester avec différentes valeurs données au départ.
c. Que constate-t-on ?

2 Justifier ce résultat en exprimant le nombre d'arrivée en fonction du nombre de départ x.

3 Écrire alors plus simplement ce programme.

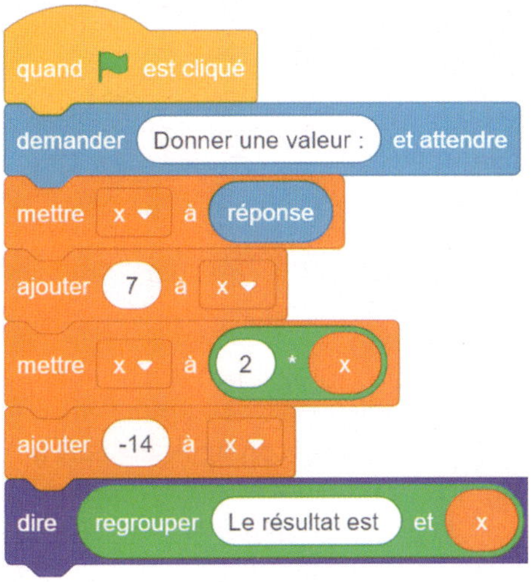

À ton tour d'inventer un programme qui passe par différentes étapes de calcul et qu'il est ensuite possible de simplifier.

tâches complexes

1 Alcoolémie

Sam doit préparer une présentation pour sensibiliser de jeunes futurs conducteurs au danger de l'alcool au volant.
Pour illustrer ses propos, il veut leur présenter graphiquement l'évolution du taux d'alcool dans le sang en fonction du temps écoulé. Il souhaite construire trois graphiques dans le même repère dans le cas de l'absorption au cours d'un repas d'un verre, deux verres ou trois verres d'alcool par un homme de 75 kg.

▶ **Aider Sam à finir sa présentation.**

DOC 1 Alcoolémie et code de la route

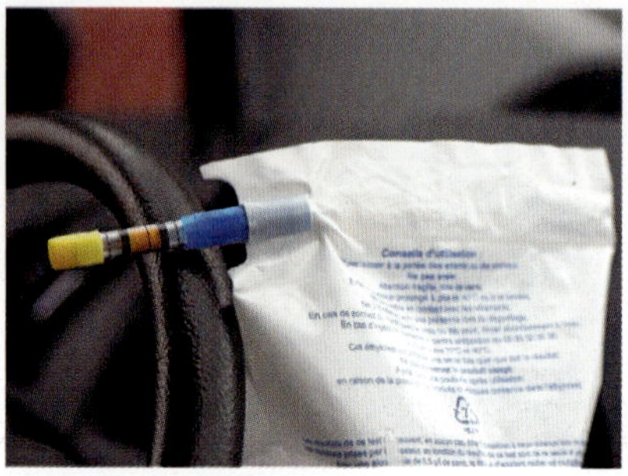

L'alcoolémie est le taux d'alcool présent dans le sang. Elle se mesure en grammes par litre de sang, grâce à une analyse de sang, ou en milligrammes par litre d'air expiré, par éthylotest ou éthylomètre.

En France, il est interdit de conduire avec un taux d'alcool dans le sang supérieur ou égal à 0,5 g/L de sang (ou 0,2 g/L avec un permis probatoire).
Conduire avec un taux d'alcoolémie supérieur ou égal à 0,8g/L est un délit.

DOC 2 Consommation d'alcool et présence dans le sang

Chaque verre consommé pendant un repas fait monter le taux d'alcool dans le sang :
– d'environ 0,25 g/L pour un homme de 75 kg ;
– et d'environ 0,30 g/L pour une femme de 60 kg.

Le taux d'alcool maximal (cumul de tous les verres bus) est atteint :
– un quart d'heure après absorption à jeun ;
– une heure après absorption au cours d'un repas.

Une fois que le taux d'alcool maximal est atteint, l'alcoolémie baisse en moyenne de 0,10 g/L en 1 heure.

DOC 3 Repère à recopier, puis à compléter

Évolution du taux d'alcool dans le sang pour un homme de 75 kg

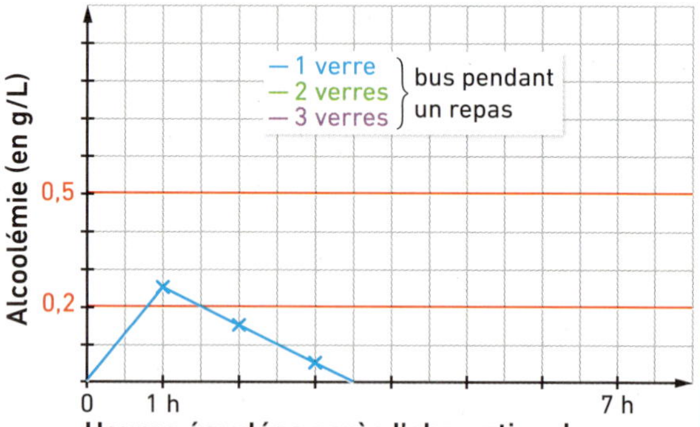

2 Les problèmes DUDU

Julien construit un abri à bûches mais il cherche à l'optimiser...

▶ **Peux-tu aider les DUDU ?**

Voir la vidéo : bordas.media/733819_037

Pourquoi peut-on prendre de **bonnes décisions** à l'aide de **fonctions** ?

Pour le savoir, rendez-vous en fin de chapitre

chapitre 5

QCM de révision
Avant de commencer ce chapitre, fais le point sur tes connaissances : bordas.media/733819_038

Fonctions linéaires, fonctions affines

objectifs

1 J'utilise et je représente une fonction linéaire

2 J'utilise et je représente une fonction affine

3 Je détermine une fonction affine

EXEMPLES DE RÉUSSITE !

5 8 21 42 56

cherchons ensemble

Si tu ne comprends pas certains des mots utilisés ici, demande à ton professeur ou consulte le *Dico des maths*, p. 10.

Activité 1 Découvrir les fonctions linéaires

OBJECTIF 1

1 Recopier et compléter le tableau :

−2	0	2	4

×3

Ce tableau est un tableau de proportionnalité.

2 On désigne par x un nombre de la première ligne. Écrire une expression de la fonction f donnant les nombres de la deuxième ligne en fonction de x.

3 Une fonction de la forme $x \mapsto ax$ où a est un nombre donné est appelée **fonction linéaire**.
La fonction f trouvée à la question **2** est-elle linéaire ?

4 Associer, à chacune des fonctions linéaires suivantes, un programme de calcul du type « Je multiplie x par ... » :

a. $g(x) = 7x$ **b.** $h(x) = -3x$ **c.** $k(x) = \frac{1}{2}x$

5 Pour chacun des tableaux de proportionnalité suivants, écrire une expression algébrique d'une fonction linéaire où les nombres de la deuxième ligne sont les images des nombres de la première.

a.

x	3	4
$m(x)$	6	8

b.

x	3	4
$n(x)$	−9	−12

c.

x	−1	1
$p(x)$	5	−5

Dire que 6 est l'image de 3 par la fonction m signifie que $m(3) = 6$.

Activité 2 Découvrir les fonctions affines

OBJECTIF 2

Avec la carte Reduk, collégiens et lycéens ne payent que 2 € l'entrée pour tout spectacle de leur commune. Cette carte coûte 12 €.

1 Si Martin va voir 15 spectacles cette année, vérifier que cela lui coûtera 42 €.

2 **a.** Recopier et compléter le tableau suivant :

Nombre de spectacles auxquels Martin a assistés	5	8	10	15	20
Prix payé (en €)				42	

b. S'agit-il d'un tableau de proportionnalité ? Expliquer.

3 On désigne par x le nombre de spectacles auxquels Martin aura assistés durant l'année. Exprimer le prix total $f(x)$ qu'il aura payé en fonction du nombre x de spectacles vus.

4 Une fonction de la forme $x \mapsto ax + b$, où a et b sont deux nombres, est appelée une **fonction affine**.
a. La fonction f trouvée à la question **3** est-elle affine ?
b. Décrire la fonction f par un programme de calcul du type : « Je multiplie x par ... et j'ajoute ... »

Activité 3 — Représenter une fonction affine

OBJECTIF 2

La vitesse d'élévation d'un ascenseur est constante, celui-ci monte de 4,5 m par seconde.

1 L'ascenseur part du rez-de-chaussée.
On note x le temps écoulé en secondes à partir du moment où l'ascenseur commence à monter. La fonction g qui donne la hauteur du sol de l'ascenseur en mètres en fonction du temps écoulé x est définie par $g : x \mapsto 4{,}5\,x$.

On a représenté cette fonction dans le repère ci-contre.

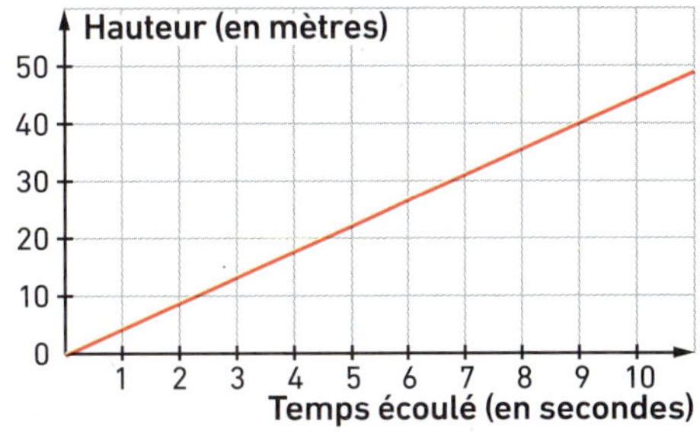

a. Quelle est la nature de la fonction g ?
b. Quelles sont les images de 0 et de 10 par cette fonction ? Interpréter ces résultats pour la situation.

2 L'ascenseur part maintenant du deuxième étage, soit à 6 m au-dessus du sol.
a. Donner une expression de la fonction f qui donne la hauteur du sol de l'ascenseur en mètres en fonction du temps écoulé x en secondes à partir du moment où celui-ci commence à monter.
b. Quelle est la nature de la fonction f ?
c. Quelles sont les images de 0 et de 10 par cette fonction ?
Interpréter ces résultats pour la situation.
d. Comment peut-on obtenir la représentation graphique de la fonction f à partir de celle de la fonction g ? En déduire la nature de la représentation de la fonction f.

Activité 4 — Comprendre la propriété de la proportionnalité des accroissements

OBJECTIF 3

1 Kelly a déjà dépensé 75 kilocalories en faisant des exercices d'échauffement. Elle commence maintenant un jogging où elle va dépenser 50 kilocalories par kilomètre parcouru.
La fonction affine f qui, au nombre de kilomètres parcourus, associe la dépense énergétique de Kelly en kilocalories est définie par $f : x \mapsto 50\,x + 75$.
a. Recopier et compléter le tableau de valeurs suivant :

Nombre x de kilomètres parcourus	0	1	2	4	6	10
Nombre $f(x)$ de kilocalories dépensées						

b. Le tableau précédent est-il un tableau de proportionnalité ? Expliquer.

2 À 10 h, Kelly est revenue à son point de départ. Elle hésite à faire quelques kilomètres supplémentaires.
a. Recopier et compléter le tableau suivant :

Nombre de kilomètres supplémentaires	1	2	3	4	5
Nombre de kilocalories supplémentaires dépensées					

b. Le tableau précédent est-il un tableau de proportionnalité ? Expliquer.

On dit que, pour une fonction affine f, il y a proportionnalité entre les accroissements des valeurs de x et les accroissements des valeurs de $f(x)$.

Cours

1 Utiliser et représenter une fonction linéaire

▸ OBJECTIF 1

DÉFINITION Une fonction **linéaire** f est une fonction qui, à un nombre x, fait correspondre le nombre $a \times x$ où a est un nombre donné.

On note : $f : x \mapsto ax$ ou $f(x) = ax$.

Exemple $f : x \mapsto 0{,}5x$ et $f(x) = 0{,}5x$ définissent une fonction linéaire *où* $a = 0{,}5$.

PROPRIÉTÉS
- La fonction linéaire $f : x \mapsto ax$ modélise une **situation de proportionnalité de coefficient a**.
- Un tableau de valeurs d'une fonction linéaire est un **tableau de proportionnalité**.

➔ Propriétés admises

Exemple $f : x \mapsto 0{,}5x$

x	-2	0	1	4
$f(x)$	-1	0	0,5	2

$\times 0{,}5$

On obtient les images $f(x)$ en multipliant les antécédents x par le coefficient 0,5.

PROPRIÉTÉ La représentation graphique d'une fonction linéaire $f : x \mapsto ax$ est une **droite passant par l'origine du repère**.

➔ Propriété admise

Exemple $f : x \mapsto 0{,}5x$

Les points de coordonnées $(-2 ; -1)$, $(0 ; 0)$, $(1 ; 0{,}5)$ et $(4 ; 2)$ sont sur la **droite représentative** de la fonction f.

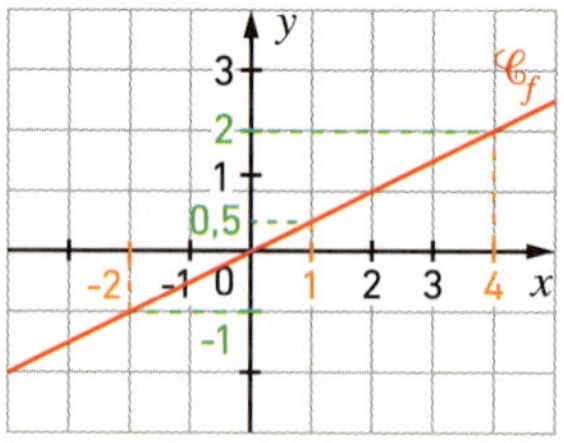

2 Utiliser et représenter une fonction affine

▸ OBJECTIF 2

DÉFINITION Une fonction **affine** est une fonction f qui, à un nombre x, fait correspondre le nombre $a \times x + b$ où a et b sont deux nombres donnés.

On note : $f : x \mapsto ax + b$ ou $f(x) = ax + b$.

Exemple $f : x \mapsto 0{,}5\,x + 1$ et $f(x) = 0{,}5\,x + 1$ définissent une fonction affine où $a = 0{,}5$ et $b = 1$.

Cas particuliers : Si $b = 0$, alors on a $f(x) = ax + 0 = ax$, f est une **fonction linéaire**.

Si $a = 0$, alors on a $f(x) = 0 \times x + b = b$, f est une **fonction constante**.

PROPRIÉTÉ Une fonction affine modélise une situation où il y a **proportionnalité entre les accroissements des antécédents et les accroissements des images.**

$x_2 - x_1$: **accroissement des antécédents**

x	x_1	x_2
$f(x)$	$f(x_1)$	$f(x_2)$

$f(x_2) - f(x_1)$: **accroissement des images**

➔ Démonstration p. 141

CARTE MENTALE
bordas.media/733819_039

Exemple $f: x \mapsto 0{,}5x + 1$

Il y a proportionnalité entre les nombres 2 ; 1 ; 3 d'une part et les nombres 1 ; 0,5 ; 1,5 d'autre part.
Le coefficient de proportionnalité est 0,5.

	+2	+1	+3	
x	−2	0	1	4
$f(x)$	0	1	1,5	3
	+1	+0,5	+1,5	

PROPRIÉTÉ La représentation graphique d'une fonction affine est une **droite**.

Démonstration p. 127

Exemple $f: x \mapsto 0{,}25x + 1$

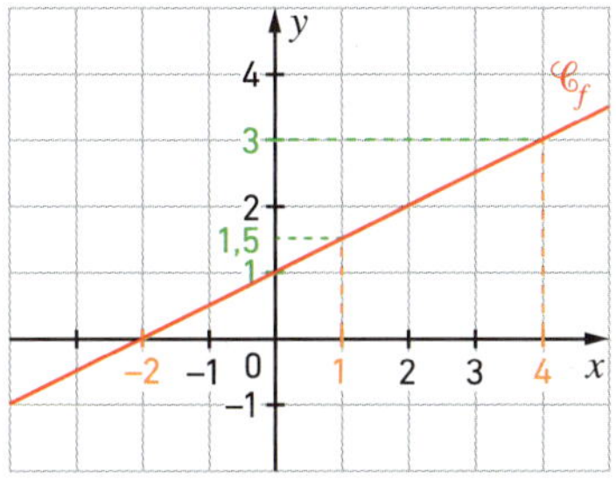

DÉFINITION La droite qui représente une fonction affine $f: x \mapsto ax + b$ a pour **coefficient directeur** le nombre a et pour **ordonnée à l'origine** le nombre b.

Exemples

$f: x \mapsto 4x - 2$

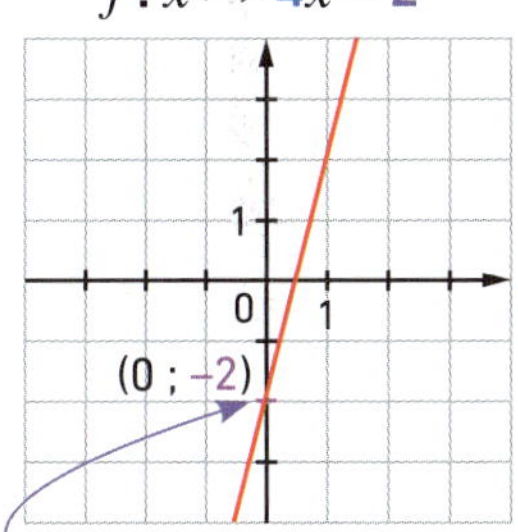

$a > 0$ ← Le coefficient directeur a donne une information sur la direction de la droite. → $a < 0$

$f: x \mapsto -2x + 3$

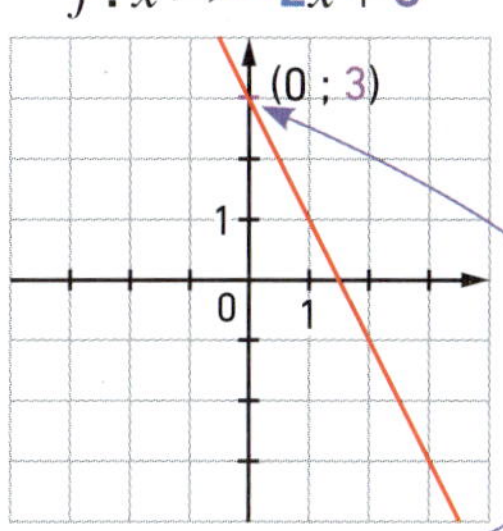

L'ordonnée à l'origine b indique que la droite coupe l'axe des ordonnées au point de coordonnées $(0 ; b)$.

Voir l'animation : bordas.media/733819_040

3 Déterminer une fonction affine

OBJECTIF 3

Déterminer une expression algébrique d'une fonction affine $f: x \mapsto ax + b$ revient à déterminer la valeur de a et la valeur de b.
Pour déterminer a, on peut utiliser la propriété suivante.

PROPRIÉTÉ Soit une fonction affine $f: x \mapsto ax + b$,
pour tous nombres x_1 et x_2 tels que $x_1 \neq x_2$, on a : $a = \dfrac{f(x_2) - f(x_1)}{x_2 - x_1}$.

Démonstration p. 141

Exemple Pour la fonction affine $f: x \mapsto ax + b$ telle que $f(1) = 3$ et $f(4) = 18$, on a :

$$a = \frac{f(4) - f(1)}{4 - 1} = \frac{18 - 3}{4 - 1} = \frac{15}{3} = 5.$$

Pour déterminer b, on résout ensuite une simple équation.

objectif 1 J'utilise et je représente

Je comprends

Voir la vidéo : bordas.media/733819_041

Représenter la fonction $f : x \mapsto 2x$ dans un repère.

Exercice résolu

ÉTAPE 1. La fonction f est une fonction linéaire car elle est de la forme $x \mapsto ax$ avec $a = 2$.
Sa représentation graphique est donc une droite passant par l'origine du repère.

ÉTAPE 2. Pour tracer une droite, deux points suffisent mais trois points permettent de vérifier les résultats.
On dresse un tableau de valeurs avec trois couples de nombres $(x\,;f(x))$:

x	−1	0	2
$f(x)$	−2	0	4

valeurs x à choisir
images $f(x)$ à calculer en utilisant la relation $f(x) = 2x$

ÉTAPE 3. À partir des données du tableau, on place les points de coordonnées (−1 ; −2), (0 ; 0) et (2 ; 4) dans un repère, puis on trace la droite passant par ces points.

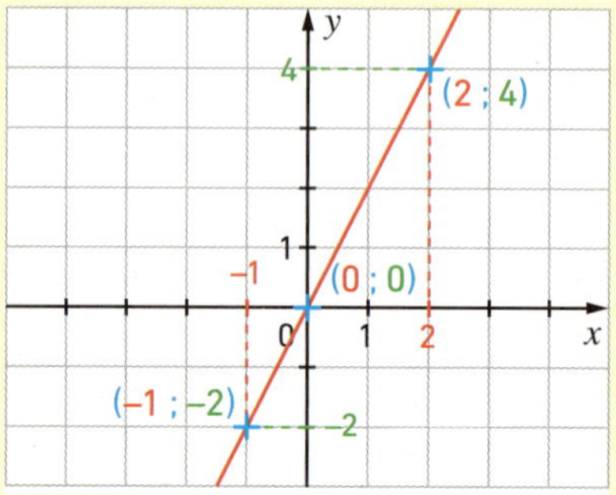

Les trois points obtenus doivent être alignés. Si ce n'est pas le cas, il faut vérifier que les points sont bien placés ou qu'il n'y a pas d'erreurs de calcul dans le tableau.

Je m'échauffe

1 QUESTIONS FLASH

1. Les tableaux suivants sont des tableaux de proportionnalité. Calculer la valeur manquante :

a.

x	1	5
y	−7	?

b.

x	?	3
y	5	−15

c.

x	6	12
y	5	?

d.

x	6	15
y	8	?

2. Parmi les tableaux suivants, lesquels ne peuvent pas être des tableaux de valeurs d'une fonction linéaire ? Justifier les réponses.

a.

x	−3	2
$f(x)$	12	−8

b.

x	0	2
$f(x)$	4	8

c.

x	−3	−4
$f(x)$	−7	−8

d.

x	2	−10
$f(x)$	1,2	−6

2 Parmi les fonctions suivantes, lesquelles sont linéaires ?
a. $x \mapsto 5$ **b.** $x \mapsto 2\,x^2$ **c.** $x \mapsto x + 1$
d. $x \mapsto -\,3\,x$ **e.** $x \mapsto 1{,}5\,x$ **f.** $x \mapsto 0$

3 **1.** Une fonction linéaire a une droite représentative de coefficient directeur − 3,5.
Donner une expression algébrique de cette fonction.
2. Même question avec $\frac{5}{6}$ comme coefficient directeur.

4 Donner les coefficients directeurs des droites représentant les fonctions linéaires suivantes :
a. $f_1 : x \mapsto 7\,x$ **b.** $f_2 : x \mapsto -\,10\,x$
c. $f_3 : x \mapsto x$ **d.** $f_4 : x \mapsto 4{,}2\,x$
e. $f_5 : x \mapsto -\,x$ **f.** $f_6 : x \mapsto \frac{x}{3}$

5 Pour chacune des droites représentées ci-contre, donner le signe de son coefficient directeur.

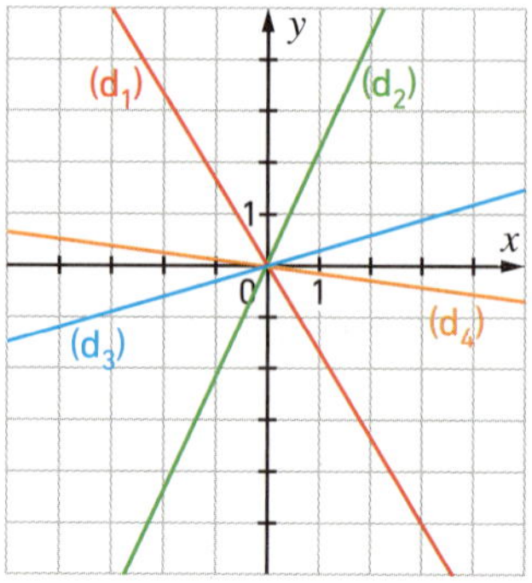

Je m'entraîne 1

6 On considère la fonction f définie par $f : x \mapsto 0{,}4x$.

1. Calculer les images de -10, de 3 et de 5 par la fonction f.

2. Déterminer les antécédents de 4, de -8 et de 40 par la fonction f.

7 On considère la fonction g telle que $g(x) = -50x$.

1. Faire un tableau de valeurs avec cinq couples de valeurs $(x\ ;\ g(x))$ différents.

2. Représenter la fonction g dans un repère.

Sur tes axes, choisis des unités adaptées aux valeurs du tableau.

8 Représenter graphiquement ces fonctions :

- $f : x \mapsto 4x$
- $g : x \mapsto -3x$
- $h : x \mapsto 1{,}5x$
- $k : x \mapsto -x$

9 Les tableaux suivants sont des tableaux de valeurs de fonctions linéaires.
Déterminer des expressions algébriques de ces fonctions.

a.

x	-5
$f(x)$	25

b.

x	-3
$f(x)$	$-0{,}3$

c.

x	2
$f(x)$	-9

d.

x	8
$f(x)$	4

10 **1.** Recopier le tableau de valeurs suivant, puis le compléter par lecture graphique :

x	-2		4	
$g(x)$		0		-150

2. En déduire une expression algébrique de la fonction g.

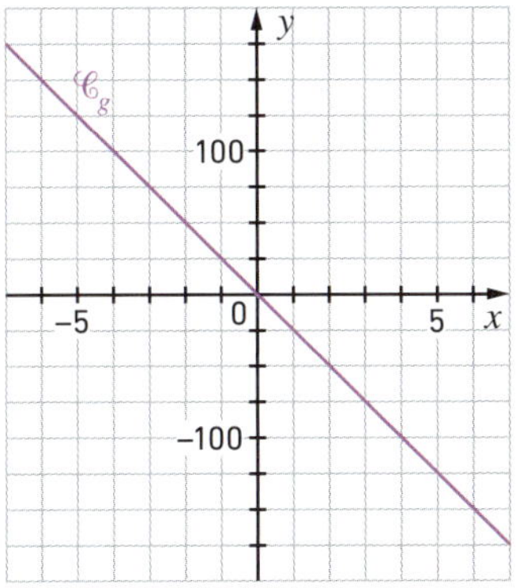

11 **1.** Déterminer graphiquement l'image de 3 par la fonction f.

2. En déduire une expression algébrique de la fonction f.

3. Quelle est l'image de 9 par la fonction f ?

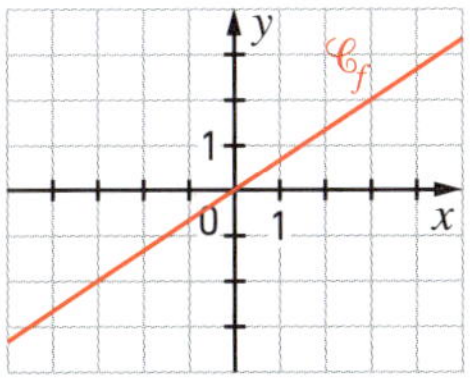

Je m'entraîne 2

12 En effectuant des lectures graphiques, déterminer des expressions algébriques des fonctions f, g, h et k représentées ci-dessous :

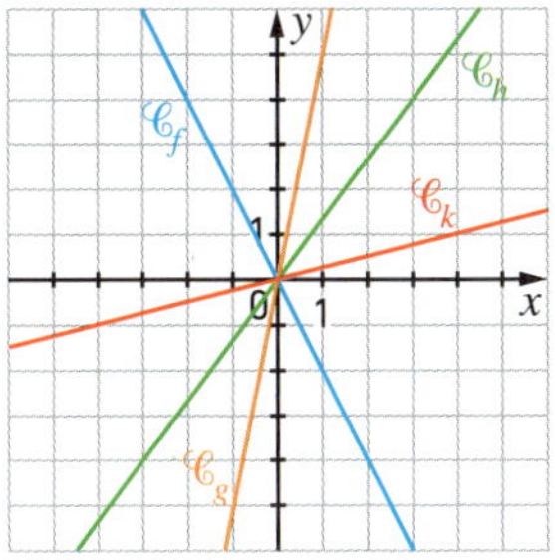

13 **Les maths autour de moi**

Gabrielle achète du riz basmati en vrac.
La fonction f qui donne le prix à payer en euros en fonction de la quantité x de riz achetée en kilogrammes est définie par $f(x) = 4{,}98x$.

1. Quelle est la signification du nombre 4,98 pour la situation ?

2. Calculer le prix de 0,5 kilogramme de riz.

14 **Les maths autour de moi**

Gaspar fait une balade à vélo. La fonction d qui donne la distance parcourue en km en fonction du temps t écoulé en min est définie par $d(t) = 0{,}25\,t$.

1. Quelle est la signification du nombre 0,25 pour la situation ?

2. Calculer le temps mis par Gaspar pour parcourir 6 km.

15 **TOP Chrono** 15 min

On considère la fonction g telle que $g(x) = -3{,}5x$.

1. Recopier et compléter ce tableau de valeurs :

x	-1	2	4		
$g(x)$				$-10{,}5$	35

2. Représenter la fonction g dans un repère.

objectif 2

Je comprends

Voir la vidéo : bordas.media/733819_042

Représenter la fonction $f : x \mapsto -3x + 2$ dans un repère.

Exercice résolu

ÉTAPE 1. La fonction f est une fonction affine car elle est de la forme $x \mapsto ax + b$ avec $a = -3$ et $b = 2$.
Sa représentation graphique est donc une droite.

ÉTAPE 2. On établit un tableau de valeurs avec trois couples de nombres $(x\,;f(x))$:

x	-1	0	2
$f(x)$	5	2	-4

valeurs x à choisir

images $f(x)$ à calculer en utilisant la relation $f(x) = -3x + 2$

ÉTAPE 3. On place les points de coordonnées $(-1\,;5)$, $(0\,;2)$ et $(2\,;-4)$ dans un repère, puis on trace la droite passant par ces points.

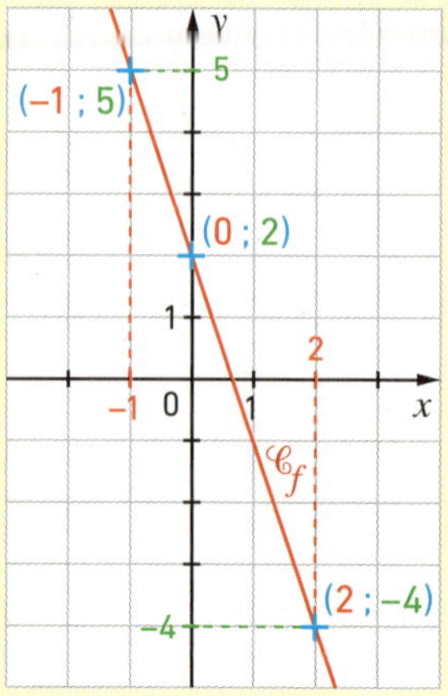

Vérifie que la droite tracée correspond à un coefficient directeur négatif et à une ordonnée à l'origine positive.

Je m'échauffe

16 QUESTIONS FLASH
Les points R(0 ; 3), S(2 ; – 2) et T(– 1 ; 5) appartiennent-ils aux droites représentatives des fonctions suivantes ?
a. $x \mapsto 4x - 3$ **b.** $x \mapsto -2x + 3$
c. $x \mapsto -4x + 1$ **d.** $x \mapsto x - 4$

17 Lesquelles de ces fonctions sont affines ?
a. $x \mapsto 2x^2 - 1$ **b.** $x \mapsto 4x + 6$
c. $x \mapsto 12$ **d.** $x \mapsto -7x$
e. $x \mapsto \dfrac{2}{x} + 3$ **f.** $x \mapsto 10 - 2x$

18 **1.** Une fonction affine a une droite représentative de coefficient directeur 5 et d'ordonnée à l'origine – 2. Donner une expression algébrique de cette fonction.
2. Même question avec comme coefficient directeur – 2 et comme ordonnée à l'origine 5.

19 Pour chacune des fonctions affines suivantes, donner le coefficient directeur et l'ordonnée à l'origine de leur représentation graphique.
a. $f_1 : x \mapsto 9x - 4$ **b.** $f_2 : x \mapsto x + 10$
c. $f_3 : x \mapsto 6x$ **d.** $f_4 : x \mapsto 6$
e. $f_5 : x \mapsto 8 - x$ **f.** $f_6 : x \mapsto \dfrac{x+1}{2}$

20 Parmi les tableaux suivants, lesquels ne peuvent pas être des tableaux de valeurs d'une fonction affine ? Justifier les réponses.

a.

x	-1	0	1	2
$f(x)$	10	7	4	1

b.

x	-1	0	1	2
$f(x)$	9	4	5	2

c.

x	-2	0	2	4
$f(x)$	-1	1	5	10

21 Pour chacune des droites représentées, donner le signe de son coefficient directeur et de son ordonnée à l'origine.

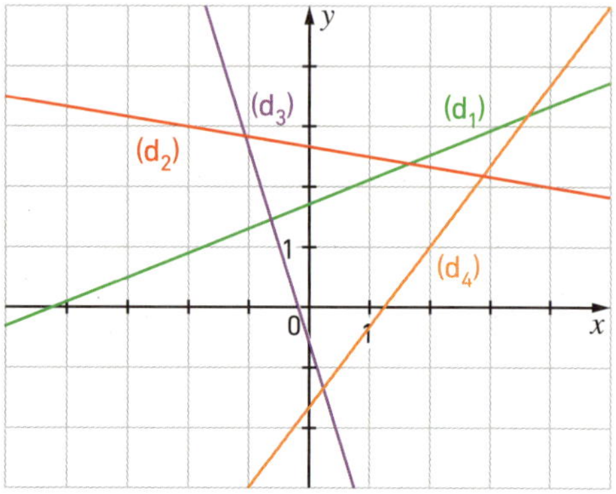

Je m'entraîne 1

22 On considère les fonctions f et g définies par :
- $f : x \mapsto 2x - 5$
- $g : x \mapsto 100 - 4x$

1. Calculer $f(1)$, $f(10)$ et $f(-6)$.

2. Calculer les images de 0 ; 12 et -5 par la fonction g.

23 On considère les fonctions h et k définies par :
- $h : x \mapsto 5x + 1$
- $k : x \mapsto -x - 3$

1. Déterminer x pour avoir $h(x) = -19$, puis pour avoir $h(x) = 7$.

2. Déterminer les antécédents de 5, puis de $-4{,}5$ par la fonction k.

24 On considère la fonction f telle que $f(x) = -5x + 7$.

1. Faire un tableau de valeurs avec cinq couples de valeurs $(x\,;f(x))$ différents.

2. Représenter la fonction f dans un repère.

25 **1.** Représenter dans un même repère les fonctions :
- $f : x \mapsto 3\,x$
- $g : x \mapsto 3\,x - 1$
- $h : x \mapsto 3\,x + 2$
- $k : x \mapsto 3\,x + 5$

2. Que remarque-t-on ?

26 **1.** Représenter dans un même repère les fonctions :
- $f : x \mapsto x - 2$
- $g : x \mapsto -x - 2$
- $h : x \mapsto -3\,x - 2$
- $k : x \mapsto 4\,x - 2$

2. Que remarque-t-on ?

27 Recopier le tableau de valeurs suivant, puis le compléter par lecture graphique.

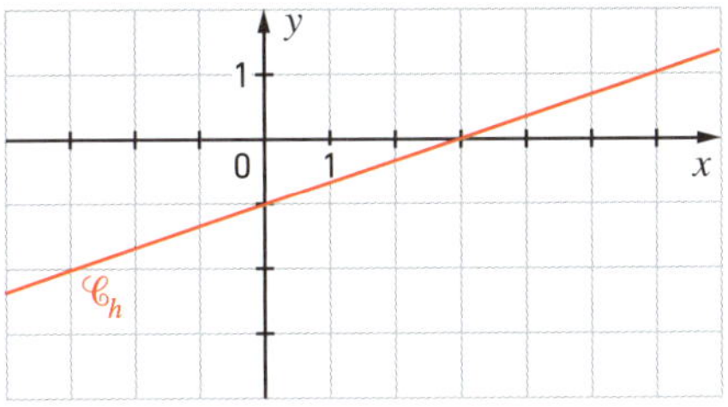

x	0	-3		
$h(x)$			0	1

28 **1.** Lire graphiquement les images de 0 et de -4 par la fonction g.

2. Lire graphiquement les antécédents de 2 et de -2 par la fonction g.

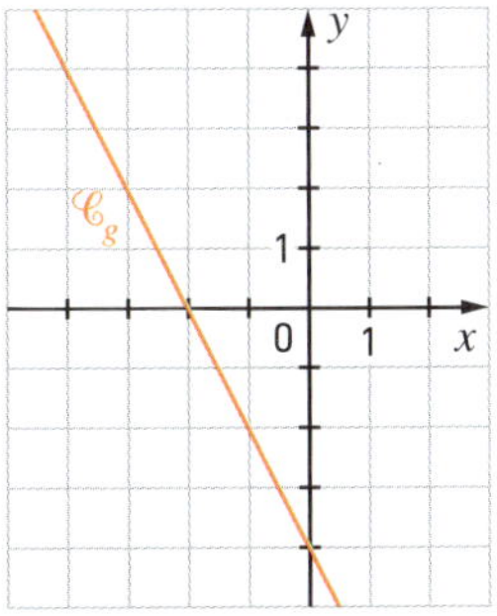

Je m'entraîne 2

29 **Les maths autour de moi**

Sur le site internet de vente entre particuliers *La bonne place*, un VTT d'occasion a été mis en vente.
La fonction g qui donne le prix de vente du VTT en euros en fonction du nombre x de jours de parution de l'annonce est définie par $g : x \mapsto -5x + 850$.

1. Quelle est l'image de 0 par la fonction g ? Donner une interprétation de ce nombre.

2. Calculer les images de 1 ; 2 et 3.
En déduire une interprétation du nombre -5 pour la situation.

3. Est-il possible d'acheter ce VTT pour 500 € ? Expliquer.

30 **Les maths autour de moi**

Léo a besoin de louer une camionnette pour déménager.
La fonction f qui donne le prix total de la location en euros en fonction du nombre x de kilomètres parcourus est définie par $f : x \mapsto 0{,}25x + 49$.

1. Que représentent les nombres 0,25 et 49 pour la situation ?

2. Léo pense qu'il va faire entre 60 et 70 km. Donner une estimation du prix qu'il va payer.

3. Léo paye finalement 65,50 €.
Combien de kilomètres a-t-il parcourus avec la camionnette ?

31 **TOP Chrono** 15 min

On considère la fonction f telle que $f(x) = 1{,}5x - 2$.

1. Recopier et compléter le tableau de valeurs suivant :

x	0	-1	2		
$f(x)$				2,5	-8

2. Représenter la fonction f dans un repère.

objectif 3

Je comprends

Voir la vidéo : bordas.media/733819_043

Déterminer une expression algébrique de la fonction affine f vérifiant $f(1) = -2$ et $f(4) = 7$.

Exercice résolu

ÉTAPE 1. La fonction f est une fonction affine donc elle est de la forme $x \mapsto ax + b$.
On cherche à déterminer a et b.

ÉTAPE 2. On calcule d'abord la valeur de a.
Celle-ci est égale au rapport de l'accroissement des valeurs de $f(x)$ par l'accroissement des valeurs de x.

4 − 1 : accroissement des x

x	1	4
$f(x)$	−2	7

7 − (−2) : accroissement des $f(x)$

$a = \frac{7-(-2)}{4-1} = \frac{9}{3} = 3$. On a donc $f(x) = 3x + b$.

ÉTAPE 3. On calcule ensuite la valeur de b.
Comme $f(1) = -2$, on a $3 \times 1 + b = -2$
et donc $3 + b = -2$
$3 + b - 3 = -2 - 3$
$b = -5$.

ÉTAPE 4. On conclut.
La fonction f est définie par $f : x \mapsto 3x - 5$.

On a utilisé la donnée $f(1) = -2$ pour calculer b.
On peut maintenant vérifier que $f(4) = 7$ pour être sûr que l'expression trouvée est correcte.
$f(4) = 3 \times 4 - 5 = 12 - 5 = 7$.

Je m'échauffe

32 QUESTIONS FLASH

Dans chaque cas, calculer mentalement l'accroissement entre la valeur initiale et la valeur finale :

	Valeur initiale	Valeur finale
a.	−25	60
b.	100	80
c.	−50	−35
d.	15	−75

33 Dans chaque cas, déterminer une expression de la fonction dont la représentation passe par les points A et B :

a. A(0 ; 0) et B(1 ; 1)
b. A(0 ; 3) et B(4 ; 3)
c. A(−5 ; −3) et B(3 ; −3)
d. A(0 ; 0) et B(8 ; 0)
e. A(0 ; 0) et B(2 ; 6)
f. A(0 ; 1) et B(1 ; 2)

34 QCM La droite représentant la fonction g passe par les points E(2 ; 3) et F(− 1 ; − 12).
La fonction g est définie par l'une des expressions suivantes. Laquelle ? Justifier.

ⓐ $g_1 : x \mapsto x + 1$
ⓑ $g_2 : x \mapsto 2x - 10$
ⓒ $g_3 : x \mapsto 5x - 7$
ⓓ $g_4 : x \mapsto -3x + 9$

35 Dans chaque cas, on connaît les coordonnées de deux points de la droite.
Dire si le coefficient directeur de la droite est positif ou négatif. Expliquer les réponses.

Droite 1

x	1,3	4,1
y	5,9	1,6

Droite 2

x	17	−16
y	15	21

Droite 3

x	−51	−12
y	−13	18

Droite 4

x	−6	−15
y	41	32

36 On donne des tableaux de valeurs de trois fonctions affines :

x	−1	0	1	2
$f(x)$	−8	−5	−2	1

x	−2	0	2	4
$g(x)$	7	3	−1	−5

x	1	2	3	4
$h(x)$	2	7	12	17

Déterminer le coefficient directeur et l'ordonnée à l'origine des droites les représentant.

Je m'entraîne 1

37 f est une fonction affine de la forme $x \mapsto ax + b$ ayant pour tableau de valeurs :

x	2	5
$f(x)$	25	55

1. Calculer a.
2. Calculer b.
3. En déduire une expression algébrique de la fonction f.

38 La fonction g est une fonction affine dont la droite représentative (d) passe par les points J(– 5 ; 23) et K(– 1 ; 11).

1. Calculer le coefficient directeur de la droite (d).
2. Calculer l'ordonnée à l'origine de la droite (d).
3. En déduire une expression algébrique de la fonction g.

39 Déterminer des expressions algébriques de :
a. la fonction f telle que $f(7) = 45$ et $f(-3) = -25$;
b. la fonction g telle que $g(8) = 21$ et $g(10) = 26$;
c. la fonction h telle que $h(-10) = -82{,}5$ et $h(4) = 33$;
d. la fonction k telle que $k(3) = 1{,}5$ et $k(9) = 3{,}5$.

40 On a représenté ci-contre une fonction f dans un repère.

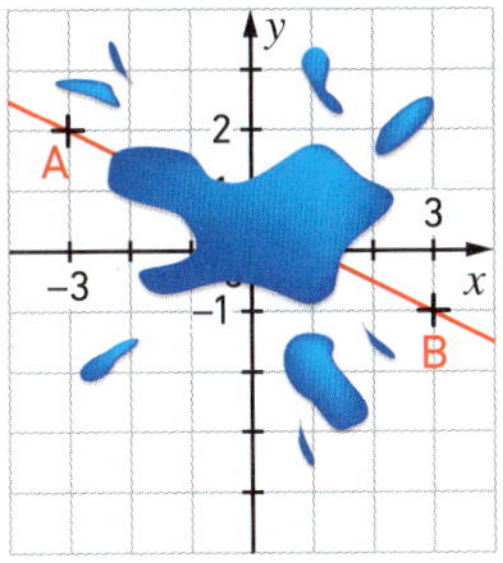

1. Lire graphiquement les coordonnées de A et de B.
2. En déduire une expression algébrique de la fonction f.

41 Dans le repère ci-contre, les droites (d_1), (d_2), (d_3) et (d_4) représentent les fonctions f_1, f_2, f_3 et f_4. Pour chacune des droites, en faisant les lectures graphiques nécessaires, déterminer :

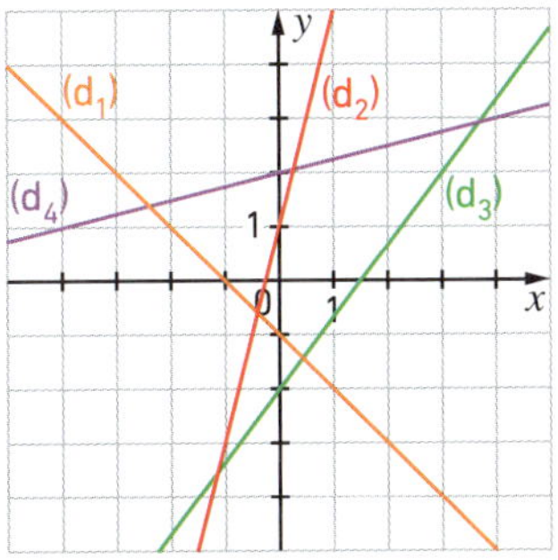

a. le coefficient directeur ;
b. l'ordonnée à l'origine ;
c. une expression de la fonction représentée.

Je m'entraîne 2

42 **Les maths autour de moi**

Un mobile se déplace à la vitesse constante de 5 m/s.
On note f la fonction qui, au temps x écoulé exprimé en secondes, associe la distance parcourue par le mobile en mètres.

1. Après 1 s, quelle est la distance parcourue en m ? En déduire l'image de 1 par la fonction f.
2. Après 4 s, quelle est la distance parcourue en m ? En déduire l'image de 4 par la fonction f.
3. Déterminer une expression de la fonction f.

43 **Les maths autour de moi**

Au bowling « Roule ma boule », chaque joueur peut louer du matériel pour un prix fixe et paye chaque partie jouée.
Pour trois parties avec location du matériel, Anna a payé 15,50 €. Pour cinq parties avec location du matériel, Lily a payé 24,50 €.
On note g la fonction qui donne le prix x à payer en euros en fonction du nombre de parties jouées.

1. Recopier et compléter les égalités :
$g(3) = \dots$ et $g(5) = \dots$
2. Déterminer une expression algébrique de la fonction g.
3. Quel est le prix de la location de matériel ? et celui d'une partie ?
4. Combien auraient-elles payé si elles étaient venues avec leur propre matériel ?

44 **TOP Chrono** 10 min

La fonction g est une fonction affine de la forme $g : x \mapsto ax + b$ telle que $g(-1) = 8$ et $g(2) = -7$.

1. Calculer a.
2. Calculer b.
3. En déduire une expression algébrique de la fonction g.

je travaille seul(e) ou en Accompagnement personnalisé

Je fais le point sur mon cours

QCM de révision
Retrouve un autre QCM interactif : bordas.media/733819_044

45 La fonction g définie par $g(x) = -2{,}5x$ a pour tableau de valeurs :

A

x	0	1
$g(x)$	$-2{,}5$	$-1{,}5$

B

x	$-2{,}5$	-5
$g(x)$	1	2

C

x	-2	4
$g(x)$	5	-10

46 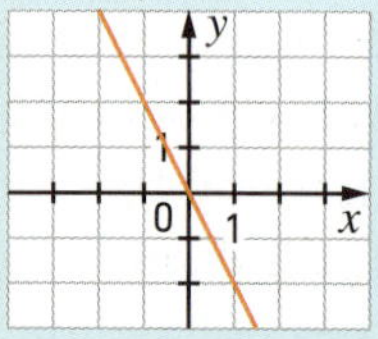

Cette droite est la représentation graphique de la fonction :

- **A** $f : x \mapsto -2x$
- **B** $f : x \mapsto \frac{1}{2}x$
- **C** $f : x \mapsto -\frac{1}{2}x$

47 $f : x \mapsto 5 - x$ est une fonction affine de la forme $f : x \mapsto ax + b$ avec :

- **A** $a = 5$; $b = 0$
- **B** $a = 5$; $b = -1$
- **C** $a = -1$; $b = 5$

48 La droite représentative de la fonction affine définie par $x \mapsto 3\,x + 2$ est :

- **A** 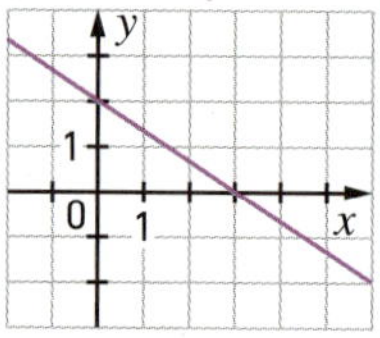
- **B** 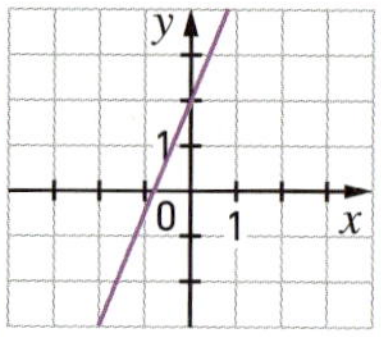
- **C** 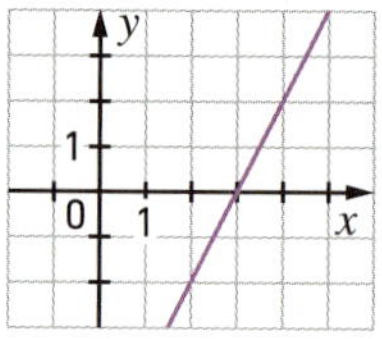

49 La fonction affine f telle que $f(-2) = -15$ et $f(1) = -3$ est définie par :

- **A** $f : x \mapsto 2x - 5$
- **B** $f : x \mapsto 4x - 7$
- **C** $f : x \mapsto 5x - 5$

Je fais le point sur mes objectifs

OBJECTIF 1

J'utilise et je représente une fonction linéaire

50 Associer chacune des droites tracées à l'une de fonctions suivantes :

- $f : x \mapsto 1{,}3x$
- $g : x \mapsto -2{,}1x$
- $h : x \mapsto -0{,}47x$
- $k : x \mapsto 3{,}2x$

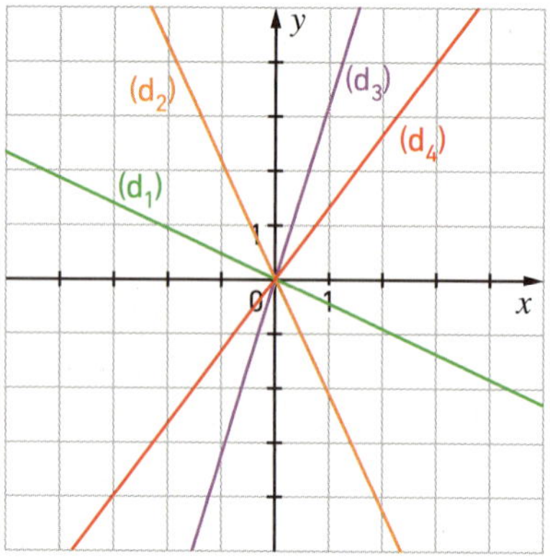

51 Représenter graphiquement les fonctions suivantes :

- $f : x \mapsto 3x$
- $g : x \mapsto -2x$
- $h : x \mapsto 0{,}25x$
- $k : x \mapsto -5x$

52 On considère les fonctions f et g telles que :

- $f(x) = -2{,}5x$
- $g(x) = \frac{2}{3}x$

1. Calculer les images :
a. de -4 ; -2 ; 0 ; 2 et 4 par la fonction f ;
b. de -6 ; -3 ; 0 ; 3 et 6 par la fonction g.

2. Représenter ces deux fonctions.

53 En utilisant les informations suivantes, déterminer des expressions algébriques des fonctions linéaires f, g, h et k.

x	-2
$f(x)$	9

L'image de -6 par la fonction g est -42.

La droite représentative de la fonction linéaire k passe par le point (20 ; 5).

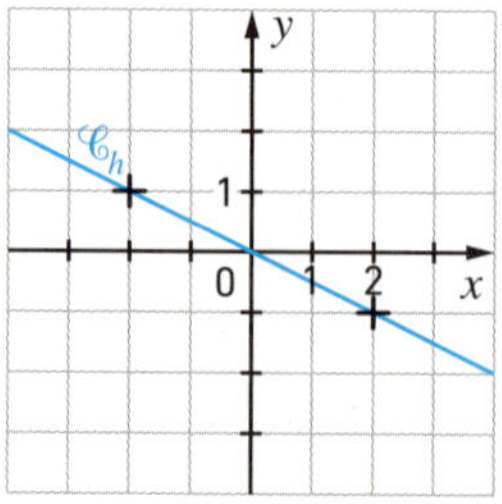

OBJECTIF 2

J'utilise et je représente une fonction affine

54 On considère la fonction f telle que $f(x) = 2x - 3$ dont la représentation graphique est la droite (D).

1. Que valent le coefficient directeur et l'ordonnée à l'origine de la droite (D) ?

2. Calculer l'image de 1 par la fonction f.

3. Déterminer l'antécédent de 5 par la fonction f.

4. Représenter la fonction f dans un repère.

55 On considère les fonctions f et g telles que :

- $f(x) = \frac{1}{3}x + 4$
- $g(x) = 7 - 2x$

Recopier et compléter les tableaux de valeurs suivants :

x		−6	−3	0	3	
$f(x)$	0					9

x		−1	0	2	4	
$g(x)$	17					−11

56 Représenter graphiquement les fonctions suivantes :

- $f : x \mapsto 5x - 1$
- $g : x \mapsto -3x + 3$
- $h : x \mapsto -1{,}5x + 3$
- $k : x \mapsto 5 - 2x$

57 Associer chacune des droites tracées à l'une des fonctions suivantes :

- $f : x \mapsto -1{,}74x + 5$
- $g : x \mapsto x - 1{,}2$
- $h : x \mapsto -0{,}3x - 0{,}5$
- $k : x \mapsto 3{,}4x + 2{,}3$

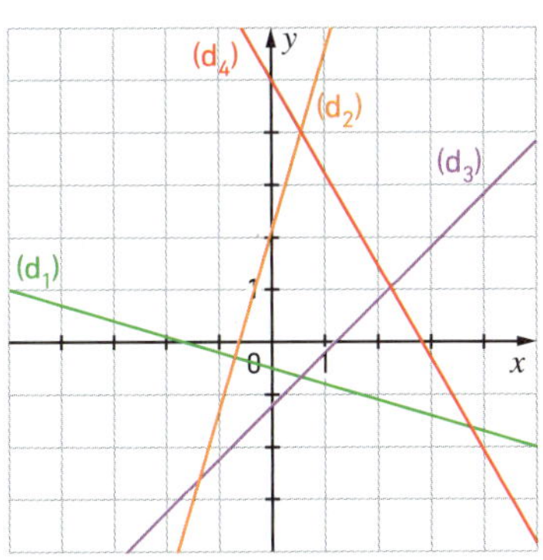

58 On considère un triangle dont les côtés mesurent 5 cm, 4 cm et x cm. La hauteur relative au côté de longueur x cm mesure 6 cm.

1. Donner une expression algébrique d'une fonction donnant, en cm, le périmètre du triangle en fonction de x.
Cette fonction est-elle affine ? Est-elle linéaire ?

2. Donner une expression algébrique d'une fonction donnant, en cm², l'aire du triangle en fonction de x.
Cette fonction est-elle affine ? Est-elle linéaire ?

OBJECTIF 3

Je détermine une fonction affine

59 La droite (d) est la droite représentative de la fonction f. Elle passe par les points E(−1 ; −6) et F(3 ; 10).

1. D'après les informations ci-dessus, donner deux nombres et leurs images par la fonction f.

2. Calculer le coefficient directeur de (d).

3. Calculer l'ordonnée à l'origine de (d).

4. En déduire une expression algébrique de la fonction f.

60 Déterminer des expressions algébriques des fonctions affines suivantes :

x	1	6
$f(x)$	−5	−15

L'image de −5 par la fonction g est −2 ; celle de 3 est 2.

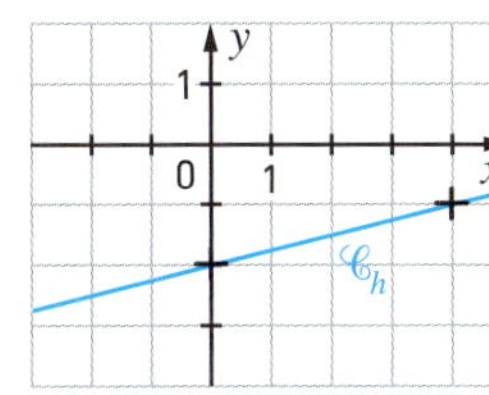

La droite représentative de la fonction k passe par les points (2 ; − 1) et (− 1 ; 14).

61 En effectuant les lectures graphiques nécessaires, déterminer des expressions algébriques des fonctions représentées ci-contre.

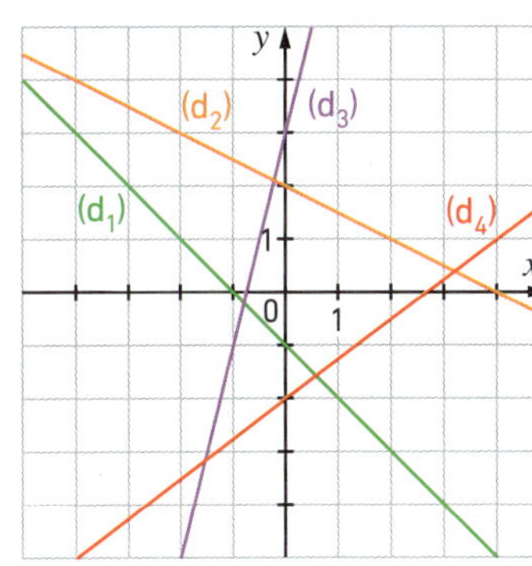

62 **1.** Une droite (d) passe par le point M(−6 ; −5) et a un coefficient directeur de 8.
Sans construire la droite, donner les coordonnées de trois autres points de cette droite.

2. La droite (d) est la représentation d'une fonction f.
Déterminer une expression de cette fonction, puis vérifier que les points dont les coordonnées ont été données à la question **1** sont bien sur la droite (d).

Pour que la vérification de la question **2** soit valide, il faut faire des calculs en utilisant l'expression de la fonction f. Tu ne peux pas vérifier sur une représentation graphique.

Je résous des problèmes

OBJECTIF 1

J'utilise et je représente une fonction linéaire

63 La feuille de salade

Paulo l'escargot est le plus lent de tous les escargots du monde. Il avance à la vitesse de 12 cm par minute.

1. Soit f la fonction qui exprime la distance parcourue par Paulo en centimètres en fonction du temps en minutes x.

Donner une expression algébrique de la fonction f.

2. Ce matin, Paulo a repéré une feuille de salade qui se trouve à 4 m de lui. Combien de temps lui faudra-t-il pour la rejoindre ?

Donner le résultat en minutes et secondes.

64 Des prix intéressants

Un magasin d'articles de sport propose une réduction de 25 % sur tout le magasin.

1. Soit g la fonction qui, au prix initial en euros, associe le prix après réduction en euros. Donner une expression algébrique de la fonction g.

2. Quel est le prix réduit d'une raquette de tennis ayant un prix avant réduction de 79 € ?

3. Quel était le prix avant réduction d'une paire de roller soldée à 89,25 € ?

65 Physique-chimie Changement d'état

Lorsqu'on fait geler de l'eau, le volume de glace obtenu est proportionnel au volume d'eau utilisé. En faisant geler 1,5 L d'eau, on obtient 1,62 L de glace.

1. Montrer qu'en faisant geler 1 L d'eau, on obtient 1,08 L de glace.

2. Quel graphique représente le volume de glace obtenu (en L) en fonction du volume d'eau contenu dans la bouteille de départ (en L) ? Justifier.

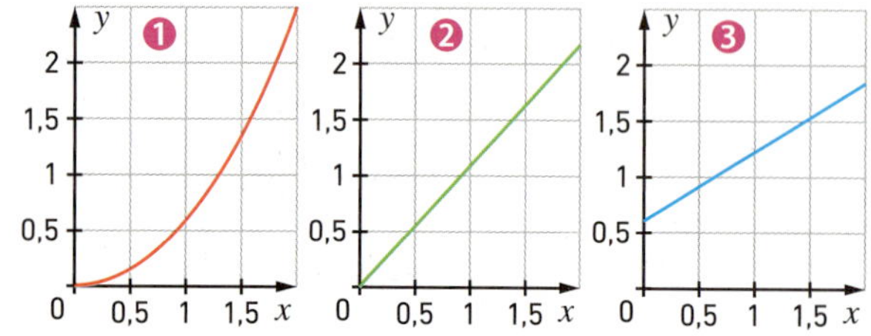

OBJECTIF 2

J'utilise et je représente une fonction affine

66 Les habitués du footing

Quatre sportifs courent à des vitesses constantes dans le même parc.

Les fonctions suivantes donnent les distances parcourues par chacun d'eux (en km) en fonction du temps écoulé après 9 h du matin (en h) :

- Sarah : $x \mapsto 12\,x + 3$
- Elvira : $x \mapsto 6{,}5\,x$
- Rachid : $x \mapsto 7{,}5\,x + 5$
- Joe : $x \mapsto 11{,}5\,x + 2{,}5$

1. Calculer les images de 0 et de 1 par chaque fonction.

2. Ranger dans l'ordre croissant les vitesses de course des quatre joggeurs.

67 L'écologie autour de moi

Une facture de gaz est composée du prix de l'abonnement annuel et du prix correspondant au nombre de kilowattheures (kWh) consommés.

Voici les tarifs de deux fournisseurs de gaz :

	Prix du kWh	Abonnement annuel
Tarif A	0,0609 €	202,43 €
Tarif B	0,0574 €	258,39 €

On modélise le prix payé avec les tarifs A et B en fonction du nombre x de kWh consommés sur l'année, respectivement par les fonctions f et g :

- $f(x) = 0{,}0609\,x + 202{,}43$
- $g(x) = 0{,}0574\,x + 258{,}39$.

1. En 2016, la famille de Romane a consommé 17 500 kWh et le montant annuel de la facture de gaz correspondant était de 1 268,18 €.
Quel est le tarif souscrit par cette famille ?

2. En 2017, leur consommation en kWh a diminué de 20 % par rapport à celle de 2016 grâce à des gestes simples (baisser le chauffage de quelques degrés, mettre un couvercle sur la casserole d'eau pour la porter à ébullition, réduire le temps sous l'eau dans la douche, etc.).

a. Quel est le nombre de kWh consommés en 2017 ?

b. Quel est le montant des économies réalisées par la famille de Romane entre 2016 et 2017 ?

c. Ont-ils intérêt à changer de fournisseur de gaz ?

OBJECTIF 3

Je détermine une fonction affine

68 En voiture avec Joe

Joe le taxi a déjà fait deux courses ce matin : une course de 20 km pour 59 € et une autre course de 45 km pour 114 €. Le prix de chaque course est composé d'un montant fixe que l'on appelle la prise en charge et d'un prix au kilomètre.
On note f la fonction qui, à une distance parcourue en kilomètres, associe le prix de la course en euros.

1. Grâce aux informations de l'énoncé, donner deux nombres et leurs images par la fonction f.
2. Déterminer une expression de la fonction f.
3. Quel est le montant de la prise en charge ? Et le prix par kilomètre parcouru ?
4. Un nouveau client demande à Joe le prix pour un trajet de 57 km.
Quel est le prix de cette course ?

69 Ça souffle !

On a représenté ci-dessous la fonction g qui, à une température réelle en °C, associe la température ressentie en °C lorsque le vent souffle à 30 km/h.

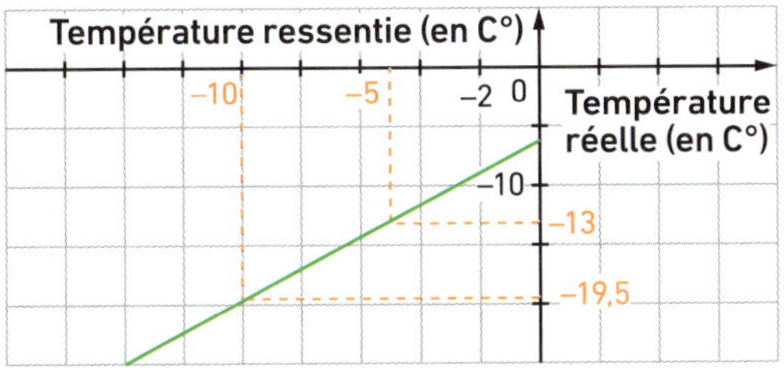

1. Par lecture graphique, déterminer :
a. la température ressentie pour une température réelle de -10 °C ;
b. la température réelle pour une température ressentie de -13 °C.
2. Déterminer une expression de la fonction g.
3. Calculer la température ressentie pour une température réelle de -18 °C.

MULTI OBJECTIFS

70 La valeur manquante pix 3.4

Le script suivant traduit un programme de calcul, mais il manque une valeur dans l'avant-dernière ligne du script.

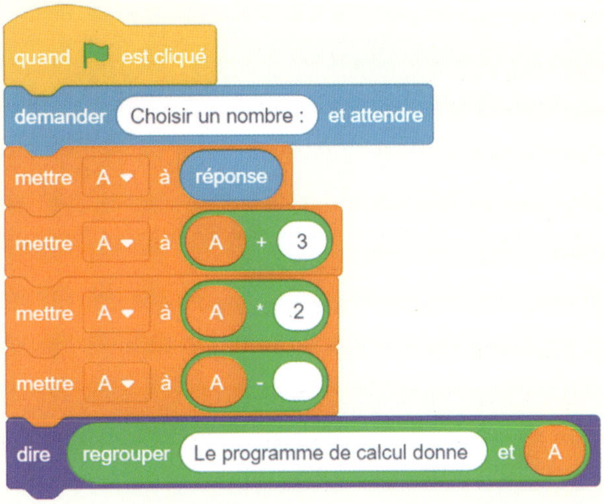

1. Quelle doit être la valeur manquante pour que le programme de calcul puisse être modélisé par une fonction linéaire f ?
Donner une expression de la fonction f.
2. Quelle doit être la valeur manquante pour que le programme de calcul puisse être modélisé par une fonction affine g telle que $g(6) = 5$?
Donner une expression de la fonction g.

71 Cinéphile

Dans un cinéma, les places sont vendues suivant deux options : soit au tarif plein, soit au tarif réduit pour les abonnés qui ont acheté une carte annuelle.
On note x le nombre de places achetées en un an.
Les prix payés par an en euros avec chacune des options sont modélisés respectivement par les fonctions f et g :

$$f(x) = 10{,}50x \quad \text{et} \quad g(x) = 6{,}50x + 70$$

1. Quel est le prix de la place au tarif plein ? Et au tarif réduit ? Et quel est le montant de la carte d'abonnement ?
2. **a.** Calculer le prix payé pour 10 places avec chacune des options.
b. Même question pour 20 places.
3. Dans un même repère, représenter graphiquement les deux fonctions en prenant :
– en abscisse : 1 cm ou 1 carreau pour 1 séance ;
– en ordonnée : 1 cm ou 1 carreau pour 5 euros.
4. Déterminer graphiquement le nombre de séances à partir duquel il est intéressant d'acheter la carte d'abonnement annuelle.

je développe mes compétences

RAISONNER | REPRÉSENTER | COMMUNIQUER | CALCULER | CHERCHER | MODÉLISER

J'apprends à MODÉLISER

J'OBSERVE

72 La distance en avion entre Paris et Saint-Denis (La Réunion) est d'environ 9 400 km.
On considère qu'un avion a une vitesse constante de 800 km/h sur ce trajet.
On note x le temps écoulé en heures depuis le départ de l'avion de Paris.
Exprimer la distance restant à parcourir pour arriver à Saint-Denis en fonction de x.

EXERCICE RÉSOLU

La distance restant à parcourir varie en fonction du temps écoulé x. Pour l'obtenir, on soustrait la distance parcourue en km ($800x$) à la distance totale.
La distance restant à parcourir est égale à $9\,400 - 800x$.
Si on note f la fonction qui, au temps écoulé en h, associe la distance restant à parcourir en km, on a :

$$f : x \mapsto 9\,400 - 800x.$$

JE ME LANCE

73 Lisa vient de parcourir 45 kilomètres de chez elle à l'entrée de l'autoroute. Elle va maintenant rouler à une vitesse constante de 130 km/h.
On note x le temps passé par Lisa sur l'autoroute en h.
Exprimer la distance totale parcourue en km en fonction de x.

74 Le réservoir de 60 L de la voiture de Sasha est plein.
La consommation en essence moyenne de sa voiture est de 7 L pour 100 km.
On note x le nombre de kilomètres parcourus par Sasha.
Exprimer la quantité d'essence restant dans le réservoir en fonction de x.

J'apprends à CALCULER

J'OBSERVE

75 Sam et Thomas habitent dans la même rue. Au même moment, ils partent de chez eux et se dirigent l'un vers l'autre.
On modélise leur distance en m par rapport à la maison de Sam en fonction du temps x écoulé en s depuis leur départ respectivement par :

$$f(x) = 2x \quad \text{et} \quad g(x) = 450 - x$$

Combien de temps après leur départ vont-ils se rencontrer ? À quelle distance de la maison de Sam seront-ils ?

EXERCICE RÉSOLU

- Ils se rencontrent quand ils sont à la même distance de la maison de Sam, soit lorsque $f(x) = g(x)$.
On cherche donc la valeur de x telle que $2x = 450 - x$.
On résout cette équation : $3x = 450$
$x = 150$
Sam et Thomas vont se rencontrer 150 s (soit 2 min 30 s) après leur départ.
- Pour trouver la distance, on calcule l'image de 150 par la fonction f ou g : $f(150) = 2 \times 150 = 300$.
Ils seront à 300 m de la maison de Sam.

JE ME LANCE

76 Jeff et Elodie ont décidé de partir en vacances lorsqu'ils auront la même somme d'argent.
On modélise le montant de leurs économies en euros en fonction du temps écoulé en mois depuis leur décision respectivement par :
$f(x) = 860 - 85x$ et $g(x) = 55x + 300$.
Combien de mois vont-ils attendre pour partir en vacances ?
Quelle sera la somme dont chacun disposera ?

77 La fonction $f : x \mapsto 10x$ donne l'aire en cm^2 d'un rectangle de dimensions x cm et 10 cm.
La fonction $g : x \mapsto 4(x + 3)$ donne l'aire en cm^2 d'un rectangle de dimensions 4 cm et $(x + 3)$ cm.
Pour quelle valeur de x les deux rectangles ont la même aire ? Quelle est alors l'aire de ces rectangles ?

78 Conversions

MODÉLISER • REPRÉSENTER • COMMUNIQUER D1, D3 et D4

Voici des graphes permettant de convertir des longueurs dans différentes unités :

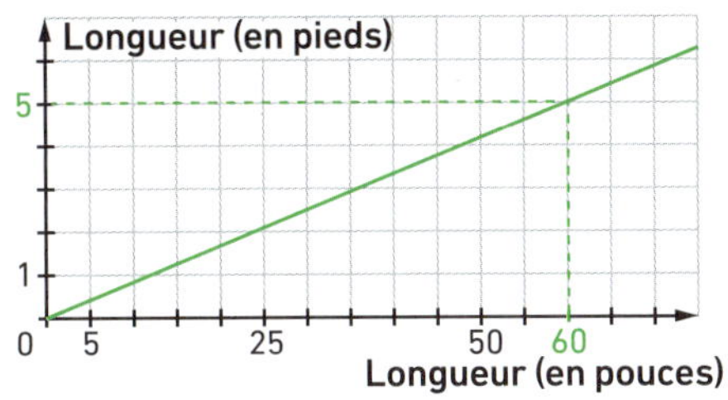

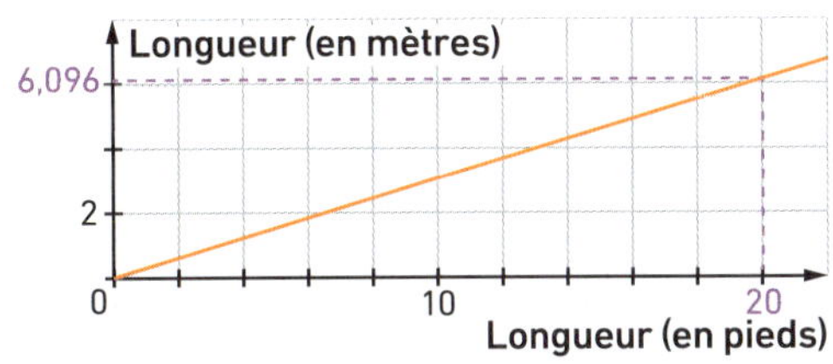

Réaliser le graphe donnant la correspondance entre les pouces et les mètres.

79 Une démonstration

RAISONNER • CALCULER D1, D3 et D4

On veut démontrer une propriété des fonctions affines : la proportionnalité entre les accroissements des antécédents et les accroissements des images.

Pour cela, on considère une fonction affine f de la forme $f(x) = ax + b$.

Démontrer que, pour tous nombres x_1 et x_2, tels que $x_1 \neq x_2$, on a l'égalité :

$$a = \frac{f(x_2) - f(x_1)}{x_2 - x_1}$$

Commence par écrire $f(x_2) - f(x_1)$ en fonction de x_1 et x_2.

80 Musique

CHERCHER • MODÉLISER • CALCULER D1, D3 et D4

Un site propose de télécharger des chansons.

Après avoir payé un abonnement forfaitaire annuel, l'internaute peut télécharger les chansons qu'il souhaite à un prix intéressant.

Florie a téléchargé cette année 142 chansons et a payé (abonnement compris) 98,20 €.

Sur le même site, Elia a téléchargé cette année 123 chansons et a payé (abonnement compris) 86,80 €.

Combien paiera Mathys qui a téléchargé 267 chansons ?

81 Anglais The meatloaf recipe

CHERCHER • MODÉLISER • RAISONNER D1, D3 et D4

Suzette has a cookbook she bought in the United States. Cooking temperatures are indicated in degrees Fahrenheit.

To make this recipe with her French oven, she needs to convert temperatures from degrees Fahrenheit (°F) to degrees Celsius (°C). She knows that 410°F is equivalent to 210°C and that every time the temperature rises by 90°F, the temperature rises by 50°C.

What temperature does she need to preheat her oven at to cook the meatloaf?

Meatloaf 8 people

Preparation : 10 mins
Cooking times : 55 mins
Temperature : 350°F

82 Je fais ma story

pix 3.2

Trois peintres en bâtiment sont concurrents dans un village de Nouvelle-Calédonie. Voici leurs tarifs en fonction de l'aire des murs à peindre en m^2 :

- **Peintre A** : 1 500 francs pacifique par m^2.
- **Peintre B** : 1 000 francs pacifique par m^2 et 10 000 francs pacifique d'installation du chantier.
- **Peintre C** : 70 000 francs pacifique quelle que soit l'aire inférieure à 100 m^2.

Dans une présentation orale ou une vidéo, expliquer quel est le peintre le moins cher en fonction de l'aire de la surface à peindre.

Illustrer et justifier les réponses.

Le franc pacifique (symbole CFP) est la monnaie utilisée dans les collectivités françaises de l'océan Pacifique : Nouvelle-Calédonie, Polynésie française et Wallis-et-Futuna.

83 On a utilisé une feuille de calcul pour obtenir les images de différentes valeurs de x par une fonction affine f.

Voici une copie de l'écran obtenu :

B2 | f_x | =3*B1-4

	A	B	C	D	E	F	G	H
1	x	-2	-1	0	1	2	3	4
2	f(x)	-10	-7	-4	-1	2	5	8

a. Quelle est l'image de -1 par la fonction f ?
b. Quel est l'antécédent de 5 par la fonction f ?
c. Donner l'expression de $f(x)$.
d. Calculer $f(10)$.

Polynésie 2019

84 Les activités humaines produisent du dioxyde de carbone (CO_2) qui contribuent au réchauffement climatique. Le graphique suivant représente l'évolution de la concentration atmosphérique moyenne en CO_2 (en ppm) en fonction du temps (en années).

Concentration du CO_2 atmosphérique

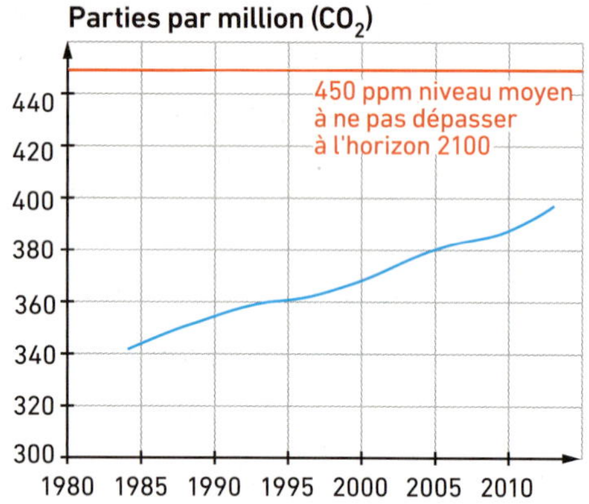

1 ppm de CO_2 = 1 partie par million de CO_2 = 1 milligramme de CO_2 par kilogramme d'air

1. Déterminer graphiquement la concentration de CO_2 en ppm en 1995, puis en 2005.

2. On veut modéliser l'évolution de la concentration de CO_2 en fonction du temps à l'aide d'une fonction g où $g(x)$ est la concentration de CO_2 en ppm en fonction de l'année x.

a. Expliquer pourquoi une fonction affine semble appropriée pour modéliser la concentration en CO_2 en fonction du temps entre 1995 et 2005.

b. Arnold et Billy proposent chacun une expression pour la fonction g :
– Arnold propose l'expression $g(x) = 2x - 3\,630$;
– Billy propose l'expression $g(x) = 2x - 2\,000$.
Quelle expression modélise le mieux l'évolution de la concentration de CO_2 ? Justifier.

c. En utilisant la fonction que vous avez choisie à la question précédente, indiquer l'année pour laquelle la valeur de 450 ppm est atteinte.

3. En France, les forêts, grâce à la photosynthèse, captent environ 70 mégatonnes de CO_2 par an, ce qui représente 15 % des émissions nationales de carbone (année 2016).
Calculer une valeur approchée à une mégatonne près de la masse M du CO_2 émis en France en 2016.

Métropole La Réunion Antilles-Guyane 2019

85 On considère les fonctions f et g suivantes :
$f : t \mapsto 4t + 3$ et $g : t \mapsto 6t$.
Leurs représentations graphiques (d_1) et (d_2) sont tracées ci-dessous.

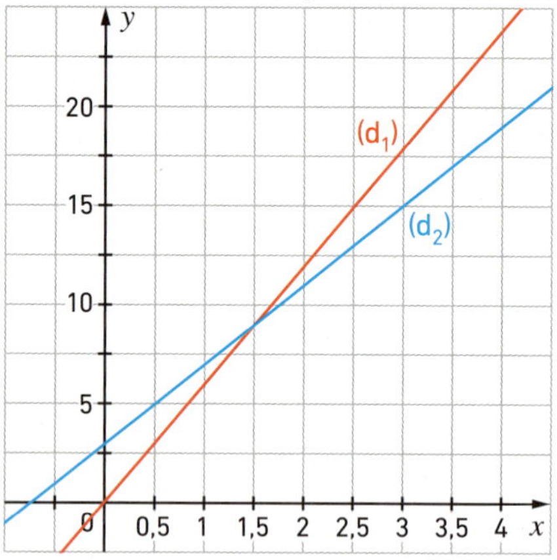

1. Associer chaque droite à la fonction qu'elle représente.

2. Résoudre par la méthode de votre choix l'équation $f(t) = g(t)$.

Camille et Claude décident de faire exactement la même randonnée mais Camille part 45 min avant Claude.
On sait que Camille marche à la vitesse constante de 4 km/h et Claude marche à la vitesse constante de 6 km/h.

3. Au moment du départ de Claude, quelle est la distance déjà parcourue par Camille ?

On note t le temps écoulé, exprimé en heures, depuis le départ de Claude. Ainsi $t = 0$ correspond au moment du départ de Claude.

4. Expliquer pourquoi la distance en kilomètres parcourue par Camille en fonction de t peut s'écrire $4t + 3$.

5. Déterminer le temps que mettra Claude pour rattraper Camille.

Polynésie, 2020

Jeux mathématiques

86 Mot mystère

Pour découvrir le mot mystère, classer les cartes suivantes dans l'ordre décroissant des coefficients directeurs des droites représentant les fonctions f, g, h, j, k et l.

A

x	$f(x)$
–5	100
5	0

I

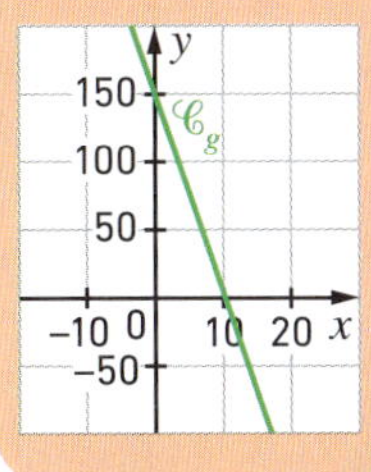

C

$h(x) = -3(7 - 2x)$

R

$j(x) = -8x\left(5 - \frac{1}{x}\right)$

E

x	$k(x)$
0,1	–30
1	–12

L

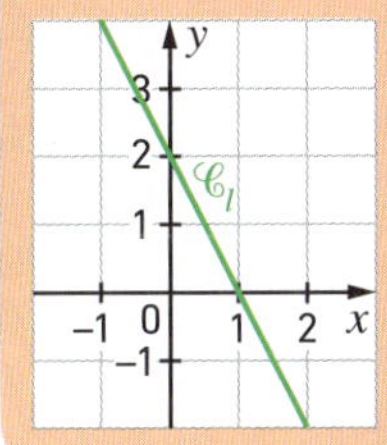

87 Défi !

Dans un jeu vidéo, pour qu'une boule de cristal puisse atteindre le sol en roulant d'une plateforme à l'autre, il faut tracer des plans inclinés entre ces plateformes.

Quelles sont des expressions des fonctions affines qui définissent les droites dont les plans inclinés sont des segments ?

Énigme

88 Qui suis-je ?

Je suis une fonction linéaire f telle que $f(10) + f(11) = 12$. Quelle est mon expression algébrique ?

devoirs à la maison

89 Le vitrail

1. Choisir trois fonctions dans chaque colonne :

Colonne 1	Colonne 2	Colonne 3
$f(x) = 8$	$f(x) = x + 8$	$f(x) = -4x - 12$
$f(x) = -3$	$f(x) = 1{,}5x + 3$	$f(x) = -x - 8$
$f(x) = 5$	$f(x) = 5x - 3$	$f(x) = -0{,}5x + 1$
$f(x) = -1$	$f(x) = 2{,}5x - 1$	$f(x) = -5x + 15$
$f(x) = 2{,}5$	$f(x) = 4x + 5$	$f(x) = -3x - 2$
$f(x) = -6$	$f(x) = 1{,}5x - 6$	$f(x) = -2x + 8$

2. Tracer les droites représentatives des neuf fonctions choisies dans un même repère (graduer les deux axes de – 10 à 10).

3. Décalquer ces droites sur du papier calque (mais sans décalquer le repère).

4. Colorier de différentes couleurs les parties du plan délimitées par les droites pour obtenir un vitrail.

90 Taux de change pix 1.1

Faire des recherches sur internet pour répondre aux questions **1** ; **2** et **4**.

1. Chercher le prix moyen en Angleterre, exprimé en livres sterling :

a. d'une place de cinéma ;

b. d'un repas au restaurant ;

c. d'une bande dessinée ;

d. d'un jeu vidéo.

2. Chercher le taux de change livres sterling/euros d'aujourd'hui.

3. a. Écrire une fonction qui donne le prix en euros en fonction du prix en livres sterling.

b. Convertir les prix cherchés à la question **1** en euros. Écrire les calculs effectués.

4. Comparer les prix en Angleterre avec ceux pratiqués en France pour les mêmes articles ou services.

avec un logiciel pix

Pour faire ces activités, télécharge les fiches logiciel **Géométrie** et **Tableur** sur le site college.editions-bordas.fr.

1 Fonction affine et droite représentative pix 1.3

Observer de façon dynamique la représentation graphique d'une fonction affine en faisant varier ses paramètres.

20'

Difficulté mathématique Difficulté technique

A. Construction

1 Afficher la grille et les axes. Géométrie 23

2 Construire deux curseurs nommés a et b tels que les nombres a et b varient entre -5 et 5 avec un pas de 0,1. Géométrie 27

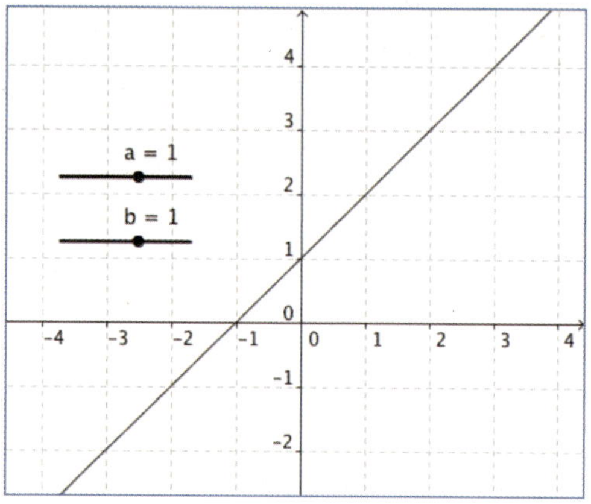

3 On va afficher la représentation graphique de la fonction f définie par $f(x) = ax + b$, où a et b sont les nombres définis par les curseurs.

a. Dans le champ de saisie, entrer l'expression $f(x) = a^*x + b$ de la fonction f. Géométrie 26
La droite représentative de la fonction f est ainsi construite dans le repère.

b. Donner une expression algébrique de la fonction f dont la droite représentative est affichée à l'écran.

B. Manipulation et observation

À l'aide des deux curseurs a et b, il est possible de modifier l'expression algébrique de la fonction f.

4 Afficher la droite représentative de la fonction f telle que $f(x) = 0{,}4x + 2$.
Donner les coordonnées du point d'intersection de la droite avec l'axe des abscisses.

5 Donner une expression algébrique d'une fonction dont la droite représentative a pour coefficient directeur $-0{,}8$ et passe par le point de coordonnées $(-5 ; 2)$.

6 Déplacer le curseur b seulement. Que peut-on dire de droites qui possèdent le même coefficient directeur ?

7 Déplacer le curseur a seulement. Que peut-on dire de droites qui possèdent la même ordonnée à l'origine ?

8 Étudier l'inclinaison de la droite en fonction du signe de son coefficient directeur.

2 L'agence immobilière pix 1.3

Résoudre un problème lié à des fonctions affines dont l'étude des représentations graphiques serait fastidieuse sans logiciel.

40'

Difficulté mathématique Difficulté technique

Georges Poupin, PDG de l'agence immobilière Toutimmo, propose trois types de contrat à ses commerciaux. Pour les ventes qu'il aura réalisées, le commercial percevra chaque mois :
– avec le Contrat One : pas de salaire fixe, mais 0,92 % des ventes ;
– avec le Contrat Two : un salaire fixe de 1 075 € et 0,63 % des ventes ;
– avec le Contrat Three : un salaire fixe de 1 482 €.

A. Dans le cahier ou sur une feuille

1 Ce mois-ci, Patrick a vendu un splendide appartement de 245 000 €.

Calculer son salaire mensuel sachant qu'il a opté pour le Contrat One.

2 **a.** Soit x le montant des ventes d'un commercial en euros.

Exprimer, en fonction de x, son salaire mensuel $f(x)$ s'il a opté pour le Contrat One.

b. Écrire de même des expressions algébriques des fonctions g et h donnant les salaires mensuels respectifs avec le Contrat Two et le Contrat Three.

B. Avec un logiciel de géométrie

3 **a.** Ouvrir un logiciel de géométrie dynamique et afficher la grille et les axes. Géométrie 23

b. Dans le champ de saisie en bas, entrer successivement les expressions des fonctions affines f, g et h pour tracer leurs droites représentatives respectives. Géométrie 26

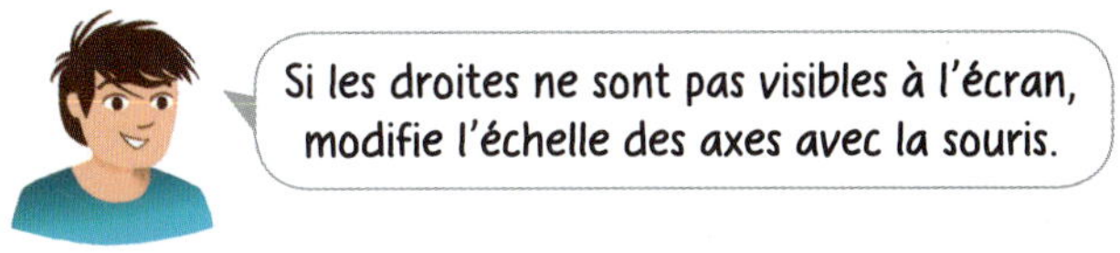

4 **a.** Placer un point A sur l'axe des abscisses. Géométrie 2

b. Tracer la droite passant par A et perpendiculaire à l'axe des abscisses.

Elle coupe les droites représentant les fonctions affines f, g et h respectivement en B, C et D. Géométrie 8 et 3

c. Afficher les coordonnées des points. Géométrie 24

5 Répondre graphiquement aux questions suivantes en déplaçant le point A. Géométrie 1

a. Le total des ventes de Medir est de 123 250 €. Quel contrat aurait été le plus intéressant pour lui ?

b. Mike a vendu durant ce mois pour un total de 392 000 €. A-t-il bien fait de choisir le Contrat Two ?

c. Le salaire de Bob avec le Contrat Two est de 2 996 €.

Donner un arrondi à l'euro près du montant de ses ventes.

d. Exprimer, en fonction du montant des ventes, le contrat le plus intéressant pour un commercial.

3 Après 12 mois ALGO pix 3.4

Utiliser le logiciel Scratch pour calculer des sommes récurrentes.

20'

Difficulté mathématique — Difficulté technique

1 Saisir le programme ci-contre dans le logiciel Scratch.

2 Quelle somme obtient-on fin décembre avec 50 € d'économie placés début janvier et 14 € mis de côté chaque mois ensuite ?

3 **a.** Comment peut-on obtenir le montant des économies fin décembre en deux étapes de calcul seulement ?

b. Modifier le programme pour obtenir les économies en décembre sans utiliser de boucle.

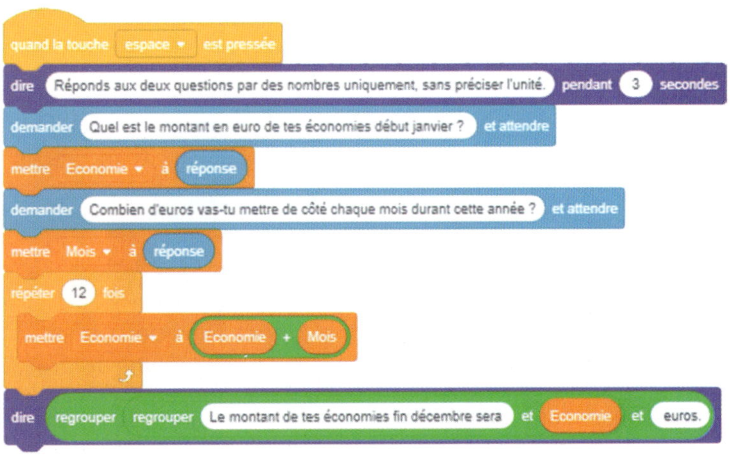

tâches complexes

1 La voiture de Simone

Simone hésite à vendre sa voiture et à louer à la place, une voiture électrique.
Pour l'instant, elle paye une assurance au tiers pour sa voiture, des frais d'essence et elle doit aussi compter les frais d'usure de la voiture.
Elle conduit entre 5 000 et 10 000 kilomètres par an.

▶ **Pour quel kilométrage annuel aurait-elle financièrement intérêt à opter pour la location d'une voiture électrique ?**

DOC 1 Offre de location de véhicules électriques

DOC 3 Frais d'essence

- La voiture de Simone consomme 7 litres aux 100 kilomètres.
- 1 litre d'essence coûte en moyenne 1,40 €.

Dans cette comparaison de coûts, on ne prend pas en compte le prix d'achat de la voiture de Simone.

DOC 2 Assurance voiture

- Formule au tiers : 445 €/an
- Formule intermédiaire : 675 €/an
- Formule tous risques : 850 €/an

DOC 4 Frais d'usure

La formule suivante donne les frais annuels liés à l'usure de la voiture, à sa réparation et son entretien, en fonction de la distance *d* parcourue en kilomètres :

$$0{,}2 \times d + 1\ 136$$

2 Les problèmes DUDU

Les Dudu vont à Abricot-Dépôt avec deux bons de réduction. Ils se disputent pour savoir lequel utiliser pour payer une scie…

▶ **Peux-tu aider les DUDU ?**

Voir la vidéo : bordas.media/733819_045

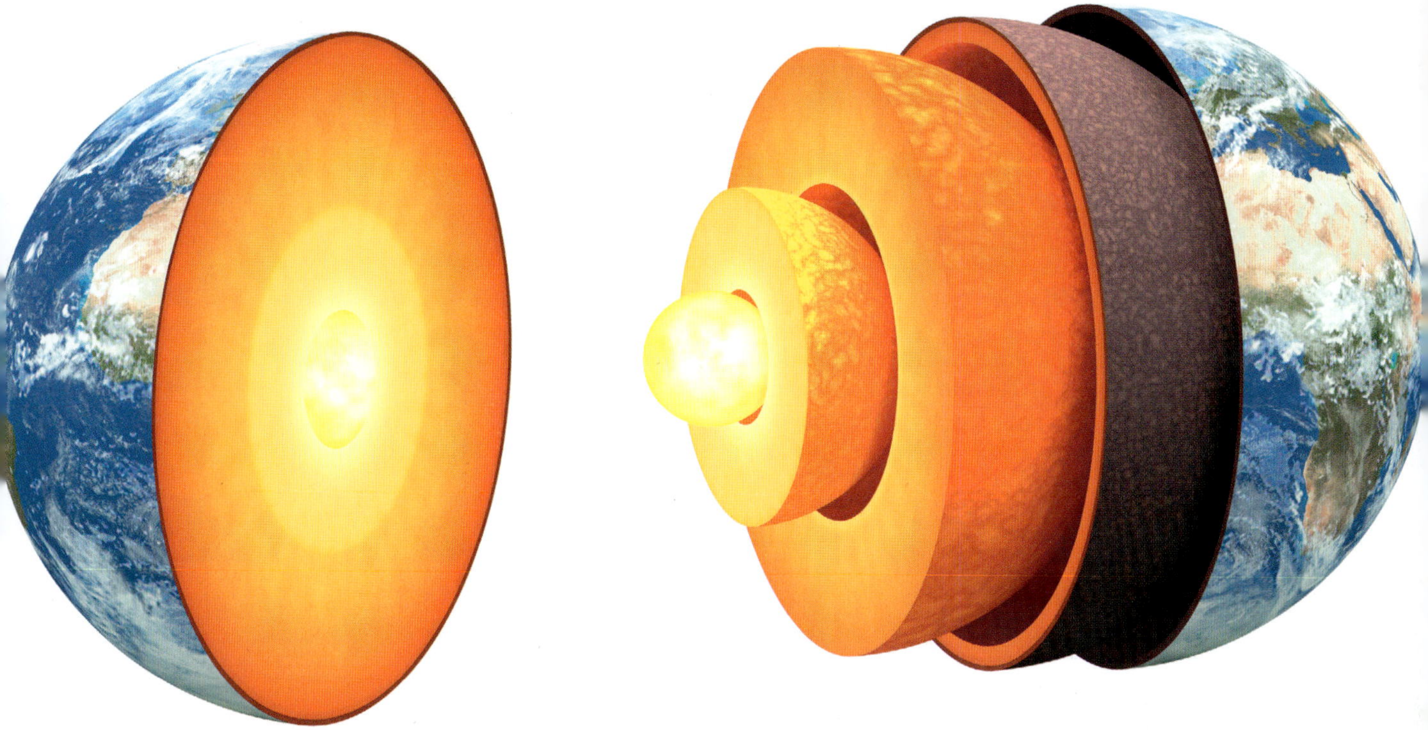

Comment **estimer** la **masse** de notre **planète** ?

Pour le savoir, rendez-vous en fin de chapitre

QCM de révision
Avant de commencer ce chapitre, fais le point sur tes connaissances : bordas.media/733819_046

chapitre 6
Proportionnalité

objectifs

1 J'utilise la proportionnalité pour résoudre des problèmes

2 Je manipule des variations exprimées en pourcentages

3 Je manipule des grandeurs produits et des grandeurs quotients

EXEMPLES DE RÉUSSITE !

13 29 30

cherchons ensemble

Si tu ne comprends pas certains des mots utilisés ici, demande à ton professeur ou consulte le *Dico des maths*, p. 10.

Activité 1 — Utiliser la proportionnalité pour résoudre des problèmes — OBJECTIF 1

Pour moderniser sa biscuiterie, Isa a investi dans un robot industriel qui permet de fabriquer 200 petits gâteaux en 3 minutes.
Isa embauche un technicien chargé de contrôler le bon fonctionnement du robot, celui-ci travaille 8 h par jour.

1 Reproduire et compléter le tableau ci-dessous :

	Réglage machine	Productivité journalière (8 h)
Temps (en min)	3	
Production	200	

2 Combien de gâteaux Isa peut-elle fabriquer chaque jour ?

3 Isa reçoit une grosse commande : un magasin souhaite lui acheter 400 boîtes de 50 petits gâteaux chacune. Combien de temps lui faudra-t-il pour honorer cette commande ?

Activité 2 — Manipuler des variations exprimées en pourcentages — OBJECTIF 2

A. Augmentations

L'an passé, Sara percevait une aide au logement de 150 € par mois. Elle reçoit un courrier l'informant d'une augmentation de 12 % de cette aide.

1 Parmi les cinq calculs suivants, quels sont ceux qui permettent de calculer le montant de la nouvelle aide ?

$A = 150 \times \frac{12}{100}$ $B = 150 + 150 \times \frac{12}{100}$ $C = 150 + 12$ $D = 150 \times 1 + \left(\frac{12}{100}\right)$ $E = 150 \times 1{,}12$

2 Calculer le montant de la nouvelle aide.

B. Baisses

Lucio entre dans une boutique qui annonce des soldes de −30 %.
Il avait repéré un sac à dos qui coûtait 45 €.

3 Expliquer pourquoi on peut multiplier l'ancien prix du sac par 0,70 pour obtenir le prix soldé.

4 Calculer le nouveau prix.

C. Conclusion

5 Démontrer que, pour augmenter un nombre de t %, on le multiplie par $\frac{100+t}{100}$, soit $\left(1+\frac{t}{100}\right)$.

6 Démontrer que, pour diminuer un nombre de t %, on le multiplie par $\frac{100-t}{100}$, soit $\left(1-\frac{t}{100}\right)$.

Activité 3 — Manipuler des grandeurs produits

OBJECTIF 3

L'électricité permet de faire fonctionner un grand nombre d'appareils de notre quotidien. La quantité d'énergie électrique consommée par ces appareils dépend de leurs puissances (qui s'expriment en watts) et de leurs temps de fonctionnement (exprimés en heures).
L'énergie électrique *E* est ainsi donnée par la formule :

$$E = \text{Puissance électrique} \times \text{temps}$$

Wh (watts-heure) W (watts) h (heures)

C'est une **grandeur produit** qui s'exprime en watts-heure.

1 Quelle quantité d'énergie électrique est consommée par une ampoule de 50 W qui reste allumée toute une année ?

2 Combien coûte l'utilisation d'un four de 3 500 W pendant 1 h 30 min si le kWh est facturé 0,1546 € ?

Activité 4 — Manipuler des grandeurs quotients

OBJECTIF 3

Les fournisseurs d'accès Internet (F.A.I.) proposent différentes technologies de connexion (ADSL, fibre...). Le choix de la technologie influence le débit Internet, c'est-à-dire la quantité de données (exprimée en bits) qui circulent par unité de temps (exprimée en secondes).

Le débit Internet est une **grandeur quotient** : $\text{débit Internet} = \dfrac{\text{quantité de données}}{\text{temps}}$

b/s (bits par seconde) b (bits) s (secondes)

1 Le Speedoweb propose une connexion ADSL à 40 Mb/s.
Si j'utilise Internet pendant une minute, quelle quantité d'informations puis-je recevoir ?
Combien de temps dois-je attendre pour recevoir un gigabit d'informations ?

2 Le Numériweb propose un très haut débit en fibre optique à 250 Mb/s.
a. Si j'utilise Internet pendant une minute, quelle quantité d'informations puis-je recevoir ?
b. Combien de temps dois-je attendre pour recevoir un gigabit d'informations ?

3 L'unité de stockage la plus utilisée est l'octet et ses multiples sont le kilooctet, le mégaoctet, le gigaoctet, etc. Trouver le temps qu'il faut avec chacun des deux F.A.I. précédents pour télécharger un film de 1,4 Go sachant que 1 octet correspond à 8 bits.

1 Situations de proportionnalité

OBJECTIF 1

a) Tableau et coefficient de proportionnalité

DÉFINITION Un **tableau de proportionnalité** est un tableau dans lequel on obtient les nombres d'une ligne en multipliant ceux de l'autre ligne par un même nombre appelé **coefficient de proportionnalité**.

Exemple

Durée du film (en s)	10	20	30	120
Nombre d'images	240	480	720	2 880

$\times 24$

Le coefficient de proportionnalité est 24. C'est le nombre d'images par seconde d'un film au cinéma.

b) Représentation graphique

PROPRIÉTÉS

- Une situation de proportionnalité est représentée graphiquement dans un repère par des points alignés avec l'origine du repère.
- Réciproquement, si une situation est représentée graphiquement dans un repère par des points alignés avec l'origine du repère, alors c'est une situation de proportionnalité.

Propriétés admises

Exemple

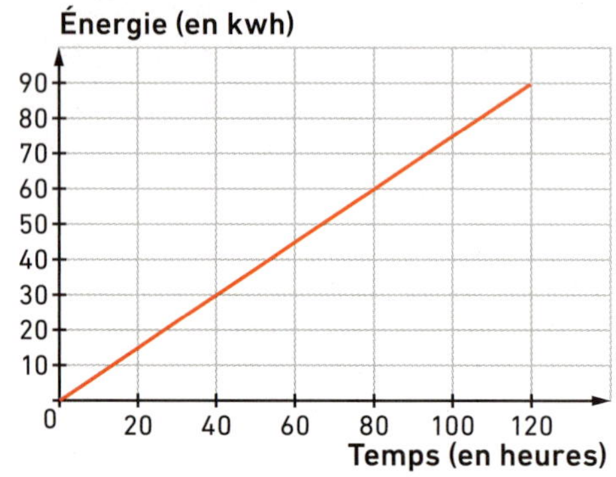

c) Calcul en situation de proportionnalité

Sur le plan d'une course d'orientation, 5 cm représentent 150 m dans la réalité.
Il existe plusieurs méthodes pour déterminer la distance réelle *d* représentée par 12 cm sur le plan.

Première méthode. Passage par l'unité

5 cm représentent 150 m donc 1 cm représente 5 fois moins, c'est-à-dire 30 m.
12 cm représentent donc $30 \times 12 = 360$ m.

Deuxième méthode. Utilisation du coefficient de proportionnalité

Distance sur la carte (en cm)	5	12
Distance réelle (en m)	150	*d*

Le coefficient de proportionnalité de ce tableau est $\frac{150}{5}$ donc la distance *d* est de $12 \times \frac{150}{5} = 360$ m.

Troisième méthode. Multiplication d'une donnée

$12 = 5 \times \frac{12}{5} = 5 \times 2{,}4$ donc la distance réelle *d* est de $150 \times 2{,}4 = 360$ m.

Quatrième méthode. Utilisation de l'égalité des produits en croix

$5 \times d = 150 \times 12$ donc $d = \frac{150 \times 12}{5} = 360$ m.

CARTE MENTALE
bordas.media/733819_047

2 Pourcentages

OBJECTIF 2

a) Appliquer un pourcentage

Un pourcentage de t % traduit une situation de proportionnalité de coefficient $t/100$.

Exemple

Dans une classe de 30 élèves, 60 % des élèves pratiquent un sport. Quel est le nombre de sportifs dans cette classe ?

Nombre de sportifs	x	60
Nombre total d'élèves	30	100

D'après l'égalité des produits en croix, on a $x \times 100 = 30 \times 60$.

Donc $x = \dfrac{30 \times 60}{100} = 18$. Il y a donc 18 élèves sportifs dans la classe.

b) Augmenter ou diminuer d'un pourcentage

PROPRIÉTÉS

- Augmenter un nombre de t % revient à le multiplier par $1 + \dfrac{t}{100}$.
- Diminuer un nombre de t % revient à le multiplier par $1 - \dfrac{t}{100}$.

Preuve p. 148

Voir la vidéo : bordas.media/733819_103

Exemple

Les tarifs d'une compagnie d'énergie **augmentent** de 9 %.
La famille Martin payait une facture annuelle de 570,00 €.

La nouvelle facture annuelle sera donc égale à $570{,}00 \times \left(1 + \dfrac{9}{100}\right) = 570{,}00 \times \mathbf{1{,}09}$
$= 621{,}30$ €.

3 Grandeurs composées

OBJECTIF 3

DÉFINITION Une **grandeur produit** est une grandeur obtenue en effectuant le produit de deux grandeurs.

Exemple

L'énergie électrique (Wh) s'exprime par le produit de deux grandeurs : la puissance de l'appareil (W) et la durée d'utilisation de cet appareil (h).
Un appareil de puissance 100 W, utilisé pendant 3 h, consomme donc une énergie égale à $3 \times 100 = 300$ Wh.

DÉFINITION Une **grandeur quotient** est une grandeur obtenue en effectuant le quotient de deux grandeurs.

Exemples

1. La vitesse moyenne d'un mobile est la distance parcourue pendant une unité de temps. Elle s'exprime en km/h par le quotient de deux grandeurs : la longueur du parcours (en km) et la durée de ce parcours (en h). Un véhicule roulant à une vitesse constante égale à 120 km/h parcourt 120 km en une heure.

2. Le débit d'un robinet peut s'exprimer en litres par minute. Si le débit d'un robinet est de 12 litres par minute, on peut en déduire qu'en une heure (60 minutes) ce robinet débitera $60 \times 12 = 720$ litres. Le débit de ce robinet est donc de 12 L/min, ou encore de 720 L/h.

objectif 1 J'utilise la proportionnalité

Je comprends

Voir la vidéo : bordas.media/733819_048

Margot aime les sodas. Mais ses parents lui conseillent de ne pas trop en boire car ils contiennent beaucoup de sucre.

Sur l'étiquette d'une canette de soda, Margot lit : « Teneur en sucre : 10,8 g pour 100 mL de boisson ».

1. Quelle quantité de sucre y a-t-il dans une canette de 33 cL de ce soda ?

2. À combien de morceaux de sucre de 6 g chacun cela correspond-il ?

Exercice résolu

1. ÉTAPE 1. On convertit une donnée, 33 cL = 330 mL, et on peut résumer la situation par un tableau de proportionnalité :

Masse de sucre (en g)	10,8	x
Quantité de boisson (en mL)	100	330

ÉTAPE 2. Pour déterminer x, on peut utiliser l'égalité des produits en croix :

$100 \times x = 10{,}8 \times 330$ donc $x = \dfrac{10{,}8 \times 330}{100} = 35{,}64.$

Il y a donc 35,64 g de sucre dans une canette de ce soda.

2. On calcule le nombre de morceaux de sucre équivalents à la masse de sucre contenue dans une canette : $35{,}64 : 6 = 5{,}94$.

Une canette de ce soda contient l'équivalent d'environ six morceaux de sucre.

Je m'échauffe

1 QUESTIONS FLASH

Calculer mentalement :

a. 6×150 L **b.** 6×35 $ **c.** 6×22 m

d. $3{,}5 \times 110$ L **e.** $3{,}5 \times 320$ $ **f.** $3{,}5 \times 16$ m

2 Alfred est vendeur, son salaire dépend du nombre de ventes qu'il réalise :

Nombre de vente	250	300	550	950
Salaire (en €)	1500	1700	2700	4300

Le salaire d'Alfred est-il proportionnel à son nombre de ventes ?

3 **L'écologie autour de moi**

On s'intéresse à la production électrique d'un parc éolien :

Nombre d'éoliennes	3	5	7
Puissance générée (en MW)	24	40	56

1. La puissance générée est-elle proportionnelle au nombre d'éoliennes ? Justifier.

2. Déterminer alors la puissance générée par une éolienne.

3. L'entreprise productrice d'énergie a besoin de générer au moins 100 MW pour alimenter une ville. Au minimum, combien d'éoliennes l'entreprise a-t-elle besoin d'installer dans ce parc ?

4 Le tour de piste d'un stade olympique d'athlétisme mesure exactement 400 m. Un coureur de fond fait un tour en exactement 1 minute.

1. Quelle distance pourrait-il parcourir en 15 minutes ?

2. Combien de temps mettra-t-il pour parcourir 5 000 m ?

5 Mehdi marche toujours à la vitesse de 6 km/h.

1. Quelle distance Mehdi va-t-il parcourir en 4 h ?

2. Quelle distance Mehdi va-t-il parcourir en 5 h 30 min ?

3. Combien de temps faut-il à Mehdi pour parcourir 15 km ?

4. Combien de temps faut-il à Mehdi pour parcourir 20 km ?

6 Sachant que Fred utilise une carte de randonnée à l'échelle 1/25 000, reproduire et compléter le tableau ci-dessous :

Distances sur la carte (en cm)	1	6	13,5		
Distances réelles (en cm)				425 000	
Distances réelles (en km)				4,25	12

Je m'entraîne 1

7 **Les maths autour de moi**

Alexandre est en vacances à New York. Il prend la Statue de la Liberté en photo avec son smartphone au format 16/9.

On appelle « format de l'image » le rapport : $\frac{\text{longueur de l'image}}{\text{hauteur de l'image}}$.

1. La photo d'Alexandre fait 20 cm de long, calculer sa hauteur.

2. Sachant que la Statue de la Liberté prend toute la hauteur de la photo et qu'en réalité elle mesure 93 m, déterminer l'échelle à laquelle est représentée la statue sur cette photo.

8 Ce graphique présente le nombre de mots lus par un champion de lecture rapide en fonction du temps :

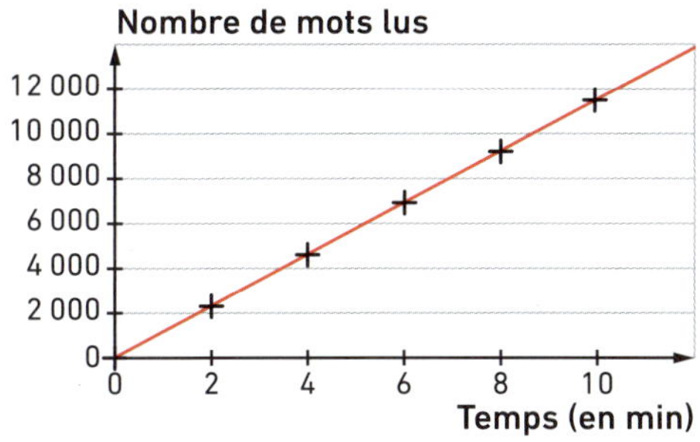

1. Combien de temps faut-il au lecteur pour lire un texte de 9 000 mots ?

2. Combien de mots le lecteur peut-il lire en 4 minutes ?

3. Justifier graphiquement que la situation est une situation de proportionnalité.

4. En situation de proportionnalité, combien faudrait-t-il de temps au lecteur pour lire un livre de 500 pages contenant chacune 40 lignes d'en moyenne 14 mots ?

9 Dans l'air, le son se déplace environ à la vitesse de 340 m/s.

1. Quelle distance un son parcourt-il en 1 min ?

2. Combien de temps une explosion met-elle pour être entendue à une distance de 2 km ?

Je m'entraîne 2

10 **Les maths autour de moi**

Sur la bouteille d'un sirop de fraise, on lit :

Valeur nutritionnelle pour 100 mL de sirop de fraise	
Énergie	341 kcal
Glucides	84 g
dont sucres	*79 g*

Léo boit un sirop à l'eau pour son goûter. Dans son verre de 200 mL, il a dilué un volume de sirop de fraise pour sept volumes d'eau (ratio 1 : 7).

1. Déterminer le volume de sirop de fraise utilisé par Léo pour confectionner sa boisson.

2. En déduire la quantité de sucre ingérée par Léo avec ce verre.

11 Un agriculteur possède un terrain rectangulaire de 120 m de longueur et 40 m de largeur. Il souhaite mettre une clôture tout autour de son terrain mais aussi diviser son terrain en trois carrés de 40 m de côté avec cette même clôture.

1. Calculer la longueur de clôture nécessaire.

2. Sachant que 1 m de clôture coûte 7 €, combien l'agriculteur devra-t-il débourser pour acheter la bonne longueur de clôture ?

12 **TOP Chrono** 10 min

La vitesse de la lumière est proche de 300 000 km/s.
La distance Terre-Soleil est d'environ 150 000 000 km.

1. Combien de temps la lumière du Soleil met-elle pour arriver jusqu'à la Terre ?

2. Quelle distance la lumière parcourt-elle en une année ? Exprimer cette distance en écriture scientifique.

Coup de pouce
L'écriture scientifique d'un nombre est de la forme $a \times 10^n$.

objectif 2 Je manipule des variations

Je comprends

Voir la vidéo : bordas.media/733819_049

« Chez Dédé, tout est soldé ! »

1. Calculer le nouveau prix du VTT.
2. Calculer l'ancien prix du vélo électrique.

Exercice résolu

1. 350 € est le prix de départ du VTT. Ce prix est diminué de 20 %.
Diminuer un nombre de 20 % revient à le multiplier par $\left(1-\frac{20}{100}\right)$, c'est-à-dire par 0,80 :
$350 \times 0{,}80 = 280$ €.
Le nouveau prix du VTT est donc de 280 €.

2. On cherche à calculer le prix x du vélo électrique avant réduction.
Diminuer un nombre de 15 % revient à le multiplier par $\left(1-\frac{15}{100}\right)$, c'est-à-dire par 0,85 :
$0{,}85\,x = 1\,088$ et $x = \frac{1\,088}{0{,}85} = 1\,280$.
L'ancien prix du vélo était donc de 1 280 €.

Je m'échauffe

13 QUESTIONS FLASH

1. Augmenter une quantité de 5 %, c'est la multiplier par :
a. 0,05 **b.** 1,05 **c.** 5

2. Baisser une quantité de 20 %, c'est la multiplier par :
a. 0,20 **b.** 0,80 **c.** 0,98

3. Multiplier par 1,45 revient à augmenter une quantité de :
a. 4,5 % **b.** 1,45 % **c.** 45 %

4. Multiplier par 0,4 revient à baisser une quantité de :
a. 60 % **b.** 40 % **c.** 4 %

14 Calcul mental

a. 20 % de 40 kg
b. 6 % de 300 Mo
c. 30 % de 50 L
d. 30 % de 12 m^3
e. 80 % de 70 m
f. 200 % de 90 €
g. 150 % de 13 $
h. 550 % de 50 W

15 Calcul mental

a. 150 m augmenté de 50 %
b. 36 L augmenté de 30 %
c. 75 € augmenté de 100 %
d. 5 000 m^2 augmenté de 200 %
e. 82 kg diminué de 50 %
f. 50 $ diminué de 30 %
g. 17 Mo diminué de 100 %

16 Recopier et compléter le tableau suivant :

Ancien prix	Variation	Multiplication par	Nouveau prix
21,00 €	Augmentation de 40 %	1,40	
68,00 €	Augmentation de 23 %		
		1,75	61,25 €
72,00 €	Baisse de 35 %		
120,00		0,74	
		0,09	76,50 €

17

Quels sont les prix de ces articles après réduction ?

18 **1.** Dans une station balnéaire, la population triple durant l'été. Exprimer cette évolution sous forme d'un pourcentage d'augmentation.
2. Dans cette même station, trois cinquièmes des touristes achètent une glace en bord de mer. Exprimer cette proportion en pourcentage des touristes.

Je m'entraîne 1

19 Voici le bilan financier annuel de l'entreprise « Blue company » :

```
Sur le premier semestre, nos ventes ont augmenté de 20 %. Sur le deuxième semestre, elles ont augmenté de 30 %.
```

Samy dit : « Le bilan annuel est donc une hausse de 50 % » mais Laura répond : « Ah non ! C'est plus de 50 % ! »
Aider ces deux personnes à se mettre d'accord. Expliquer.

20 Martin a acheté une nouvelle télévision 4K qu'il a payé 412,50 €.

Retrouver le prix de la télévision avant réduction.

21 **Les maths autour de moi**
Recopier et compléter cette facture de garagiste :

Temps (en h) ou quantité	Pièces ou travail effectué	Prix unitaire hors taxes (en €)	Montant hors taxes (en €)
2,5	Révision	28,40	
0,5	Contrôles	17,30	
3	Joints	1,25	
1	Filtre	15,80	
4	Bougies	5,51	
TOTAL hors taxes			
TOTAL TTC*			

** Le prix TTC (toutes taxes comprises) est égal au prix hors taxes augmenté de 20 %.*

22 En 2018, la pâtisserie « Aux Gourmandises » a réalisé un chiffre d'affaire de 742 500 €.
En 2019, son chiffre d'affaire a augmenté de 8 %.
En 2020, son chiffre d'affaire a augmenté de 5 %.
En 2021, son chiffre d'affaire a augmenté de 7 %.
1. Quel est le chiffre d'affaire de cette pâtisserie en 2021 ?
2. Quel pourcentage d'augmentation du chiffre d'affaire doit-elle réaliser en 2022 pour atteindre 1 million d'euros ?

Je m'entraîne 2

23 Recopier et compléter le bilan financier annuel de l'entreprise « Red entreprise » :

```
Sur le premier semestre, nos ventes ont augmenté de 40 %. Sur le deuxième semestre, elles ont diminué de 30 %. Le bilan annuel est donc une …. de … %.
```

24 Pour les portes ouvertes d'une concession automobile, tous les modèles sont à – 10 %.

Au moment de payer, un client peut bénéficier de 5 % de remise supplémentaire par rapport au prix réduit s'il paye comptant.
Lucie achète comptant un modèle électrique qu'elle paye 23 512,50 €.
Quel est le prix initial de ce véhicule ?

25 Voici un tableau donnant la croissance et le Produit Intérieur Brut de la France chaque année :

Année	Croissance*	PIB (en milliard de $)
2008	-----------	2,66
2009	–2,87%	
2010	1,95%	
2011		2,69
2012	0,31%	
2013	0,58%	
2014	0,96%	
2015		2,77
2016	1,10%	
2017		2,87
2018	1,72%	

** La croissance d'une année donnée s'exprime en pourcentage et exprime la variation du PIB de l'année par rapport au PIB de l'année précédente.*

Recopier et compléter le tableau.

26 **TOP Chrono** 5 min

Victor a touché son premier salaire d'apprenti, soit 341,25 €. Il dépose cette somme sur un compte qui lui rapportera 2 % par an.
1. Quelle somme possèdera-t-il après un an ?
2. Quelle somme possèdera-t-il après deux ans ? après cinq ans ?

Je comprends

Voir la vidéo : bordas.media/733819_050

Nicolas le jardinier utilise une pompe pour irriguer ses cultures.
Sa pompe est calibrée pour un débit de 12 L/min.
1. Quelle quantité d'eau pourra-t-il obtenir en une heure ?
2. Combien de temps doit-il laisser sa pompe en fonctionnement pour remplir sa cuve de 1 000 L ?

Exercice résolu

1. ÉTAPE 1. On sait qu'un débit de 12 L/min traduit une situation de proportionnalité de coefficient 12, il s'écoule donc 12 L en une minute.
On convertit une donnée : 1 h = 60 min.
On peut ainsi réaliser le tableau suivant :

Temps (en min)	1	60	
Volume (en L)	12		1 000

ÉTAPE 2. On peut calculer le volume d'eau obtenu en 60 min en multipliant ce temps par 12 :
$60 \times 12 = 720$.
En une heure, Nicolas aura donc 720 L d'eau.

2. On peut calculer le temps nécessaire pour obtenir 1 000 L en divisant ce volume d'eau par 12 :
1 000 : 12 = 83,33 min, soit 83 min et 20 s.
Pour remplir sa cuve de 1 000 L, Nicolas doit attendre 1 h 23 min 20 s.

Je m'échauffe

27 QUESTIONS FLASH

1. Coco court toujours à la vitesse de 12 km/h.
a. Quelle distance parcourt-il en 3 h ? en 1 h 20 min ? en 45 min ?
b. Combien de temps lui faut-il pour faire 6 km ? 24 km ? 60 km ?

2. Molly marche à allure constante de 10 min/km.
a. Combien de temps lui faut-il pour faire 6 km ? 10 km ? 12,5 km ?
b. Quelle distance parcourt-elle en 2 h ? en 2 h 10 min ? en 45 min ?

28 Dylan a installé un robinet dans son jardin, ce robinet a un débit de 20 L/min.
1. Dylan connecte un tuyau d'arrosage et arrose ses plantes pendant 13 minutes.
Quelle quantité d'eau a-t-il utilisée ?
2. Combien de temps faudra-t-il à Dylan pour remplir son arrosoir de 15 L ?

29 Un conducteur met 1 s avant de commencer à freiner quand il voit un obstacle.
Quelle distance parcourt-il pendant cette durée s'il roule à 80 km/h ?

30 Le débit moyen de la Seine sous le pont de l'Alma est 328 m³/s. Combien de litres d'eau sont passés sous ce pont en 3 min ?

31 Frédéric fait attention à la quantité de sucre contenue dans les boissons qu'il achète.
Il a trouvé une boisson aromatisée au thé vert dont la teneur en sucre est de 6 g/L.
Calculer la masse de sucre contenue dans un verre de 25 cL.

32 Un jour de grand départ en vacances, un péage enregistre un flux de trafic de 1 500 véhicules par heure.
1. Combien de véhicules passeront par ce péage entre 6 h et 22 h ?
2. Un employé du péage commence à compter les voitures à partir de 11 h 30. À quelle heure environ verra-t-il la 5 000e voiture ?

33 Chloé va à vélo au collège. Le graphique ci-dessous illustre son trajet :

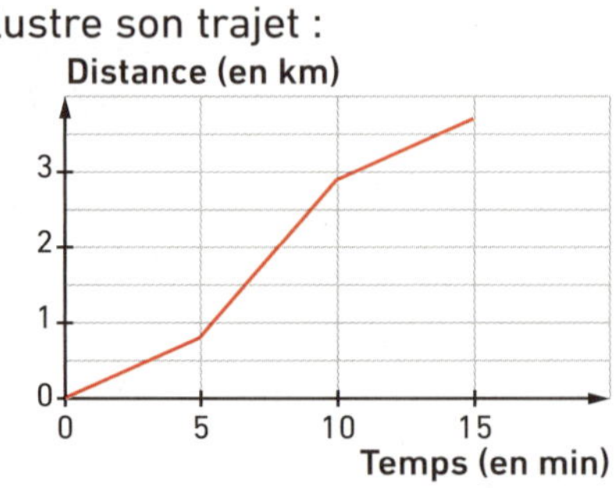

1. Quelle distance parcourt Chloé pour aller au collège ?
2. Combien de temps met-elle ?
3. Calculer sa vitesse moyenne.

Je m'entraîne 1

34 Les maths autour de moi

Axel veut copier un dossier de 1,6 Go sur sa clé USB. Il lit sur les caractéristiques techniques de sa clé USB que la vitesse de transfert de données est de 120 Mo/s.
Calculer le temps nécessaire à Axel pour copier tout son dossier.

> **Aide**
> 1 Go = 1 000 Mo.

35 Pierre travaille pour une entreprise de bâtiment. Pour construire la terrasse d'une maison, il utilise un béton spécial de masse volumique 2 200 kg/m^3.
Cette terrasse est un pavé droit aux dimensions suivantes :
- longueur : 8 m ;
- largeur : 6 m ;
- hauteur : 0,15 m.

Calculer la masse de cette construction.

36 Les maths autour de moi

La vitesse d'essorage d'un lave-linge est de 800 tr/min (le tambour effectue 800 tours par minute).

1. Exprimer cette vitesse en tr/s.

2. Si un essorage court dure 3 min 30 s, calculer le nombre de tours effectués par le tambour.

3. Le tambour a effectué 3 860 tours pendant un essorage long. Calculer, en minutes et secondes, la durée de cet essorage.

37 Les maths autour de moi

Un passionné d'aviron rame à une cadence moyenne de 35 coups de rame par minute.

1. Calculer sa cadence en nombre de coups de rame par heure.

2. En combien de temps fait-il 1 000 coups de rame ? Arrondir le résultat à la seconde près.

3. À chaque coup de rame, son aviron avance de 3 mètres. Quelle distance va-t-il parcourir en 15 minutes ?

Je m'entraîne 2

38 Les maths autour de moi

Clarisse dispose d'un forfait 4G avec un débit de 200 Mbit/s pour télécharger des données. Son amie Lou veut lui envoyer 150 photos de 2,25 Mo chacune. Sachant que 1 Mo = 8 Mbit, combien de temps faudra-t-il à Clarisse pour télécharger les photos de Lou ?

39 Sur le chantier de sa future maison, M. Dubois croise un maçon qui semble avoir des difficultés à porter une tige d'acier pleine de forme cylindrique. Cette tige mesure 3,5 m de long et 3 cm de diamètre. L'acier a une masse volumique de 7,85 g/cm^3. Calculer la masse de cette tige, arrondie au kg le plus proche.

> Le volume d'un cylindre est $V = \pi R^2 h$ où R désigne le rayon du cylindre et h sa hauteur.

40 **1.** Un agriculteur biologique possède un champ de 60 ha (hectares). L'année précédente, il a pu récolter 432 tonnes de blé. Calculer le rendement de ce champ, c'est-à-dire le nombre de tonnes par hectare de ce champ, exprimé en t/ha.

2. Cette année, l'agriculteur possède un autre champ de 45 ha, de même rendement que le premier. Prévoir la masse de la récolte de cette année.

41 TOP Chrono — 10 min

La troisième étape du Tour de France 2019 a été remportée par Julian Alaphilippe qui a parcouru les 215 km de l'étape à une vitesse moyenne de 46 km/h.

1. Combien de temps a mis le coureur pour rallier l'arrivée ?

2. Un coureur du Tour de France a en moyenne une fréquence de pédalage de 90 tours/min. Combien de tours Alaphilippe a-t-il effectués avec ses pédales lors de cette étape ?

Je fais le point sur mon cours

QCM de révision
Retrouve un autre QCM interactif : bordas.media/733819_051

		A	B	C
42	Marie achète 4 kg de pommes pour 6,00 €. Combien aurait-elle payé pour 6 kg ?	6,00 €	7,50 €	9,00 €
43	Augmenter un nombre de 40 % revient à :	le multiplier par 1,40	le multiplier par 40	le multiplier par 0,40
44	Diminuer un nombre de 35 % revient à :	le multiplier par 1,35	le diviser par 1,35	le multiplier par 0,65
45	12 km/h est la vitesse d'un sportif qui court :	1 km en 12 h	12 km en 1 h	12 km en 12 h
46	Le débit d'un robinet est de 2 L/min. Le volume obtenu en 20 minutes est de :	10 L	20 L	40 L

Je fais le point sur mes objectifs

OBJECTIF 1

J'utilise la proportionnalité pour résoudre des problèmes

47 Le marathonien kényan Eliud Kipchoge est capable de courir longtemps à une allure de 2'50''/km, c'est-à-dire qu'il met environ 2 minutes et 50 secondes pour parcourir 1 kilomètre.
Expliquer pourquoi il peut avoir l'ambition de terminer un marathon (42,195 km) en moins de 2 h.

48 Depuis janvier 2020, l'entreprise de réseau social Snapchat compte le nombre de photos et vidéos circulant sur son réseau.
Elle a établi le tableau suivant :

Nombre de semaines	2	5	9	13	17
Nombre de photos et vidéos (en milliards)	49	122,5	220,5	318,5	416,5

1. Le nombre de photos et de vidéos envoyées est-il proportionnel au nombre de semaines ? Justifier.

2. Au bout de combien de semaines aura-t-on dépassé 1 000 milliards de photos et vidéos ?

3. Déterminer le nombre de photos et vidéos envoyées chaque jour.

49 Le graphique ci-dessous représente l'évolution de la distance de freinage d'une voiture en fonction de la vitesse du véhicule sur route mouillée (en rouge) et sur route sèche (en bleu).

Distance de freinage (D_f) en fonction de la vitesse (v)

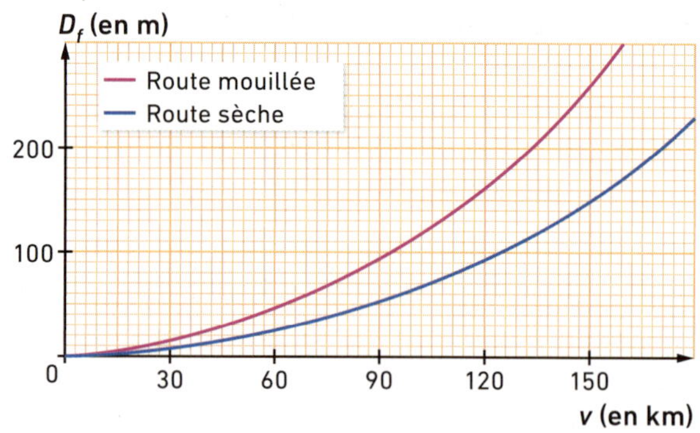

À l'aide du graphique, répondre aux questions suivantes.

1. Quelle est la distance de freinage sur une route sèche d'un véhicule roulant à 90 km/h ?

2. Quelle est la distance de freinage sur une route mouillée d'un véhicule roulant à 120 km/h ?

3. Dans chaque condition météorologique, la distance de freinage est-elle proportionnelle à la vitesse du véhicule ?
Justifier.

OBJECTIF 2

Je manipule des variations exprimées en pourcentages

50 Calculer mentalement :
a. 230 m augmenté de 50 % ;
b. 42 L augmenté de 30 % ;
c. 12 € augmenté de 200 % ;
d. 80 kg diminué de 50 % ;
e. 21 $ diminué de 30 % ;
f. 80 Mo diminué de 90 %.

51

Quels sont les prix de ces articles après réduction ?

52 Recopier et compléter ce rapport comptable annuel :

```
Sur le premier semestre, nos ventes
ont augmenté de 15 %. Sur le deuxième
semestre, elles ont augmenté de 20 %.
Le bilan annuel est donc une hausse
de … %.
```

53 **L'écologie autour de moi**

Mélina consommait 32 m^3 d'eau par an. Elle a décidé de faire attention en réduisant les consommations inutiles. Sa dernière facture montre une consommation annuelle de 27 m^3 d'eau.
Quel est le pourcentage de baisse de sa consommation ?

54 Une balle est lâchée du deuxième étage de la tour Eiffel (116 m). Lorsqu'elle touche le sol, elle rebondit, puis retombe de façon qu'à chaque rebond, elle remonte à 60 % de son altitude précédente.
À partir de combien de rebonds ne remontera-t-elle plus au-dessus de 1,60 m ?

OBJECTIF 3

Je manipule des grandeurs produits et des grandeurs quotients

55 Le jus d'orange de Gringo a une teneur en vitamine C de 360 mg/L.
1. En prenant un verre de jus d'orange de 15 cL chaque matin, quelle quantité de vitamine C Gringo absorbe-t-il ?
2. Quelle quantité de jus d'orange doit-il boire pour obtenir la quantité journalière recommandée de 110 mg/L ?

56 La masse volumique du plomb est de 11,3 kg/dm^3.
1. Quelle est la masse d'une plaque de plomb de 4,5 dm^3 ?
2. Quelle est la masse d'un cube de plomb de côté 5 cm ?
3. Exprimer la masse volumique du plomb en kg/m^3.

57 Le tableau suivant présente la population et la superficie de la France et de ses pays voisins en 2020 :

Pays	Population (nombre d'habitants)	Superficie (en km^2)
France	67 064 000	643 801
Espagne	49 331 076	505 990
Italie	60 244 639	301 338
Suisse	8 603 899	41 290
Allemagne	83 186 719	357 021
Belgique	11 570 762	30 689
Luxembourg	605 764	2 586
Royaume-Uni	65 105 246	242 495

1. Calculer la densité de population, exprimée en hab./km^2, pour chaque pays.
2. Quel pays a la plus forte densité ? Quel pays a la plus faible densité ?
3. La densité de population des 50 pays européens était, en 2020, de 73 hab./km^2.
Sachant que la superficie totale de l'Europe est de 10 180 000 km^2, calculer le nombre d'habitants en Europe en 2020.
4. Au niveau mondial, la densité de population sur l'ensemble des terres émergées était en 2020 de 52,5 hab./km^2. Sachant que la planète comptait 7,8 milliards d'habitants, calculer la superficie mondiale des terres émergées.

Je résous des problèmes

OBJECTIF 1

J'utilise la proportionnalité pour résoudre des problèmes

58 Un problème ouvert

Laquelle de ces promotions est la plus avantageuse pour l'acheteur ?

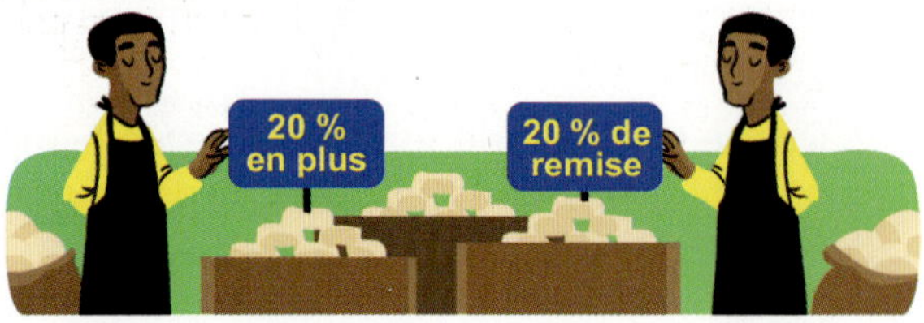

59 Un petit pas pour l'homme...

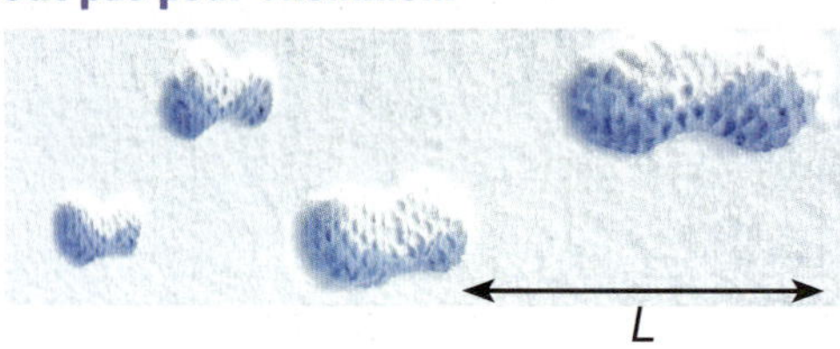

L'image montre les traces de pas d'un homme en train de marcher. La longueur de pas L est la distance entre l'arrière de deux traces de pas consécutives.

Pour les hommes, la formule $\frac{n}{L} = 140$ donne un rapport approximatif entre n et L, où :

- n = nombre de pas par minute ;
- L = longueur de pas en mètres.

1. Henri fait 70 pas par minute. Quelle est la longueur de ses pas ?

2. La longueur des pas de Léo est de 0,80 m. Calculer la vitesse de marche de Léo en mètres par minute, puis en kilomètres par heure.

D'après test PISA

60 Une longueur planétaire

Jupiter est une grosse planète. Son diamètre est d'environ $1{,}4 \times 10^5$ m. Des vents violents soufflent à la surface de Jupiter et une énorme tempête anticyclonique, appelée « la tache rouge », est toujours visible au sud de l'équateur.

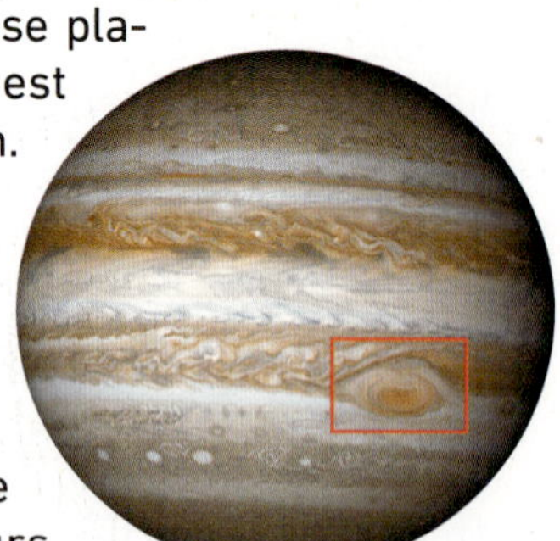

1. En utilisant la photographie ci-dessus, déterminer la taille réelle de cette tache.

2. Comparer la taille de cette tache à la taille de la planète Terre.

OBJECTIF 2

Je manipule des variations exprimées en pourcentages

61 L'écologie autour de moi

Vincent a réalisé des travaux d'isolation chez lui afin de réduire sa consommation énergétique. Les travaux lui ont coûté 2 500 € mais il est parvenu à réduire sa facture annuelle de 17 %.

1. Sachant qu'avant ces travaux, Vincent payait 790 € par an, calculer le nouveau montant de sa facture.

2. Au bout de combien de temps le coût des travaux sera-t-il rentabilisé par cette baisse de consommation ?

62 Placement financier

Lola place 1 000 € sur un compte bancaire. Le solde de son compte augmente de 1,5 % chaque année.

1. Quel sera le solde de son compte après un an ? après quatre ans ?

2. Au bout de combien d'années Lola aura-t-elle doublé son capital ?

63 Des hauts et des bas...

Yzé développe un jeu vidéo où un personnage Mariolino se déplace dans un monde imaginaire. En début de partie, Mariolino possède 10 000 points de vie.

Ce nombre de points de vie augmente de 20 % chaque matin et diminue de 20 % chaque soir.

1. Combien de points de vie aura Mariolino au bout de quatre jours ?

2. Quel serait le pourcentage global d'évolution du nombre de points de vie de Mariolino si le jeu tournait pendant cinq semaines ?

OBJECTIF 3

Je manipule des grandeurs produits et des grandeurs quotients

64 Physique-Chimie **Consommation électrique**

Le tableau ci-dessous représente la puissance de différents appareils de la vie quotidienne :

Appareil	Puissance (en W)	Énergie	
		3 heures (en Wh)	1 jour (en Wh)
Machine à laver	3 000		
Four électrique	2 500		
Sèche-cheveux	600		
Télévision	300		
Ordinateur	40		
Ampoule	30		
Appareil en veille	5		

L'énergie E, exprimée en Wh, se calcule à partir de la puissance P avec $E = P \times d$, où d est la durée d'utilisation de l'appareil en heures.

1. Recopier et compléter le tableau.

2. La famille Durand a noté toutes ses utilisations d'appareils électriques cette semaine :

- 2 tournées de machine à laver de 2 h chacune ;
- 3 usages du four de 1 h 30 chacun ;
- 30 min de sèche-cheveux par jour ;
- 3 h 30 de télévision par jour ;
- 4 h d'ordinateur par jour ;
- 3 ampoules allumées en moyenne 12 h par jour ;
- 3 appareils en veille constamment.

Considérant que les autres semaines sont similaires et sachant que le kWh (kiloWatt-heure) est facturé 0,1546 €, estimer le coût de la consommation électrique annuelle de la famille Durand (hors abonnement).

65 **Une affaire en or**

Les lingots d'or dits « Good Delivery » détenus comme réserve d'or par les banques centrales sont des pavés droits de dimensions 25,1 cm de long ; 7,1 cm de large et 3,6 cm de haut.

1. Sachant que la masse volumique de l'or est de 19,3 g/cm^3, déterminer la masse d'un tel lingot.

2. On appelle aussi ce type de lingot un « 400 onces ». L'once est une unité de mesure des masses.
En déduire la valeur d'un once en grammes.

MULTI OBJECTIFS

66 **Le réservoir**

Un réservoir d'eau a la forme et les dimensions indiquées sur le schéma ci-contre.
Au départ, le réservoir est vide. On le remplit d'eau avec un débit constant. Lequel des graphiques suivants illustre la façon dont le niveau d'eau évolue dans le temps ? Expliquer.

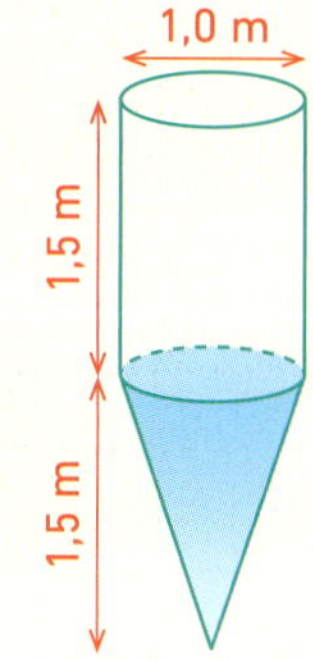

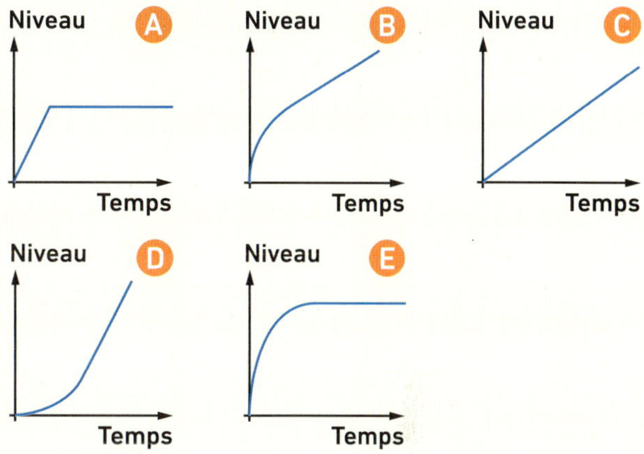

67 **Énergie cinétique**

Voici une représentation de l'énergie cinétique d'une voiture de 900 kg en fonction de sa vitesse :

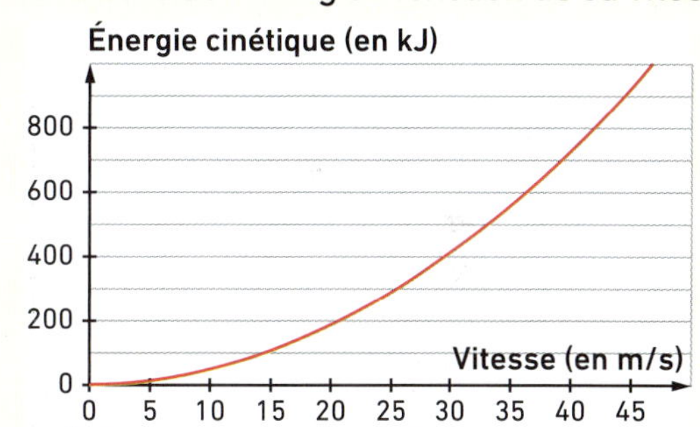

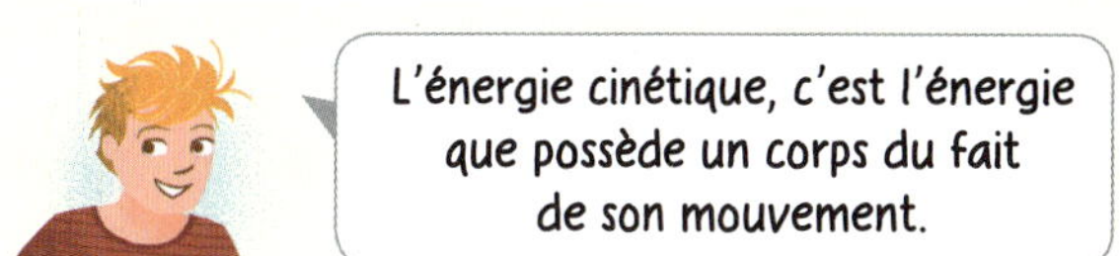

1. Graphiquement, donner une approximation de l'énergie cinétique du véhicule roulant à 40 m/s.

2. Donner la vitesse d'un véhicule possédant une énergie cinétique de 300 kJ.

3. Dire si l'énergie cinétique est proportionnelle à la vitesse. Donner un argument graphique et un argument calculatoire.

68 **Et pourtant elle tourne !**

La Lune a une période de révolution autour de la Terre d'environ 27 jours et 8 heures et se déplace à une vitesse moyenne de 3 683,6 km/h.

1. Déterminer la longueur de l'orbite de la Lune.

2. En déduire la distance Terre-Lune.

je développe mes compétences

RAISONNER | REPRÉSENTER | COMMUNIQUER | CALCULER | CHERCHER | MODÉLISER

J'apprends à COMMUNIQUER

J'OBSERVE

69

Qui a couru le plus vite ?

EXERCICE RÉSOLU

Les unités et points de vue sont différents. Pour les comparer, on peut tout traduire en km/h.

- Pour Val : 3 m/s correspond à 3 m en 1 s, soit 0,003 km en 1/3600 h.
Donc sa vitesse est égale à :
0,003 : (1/3600) = 3 × 3,6 = **10,8 km/h**.
- Pour Stef : 5 min/km correspond à 1 km en 5 min, soit 1 km en 5/60 h.
Donc sa vitesse est de 1 : (5/60) = **12 km/h**.

Mat est donc le plus rapide car 13 est supérieur à 12 et 10,8.

JE ME LANCE

70

- Vitesse de la tortue : 0,25 km/h.
- Allure de l'escargot : 8 s/dm.
- Vitesse du ver de terre : 200 m/jour.
- Vitesse du hérisson : 3 m/min.

Établir le classement de ces animaux du plus rapide au moins rapide.

71 Le nœud est une unité de mesure de vitesse utilisée dans l'aviation et la marine.
On donne 1 nœud = 1 mille/h et 1 mille = 1 852 m.

1. Avec son planeur, Jack Séler vole à une vitesse environ égale à 70 km/h. Son ami lui a conseillé avant son départ de ne pas dépasser 50 nœuds.
A-t-il respecté les conseils de son ami ?

2. Jack prétend que son bateau vogue à 32 nœuds et est donc plus rapide qu'une voiture.
A-t-il raison ?

3. Aujourd'hui, Jack ne pourra pas s'adonner à ses deux passions. Selon l'échelle de Beaufort, les vents sont de force 9 (41 à 47 nœuds).
À quelles vitesses, en km/h, correspondent des vents de force 9 ?

J'apprends à RAISONNER

J'OBSERVE

72 Nico le jardinier met 2 heures pour bêcher le jardin collaboratif du quartier.
Son voisin Éric, qui a moins l'habitude, met 3 heures.
Ils décident de travailler ensemble.
Combien vont-ils mettre de temps pour bêcher ce jardin ?

EXERCICE RÉSOLU

On peut raisonner comme s'ils faisaient chacun plusieurs jardins dans un même temps donné.
Par exemple, en 6 h Nico peut bêcher 3 jardins collaboratifs et Éric 2.
Ainsi, en 6 h, à eux deux, ils peuvent bêcher 5 jardins collaboratifs.
Par proportionnalité, on peut dire qu'il leur faut 6/5 h, soit 1,2 h ou encore 1 h 12 min (1 h + 0,2 × 60 min) pour bêcher le jardin collaboratif ensemble.

JE ME LANCE

73 Alicia, Ben et Camille décident de faire un repas commun. Alicia apporte 5 plats ; Ben en apporte 3. Camille n'apporte rien mais déclare qu'il indemnisera ses compagnons.
En supposant que tous les plats aient la même valeur, Camille verse, en accord avec les autres, 16 €.
Comment répartir cette somme ?

74 Denis, Elias et Fanny partent en vacances ensemble.
Au cours de la semaine, ils règlent chacun leur tour des dépenses et font les comptes à la fin du séjour.
Denis dit : « J'ai payé pour 150 € de courses », Elias : « J'ai dépensé 212 € » et Fanny : « J'ai dépensé 324 € ».
Comment les trois amis doivent-ils équilibrer leurs comptes pour que chacun ait dépensé le même montant ?

75 Un bon plan

REPRÉSENTER • CALCULER D5

Samir réalise le plan de son appartement sur une feuille A4. On peut modéliser l'appartement de Samir par un rectangle de 12,6 m de long et 7 m de large.
Quelle échelle Samir doit-il utiliser pour que son plan soit le plus grand possible, tout en s'assurant que ce plan tienne sur la feuille A4 ?

Les dimensions d'une feuille A4 sont de 297 mm par 210 mm.

76 Réductions

COMMUNIQUER • CALCULER D1.3

Margot a beaucoup de coupons de réduction « –15 % » donnés par son magasin préféré.
Ces coupons sont cumulables, elle peut les cumuler pour un même achat et chaque réduction s'applique sur le nouveau prix.
Margot souhaite s'acheter une paire de chaussures de 120 €. Malheureusement, elle n'a économisé que 70 €. Combien de coupons Margot va-t-elle devoir utiliser pour pouvoir s'acheter cette paire de chaussures ?

77 Anglais Trafalgar Square

CALCULER • RAISONNER D4

Four taps supply water to the pond in Trafalgar Square in London.
The first tap can fill the pond by itself in one hour. The second tap can fill it in two hours, the third tap in three hours, and the fourth tap in four hours.
Steven, a city worker, turns on all the taps at the same time.
How much time (to the second) is needed to fill the Trafalgar Square pond?

78 Les quatre frères Dalton

CALCULER • RAISONNER D1.3 et D4

Quatre frères, Averell, Jack, William et Joe doivent se rendre au village voisin qui se trouve à 6 km de chez eux.
Averell est parti ce midi à pied, il marche à la vitesse moyenne de 5 km/h.
45 minutes après le départ d'Averell, Jack part en courant à la vitesse de 13 km/h.
15 minutes après le départ de Jack, William part à vélo et roule à la vitesse moyenne de 25 km/h.
5 minutes après William, Joe est parti à son tour, en voiture, il roule à la vitesse moyenne de 80 km/h.
Dans quel ordre vont arriver ces quatre frères ?

79 Orbites elliptiques

COMMUNIQUER • RAISONNER • CALCULER D4

Dans le système solaire, les orbites des planètes ne sont pas forcément circulaires mais plutôt elliptiques. C'est une des raisons pour laquelle les distances entre les planètes changent.
Par exemple, la distance Terre-Jupiter varie entre $5{,}91 \times 10^8$ km et $9{,}65 \times 10^8$ km.
La célérité c, c'est-à-dire la vitesse de la lumière, est d'environ $3{,}0 \times 10^8$ m/s.
Donner un encadrement du temps mis par la lumière depuis Jupiter jusqu'à notre œil lorsque l'on observe cette planète depuis la Terre.

80 Je fais ma story

pix 3.2

Préparer une présentation à l'oral ou une courte vidéo qui explique comment on peut montrer que ces trois volumes de même « hauteur » et de même « largeur » sont bien dans le ratio 1 : 2 : 3.

Professeur Myriadus @PMyriadus

Eurêka ! (J'ai trouvé !)
Archimède avait prononcé ce mot dans sa baignoire, selon la légende, en découvrant ce que l'on appelle la poussée d'Archimède.
Il a aussi découvert un magnifique ratio 1 : 2 : 3 avec différents solides !

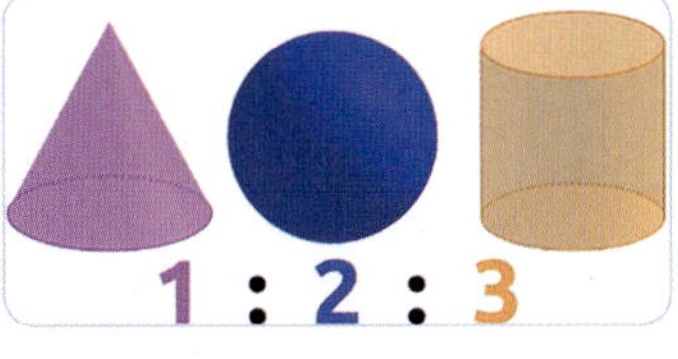

81 **QCM**

1. Une page de roman se lit en moyenne en 1 minute 15 secondes. Quel temps de lecture faudrait-il environ pour un roman de 290 pages ?
ⓐ 5 heures ⓑ 6 heures ⓒ 7 heures
Nouvelle-Calédonie décembre 2019

2. Un pantalon coûte 58 €.
Quel est son prix en euros après une réduction de 20 %?
ⓐ 38 € ⓑ 46,40 € ⓒ 57,80 €
Centres étrangers 2019

3. Une vitesse de 90 km/h est égale à :
ⓐ 0,025 m/s ⓑ 25 000 m/s ⓒ 25 m/s
Polynésie septembre 2019

82 Pour ranger les boulets de canon, les soldats du XVIe siècle utilisaient souvent un type d'empilement pyramidal à base carrée, comme le montrent les dessins suivants :

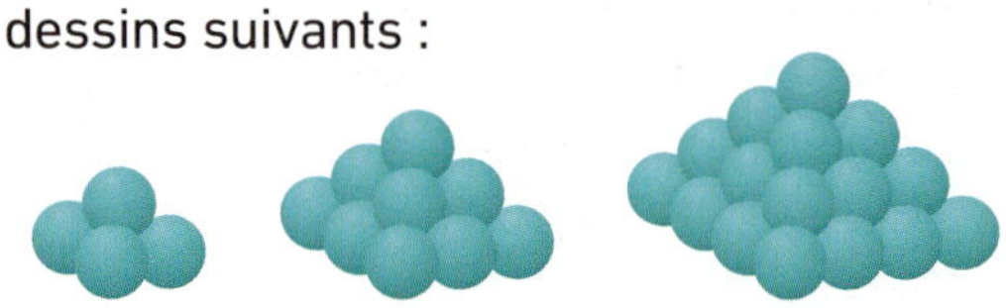

1. Combien de boulets contient l'empilement à 2 niveaux ?
2. Expliquer pourquoi l'empilement à 3 niveaux contient 14 boulets.
3. On range 55 boulets de canon selon cette méthode. Combien de niveaux comporte alors l'empilement obtenu ?
4. Ces boulets sont en fonte ; la masse volumique de cette fonte est de 7 300 kg/m^3.
On modélise un boulet de canon par une boule de rayon 6 cm.
Montrer que l'empilement à 3 niveaux de ces boulets pèse 92 kg, au kg près.

Rappels :
– volume d'une boule :
$$\frac{4}{3} \times \pi \times \text{rayon} \times \text{rayon} \times \text{rayon} ;$$
– une masse volumique de 7 300 kg/m^3 signifie que 1 m^3 pèse 7 300 kg.
Amérique du Nord 2019

83 Les baleines émettent des sons, de fréquences comprises entre 10 Hz et 10 kHz, qui se propagent dans l'eau à une vitesse d'environ 1 500 m/s.
L'étude des chants des baleines a pour but d'élucider leur possible signification : sélection du partenaire sexuel et communication sociale sont des hypothèses envisagées.
1. Convertir la vitesse de propagation de ces sons en km/h.
2. Deux groupes de baleines situées au large de l'Alaska communiquent entre eux.
a. Calculer la distance séparant les deux groupes de baleines.

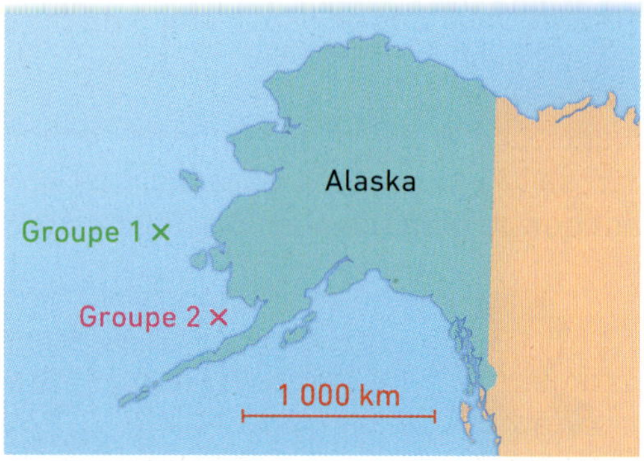

b. Combien de temps met une onde sonore émise par une baleine du groupe 1 pour parvenir aux baleines du groupe 2 ?
Vous donnerez le résultat arrondi à la minute.
3. Le dessin ci-dessous donne une idée de la taille d'une baleine bleue par rapport à celle d'un homme.
En considérant que le plongeur sur l'image a une taille égale à 1,75 m, calculer la taille approximative de la baleine représentée ci-dessous.
Vous donnerez le résultat arrondi au mètre près.
La démarche et les traces de recherche seront valorisées et prises en compte dans la notation.

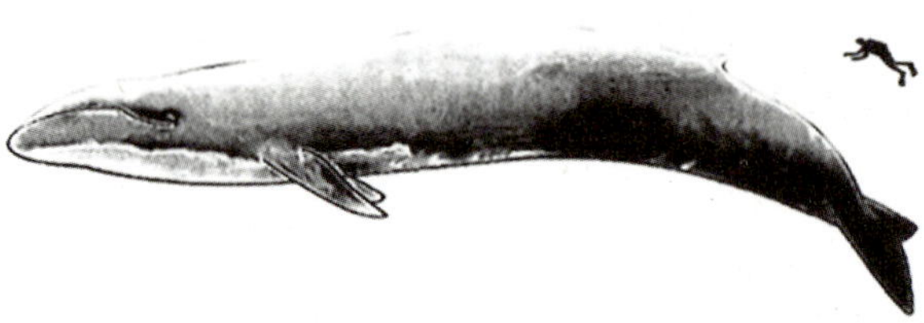

Brevet des collèges A. P. M. E. P.
Polynésie 2018

84 Le premier juillet 2018, la vitesse maximale autorisée sur les routes à double sens de circulation, sans séparateur central, a été abaissée de 90 km/h à 80 km/h.
En 2016, 1 911 personnes ont été tuées sur les routes à double sens de circulation, sans séparateur central, ce qui représente environ 55 % des décès sur l'ensemble des routes en France.
1. Montrer qu'en 2016, il y a eu environ 3 475 décès sur l'ensemble des routes en France.
2. Des experts ont estimé que la baisse de la vitesse à 80 km/h aurait permis de sauver 400 vies en 2016. De quel pourcentage le nombre de morts sur l'ensemble des routes de France aurait-il baissé ? Donner une valeur approchée à 0,1 % près.
Antilles-Guyane 2019

Jeux mathématiques

85 Robert Val utilise neuf masses de valeur chaque nombre entier de 1 à 9 en hectogrammes. Il les place de gauche à droite sur les plateaux d'une balance, à partir de 1, dans l'ordre naturel.
Le centre de la balance et les sept plateaux de chaque côté sont régulièrement espacés. Un plateau peut contenir une masse au maximum.

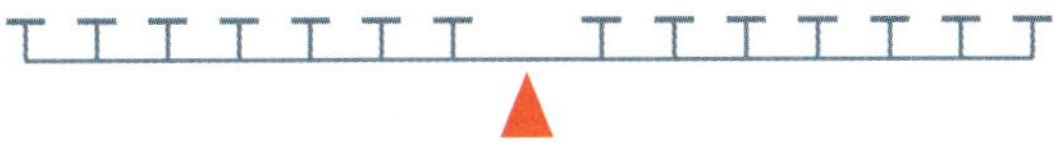

Le moment d'une masse est égal au produit de son poids par sa distance au centre de la balance. La balance est équilibrée lorsque la somme des moments est la même de chaque côté.
La figure ci-dessous donne l'exemple d'un équilibre que Robert Val a obtenu avec les sept premières masses :

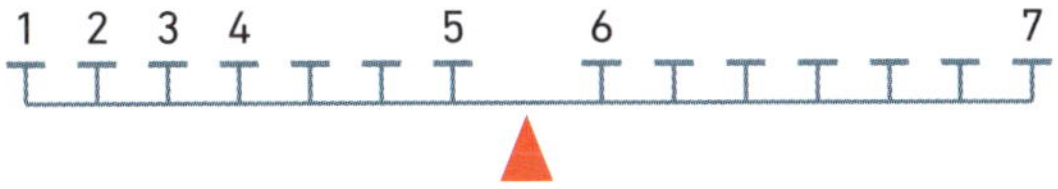

On vérifie que $1 \times 7 + 2 \times 6 + 3 \times 5 + 4 \times 4 + 5 \times 1 = 55 = 6 \times 1 + 7 \times 7$.
En recommençant, Robert Val réussit à équilibrer la même balance avec les neuf masses, toujours en plaçant les entiers dans l'ordre naturel de gauche à droite.
Dessiner un tel schéma avec les neuf nombres placés sur les bons plateaux.

86 **Défi !**

1	9	2
3	8	4
5	7	6

Les jetons numérotés de 1 à 9 sont placés comme l'indique la figure ci-contre. On observe que le nombre formé sur la deuxième ligne (384) est le double du nombre formé sur la première ligne (192) et que le nombre formé sur la troisième ligne (576) est le triple du nombre formé sur la première ligne (et la somme des deux autres).
Trouver au moins une autre solution (il y en a trois autres) qui répond à cette propriété.
Si possible, les trouver toutes !

Énigme

87 Matt achète un jeu d'échec et le revend 24 euros quelques mois plus tard. Il perd dans cette opération autant de pourcents que le jeu lui avait coûté d'euros à l'achat. Combien d'euros perd-il ?

devoirs à la maison

88 **TGV Sud Europe Atlantique** pix 1.1

Depuis 2017, une ligne SNCF permet de relier Paris à Bordeaux en train à grande vitesse.

1. Chercher sur Internet les horaires du TGV Paris-Bordeaux pour savoir combien de temps dure ce trajet.

2. Sachant que cette ligne mesure 302 km, en déduire la vitesse moyenne de ce train sur ce parcours du TGV direct.

3. De même, chercher sur Internet la durée et la longueur d'une autre liaison TGV entre deux villes de France et calculer la vitesse moyenne du train.

89 **Vive la révolution** pix 1.1

Le système solaire est constitué de huit planètes qui tournent autour du Soleil, c'est ce que l'on appelle la révolution des planètes.
La trajectoire de ces planètes n'est pas tout à fait circulaire mais pour effectuer des calculs, on peut les assimiler à des cercles.

1. Reproduire et compléter le tableau suivant à l'aide de recherches sur Internet ou dans des livres d'astronomie :

Nom	Distance moyenne au soleil (en km)	Durée d'une révolution
Mercure	$5,791 \times 10^7$	87 jours 23 h 15 min
Vénus	$1{,}082 \times 10^8$	224 jours 16 h 47 min
Terre	$1{,}496 \times 10^8$	
Mars		686 jours 23 h 31 min
Jupiter		
Saturne		
Uranus		
Neptune		

2. Calculer la vitesse moyenne de chaque planète et les classer de la plus rapide à la plus lente.

avec un logiciel pix

Pour faire ces activités, télécharge les fiches logiciel **Géométrie** et **Tableur** sur le site college.editions-bordas.fr.

1 VMA (Vitesse Maximale Aérobie) pix 1.3

30′ Utiliser un tableur pour calculer des vitesses, des distances, des durées.

Difficulté mathématique Difficulté technique

En EPS, pour travailler son endurance et progresser en course à pied, on peut chercher à déterminer sa VMA (Vitesse Maximale Aérobie). À partir de cette vitesse, on peut ensuite faire des exercices de course à des vitesses adaptées à son niveau.

A. Déterminer sa VMA

Pour déterminer sa VMA, un des tests possibles est le test de demi-Cooper qui consiste à faire la plus grande distance possible en 6 min et à calculer sa vitesse moyenne lors de ce test.

1 Ouvrir une feuille de calcul et reproduire le tableau ci-dessous :

	A	B	C	D	E	F	G
1		Arthur	Billal	Chloé	Décim	Elouen	Fiona
2	Temps (en min)	6	6	6	6	6	6
3	distance (en m)	950	1123	1345	1200	1512	925
4	VMA (en km/h)						

2 À l'aide d'une formule, calculer, dans la cellule **B4**, la VMA d'Arthur, c'est-à-dire sa vitesse moyenne lors de ce test. Tableur 1

3 Recopier cette formule pour déterminer la VMA des cinq autres sportifs. Tableur 2

B. Utiliser sa VMA pour progresser

En connaissant sa VMA, un sportif peut s'entrainer sur des exercices personnalisés en cherchant à courir à un certain pourcentage de sa VMA.
Un exercice d'entrainement possible consiste, par exemple, à courir plusieurs fois 400 m à différents pourcentages de sa VMA.

4 Dans une nouvelle feuille de calcul, reproduire le tableau suivant pour préparer l'entrainement d'Arthur sachant que dans la cellule **F3** figure la VMA d'Arthur.

	A	B	C	D	E	F	G	H	I	J
1	tableau d'Arthur	niveau 1	niveau 2	niveau 3	niveau 4	niveau 5	niveau 6	niveau 7	niveau 8	niveau 9
2	Taux de la VMA	80%	85%	90%	95%	100%	105%	110%	115%	120%
3	Vitesse (en km/h)					10,72				
4	Distance (en m)	400	400	400	400	400	400	400	400	400
5	Temps (en s)									

5 À l'aide de formules, compléter la ligne **3** donnant les différentes vitesses de travail d'Arthur en fonction de sa VMA. Tableur 1 et 2

6 Arthur doit effectuer plusieurs 400 m à des vitesses croissantes. Pour chacun d'eux, le temps de course sera donc différent.

a. En utilisant les données des cellules **B3** et **B4**, déterminer à l'aide d'une formule le temps du premier 400 m d'Arthur dans la cellule **B5**. Attention aux unités utilisées ! Tableur 1

b. Recopier cette formule sur toute la ligne **5** pour déterminer les différents temps des 400 m d'Arthur.

2 Les lingots pix 1.1 et 1.3

Utiliser le tableur pour travailler un problème liant volume et masse.

20' — Difficulté mathématique — Difficulté technique

Luc possède cinq lingots en forme de pavé droit. Chacun d'eux est fait d'un métal différent.
Luc mesure les dimensions de ses lingots et les reporte dans une feuille de calcul.

1 Reproduire le tableau ci-dessous :

	A	B	C	D	E	F
1	Longueur (en cm)	Largeur (en cm)	hauteur (en cm)	Métal	Masse volumique (en g/cm3)	Masse (en g)
2	15	8	5	Aluminium		
3	10	6	3	Cuivre		
4	10	6	4	Fer		
5	10	6	3	Plomb		
6	3	2	1	Or		

2 Chercher, sur Internet ou dans un livre, la masse volumique des métaux utilisés.

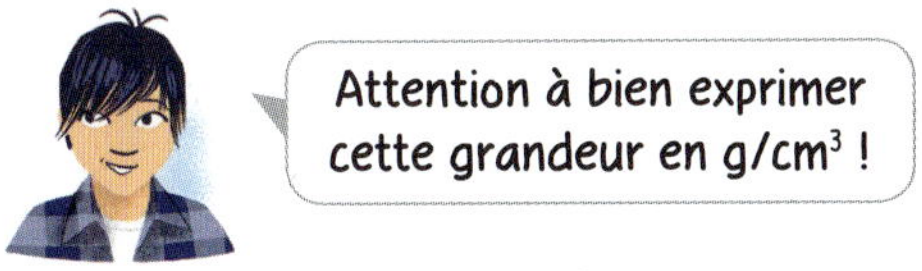

3 Dans la cellule **F2**, saisir une formule qui permet de calculer la masse du lingot d'aluminium. Tableur 1

4 Recopier cette formule dans la colonne **F** pour déterminer la masse des autres lingots. Tableur 2

5 Quel est le lingot le plus lourd ?

6 Luc souhaite acquérir cinq autres lingots (un de chaque métal qu'il possède déjà) qui pèseraient tous 4 kg chacun. Quelles dimensions sont possibles pour ces différents lingots ?

3 Des carrés en nombre ALGO pix 3.4

Construire, à l'aide d'un logiciel de programmation, une série de carrés.

20' — Difficulté mathématique — Difficulté technique

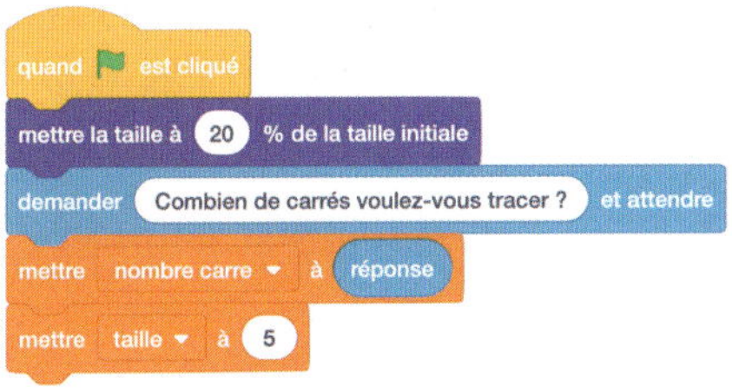

1 Déclarer la variable « nombre carre » et, au clic sur le drapeau vert, demander à l'utilisateur de choisir un nombre de carrés à tracer que l'on affectera à cette variable.

2 Déclarer la variable « taille » et affecter 5 comme valeur initiale à cette variable.

3 Placer le lutin en position $x = -100$ et $y = 100$.

4 Construire un carré de côté la valeur de la variable « taille » en répétant quatre fois les instructions ci-contre.

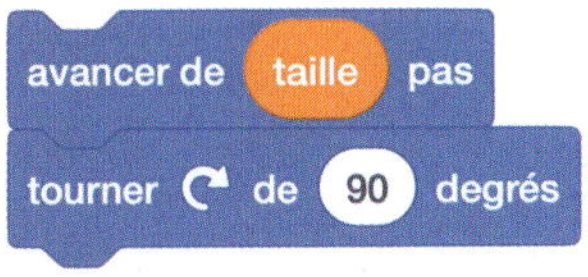

5 Faire répéter cette construction de carré un nombre de fois égal à la variable « nombre carre » en agrandissant entre chaque construction la taille du carré par un coefficient 1,5. Par exemple, pour un nombre de carrés souhaités égal à 6, on doit obtenir le résultat ci-contre.

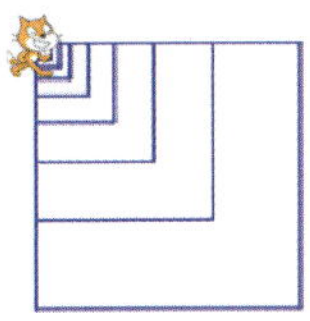

6 Améliorer le programme pour effacer les constructions au démarrage et tracer chaque carré d'une couleur différente.

tâches complexes

1 La masse de la Terre

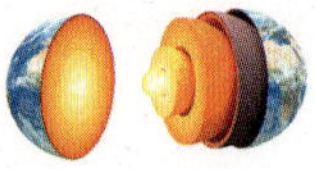

La Terre est une boule composée de plusieurs couches. Chaque couche a une épaisseur et une masse volumique différente.

▶ **En négligeant les croûtes océaniques et continentales, calculer la masse de la Terre.**

DOC 1 Plan de coupe de la Terre

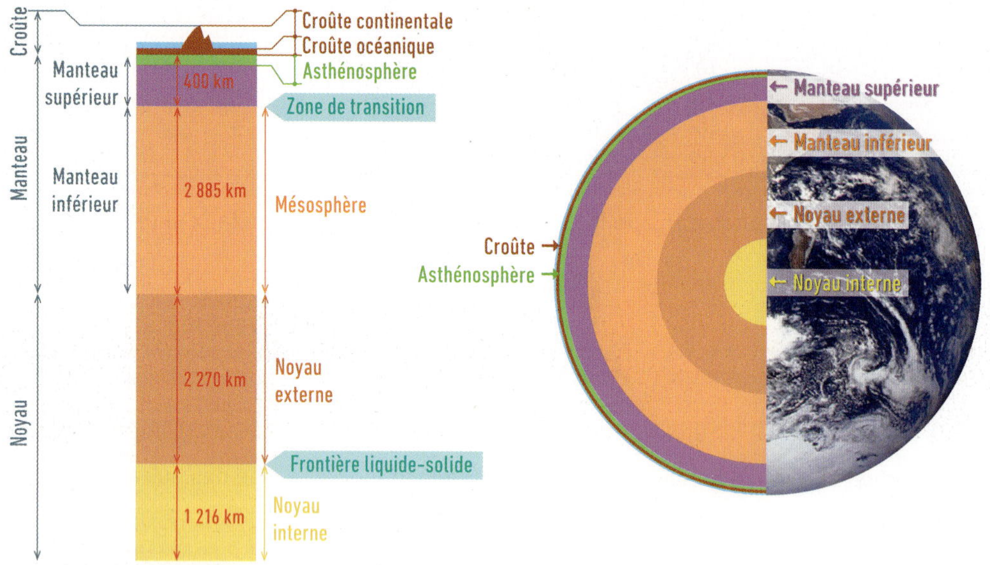

DOC 2 Masse volumique des différentes couches

Couche de la croûte terrestre	Masse volumique (en kg/m^3)
Manteau supérieur et Asthénosphère	4 000
Manteau inférieur	5 000
Noyau externe	11 000
Noyau interne	13 000

DOC 3 Formule de calcul du volume d'une boule

Le volume V d'une boule de rayon R est donné par :

$$V = \frac{4\pi R^3}{3}.$$

2 Les problèmes DUDU

Les DUDU essaient de faire le fameux cocktail Nash ! Et ça dérape, Arnaud met n'importe quoi en quantité de kiwi…

▶ **Peux-tu aider les DUDU ?**

Voir la vidéo : bordas.media/733819_052

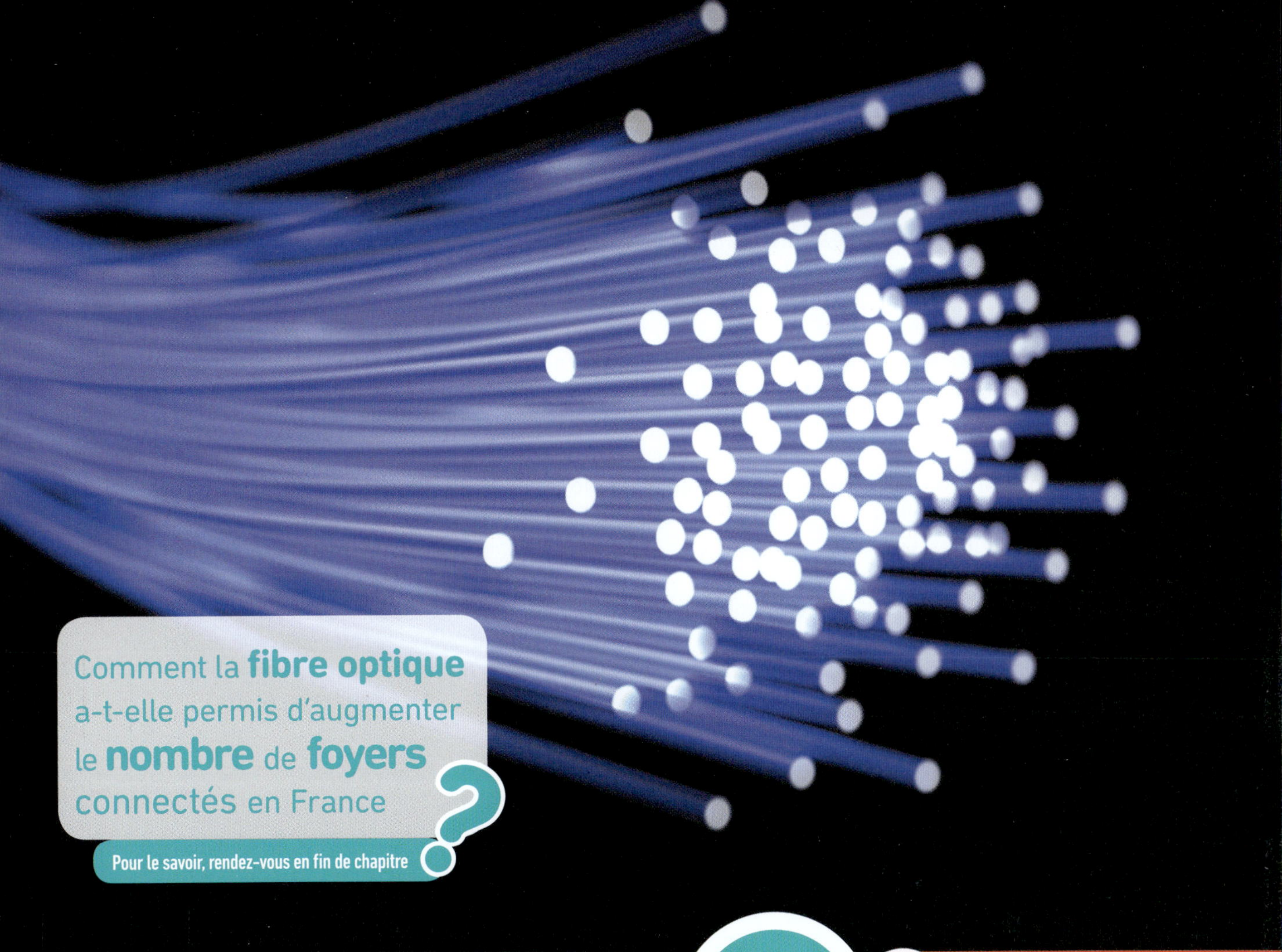

Comment la **fibre optique** a-t-elle permis d'augmenter le **nombre** de **foyers** connectés en France ?

Pour le savoir, rendez-vous en fin de chapitre

chapitre 7

QCM de révision
Avant de commencer ce chapitre, fais le point sur tes connaissances : bordas.media/733819_053

Statistiques et probabilités

objectifs

1. J'étudie une liste de données
2. J'étudie des données sous forme de tableaux ou de graphiques
3. Je calcule des probabilités dans des contextes divers
4. Je fais le lien entre la fréquence des issues et la probabilité

EXEMPLES DE RÉUSSITE !

16 17 26 30
36 37 39 40

cherchons ensemble

Si tu ne comprends pas certains des mots utilisés ici, demande à ton professeur ou consulte le *Dico des maths*, p. 10.

Activité 1 — Étudier une liste de données

OBJECTIF 1

Cette activité peut être réalisée sur tableur.
Sur son ordinateur, Léa a téléchargé sept chansons dont elle a recopié la taille ensuite.

	A	B
1	Chanson	Taille (en Mo)
2	An Other	1,1
3	Jackson	1,9
4	Last Night	1,2
5	Saturday	1,6
6	September	1,2
7	Tu hors	1,7
8	We are	2,6

A. Somme

1 Quelle formule tableur permet de calculer la taille totale des sept fichiers ? Quelle est cette taille totale ?

B. Moyenne

2 Quelle formule tableur permet de calculer la moyenne des tailles des sept fichiers ? Quelle est cette taille moyenne ?

C. Médiane

3 Sur papier, recopier les sept tailles dans l'ordre croissant.
Sur tableur, trier le tableau dans l'ordre croissant des tailles.

La médiane partage en deux une série ordonnée : la moitié des valeurs de la série sont inférieures ou égales à la médiane et la moitié des valeurs de la série lui sont supérieures ou égales.

4 Quelle est la taille médiane de cette série ?

D. Étendue

5 Quelle est la différence entre la plus grande et la plus petite taille de cette série ?

Cette différence s'appelle l'étendue de la série.

Activité 2 — Étudier un graphique de données

OBJECTIF 2

Pour la sortie du dernier Avengers, un cinéma proposait quatre tarifs :
- 5,00 € pour les moins de 14 ans ;
- 6,00 € pour les étudiants ;
- 7,50 € pour les séniors ;
- 10,00 € en tarif normal.

Le graphique ci-contre montre le nombre de spectateurs pour chaque tarif le jour de la sortie du film.

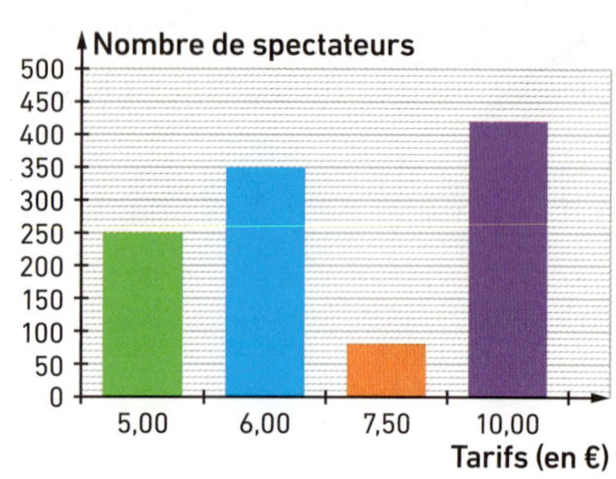

1 Recopier et compléter le tableau ci-dessous :

Tarif	5,00 €	6,00 €	7,50 €	10,00 €	Total
Effectif					
Fréquence					

2 **a.** Éric dit : « Le tarif moyen sur cette séance était de 7,125 € ».
Lucie lui répond : « Pas du tout, tu devrais refaire ton calcul. » Qui a raison ?
Donner, en détaillant le calcul, le tarif moyen sur cette séance.
b. Recopier et compléter cette phrase : « Pour obtenir le même bénéfice en faisant payer le même prix à tous les spectateurs, le tarif de la séance aurait dû être de .... € ».

Activité

3 Calculer des probabilités

OBJECTIF 3

Les cinq couleurs des anneaux olympiques représentent les cinq continents.

1 Si on choisit une des couleurs au hasard, expliquer pourquoi la probabilité que le rouge soit choisi est de 0,2.

2 Lilo décide de choisir deux couleurs différentes parmi ces cinq couleurs pour faire un graff sur les Jeux Olympiques de Paris 2024.
Combien y a-t-il de duos de couleurs olympiques possibles ?

3 Son amie Emma choisit également deux couleurs olympiques pour faire son graff.
a. Quelle est la probabilité qu'Emma choisisse exactement les mêmes couleurs que Lilo ?
b. Quelle est la probabilité qu'Emma ait au moins une couleur commune avec Lilo ?

Activité

4 Passer de la fréquence à la probabilité

OBJECTIF 4

Voici un jeu qui se joue à deux joueurs avec deux dés à six faces numérotées de 1 à 6 : un joueur annonce un nombre, puis il jette les deux dés ensemble.
Si la somme des dés est égale au nombre annoncé il gagne, sinon il perd.

L'objectif de cette activité est de voir s'il existe une stratégie permettant de gagner le plus souvent possible à ce jeu.

A. Expérience réelle (à faire par groupe de deux élèves)

1 Dans chaque groupe, jouer quelques parties pour comprendre le jeu et proposer une stratégie permettant de gagner le plus souvent possible.

2 Afin de vérifier les stratégies proposées, effectuer au minimum 50 lancers, puis compléter le tableau ci-dessous après l'avoir recopié :

Somme des deux dés	2	3	4	5	6	7	8	9	10	11	12	Total
Nombre de lancers qui ont donné cette somme												
Fréquence d'apparition de chaque somme												

3 Mettre en commun les résultats des différents groupes et construire un autre tableau pour avoir le bilan des lancers de la classe.

4 Expliquer pourquoi la fréquence de la somme « 2 » est inférieure à celle de la somme « 5 ».

B. Modélisation mathématique

On considère le lancer d'un dé bleu et d'un dé rouge.

5 À l'aide d'un tableau à double entrée, expliquer pourquoi il y a 36 combinaisons différentes.

6 Combien y a-t-il de combinaisons dont la somme est égale à 6 ? égale à 10 ?

7 En déduire la probabilité d'apparition de chaque somme lors de ce jeu.

8 Quelle stratégie semble permettre de gagner le plus souvent possible à ce jeu ?

cours

1 Caractéristiques d'une série statistique

▸ OBJECTIF 1

Exemple On veut étudier les notes de deux élèves :

Alan : 11 – 18 – 7 – 17 – 11 – 12. | **Barbara** : 13 – 12 – 10 – 8 – 14 – 12 – 11.

a) Caractéristiques de position

DÉFINITION La **moyenne** d'une série de données est le nombre égal à la somme des données de la série divisée par l'effectif total de la série.

Exemples

1. Alan : (11 + 18 + 7 + 17 + 11 + 12) : 6 ≈ 12,7.
La moyenne d'Alan est d'environ **12,7**.

2. Barbara : (13 + 12 + 10 + 8 + 14 + 12 + 11) : 7 ≈ 11,4.
La moyenne de Barbara est d'environ **11,4**.

DÉFINITION Une **médiane** d'une série de données est une valeur telle qu'il y a :
- au moins la moitié des valeurs inférieures ou égales à cette médiane ;
- au moins la moitié des valeurs supérieures ou égales à cette médiane.

Exemples

1. Pour Alan :

7 11 11 ↑ 12 17 18

3 données — médiane — 3 données

Une note médiane est 11,5.

On dit « une » car il y en a une infinité possible entre 11 et 12.

2. Pour Barbara :

8 10 11 (12) 12 13 14

3 données — médiane — 3 données

La note médiane est la 4e note : **12**.

b) Caractéristiques de dispersion

DÉFINITION L'**étendue** d'une série de données est la différence entre la plus grande valeur et la plus petite valeur de cette série.

Exemples

1. 18 – 7 = **11**. L'étendue de la série est **11**. | 2. 14 – 8 = **6**. L'étendue de la série est **6**.

Les notes de Barbara sont moins dispersées que celles d'Alan.

2 Tableaux de données et représentation graphique

▸ OBJECTIF 2

Un club sportif a recensé le nombre de licenciés par catégorie.

Âges	U11	U12	U13	U14	U15	U16	U17	U18	Total
Effectifs	40	19	21	17	40	13	45	42	237
Fréquences	17 %	8 %	9 %	7 %	17 %	5 %	19 %	18 %	100 %

On peut les représenter à l'aide d'un diagramme à barres (à gauche) ou d'un histogramme (à droite) en regroupant des classes d'âge de deux ans d'amplitude.

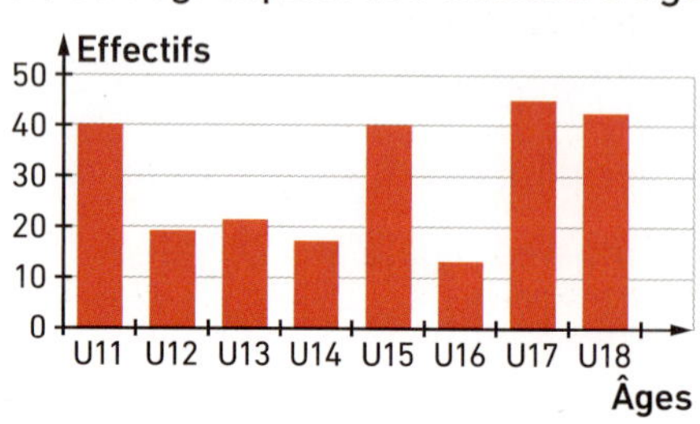

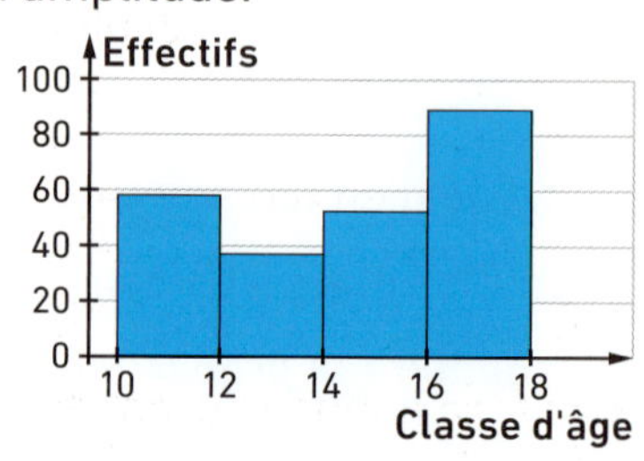

CARTE MENTALE
bordas.media/733819_054

3 Probabilité d'un évènement

OBJECTIF 3

DÉFINITION Une expérience est dite **aléatoire** lorsqu'elle vérifie trois conditions :
- on connait toutes les **issues** possibles ;
- le résultat n'est pas prévisible ;
- l'expérience est reproductible dans les mêmes conditions.

DÉFINITION Un **évènement** est un ensemble d'issues que l'on peut obtenir lors d'une expérience aléatoire. Il est constitué d'une ou plusieurs issues de l'expérience.
Un évènement constitué d'une seule issue est appelé **évènement élémentaire**.

Exemple On lance un dé à six faces et on regarde le nombre de points inscrits sur la face du dessus. Il y a six issues possibles : 1 ; 2 ; 3 ; 4 ; 5 ; 6.
L'évènement « obtenir un nombre impair » est réalisé pour les issues 1, 3 et 5.

PROPRIÉTÉ Dans une expérience aléatoire où toutes les issues ont la même probabilité de se réaliser, la probabilité d'un évènement est égale au quotient suivant :

$$\frac{\text{nombre d'issues favorables à l'évènement}}{\text{nombre d'issues possibles}}.$$

Propriété admise

Exemple Sur cette roue, il y a 8 secteurs colorés de tailles identiques dont 3 sont jaunes. Si on fait tourner cette roue, la probabilité de l'évènement « obtenir jaune » est de $\frac{3}{8}$.

PROPRIÉTÉ La **somme des probabilités** de tous les évènements élémentaires d'une expérience aléatoire **est égale à 1**.

Propriété admise

Exemple Lorsqu'on lance un dé à six faces :

$$P(1) + P(2) + P(3) + P(4) + P(5) + P(6) = \frac{1}{6} + \frac{1}{6} + \frac{1}{6} + \frac{1}{6} + \frac{1}{6} + \frac{1}{6} = \frac{6}{6} = 1.$$

4 Probabilité et fréquences

OBJECTIF 4

PROPRIÉTÉ Si on répète un grand nombre de fois une expérience aléatoire, la fréquence d'un évènement est « proche » de la probabilité de cet évènement.

Propriété admise

Exemples

1. Camille a lancé 1 000 fois une pièce de 1 €. Elle a obtenu 512 fois « Pile ». La fréquence d'apparition du « Pile » est de 51,2 %. Cette fréquence est proche de 50 % qui est la probabilité de l'évènement « On obtient Pile ».
2. On a lancé un dé 50 000 fois, voici les résultats obtenus :

Faces	1	2	3	4	5	6	Total
Effectifs	8 281	8 387	8 299	8 338	8 397	8 298	50 000
Fréquences	16,56 %	16,77 %	16,60 %	16,68 %	16,79 %	16,60 %	100

Les fréquences d'apparition de chaque face sont toutes proches de la probabilité d'obtenir une face donnée qui est de $\frac{1}{6} \approx 0{,}167$.

objectif 1

Je comprends

Voir la vidéo : bordas.media/733819_055

Huit athlètes ont participé à un concours de lancers de javelot. Voici leurs performances : 62 m ; 73 m ; 58 m ; 64 m ; 71 m ; 62 m ; 65 m ; 59 m.
Déterminer la moyenne, la médiane et l'étendue de cette série de lancers.

Exercice résolu

ÉTAPE 1. La moyenne

$M = (62 + 73 + 58 + 64 + 71 + 62 + 65 + 59) : 8$
$= 64,25$.

La **moyenne** des lancers est donc de **64,25 m**.

ÉTAPE 2. La médiane

On ordonne la série du moins bon lancer au meilleur :
58 m ; 59 m ; 62 m ; 62 m ; 64 m ; 65 m ; 71 m ; 73 m.
(62 m ; 64 m : valeurs centrales)

Dans le cas d'un nombre pair de valeurs, une valeur médiane est obtenue par la moyenne des deux valeurs centrales, ici 62 et 64.

$m = (62 + 64) : 2 = 63$.
La valeur **médiane** est donc de **63 m**. Il y a autant de lancers inférieurs à 63 m que de lancers supérieurs à 63 m.

ÉTAPE 3. L'étendue

L'étendue est la différence entre la plus grande et la plus petite valeur de la série.

Le meilleur lancer est de 73 m et le moins bon de 58 m : $73 - 58 = 15$.
L'**étendue** de la série est donc de **15 m**.

Je m'échauffe

1 QUESTIONS FLASH

Déterminer la moyenne, la médiane et l'étendue de chacune des séries :
a. série 1 : 4 ; 5 ; 12 ;
b. série 2 : 0 ; 1 ; 2 ; 3 ;
c. série 3 : 3 ; 7 ; 9 ; 11 ; 20 ;
d. série 4 : 2 ; 3 ; 4 ; 5 ; 6 ; 7.

2 Chaque jour, Louis note la température indiquée par le thermomètre de son jardin.
Lors d'une semaine de novembre, il a obtenu : 14 °C ; 16 °C ; 12 °C ; 11 °C ; 10 °C ; 10 °C ; 12 °C.
1. Calculer la température moyenne.
2. Quelle est la température médiane ?
3. Quelle est l'étendue de ces températures ?

3 Sept amies comparent leurs achats pendant les soldes : 55,00 € ; 23,00 € ; 35,00 € ; 43,90 € ; 22,10 € ; 68,00 € ; 33,00 €.
Déterminer la moyenne, la médiane et l'étendue de cette série de prix.

4 Le tour de France cycliste 2021 était composé de 21 étapes décrites dans le tableau suivant.
1. Quelle était la longueur moyenne d'une étape du Tour de France 2021 ?

Étape	Date	Longueur de l'étape	Ville arrivée
Étape 1	26 juin	187 km	Landernau
Étape 2	27 juin	182 km	Guerlédan
Étape 3	28 juin	182 km	Pontivy
Étape 4	29 juin	152 km	Fougères
Étape 5	30 juin	27 km	Laval
Étape 6	1er juillet	144 km	Châteauroux
Étape 7	2 juillet	248 km	Le Creusot
Étape 8	3 juillet	151 km	Grand-Bornand
Étape 9	4 juillet	145 km	Tignes
Étape 10	6 juillet	186 km	Valence
Étape 11	7 juillet	199 km	Malaucène
Étape 12	8 juillet	161 km	Nîmes
Étape 13	9 juillet	220 km	Carcassonne
Étape 14	10 juillet	184 km	Quillan
Étape 15	11 juillet	192 km	Andorre
Étape 16	13 juillet	169 km	Saint-Gaudens
Étape 17	14 juillet	178 km	Saint-Lary
Étape 18	15 juillet	130 km	Luz Ardiden
Étape 19	16 juillet	203 km	Libourne
Étape 20	17 juillet	31 km	Saint-Émilion
Étape 21	18 juillet	112 km	Paris

2. Quelle étape peut être considérée comme l'étape médiane du Tour de France 2021 ?
3. Quelle est l'étendue des longueurs d'étapes du Tour de France 2021 ?

Je m'entraîne 1

5 Le champion de décathlon Simon Delcampo a lancé six fois son javelot et obtenu les distances suivantes : 62,30 m ; 59,85 m ; 61,80 m ; 60,85 m ; 64,52 m ; 60,87 m.
Déterminer la moyenne, la médiane et l'étendue de cette série de distances.

6 À la crêperie du Moulin à Élise, le chef Philippe propose différentes formules pour le repas du midi. Voici son activité de la journée :

	Plat du jour	Formule salade	Menu galette	Menu complet
Prix (en €)	9,90	10,50	14,00	25,00
Effectif	6	18	22	3

1. Combien de clients ont déjeuné à la crêperie ce midi ?
2. Quel est le chiffre d'affaire total ?
3. Quel est le prix moyen payé par un client ?
4. Quel est le prix médian payé par un client ?
5. Quelle est l'étendue des prix de ces repas ?

7 **Les maths autour de moi**
L'album de musique le plus vendu au monde est *Thriller* de Mickael Jackson (108 millions d'exemplaires vendus depuis sa sortie).
Le tableau suivant donne les titres et les durées des chansons de ce célèbre album :

N°	Chanson	Durée
1	Wanna Be Startin' Somethin'	6 min 02 s
2	Baby Be Mine	4 min 42 s
3	The Girl Is Mine	3 min 42 s
4	Thriller	5 min 57 s
5	Beat It	4 min 17 s
6	Billie Jean	4 min 54 s
7	Human Nature	4 min 05 s
8	P.Y.T. (Pretty Young Thing)	3 min 58 s
9	The Lady in My Life	4 min 59 s

1. Calculer la durée totale de l'album.
2. Calculer la durée moyenne d'une chanson.
3. Calculer la médiane de cette série de durées.
4. Calculer l'étendue des durées des chansons de cet album.

Je m'entraîne 2

8 **Physique-Chimie** Au cours d'un TP de sciences physiques, Léa et Lara mesurent à plusieurs reprises la résistance d'un circuit électrique (en Ohm – Ω) :
52,3 ; 49,7 ; 53,8 ; 51,6 ; 17,8 ; 49,9 ; 50,7.

1. Déterminer la moyenne, la médiane et l'étendue de cette série.
2. Une des mesures semble très éloignée des autres. Léa et Lara décident de la supprimer. Reprendre la question **1** sans cette donnée.

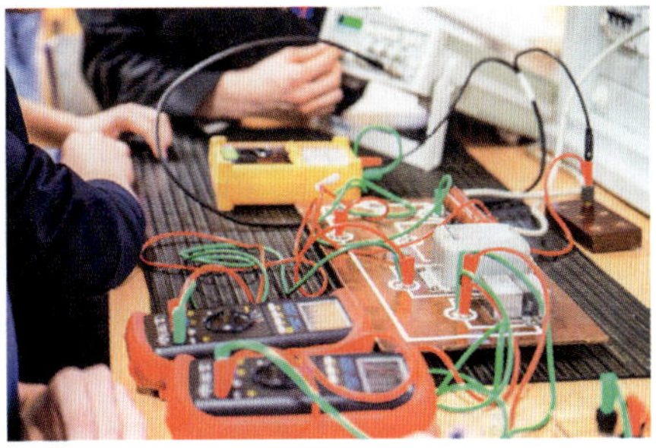

9 **Les maths autour de moi**
Lili a saisi le montant de ses dépenses des vacances dans une feuille de calcul :

	A	B	C	D
1	Tickets de dépense			
2	17,00 €	29,00 €		Dépense totale
3	23,50 €	35,00 €		
4	123,00 €	67,00 €		
5	39,90 €	87,00 €		Ticket moyen
6	43,00 €	32,75 €		
7	54,00 €	32,00 €		
8	16,00 €	65,00 €		Ticket médian
9	11,00 €	34,00 €		

1. Quelle formule Lili peut-elle saisir :
a. dans la cellule **D3** ? b. dans la cellule **D6** ?
2. Calculer le total, la moyenne et la médiane des dépenses de Lili.

10 **TOP Chrono** 10 min

Voici les capacités et les tarifs des trois tribunes du stade Gaston Renaud :

Tribunes	Latérale	Centrale haute	Centrale basse
Tarifs (en €)	10	15	18
Effectifs	4 500	8 000	7 000

1. Calculer le prix moyen d'une place.
2 Déterminer le prix médian d'une place.
3. Calculer l'étendue des prix des places.

objectif 2 J'étudie des données

Je comprends

Voir la vidéo : bordas.media/733819_056

On a demandé à un groupe d'élèves combien de temps ils consacraient à leur petit déjeuner.
Ce graphique résume leurs réponses.

1. Quel pourcentage d'élèves prennent leur petit déjeuner en moins de 12 minutes ?

2. Déterminer le temps moyen pris pour un petit déjeuner.

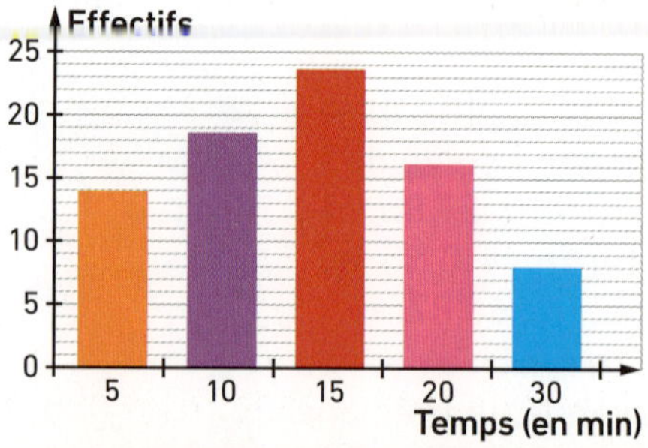

Exercice résolu

1. ÉTAPE 1. On cherche le nombre d'élèves qui prennent moins de 12 minutes pour petit déjeuner.
Ce sont ceux qui prennent 5 ou 10 minutes, soit $14 + 18 = $ **32 élèves**.

ÉTAPE 2. On calcule le nombre total d'élèves ayant répondu au sondage : $14 + 18 + 24 + 16 + 8 = $ **80 élèves**.

ÉTAPE 3. On calcule la proportion représentée par les 32 élèves par rapport au total de 80 élèves : $\frac{32}{80} = 0{,}4$ donc 40 % des élèves prennent leur petit déjeuner en moins de 12 minutes.

2. On calcule le temps total passé par tous les répondants divisés par l'effectif total des répondants :

$$\frac{5 \times 14 + 10 \times 18 + 15 \times 24}{80} + \frac{20 \times 16 + 30 \times 8}{80} = 14{,}625.$$

En moyenne, les élèves prennent environ 15 minutes.

Je m'échauffe

11 QUESTIONS FLASH

1. Calculer mentalement :

a. 30 % de 150 € **b.** 40 % de 200 €
c. 150 % de 20 L **d.** 400 % de 15 L

2. Déterminer la moyenne et la médiane des séries suivantes :

a. 3 ; 5 ; 7 ; 10 ; 25. **b.** 1 ; 2 ; 10 ; 12 ; 15.
c. 8 ; 8 ; 8 ; 8 ; 28. **d.** 2 ; 2 ; 12 ; 12 ; 12.

12 Dans son entreprise de bâtiment, Gigi a des sacs de ciment de plusieurs formats. Voici l'état de son stock :

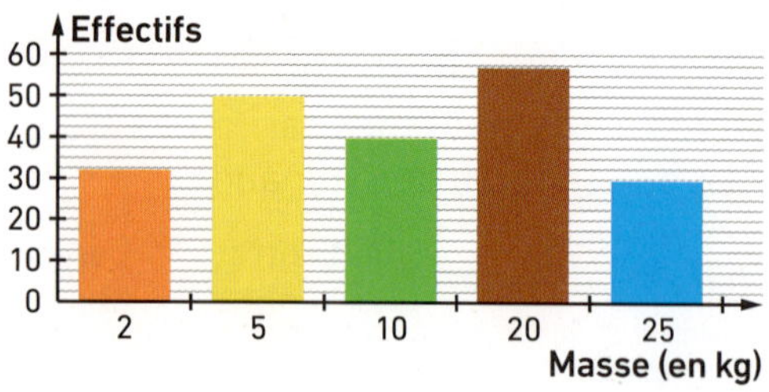

1. Combien de sacs Gigi possède-t-elle en stock ?

2. Quel pourcentage du stock représentent les sacs de 20 kg ?

3. Quelle est la masse moyenne d'un sac de ciment dans le stock de Gigi ?

13 140 élèves du collège Jean Mermoz ont voté pour choisir entre quatre activités sportives.
Voici leurs réponses :

	Canoë	VTT	Paddle	Voile	Total
Effectif		21	49		140
Fréquence	30,00 %				100 %

1. Reproduire et compléter ce tableau de données.

2. Représenter la répartition des choix des élèves par un diagramme adapté.

14 Tous les ans au mois de janvier, Maxime vend quatre types de galettes des rois dans sa boulangerie.

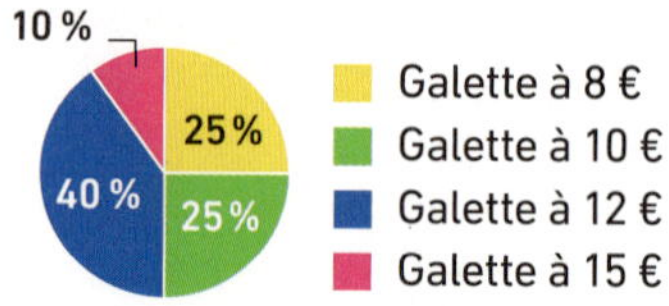

Cette année, il en a vendu 360 au total.

1. Quel est le montant total des ventes de Maxime pour cette année ?

2. Quel est le prix moyen d'une galette vendue par Maxime ?

3. Quel est le prix médian d'une galette vendue par Maxime ?

Je m'entraîne 1

15 Linda vend des pots de miel sur le marché d'Ax les thermes. Voici ses ventes de la semaine :

Masse du pot (en g)	200	400	500	1 000
Prix (en €)	5,00	9,00	10,00	17,00
Nombres de ventes	38	66	41	13

1. Déterminer la masse moyenne d'un pot de miel vendu par Linda.

2. Déterminer le prix moyen d'un pot de miel vendu par Linda.

3. Déterminer le prix médian et l'étendue des prix des ventes de Linda.

16 Utiliser ce diagramme pour répondre aux questions :

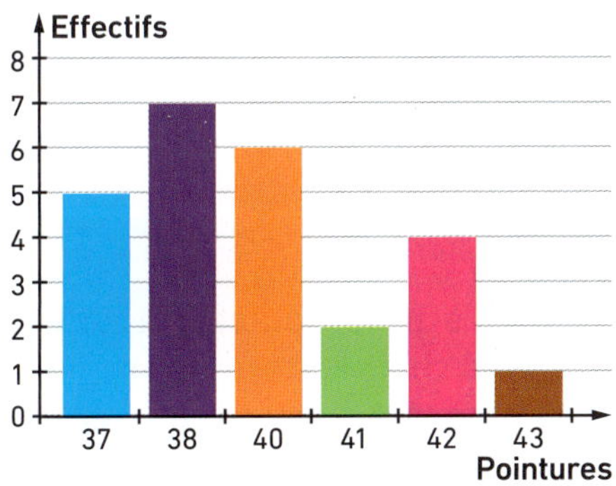

1. Calculer le nombre de personnes chaussant au moins du 40.

2. Calculer la fréquence des personnes chaussant au plus du 42.

3. Calculer le nombre de personnes chaussant entre 38 et 41 inclus.

17 On a posé à 2 500 personnes la question suivante : « À quel âge avez-vous trouvé un emploi correspondant à votre qualification ? ».
Les résultats de cette enquête ont été reportés dans le tableau suivant :

Âge (en années)	Effectif
[18 ; 22[	100
[22 ; 26[	200
[26 ; 30[	400
[30 ; 34[	1 100
[34 ; 38[	700

Représenter ces résultats par un histogramme.

Je m'entraîne 2

18 **Les maths autour de moi**

On a demandé à 30 élèves :

> Combien de messages instantanés as-tu reçu aujourd'hui sur ton smartphone ?

Le tableau ci-dessous présente leurs réponses :

Nombre de messages	De 0 à 10	De 11 à 20	De 21 à 30	De 31 à 40	De 41 à 50
Effectif	4	1	8	12	5

1. Quel est le nombre moyen de messages par élève ? le nombre médian ?

2. Représenter ces données par un histogramme.

19 Freddy est pépiniériste. Il vend des sapins de Noël. Le tableau suivant lui permet de faire le bilan de ses ventes du mois de décembre :

Catégorie	1	2	3	4
Taille du sapin (cm)	120/150	150/170	170/200	200/250
Nombre de sapins	52	125	157	33
Prix (€)	12,00	15,00	22,00	35,00

1. Quelle a été la recette totale de Freddy ?

2. Quelle est la taille moyenne d'un sapin vendu ?

3. Quel est le prix moyen d'un sapin vendu ?

4. Freddy affirme que moins de 10 % de ses ventes sont des sapins de catégorie 4. A-t-il raison ?

20 **TOP Chrono** 10 min

Lors d'une action de prévention routière, on a mesuré la vitesse de passage des voitures dans la rue d'un collège (limitation à 50 km/h). On a obtenu les mesures suivantes :

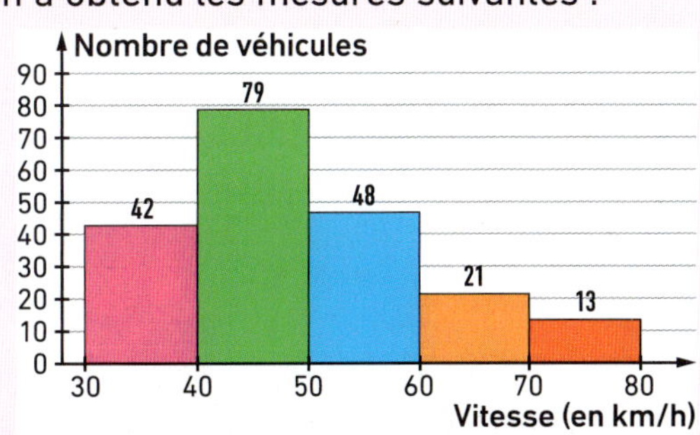

1. Quelle est la vitesse moyenne d'un véhicule passant dans la rue du collège ?

2. Quel est le pourcentage des véhicules en excès de vitesse ?

objectif 3 Je calcule des probabilités

Je comprends

Voir la vidéo : bordas.media/733819_057

Dans l'urne ci-contre, il y a 20 jetons colorés numérotés de 1 à 20.
On mélange, on tire un jeton au hasard et on regarde le nombre inscrit.
1. Calculer la probabilité de l'évènement A « Obtenir un multiple de 3 ».
2. Calculer la probabilité de l'évènement B « Obtenir un jeton vert ».
3. Préciser quel évènement est le plus probable.

Exercice résolu

1. Parmi les 20 nombres inscrits sur les jetons, il y a 6 nombres multiples de 3 (3 ; 6 ; 9 ; 12 ; 15 ; 18). On a donc **6 chances sur 20** de tirer un jeton avec un nombre multiple de 3.
On dit que la probabilité de cet évènement est égale à : $\frac{6}{20} = \frac{3}{10} = 0{,}3$.

2. Parmi les 20 jetons, il y a 9 jetons verts.
On a donc **9 chances sur 20** de tirer un jeton vert.
La probabilité d'obtenir un jeton vert est égale à : $\frac{9}{20} = 0{,}45$.

3. Il est donc plus probable de tirer un jeton vert que de tirer un jeton dont le nombre est un multiple de 3.

Je m'échauffe

21 QUESTIONS FLASH

Dans un jeu de société, on lance un dé à 12 faces numérotées de 1 à 12.
Quelle est la probabilité d'avoir :
a. un 2 ? **b.** un nombre pair ?
c. un multiple de 3 ? **d.** un multiple de 5 ?

22 On lance un dé à six faces et on regarde le nombre de points inscrits sur la face du dessus.
1. Quelle est la probabilité d'obtenir le nombre 3 ?
2. Quelle est la probabilité d'obtenir un nombre pair ?
3. Quelle est la probabilité d'obtenir un nombre premier ?

23 Un sac contient six boules numérotées : quatre blanches et deux noires.
On tire au hasard une boule de ce sac.

1. Quelle est la probabilité de tirer une boule blanche ?
2. Quelle est la probabilité de tirer une boule portant le numéro 2 ?
3. Quelle est la probabilité de tirer une boule blanche numérotée 1 ?

24 Trois boules, numérotées 4, 5 et 6, sont placées dans une urne.
À l'aide de ces trois boules, on va écrire un nombre à trois chiffres de la façon suivante :
- on tire au hasard une première boule et on note le chiffre obtenu comme centaine ;
- on tire une seconde boule sans remettre la première et on note le chiffre obtenu comme dizaine ;
- on tire la troisième boule sans remettre les précédentes et on note le chiffre obtenu comme unité.

1. Combien de nombres différents peuvent être obtenus ?
2. a. Quelle est la probabilité d'obtenir le nombre 456 ?
b. Quelle est la probabilité d'obtenir un nombre pair ?
c. Quelle est la probabilité d'obtenir un nombre divisible par 3 ?
d. Quelle est la probabilité d'obtenir un nombre supérieur à 550 ?
e. Quelle est la probabilité d'obtenir un nombre composé de trois chiffres identiques ?
3. Reprendre les questions **1** et **2** dans le cas où on remet les boules dans l'urne après chaque tirage.

Je m'entraîne 1

25 pix 3.4
Clara a réalisé le programme suivant :

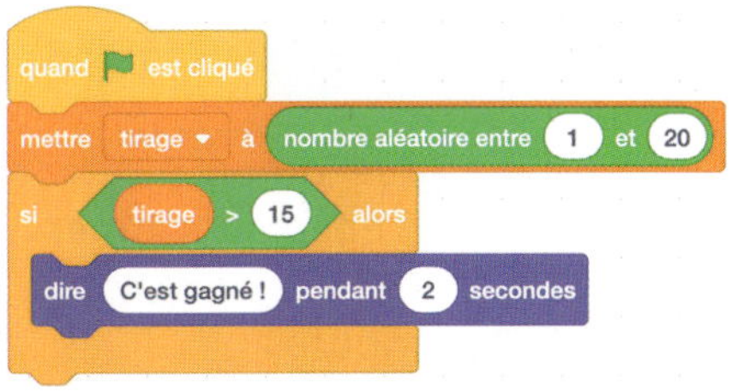

1. Quelle est la probabilité que le tirage donne un nombre premier ?

2. Quelle est la probabilité que le lutin dise « C'est gagné ! » ?

26 On tire, deux fois de suite et avec remise, une boule dans une urne contenant une boule bleue et deux boules violettes. Déterminer la probabilité de tirer successivement deux boules violettes.

On pourra dénombrer toutes les possibilités à l'aide d'un tableau à double entrée.

27 **Les maths autour de moi**
Aline, Bertrand et Claude ont chacun un sac contenant des bonbons. Chacun tire au hasard un bonbon de son sac.

1. Qui a la probabilité la plus grande de tirer un bonbon rouge ?

2. On souhaite qu'Aline ait la même probabilité que Bertrand de tirer un bonbon rouge. Avant le tirage, combien de bonbons verts faut-il ajouter pour cela dans le sac d'Aline ?

28 MALO a quatre cartes : une pour chaque lettre de son prénom.

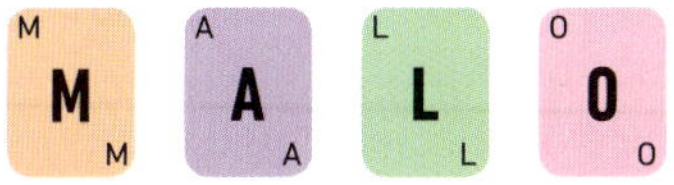

1. Si Malo tire au hasard successivement et sans remise deux de ces cartes, quelle est la probabilité qu'il ait au moins une voyelle ?

2. Reprendre la question mais en considérant que MALO remet la première carte dans le paquet avant le second tirage.

Je m'entraîne 2

29 pix 3.4
Arthur a réalisé le programme suivant :

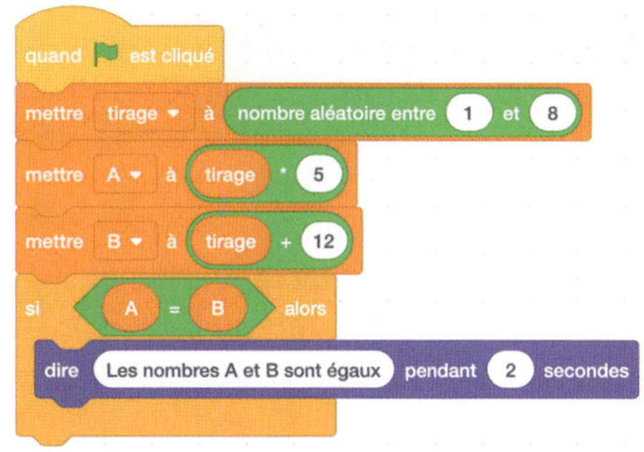

Quelle est la probabilité que le lutin dise « Les nombres A et B sont égaux » ?

30 On suppose que, pour un couple, la probabilité d'avoir une fille ou un garçon est la même.
Un couple souhaite avoir deux enfants.

1. Calculer, en explicitant les issues possibles, la probabilité d'avoir deux garçons.

2. Calculer la probabilité que le couple ait au moins une fille.

Parfois il est plus simple de calculer la probabilité d'un évènement contraire.

31 Une urne contient 18 billes blanches et des billes noires. Connaissant le contenu précis de l'urne, Aliona affirme qu'elle a exactement 40 % de chance de tirer une bille blanche.
Combien y a-t-il de billes noires dans cette urne ?

32 **TOP Chrono** 10 min

Dans sa valise de vacances, Léon n'a que des bermudas et des chemises.
Il a 10 bermudas (3 rouges, 2 verts et 5 blancs) et 8 chemises (1 rouge, 3 vertes et 4 blanches).

Il ouvre sa valise et choisit au hasard un bermuda et une chemise.
Quelle est la probabilité que Léon s'habille avec une tenue d'une seule couleur ?

objectif 4

Je comprends

Voir la vidéo : bordas.media/733819_058

Léonie joue à Pile ou Face avec une pièce.

1. Quelle la probabilité d'obtenir « Pile » à ce jeu ?

Léonie joue 10 fois et obtient 7 « Pile » et 3 « Face ».

2. Quel est le pourcentage de « Pile » obtenu ?

3. Pourquoi est-ce si éloigné de la probabilité calculée en **1** ?

4. Léonie continue de lancer sa pièce pour atteindre 100 lancers. Elle a obtenu 53 « Pile » et 47 « Face ». Que peut-on remarquer pour le pourcentage de « Pile » obtenu sur l'ensemble des jeux ?

Exercice résolu

1. On sait qu'il y a deux issues pour ce jeu de hasard équiprobable : « Pile » et « Face ». Léonie a donc une chance sur deux de faire « Pile ».
On dit que la probabilité de faire « Pile » est égale à 0,5.

2. Sur 10 lancers, Léonie a obtenu 7 « Pile » donc la fréquence est de 7/10 = 0,7, soit 70 %.

3. Léonie n'a joué qu'un petit nombre de fois donc la fréquence d'obtention du « Pile » peut être assez éloignée de la probabilité théorique.

4. Sur 100 lancers au total, elle a obtenu 53 « Pile ». Le pourcentage de « Pile » est donc de 53 % et devient proche de la probabilité.

Avec un grand nombre de lancers, la fréquence et la probabilité sont proches !

Je m'échauffe

33 *QUESTIONS FLASH*

Max lance un dé à six faces cinq fois de suite et affirme avoir obtenu le « 4 » à chaque fois.

Vrai ou Faux ?

a. Le dé de Max est forcément truqué.

b. Si Max lance une sixième fois le dé, il n'a aucune chance d'obtenir un « 4 ».

c. Si Max lance une sixième fois le dé, il a une chance sur six de faire un « 4 ».

d. Si Max lance 600 fois son dé, il y a de fortes chances que le « 4 » apparaisse aux alentours d'une centaine de fois.

34 Quelques semaines avant des élections municipales d'une ville de 20 000 habitants, un institut de sondage réalise une enquête auprès de 1 000 personnes pour connaître leurs intentions de vote. Les résultats du sondage sont publiés dans le tableau suivant :

Candidat	D. Erca	J. Siclo	E. Vince	M. Couta
Intentions de vote (%)	23,2	17,6	21,4	37,8

1. En prenant au hasard une des personnes ayant répondu au sondage, quelle est la probabilité qu'elle ait prévu de voter pour Marie Couta ?

2. Les résultats de l'élection officielle seront-ils exactement ceux présentés dans ce sondage ?

35 Un dé cubique a six faces peintes : une en bleu, une en rouge, une en jaune, une en vert et deux en noir.

1. On lance ce dé cent fois et on note à chaque fois la couleur de la face obtenue.
Le schéma ci-dessous donne la répartition des couleurs obtenues lors de ces cent lancers :

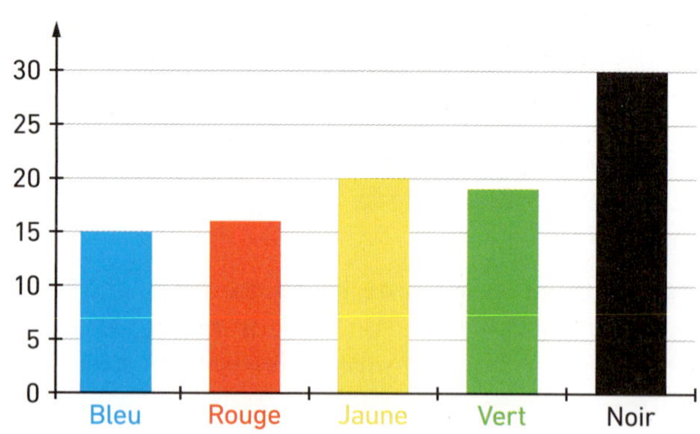

a. Déterminer la fréquence d'apparition de la couleur jaune.

b. Déterminer la fréquence d'apparition de la couleur noire.

2. On suppose que le dé est équilibré.

a. Quelle est la probabilité d'obtenir la couleur jaune ?

b. Quelle est la probabilité d'obtenir la couleur noire ?

3. Que constate-t-on ? Expliquer.

Je m'entraîne 1

36 pix 3.4

Léa a réalisé le programme suivant :

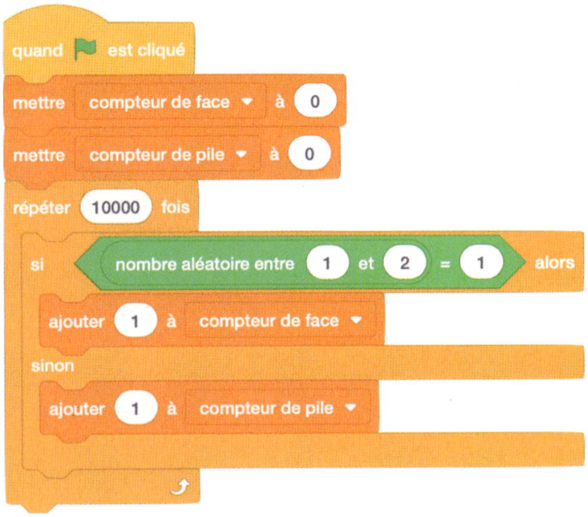

1. Que fait ce programme ?

2. Léa lance le programme. Autour de quelles valeurs vont certainement se situer les deux variables à la fin ? Expliquer.

37 On a lancé 10 000 fois un dé à six faces et obtenu 1 599 fois le « 1 ».
Comparer la fréquence de « 1 » à la probabilité théorique d'obtenir « 1 ».

38 **Les maths autour de moi**

En interrogeant plus de 9 000 personnes dans différents pays, on a pu obtenir des renseignements sur le taux de personnes ayant un tatouage :

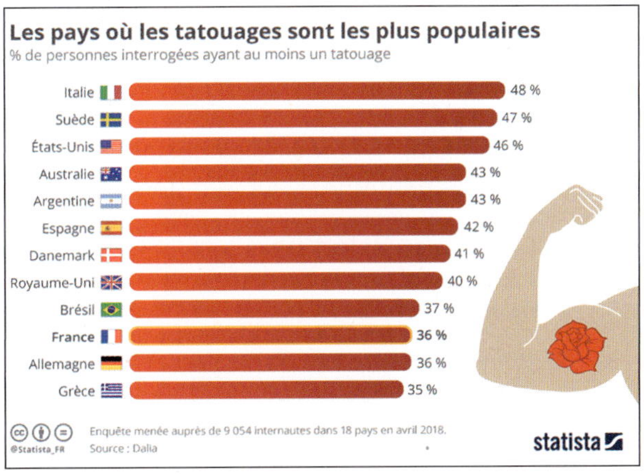

1. Quelle est la probabilité qu'un habitant de Paris (France) n'ait pas de tatouage ?

2. Parmi les pays présentés ici, dans combien d'entre eux la probabilité de voir un habitant avec un tatouage est supérieure à 0,4 ?

Je m'entraîne 2

39 pix 3.4

Alix a une idée de jeu en équipe à deux joueurs :
– le joueur 1 lance un dé à 12 faces ;
– le joueur 2 lance deux dés à 6 faces.
L'équipe gagne si la somme des deux dés du joueur 2 est égale à la face du dé du joueur 1.
Alix réalise une simulation qui indique une valeur finale de 83 529 pour la variable « compteur ».

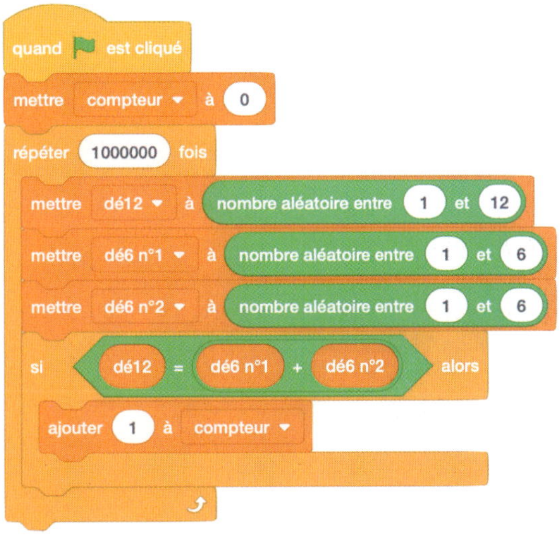

Que peut-il en déduire sur la probabilité de gagner ?

40 Lili souhaite lancer deux dés à 6 faces et calculer la somme des deux dés.

1. Sur tableur, créer un tableau à quatre colonnes :

	A	B	C	D
1	n° lancer	dé n°1	dé n°2	Total
2	lancer 1			
3	lancer 2			
4	lancer 3			

2. Compléter les cellules **B2** et **C2** à l'aide de la fonction ALEA.ENTRE.BORNES() et calculer la somme des deux lancers dans la cellule **D2**.

3. En copiant les formules, simuler 100 lancers.

41 **TOP Chrono** 20 min

1. Dans un tableur ou dans le logiciel Scratch, simuler 500 lancers de dés à 12 faces et compter combien de fois le 10 est sorti.
2. Calculer la fréquence d'apparition du 10 par rapport au nombre total de simulations.
3. Cette fréquence est-elle éloignée de la probabilité théorique ?

je travaille seul(e) ou en Accompagnement personnalisé

Je fais le point sur mon cours

QCM de révision
Retrouve un autre QCM interactif : bordas.media/733819_059

On considère une série de masses de cinq pommes :
154 g ; 163 g ; 140 g ; 143 g ; 207 g.

		A	B	C
42	La masse moyenne de cette série est égale à :	148 g	154 g	163 g
43	La masse médiane de cette série est :	148 g	154 g	163 g
44	L'étendue de cette série est :	53 g	64 g	207 g
45	Quelle est la probabilité qu'une pomme prise au hasard pèse plus que 150 g ?	$\frac{1}{5}$	$\frac{2}{5}$	$\frac{3}{5}$
46	Quelle est la probabilité qu'une pomme prise au hasard pèse moins de 150 g ?	$\frac{1}{5}$	$\frac{2}{5}$	$\frac{3}{5}$

Je fais le point sur mes objectifs

OBJECTIF 1
J'étudie une liste de données

47 Déterminer la moyenne, la médiane et l'étendue de chacune des séries suivantes :
a. 5 ; 2 ; 6 ; 1 ;10 ;
b. 2 ; 14 ; 16 ; 18 ;
c. 1 ; 6 ; 7 ; 9 ; 2 ; 4 ; 6 ;
d. 2,4 ; 4,3 ; 6,1 ; 7,7 ; 6,5.

48 Déterminer une série de cinq données pour laquelle la médiane est 150, la moyenne est 120 et l'étendue est égale à 100.

49 Chaque jour, Julian chronomètre le temps mis pour faire le tour du lac d'Annecy à vélo :
- lundi : 55 min 23 s ;
- mardi : 57 min 42 s ;
- mercredi : 49 min 57 s ;
- jeudi : 56 min 27 s ;
- vendredi : 55 min 29 s ;
- samedi : 52 min 31 s ;
- dimanche : 55 min 59 s.

1. Quel est le temps moyen pour un tour ?
2. Quel est le temps médian de cette série ?
3. Quelle est l'étendue de cette série ?

OBJECTIF 2
J'étudie des données sous forme de tableaux ou de graphiques

50 Est-il vrai que près de deux tiers des livres présentés dans ce diagramme coûtent moins de 20 € ?

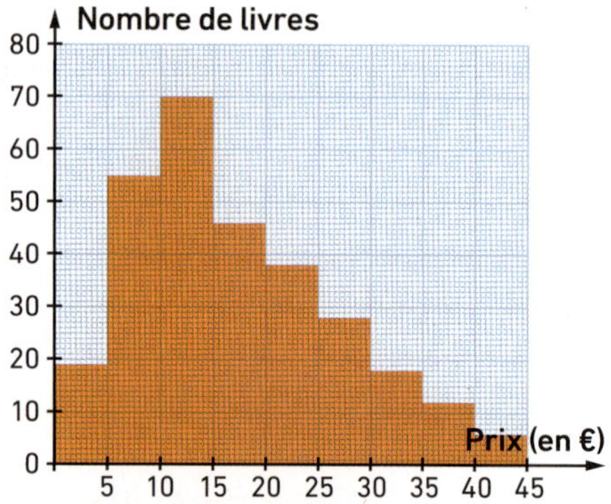

51 Déterminer le pourcentage de sièges obtenus par chaque groupe politique à l'Assemblée nationale.

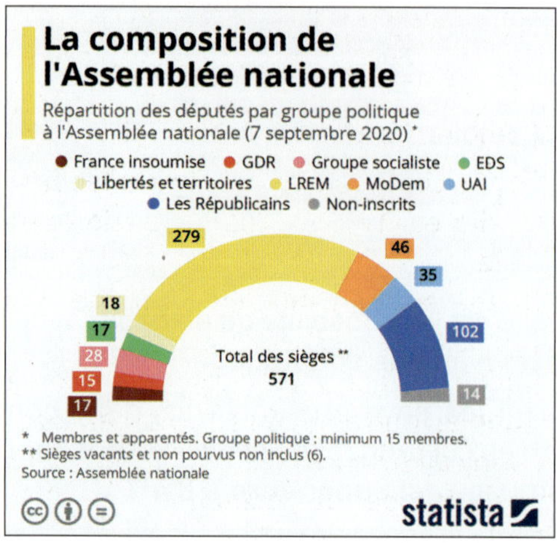

OBJECTIF 3

Je calcule des probabilités dans des contextes divers

52 Un stand à la Foire du printemps propose un jeu dans lequel il faut d'abord faire tourner une roulette. Ensuite, si la roulette s'arrête sur un nombre pair, le joueur peut tirer une bille dans un sac. La roulette et le sac de billes sont représentés ci-dessous : des prix sont distribués aux joueurs qui tirent une bille noire.
Suzy tente sa chance une fois.

« Suzy gagne un prix », on peut dire que c'est :

Ⓐ Impossible.
Ⓑ Peu probable.
Ⓒ Environ une chance sur deux.
Ⓓ Très probable.
Ⓔ Certain.

Expliquer et justifier la réponse donnée.

53 Fanny mange au restaurant scolaire. Elle doit composer son menu (une entrée + un plat + un dessert), en tenant compte des choix suivants :
- **trois entrées au choix :** rillettes de thon ou tomates vinaigrette ou œuf mayonnaise ;
- **deux plats au choix :** saumon avec du riz ou steak haché avec des pommes de terre ;
- **deux desserts au choix :** compote de pommes ou yaourt à la vanille.

1. Combien y a-t-il de menus différents possibles ?

2. Fanny compose son menu de façon aléatoire.
a. Quelle est la probabilité qu'elle mange de la tomate ?
b. Quelle est la probabilité qu'elle mange des pommes de terre ?
c. Quelle est la probabilité qu'elle mange à la fois du thon en entrée et du saumon en plat ?
d. Fanny dit à ses amies : « J'ai deux chances sur trois de manger du poisson. »
A-t-elle raison ? Justifier.

OBJECTIF 4

Je fais le lien entre la fréquence des issues et la probabilité

54

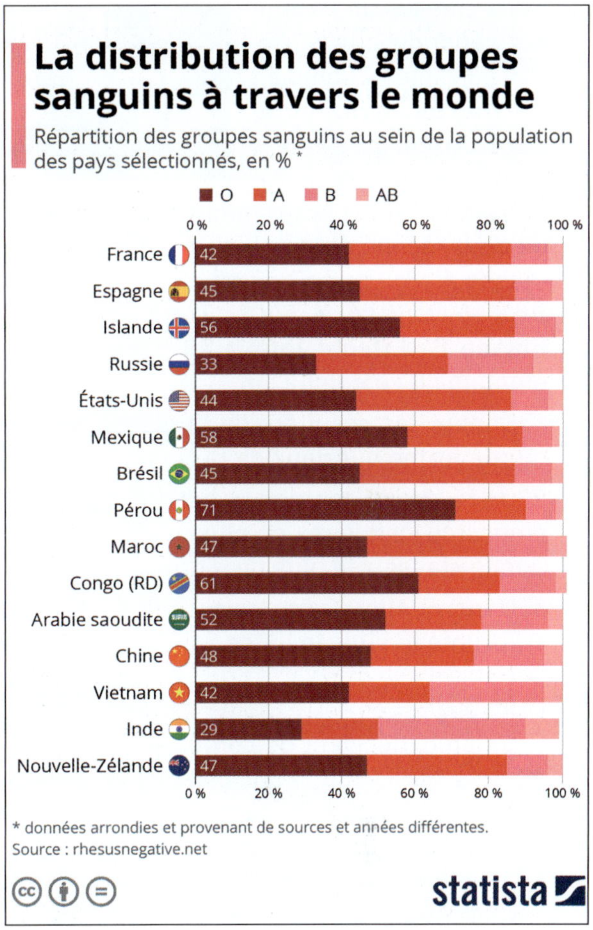

1. En France, en prenant une personne au hasard dans la rue, quelle est la probabilité que son groupe sanguin soit O ?

2. Dans quel pays, parmi ceux présentés ici, la probabilité de trouver une personne du groupe sanguin A est-elle la plus forte ?

55 pix 1.3 et 3.4

1. À l'aide d'un tableur ou du logiciel Scratch, simuler 2 000 lancers de dé à 12 faces et compter combien de fois le nombre 10 est obtenu.

2. Calculer la fréquence d'apparition du 10 par rapport au nombre total de simulations.

3. Cette fréquence est-elle éloignée de la probabilité théorique ? Expliquer.

4. Reprendre toutes les questions précédentes en simulant le lancer de deux dés à six faces dont on fait la somme des faces.
Expliquer les différences observées.

Je résous des problèmes

OBJECTIF 1

J'étudie une liste de données

56 Plaisir de lecture

Deux classes du collège ont répondu à la question suivante : « Combien de livres avez-vous empruntés durant les douze derniers mois ? »

Les deux classes ont communiqué les réponses de deux façons différentes :

Classe A : 1 ; 2 ; 2 ; 2 ; 2 ; 2 ; 3 ; 3 ; 3 ; 3 ; 3 ; 3 ; 3 ; 3 ; 6 ; 6 ; 6 ; 6 ; 6 ; 7 ; 7 ; 7.

Classe B : Effectif total : 25 ; moyenne : 4 ; étendue : 8 ; médiane : 5.

1. Donner les résultats de la classe A sous la même forme que ceux de la classe B.

2. Un « grand lecteur » est un élève qui a emprunté cinq livres ou plus.
Quelle classe a le plus de « grands lecteurs » ?

3. Dans quelle classe se trouve l'élève ayant emprunté le plus de livres ?

57 Le karting

Deux amis décident de comparer leurs performances au karting. Pour cela, ils relèvent leur temps sur chacun de leurs tours :

- **Enzo** : 49 s ; 51 s ; 1 min 01 s ; 58 s ; 47 s ; 45 s ; 55 s.
- **Julia** : 48 s ; 53 s ; 50 s ; 47 s ; 1 min 05 s ; 57 s ; 56 s ; 1 min 04 s ; 42 s ; 47 s.

1. Lequel des deux amis a le meilleur temps moyen au tour ?

2. Proposer un critère qui permettrait de savoir lequel des deux amis est le plus régulier.
Selon ce critère, qui est le plus régulier ?

3. Finalement, les deux amis décident de calculer leur moyenne à partir de leurs cinq meilleurs tours respectifs seulement.
Qui a désormais la meilleure moyenne ?

OBJECTIF 2

J'étudie des données sous forme de tableaux ou de graphiques

58 Statistiques des tirs au but

On a relevé le nombre de tirs effectués et le nombre de tirs cadrés (ballon en direction du but) par une équipe de football au cours de six matchs :

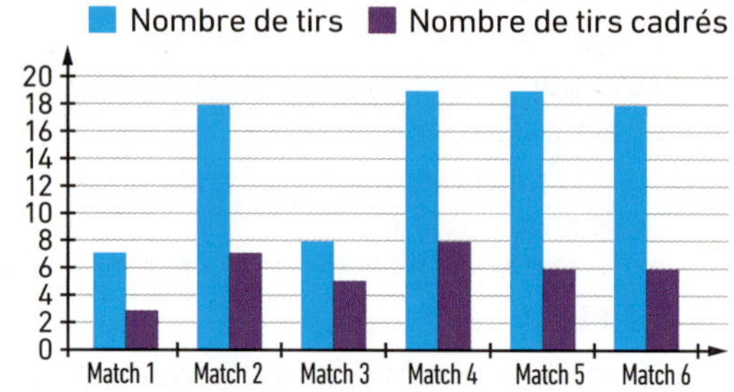

On mesure l'efficacité des joueurs en calculant la proportion de tirs cadrés parmi l'ensemble des tirs au cours d'une rencontre.
Quels sont les deux matchs au cours desquels les joueurs ont été les plus efficaces ?

59 Le temps de sommeil

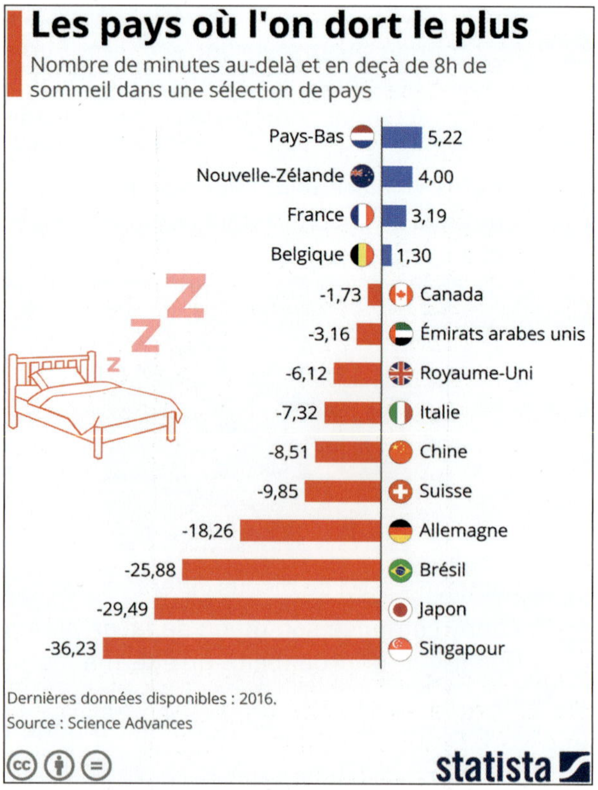

1. Combien de temps dort un Brésilien ?

2. Combien de temps dort un Français ?

3. Combien de pays ont des habitants qui dorment plus de 7 h 45 min par nuit ?

OBJECTIF 3

Je calcule des probabilités dans des contextes divers

60 Jeu à gratter

Dans un jeu de tickets à gratter, la répartition des tickets du meilleur lot aux moins bons est la suivante :

- 1 ticket gagnant « Voiture » ;
- 4 tickets gagnants « TV 4K » ;
- 5 tickets gagnant « Smartphone » ;
- 20 tickets gagnant « Enceinte Bluetooth » ;
- 100 tickets gagnant « Bon d'achat de 50 € » ;
- 500 tickets gagnant « Bon d'achat de 5 € » ;
- 1 370 tickets perdants.

On appelle « Perdu » l'évènement « le ticket gratté est un ticket perdant »

1. Quelle est la probabilité de gagner à ce jeu ?
2. Quelle est la probabilité d'obtenir le lot « Bon d'achat de 50 € » ou un meilleur lot ?

OBJECTIF 4

Je fais le lien entre la fréquence des issues et la probabilité

61 L'un ou l'autre

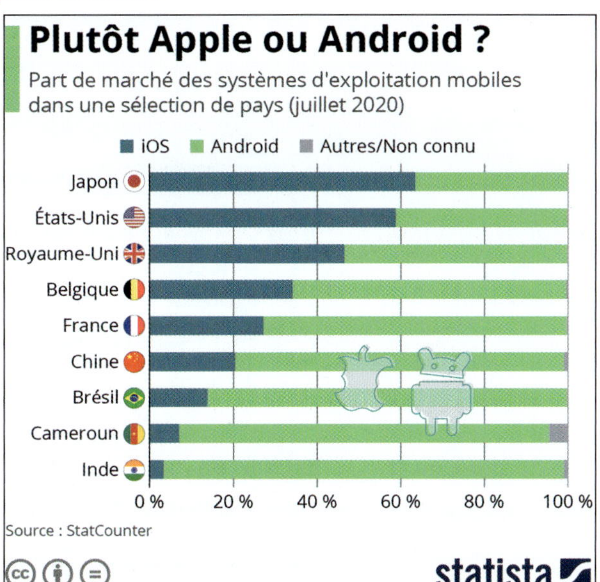

Diane correspond avec deux amis sur un réseau social : Yuna, qui habite au Japon et Mark qui habite en Grande-Bretagne.

1. Quelle est la probabilité que Yuna ait un smartphone Android ? que Mark ait un smartphone Apple (iOS) ?
2. Quelle est la probabilité que Yuna et Mark aient le même système installé sur leurs smartphones ?

MULTI OBJECTIFS

62 L'écologie autour de moi

En France métropolitaine, le massif forestier représente 16,9 millions d'hectares, La plupart de ces forêts appartiennent à des propriétaires privés mais une partie appartient à l'État (forêts domaniales) ou à des collectivités locales (forêts publiques).

En utilisant le graphique, calculer la surface de la forêt domaniale française.

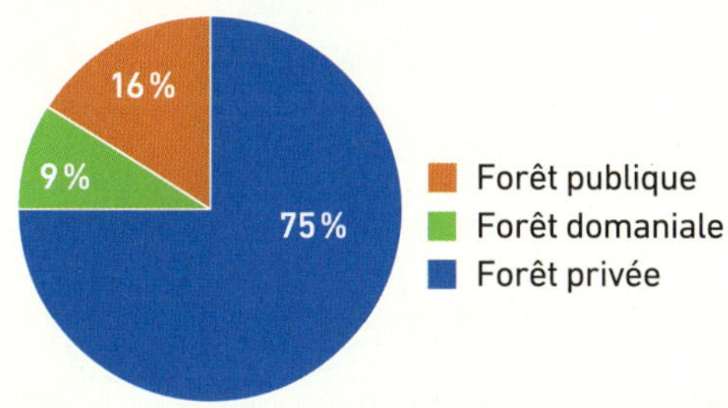

63 Le Scrabble pix 1.1

Le Scrabble est un jeu de lettres traduit dans plusieurs langues.

Pour chaque lettre, le jeu tient compte de sa fréquence d'utilisation dans la langue utilisée.

Ainsi dans le jeu français, il y a 102 jetons :

Lettre	A	B	C	D	E	F	G	H	I
Nombre de jetons	9	2	2	3	15	2	2	2	8

Lettre	J	K	L	M	N	O	P	Q	R
Nombre de jetons	1	1	5	3	6	6	2	1	6

Lettre	S	T	U	V	W	X	Y	Z	Joker
Nombre de jetons	6	6	6	2	1	1	1	1	2

1. Jules tire un jeton au hasard.

a. Quelle est la probabilité que ce jeton soit un E ?

b. Quelle est la probabilité que ce jeton soit une voyelle ? une consonne ?

c. Quelle est la probabilité que ce jeton soit une lettre de son prénom ?

2. **Prolongement possible**

Chercher sur Internet la composition du jeu de Scrabble en anglais et reprendre les quatre questions précédentes.

je développe mes compétences

RAISONNER · REPRÉSENTER · COMMUNIQUER · CALCULER · CHERCHER · MODÉLISER

J'apprends à REPRÉSENTER

J'OBSERVE

64 Ismaël a réalisé un sondage de satisfaction sur le nouveau menu proposé dans son restaurant :

Avis	Peu satisfait	Satisfait	Très satisfait
Effectif	6	15	33

Il veut le représenter par un diagramme circulaire.

EXERCICE RÉSOLU

Le nombre total de réponses est $6 + 15 + 33 = 54$.
Ces 54 réponses correspondent à un angle de 360° et pour chaque secteur, on utilise la proportionnalité entre effectifs et angles :

Avis	Peu satisfait	Satisfait	Très satisfait	Total
Effectif	6	15	33	54
Angle (en °)	40 $(6/54 \times 360)$	100 $(15/54 \times 360)$	220 $(33/54 \times 360)$	360

On trace un cercle et on forme des secteurs angulaires correspondant aux données précédentes.

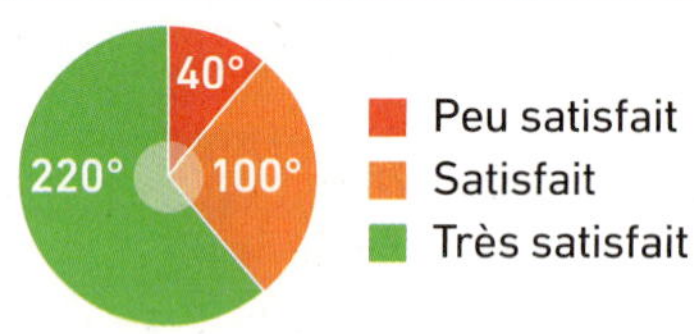

JE ME LANCE

65 Planter des arbres permet de fixer le dioxyde de carbone et de lutter contre le réchauffement climatique.
Michel décide d'agir en plantant plusieurs essences d'arbres :

Essence forestière	Nombre de plants
Chêne	32
Hêtre	24
Saule	10
Bouleau	14

Représenter la répartition de ces plantations par un diagramme circulaire.

66 Tony a noté le nombre de médailles obtenues par la France aux J.O. d'été de 2012 et 2016 :

Année	Médailles de bronze	Médailles d'argent	Médailles d'or
2012	13	11	11
2016	14	18	10

Représenter ces données par des diagrammes à barres ou circulaires.

J'apprends à MODÉLISER

J'OBSERVE

67 pix 1.3 et 3.4 Adama veut jouer à un jeu de dé à six faces où il faut faire 5 ou 6 pour gagner mais elle ne possède pas de dé.
À l'aide d'un logiciel tableur, aider Adama à simuler son jeu.

EXERCICE RÉSOLU

Sur tableur, on peut utiliser la fonction ALEA.ENTRE.BORNES(1;6) pour obtenir au hasard un nombre entier entre 1 et 6.
En utilisant la fonction SI, on peut faire un test conditionnel. Ici on teste si le nombre obtenu est égal à 5 ou 6 :

	A	B
1	N° lancer	simulation
2	1	=ALEA.ENTRE.BORNES(1;6)

	A	B	C
1	N°lancer	simulation	résultat
2	1	5	=SI(B2>4;"gagné";"perdu")

En étirant la ligne **1** vers le bas, on peut simuler plusieurs lancers.

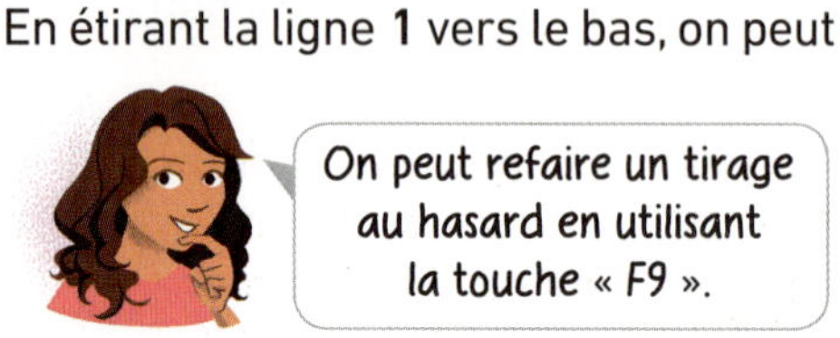

	A	B	C
1	N°lancer	simulation	résultat
2	1	5	gagné
3	2	4	perdu
4	3	6	gagné
5	4	2	perdu

JE ME LANCE

68 pix 1.3 et 3.4 Simuler 20 lancers de dés avec un tableur.

69 pix 1.3 et 3.4 Simuler 25 jeux de « Pile » ou « Face » avec un tableur.

70 pix 1.3 et 3.4 Simuler 50 lancers de dés à 12 faces et compter avec le tableur combien de fois un nombre premier est sorti.

71 Avec Scratch, simuler 6 000 lancers de dés à six faces et afficher le nombre de « 6 » obtenus.

72 Répartition des salaires

REPRÉSENTER • CALCULER D5

L'histogramme ci-dessous représente la répartition des salaires dans une entreprise :

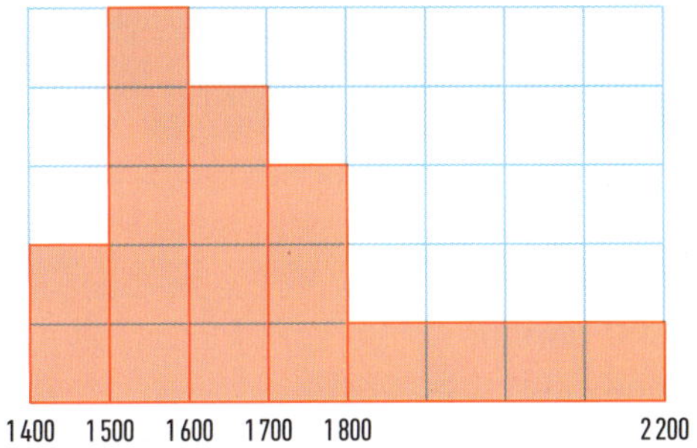

1 bloc ▭ = 20 employés.

1. Quel est le nombre de salariés dans cette entreprise ?

2. Le directeur de cette entreprise affirme que plus de 40 % de ses employés ont un salaire au moins égal à 1 700 €.
Que peut-on penser de cette affirmation ?

3. Calculer le salaire moyen dans cette entreprise.

73 Simulation pix 1.3 et 3.4

MODÉLISER D2

On souhaite simuler 100 lancers de dés à 6 faces avec un tableur.

1. Dans une feuille de calcul, construire un tableau à deux colonnes avec, dans la colonne **A**, les numéros des lancers de 1 à 100.

2. Dans la cellule **B1**, simuler un lancer de dé à six faces à l'aide de la fonction « ALEA.ENTRE.BORNES » et copier cette formule dans toute la colonne **B**.

3. Compter, avec la fonction NB.SI(), combien de fois le 6 est apparu.

	A	B	C	D
1	Lancer n°	Résultat		Bilan de simulation
2	1	=ALEA.ENTRE.BORNES(1;6)		nombre de 6
3	2			=NB.SI(B2:B101;6)
4	3			
5	4			

4. Recommencer la simulation. Le nombre de fois où le 6 est apparu est-il le même ?
Est-ce normal ?

Pour relancer une simulation, la touche F9 ou CTRL+MAJ+F9 peut être utile.

5. a. Sur 1 000 lancers, autour de combien de fois peut-on espérer voir apparaitre le « 6 » ?
b. Réaliser plusieurs simulations de 1 000 lancers pour vérifier la prédiction faite.

74 Contrôle de vitesse

REPRÉSENTER D3

Un radar mobile a mesuré la vitesse des véhicules passant entre 9 h 00 et 10 h 00 du matin dans une rue de la ville. Voici le bilan de ces mesures :

Vitesse en km/h	Entre 40 et 50	Entre 50 et 60	Entre 60 et 70	Entre 70 et 80
Nombres de véhicules	54	22	12	5

1. Calculer le pourcentage de véhicules dépassant la vitesse limite autorisée de 50 km/h.

2. Représenter graphiquement cette série de mesures à l'aide d'un histogramme (on pourra choisir 2 carreaux pour 10 km en abscisse et 1 carreau pour 5 véhicules en ordonnée).

75 Anglais Wimbledon

COMMUNIQUER D1

During the famous Wimbledon tennis tournament, a tennis player delivers a legal first service 3 times out of 4.
He delivers a legal second service 9 times out of 10.
What is the probability that this player double-faults (i.e. he fails to deliver legal first and second services and he loses the point)?

76 Je fais ma story

pix 3.4

Sur un réseau social, Lina a trouvé l'image suivante qui présente les départements de France métropolitaine en fonction de leur taux de boisement :

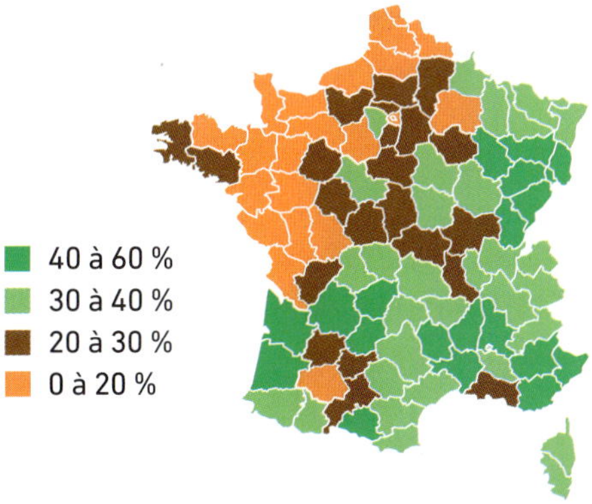

Préparer une présentation à l'oral ou une courte vidéo qui explique comment on peut déterminer le pourcentage de départements français qui ont un taux de boisement très faible (inférieur à 20 %) ou faible (entre 20 et 30 %).

77 **QCM**

1. Quelle est la médiane de la série statistique suivante : 2 ; 5 ; 3 ; 12 ; 8 ; 6 ?

ⓐ 5,5 ⓑ 6 ⓒ 10

2. Une page de roman se lit en moyenne en 1 minute 15 secondes. Quel temps de lecture faudrait-il pour lire un roman de 290 pages ?

ⓐ Environ 5 h ⓑ Environ 6 h ⓒ Environ 7 h

78 **Vrai ou Faux ?**

Pour chacune des affirmations suivantes, indiquer sur la copie, si elle est vraie ou fausse.

On rappelle que chaque réponse doit être justifiée.

Affirmation n°1

« Dans la série de valeurs ci-dessous, l'étendue est 25. Série : 37 ; 20 ; 18 ; 25 ; 45 ; 94 ; 62 ».

Amérique du sud novembre 2019

Affirmation n°2

Données : Le parc éolien de Prony est composé de 84 éoliennes. Chaque éolienne produit en moyenne 256 000 watts.

Affirmation : Le parc éolien produit au total environ 21,5 mégawatts en moyenne.

Nouvelle-Calédonie février 2020

79 Le diagramme ci-dessous représente, pour six pays, la quantité de nourriture gaspillée (en kg) par habitant en 2010.

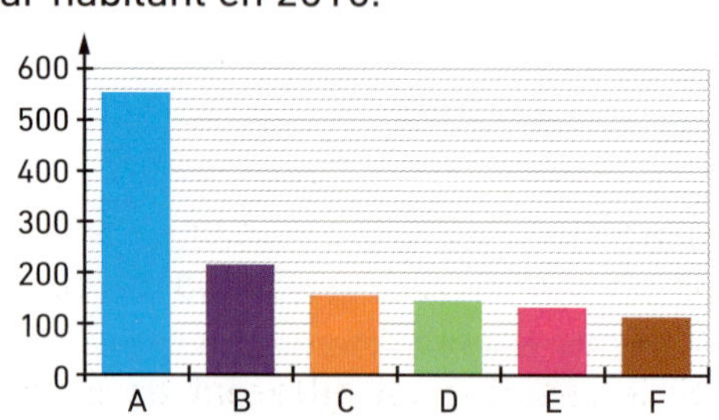

1. Donner approximativement la quantité de nourriture gaspillée par un habitant du pays D en 2010.

2. Peut-on affirmer que le gaspillage de nourriture d'un habitant du pays F représente environ un cinquième du gaspillage de nourriture d'un habitant du pays A ?

3. On veut rendre compte de la quantité de nourriture gaspillée pour d'autres pays. On réalise alors le tableau ci-dessous à l'aide d'un tableur.

> **Rappel** 1 tonne = 1 000kg.

	A	B	C	D
1		Quantité de nourriture gaspillée par habitant en 2010 (en kg)	Nombre d'habitants en 2010 (en millions)	Quantité totale de nourriture gaspillée (en tonnes)
2	Pays X	345	10,9	3 760 500
3	Pays Y	212	9,4	
4	Pays Z	135	46,6	

a. Quelle est la quantité totale de nourriture gaspillée par les habitants du pays X en 2010?

b. Voici trois propositions de formule, recopier sur votre copie celle qu'on a saisie dans la cellule **D2** avant de l'étirer jusqu'en **D4**.

Proposition 1	Proposition 2	Proposition 3
=B2*C2*1 000 000	=B2*C2	=B2*C2*1 000

Amérique du Nord 2019

80 Sam préfère les bonbons bleus. Dans son paquet de 500 bonbons, 150 sont bleus, les autres sont rouges, jaunes ou verts.

1. Quelle est la probabilité qu'il pioche au hasard un bonbon bleu dans son paquet ?

2. 20 % des bonbons de ce paquet sont rouges. Combien y a-t-il de bonbons rouges ?

3. Sachant qu'il y a 130 bonbons verts dans ce paquet, Sam a-t-il plus de chance de piocher au hasard un bonbon vert ou un bonbon jaune?

4. Aïcha avait acheté le même paquet il y a quinze jours, il ne lui reste que 140 bonbons bleus, 100 jaunes, 60 rouges et 100 verts.
Elle dit à Sam : « Tu devrais piocher dans mon paquet plutôt que dans le tien, tu aurais plus de chance d'obtenir un bleu ». A-t-elle raison ?

Polynésie 2019

81 Hugo réalise un assemblage de carreaux représentant son héros préféré.

Pour cela il doit coller 22 carreaux violets, 2 blancs, 162 noirs et 110 verts.

Tous les carreaux sont mélangés dans une boîte.

Hugo choisit un carreau au hasard.

On estime que tous les carreaux ont la même chance d'être choisis.

1. Quelle est la probabilité que Hugo choisisse un carreau vert ?

2. Quelle est la probabilité que Hugo ne choisisse pas un carreau violet ?

3. Quelle est la probabilité que le carreau choisi soit noir ou blanc ?

4. En une journée, Hugo a collé 75 % des carreaux. Combien de carreaux cela représente-t-il ?

Nouvelle-Calédonie décembre 2019

Jeux mathématiques

82 **Le Monopoly**

Au Monopoly, on avance du nombre de cases égal à la somme de deux dés à six faces.

1. Marco est dans la case Prison. Une des possibilités pour en sortir est de faire un double (deux fois la même valeur). Quelle est la probabilité pour Marco de réaliser un double ?

2. Lucie est sur la case Départ. Elle lance les dés. Quelle est la probabilité que Lucie se retrouve sur une case correspondant à une rue (case avec une bande de couleur) ?

83 **Défi !**

Ces cinq grenouilles savantes ont chacune appris à prononcer un seul mot, qu'elles prononcent l'une après l'autre. Elles savent s'aligner pour former à coup sûr un nombre entier comme celui-ci par exemple :

Quelle est la probabilité qu'au spectacle de ce soir on observe un nombre pair ?

Énigme

84 Mathilde lance une pièce d'un euro et note la suite des « Pile » (P) ou « Face » (F) qu'elle obtient successivement. Dans la suite des « P » et des « F » qu'elle a écrits, les suites de quatre lancers consécutifs sont toutes différentes et au total il y a exactement trois fois plus de « Face » que de « Pile ».

Combien de lettres compte cette suite de lancers ?

D'après championnat FFJM

devoirs à la maison

85 **Le volume de données sur Internet** pix 1.1

En informatique, on mesure la taille des données en octets (o), kilooctets (ko), mégaoctets (Mo), gigaoctets (Go), téraoctets (To)...

1. Chercher sur Internet le volume de données produites chaque jour actuellement.

2. Observer l'infographie ci-dessous et rédiger un paragraphe mettant en évidence quelques informations surprenantes présentées :

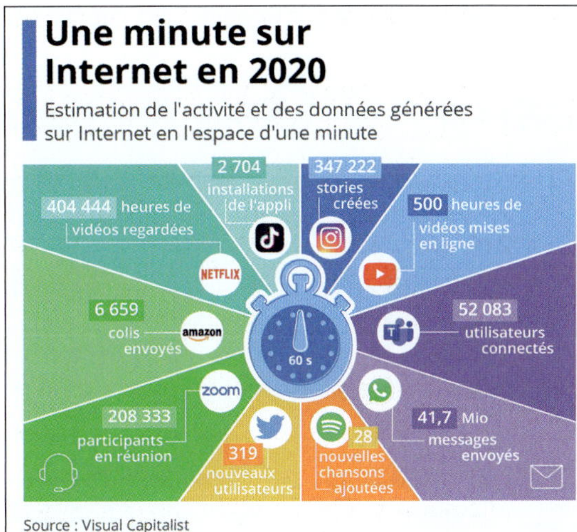

86 **Le lièvre et la tortue** pix 1.3 et 3.4

Un lièvre et une tortue font une course sur un parcours de six cases. Pour savoir qui avance, on lance un dé.

- Si le résultat est différent de 6, la tortue avance d'une case.
- Si le résultat est 6, le lièvre avance de six cases et a gagné.

On veut savoir qui a le plus de chances de gagner la course.

1. Utiliser un tableur ou le logiciel Scratch pour simuler un grand nombre de parties.

2. En déduire une estimation de la probabilité que la tortue gagne la course.

avec un logiciel pix

Pour faire ces activités, télécharge les fiches logiciel Géométrie et Tableur sur le site college.editions-bordas.fr.

1 Jeu de dés à deux pix 1.3 et 3.4

30'

Utiliser un tableur pour réaliser une simulation d'expérience aléatoire.

Difficulté mathématique — Difficulté technique

Hugo propose un jeu de dé à sa petite sœur Léa. Il dit :
« Je lance le dé en premier et j'annonce le résultat. Tu lances le dé ensuite, on le compare à mon score et si ton score est supérieur au mien alors tu as gagné, sinon tu as perdu ».
On cherche la probabilité qu'a Léa de gagner contre son frère.

A. Simulation sur ordinateur

1 **a.** Dans une feuille de calcul, construire un tableau à six colonnes.

	A	B	C	D	E	F
1	nombre de jeux	lancer de Hugo	lancer de Léa	Victoire de Léa ?	Nombre total de victoires de Léa	Fréquence des victoires
2	1					

b. Dans la colonne **A**, créer une liste de nombres entiers numérotant les parties. Tableur 3

c. Dans les cellules **B2** et **C2**, à l'aide de la fonction ALEA.ENTRE.BORNES(), simuler un lancer de dé pour Hugo et un lancer de dé pour Léa. Tableur 6
Dans la cellule **D2**, faire tester la victoire de Léa en marquant 1 en cas de victoire de Léa et 0 en cas de défaite. Tableur 6

Coup de pouce La fonction « SI » peut être utile.

2 **a.** Recopier les formules dans les colonnes **B**, **C** et **D** pour simuler un grand nombre de jeux (par exemple 2 000). Tableur 2

b. Faire apparaitre, dans la colonne **E**, le nombre de victoires cumulées par Léa. Tableur 6

c. Faire apparaitre, dans la colonne **F**, la fréquence des victoires de Léa. Tableur 6

d. Que remarque-t-on en regardant l'évolution des fréquences lorsqu'on simule un grand nombre de parties ?

e. Donner une estimation de la probabilité de gain à ce jeu pour Léa.

B. Analyse graphique

3 **a.** En utilisant l'assistant graphique du tableur, construire un nuage de points représentant l'évolution de la fréquence de victoires de Léa. Tableur 4

b. Comment semble évoluer cette fréquence de victoires ?

	A	B	C	D	E	F
1	nombre de jeux	lancer de Hugo	lancer de Léa	Victoire de Léa ?	Nombre total de victoires de Léa	Fréquence des victoires
1000	999	1	3	1	415	0,4154
1001	1000	2	5	1	416	0,4160

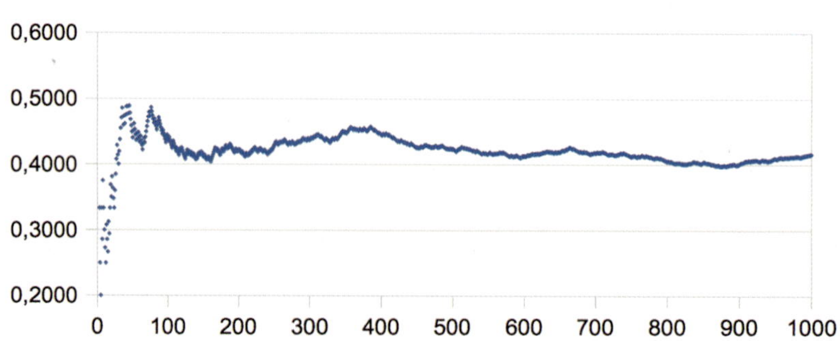

c. Utiliser plusieurs fois la touche F9 ou Ctrl+Maj+F9 et observer l'évolution de la fréquence sur le graphique ou dans le tableau.

2 Marche aléatoire dans toutes les directions (ALGO) pix 3.4

Utiliser un logiciel de programmation pour simuler un déplacement aléatoire.

Difficulté mathématique — Difficulté technique

1 Ouvrir Scratch et déclarer une variable « test ».

2 Positionner le lutin aux coordonnées (0 ; 0) et mettre le stylo en position d'écriture.

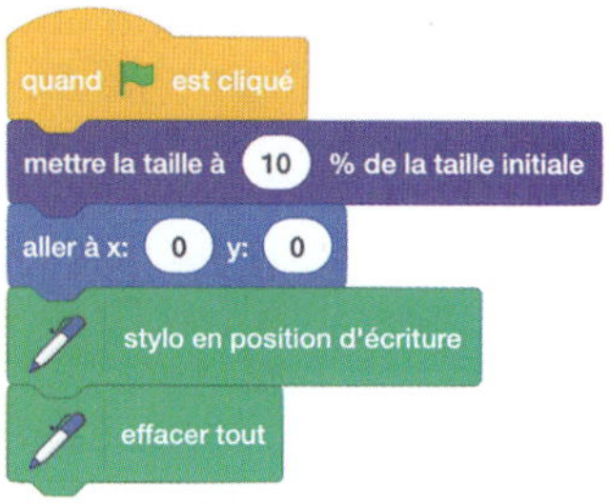

3 Répéter 2 000 fois le processus suivant :

- Affecter un nombre aléatoire entre 1 et 4 à la variable-test.
- Puis :
  – si ce nombre est égal à 1, alors orienter le lutin à droite et avancer de 2 ;
  – si ce nombre est égal à 2, alors orienter le lutin en haut et avancer de 2 ;
  – si ce nombre est égal à 3, alors orienter le lutin à gauche et avancer de 2 ;
  – si ce nombre est égal à 4, alors orienter le lutin en bas et avancer de 2.

On doit obtenir une marche aléatoire qui peut ressembler à ceci :

4 Améliorer le programme en affectant une couleur différente à chaque sens de déplacement ou à chaque nouveau déplacement.

3 Pixel Art (ALGO) pix 3.4

Utiliser le hasard dans un logiciel de programmation pour créer une œuvre de pixel art.

Difficulté mathématique — Difficulté technique

1 Ouvrir Scratch et déclarer une variable « hauteur ».

2 Initialiser le lutin comme ci-contre.

3 Répéter 20 fois le processus :

> Se positionner en position d'écriture aux coordonnées (– 100 ; hauteur).
> Répéter 20 fois le bloc d'instructions :
>
> > Mettre à la couleur à un nombre aléatoire entre 0 et 200.
> > Mettre le stylo en position d'écriture.
> > Avancer de 10 pas.
>
> Relever le stylo.
> Ajouter – 10 à la variable hauteur.

On doit obtenir un « tableau » composé de 20 lignes et 20 colonnes colorées.

1 Les vitesses numériques

Le haut débit Internet est proposé autour de deux technologies principales : l'ADSL et la fibre optique. La fibre optique se développe car elle permet un débit de très haut niveau.

▶ **Valentine affirme qu'entre 2015 et 2019, le nombre de Français connectés à la fibre a augmenté de plus de 400 %. A-t-elle raison ?**

DOC 1 Le déploiement de la fibre en 2015

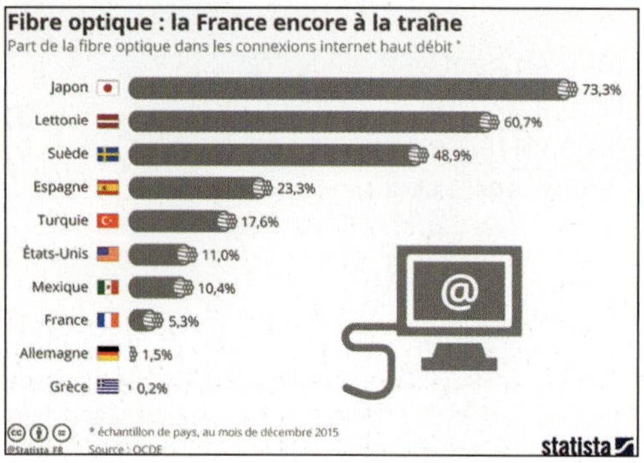

Part de la fibre optique dans le total des connexions Internet haut débit en 2015

DOC 2 Le déploiement de la fibre en 2019

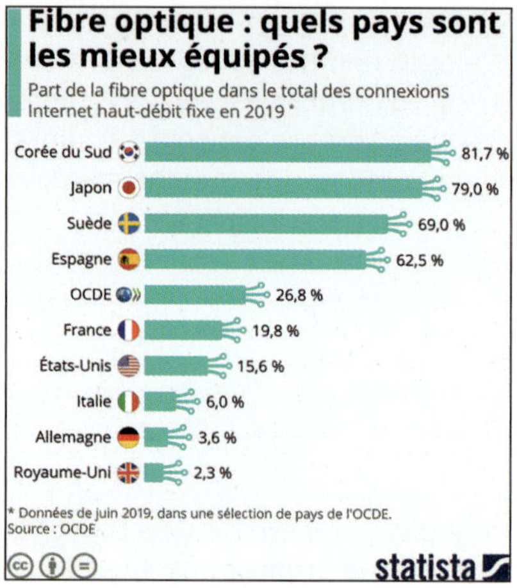

Part de la fibre optique dans le total des connexions Internet haut débit en 2019

DOC 3 Nombre d'internautes en France

Année	Population de la France	Taux de la population connecté à Internet
2000	58 879 000	14,4 %
2005	60 200 000	41,2 %
2010	64 610 000	68,9 %
2015	66 420 000	83,8 %
2017	66 770 000	89,0 %
2019	66 990 000	92,6 %

2 Les problèmes DUDU

Les DUDU se disputent la télévision. Pour décider celui qui l'aura, un des DUDU propose un jeu avec trois pièces, l'autre se sent arnaqué…

▶ **Peux-tu aider les DUDU ?**

Voir la vidéo : bordas.media/733819_060

Comment **calculer** à l'aide de **triangles** les **distances** parcourues par des cigognes ?

Pour le savoir, rendez-vous en fin de chapitre

chapitre 8

QCM de révision
Avant de commencer ce chapitre, fais le point sur tes connaissances : bordas.media/733819_061

Triangles semblables – Théorème de Thalès

objectifs

1. Je calcule une longueur avec le théorème de Thalès
2. Je démontre que deux droites sont ou ne sont pas parallèles
3. J'utilise des triangles semblables

EXEMPLES DE RÉUSSITE !

3 5 34 43

cherchons ensemble

Si tu ne comprends pas certains des mots utilisés ici, demande à ton professeur ou consulte le *Dico des maths*, p.10.

Activité 1 — Généraliser le théorème de Thalès

OBJECTIF 1

1 Avec un logiciel de géométrie dynamique :

a. construire un triangle ABC quelconque Géométrie 7 ;

b. tracer les droites (AB) et (AC) Géométrie 5 ;

c. placer un point B' sur la droite (AB) et un point C'sur la droite (AC) comme dans la figure ci-contre Géométrie 2 ;

d. construire le triangle AB'C' ;

e. ouvrir la fenêtre du tableur du logiciel de géométrie et reproduire la feuille de calcul Géométrie 25 ;

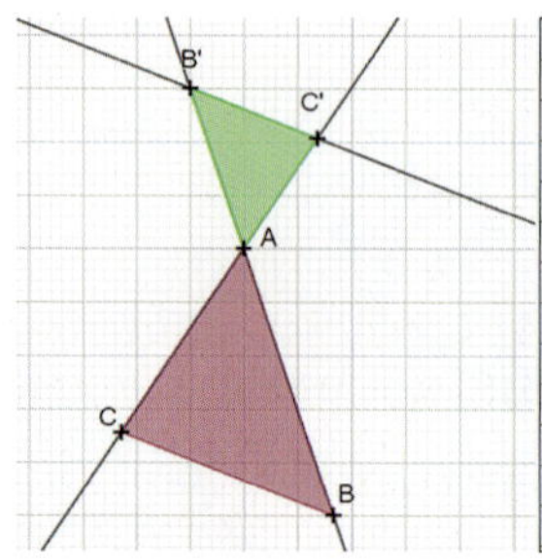

	A	B	C	D	E	F	G
1	Triangle AB'C'	AB'=		AC'=		B'C'=	
2	Triangle ABC	AB=		AC=		BC=	
3							
4							
5							
6							
7							
8							
9							
10							
11							
12							

f. dans la cellule **C1**, saisir une formule permettant d'afficher la longueur AB' Géométrie 25 ;

g. compléter de même les cellules **C2**, **E1**, **E2**, **G1** et **G2** ;

h. dans les cellules **C3**, **E3** et **G3**, saisir des formules permettant de savoir si le tableau ainsi obtenu est un tableau de proportionnalité ou non.

2 Comment semble-t-on devoir placer les points B' ou C' pour que le tableau soit un tableau de proportionnalité ?
On pourra étudier différentes positions des points A, B et C. Géométrie 1

3 Recopier et compléter les égalités des rapports de longueurs, connues sous le nom de « théorème de Thalès » :

$$\frac{AB'}{...} = \frac{AC'}{...} = \frac{BC'}{...}$$

Activité 2 — Démontrer que des droites ne sont pas parallèles

OBJECTIF 2

Ci-contre est représentée la table de camping de Léon dont les pieds [DE] et [CF] sont sécants en A.
Léon voudrait savoir si le plateau (EF) de sa table est parallèle au sol (DC) qui est horizontal.

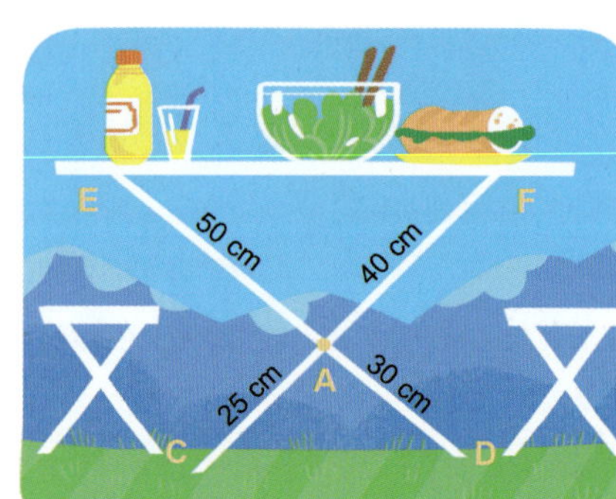

1 Les quotients $\frac{AD}{AE}$ et $\frac{AC}{AF}$ sont-ils égaux ?

2 Réaliser une figure à l'échelle $\frac{1}{10}$.

3 Les droites (EF) et (DC) semblent-elles parallèles ? Que peut-on en conclure pour le plateau de la table ?

4 Si les droites (EF) et (DC) étaient parallèles, que pourrait-on dire des rapports $\frac{AD}{AE}$ et $\frac{AC}{AF}$?
D'après quelle propriété ?

5 Justifier alors la conjecture émise à la question **3**.

6 Léon décide de raccourcir le pied [AC] en en coupant 1 cm.
Le plateau est-il parallèle au sol dans ce cas ?

Activité 3 — Démontrer que des droites sont parallèles (Réciproque du théorème de Thalès)

OBJECTIF 2

Soit un triangle ABC tel que AB = 4 cm, AC = 5 cm et BC = 6 cm.
M est un point du segment [AB] tel que AM = 3,2 cm.
N est un point du segment [AC] tel que AN = 4 cm.

1 Réaliser une figure.

2 **a.** Les droites (MN) et (BC) semblent-elles parallèles ?

b. Calculer les quotients $\frac{AM}{AB}$ et $\frac{AN}{AC}$. Ces quotients sont-ils égaux ?

3 **a.** Placer les points K et L, symétriques respectifs des points M et N par rapport au point A.

b. Les droites (KL) et (BC) semblent-elles parallèles ?

c. Que peut-on dire des rapports $\frac{AK}{AB}$ et $\frac{AL}{AC}$?

4 **a.** Les droites (ML) et (BC) semblent-elles parallèles ?

b. Que peut-on dire des rapports $\frac{AM}{AB}$ et $\frac{AL}{AC}$?

5 À l'aide des réponses aux trois questions précédentes, que peut-on conjecturer ?

Activité 4 — Caractériser les triangles semblables

OBJECTIF 3

1 Décalquer, puis découper les six triangles ci-dessous :

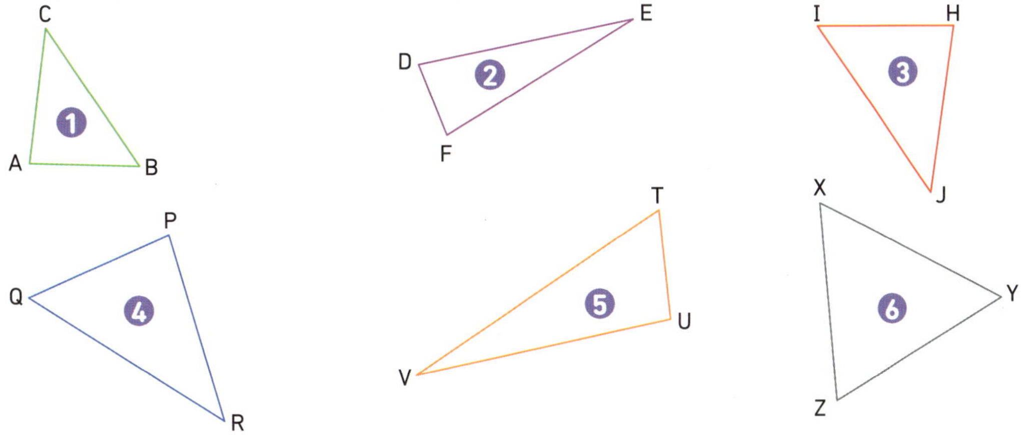

2 Regrouper ces triangles en deux familles : ceux qui ont la même forme que le triangle ABC et les autres.

3 Les triangles qui ont la même forme sont appelés des **triangles semblables**.

a. Deux triangles semblables semblent-ils avoir leurs côtés de même longueur ?

b. Deux triangles semblables semblent-ils avoir leurs angles de même mesure ?

c. Proposer une définition de deux triangles semblables.

4 Positionner le triangle ABC dans le triangle PQR.

a. Quel théorème peut-on utiliser ? Expliquer.

b. Que peut-on en déduire pour les côtés de ces triangles ?

c. Recopier et compléter la propriété :

« Si deux triangles sont semblables, alors leurs côtés sont .... »

1 Calculer une longueur avec le théorème de Thalès

OBJECTIF 1

Voir l'animation :
bordas.media/733819_062

PROPRIÉTÉ Théorème de Thalès

Si deux droites parallèles coupent deux droites sécantes, alors elles déterminent deux triangles dont les côtés correspondants ont des longueurs proportionnelles.

Démonstration p. 194

Exemples

1. Les droites (B'C') et (BC) sont parallèles.
Les triangles **AB'C'** et **ABC** ont des côtés respectivement proportionnels donc les rapports (qui expriment les coefficients d'agrandissement ou de réduction) entre ces côtés sont égaux :

$$\frac{AB'}{AB} = \frac{AC'}{AC} = \frac{B'C'}{BC}.$$

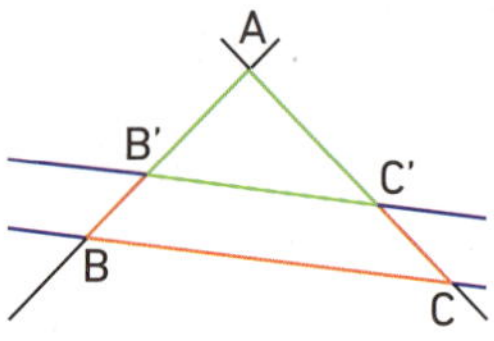

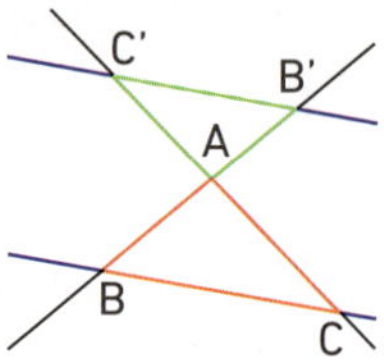

2. Dans la figure ci-contre, les droites (BC) et (AD) sont parallèles avec AD = 3,5 cm, ED = 4 cm et EC = 5 cm. Calculons la longueur BC.
Les droites (AB) et (DC) sont sécantes en E.
Les droites (BC) et (AD) sont parallèles.
D'après le théorème de Thalès, les triangles BCE et ADE ont donc des côtés de longueurs proportionnelles.
Donc $\frac{EA}{EB} = \frac{ED}{EC} = \frac{AD}{BC}$, c'est-à-dire $\frac{EA}{EB} = \frac{4}{5} = \frac{3,5}{BC}$.
En utilisant l'égalité des produits en croix, on obtient $BC = \frac{5 \times 3,5}{4} = 4,375$ cm.

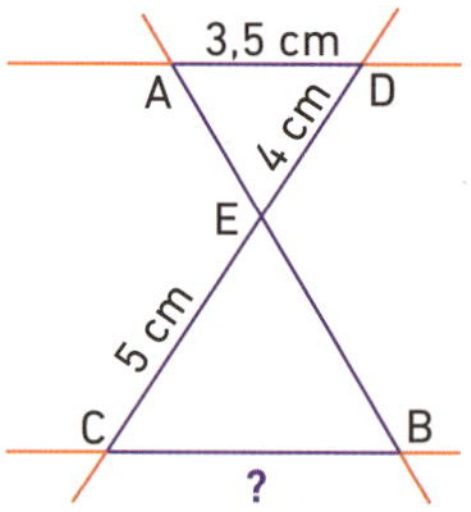

2 Démontrer que deux droites sont ou ne sont pas parallèles

OBJECTIF 2

a) Montrer que deux droites ne sont pas parallèles

Avec le **théorème de Thalès**, on peut également démontrer que des droites **ne sont pas** parallèles.

Exemple

On va démontrer que, dans cette figure, les droites (AC) et (DE) ne sont pas parallèles.
Les droites (EC) et (DA) sont sécantes en B.
$\frac{BA}{BD} = \frac{6}{8} = \frac{3}{4}$ et $\frac{BC}{BE} = \frac{7}{9}$ donc $\frac{BA}{BD} \neq \frac{BC}{BE}$.
Les droites (AC) et (DE) ne sont pas parallèles car si elles l'étaient, les rapports $\frac{BA}{BD}$ et $\frac{BC}{BE}$ seraient égaux d'après le théorème de Thalès.

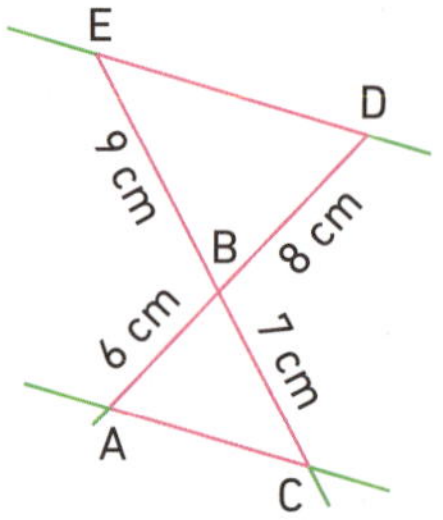

b) Montrer que deux droites sont parallèles

PROPRIÉTÉ Réciproque du théorème de Thalès

Si les points A, B et M d'une part, et les points A, C et N d'autre part sont alignés dans le même ordre sur deux droites sécantes en A et si $\frac{AM}{AB} = \frac{AN}{AC}$, alors les droites (MN) et (BC) sont parallèles.

Démonstration p. 195

CARTE MENTALE
bordas.media/733819_063

Exemple

On va démontrer que les droites (EF) et (BC) sont parallèles.

$\dfrac{AE}{AC}=\dfrac{5}{7}$ et $\dfrac{AF}{AB}=\dfrac{4}{5,6}=\dfrac{40}{56}=\dfrac{5}{7}$ donc $\dfrac{AE}{AC}=\dfrac{AF}{AB}$.

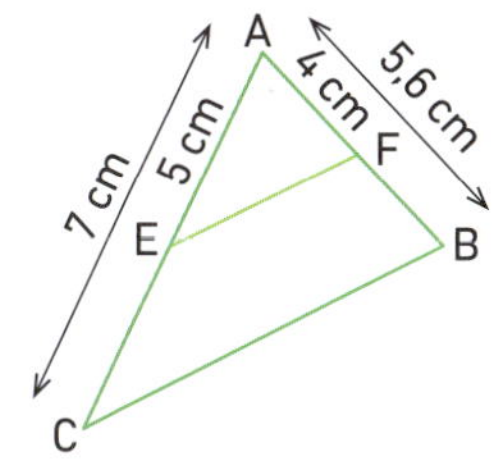

On a d'une part les points A, E et C et d'autre part les points A, F et B qui sont alignés dans le même ordre sur deux droites sécantes en A et $\dfrac{AE}{AC}=\dfrac{AF}{AB}$.

D'après la réciproque du théorème de Thalès, on en déduit que les droites (EF) et (BC) sont parallèles.

La réciproque du théorème de Thalès sert uniquement à prouver que des droites **sont** parallèles.

3 Utiliser des triangles semblables

OBJECTIF 3

DÉFINITION Des **triangles semblables** sont des triangles qui ont leurs angles égaux deux à deux (de même mesure).

Exemple

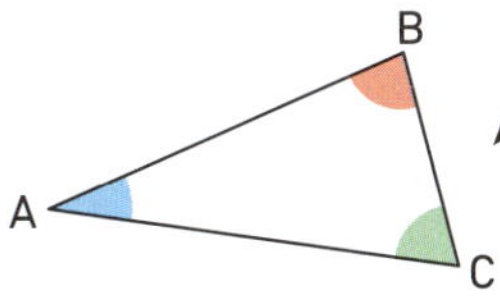

ABC et DEF sont deux triangles semblables.
Les angles de la même couleur dans les deux triangles sont de même mesure.

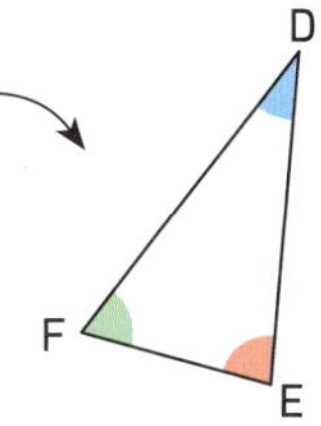

PROPRIÉTÉ Si deux triangles sont semblables, alors les longueurs de leurs côtés sont proportionnelles.

Démonstration p. 195

Exemple

ABC et DEF sont des triangles semblables :

$$\frac{AB}{EF}=\frac{AC}{DE}=\frac{BC}{DF}.$$

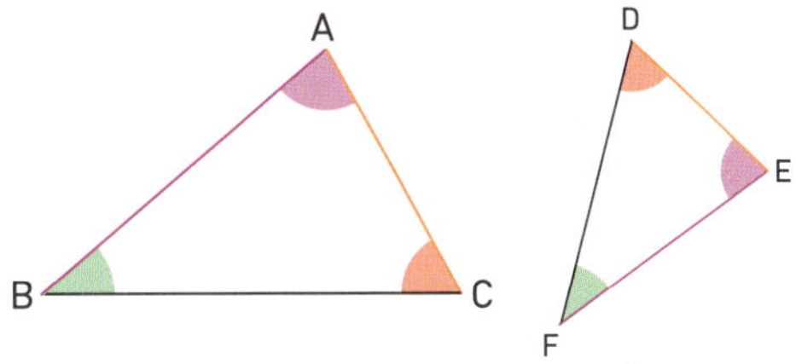

PROPRIÉTÉ Si les longueurs des côtés de deux triangles sont deux à deux proportionnelles, alors ces deux triangles sont semblables.

Propriété admise

Exemple

- $\dfrac{AB}{DF}=\dfrac{6}{4,8}=$ **1,25**
- $\dfrac{AC}{DE}=\dfrac{4}{3,2}=$ **1,25**
- $\dfrac{BC}{EF}=\dfrac{3}{2,4}=$ **1,25**

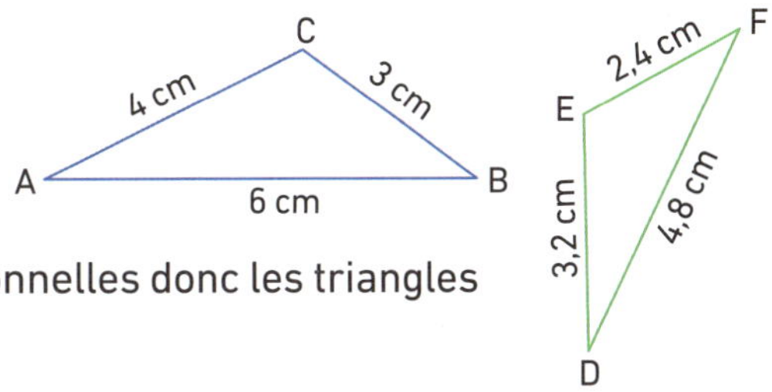

Les longueurs des côtés sont deux à deux proportionnelles donc les triangles sont semblables.

objectif 1

Je calcule une longueur

Je comprends

Voir la vidéo : bordas.media/733819_064

Dans la figure ci-contre, les droites (EF) et (AD) sont parallèles.
Calculer la longueur AB.

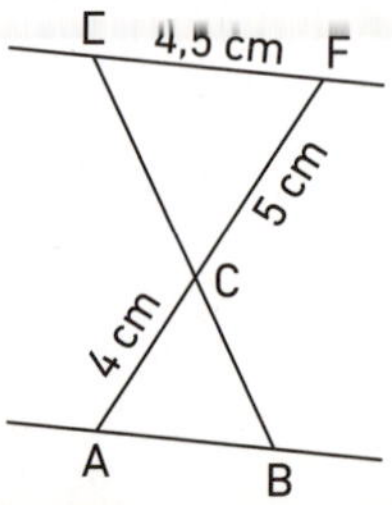

Exercice résolu

ÉTAPE 1. On montre que l'on est dans une configuration de Thalès.
On repère les deux triangles à étudier à l'aide d'un surligneur.
Les droites (EB) et (FA) sont sécantes en C.
Les droites (EF) et (AB) sont parallèles d'après l'énoncé.

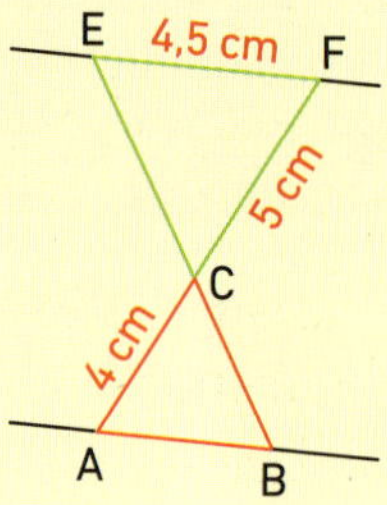

D'après le théorème de Thalès, on a donc :

$$\frac{CE}{CB}=\frac{CF}{CA}=\frac{EF}{AB}.$$

ÉTAPE 2. On place les valeurs connues dans l'égalité de rapports précédente :

$$\frac{CE}{CB}=\frac{5}{4}=\frac{4,5}{AB}.$$

ÉTAPE 3. On détermine la longueur manquante grâce à l'égalité des produits en croix :

$\frac{5}{4}=\frac{4,5}{AB}$ donc $AB=\frac{4\times 4,5}{5}=3,6$ cm.

Je m'échauffe

1 QUESTIONS FLASH

1. Vrai ou Faux ?

a. Le théorème de Thalès permet de calculer une ou plusieurs longueurs.

b. On peut appliquer le théorème de Thalès dans un triangle où une droite est sécante à deux côtés et est parallèle au troisième côté.

2. Ci-dessous, les droites de même couleur sont parallèles. Calculer la longueur manquante.

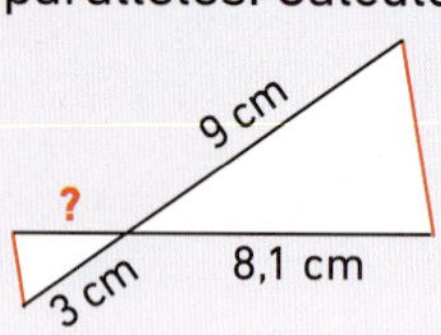

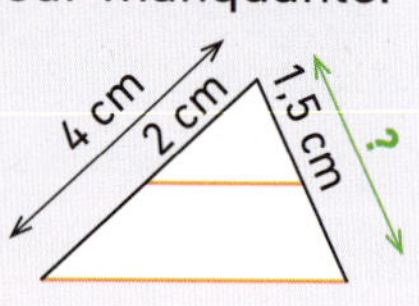

2 Écrire les rapports égaux dans les deux figures :

a. (AD)//(CE)

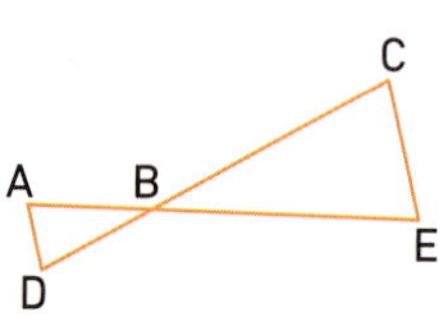

b. (IO)//(BU)

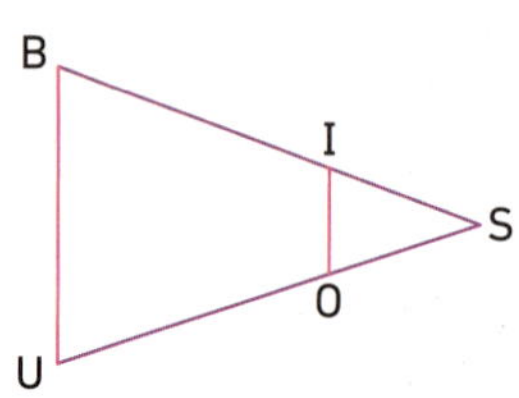

3 Dans chaque cas, utiliser les données de la figure et calculer la longueur demandée.
On arrondira les résultats au mm près.

a. Calculer BD sachant que :
– (AC)//(DE) ;
– AB = 3,5 cm ;
– BC = 4,8 cm ;
– BE = 7,2 cm.

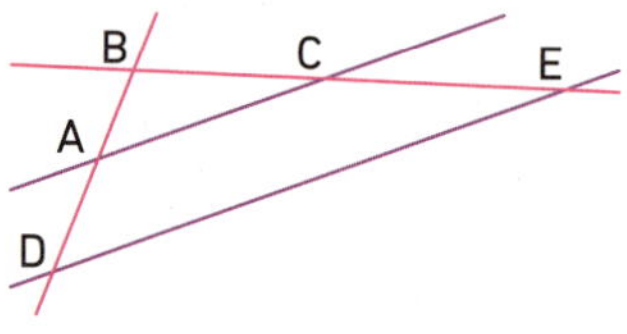

b. Calculer BA sachant que :
– (FG)//(AC) ;
– BF = 3,2 cm ;
– BC = 4,1 cm ;
– BG = 2,2 cm.

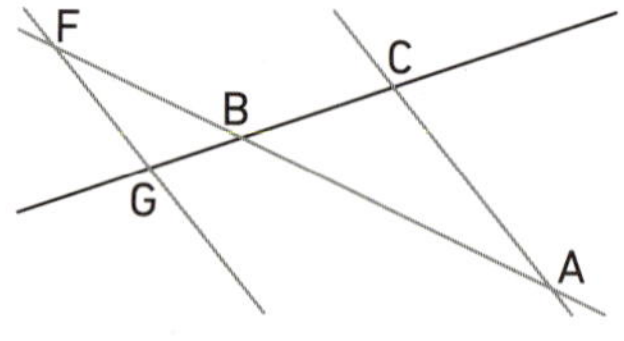

4 **QCM** Dans quelle configuration est-on certain que l'égalité $\frac{EC}{EB}=\frac{ED}{EA}$ est vraie ?

a

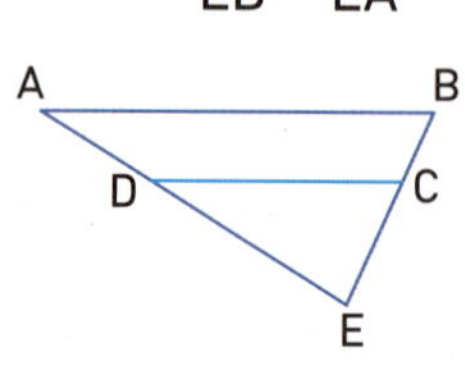

b

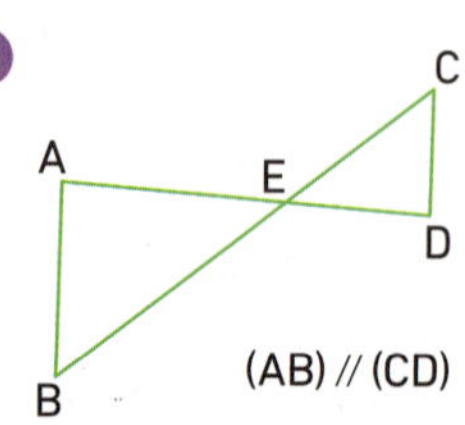

Je m'entraîne 1

5 Calculer la longueur MN sachant que (EF)//(MN) ; EA = 2 cm ; AM = 5 cm et EF = 4 cm.

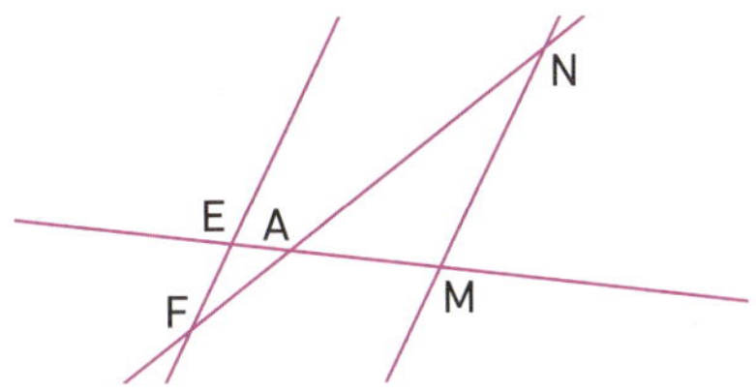

6 Calculer la longueur ST sachant que (BC)//(ST) ; AB = 125 m ; AS = 42 m et BC = 75 m.

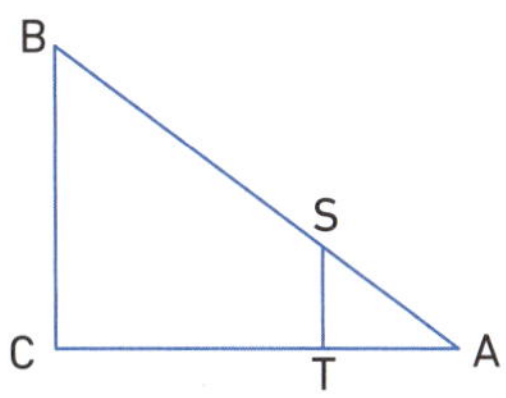

7

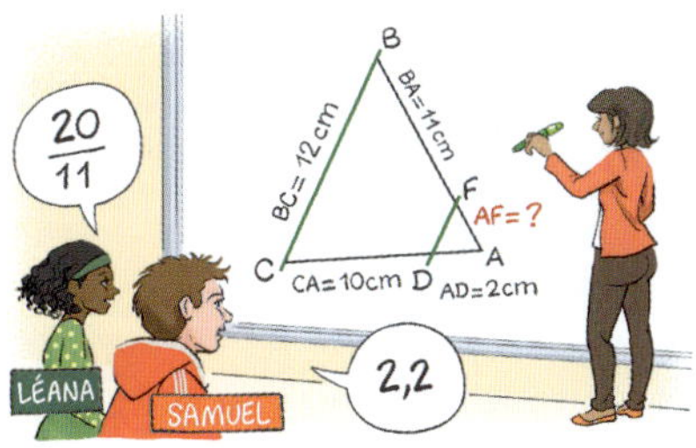

Qui a raison ?

8 Les droites (AB) et (RS) sont parallèles. Calculer PB et RS. *On donnera les valeurs exactes et les valeurs arrondies au dixième de centimètre près.*

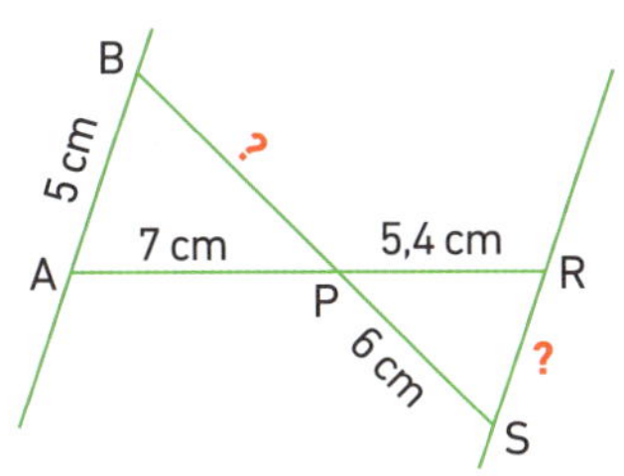

9 Martin a sauté de son voilier pour rejoindre la crique en bas de la falaise.

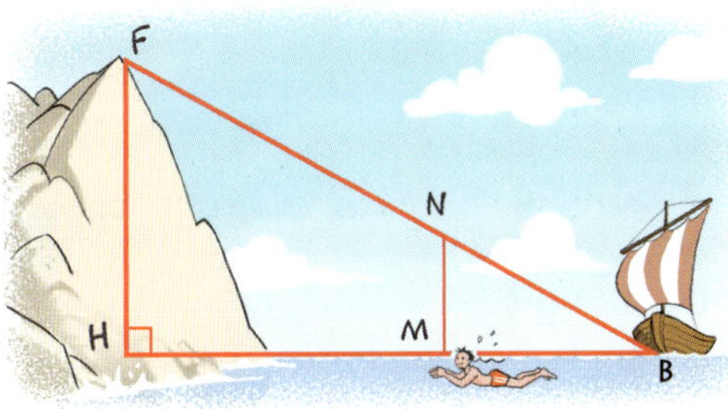

On suppose que les points H, M, B sont alignés ainsi que les points F, N, B.
On a MB = 16 m, NM = 14 m et BH = 112 m.
Calculer la hauteur HF de la falaise.

Je m'entraîne 2

10 **L'écologie autour de moi**

Charlotte est assise dans son jardin et regarde au loin des éoliennes :
- les points C, B et A sont alignés ;
- les points C, E et D sont alignés ;
- CB = 198 m, BA = 66 m et EB = 24 m.

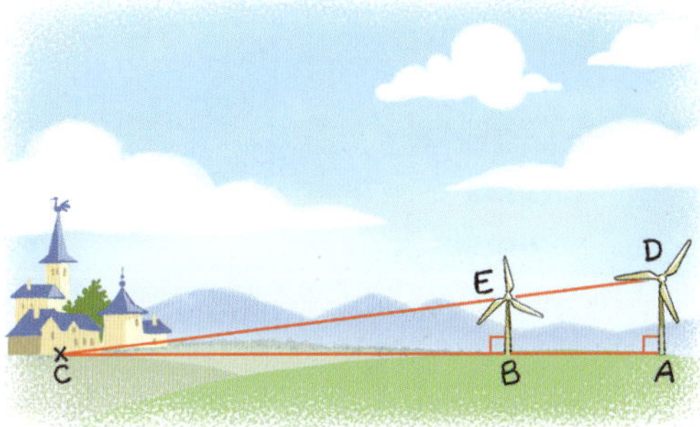

1. Déterminer la distance séparant Charlotte de l'éolienne la plus éloignée.

2. Calculer la hauteur AD de l'éolienne.

3. Calculer le rapport d'agrandissement entre les deux éoliennes.

Propre et inépuisable, l'éolien est, après l'hydraulique, la deuxième énergie renouvelable la plus utilisée pour produire de l'électricité en France.

11 Dans les deux cas suivants, déterminer la longueur x :

a.

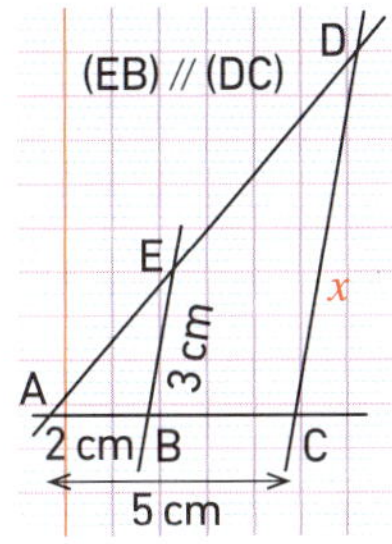

b.

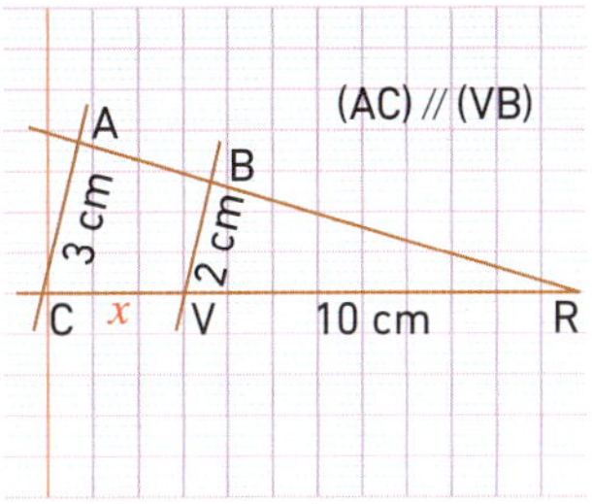

12 **TOP Chrono** 15 min

1. Dans le triangle AED, calculer ED.

2. Prouver que les droites (ED) et (BC) sont parallèles.

3. Calculer BC et AB.

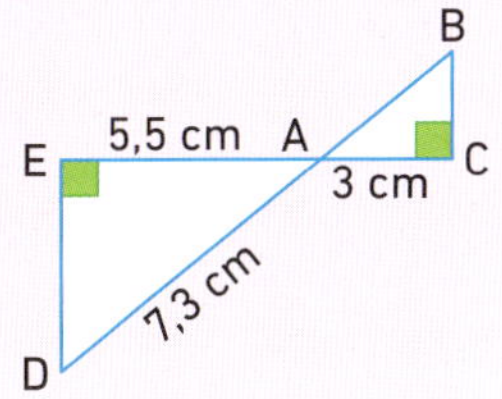

objectif 2 Je démontre que deux droites

Je comprends

Voir la vidéo : bordas.media/733819_065

Démontrer que les droites (AB) et (CD) sont parallèles.

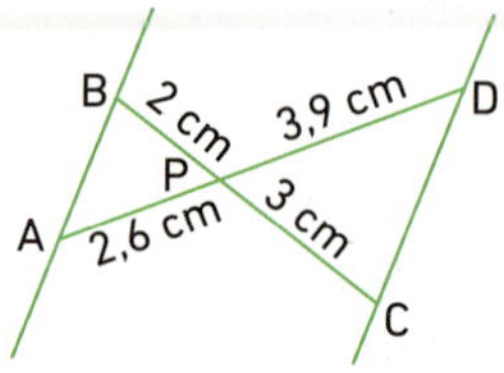

Exercice résolu

ÉTAPE 1. On repère les deux triangles à étudier à l'aide d'un surligneur :

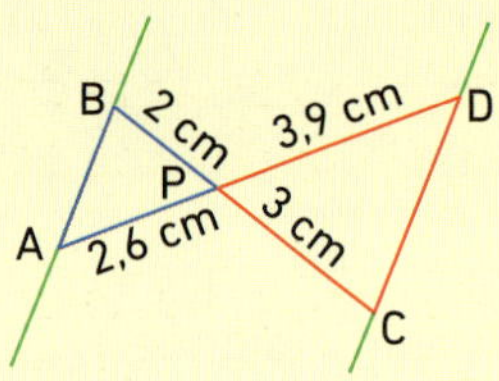

ÉTAPE 2. On calcule séparément deux rapports de côtés des triangles :

$\frac{CP}{BP} = \frac{3}{2} = 1{,}5$ et $\frac{DP}{AP} = \frac{3{,}9}{2{,}6} = 1{,}5$ donc $\frac{CP}{BP} = \frac{DP}{AP}$.

ÉTAPE 3. Les points A, M, B et les points A, N, C sont alignés dans le même ordre et $\frac{CP}{BP} = \frac{DP}{AP}$.

D'après la réciproque du théorème de Thalès, les droites (AB) et (CD) sont parallèles.

Je m'échauffe

13 QUESTIONS FLASH

1. Vrai ou Faux ?

a. La réciproque du théorème de Thalès sert à montrer que deux droites sont perpendiculaires.

b. Pour montrer que des droites ne sont pas parallèles, on utilise la réciproque du théorème de Thalès.

2.

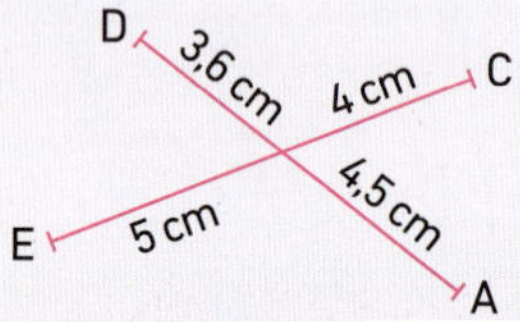

a. (DC) et (EA) sont-elles parallèles ?

b. (DE) et (AC) sont-elles parallèles ?

14 Dans chaque cas, préciser si les droites rouges sont parallèles ? Expliquer.

a.

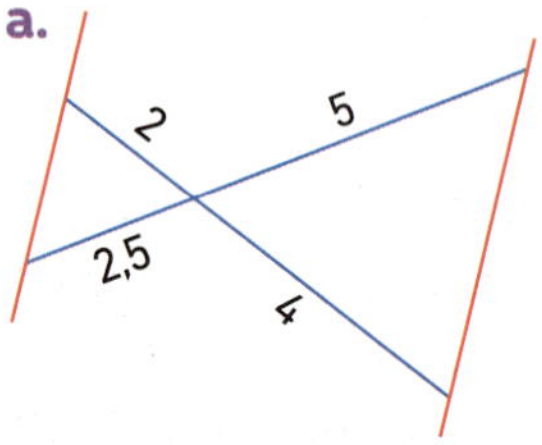

b.

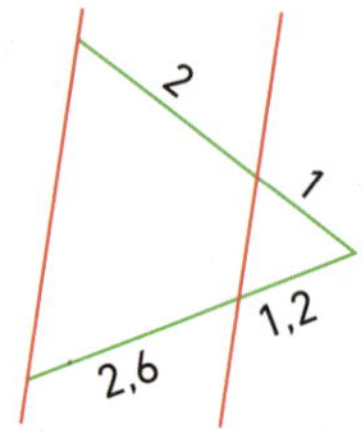

Les données sont en centimètres.

15 Montrer, en citant la propriété utilisée, que (BC) et (MN) sont parallèles sachant que AB = 5 cm ; AM = 8 cm ; AC = 3,5 cm et AN = 5,6 cm.

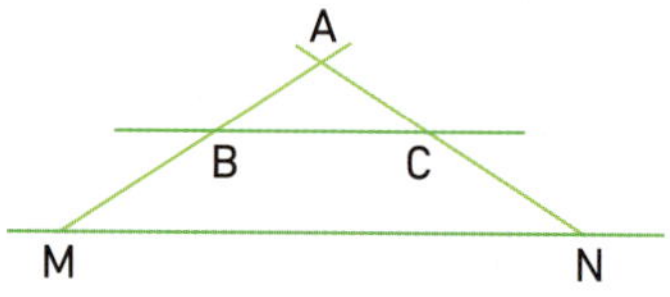

16 Montrer que (LN) et (MT) sont parallèles sachant que LJ = 3 cm ; JN = 5 cm ; JT = 4 cm et JM = 2,4 cm.

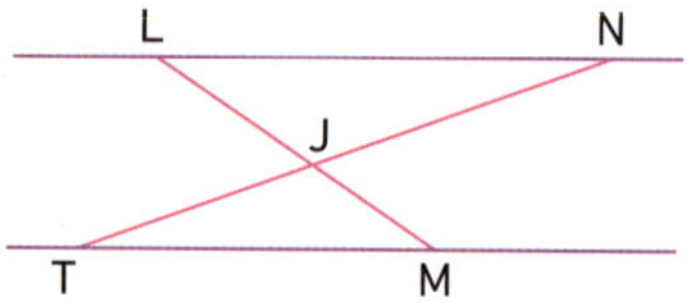

17 Les droites (AM) et (KL) de la figure ci-dessous sont-elles parallèles ? Expliquer.

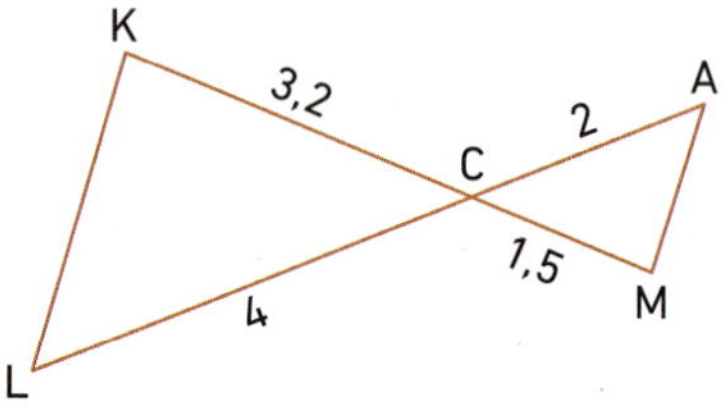

Je m'entraîne 1

18 Dans la figure ci-contre, les droites (AD) et (CB) sont sécantes en E.
On a :
CE = 1,6 cm ;
DE = 1,2 cm ;
EA = 2,8 cm ;
EB = 3,4 cm.

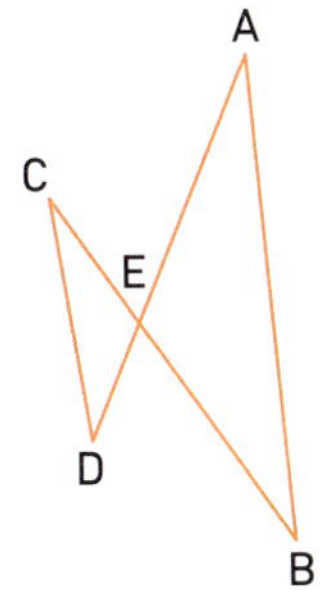

Que penser de cette affirmation ?
Justifier la réponse.

19

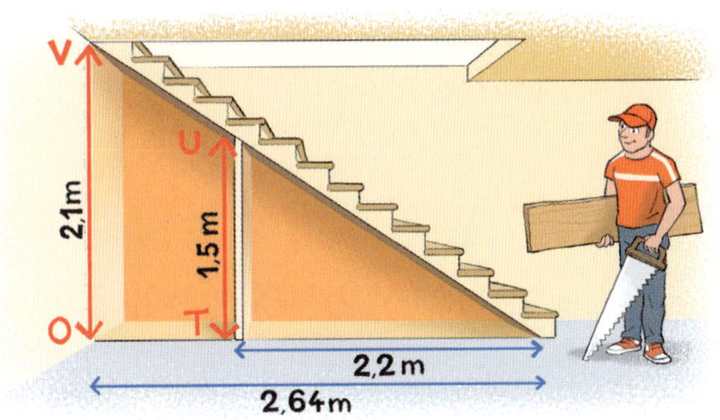

Mr Désordre veut aménager un espace de rangement sous ses escaliers.
Il prend des mesures après avoir installé sa cloison.
La cloison est-elle parallèle au mur ?
Justifier.

20 Dans cette figure tracée à main levée :
IR = 8 cm ; RP = 10 cm ; IP = 4,8 cm ; IM = 4 cm ;
IS = 10 cm ; IN = 6 cm ; IT = 6 cm.

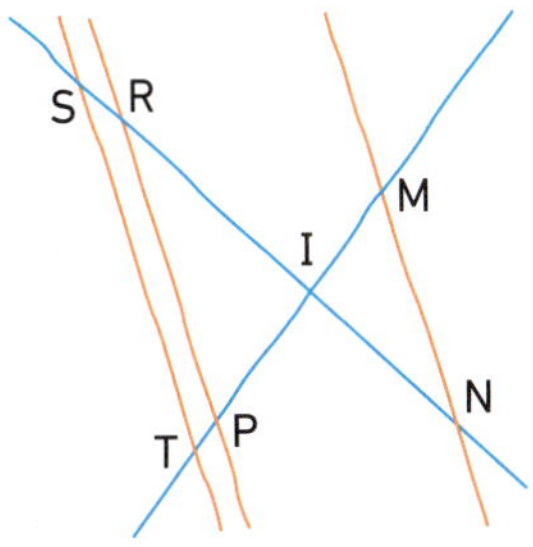

1. Démontrer que les droites (ST) et (RP) sont parallèles.

2. En déduire ST.

3. Les droites (MN) et (ST) sont-elles parallèles ? Justifier.

Je m'entraîne 2

21 **Les maths autour de moi**

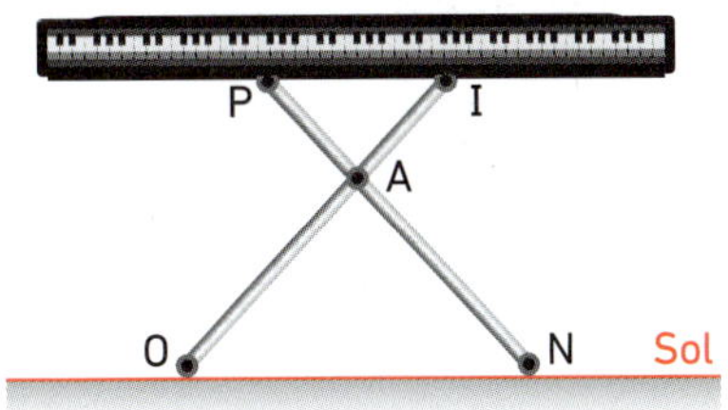

Killian pose son piano numérique portable sur un « stand clavier » dont les dimensions sont les suivantes : PA = 48 cm ; AI = 60 cm ; AN = 72 cm et OA = 90 cm.
Le sol est représenté par la droite (ON).
Le clavier est-il parallèle au sol ?

22 **1.** Construire sur une feuille un triangle DCV tel que DV = 6,4 cm ; DC = 3,6 cm et CV = 4 cm.
Placer les points A et O tels que D ∈ [VO] et DO = 5,5 cm ; D ∈ [CA] et DA = 3,1 cm.

2. Quelle conjecture peut-on faire sur les droites (CV) et (AO) ?

3. Vérifier cette conjecture par un calcul.

23 Dans la figure ci-contre, (IJ)//(BC) et (JK)//(CD).

1. Écrire les rapports égaux à l'aide du théorème de Thalès appliqué dans les triangles ABC et ADC.

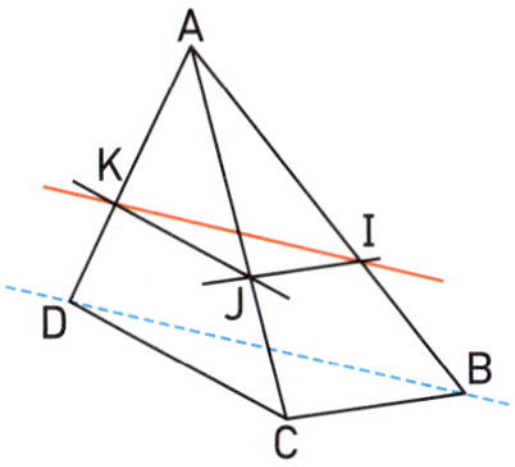

2. Les droites (IK) et (BD) sont-elles parallèles ? Justifier.

24 **TOP Chrono** 15 min

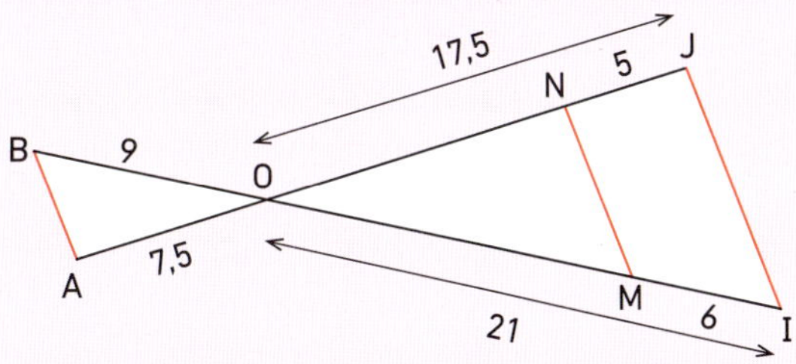

Dans chaque cas, répondre en justifiant.

a. Les droites (MN) et (IJ) sont-elles parallèles ?

b. Les droites (AB) et (MN) sont-elles parallèles ?

c. Les droites (AB) et (IJ) sont-elles parallèles ?

objectif 3

Je comprends

Voir la vidéo : bordas.media/733819_066

Montrer que les triangles ABC et DEF sont semblables.

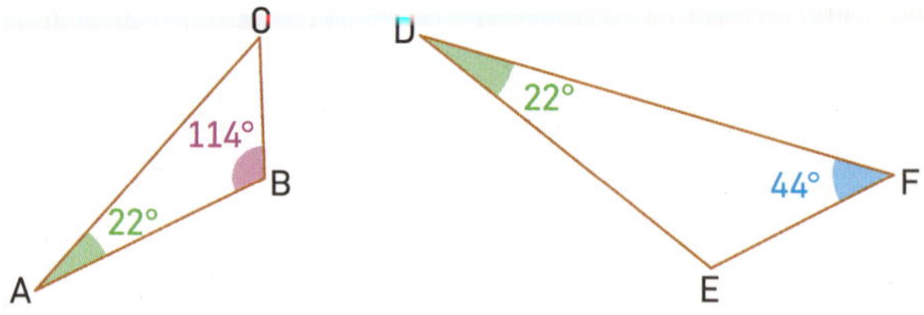

Exercice résolu

ÉTAPE 1. On calcule les angles de chaque triangle.
Dans le triangle ABC, on sait que $\widehat{A} = 22°$ et $\widehat{B} = 114°$.
La somme des trois angles est égale à 180° donc :
$$\widehat{C} = 180 - (22 + 114) = 44°.$$
Dans le triangle DEF, on sait que $\widehat{D} = 22°$ et $\widehat{F} = 44°$.
La somme des trois angles est égale à 180° donc :
$$\widehat{E} = 180 - (22 + 44) = 114°.$$

ÉTAPE 2. On conclut.
$\widehat{A} = \widehat{D} = 22°$; $\widehat{B} = \widehat{E} = 114°$
et $\widehat{C} = \widehat{F} = 44°$.
Les triangles ABC et DEF ont leurs angles égaux deux à deux donc ils sont semblables.

Je m'échauffe

25 QUESTIONS FLASH

1. **Vrai ou Faux ?** Si deux triangles ont un angle de même valeur, on peut affirmer qu'ils sont semblables.
2. Soit deux triangles équilatéraux avec respectivement un côté de 3 cm et un côté de 6 cm. Ces deux triangles sont-ils semblables ?
3. Que peut-on dire des longueurs des côtés de deux triangles semblables ?
4. **Vrai ou Faux ?** En construisant un triangle qui a des côtés deux fois plus grands, on obtient un triangle semblable au premier.
5. **Vrai ou Faux ?** Deux triangles rectangles qui ont chacun un angle de 34° sont semblables.

26 1. Montrer que les triangles LHG et IJK sont des triangles semblables.

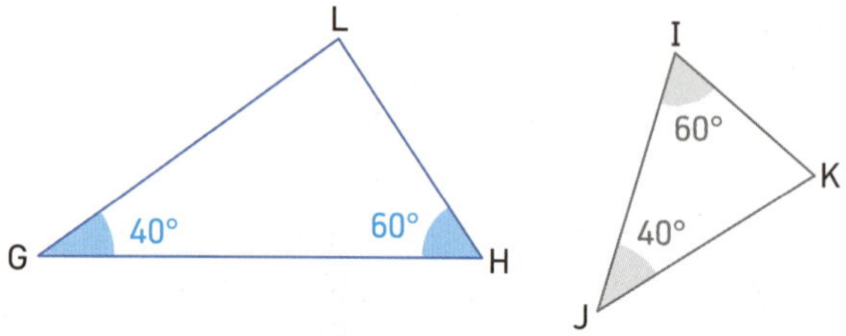

2. Préciser les angles égaux et les côtés proportionnels entre eux.

27 « Soit deux triangles ABC et DEF respectivement rectangles en A et D. On sait que $\widehat{B} = \widehat{E} = 34°$, alors ces deux triangles sont semblables. »
Que peut-on penser de cette affirmation ?

28 1. Montrer que les triangles RST et KLM sont semblables.

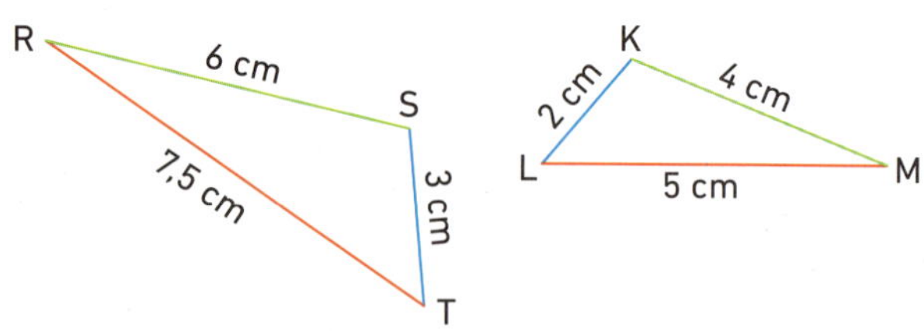

2. Recopier en choisissant la bonne réponse :
Le triangle RST est un **agrandissement/réduction** du triangle KLM.

29 Dans la figure ci-dessous, ABC et OMN sont deux triangles semblables.

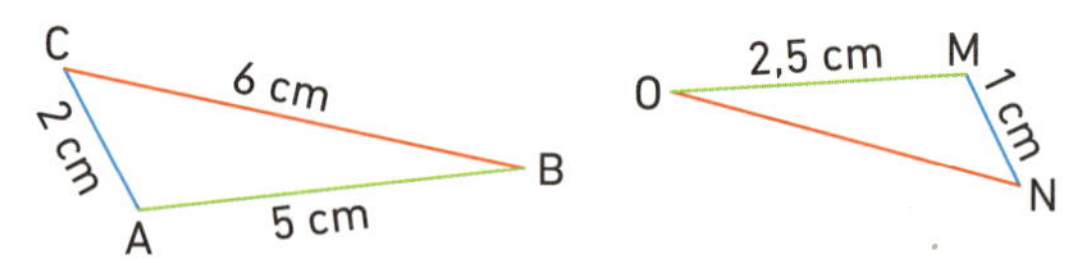

1. Préciser les angles égaux et les côtés proportionnels entre eux.
2. Calculer la longueur du côté [ON].

Je m'entraîne 1

30 **Figure 1**

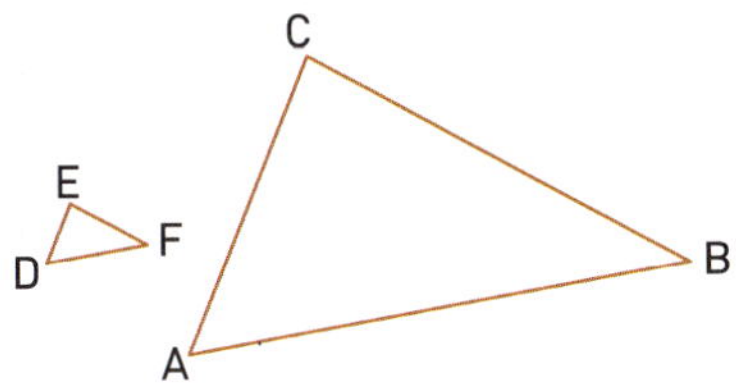

Phrase 1
DEF est un agrandissement de ABC de rapport *k*.

Figure 2

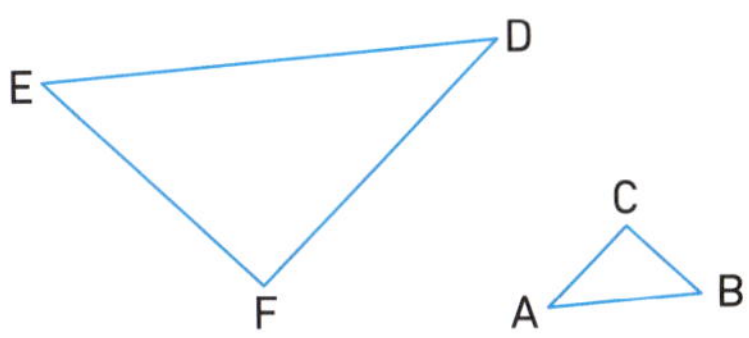

Phrase 2
DEF est une réduction de ABC de rapport *k*.

1. Donner pour chaque phrase la figure qui lui correspond.

2. Recopier et compléter la phrase ci-dessous avec les mots suivants : *proportionnelles – semblables – longueurs*.
« **Si** deux triangles ABC et DEF sont ..., **alors** les ... des côtés opposés aux angles égaux sont ... . »

3. Écrire pour chaque figure une égalité des rapports.

31

Les triangles isocèles sont tous semblables.

Thomas

Les triangles équilatéraux sont tous semblables.

Aïssa

Que peut-on penser de ces deux affirmations ? Justifier.

32 **Les maths autour de moi**

Pendant leurs vacances d'été, Léna et Raphaël font un stage de voile à l'île d'Oléron.

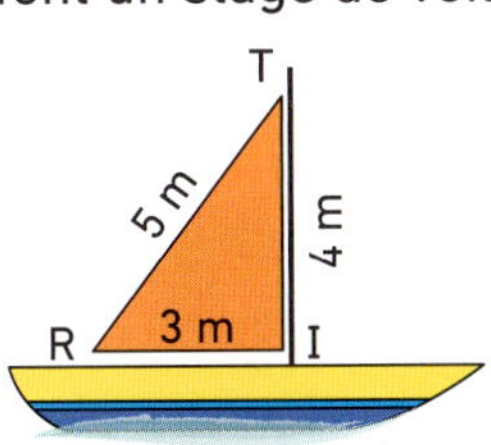

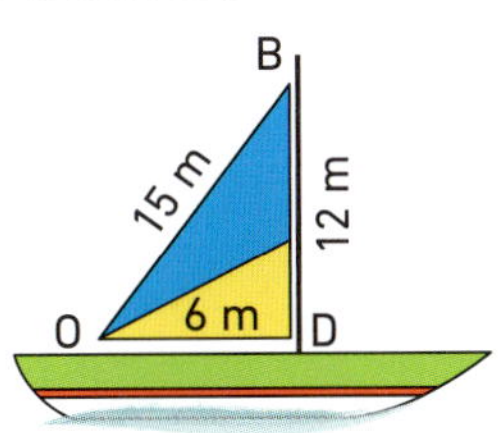

Les voiles de leurs bateaux représentent-elles deux triangles semblables ? Expliquer.

Je m'entraîne 2

33 **1.** Nommer les deux triangles semblables. Justifier.

2. Écrire des rapports de longueurs égaux.

3. En déduire OD et DC. *On arrondira aux dixièmes.*

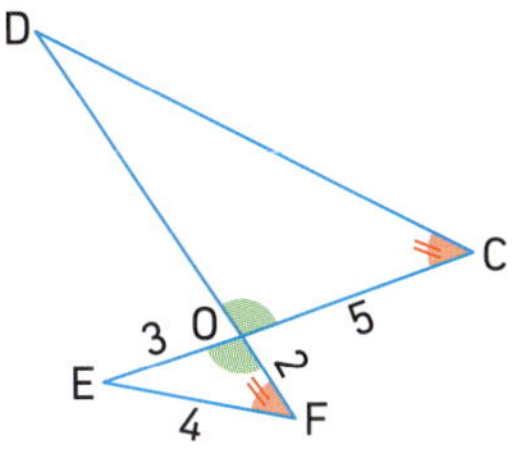

34

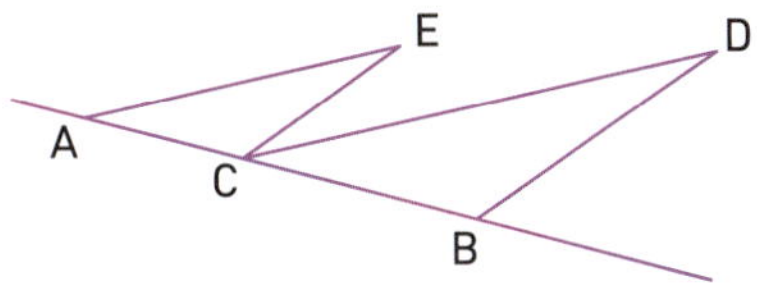

Le point C appartient au segment [AB] et :
- AC = 3 cm ; AB = 7,5 cm ; BD = 5,4 cm et CD = 9 cm ;
- les droites (AE) et (CD) sont parallèles ;
- les droites (CE) et (BD) sont parallèles.

1. Démontrer que les angles $\widehat{BCD}$ et $\widehat{CAE}$ ont même mesure.

2. Démontrer que les triangles ACE et CBD sont semblables.

3. En déduire les longueurs des côtés du triangle ACE.

35 Dans le parc naturel des volcans d'Auvergne, Christian effectue des vols avec les oiseaux à bord d'un ULM pendulaire visible ci-dessous :

1. Citer deux triangles semblables dans cet ULM.

2. Sachant que LV = 80 cm ; LU = 2,20 m et UM = 8,8 m, calculer la longueur de la barre VO.

36 **TOP Chrono** 10 min

EFGH est un carré. I et J sont deux points respectivement de [EF] et [EH] à la même distance de E.

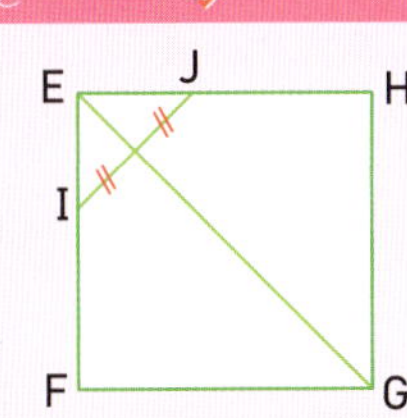

1. Justifier que les triangles EIJ et FEG sont semblables.

2. Recopier, puis compléter les rapports de longueurs égaux qui ont été effacés :

$$\frac{FG}{\ldots} = \frac{\ldots}{EJ} = \frac{EG}{\ldots}$$

je travaille seul(e) ou en Accompagnement personnalisé

Je fais le point sur mon cours

QCM de révision
Retrouve un autre QCM interactif : bordas.media/733819_067

		A	B	C
37	Sur chacune de ces figures, (AB)//(CD). Laquelle n'est pas une configuration de Thalès ?	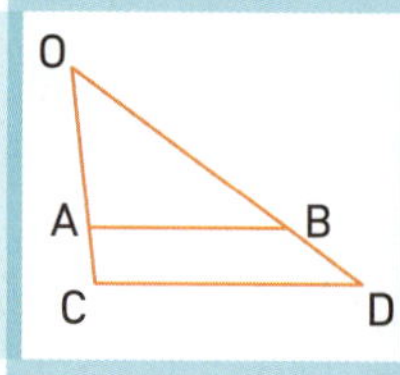	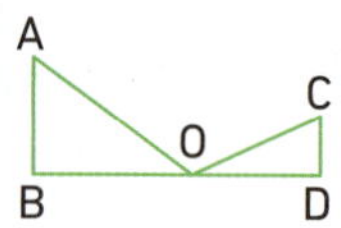	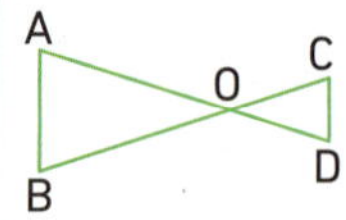
38	Dans le triangle BFA ci-dessous, (BA)//(EC). On peut écrire : 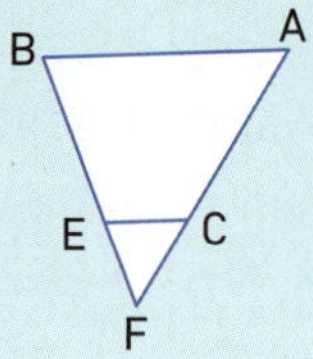	$\frac{FE}{FB}=\frac{FC}{FA}=\frac{BA}{EC}$	$\frac{FE}{FB}=\frac{FC}{FA}=\frac{EC}{BA}$	$\frac{FE}{EB}=\frac{FC}{CA}=\frac{EC}{BA}$
39	Les droites (BC) et (MN) sont-elles parallèles ? 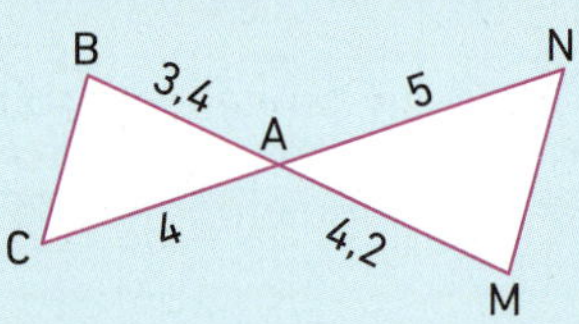	Oui	Non	On ne peut pas savoir
40	Les triangles ABC et DEF sont semblables. Quel est le rapport d'agrandissement entre les deux triangles ? 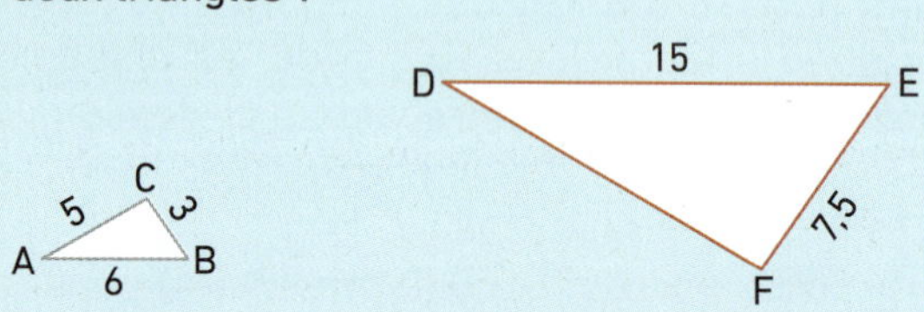	1,5	2,5	0,4
41	Dans la figure de l'exercice **40**, quelle est la longueur DF ?	2	7,5	12,5

Je fais le point sur mes objectifs

OBJECTIF 1

Je calcule une longueur avec le théorème de Thalès

42 Écrire les rapports égaux dans les deux figures ci-dessous :

a. (AB)//(DE)

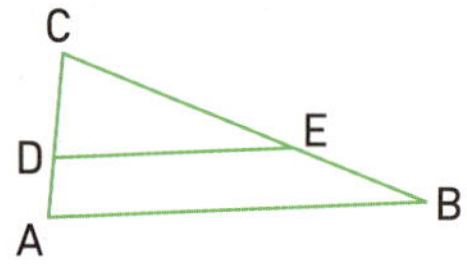

b. (AB)//(DE)

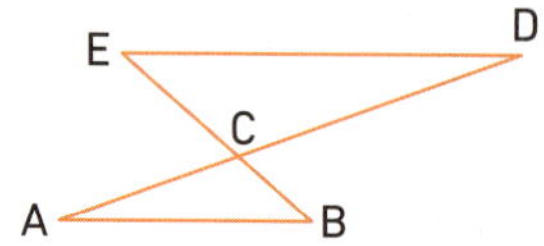

43 Deux droites sécantes en U sont coupées par deux droites parallèles comme dans la figure ci-dessous :

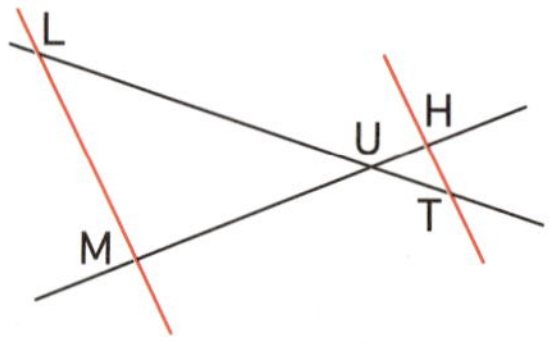

On a TU = 3 cm ; UH = 2,2 cm ; UM = 9,9 cm et ML = 9 cm.
Calculer UL et TH.

44 Victor roule de nuit et fait une marche arrière pour se garer.
Avec ses feux de recul et son rétroviseur, il voit le sol à 6 m derrière lui.

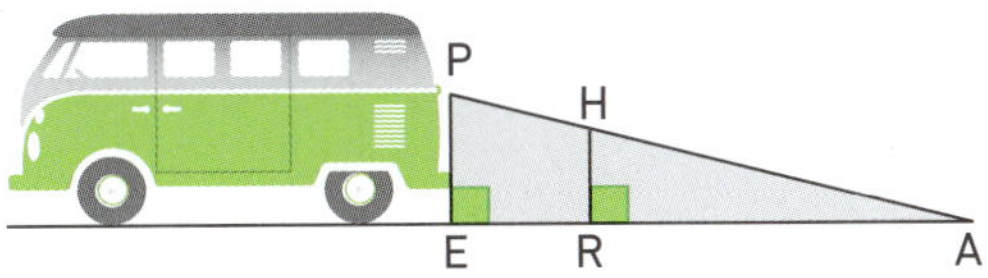

La partie grisée correspond à ce que ne voit pas le conducteur.
Un poteau est représenté par le segment [HR].
On a PE = 1,5 m ; ER = 1,6 m et EA = 6 m.

1. Justifier que les droites (PE) et (HR) sont parallèles.

2. Déterminer la hauteur du poteau.

OBJECTIF 2
Je démontre que deux droites sont ou ne sont pas parallèles

45 On considère la figure ci-contre où AD = 5 cm ; AB = 7 cm ; AE = 6 cm et AC = 8,4 cm.
Les droites (DE) et (BC) sont-elles parallèles ? Justifier.

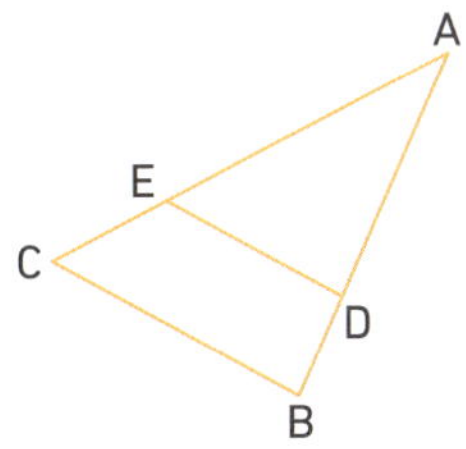

46 Montrer que les droites (RS) et (LK) sont parallèles.
Les données sont en centimètres.

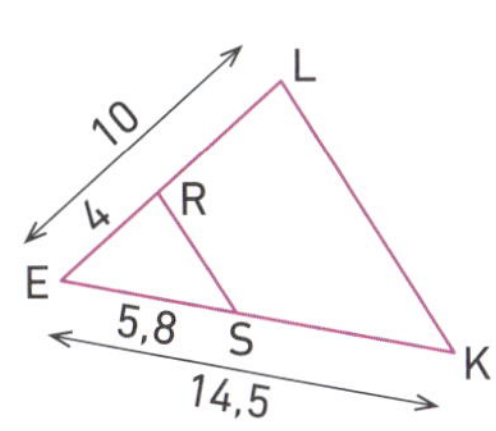

47 Mr Mortier a construit un mur à l'aide de briques de longueur 20 cm, largeur 14 cm et hauteur 10 cm.

Une brique

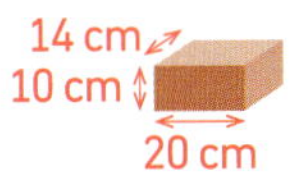

Le mur

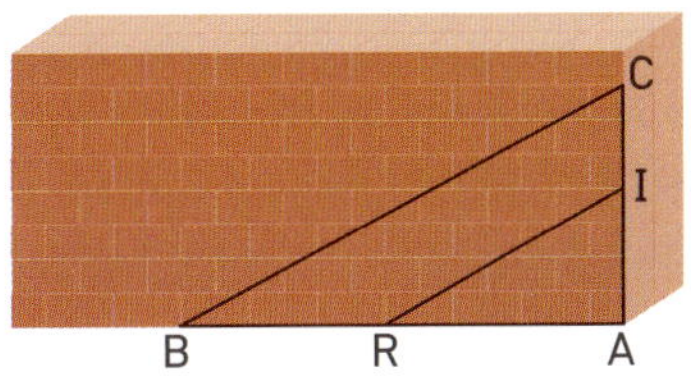

1. Déterminer AR, AB, AI et AC.

2. Comparer $\frac{AR}{AB}$ et $\frac{AI}{AC}$.

3. Le mur est stabilisé et renforcé par une structure métallique qui nécessite que (BC) et (RI) soient parallèles.
Mr Mortier a-t-il respecté cette condition ?

48 Les droites (LP) et (FG) sont-elles parallèles ? Justifier.
On a TF = 3 cm ;
TP = 9 cm ; TG = 1,8 cm
et TL = 6 cm.

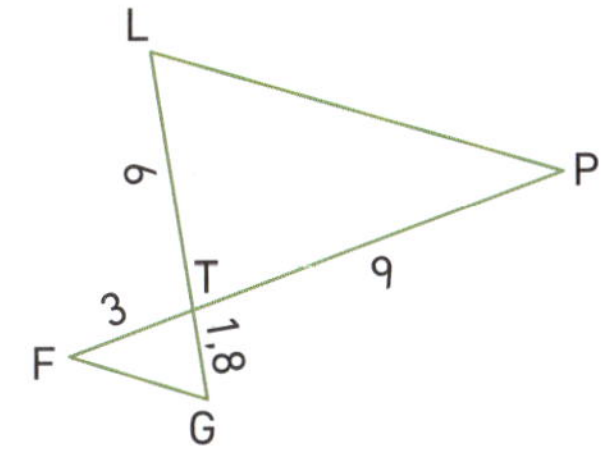

OBJECTIF 3
J'utilise des triangles semblables

49 ABC et DEF sont deux triangles semblables. Les côtés de même couleur sont proportionnels.

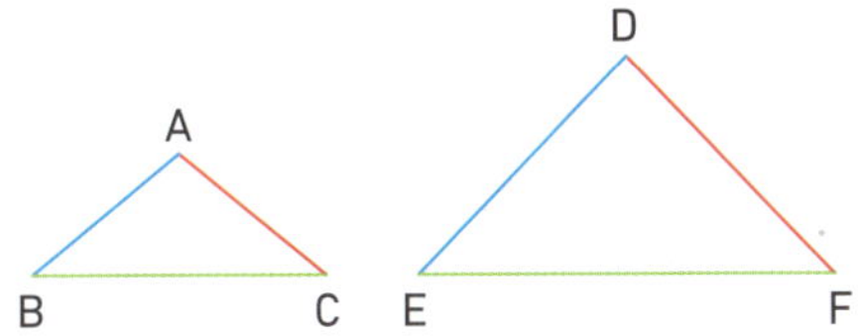

Écrire une égalité de rapports de longueurs.

50

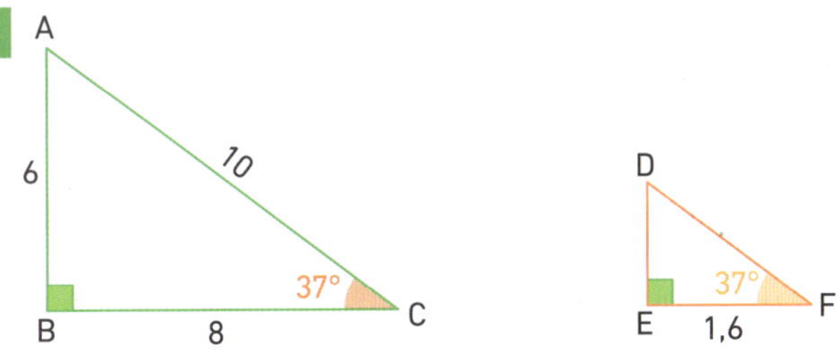

1. Montrer que les triangles ABC et EDF sont semblables.

2. En déduire les longueurs DE et DF.

51 **Les maths autour de moi**

Mattéo veut installer chez lui un panier de basket.
Il doit le fixer à 3,05 m du sol.
Le panier de basket mesure 50 cm de hauteur (représentée ci-dessous par AD).

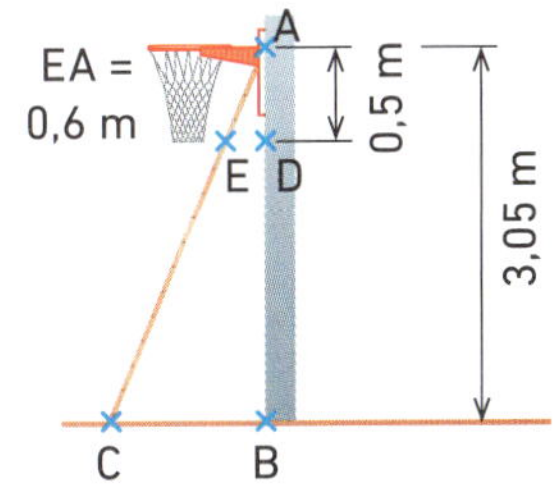

1. Justifier que les triangles ADE et ABC sont semblables.

2. Quelles égalités de longueurs peut-on en déduire ?

3. Quelle est donc la longueur AC de l'échelle ?

Je résous des problèmes

OBJECTIF 1

Je calcule une longueur avec le théorème de Thalès

52 Game of Thales

Du haut de la tour, un dragon D à l'œil perçant distingue dans la brume une embarcation suspecte. Daenerys Myriadus, située au point P, aperçoit le dragon à travers la proue du bateau, haute de 3 m.

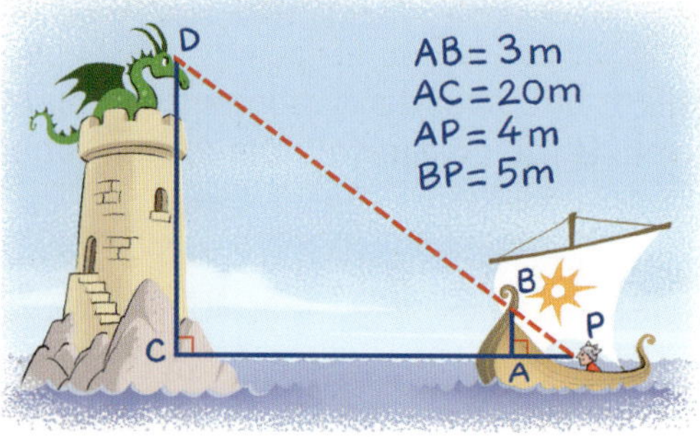

1. Justifier que les droites (AB) et (CD) sont parallèles.
2. Calculer la distance séparant Daenerys Myriadus du dragon.
3. Calculer la hauteur de la tour.

53 Géométrie dans un triangle

Dans la figure ci-dessous, $C \in [AB]$ et $AC = \frac{2}{7}AB$; $I \in [AD]$ et $(IC)//(DB)$; $J \in [BD]$ et $(IJ)//(AB)$.

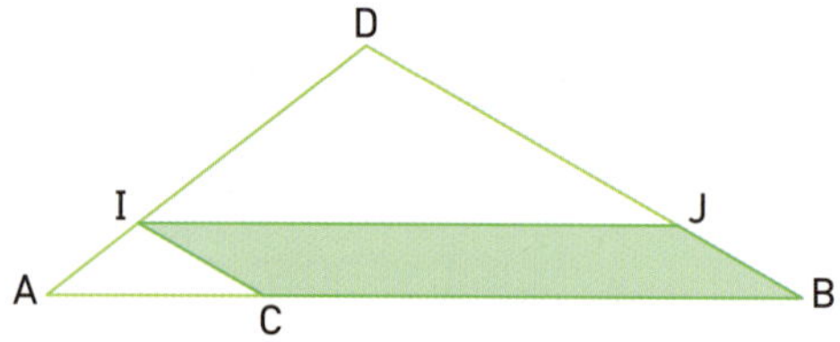

1. Démontrer que $AI = \frac{2}{7}AD$.
2. Démontrer que $DJ = \frac{5}{7}DB$.

OBJECTIF 2

Je démontre que deux droites sont ou ne sont pas parallèles

54 La desserte en bois

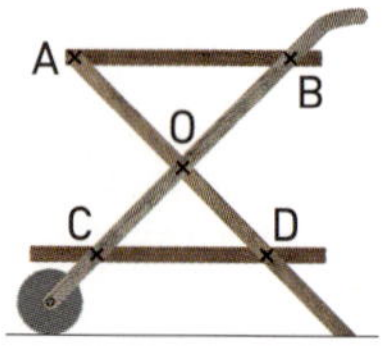

- OA = 51 cm
- OB = 45 cm
- OC = 60 cm
- OD = 68 cm

Les plateaux de cette desserte en bois sont-ils parallèles ? Justifier.

55 Thalès et sa réciproque

Dans la figure ci-dessous, les points A, D, B et C sont alignés ainsi que les points F, D, E et G. Les droites (AF) et (EB) sont parallèles.

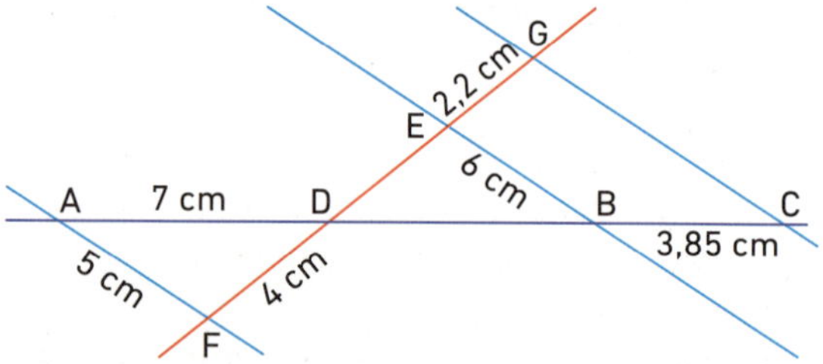

1. Calculer DB et DE.
2. Les droites (EB) et (GC) sont-elles parallèles ?

OBJECTIF 3

J'utilise des triangles semblables

56 Détente aquatique

Couché sur un transat de 50 cm de haut à 1 m du bord de sa piscine encore vide, Corentin peut voir le fond.

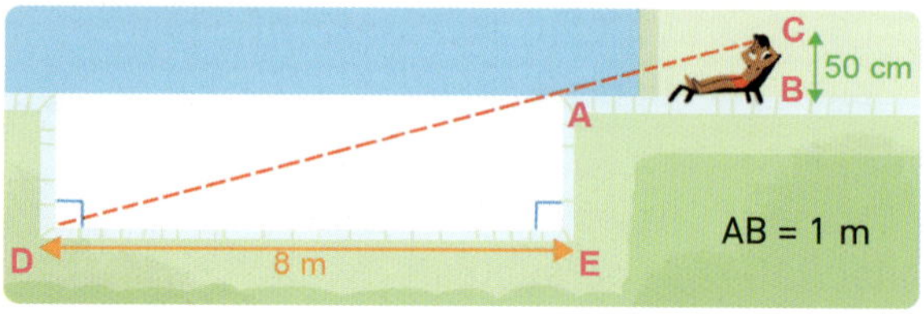

1. Trouver deux triangles semblables dans cette configuration. Justifier.
2. En déduire :
   a. une égalité de rapports de longueurs ;
   b. la profondeur de la piscine si sa longueur vaut 8 m.

57 La bonne distance

Dans la figure ci-dessous, $\widehat{MPO} = \widehat{ROG} = 40°$.
Quelle est la distance entre la gariotte (G) et le pont (R) ?

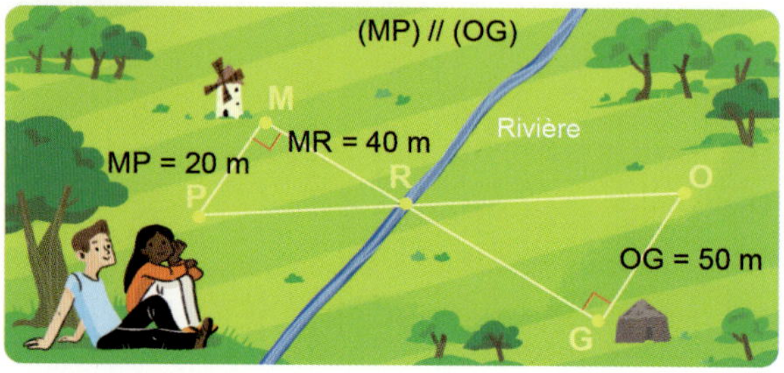

On suppose que les triangles MRP et ROG sont semblables.

58 Semblables or not semblables

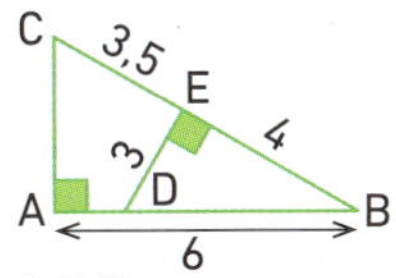

1. Montrer que le triangle ABC est semblable au triangle DEB.
2. En déduire les longueurs AC et DB.
3. Quel est le périmètre du quadrilatère ADEC ?

59 Enclos animalier

Dans un parc animalier, les élans, les ours bruns et les loups sont dans des enclos triangulaires.
Ces enclos sont-ils de même forme ?

• **Enclos des élans**

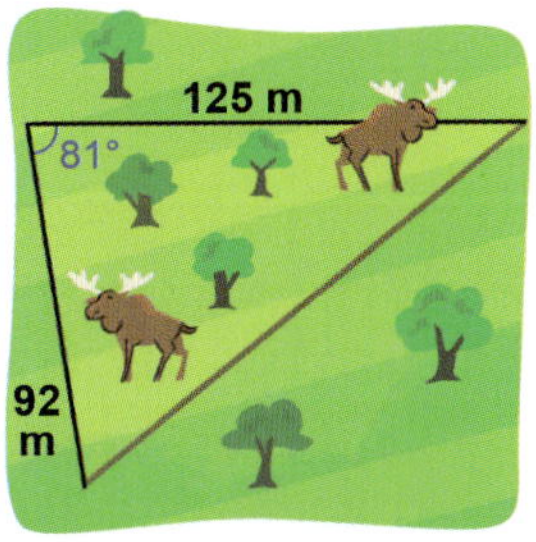

• **Enclos des ours bruns**

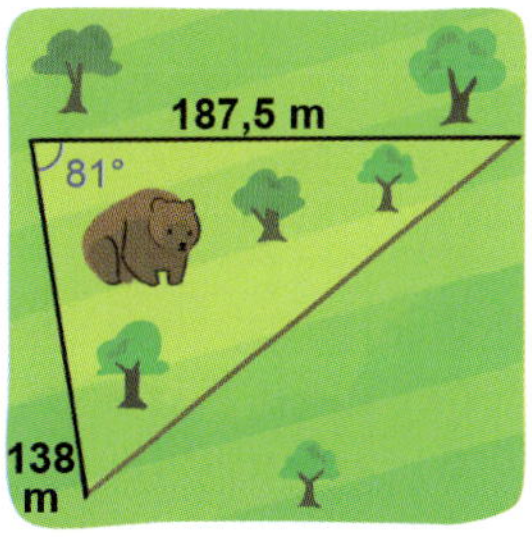

• **Enclos des loups**

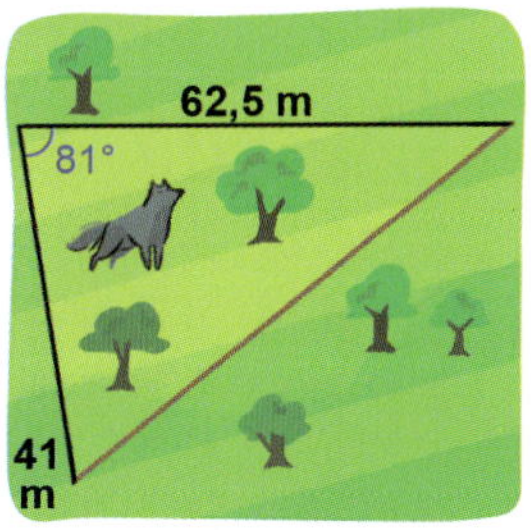

MULTI OBJECTIFS

60 L'écologie autour de moi

Paul dessine le logo de son association « Oiseau libre », en forme de bec d'oiseau.
Cette association protège les oiseaux et les écosystèmes dont ils dépendent et, en particulier, la faune et la flore qui y sont associées.
Dans son dessin :
- (AB)//(IJ) et (BC)//(JK) ;
- OA = 3 cm ; OB = 3,5 cm ; OC = 2,5 cm et CK = 1 cm.

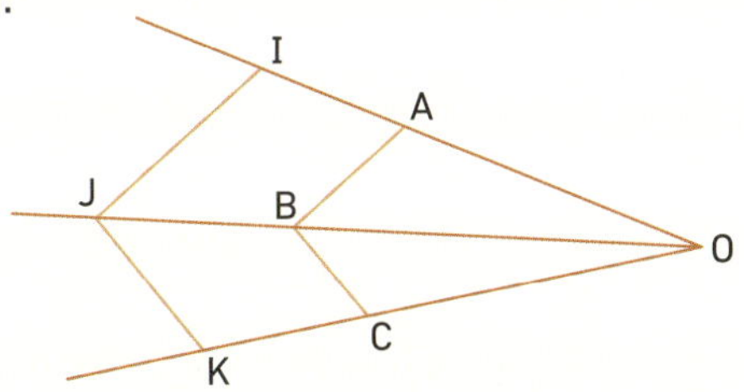

1. Calculer OJ, BJ, OI et IA.
2. Dans son logo, les droites (AC) et (IK) sont-elles parallèles ? Justifier.

61 Utiliser une propriété

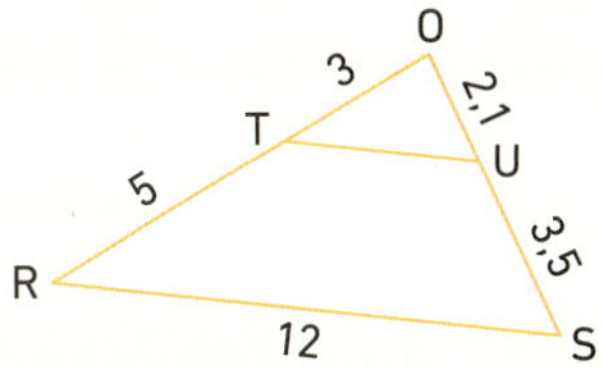

1. Démontrer que les droites (TU) et (RS) sont parallèles.
2. Calculer la longueur TU.

62 Les maths autour de moi

Un skieur dévale « tout schuss » une piste de ski rectiligne de longueur BC = 1 200 m. À son point de départ C, le dénivelé par rapport au bas de la piste, donné par la longueur AC, est de 200 m. Après une chute, le skieur est arrêté au point D sur la piste. Le dénivelé DH est de 150 m.

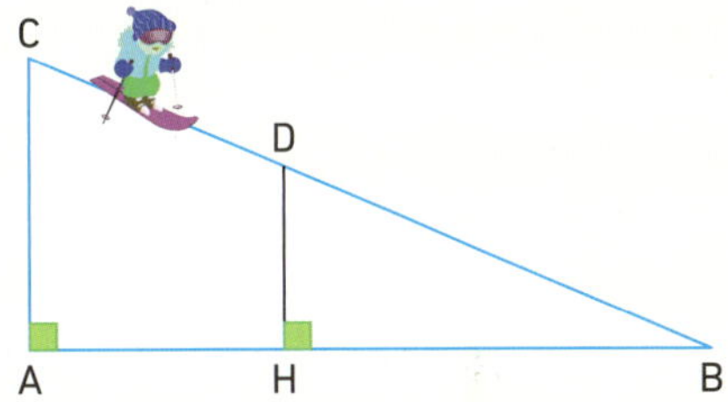

1 Les droites (AC) et (DH) sont-elles parallèles ? Justifier.

2. Calculer la longueur DB qui lui reste à parcourir.

3. Malgré sa chute, le skieur a réussi à descendre cette piste en 1 min 45 s. Quelle a été, en km/h, sa vitesse moyenne ?
On arrondira le résultat à l'unité.

63 SVT Éclipse solaire

Le 20 mars 2015, Théo observe une éclipse du Soleil :

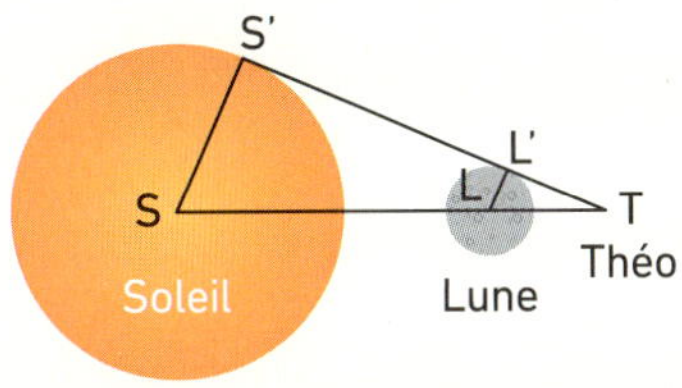

- T : Théo
- S : centre du Soleil
- L : centre de la Lune
- Le rayon SS' du soleil mesure 695 000 km.
- Le rayon LL' de la Lune mesure 1 736 km.
- La distance TS est de 150 millions de km.
- **Les triangles TLL' et TSS' sont semblables.**

Calculer la distance TL.
On donnera l'arrondi au km.

je développe mes compétences

RAISONNER | REPRÉSENTER | COMMUNIQUER | CALCULER | CHERCHER | MODÉLISER

J'apprends à RAISONNER

Voir la vidéo : bordas.media/733019_060

J'OBSERVE

64 Les triangles ABC et DEF sont-ils semblables ? Justifier.

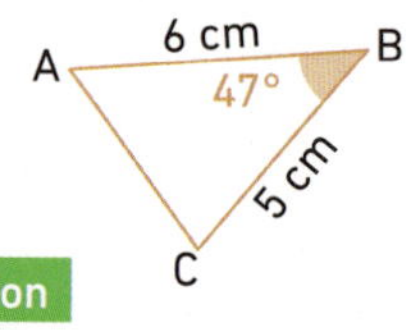

EXERCICE RÉSOLU **Démonstration**

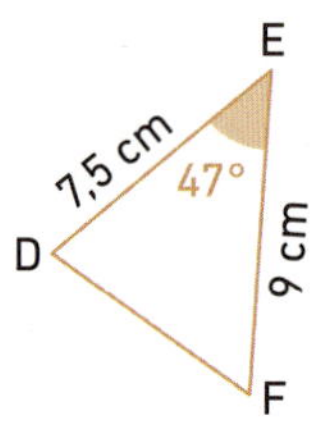

On positionne le triangle ABC dans le triangle DEF tels que les angles $\widehat{ABC}$ et $\widehat{FED}$ se superposent.

On calcule les rapports de longueurs dans les triangles :

$\frac{DE}{BC} = \frac{7,5}{5} = 1,5$ et $\frac{EF}{AB} = \frac{9}{6} = 1,5$ donc les droites (AC) et (DF) sont parallèles d'après la réciproque du théorème de Thalès.

Comme (AC)//(DF), on peut utiliser le théorème de Thalès qui nous permettra de conclure que $\frac{DF}{AC} = 1,5$.

Les côtés du triangle DEF sont donc deux à deux proportionnels aux côtés du triangle ABC.

Les triangles ABC et DEF sont donc semblables.

JE ME LANCE

65 Les triangles RST et KML sont-ils semblables ? Justifier.

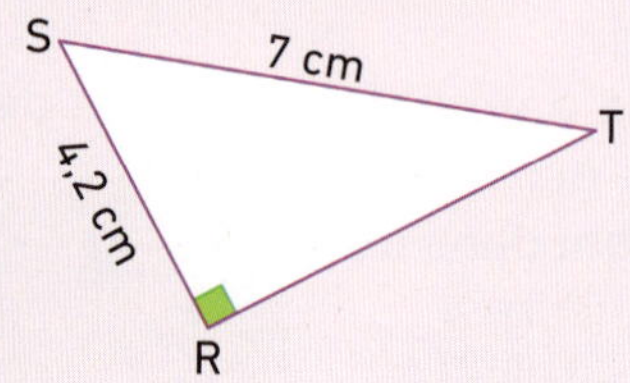

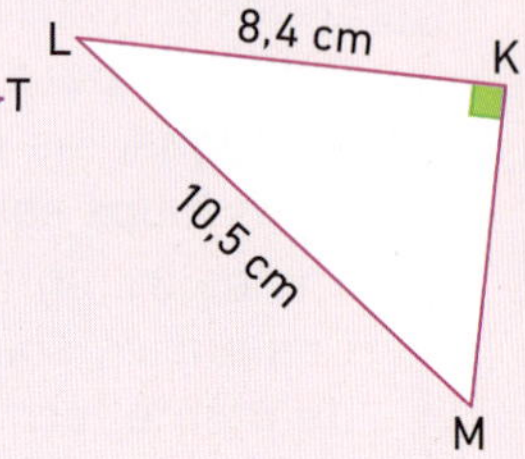

66 Les triangles ABC et GHE sont-ils semblables ? Justifier.

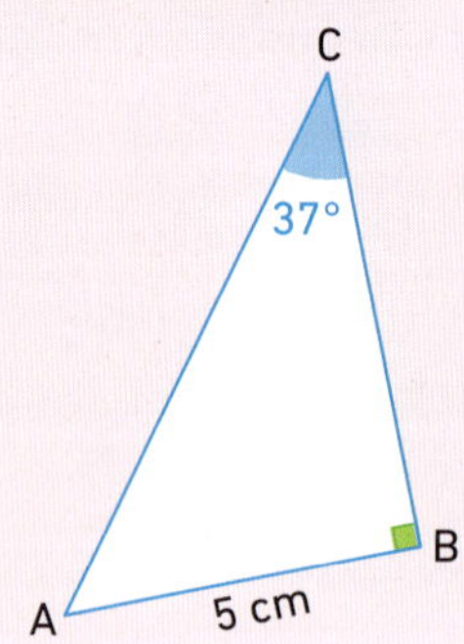

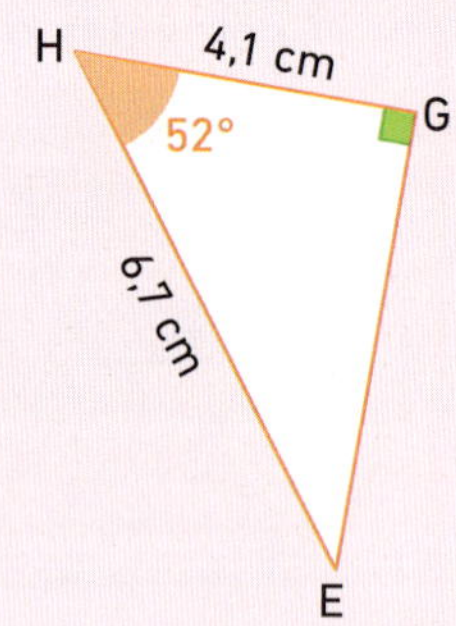

J'apprends à CALCULER

J'OBSERVE

67 Dans le triangle CBF ci-contre, les droites (AE) et (BF) sont parallèles et CB = 9 cm, CF = 12 cm, BF = 11 cm et FA = 7 cm.

Calculer AE.

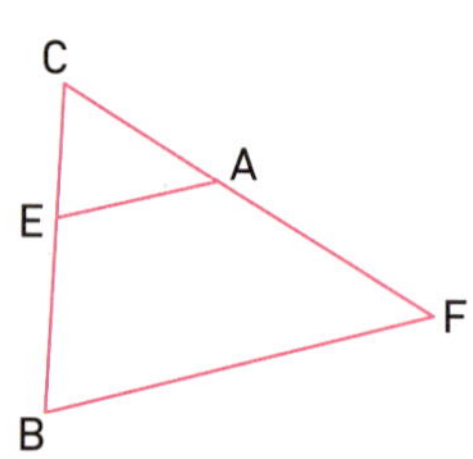

EXERCICE RÉSOLU

Les droites (BE) et (FA) sont sécantes en C.

Les droites (AE) et (BF) sont parallèles.

D'après le théorème de Thalès, $\frac{CE}{CB} = \frac{CA}{CF} = \frac{AE}{BF}$.

En remplaçant les longueurs par leurs valeurs, on obtient $\frac{CE}{9} = \frac{CA}{12} = \frac{AE}{11}$ ce qui ne permet pas de calculer AE mais on sait que FA = 7 cm.

Cela permet de calculer CA = 12 − 7 = 5 cm.

On a donc $\frac{5}{12} = \frac{AE}{11}$, d'où $AE = \frac{5 \times 11}{12} \approx 4,58$ cm.

JE ME LANCE

68 Dans cette figure :
- A ∈ [EF] ;
- B ∈ [EG] ;
- (AB)//(FG).

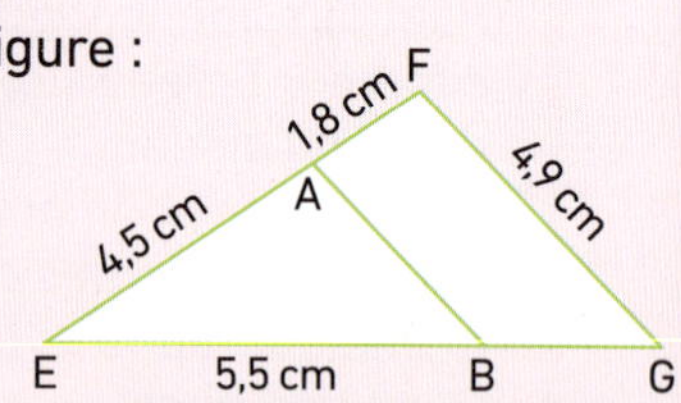

Calculer les longueurs EG et AB. Justifier.

69 Dans cette figure, les points A, B et C sont alignés ainsi que les points A, D et E. De plus, (BD)//(CE).

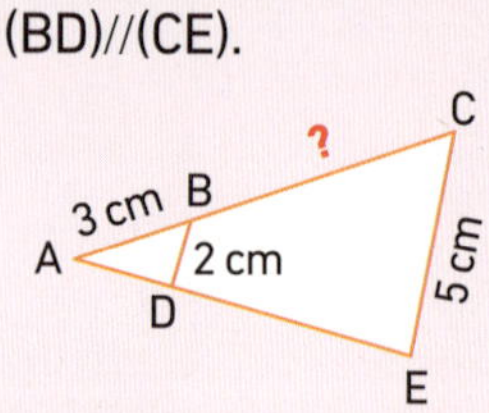

1. Calculer AC.
2. En déduire BC.

j'utilise mes compétences

70 Selfie devant la tour Eiffel

CALCULER • REPRÉSENTER D1.3 et D4

Leila est en visite à Paris. Aujourd'hui, elle est au Champ de Mars où elle peut voir la tour Eiffel, tour dont la hauteur totale BH est 324 m.
Elle pose son appareil photo au sol à une distance AB = 600 m du monument et le programme pour prendre une photo.

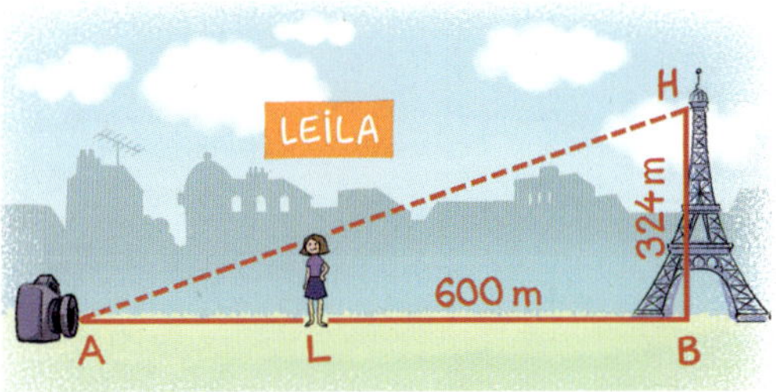

Sachant que Leila mesure 1,70 m, à quelle distance de son appareil doit-elle se placer pour paraître aussi grande que la tour Eiffel sur sa photo ?
On donnera une valeur approchée du résultat au centimètre près.

71 Observation d'une pyramide

CALCULER • RAISONNER D1.3

La pyramide SABCD est une pyramide à base rectangulaire telle que AB = 4,8 cm ; BC = 4,2 cm et SA = 8 cm. On donne SI = 5 cm.

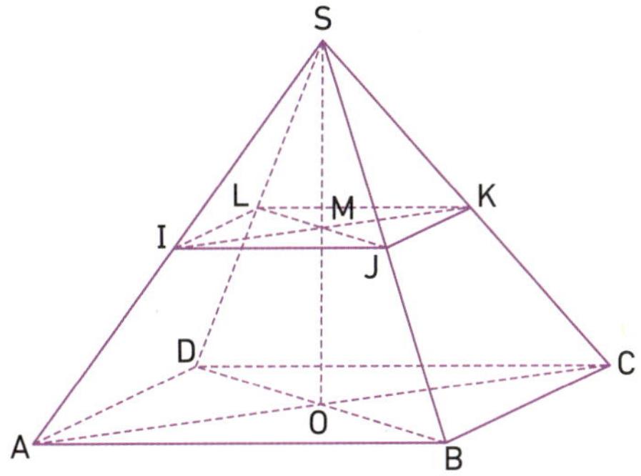

Calculer, en cm^3, le volume de la pyramide SIJKL.

72 La légende de Thalès

CALCULER • MODÉLISER D1.3

Thalès de Millet (vers 600 av. J.-C.) a réussi à donner la hauteur de la plus haute pyramide d'Egypte. Pour cela, il planta un bâton de 2 m à l'extérieur de la pyramide et il prit quelques mesures au sol.

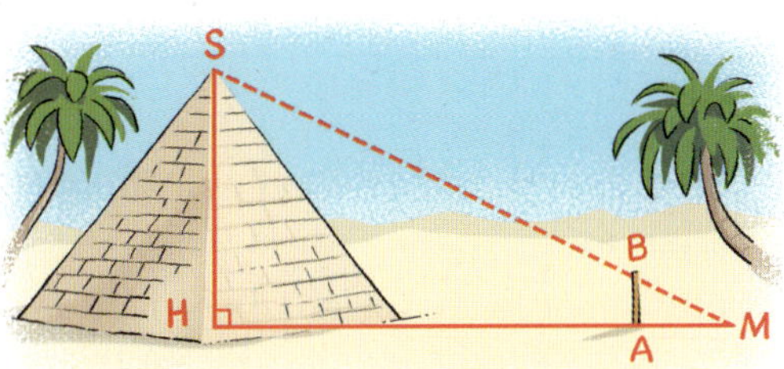

Calculer la hauteur de la pyramide.

73 Anglais — Geometry and literal calculus

RAISONNER • COMMUNIQUER D1.3 et D4

Points H, K, T and points H, M, J are aligned. The lines (KM) and (TJ) are parallel.
Calculate x and y.

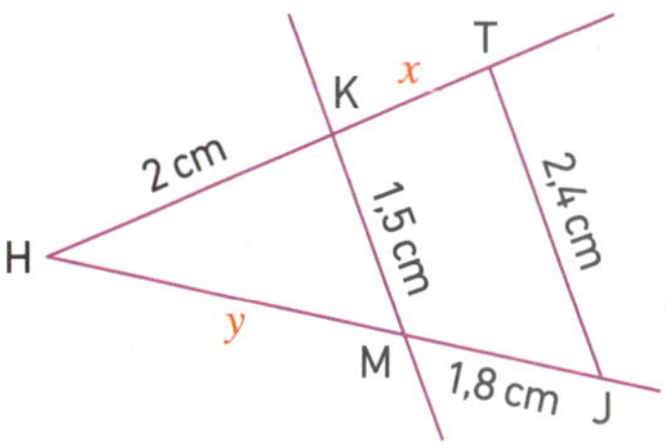

74 Une longueur inconnue

CALCULER • RAISONNER D1.3

On considère ce quadrilatère MNPQ :

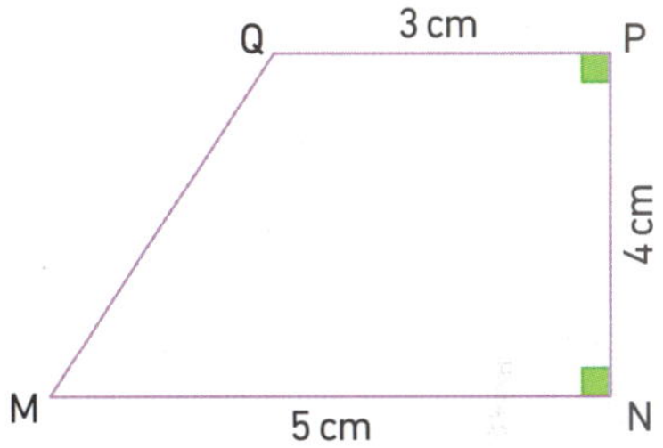

1. Reproduire la figure.

2. Les diagonales du quadrilatère MNPQ se coupent en un point O. Calculer QO.

75 Je fais ma story

pix 3.2

On peut mesurer la hauteur d'un bâtiment, d'un arbre, etc. avec un simple miroir.

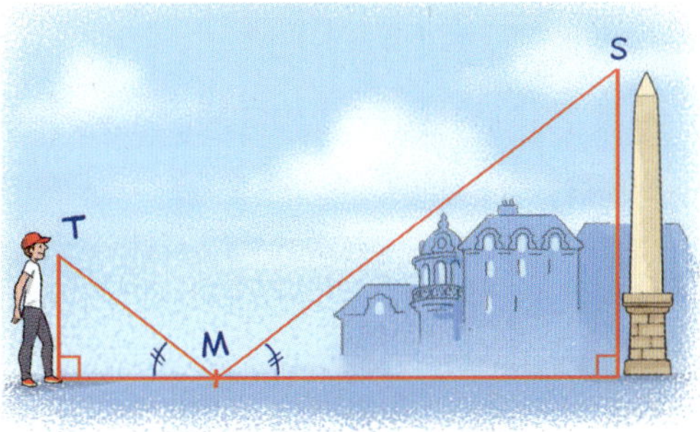

Expliquer, dans une courte vidéo ou présentation, comment cela est possible, en montrant par exemple comment mesurer la hauteur du collège !

vu au brevet

76 Une personne décide d'installer, au-dessus de sa piscine, une grande voile d'ombrage qui se compose de deux parties détachables reliées par une fermeture éclair comme le montre le schéma ci-dessous qui n'est pas à l'échelle.

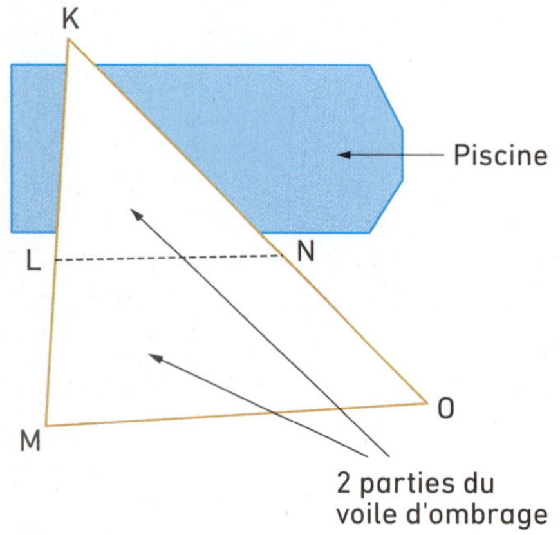

Données
- La première partie couvrant une partie de la piscine est représentée par le triangle KLN ;
- la deuxième partie est représentée par le trapèze LMON de bases [LN] et [MO] ;
- la fermeture éclair est représentée par le segment [LN] ;
- les poteaux, soutenant la voile d'ombrage positionnés sur les points K, L et M, sont alignés ;
- les poteaux, soutenant la voile d'ombrage positionnés sur les points K, N et O, sont alignés ;
- KL = 5 m ; LM = 3,5 m ; NO = 5,25 m ; MO = 10,2 m.

Question

Calculer la longueur de la fermeture éclair.

Polynésie Septembre 2018

77

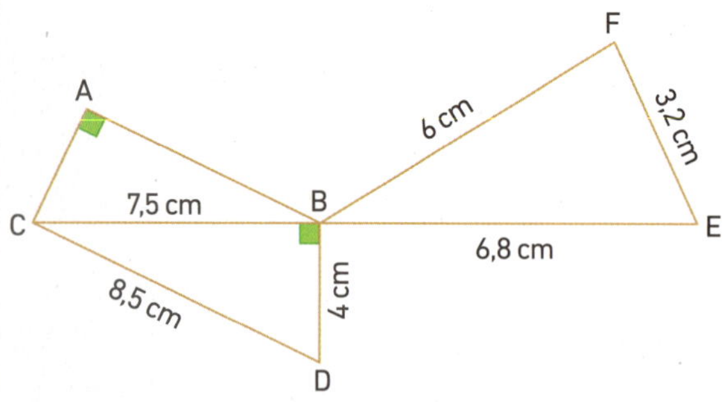

1. Montrer que les triangles CBD et BFE sont semblables.

2. Sophie affirme que l'angle $\widehat{BFE}$ est un angle droit. A-t-elle raison ?

3. Max affirme que l'angle $\widehat{ACD}$ est un angle droit. A-t-il raison ?

Métropole La Réunion Juin 2018

78 Un décorateur a dessiné une vue de côté d'un meuble de rangement composé d'une structure métallique et de plateaux en bois d'épaisseur 2 cm, illustré par la Figure 1.

Figure 1

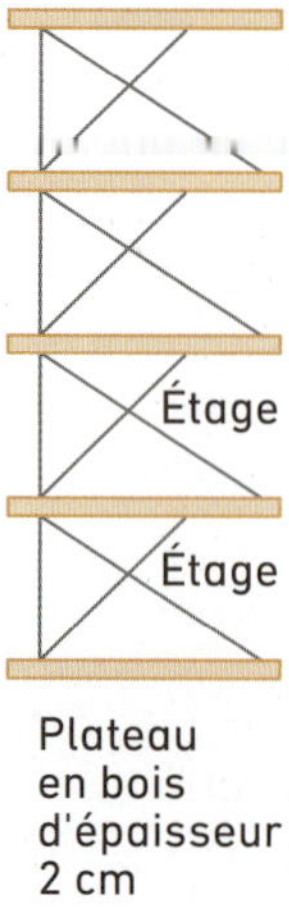

Figure 2

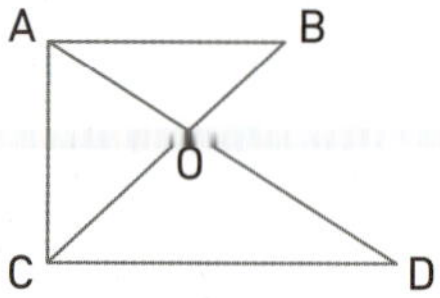

Les étages de la structure métallique de ce meuble de rangement sont tous identiques et la Figure 2 représente l'un d'entre eux.

Données
- OC = 48 cm ; OD = 64 cm ; OB = 27 cm ; OA = 36 cm ; CD = 80 cm et AC = 60 cm ;
- les droites (AC) et (CD) sont perpendiculaires.

1. Démontrer que les droites (AB) et (CD) sont parallèles.

2. Montrer par le calcul que AB = 45 cm.

3. Calculer la hauteur totale du meuble de rangement.

Centres étrangers Juin 2019

79 La figure ci-dessous n'est pas à l'échelle :

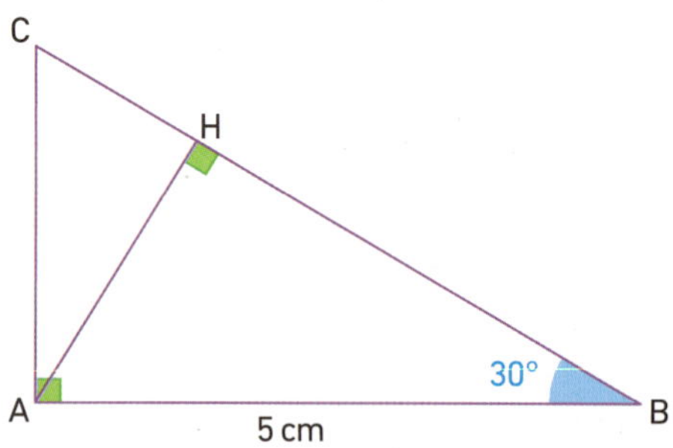

On considère ci-dessus un triangle ABC rectangle en A tel que $\widehat{ABC} = 30°$ et AB = 7 cm. H est le pied de la hauteur issue de A.

1. Tracer la figure en vraie grandeur sur la copie. Laisser les traits de construction apparents sur votre feuille.

2. Démontrer que AH = 3,5 cm.

3. Démontrer que les triangles ABC et HAC sont semblables.

4. Déterminer le coefficient de réduction permettant de passer du triangle ABC au triangle HAC.

Pondichéry Mai 2018

Jeux mathématiques

80 **Le triangle des Bermudes** pix 1.1

1. Après avoir recherché les distances entre Miami, les Bermudes et Puerto Rico, construire sur une feuille un triangle semblable au triangle des Bermudes.

2. Donner un ordre de grandeur de l'aire de la zone.

3. QCM Quel phénomène attire l'attention sur le triangle des Bermudes ?

Ⓐ Le Titanic a coulé dans cette zone.

Ⓑ De nombreux navires et avions ont disparu dans cette région.

Ⓒ Des chercheurs y ont retrouvé le trésor de Barbe bleue.

81 **Défi !**

Pour quelle valeur de x la table à repasser est-elle bien horizontale ?

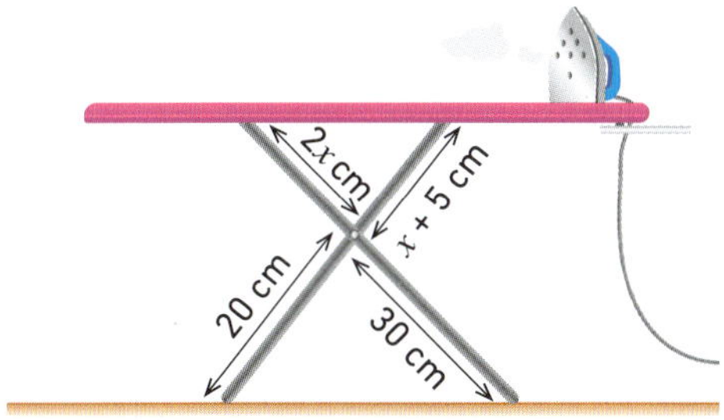

Énigme

82 **Quelle est la valeur exacte de la longueur manquante dans le « E » ?**

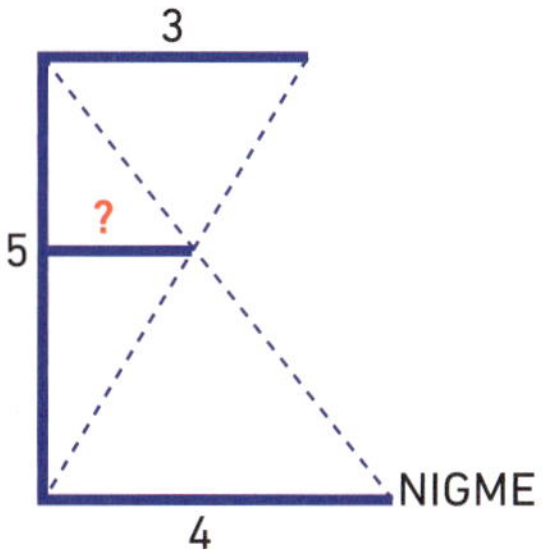

devoirs à la maison

83 **Un problème historique** pix 1.3

D'après le *Jiuzhang suanshu* ou *Les neuf chapitres sur l'art du calcul*, ouvrage chinois (environ 200 av. J.-C.).

« Une ville carrée entourée d'une muraille comprend une porte au milieu de chaque côté. Si tu quittes la ville par la porte nord en marchant 20 pas, tu trouveras un arbre.
Si tu la quittes par la porte sud en marchant 14 pas vers le sud puis 1 775 vers l'ouest, tu seras aligné avec le coin de la ville et l'arbre.
On cherche la longueur des côtés de la ville. »

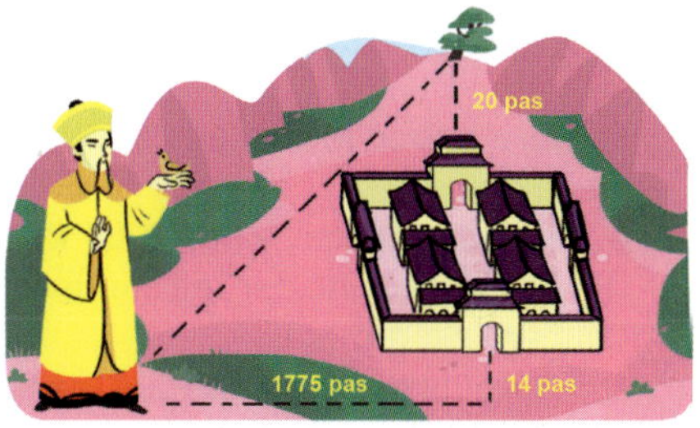

1. On note x la longueur des côtés de la ville. En appliquant le théorème de Thalès, prouver que le problème peut se ramener à résoudre l'équation suivante : $x^2 + 34x = 71\,000$.

2. À l'aide d'un solveur d'équations, trouver la solution au problème.

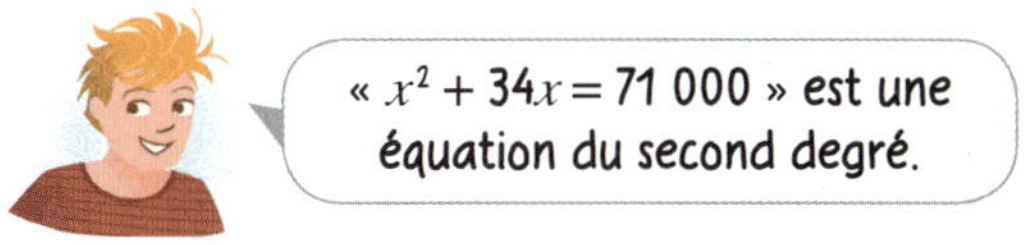

84 **La fourmi baladeuse**

Ici, les droites (HK) et (ML) sont parallèles.

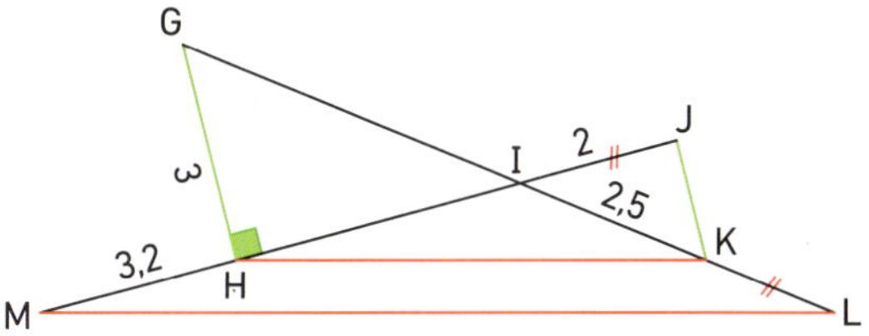

1. Calculer la longueur IH.

2. Calculer la longueur GI.

3. Démontrer que les droites (JK) et (GH) sont parallèles.

4. Calculer les longueurs JK, HK et ML.
On arrondira le résultat au dixième.

avec un logiciel pix

Pour faire ces activités, télécharge les fiches logiciel **Géométrie** et **Tableur** sur le site college.editions-bordas.fr.

1 Des triangles semblables et des rapports égaux pix 1.3

40'

– Observer la proportionnalité des longueurs de deux triangles semblables.
– Faire apparaitre des rapports égaux dans une configuration de Thalès.

Difficulté mathématique · Difficulté technique

1 Construire un triangle BIC tel que IB = 4 cm, IC = 5 cm et BC = 6 cm. Géométrie 6, 7 et 13

2 Créer un curseur *k* allant de 0 à 5. Géométrie 24

3 Créer un triangle OGM tel que : OG = BI × *k*, GM = IC × *k* et OM = BC × *k*.

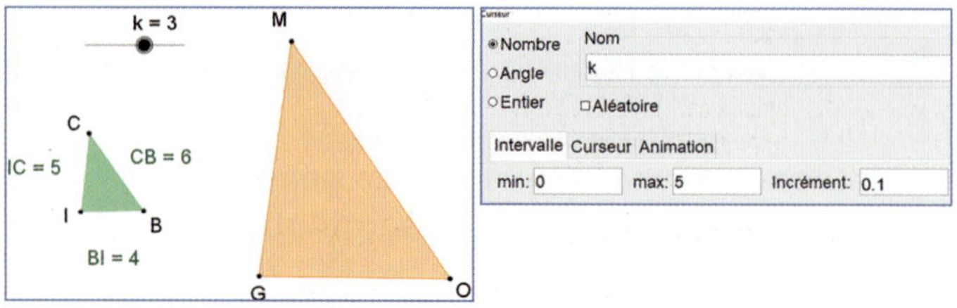

4 **a.** Faire varier le curseur *k* et comparer les tailles des triangles BIC et OGM.
b. Pour différentes valeurs de *k*, déplacer le triangle OGM et faire coïncider les sommets I et G. Cacher le sommet G.
c. Pourquoi peut-on dire que les triangles BIC et OGM sont semblables ?

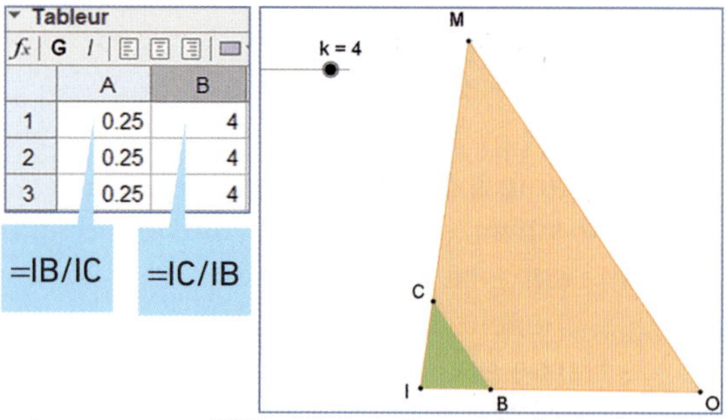

5 Écrire les rapports égaux dans la configuration de Thalès qui apparait à l'écran.

6 **a.** Ouvrir la fenêtre tableur. Faire apparaitre les rapports égaux pour différentes valeurs de *k*.
b. Que représente le coefficient *k* ?

2 Un bouclier géométrique pix 3.2

30'

Suivre un programme de constructions pour reproduire un bouclier.

Difficulté mathématique · Difficulté technique

Cette activité mélange des propriétés géométriques à différents objets mathématiques, le tout permettant d'obtenir un outil défensif très ancien…

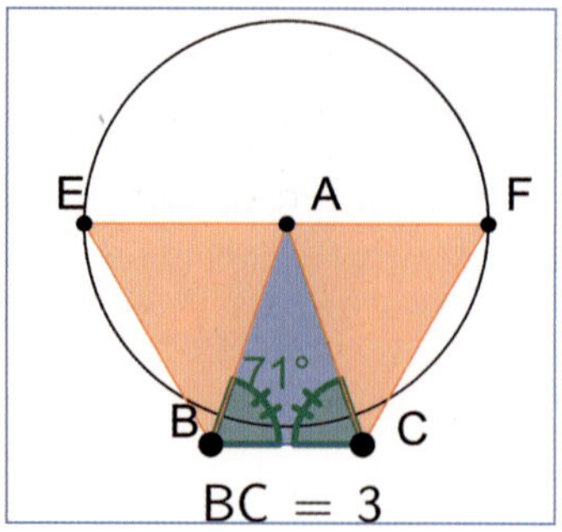

1 Tracer un triangle ABC isocèle en A tel que BC = 3 cm et $\widehat{ABC} = 71°$. Le colorier en bleu. Géométrie 6, 7 et 15

Trace le segment [BC] de 3 cm, puis les demi-droites [B*x*) et [C*y*) telles que $\widehat{CBx} = \widehat{BCy} = 71°$.

2 Construire la droite passant par A et parallèle à (BC). Géométrie 9

3 **a.** Tracer le cercle de centre A et de rayon 4 cm.
b. Placer un point E tel que $\widehat{CBA}$ et $\widehat{BAE}$ soient alternes-internes. Appeler F l'autre point d'intersection. Géométrie 13

4 Tracer les triangles EAB et FAC, puis les colorier en orange.

5 Tracer la perpendiculaire à (AC) passant par A. Géométrie 8

On notera G le point d'intersection au-dessus de F entre la perpendiculaire et le cercle.

Cache les objets superflus au fur et à mesure de l'avancement : demi-droites, cercle, étiquette des objets… Géométrie 21

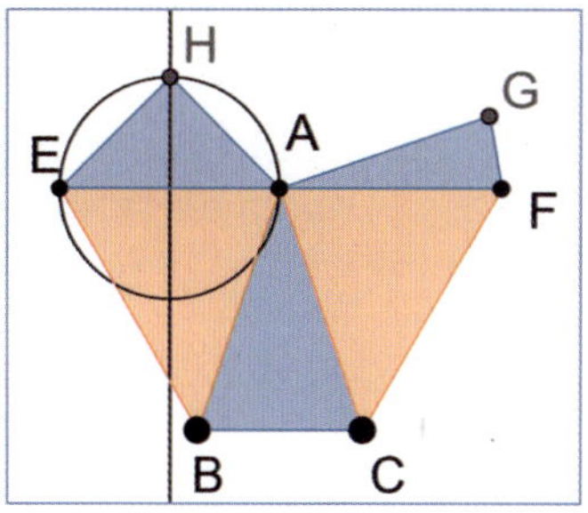

6 Construire le point H tel que AEH soit un triangle rectangle isocèle en H et $\widehat{BAH}$ un angle obtus comme sur la figure ci-contre.

Aide
Construire le milieu D de [AE], la perpendiculaire à [AE] passant par D, puis le cercle de centre D et passant par A.
Nommer H le point d'intersection supérieur. Géométrie 4

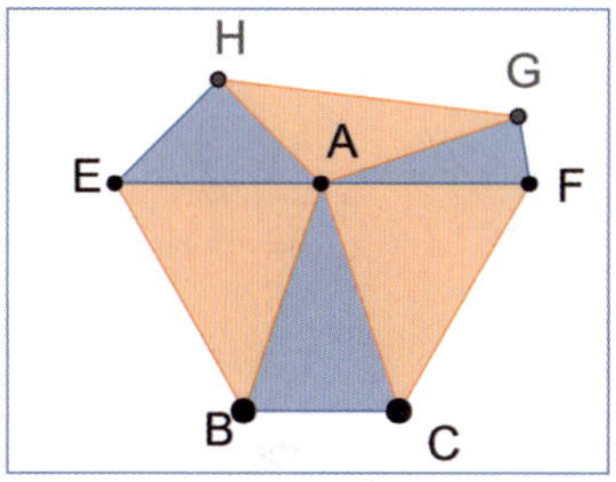

7 Tracer le triangle AEH, puis le colorier en bleu.

8 Tracer le triangle AGH, puis le colorier en orange.

9 Existe-t-il des triangles semblables dans le bouclier obtenu ?
Si oui, lesquels ?

3 Des triangles semblables algorithmiques ALGO pix 3.4

30'

Programmer la construction d'un triangle agrandi ou réduit par rapport à un autre déjà construit.

Difficulté mathématique — Difficulté technique

1 Voici le programme triangle 1 permettant de construire un triangle.
Faire un schéma du triangle décrit.

2 **a.** Dans le programme principal ci-contre, à quoi correspond le coefficient k demandé par le lutin ?
b. Recopier et compléter la boucle **Si…Sinon…** .

3 **a.** Ouvrir le fichier TP3.eleve.sb3.
b. Compléter le bloc triangle 2 afin que les longueurs du triangle 2 soient égales à k fois celles du triangle 1.
c. Tester le programme en prenant $k = 0{,}5$; $k = 1$ et $k = 2$.

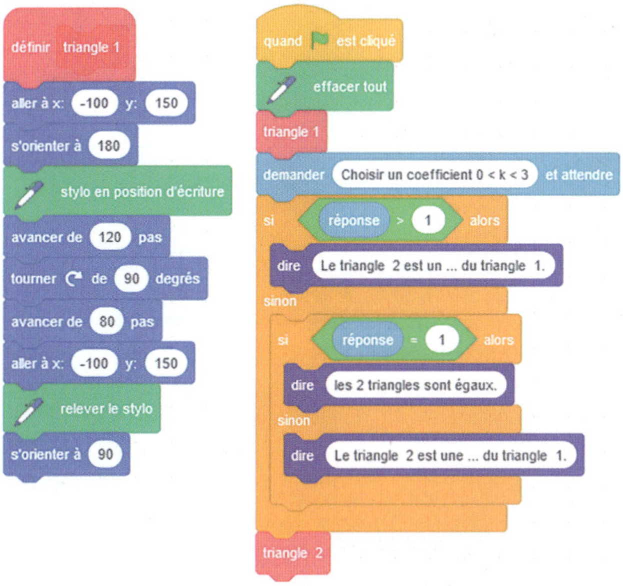

4 Remettre les lettres dans l'ordre pour trouver la particularité des deux triangles.

B E S M E B L L A S

tâches complexes

1 De grandes voyageuses

Un groupe de cigognes part de Berlin, direction la **route de l'Est**.
Elles font une halte à Montpellier, puis volent jusqu'à Atar en Mauritanie pour hiverner.
D'autres cigognes partent de Berlin, direction la **route de l'Ouest**. Elles font une halte à Konia en Turquie, puis volent jusqu'à Djouba, capitale du Soudan du Sud pour hiverner.

▶ **Donner la distance parcourue par les deux groupes de cigognes.**

DOC 1 La migration des cigognes

La cigogne est une grande migratrice.
Chaque année, au mois d'août, les cigognes préparent leur grand départ pour le Sud.
La journée, elles volent ; le soir, elles se posent et cherchent leur nourriture.
La plupart des cigognes blanches atteignent leur site d'hivernage entre septembre et octobre. Durant près de cinq mois, elles flânent aux alentours en quête de nourriture et parcourent des centaines, parfois des milliers de kilomètres.
En mars débutent les retours en direction du nid de naissance, c'est la « migration printanière ».

Elles ont le choix entre deux routes migratoires : la **route de l'Ouest** où elles traversent la France et l'Espagne, puis la Méditerranée et la **route de l'Est** qui mène en Turquie et au Proche Orient.

DOC 2 Routes migratoires

- Parcours Est (chemin rouge)
- Parcours Ouest (chemin noir)

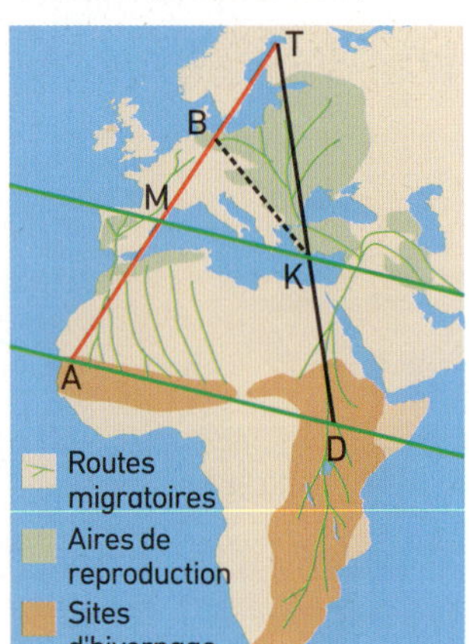

- B : Berlin (Allemagne)
- M : Montpellier (France)
- T : Tampere (Finlande)
- A : Atar (Mauritanie)
- K : Konia (Turquie)
- D : Djouba (capitale du Soudan du Sud)

- Berlin – Konia : 2 200 km
- Tampere – Konia : 2 700 km
- Tampere – Berlin : 1 180 km
- Montpellier – Konia : 1 220 km
- Atar – Djouba : 5 125 km

La ligne imaginaire Montpellier-Konia est parallèle à la ligne imaginaire Atar-Djouba.

2 Les problèmes DUDU

Les DUDU sont sur les bords de l'Erdre.
Ils voient une maison et souhaitent connaître la distance qui les sépare de cette dernière.

▶ **Peux-tu aider les DUDU ?**

Voir la vidéo :
bordas.media/733819_069

Quel est l'**angle** de **rotation** entre deux nacelles de la **Ferris Wheel** ?

Pour le savoir, rendez-vous en fin de chapitre

chapitre 9

QCM de révision
Avant de commencer ce chapitre, fais le point sur tes connaissances : bordas.media/733819_070

Transformations du plan – Rotation et Homothétie

objectifs

1 Je transforme un point ou une figure par symétrie, translation

2 Je transforme un point ou une figure par rotation

3 Je transforme un point ou une figure par homothétie

EXEMPLES DE RÉUSSITE !

11 17 27 37

cherchons ensemble

Si tu ne comprends pas certains des mots utilisés ici, demande à ton professeur ou consulte le *Dico des maths*, p. 10.

Activité 1 — Réinvestir les symétries et la translation avec un quadrillage ▸ OBJECTIF 1

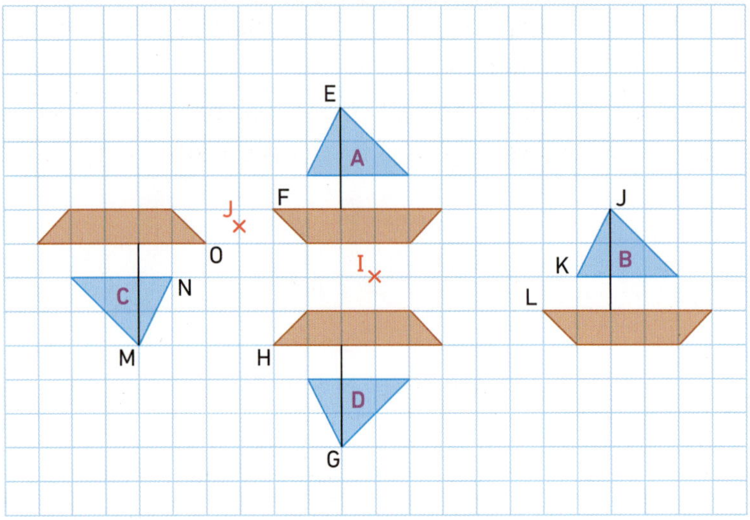

1 **a.** Observer les quatre bateaux A, B, C et D. Quel bateau a été obtenu en faisant glisser le bateau A ?

b. Comment s'appelle la transformation qui permet de faire glisser une figure ?

c. Recopier et compléter la phrase : « On dit que le bateau ... est l'image du bateau A par ... . »

Deux figures symétriques par rapport à une droite se superposent quand on « plie » le long de cette droite.

2 **a.** Quel bateau a été obtenu en retournant le bateau A ?

b. Recopier et compléter la phrase :
« On dit que le bateau ... est l'image du bateau A par symétrie .... »

Deux figures symétriques par rapport à un point O se superposent quand on effectue un demi-tour autour de ce point O.

3 Peut-on trouver deux bateaux symétriques par rapport à un point ? Justifier.

Activité 2 — Utiliser un logiciel de géométrie pour expérimenter, conjecturer ▸ OBJECTIF 2

A. Constructions

1 Construire un curseur angle α variant de 0° à 360°. Géométrie 27

2 Placer un point O quelconque. Géométrie 2

3 Construire un carré ABCD. Géométrie 7

4 Construire l'image du carré ABCD par la rotation de centre O et d'angle α. Géométrie 32

B. Manipulations, observations et conjecture

5 Pour quelles valeurs de α le carré ABCD et son image sont-ils confondus ?

6 Afficher l'aire du carré ABCD et de son image en utilisant l'onglet : cm^2 Aire

Que remarque-t-on ?

7 Pour chacune des affirmations, préciser si elles semblent vraies ou fausses.

a. Un carré et son image ont même aire.

b. La rotation conserve les angles (un angle et son image par la rotation ont la même mesure).

c. La rotation conserve les distances (un segment et son image par la rotation ont la même longueur).

Activité 3 Transformer un cornet de glace par homothétie ▸ OBJECTIF 3

Ouvrir une fenêtre d'un logiciel de géométrie dynamique et afficher la grille.

1 **Construction du cornet de glace à la pistache**

a. À l'aide du quadrillage, placer les points A, B, C, D, E, F comme ci-dessous.

b. Construire le triangle marron ABC. Géométrie 7

c. Construire le disque vert de centre D qui passe par E. Géométrie 12

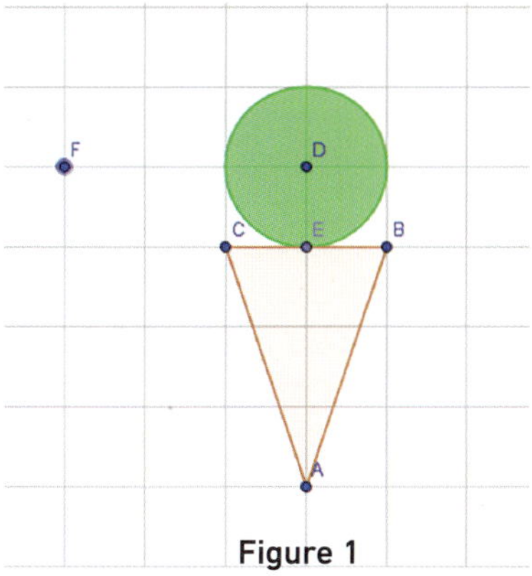

Figure 1

2 **Construction de l'image du cornet de glace par l'homothétie de centre F et de facteur k**

a. Construire un curseur k allant de 0 à 4, avec une incrémentation de 0,1. Géométrie 27

b. Construire l'image de la Figure 1 par l'homothétie de centre le point F et de rapport k. Géométrie 33

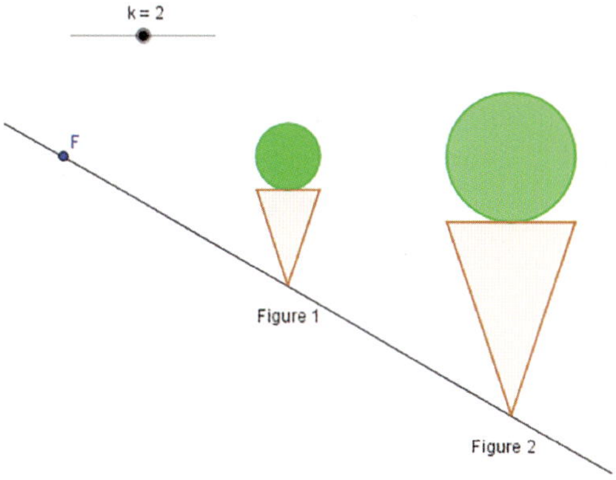

3 En donnant différentes valeurs au nombre k, répondre aux questions suivantes :

a. Que peut-on dire de l'image de la Figure 1 quand le nombre k est supérieur à 1 ?

b. Que peut-on dire de l'image de la Figure 1 quand le nombre k est compris entre 0 et 1 ?

c. Que peut-on dire de l'image de la Figure 1 quand le nombre k est égal à 1 ?

4 Recopier, puis compléter ce texte avec les mots : ***centre, rapport, agrandir, réduire, transformation***.

Une homothétie de rapport k est une _______ géométrique qui permet :
– d'_______ une figure si $k > 1$;
– ou de _______ une figure si $0 < k < 1$.
Pour transformer une figure par une homothétie, il faut définir un point comme ______ d'homothétie et un ______ appelé facteur d'homothétie.

1 Symétries et translations

OBJECTIF 1

Voir l'animation : bordas.media/733819_071

DÉFINITION Dire que deux figures sont **symétriques** par rapport à une **droite** signifie qu'en pliant la feuille suivant cette droite, ces deux figures se superposent.

Exemple

Les points S et S' sont symétriques par rapport à la droite (d).
Cela revient à dire que la droite (d) est la médiatrice du segment [SS'].

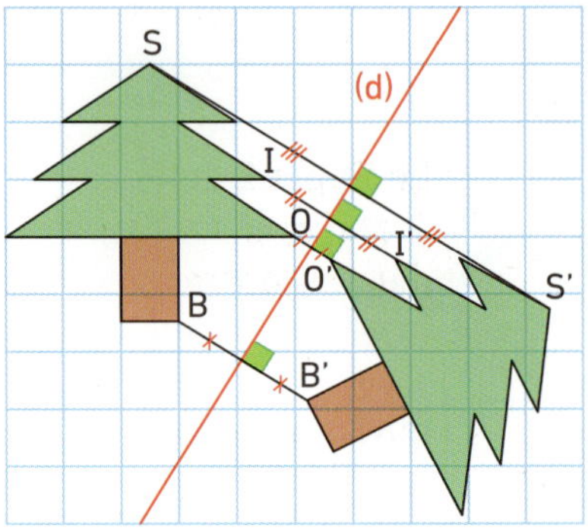

DÉFINITION Dire que deux figures sont **symétriques** par rapport à un **point**, appelé centre de symétrie, signifie qu'en effectuant un demi-tour autour de ce point, ces deux figures se superposent.

Exemple

Les points S et S' sont symétriques par rapport au point C.
Cela revient à dire que le point C est le milieu du segment [SS'].

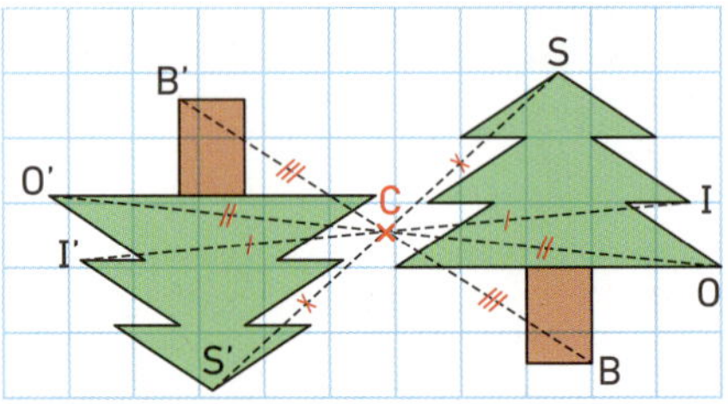

DÉFINITION Transformer une figure par **translation** revient à la faire glisser (c'est-à-dire la déplacer sans la tourner, sans la déformer, ni l'agrandir ou la réduire). Ce déplacement est défini par une **direction**, un **sens** et une **longueur**.

Exemple

On a transformé le premier sapin en le faisant glisser dans la même direction que la droite (CD), dans le sens de C vers D et d'une longueur égale à CD.
On dit aussi qu'on a fait une translation de vecteur $\overrightarrow{CD}$.

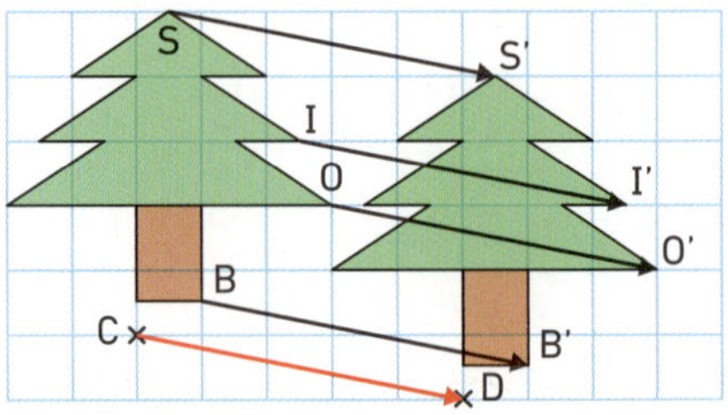

PROPRIÉTÉ Les symétries et les translations conservent les longueurs, les mesures des angles, l'alignement et les aires.

Propriété admise

CARTE MENTALE
bordas.media/733819_072

2 Rotations

OBJECTIF 2

Voir l'animation : bordas.media/733819_073

DÉFINITION Transformer une figure par **rotation** revient à la faire tourner autour d'un point. Une rotation est définie par :
- un **centre** (le point autour duquel on tourne) ;
- un **angle** (l'angle de rotation) ;
- un **sens** (sens horaire ou anti-horaire), le sens horaire est le sens des aiguilles d'une montre.

Exemple

Le Sapin 2 est l'image du Sapin 1 par la rotation de centre O et d'angle 120° dans le sens horaire (sens des aiguilles d'une montre).

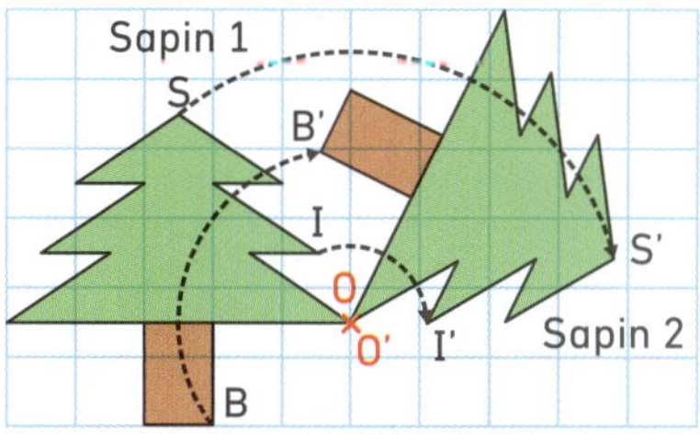

Remarque : La rotation de centre O et d'angle 180° est la symétrie centrale de centre O.

PROPRIÉTÉ Une figure et son image par une rotation sont superposables.
La rotation conserve les longueurs, les mesures des angles, l'alignement et les aires.

Démonstration p. 216

3 Homothéties

OBJECTIF 3

Voir l'animation : bordas.media/733819_074

DÉFINITION Transformer une figure par **homothétie** revient à agrandir ou réduire cette figure. Une homothétie est définie par :
- un **centre** ;
- un nombre non nul appelé **rapport** de l'homothétie.

Exemples

- La figure ❷ est l'image de la figure ❶ par l'homothétie de centre H et de rapport $k = -0,5$.
  Dans ce cas, H, S et S' sont alignés, S et S' sont de part et d'autre du point H et HS' = 0,5 × HS.

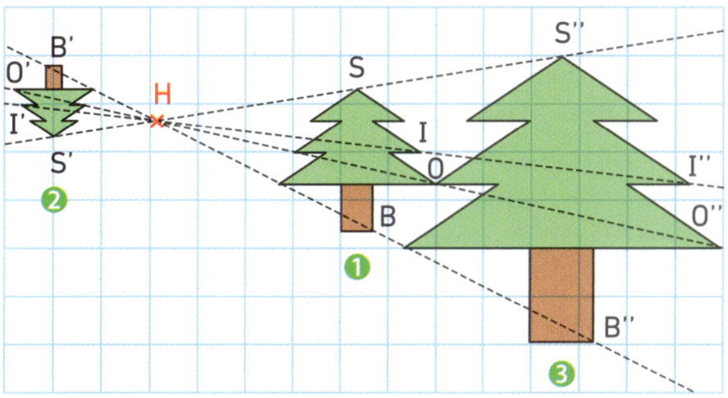

- La figure ❸ est l'image de la figure ❶ par l'homothétie de centre H et de rapport $k = 2$.
  Dans ce cas H, S et S'' sont alignés, S et S'' sont du même côté vis-à-vis du point H et HS'' = 2 × HS.

PROPRIÉTÉ Dans une homothétie de rapport $k > 0$, l'alignement et les mesures des angles sont conservés, les longueurs sont multipliées par k, les aires sont multipliées par k^2 et les volumes sont multipliés par k^3.

Démonstration p. 217

objectif 1 Je transforme un point

Je comprends

Voir la vidéo : bordas.media/733819_075

Voir les animations : bordas.media/733819_100

Reproduire la figure ci-contre, puis construire l'image de cette figure :
a. par la translation de vecteur $\overrightarrow{AB}$;
b. par la symétrie d'axe (OO') ;
c. par la symétrie de centre O.

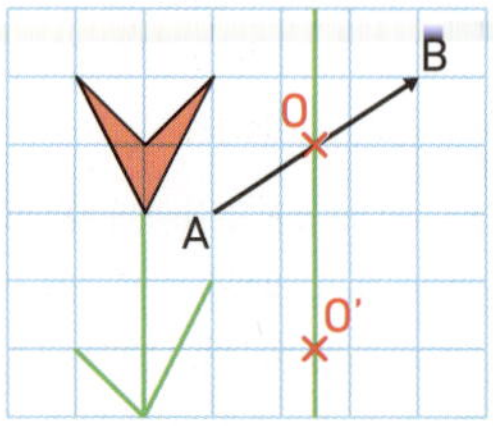

Exercice résolu

a. On construit les points T', U', L', I', P', E' et S', images respectives des points T, U, L, I P, E et S par le glissement qui transforme A en B, c'est-à-dire en montant de deux carreaux et en avançant de trois carreaux vers la droite.

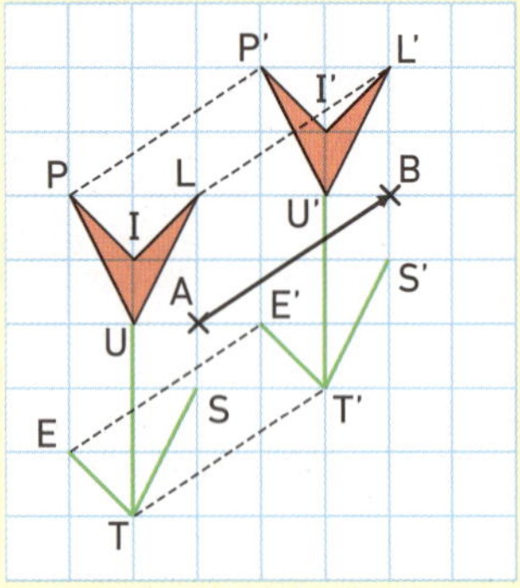

b. On construit les points T', U', L', I', P', E' et S', images respectives des points T, U, L, I P, E et S par rapport à la droite (OO'). Les points et leurs images sont à la même distance de l'axe.

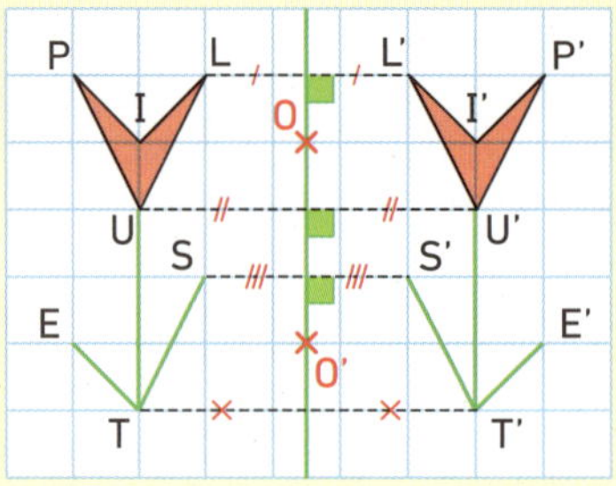

c. On construit les points T', U', L', I', P', E' et S', images respectives des ponts T, U, L, I P, E et S par rapport au point O. On effectue un demi-tour autour du point O.

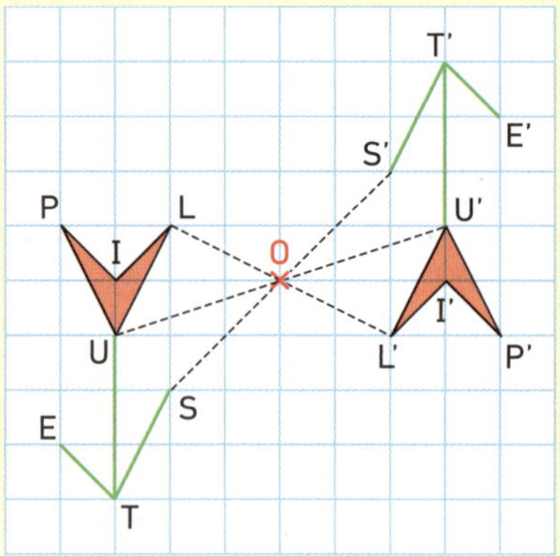

Je m'échauffe

1 QUESTIONS FLASH

Vrai ou Faux ?

1. Lors d'une translation, on glisse une figure de la gauche vers la droite.

2. La symétrie axiale est une transformation géométrique dont l'axe de symétrie joue le rôle d'un miroir.

3. Un rectangle a quatre axes de symétrie.

2 Déterminer la transformation qui permet de passer :
a. de la figure ❶ à la figure ❷ ;
b. de la figure ❷ à la figure ❸ ;
c. de la figure ❶ à la figure ❸.

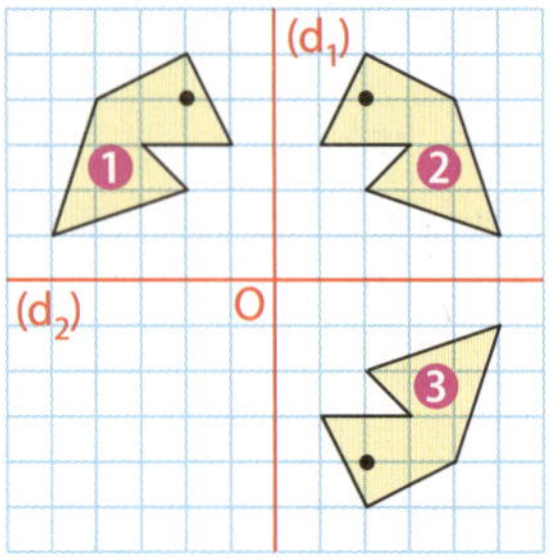

3 Dans chaque cas, préciser quelle transformation permet de passer de Dragon Ball 1 à Dragon Ball 2.

a. Dragon Ball 1

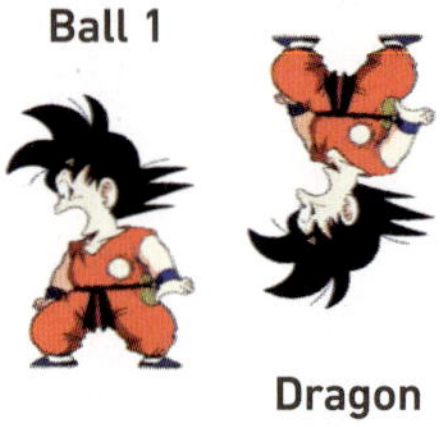

Dragon Ball 2

b. Dragon Ball 1 Dragon Ball 2

c. Dragon Ball 1

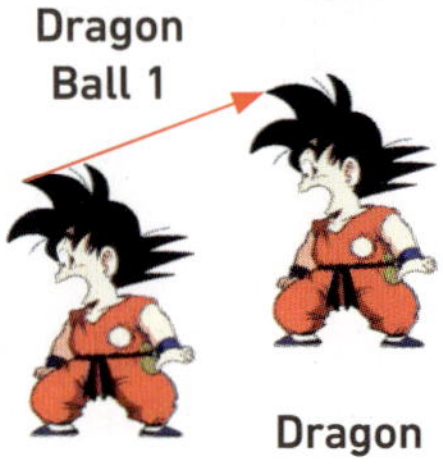

Dragon Ball 2

d. Dragon Ball 1 Dragon Ball 2

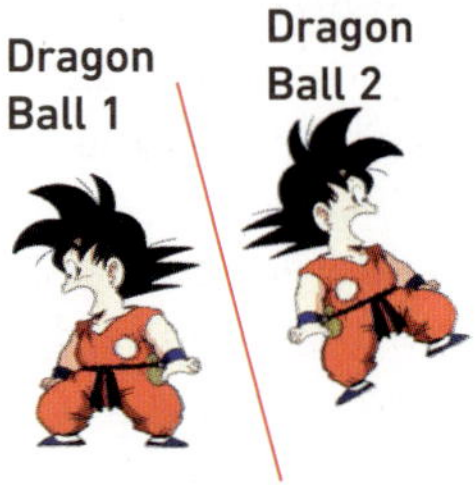

u une figure par symétries, translation

Je m'entraîne 1

4 On considère quatre triangles rectangles.

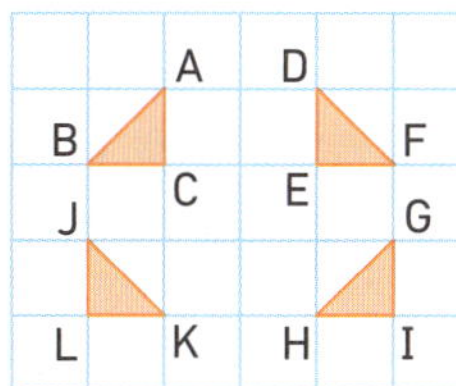

1. Quel triangle peut être l'image du triangle DEF par une translation ?

2. Citer deux autres triangles dont l'un est l'image de l'autre par une translation.

5 Pour chaque image, indiquer la transformation qu'elle illustre :

a. **b.** **c.**

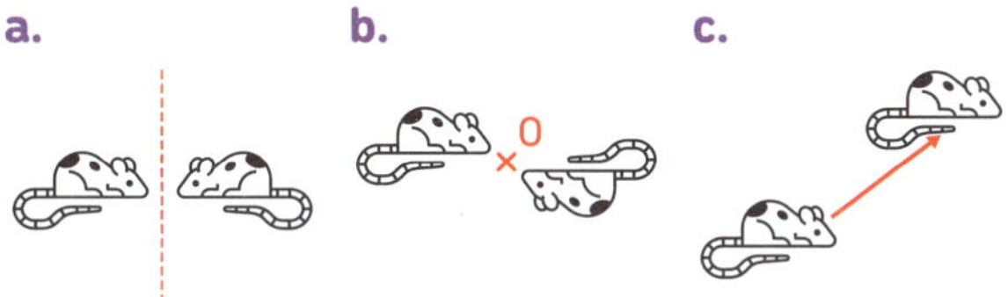

6 Les alvéoles, construites à 90 % en cire et à 10 % en pollen par les abeilles ouvrières, servent à stocker le miel dans les ruches.

1. Quel polygone ressemble le plus à une alvéole dans le plan ?

2. Par quelles transformations géométriques peut-on obtenir ce pavage d'alvéoles à partir d'une alvéole déjà tracée ?

3. Construire un pavage contenant six alvéoles sur une feuille.

7 Le maire de Villeverte fait installer une clôture écologique artisanale, réalisée à partir de bois de châtaignier, tout autour d'un parc de jeux pour enfants de sa commune.
Voici le schéma de cette clôture :

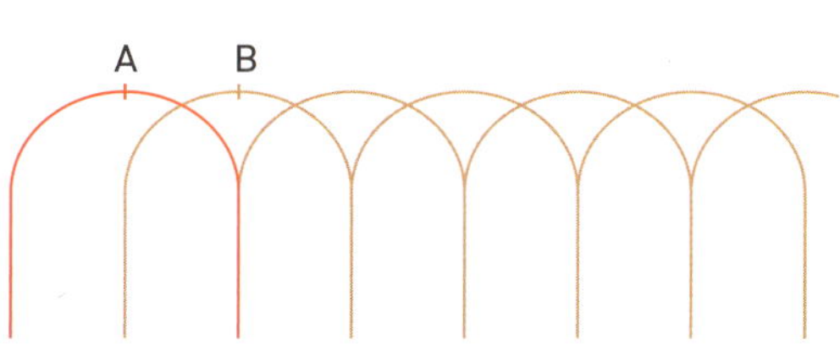

Expliquer comment construire cette frise à l'aide du premier motif rouge et d'une ou plusieurs transformations.

8 Recopier et compléter la phrase suivante :
« M' est l'image du point M par la translation qui transforme A en B signifie que le quadrilatère ABM'M est un… .

Je m'entraîne 2

9 Dans la figure ci-dessous, la translation de vecteur $\overrightarrow{AA'}$ transforme le triangle ABC en A'B'C'.

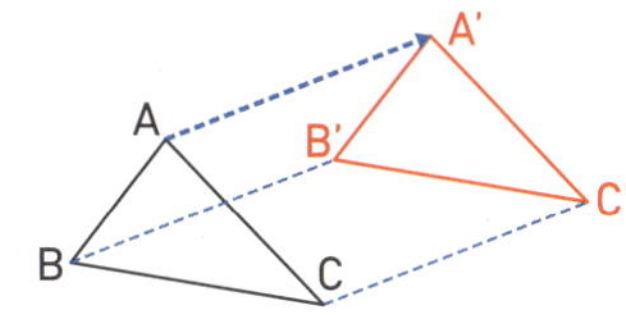

Démontrer que BB'C'C est un parallélogramme.

10 **Les maths autour de moi**
Nommer les transformations que l'on peut observer dans ces blasons.

Blason « France moderne »

Blason de la ville de La Broque

Blason de Savoie

Blason d'Orléans

11 **TOP Chrono** 10 min

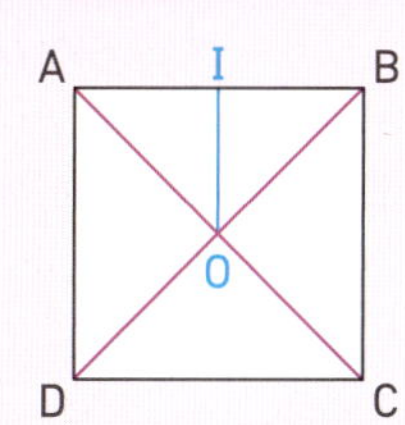

1. Recopier et compléter les phrases suivantes :

a. L'image du point A par la symétrie axiale d'axe (IO) est le point … .

b. L'image du triangle AOD par la symétrie axiale d'axe (IO) est le triangle … .

c. L'image du point B par la symétrie centrale de centre O est le point … .

d. L'image du point A par la translation qui transforme le point B en C est le point … .

2. **Vrai ou Faux ?** Les triangles OIB et OIA ont la même aire. Justifier la réponse.

objectif 2 Je transforme un point

Je comprends

Voir la vidéo : bordas.media/733819_076

Voir l'animation : bordas.media/733819_077

Construire un triangle ABC et un point O à l'extérieur du triangle, puis construire le triangle A'B'C', image du triangle ABC par la rotation de centre O et d'angle 70° dans le sens indirect.

Exercice résolu

ÉTAPE 1. On construit le triangle ABC et on place le point O.

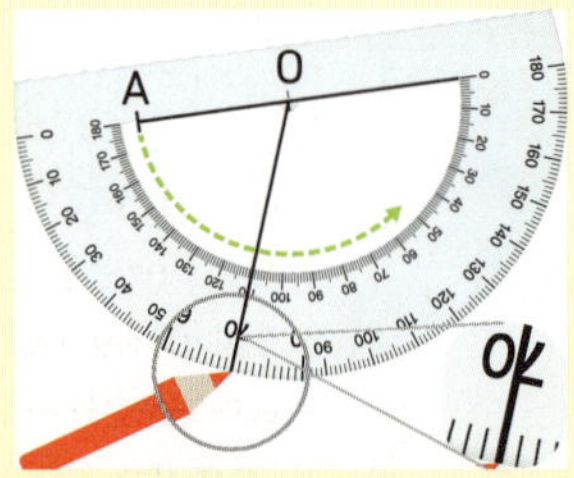

ÉTAPE 2. On construit l'image du point A par la rotation de centre O, d'angle 70° dans le sens inverse des aiguilles d'une montre car pour construire l'image d'une figure, on construit l'image de chacun des points de la figure.
– Pour cela, on trace un arc de cercle de centre O et de rayon OA dans le sens inverse des aiguilles d'une montre.
– Puis, on marque l'angle de centre O et de mesure 70° en partant de A.

ÉTAPE 3. On construit ensuite de la même manière les points B' et C', images respectives des points B et C par la rotation de centre O et d'angle 70° dans le sens indirect.

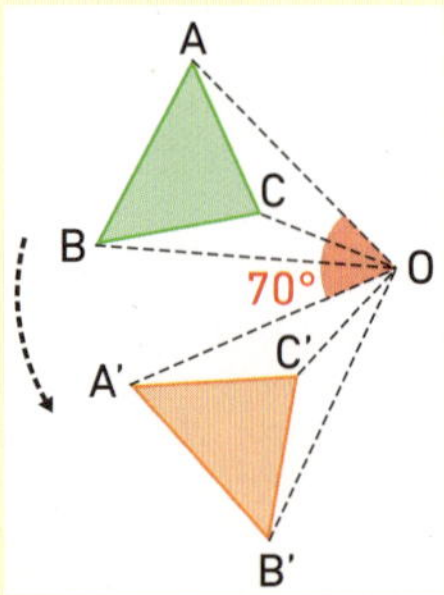

ÉTAPE 4. On relie les sommets A', B' et C' pour obtenir le triangle A'B'C', image de ABC par la rotation de centre O et d'angle 70° dans le sens indirect.

Je m'échauffe

12 QUESTIONS FLASH

Recopier, puis compléter les phrases suivantes en précisant les caractéristiques des rotations.

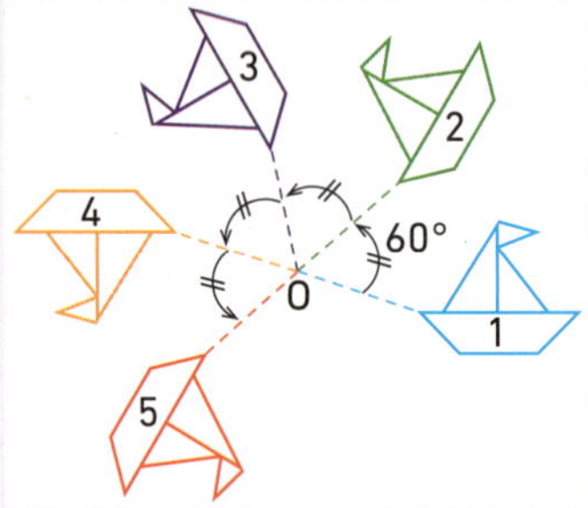

1. Le bateau 2 est l'image du bateau 1 par la rotation ....
2. Le bateau 3 est l'image du bateau 1 par la rotation ....
3. Le bateau 5 est l'image du bateau 4 par la rotation ....

13 Préciser, dans chaque cas, la transformation qui permet de passer de Dragon Ball 1 à Dragon Ball 2.

a.

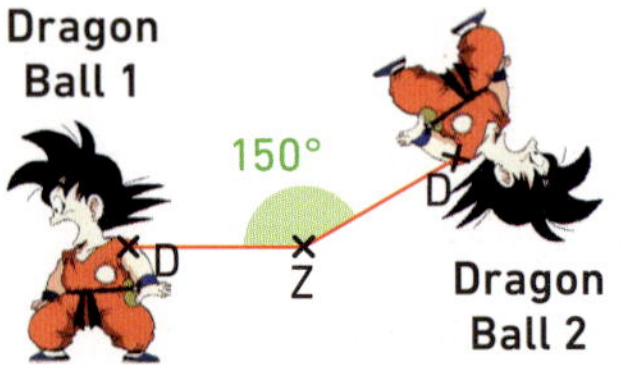

b.

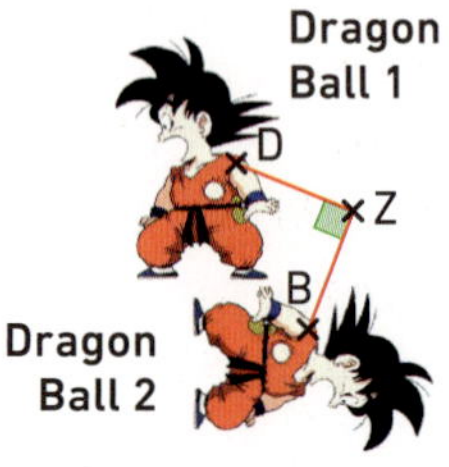

14 1. Construire l'image des trois points A, B, C par la rotation de centre O et d'angle 90° dans le sens indiqué par la flèche.
2. Que constate–t-on ?

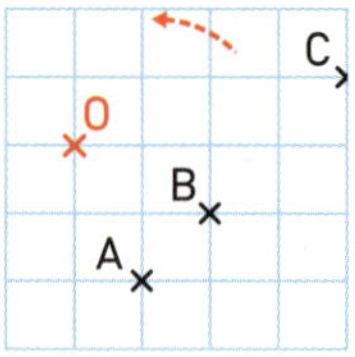

15 Voici une rosace et une de ses parties :

Expliquer comment obtenir la rosace à partir de l'image de droite.
Donner les caractéristiques des transformations à utiliser.
On peut reproduire cette figure sur une feuille ou utiliser un logiciel de géométrie.

16 Vrai ou Faux ?

Dans cette illustration, il est 1 h 00 sur l'horloge.
Six heures plus tard, la petite aiguille aura effectué une rotation d'un demi-tour dans le sens horaire.

ou une figure par rotation

Je m'entraîne 1

17 **1.** À la main ou à l'aide d'un logiciel de géométrie dynamique, construire la rosace ci-dessous obtenue à partir du triangle ABC par des rotations successives de centre A et d'angle 60°.

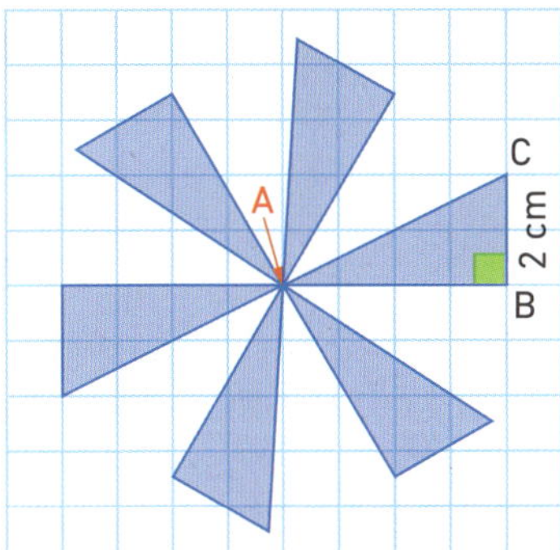

2. Justifier que la figure précédente est composée de six triangles rectangles.

3. Calculer l'aire de la rosace.
Justifier la réponse.

18 **Histoire-Géographie** L'éruption du Vésuve, le 24 août 79, a fait disparaître la ville de Pompéi sous 6 mètres de cendres volcaniques. Iris, en visitant la cité lors d'un voyage scolaire en Italie, prend en photo cette rosace gravée dans un mur.

En classe, les élèves ont étudié les polygones à l'intérieur de cette rosace.

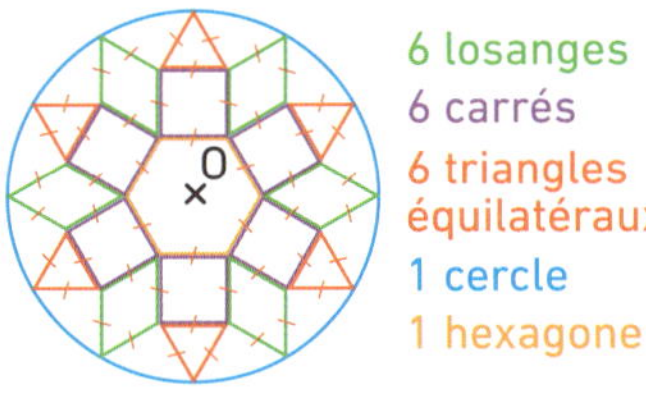

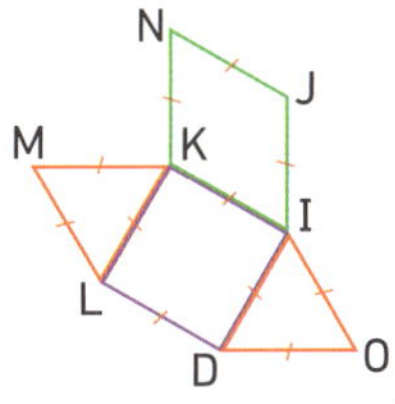

1. À partir du motif initial (image de droite) et du point O, décrire les transformations à suivre pour obtenir la rosace de Pompéi.

2. À l'aide d'un logiciel ou sur une feuille, reproduire cette rosace de Pompéi.

Je m'entraîne 2

19 Mr Terreau fait un plan de son futur potager.
Voici comment il souhaite planter ses légumes :

– légume A : Image des légumes feuilles par la rotation de centre O et d'angle 210° dans le sens anti-horaire ;
– légume B : Image des légumes feuilles par la rotation de centre O et d'angle 50° dans le sens anti-horaire ;
– légume C : Image des légumes feuilles par la rotation de centre O et d'angle 230° dans le sens horaire.

1. À quelle catégorie de légumes correspondent les lettres A, B et C ?

2. Donner un exemple de légumes de chaque catégorie.

20 **TOP Chrono** 20 min

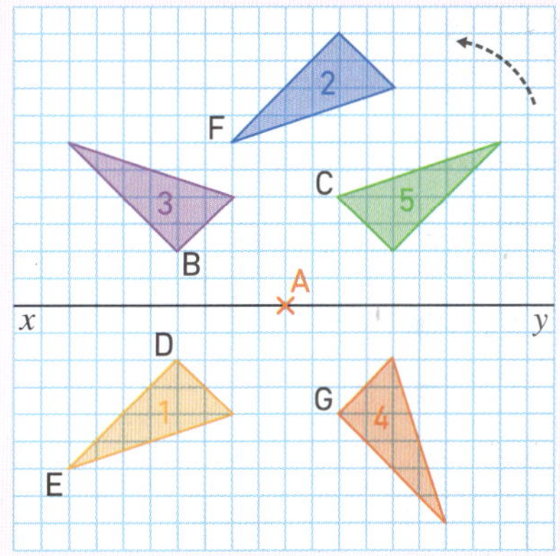

1. Recopier et compléter les phrases suivantes à l'aide du dessin :

a. L'image du triangle 1 par la symétrie axiale d'axe (xy) est le triangle ...

b. L'image du triangle 1 par la symétrie centrale de centre A est le triangle ...

c. L'image du triangle 1 par la translation qui transforme E en F est le triangle ...

d. L'image du triangle 1 par la rotation de centre A et d'angle 90° dans le sens de la flèche est le triangle ...

2. Citer deux autres triangles dont l'un est l'image de l'autre par une rotation.
Préciser l'angle de la rotation.

3. **Vrai ou Faux ?** Tous les triangles ont le même périmètre. Justifier la réponse.

objectif 3 Je transforme un point

Je comprends

Voir la vidéo : bordas.media/733819_078

Voir l'animation : bordas.media/733819_079

Construire un triangle ABC et un point P à l'extérieur du triangle, puis construire l'image du triangle ABC par l'homothétie de centre P et de rapport 2,5.

Exercice résolu

La méthode de construction de l'image d'une figure par une homothétie dépend du signe du rapport d'homothétie. Ici $k = 2,5 > 1$, il s'agit d'un agrandissement.

ÉTAPE 1. On construit le triangle ABC et on place le point P.

ÉTAPE 2. On trace les droites passant par le point P et par chacun des sommets du triangle ABC.

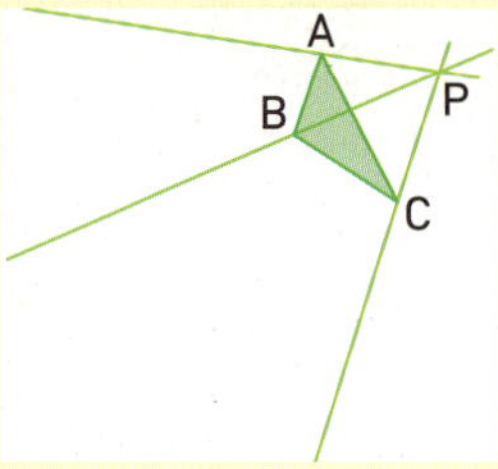

ÉTAPE 3. On construit le point A' sur la demi-droite [PA) tel que PA' = 2,5 × PA. On fait de même pour les points B' sur la demi-droite [PB) et C' sur la demi-droite [PC).

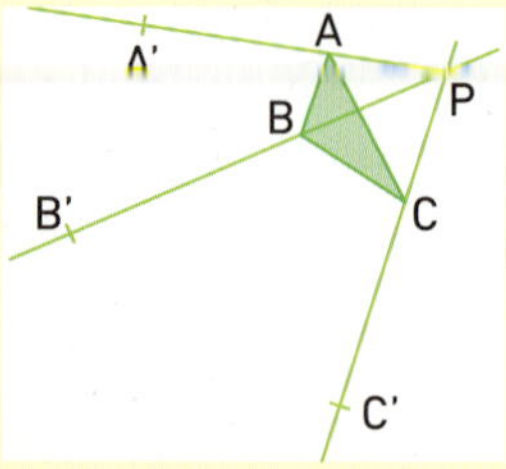

ÉTAPE 3. On relie ensuite les points A', B' et C'. On obtient le triangle A'B'C', image du triangle ABC par l'homothétie de centre P et de rapport 2,5.

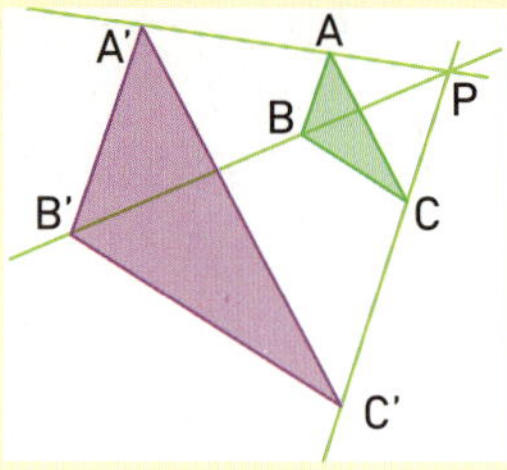

Je m'échauffe

21 QUESTIONS FLASH

Vrai ou Faux ?

1. Une homothétie est une transformation du plan qui possède un centre.

2. Une homothétie est une transformation du plan qui conserve les longueurs.

3. Le rapport d'homothétie détermine par quel coefficient la figure de départ est agrandie ou réduite.

4. Si une figure f a pour image une figure f' par une homothétie de rapport 2, alors :

$$\frac{\text{aire de } f'}{\text{aire de } f} = 2.$$

22 Préciser, dans chaque cas, la transformation qui permet de passer de Dragon Ball 1 à Dragon Ball 2.

a. Dragon Ball 1

Dragon Ball 2 $k = 0,5$

b. Dragon Ball 1

Dragon Ball 2 $k = -1,2$

23 Donner pour chaque lettre la figure qui correspond à la description.

A : La figure f' est l'image de la figure f par l'homothétie de centre O et de rapport −0,5.

B : La figure f' est l'image de la figure f par l'homothétie de centre O et de rapport 0,5.

C : La figure f' est l'image de la figure f par l'homothétie de centre O et de rapport −2.

D : La figure f' est l'image de la figure f par l'homothétie de centre O et de rapport 2.

Figure 1

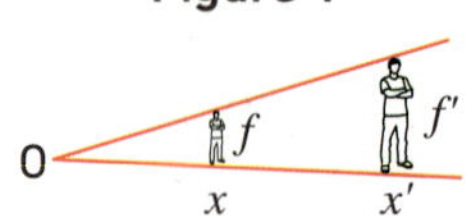

Figure 2

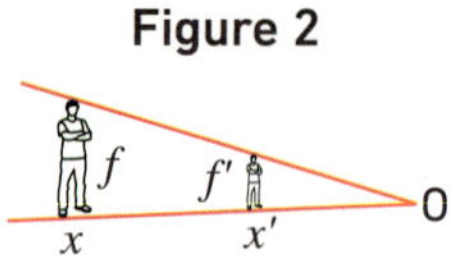

Figure 3

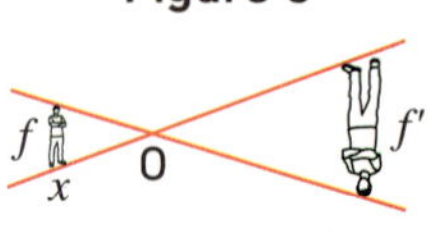

Figure 4

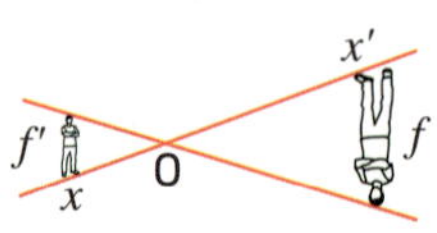

24 Soit O le milieu d'un rectangle ABCD tels que AB = 2 cm et AD = 1 cm. Le rectangle A'B'C'D' est l'image du rectangle ABCD par l'homothétie de centre O et de rapport $k = 3$.

1. Faire une figure à main levée.

2. Calculer le périmètre du rectangle A'B'C'D'.

3. Calculer l'aire du rectangle A'B'C'D'.

Je m'entraîne 1

25 Traduire les phrases suivantes par des égalités faisant intervenir des longueurs.
a. A est l'image de B par l'homothétie de centre I et de rapport 0,75.
b. M a pour image P par l'homothétie de centre R et de rapport −5.

26 Noé doit construire l'image du triangle DEF par l'homothétie de centre M et de rapport −2.

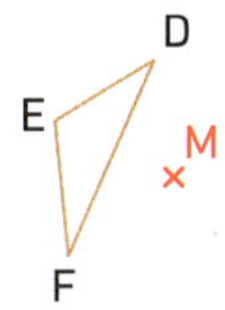

1. S'agit-il d'un agrandissement ou d'une réduction ?

2. Aider Noé à décrire les différentes étapes de la construction.

Étape 1

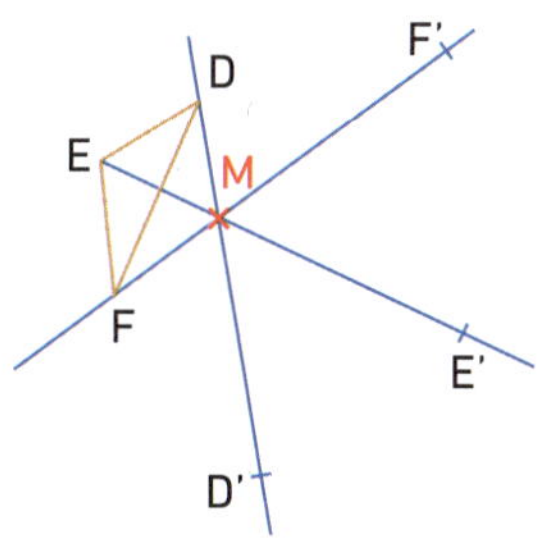

Étape 2

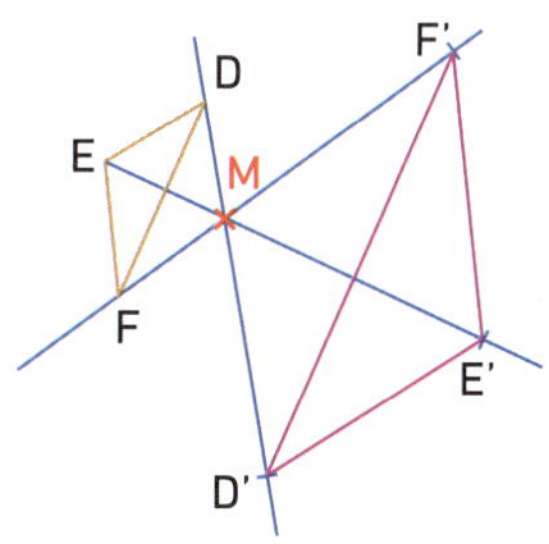

27 Dans cette figure, le carré initial ① est un carré de côté 2 cm. Le carré ② est l'image du carré ① par l'homothétie de centre H et de rapport 1,5. Le carré ③ est l'image du carré ② par l'homothétie de centre H et de rapport 1,5.

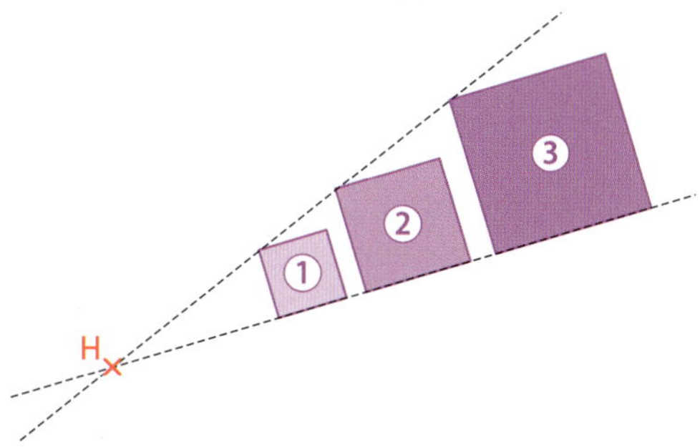

1. Recopier et compléter la phrase :
« Le carré ③ est l'image du carré ① par l'homothétie de centre H et de rapport ... »

2. Calculer le périmètre du carré ②.
Justifier la réponse.

3. Calculer l'aire du carré ③.
Justifier la réponse.

Je m'entraîne 2

28 **1.** D'après les indications de la figure ci-dessous, préciser le rapport d'homothétie qui permet de passer de la figure F à la figure F'.

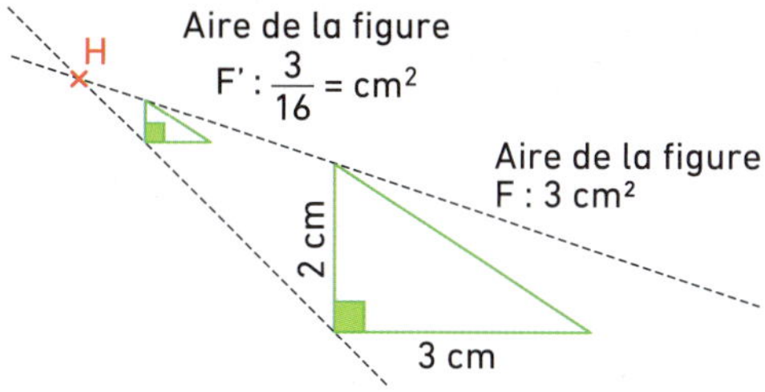

2. En déduire les dimensions du triangle de la figure F'.

29 **L'écologie autour de moi**
Les chaussures écologiques sont produites avec des matériaux renouvelables : coton bio, cuir végétal ou non traité, plastique recyclé et teintures végétales.
La société El Bote fabrique un modèle de chaussures écologiques. Son controleur de gestion souhaite connaître la surface de ces chaussures pour évaluer leur coût de fabrication.

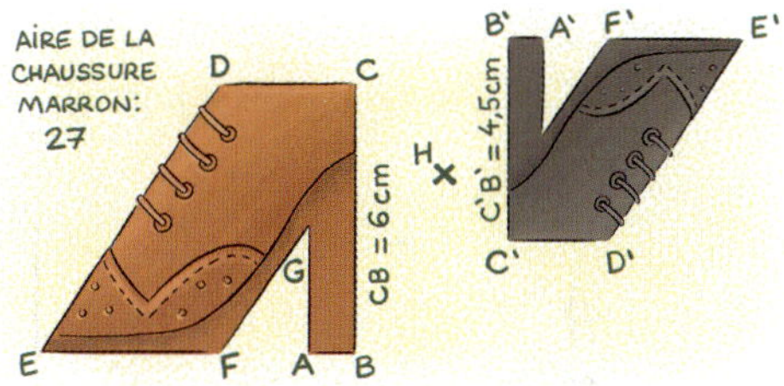

On considère l'homothétie de centre H et de rapport k qui transforme la chaussure marron (modèle « talon haut ») en la chaussure noire (modèle « talon bas »).
1. Est-ce un agrandissement ou une réduction ? Justifier la réponse.
2. Quelle est la valeur du rapport k ?
3. Calculer l'aire de la chaussure « talon bas ».

30 **TOP Chrono** 10 min

1. Reproduire la figure ci-contre.
2. Construire en vert le symétrique de la lettre L par l'homothétie de centre G et de rapport 2.

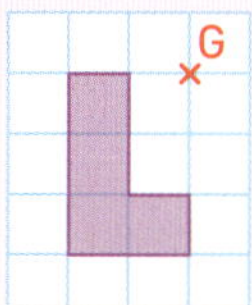

3. Construire en bleu le symétrique de la lettre L par l'homothétie de centre G et de rapport −0,5.

je travaille seul(e) ou en Accompagnement personnalisé

Je fais le point sur mon cours

QCM de révision
Retrouve un autre QCM interactif : bordas.media/733819_080

		A	B	C
31	Quelle transformation permet de passer de la figure violette à la figure verte ? 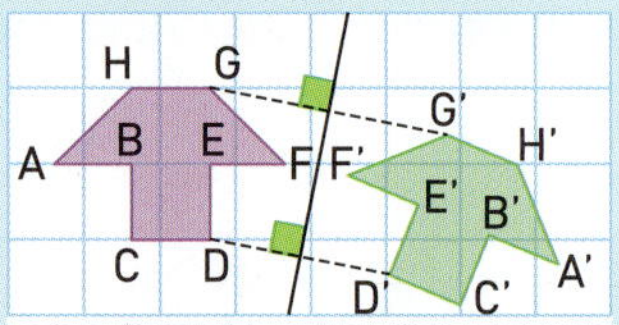	Une symétrie axiale	Une symétrie centrale	Une rotation
32	Dans cette figure : 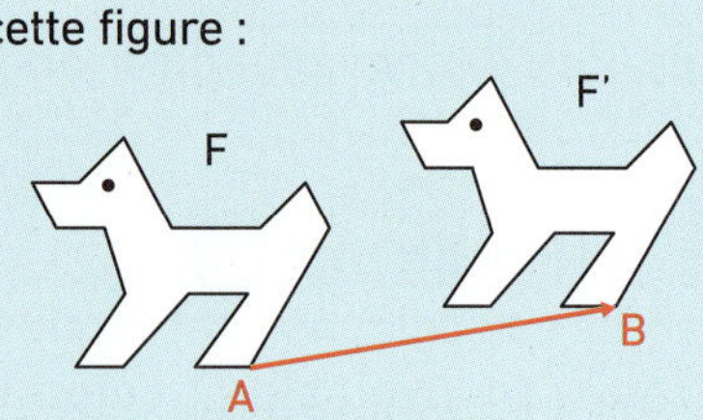	L'image de la figure F' par la translation de vecteur $\overrightarrow{AB}$ est la figure F.	L'image de la figure F par la translation de vecteur $\overrightarrow{AB}$ est la figure F'	L'image de la figure F par la translation de vecteur $\overrightarrow{BA}$ est la figure F'.
33	Si B a pour image C par une rotation de centre A et d'angle 60° dans le sens contraire des aiguilles d'une montre, alors :	le triangle ABC est rectangle.	le triangle ABC est équilatéral.	le triangle ABC est quelconque.
34	Par quelle transformation peut-on passer du cercle gris au cercle orange ? 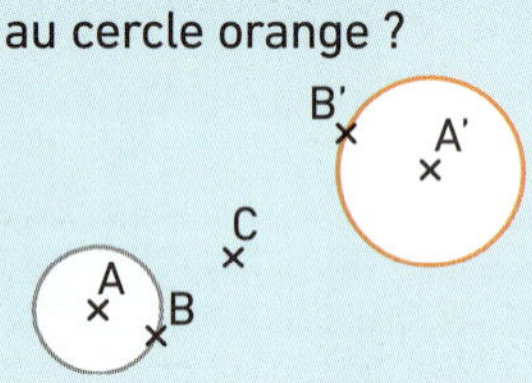	Par une homothétie de centre C et de rapport 1,5.	Par une homothétie de centre C et de rapport –1,5.	Par une homothétie de centre A et de rapport 1,5.
35	Par une homothétie de rapport $k > 1$, l'image d'un cercle est :	un cercle de même rayon.	un cercle dont la circonférence est multipliée par k.	un cercle dont la surface est multipliée par k.

Je fais le point sur mes objectifs

OBJECTIF 1

Je transforme un point ou une figure par symétrie, translation

36 Le carré en haut à gauche est composé de quatre triangles : un triangle noir, un triangle gris foncé, un triangle gris clair et un triangle blanc. Préciser les transformations à effectuer pour obtenir les triangles de chaque couleur dans les trois autres carrés.

37 Décrire deux méthodes différentes permettant de construire cette rosace.

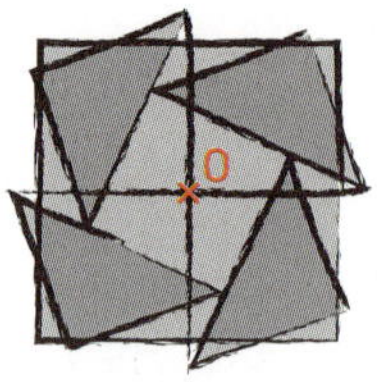

38 Dans chaque cas, quel est le dessin suivant ?

a.  …

b.  …

OBJECTIF 2

Je transforme un point ou une figure par rotation

39

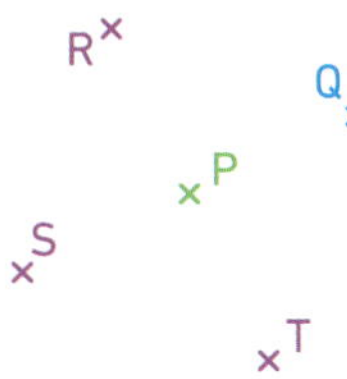

Les points R, S, T sont les images du point Q par une rotation de centre P.
Retrouver la rotation associée à chacune de ces lettres.

- R •
- S •
- T •

- • Rotation de centre P et d'angle 180°
- • Rotation de centre P et d'angle 90° dans le sens anti-horaire
- • Rotation de centre P et d'angle 90° dans le sens horaire

40 La figure ci-contre est constituée de six losanges superposables. Recopier et compléter chacune des phrases suivantes.

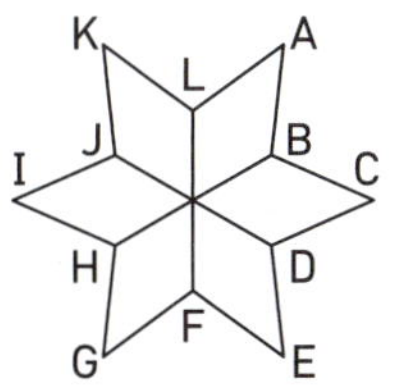

a. Par la rotation de centre O et d'angle 60° dans le sens des aiguilles d'une montre, l'image du losange ALOB est le losange …

b. Par la rotation de centre O et d'angle 120° dans le sens des aiguilles d'une montre, l'image du losange ALOB est le losange …

c. Par la rotation de centre O et d'angle 180° dans le sens des aiguilles d'une montre, l'image du losange ALOB est le losange …

OBJECTIF 3

Je transforme un point ou une figure par homothétie

41

Que peut-on penser de ces affirmations ?

42 Dans chaque cas, dire si le rapport de l'homothétie est positif ou négatif et donner une valeur approximative de ce rapport.

a. **b.**

43 **1.** Reproduire cette figure en s'aidant du quadrillage :

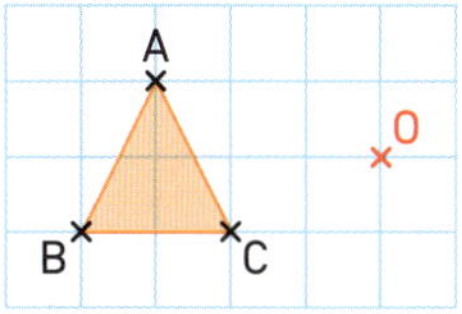

2. Construire les images du triangle ABC par les homothéties de centre O et de rapport 3 ; –1 et –2.

3. L'image du triangle ABC par l'homothétie de centre O et de rapport –1 peut être obtenue à partir de quelle autre transformation ?

44 **Vrai ou Faux ?**

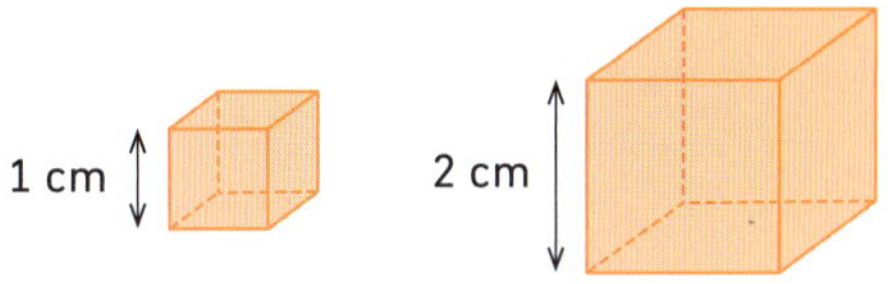

Le petit cube est l'image du grand cube par une homothétie de rapport 0,5.

1. Vrai ou Faux ? L étant la longueur du petit cube et L' la longueur du grand, alors $L' = 2L$. Expliquer.

2. Vrai ou Faux ? V étant le volume du petit cube et V' celui du grand, alors on a $V' = 2V$. Expliquer.

45 Pentagone 2 est l'image de Pentagone 1 par l'homothétie de centre F :

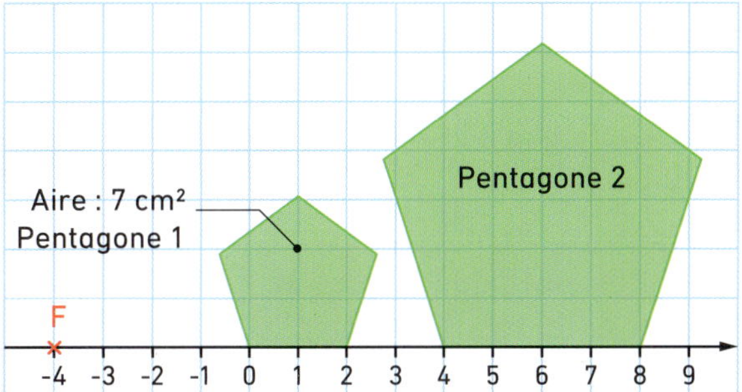

1. En s'aidant de l'axe gradué, déterminer le rapport de cette homothétie.

2. En déduire l'aire de Pentagone 2.

Je résous des problèmes

OBJECTIF 1

Je transforme un point ou une figure par symétrie, translation

46 Répétition

Pour chacune des frises ci-dessous, préciser la ou les transformations successivement utilisées.

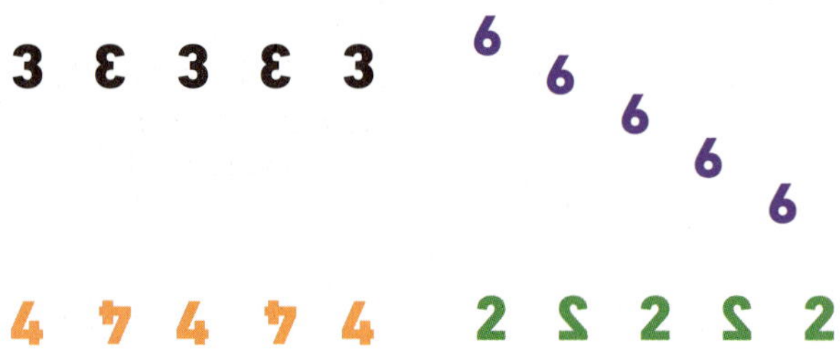

47 Mot mystère pix 1.1

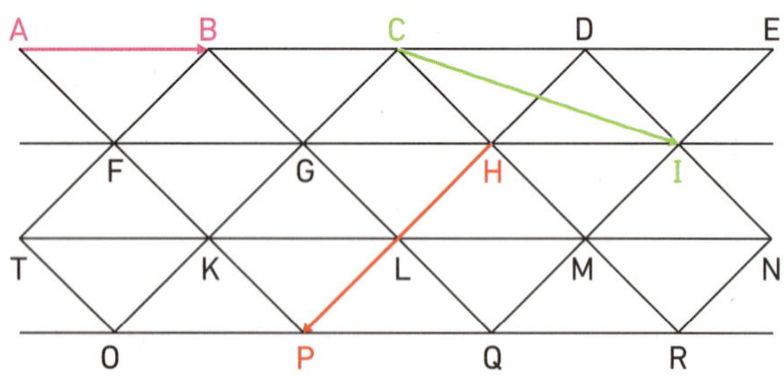

1. a. Par la translation qui transforme A en B, quelle est l'image du point O ?

b. Par la translation qui transforme A en B, quelle est l'image du point D ?

c. Par la translation qui transforme C en I, quelle est l'image du point H ?

d. Quel est le symétrique du point N par rapport au point L ?

e. Par la translation qui transforme C en I, quel point a pour image G ?

f. Par la translation qui transforme A en B, quel point a pour image D ?

g. Quel est l'image du point C par la symétrie d'axe (FI) ?

h. Quel est le symétrique du point M par rapport au point I ?

2. Mettre les huit lettres des réponses ci-dessus bout à bout pour former un mot.
Donner la définition de cet outil.

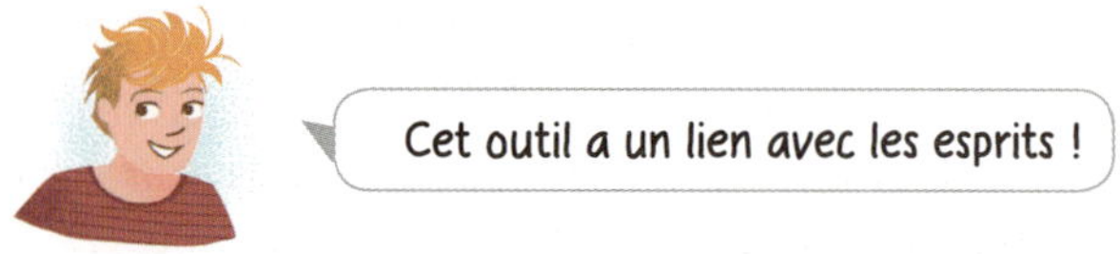

OBJECTIF 2

Je transforme un point ou une figure par rotation

48 Les hexagones

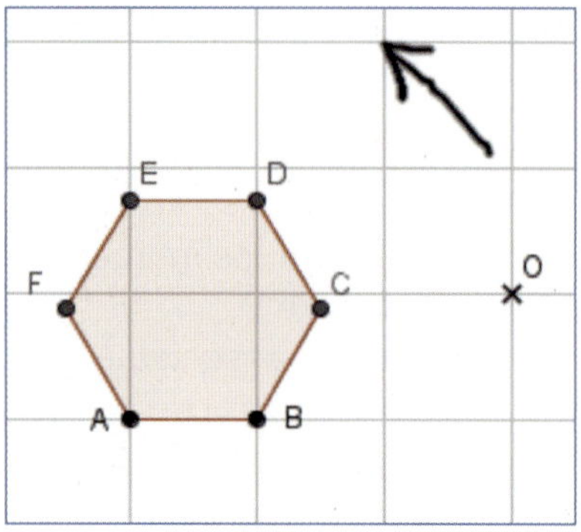

1. Construire un hexagone régulier (polygone à six côtés égaux et six angles égaux) et un point O.

2. Construire l'image de l'hexagone par la rotation de centre O dans le sens de la flèche et d'angle :
a. 80° **b.** 160°

3. Afficher l'aire des trois hexagones.

4. Quelle conjecture peut-on faire sur l'aire d'une figure et son image par une rotation ?

49 Les maths autour de moi

Le principe du kitesurf est de relier un surfeur à un cerf-volant (*kite* en anglais) pour lui permettre de glisser sur l'eau et de décoller dans les airs. L'aile est dirigée par une barre qui est reliée au kiter par un harnais.

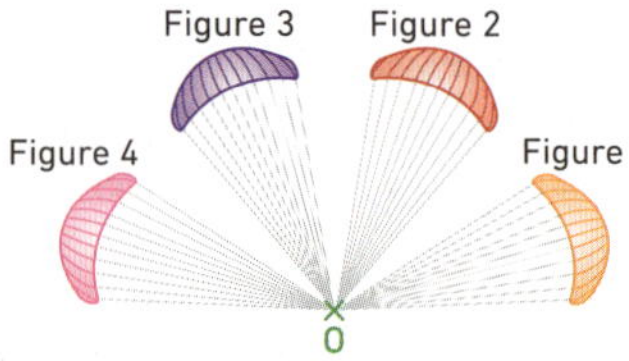

La Figure 1 représente une aile d'un kitesurf. L'aile se déplace autour du kiter (point O).
La rotation utilisée est une rotation dans le sens contraire des aiguilles d'une montre.
Associer à chaque figure l'action correspondante :

Effectuer une rotation de la Figure 1 de centre O et d'angle 90° •		• Figure 2
Effectuer une rotation de la Figure 1 de centre O et d'angle 45° •		• Figure 3
Effectuer une rotation de la Figure 1 de centre O et d'angle 135° •		• Figure 4

Pour répondre, on peut utiliser un papier calque.

OBJECTIF 3

Je transforme un point ou une figure par homothétie

50 Parler d'une homothétie

1. a. Décrire la transformation représentée ci-dessous :

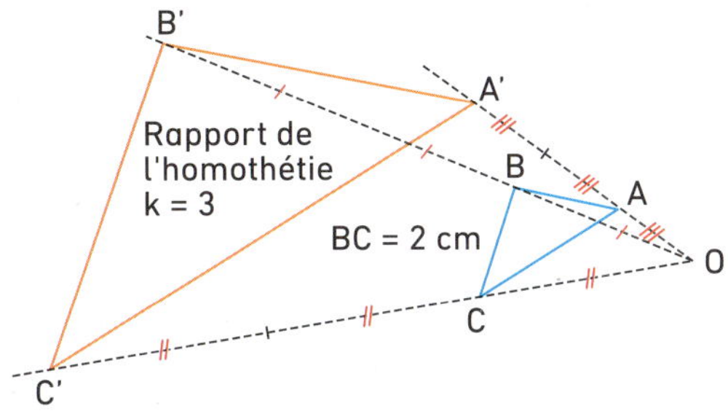

b. Calculer la longueur B'C'.

2. a. Décrire la transformation représentée ci-dessous :

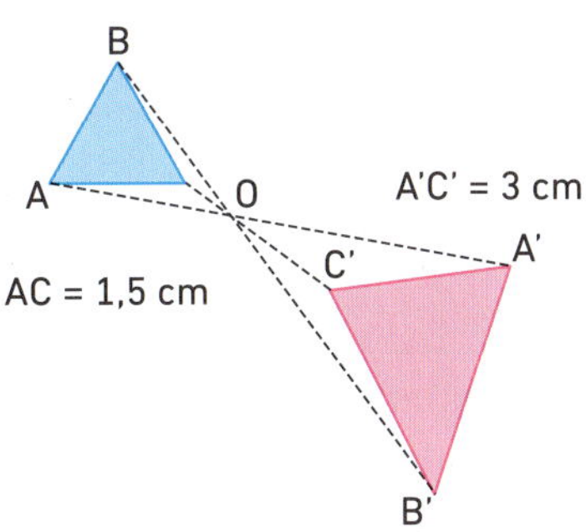

b. Expliquer comment obtenir l'aire du triangle A'B'C' à partir de l'aire du triangle ABC.

51 Un bloc de carrés pix 3.4

Dans le programme ci-contre, le bloc `Réinitialiser` permet de revenir à l'état initial. Le bloc `carré` permet de tracer un carré de longueur `côté`.

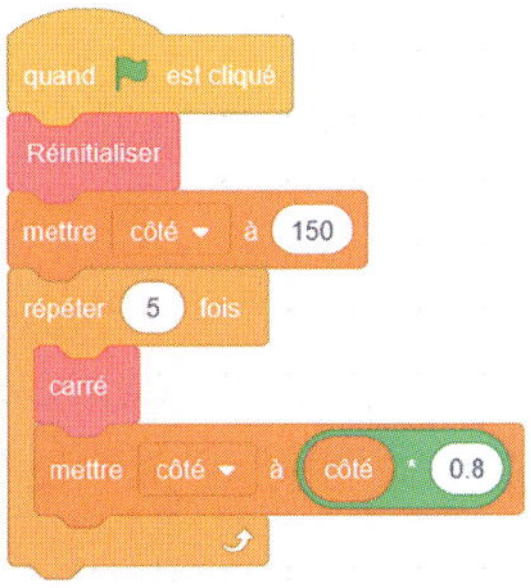

1. a. Quel est le rapport de l'homothétie ci-dessus ?

b. Combien de carrés sont tracés ? Quelle est la longueur du côté du dernier carré tracé ?

2. Modifier une ligne du programme pour que le rapport de l'homothétie soit égal à 2.
Quelle est la longueur du côté du dernier carré tracé ?

MULTI OBJECTIFS

52 Aquabulle

Mr Cabillaud, gérant d'un aquarium, veut aménager les murs de l'espace enfant avec la frise ci-dessous :

Préciser comment obtenir tous les poissons du n°2 jusqu'au n°10 à l'aide de transformations en citant le poisson initial.

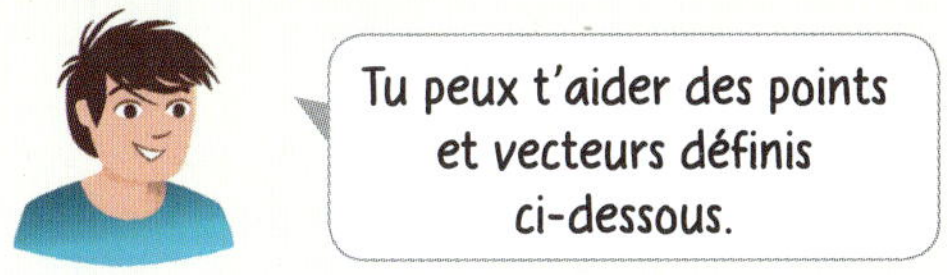

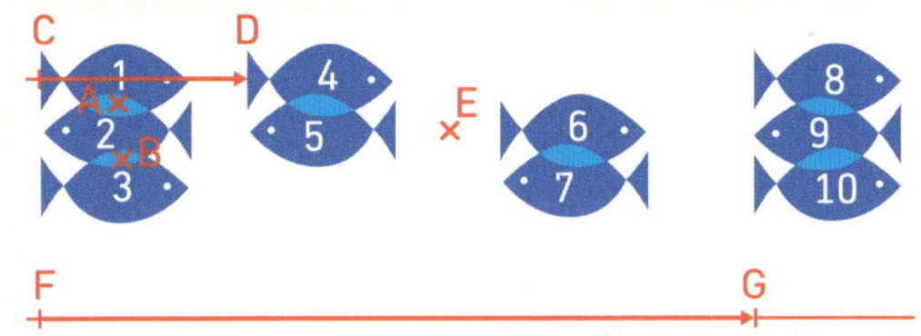

53 La tour

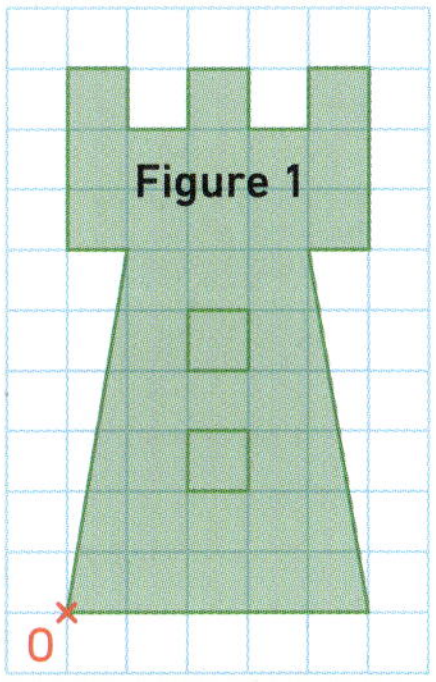

1. Reproduire la tour de garde et le point O.
La nommer Figure 1.

2. Construire l'image de la Figure 1 par la rotation de centre O et d'angle 90° dans le sens contraire des aiguilles d'une montre.
La nommer Figure 2.

3. Où sera située l'image de la Figure 1 par la rotation de centre O et d'angle 180° ?

54 Mon moulin va trop vite

1. Quelle transformation permet de passer de l'aile 4 à l'aile 2 ?

2. Quelle est l'image de l'aile 2 par la rotation de centre O d'angle 90° dans le sens inverse des aiguilles d'une montre ?

3. Citer deux ailes qui sont symétriques par rapport à une symétrie centrale.

4. Citer deux ailes dont l'une est l'image de l'autre par une rotation de centre O et d'angle 270°.

je développe mes compétences

RAISONNER | REPRÉSENTER | COMMUNIQUER | CALCULER | CHERCHER | MODÉLISER

J'apprends à RAISONNER

J'OBSERVE

55 Quelle transformation permet de réaliser la frise ci-dessous ?

EXERCICE RÉSOLU

La frise est obtenue par glissement d'un motif. Le motif initial est composé d'un grand et d'un petit champignon. La transformation est donc une translation.
On place les points A et B au début et à la fin de ce motif pour avoir le vecteur de la translation.

La frise est construite en partant du motif initial par translations successives de vecteur $\overrightarrow{AB}$.

JE ME LANCE

56 Observer le pavage ci-contre.

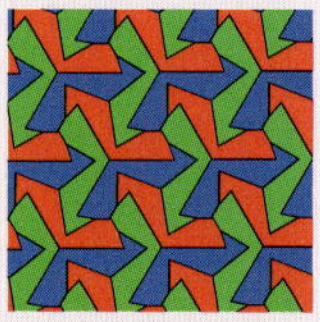

1. Reproduire le motif initial en respectant les couleurs.
2. Quelles transformations permettent d'obtenir le pavage ?

57 Les chiens se déplacent à droite, à gauche, ils ont la tête à l'envers.

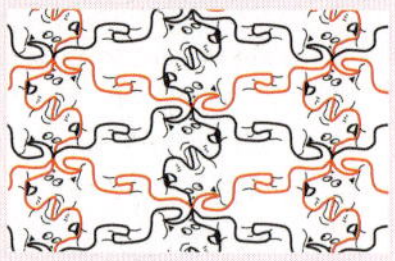

Quelles transformations permettent d'obtenir ce pavage ?

J'apprends à CALCULER

J'OBSERVE

58 On applique deux transformations à un rectangle d'aire 16 cm^2.

Transformation 1

Transformation 2

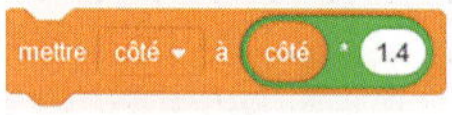

1. Décrire ces deux transformations.
2. Calculer et comparer l'aire des deux nouveaux rectangles obtenus.

EXERCICE RÉSOLU

1. La **Transformation 1** est une **homothétie** de rapport $0,6 < 1$. C'est donc une réduction.
La **Transformation 2** est une homothétie de rapport $1,4 > 1$. C'est donc un agrandissement.
2. On sait que par une **homothétie** de rapport $k > 0$, les longueurs sont multipliées par k et les **aires** par k^2.
– Aire du rectangle 1 : $16 \times 0,6^2 = 5,76$ cm^2.
– Aire du rectangle 2 : $16 \times 1,4^2 = 31,36$ cm^2.
Aire du rectangle 1 < Aire du rectangle 2

JE ME LANCE

59 La boule bleue et la boule jaune sont l'image de la boule verte par une homothétie de centre O.

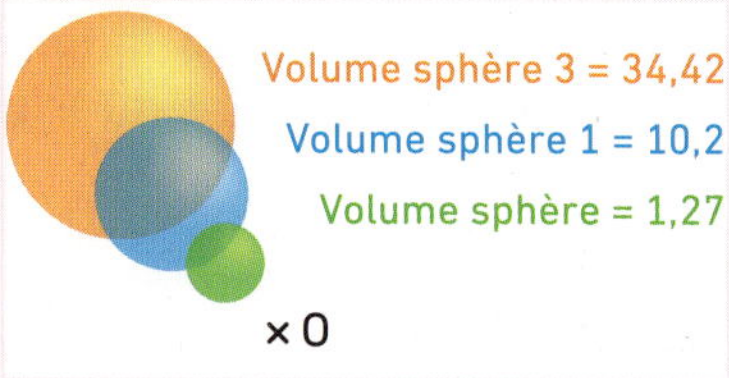

Calculer le rapport d'homothétie dans les deux cas.

60 Le trapèze MNOP est l'image du trapèze ABCD par l'homothétie de centre I.

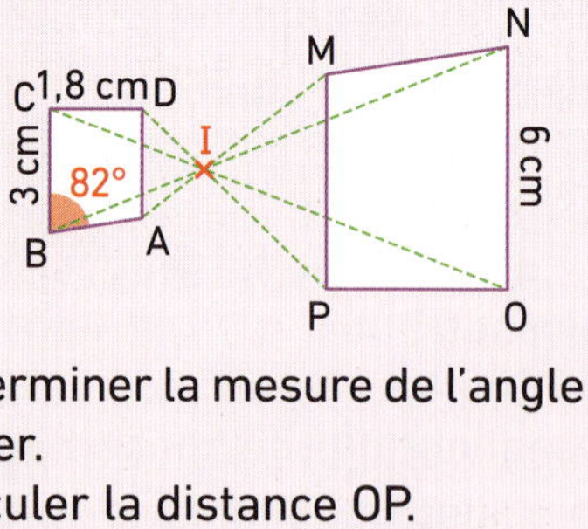

1. Déterminer la mesure de l'angle $\widehat{MNO}$. Justifier.
2. Calculer la distance OP. Justifier.

Activité 2

Calculer une longueur dans un triangle rectangle

OBJECTIF 2

Le triangle HTK est rectangle en H tel que HK = 5 cm et $\widehat{TKH} = 30°$.

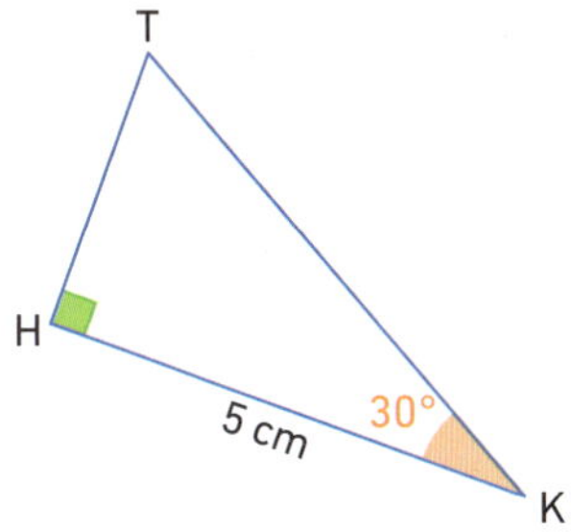

1 Calcul de TK

a. Dans le triangle THK, quel angle aigu connaît-on ?

b. Dans le triangle THK, on veut calculer la longueur du côté TK et on connaît celle du côté HK. Que représente le côté HK : l'hypoténuse, le côté opposé à $\hat{K}$ ou bien le côté adjacent à $\hat{K}$?

c. Que représente le côté TK : l'hypoténuse, le côté opposé à $\hat{K}$ ou bien le côté adjacent à $\hat{K}$?

d. Pour calculer TK, que faut-il donc utiliser : le cosinus, le sinus ou la tangente ?

e. En déduire, en utilisant la calculatrice, la valeur en cm arrondie au dixième de TK.

2 Calcul de TH

a. Dans le triangle THK, on veut calculer la longueur du côté TH et on connaît celle du côté HK.

b. Préciser ce que représente chacun des côtés TH et HK :

Hypoténuse | Côté opposé à $\hat{K}$ | Côté adjacent à $\hat{K}$

c. En déduire le rapport à utiliser pour calculer TH :

Cosinus | Sinus | Tangente

d. En déduire, en utilisant la calculatrice, la valeur en cm arrondie au dixième de TH.

Activité 3

Déterminer la mesure d'un angle d'un triangle rectangle

OBJECTIF 3

Le triangle ABC est rectangle en A tel que AC = 7 cm et AB = 5 cm.
Louise veut calculer la mesure de l'angle $\widehat{ABC}$.

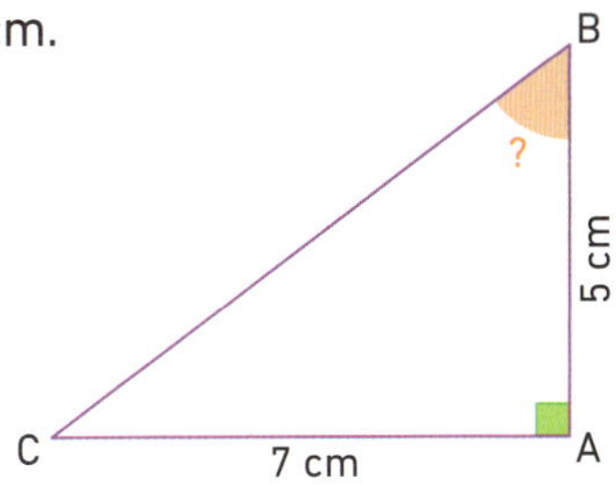

1 Dans le triangle rectangle ABC, on cherche l'angle $\hat{B}$.
Faire un schéma à main levée de ce triangle, y reporter le codage et les mesures connues, puis écrire devant chaque côté le nom qui lui correspond :
« **Hypoténuse** », « **Côté opposé à $\hat{B}$** » et « **Côté adjacent à $\hat{B}$** ».

2 Parmi l'hypoténuse, le côté opposé à $\hat{B}$ et le côté adjacent à $\hat{B}$, quels sont les deux côtés connus dans ce triangle ?

3 Quel est donc le rapport dont on peut connaître la valeur : $\sin\hat{B}$, $\cos\hat{B}$ ou $\tan\hat{B}$? Quelle est sa valeur exacte ?

4 La calculatrice sait donner une valeur approchée de l'angle dont on connaît le sinus, le cosinus ou bien la tangente.

Par exemple, si dans un triangle rectangle on sait que le cosinus d'un angle vaut $\frac{4}{9}$, on peut demander à la calculatrice de donner une valeur approchée de cet angle, ainsi :

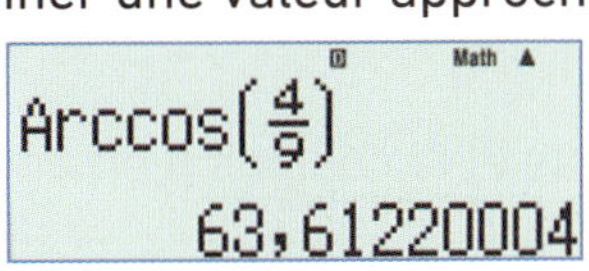

En s'inspirant de cet exemple, déterminer une valeur approchée de l'angle $\widehat{ABC}$ arrondie au degré près.

Cours

1 Cosinus, sinus et tangente

OBJECTIF 1

Voir l'animation : bordas.media/733819_102

DÉFINITIONS Dans un triangle rectangle, pour un angle aigu donné, on définit trois rapports de longueurs.

- Le **sinus** de cet angle est égal au quotient : $\dfrac{\text{Côté opposé à cet angle aigu}}{\text{Hypoténuse}}$.
- Le **cosinus** de cet angle est égal au quotient : $\dfrac{\text{Côté adjacent à cet angle aigu}}{\text{Hypoténuse}}$.
- La **tangente** de cet angle est égale au quotient : $\dfrac{\text{Côté opposé à cet angle aigu}}{\text{Côté adjacent à cet angle aigu}}$.

Exemple

Dans un triangle ABC rectangle en A, on a donc :

$$\sin \widehat{ACB} = \frac{AB}{BC} \qquad \cos \widehat{ACB} = \frac{AC}{BC} \qquad \tan \widehat{ACB} = \frac{AB}{AC}$$

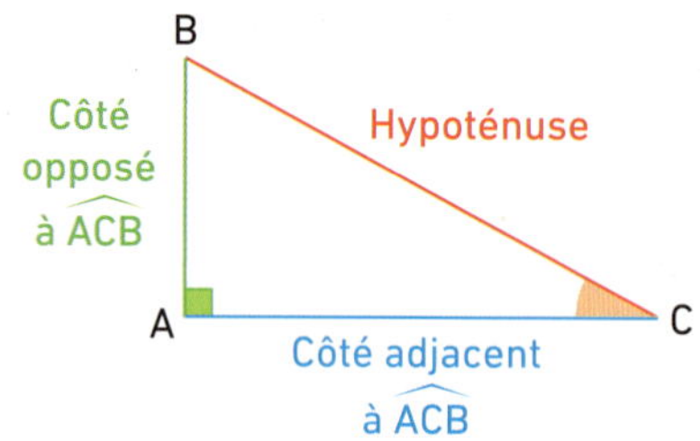

Remarque : Les calculatrices donnent de très bonnes valeurs approchées de ces rapports. Il faut simplement vérifier qu'elles sont bien configurées en « **Degrés** ».
Par exemple, pour le cosinus de 68° :

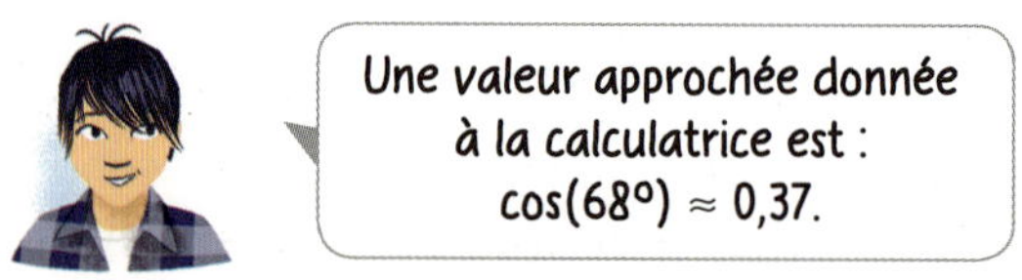

PROPRIÉTÉ Dans un triangle rectangle, le cosinus et le sinus d'un angle aigu sont **toujours compris entre 0 et 1**.

Démonstration p. 250

En effet, dans un triangle rectangle, l'hypoténuse est le plus grand côté donc le rapport entre l'un des deux autres côtés et l'hypoténuse est toujours compris entre 0 et 1.

PROPRIÉTÉ Dans un triangle rectangle, pour tout angle aigu de mesure x :

$$(\sin x)^2 + (\cos x)^2 = 1 \qquad \tan x = \frac{\sin x}{\cos x}$$

Démonstration p. 250

En effet, en écrivant le sinus et le cosinus d'un angle aigu à l'aide des côtés, on arrive à prouver la seconde égalité.
En utilisant en plus l'égalité de Pythagore dans ce même triangle, on arrive à prouver que $(\sin x)^2 + (\cos x)^2 = 1$.

Je m'entraîne 1

42 Le triangle PQR est rectangle en R.
QP = 15,7 cm et QR = 12,4 cm.
Quel est l'angle dont la mesure arrondie au degré près est égale à 52° ?

43 STUV est un rectangle. ST = 13 cm et TV = 17 cm.
Déterminer les mesures des angles $\widehat{STV}$, $\widehat{SVT}$, $\widehat{VTU}$ et $\widehat{VUT}$ arrondies au degré près.

44 Regrouper les angles qui ont la même mesure au degré près.

$\sin\hat{A} = 0,53$ $\cos\hat{D} = 0,85$

$\tan\hat{E} = 0,62$ $\sin\hat{B} = 0,84$

$\cos\hat{C} = 0,54$ $\tan\hat{F} = 1,54$

$\hat{G} = 32°$ $\hat{H} = 57°$

45 Soit l'énoncé suivant :
« ABC est un triangle rectangle en A tel que AB = 8 cm et AC = 5 cm. Déterminer un arrondi au degré près de la mesure de l'angle $\widehat{ACB}$. »
Voici ce qu'a répondu Tom :

On cherche l'angle $\widehat{ACB}$, on connaît AB le côté opposé à cet angle et AC le côté adjacent à cet angle.
On va donc utiliser la tangente
$\tan\widehat{ACB} = \frac{AC}{AB}$ ce qui donne :
$\tan\widehat{ACB} = \frac{5}{8}$
La calculatrice donne $\widehat{ACB} = 32°$

Le professeur de Tom lui indique qu'il a commis une erreur. Aider Tom à se corriger.

46 Les deux angles aigus d'un triangle ABC, rectangle en A, sont tels que $\sin\hat{B} = \cos\hat{C} = 0,4$.

1. Quel est l'angle le plus grand : $\hat{B}$ ou $\hat{C}$?

2. Déterminer les valeurs de $\cos\hat{B}$ et de $\sin\hat{C}$.

3. Déterminer les valeurs de $\tan\hat{B}$ et de $\tan\hat{C}$.

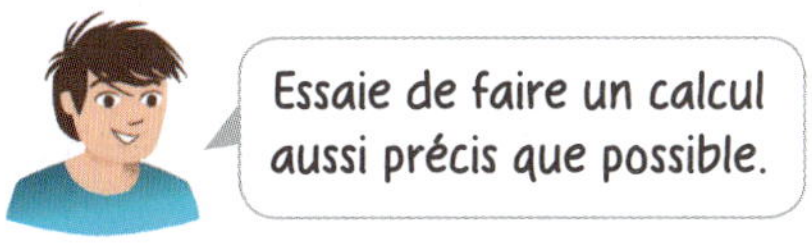

Je m'entraîne 2

47 En utilisant les renseignements codés sur la figure ci-contre :

a. déterminer un arrondi au degré près de la mesure de l'angle $\widehat{BCD}$;

b. en déduire la mesure des autres angles de la figure.

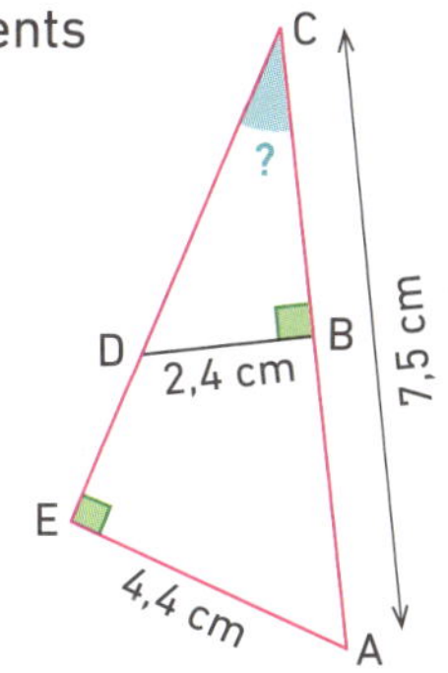

48 **Les maths autour de moi**

Béatrice veut construire une terrasse en béton dans son jardin. Le vendeur de matériaux lui a conseillé de ne pas la faire horizontale mais plutôt avec une pente de 1,5 cm par mètre de longueur pour favoriser l'écoulement des eaux de pluie.

1. Sa terrasse est large de 8 m, de combien doit-elle surélever le début de sa terrasse pour respecter les conseils du vendeur ?

2. Quel sera alors l'angle que fera la terrasse avec l'horizontale dans ce cas ?

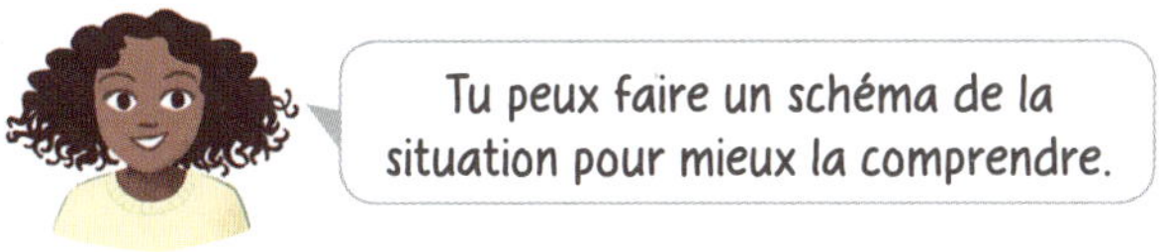

49 **TOP Chrono** 10 min

Le triangle GHI est rectangle en I.
GH = 4,9 cm et HI = 2,7 cm.

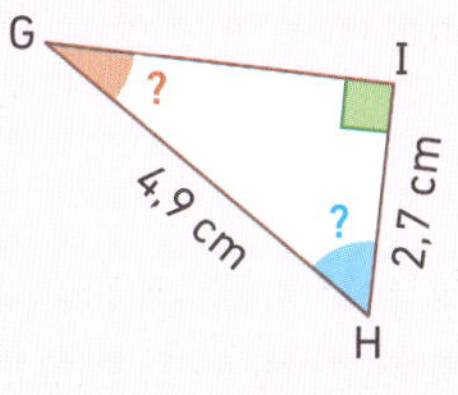

1. Déterminer l'arrondi au degré près de la mesure de l'angle $\hat{G}$.

2. Déterminer l'arrondi au degré près de la mesure de l'angle $\hat{H}$.

je travaille seul(e) ou en Accompagnement personnalisé

Je fais le point sur mon cours

QCM de révision
Retrouve un autre QCM interactif : bordas.media/733819_087

		A	B	C
50	Dans un triangle ABC, rectangle A, $\sin\widehat{ABC} = \dots$:	$\frac{AC}{AB}$	$\frac{AC}{BC}$	$\frac{AB}{BC}$
51	Dans un triangle ABC, rectangle A, $\cos\widehat{ABC} = \dots$:	$\frac{AC}{AB}$	$\frac{AC}{BC}$	$\frac{AB}{BC}$
52	Dans un triangle ABC, rectangle A, $\tan\widehat{ABC} = \dots$:	$\frac{AC}{AB}$	$\frac{AC}{BC}$	$\frac{AB}{BC}$
53	Dans un triangle rectangle, on a $\cos(38°) = \frac{7}{DE}$. Donc DE ≈ … :	5,5 cm	8,9 cm	0,1 cm
54	Dans un triangle rectangle, on a $\tan\widehat{GHI} = \frac{9}{15}$. Donc $\widehat{GHI}$ ≈ … :	31°	37°	53°

Je fais le point sur mes objectifs

OBJECTIF 1
Je connais le cosinus, le sinus et la tangente d'un angle

55 Le triangle TZW est rectangle en W. Écrire $\sin\hat{Z}$, $\cos\hat{Z}$ et $\tan\hat{Z}$ en fonction de TZ, TW et WZ.

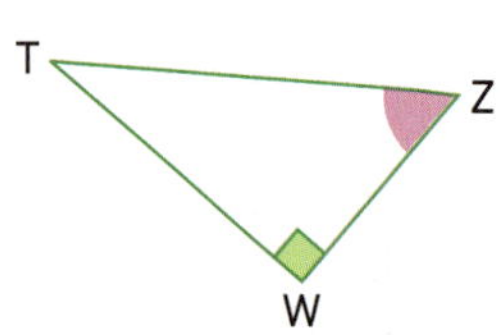

56 ABC est un triangle rectangle en C.

1. Écrire $\sin\hat{A}$, $\cos\hat{A}$ et $\tan\hat{A}$ en fonction des côtés du triangle.

2. Écrire $\sin\hat{B}$, $\cos\hat{B}$ et $\tan\hat{B}$ en fonction des côtés du triangle.

3. Parmi ces six rapports, lesquels sont égaux ?

57 **QCM** Dans un triangle rectangle, x étant la mesure d'un angle aigu, $\frac{\sin x}{\cos x}$ est égal à :

ⓐ 1 ⓑ $\tan x$ ⓒ x

58 **QCM** Dans un triangle rectangle, x étant la mesure d'un angle aigu, $(\sin x)^2 + (\cos x)^2$ est égal à :

ⓐ 1 ⓑ $(\tan x)^2$ ⓒ x

OBJECTIF 2
Je calcule la longueur d'un côté d'un triangle rectangle

59 ABC est un triangle rectangle en B.
On sait que AC = 4 cm et que $\hat{A} = 36°$.

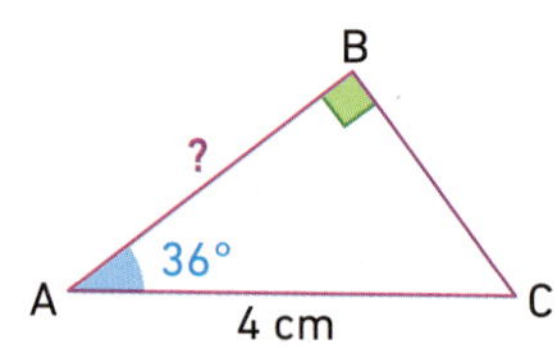

1. Dans le triangle ABC, préciser l'hypoténuse, le côté opposé à $\hat{A}$ et le côté adjacent à $\hat{A}$.

2. a. Pour calculer le côté AB, doit-on utiliser le sinus, le cosinus ou la tangente de l'angle $\hat{A}$? Expliquer.

b. Donner l'arrondi de AB à 0,1 cm près.

60 **1.** Dans le triangle DEF, préciser l'hypoténuse, le côté opposé à $\hat{D}$ et le côté adjacent à $\hat{D}$.

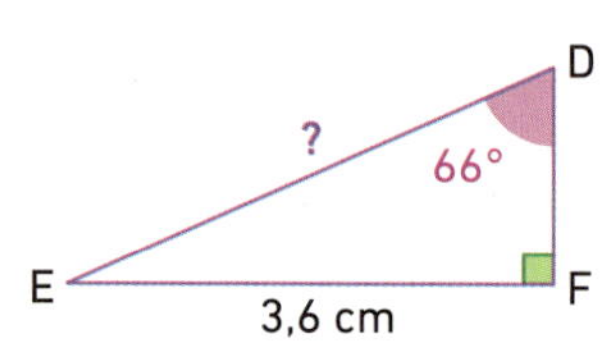

2. a. Pour calculer le côté DE, doit-on utiliser le sinus, le cosinus ou la tangente de l'angle $\hat{D}$? Expliquer.

b. Donner l'arrondi de DE à 0,1 cm près.

61 Dans chaque cas, calculer l'arrondi de la longueur EF à 0,1 cm près.

a.

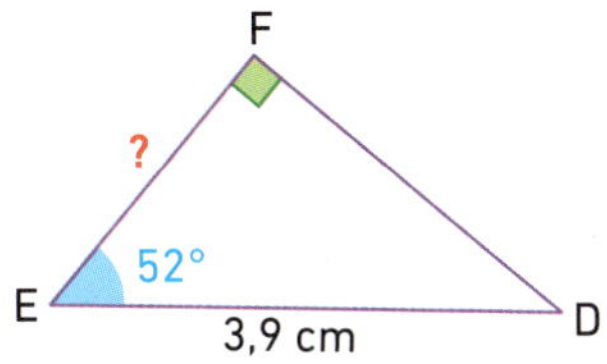

b.

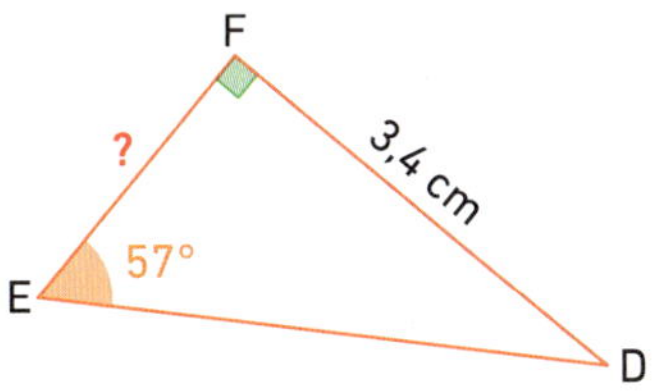

62 Calculer les arrondis à 0,1 cm près de AB et BC.

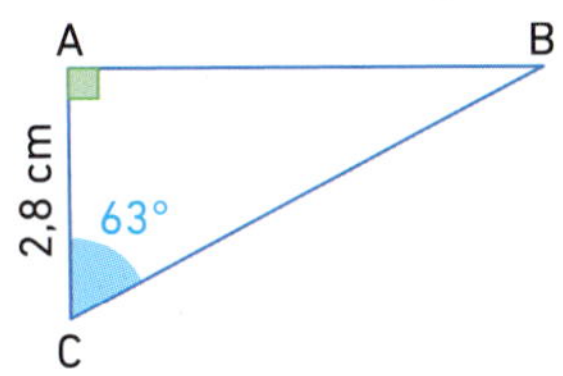

63 **1.** Tracer un triangle GHI rectangle en G tel que $\widehat{GHI} = 35°$ et HI = 7,8 cm.

2. Calculer la longueur GH à 0,1 cm près.

3. Vérifier la cohérence du résultat obtenu en mesurant GH sur le dessin.

64 **1.** Tracer un triangle JKL rectangle en L tel que $\widehat{JKL} = 67°$ et JL = 4,3 cm.

2. Calculer la longueur KL à 0,1 cm près.

3. Vérifier la cohérence du résultat obtenu en mesurant KL sur le dessin.

65 Le triangle VWX est rectangle en W.

WX = 3,8 cm et $\widehat{WVX} = 25°$.

1. Calculer la longueur WV.

2. Calculer la longueur XV.

Tu peux faire une figure à main levée pour te représenter la situation.

66 Le triangle YZA est rectangle en Y.

YZ = 7,3 cm et $\widehat{YZA} = 33°$.

1. Calculer la longueur YA.

2. Calculer la longueur ZA.

OBJECTIF 3

Je détermine la mesure d'un angle aigu d'un triangle rectangle

67 **1.** Dans le triangle ABC, préciser l'hypoténuse, le côté opposé à $\hat{B}$ et le côté adjacent à $\hat{B}$.

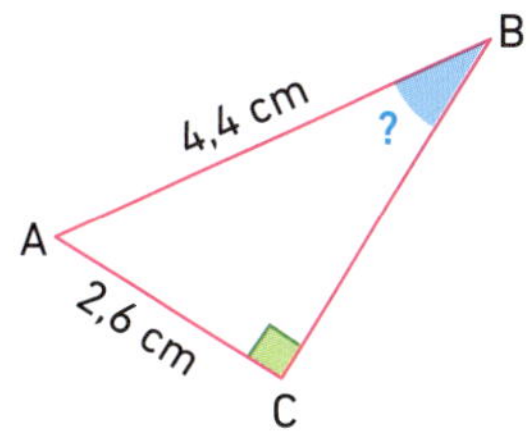

2. a. Avec les côtés connus du triangle ABC, peut-on calculer $\sin\hat{B}$, $\cos\hat{B}$ ou $\tan\hat{B}$?

b. En déduire, à l'aide d'une calculatrice, l'arrondi au degré près de la mesure de l'angle $\hat{B}$.

68 Déterminer l'arrondi au degré près de la mesure de l'angle marqué en rose.

a.

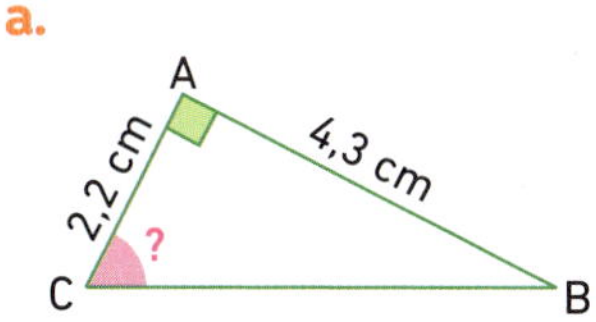

b.

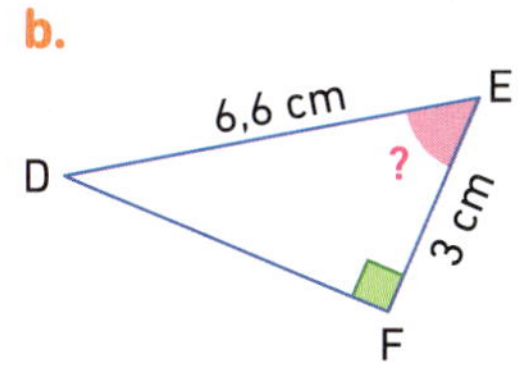

69 **1.** Tracer un triangle JKL rectangle en K tel que KJ = 5,8 cm et KL = 7,5 cm.

2. Déterminer la mesure de l'angle $\widehat{KLJ}$ arrondie au degré près.

70 **1.** Tracer un triangle MNO rectangle en N tel que MN = 3,2 cm et MO = 5,6 cm.

2. Déterminer la mesure de l'angle $\widehat{OMN}$ arrondie au degré près.

71 **1.** Tracer un triangle PRS rectangle en R tel que PR = 2,9 cm et PS = 7,2 cm.

2. Déterminer la mesure de l'angle $\widehat{PSR}$ arrondie au degré près.

72 **QCM** L'arrondi au degré de la mesure de l'angle $\widehat{DNB}$ est :

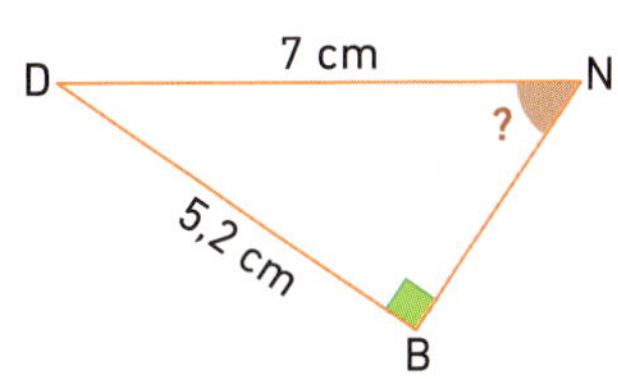

a 34° **b** 41° **c** 42° **d** 48°

Je résous des problèmes

OBJECTIF 1

Je connais le cosinus, le sinus et la tangente d'un angle

73 **Prendre la tangente** Démonstration

1. En travaillant par deux avec deux calculatrices, comparer $\tan x$ et $\frac{\sin x}{\cos x}$ pour plusieurs valeurs de x strictement comprises entre 0° et 90°.

2. Quelle conjecture peut-on faire ?

3. On considère un triangle ABC rectangle en A.

a. Faire un schéma.

b. Écrire $\sin x$, $\cos x$ et $\tan x$ en fonction de AB, AC et BC.

c. En déduire une preuve de la conjecture formulée à la question **2.**

4. Dans un triangle DEF, rectangle en D, on sait que $\tan \hat{D} = 1$. Que peut-on en déduire pour le triangle DEF ?

Coup de pouce

Il ne faut pas hésiter à transformer et exploiter l'information donnée pour cette dernière question.

74 **Utiliser une formule**

Dans un triangle ABC, rectangle en A, on sait que $\sin \hat{B} = 0{,}28$ et $\cos \hat{B} = 0{,}96$.

1. Déterminer la valeur exacte de $\tan \hat{B}$.

2. En déduire les valeurs exactes de $\sin \hat{C}$, $\cos \hat{C}$ et $\tan \hat{C}$.

3. Sachant que BC = 100, en déduire AB et AC.

75 **Démontrer une formule** Démonstration

1. Calculer $(\sin x)^2 + (\cos x)^2$ pour plusieurs valeurs de x strictement comprises entre 0° et 90°.

2. Quelle conjecture peut-on faire ?

3. On considère un triangle ABC rectangle en A.

a. Faire un schéma.

b. Écrire $\sin x$ et $\cos x$ en fonction de AB, AC et BC.

c. Exprimer alors $(\sin x)^2 + (\cos x)^2$ en fonction de AB, AC et BC et en déduire une preuve de la conjecture formulée à la question **2.**

4. Dans un triangle DEF, rectangle en E, on sait que $\cos \hat{D} = 0{,}8$. Calculer $\sin \hat{D}$ et $\tan \hat{D}$.

76 **Utiliser des formules**

Dans un triangle DEF, rectangle en F, $\cos \hat{E} = 0{,}6$.

1. En déduire la valeur de $\sin \hat{E}$ puis celle de $\tan \hat{E}$.

2. En déduire les valeurs exactes de $\sin \hat{D}$, $\cos \hat{D}$ et $\tan \hat{D}$.

3. Sachant que FE = 12 m, en déduire FD et DE.

OBJECTIF 2

Je calcule la longueur d'un côté d'un triangle rectangle

77 **Les maths autour de moi**

Sidonie joue avec son cerf-volant au bord de la plage. La ficelle, qui mesure 50 m, est déroulée au maximum, et elle est tendue.

La ficelle fait avec l'horizontale un angle $\widehat{CSH}$ qui mesure 80°.

S : position de Sidonie.

C : position du cerf-volant.

Calculer la hauteur à laquelle vole le cerf-volant, c'est-à-dire CH (on donnera la réponse arrondie au mètre près).

78 **Dans un logiciel** pix 1.3

Louna a réalisé la figure ci-dessous dans un logiciel de géométrie dynamique.

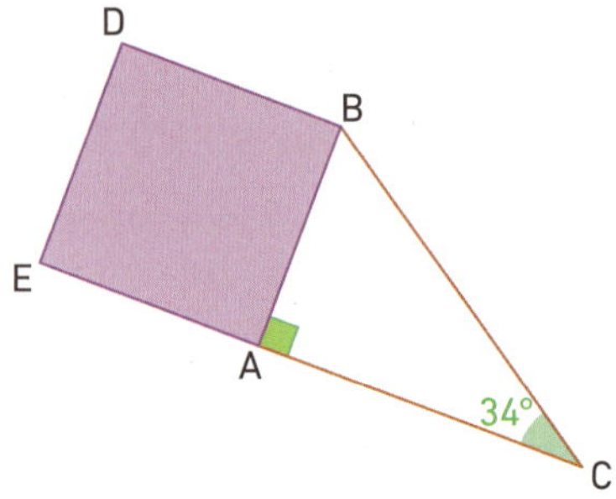

Elle peut déplacer le point A pour augmenter ou diminuer la longueur AC.

Quelle valeur doit-elle donner à cette longueur pour que le carré ABDE ait une aire égale à 100 m^2, l'angle $\hat{C}$ restant toujours égal à 34° ?

79 **D'une rive à l'autre**

Depuis une rive d'un fleuve, Alicia voit deux arbres qui sont le long de l'autre rive et qui sont distants de 50 m. Elle est en face du premier arbre et voit l'autre arbre de face en tournant la tête de 25°. Quelle est la largeur de ce fleuve ?

Je détermine la mesure d'un angle aigu d'un triangle rectangle

80 Trapèze ?

En utilisant les renseignements codés sur la figure ci-dessous :

a. déterminer si (IH) et (FG) sont parallèles ;

b. en déduire si le quadrilatère IHGF est un trapèze ou non.

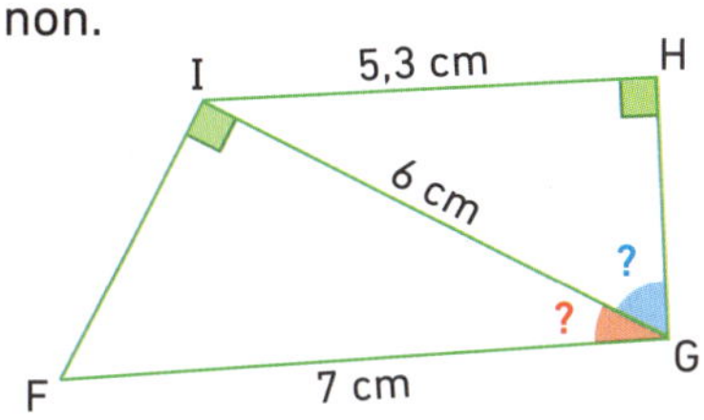

81 Les maths autour de moi

Élias fait son stage de troisième chez son oncle, qui est peintre. Avant d'utiliser l'échelle pour peindre la façade d'une maison, il lit sur le bord de l'échelle :

> Pour une bonne stabilité, l'angle entre l'échelle et le sol doit être compris entre 65° et 70°.

Son oncle lui dit : « Ne t'inquiète pas, il te suffit de tenir l'échelle les bras tendus à l'horizontale. Les mains seront donc à hauteur des épaules, les pieds de l'échelle toucheront les tiens et le haut de l'échelle touchera le mur… »

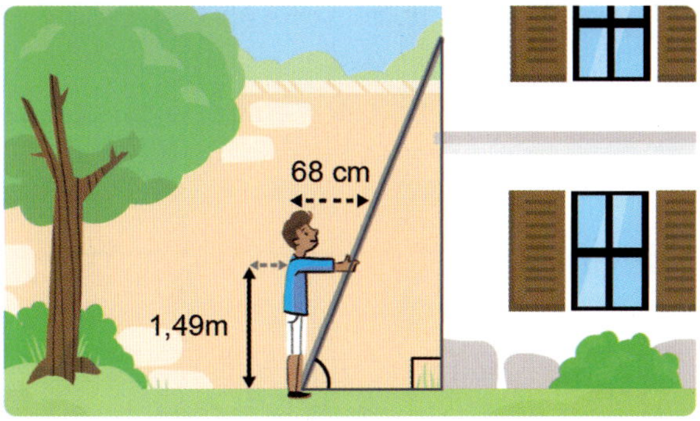

Sachant que les bras d'Élias mesurent 68 cm et que la distance entre le sol et ses bras est de 1,49 m, vérifier que la méthode préconisée par son oncle assure une bonne stabilité.

82 À la recherche de l'angle perdu

Le triangle STU est rectangle.

TU = 8 cm et ST = 12,5 cm.

Quelles sont les valeurs possibles pour l'angle $\widehat{UST}$? Dans chaque cas, déterminer un arrondi au degré près de la mesure de l'angle $\widehat{UST}$?

MULTI OBJECTIFS

83 Utiliser ses connaissances

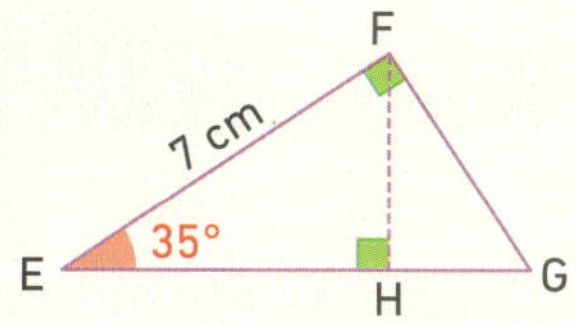

1. a. Combien y a-t-il de triangles rectangles dans la figure ci-contre ?

b. Faire un schéma de chacun d'entre eux.

2. a. Déterminer les mesures des angles $\widehat{EFH}$, $\widehat{HFG}$ et $\widehat{HGF}$.

b. Reporter ces mesures dans les triangles rectangles tracés à la question 1. b.

3. Déterminer l'arrondi à 0,1 cm près des longueurs FH, EH, FG, HG et EG.

84 L'écologie autour de moi

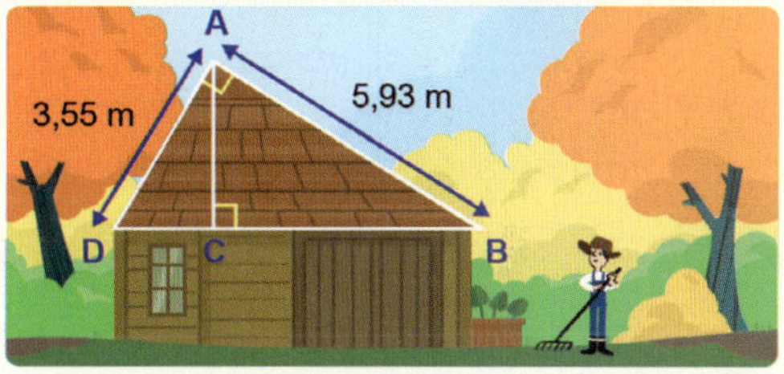

Madame ROCA veut construire un cabanon dans son jardin et installer des panneaux solaires sur le toit de celui-ci.

1. L'installateur de panneaux solaires lui dit que pour une production optimale il faudrait que les panneaux aient une inclinaison par rapport à l'horizontale comprise entre 30° et 35°. Sur quelle partie du toit Madame ROCA doit-elle installer ses panneaux solaires, du côté de [AD] ou de [AB] ?

2. Elle voudrait maintenant connaître la longueur AC des tasseaux de bois qu'elle doit acheter. Déterminer un arrondi au centimètre près de la longueur AC.

85 Tout retrouver

TERA est un quadrilatère tel que ERA est un triangle rectangle en R et TEA est un triangle rectangle en E.

On sait que $\widehat{ETA} = 35°$, TA = 12 m et ER = 3 m.

1. Schématiser la situation décrite ci-dessus.

2. Calculer la longueur EA.

3. En déduire la mesure de l'angle $\widehat{REA}$.

4. Déterminer les longueurs manquantes et les mesures d'angles manquantes.

86 Aire et périmètre

ABCD est un rectangle tel que $\widehat{ACD} = 62°$ et AC = 12,5 m. Calculer, en mètres, le périmètre du rectangle ABCD arrondi au dixième, puis en m² l'aire du rectangle ABCD arrondie au dixième.

je développe mes compétences

RAISONNER · REPRÉSENTER · COMMUNIQUER · CALCULER · CHERCHER · MODÉLISER

J'apprends à MODÉLISER

J'OBSERVE

87 Un câble tendu entre le sol et le sommet d'un arbre, fait un angle de 15° avec le sol. Ce câble a une longueur de 54 m. Quelle est la hauteur de l'arbre ?

EXERCICE RÉSOLU

On commence par schématiser la situation à main levée :

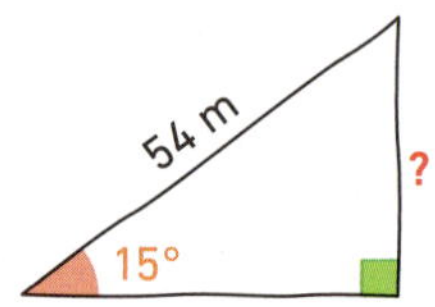

Dans ce triangle rectangle, on cherche le **côté opposé** à l'angle connu (15°) et on connaît l'**hypoténuse**. On va donc utiliser le **sinus**.

En notant h la hauteur de l'arbre, on a :

$\sin(15°) = \dfrac{h}{54}$ donc $h = 54 \times \sin(15°) \approx 14$ m.

L'arbre a donc une hauteur approximative de 14 mètres.

JE ME LANCE

88 Depuis l'autre rive du fleuve, Arthur voit un arbre de 28 m de hauteur, de bas en haut sous un angle de 10°. Quelle est la largeur de ce fleuve ?

89 Luna se trouve au pied d'un arbre en haut duquel elle a attaché une corde de 50 m de long. Elle doit s'écarter de l'arbre de 20 m pour tendre la corde au sol.
Quel est l'angle que fait la corde avec le sol et quelle est la hauteur de l'arbre ?

J'apprends à CALCULER

J'OBSERVE

90 Calculer, en mètres, le périmètre du triangle ABC arrondi au dixième.

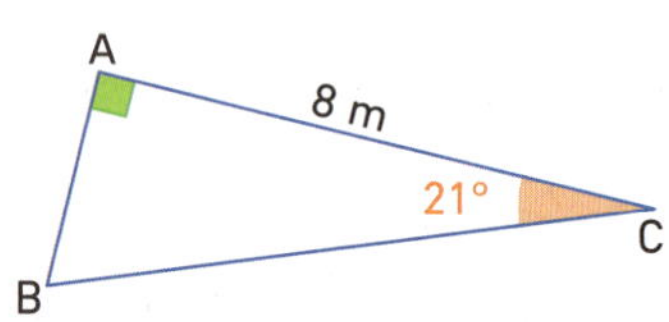

EXERCICE RÉSOLU

Afin de ne pas trop s'éloigner du résultat exact en faisant des erreurs d'arrondis, il faut éviter de travailler avec des valeurs arrondies aussi longtemps que possible et dans l'idéal n'arrondir que le résultat final.
Voici deux copies d'élèves qui montrent les écarts que l'on peut obtenir :

- Anouar arrondit le résultat à chaque étape :

$\cos(21°) = \dfrac{8}{BC}$ donc $BC = \dfrac{8}{\cos(21)} \approx 8{,}6$

$\sin(21°) = \dfrac{AB}{8{,}6}$

donc $AB \approx 8{,}6 \times \sin(21) \approx 3{,}1$

Donc le périmètre est environ égal à :

$8 + 8{,}6 + 3{,}1 \approx 19{,}7$ m

- Le résultat d'Élisa est bien plus précis : elle arrondit uniquement le résultat final :

$\tan(21°) = \dfrac{AB}{8}$ donc $AB = 8 \times \tan(21)$

$\cos(21°) = \dfrac{8}{BC}$ donc $BC = \dfrac{8}{\cos(21)}$

Donc le périmètre est égal à :

$8 + 8 \times \tan(21) + \dfrac{8}{\cos(21)} \approx 19{,}6$ m

JE ME LANCE

91 GHI est un triangle rectangle en G tel que $\widehat{GHI} = 52°$ et GI = 16,3 m.
Calculer, en mètres, le périmètre du triangle GHI arrondi au dixième.

92 DEF est un triangle rectangle en E tel que son hypoténuse mesure 12 m et $\widehat{DFE} = 35°$.
Calculer, en m², le plus précisément possible l'aire du triangle DEF arrondie au dixième.

j'utilise mes compétences

93 Sans se mouiller !

CALCULER • CHERCHER D1.3

Arthur se trouve sur la rive droite du fleuve Jamésencru. Pour calculer la largeur de celui-ci, Arthur a pris certaines mesures.
Calculer, en mètres, une valeur approchée de la largeur de ce fleuve arrondie au centimètre près.

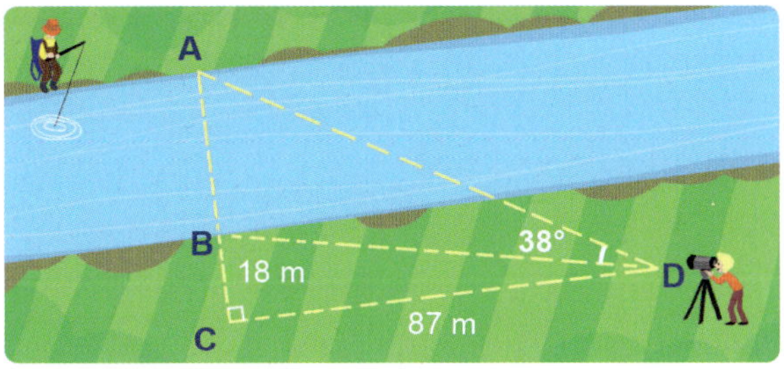

94 Le triangle mystère

CHERCHER • RAISONNER D1.3

ABC est un triangle rectangle et isocèle. L'un de ses côtés mesure 10 cm.
Quelles sont les valeurs possibles de son périmètre et de son aire ?

95 Depuis la baie

MODÉLISER • CHERCHER • CALCULER D1.3

Pour mesurer la hauteur à laquelle culmine l'archange Saint-Michel situé au sommet de l'abbaye du Mont-Saint-Michel, Inès utilise un théodolite afin de mesurer des angles à partir de la baie.

Ainsi, elle effectue une première mesure et observe le sommet de l'abbaye sous un angle de 48°. Elle recule de 50 mètres et effectue une nouvelle mesure. Elle voit maintenant le sommet de l'abbaye sous un angle de 40°.
Son père lui dit qu'elle peut maintenant trouver à quelle hauteur se trouve le sommet de l'abbaye.
Aider Inès à faire ce calcul en s'aidant du schéma ci-contre.

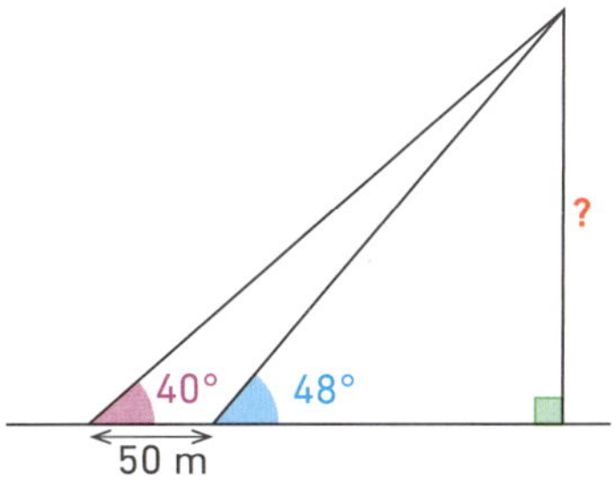

96 Anglais Along the Thames

CALCULER • COMMUNIQUER D1.2 et D1.3

Andrew is on the banks of the Thames, at the bottom of Tower Bridge, in London. In walking 100 meters away from that point, at right angles to that one, he sees the width of the river at an angle of 70 degrees.

1. Draw a diagram of this situation.
2. Calculate the width of the river at that place and round the result to nearest meter.

97 Le bon format

MODÉLISER • REPRÉSENTER • CALCULER D1.3 et D4

Un téléviseur au format 16/9e (cela signifie qu'il a la même forme qu'en rectangle de longueur 16 et de largeur 9) a une diagonale de 102 cm.
Quelles sont les dimensions de ce téléviseur ?

98 Je fais ma story

pix 3.2

L'Humanité a toujours voulu et eu besoin de calculer des distances inaccessibles. Que ce soit pour construire des monuments ou bien pour naviguer, elle n'a cessé de construire des appareils permettant de récolter des données et, avec un peu de mathématiques, d'arriver à calculer ces distances.

Montrer dans une courte vidéo, ou bien un diaporama, comment utiliser ces appareils ou comment en construire un (avec un cahier et un rapporteur) pour mesurer par exemple la hauteur du collège.
Tu peux t'inspirer de ce schéma qui permet de calculer la hauteur AC.

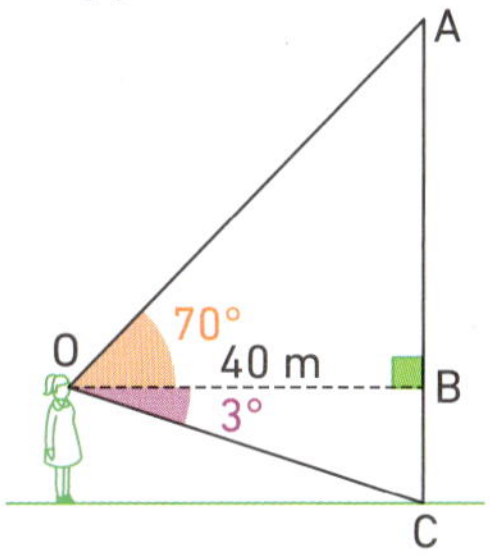

vu au brevet

99 Quelle est la longueur en mètres du côté [AC], arrondie au dixième près ?

ⓐ 6,5 ⓑ 6,7 ⓒ 24,1

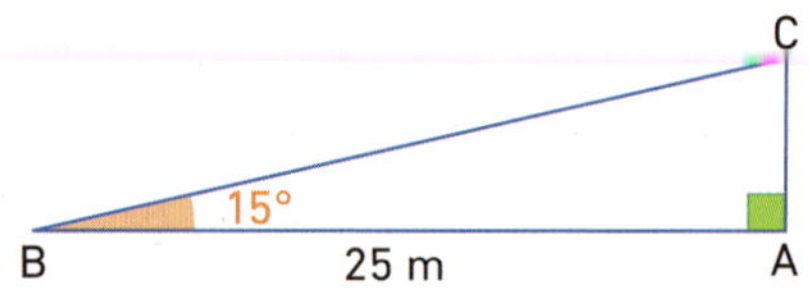

Centres étrangers 2019

100 Leila est en visite à Paris. Aujourd'hui, elle se promène sur le Champ-de-Mars d'où elle peut voir la tour Eiffel, dont la hauteur totale BH est 324 m. Elle pose son appareil photo au sol à une distance AB = 600 m du monument et le programme pour prendre une photo (voir le dessin ci-dessous).

1. Quelle est la mesure, au degré près, de l'angle $\widehat{HAB}$?

2. Sachant que Leila mesure 1,70 m, à quelle distance AL de son appareil doit-elle se placer pour paraître aussi grande que la tour Eiffel sur sa photo ? Donner une valeur approchée du résultat au centimètre près.

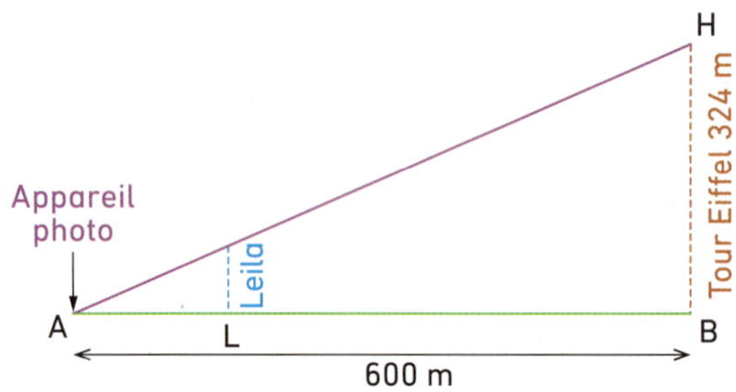

Le dessin n'est pas à l'échelle.

Antilles-Guyane 2019

101 *Dans cet exercice, toute trace de recherche, même incomplète ou non fructueuse, sera prise en compte dans l'évaluation.*

On a schématisé, ci-dessous, un bassin d'aquaculture par une vue de côté. Le fond du bassin représenté par le segment [EB] doit être en pente.

Le bassin est bien construit quand l'angle $\widehat{EBA}$ est compris entre 0,1° et 0,2°.

Voici les mesures effectuées sur le bassin :
CE = 2,8 m, BD = CA = 3,2 m et AB = 150 m.

Ce bassin est-il bien construit ? Justifier la réponse.

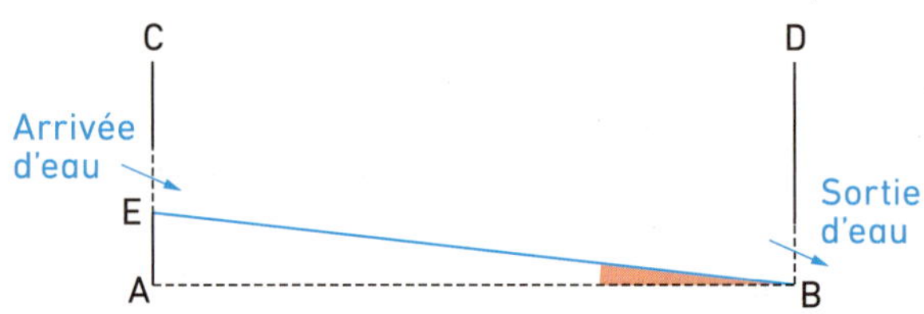

Nouvelle-Calédonie 2019

102 Lorsqu'un voilier est face au vent, il ne peut pas avancer.

Si la destination choisie nécessite de prendre une direction face au vent, le voilier devra progresser en faisant des zigzags.

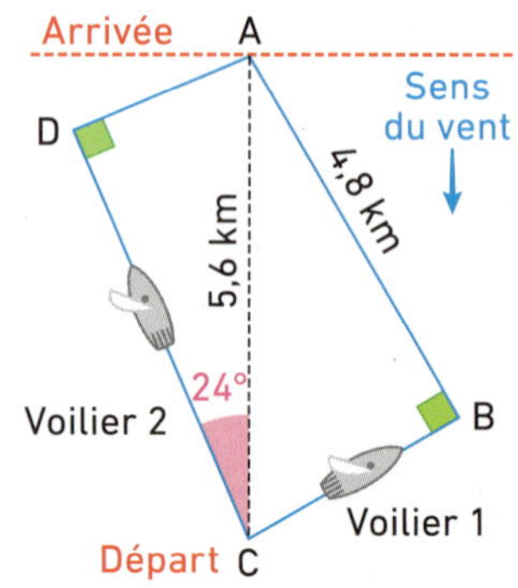

La figure n'est pas à l'échelle.

Comparer les trajectoires de ces deux voiliers en calculant la distance que chacun a parcourue, en kilomètres et arrondie au dixième.

Polynésie 2019

103 On considère ci-dessus un triangle ABC rectangle en A tel que $\widehat{ABC} = 30°$ et AB = 7 cm. H est le pied de la hauteur issue de A.

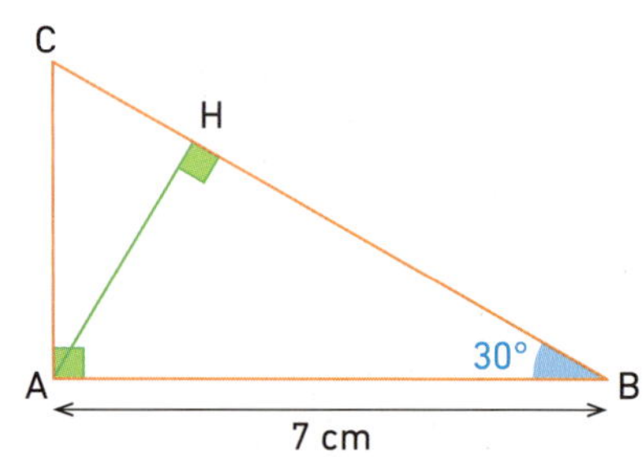

La figure ci-dessus n'est pas à l'échelle.

1. Tracer la figure en vraie grandeur sur la copie. Laisser les traits de construction apparents sur la copie.

2. Démontrer que AH = 3,5 cm.

3. Démontrer que les triangles ABC et HAC sont semblables.

4. Déterminer le coefficient de réduction permettant de passer du triangle ABC au triangle HAC.

Pondichéry 2018

104 ABC est un triangle rectangle en A.
AC = 3,5 cm et BC = 7 cm.

La mesure de l'angle $\widehat{ABC}$ est égale à :

ⓐ 30° ⓑ 45° ⓒ 60°

Amérique du Sud 2018

Jeux mathématiques

105 Mots croisés

Reproduire et remplir la grille ci-dessous.

Horizontalement

1. Figure dans laquelle on peut calculer le sinus, le cosinus ou la tangente d'un angle.

3. Condition que doit vérifier un triangle pour que l'on puisse utiliser les rapports sinus, cosinus ou tangente.

4. Rapport entre le côté adjacent et l'hypoténuse.

7. Rapport entre le côté opposé et le côté adjacent.

9. Se dit, dans un triangle rectangle, du côté qui est en face de l'angle droit.

Verticalement

2. Se dit, dans un triangle rectangle, du côté d'un angle qui n'est pas l'hypoténuse.

5. Se dit, dans un triangle rectangle, du côté qui est en face d'un angle.

6. Rapport entre le côté opposé et l'hypoténuse.

8. Adjectif qualificatif utilisé pour un des angles qui n'est pas droit dans un triangle rectangle.

106 Défi !

Es-tu capable de trouver la mesure d'un angle dont le cosinus vaut le double de son sinus ?

Énigme

107 Lina affirme qu'en prenant un nombre x entre 0 et 90, $\sin x$ et $\cos(90 - x)$ donnent le même résultat. Est-ce correct ? Expliquer.

Devoirs à la maison

108 Sur les traces d'Archimède

Pour trouver une valeur approchée du nombre π, le savant grec Archimède de Syracuse (287 av. J.-C. – 212 av. J.-C.) a eu l'idée d'encadrer la longueur d'un cercle de rayon une unité par les périmètres de polygones réguliers inscrits et circonscrits à ce cercle, comme le montre la figure ci-dessous.
Nous allons étudier ici le cas où le cercle est compris entre deux hexagones réguliers.

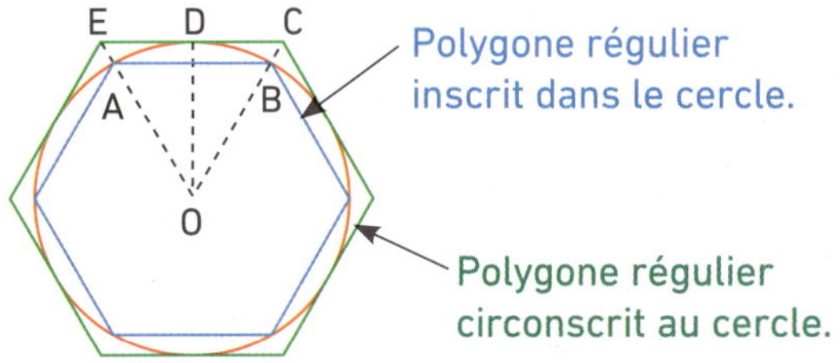

1. Quelle est la longueur exacte d'un cercle de rayon 1 ?

2. Étude de l'hexagone inscrit

a. Quelle est la mesure de l'angle $\widehat{AOB}$? Expliquer.

b. En déduire la nature du triangle AOB.

c. Combien vaut la longueur AB ? Expliquer.

d. Calculer le périmètre de l'hexagone inscrit.

3. Étude de l'hexagone circonscrit

a. D est le milieu du segment [EC].
Combien vaut la longueur OD ? Expliquer.

b. Quelle est la nature du triangle ODC ?

c. Quelle est la mesure de l'angle $\widehat{DOC}$? Expliquer.

d. Sachant que $\tan 30° = \frac{\sqrt{3}}{3}$, montrer que $EC = \frac{2\sqrt{3}}{3}$.

e. En déduire la valeur exacte du périmètre de l'hexagone circonscrit.

4. Déduire des questions précédentes un encadrement du nombre π. Combien de chiffres du nombre π cet encadrement donne-t-il ?

5. Archimède a doublé le nombre de côtés des polygones pour affiner l'encadrement. En répétant plusieurs fois ce processus, il a réussi à obtenir avec des polygones à 96 côtés l'encadrement de π suivant : $3 + \frac{10}{71} < \pi < 3 + \frac{10}{70}$, ce qui est déjà un très bon encadrement pour l'époque ! Combien de chiffres du nombre π cet encadrement permettait-il de connaître ?

avec un logiciel pix

Pour faire ces activités, télécharge les fiches logiciel Géométrie et Tableur sur le site college.editions-bordas.fr.

1 La transformation au rugby pix 3.2

Modéliser une situation réelle à l'aide d'un logiciel de géométrie dynamique pour résoudre un problème.

45'

Difficulté mathématique — Difficulté technique

Au rugby, quand une équipe marque un essai, elle ajoute 5 points à son score et gagne le droit de tenter de marquer 2 points supplémentaires en tapant un coup de pied de « transformation », qui consiste à faire passer le ballon entre les poteaux adverses. Pour cela, le ballon est placé n'importe où sur une ligne imaginaire parallèle à la ligne de touche et passant par l'endroit où le ballon a été aplati lors de l'essai.

1 Le joueur qui tente la transformation a-t-il intérêt à se mettre le plus près possible des poteaux ? Expliquer.

Afin de déterminer la position qui offre un angle de tir maximal, nous allons modéliser la situation avec un logiciel de géométrie dynamique.

2 Un terrain de rugby mesure 70 m de large. Les poteaux sont centrés sur la largeur et sont espacés de 5,60 m.

a. Expliquer pourquoi les extrémités intérieures des poteaux se situent respectivement à 32,2 m et 37,8 m du bord gauche du terrain.

b. Avec un logiciel de géométrie dynamique, représenter la situation à l'échelle : afficher les axes, puis utiliser le zoom pour que les graduations 0 et 100 soient visibles sur l'axe des abscisses, et masquer les axes. Géométrie 21

c. Tracer un segment [AB] de longueur 70. Géométrie 6

d. Placer les points C et D représentant les poteaux sur le segment [AB] tels que AC = 32,2 et AD = 37,8. Géométrie 13

e. Pour indiquer l'endroit où a été marqué l'essai, placer un point E sur le segment [AB]. Géométrie 2

f. Tracer, en pointillés, la droite perpendiculaire à [AB] passant par E.

g. Pour indiquer l'endroit d'où sera tapée la transformation, placer un point T sur cette droite. Géométrie 2

h. Tracer les segments [TC] et [TD]. Géométrie 5

i. Marquer et afficher la mesure de l'angle $\widehat{CTD}$. Géométrie 14

j. Afficher les longueurs AE et ET. Géométrie 16

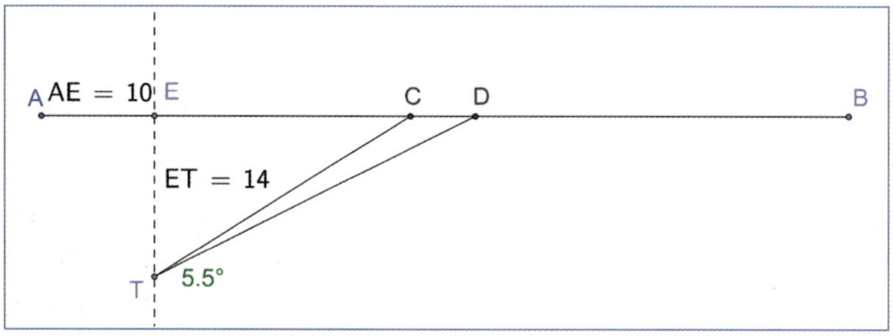

3 **a.** Si l'essai a été marqué à 10 m du bord du terrain (AE = 10), à quelle distance de la ligne d'en-but doit-on approximativement se placer pour que l'angle sous lequel on voit les poteaux soit maximal ? Quel est cet angle environ ?

b. Même question si l'essai a été marqué à 5 m du bord du terrain.

c. Même question si l'essai a été marqué à 0 m du bord du terrain, c'est-à-dire au niveau de la ligne de touche.

d. Si le joueur tape la transformation à 20 m de la ligne d'en-but, sous quel angle maximal peut-il voir les poteaux ? Où l'essai aurait-il dû être marqué dans ce cas ? Pourquoi les joueurs essaient-ils toujours de marquer les essais entre les poteaux lorsque cela est possible ?

2 Calculs dans le triangle rectangle ALGO pix 3.4

45'

Créer un programme qui permette de calculer la longueur des côtés et les angles manquants dans un triangle rectangle.

Difficulté mathématique | Difficulté technique

1 Dessiner un triangle ABC rectangle en A, puis créer cinq variables AB, AC, BC, ABC et ACB que l'on placera à côté des objets concernés comme ci-contre.

On peut aussi télécharger directement ce fichier sur le site www.bordas-myriade.fr.

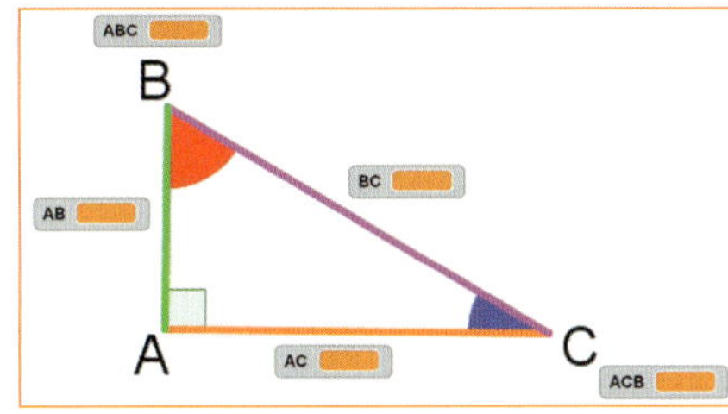

2 Créer un programme qui débute à l'appui sur le drapeau vert et qui initialise dans un premier temps ces cinq variables.

3 Faire en sorte que le programme demande la valeur de chaque côté et de chaque angle en laissant la possibilité de ne pas répondre si la mesure est inconnue.

4 **a.** Parmi les cas proposés ci-dessous, lesquels permettent de calculer la mesure de tous les côtés et angles aigus du triangle rectangle ? Expliquer.

Cas 1 : On connaît la mesure de deux côtés.

Cas 2 : On connaît la mesure de deux angles aigus.

Cas 3 : On connaît la mesure d'un côté et la mesure d'un angle aigu.

b. Créer deux variables « COTES » et « ANGLES » que l'on initialisera à 0 au début du programme et qui augmenteront de 1 chaque fois qu'un côté ou un angle est connu.

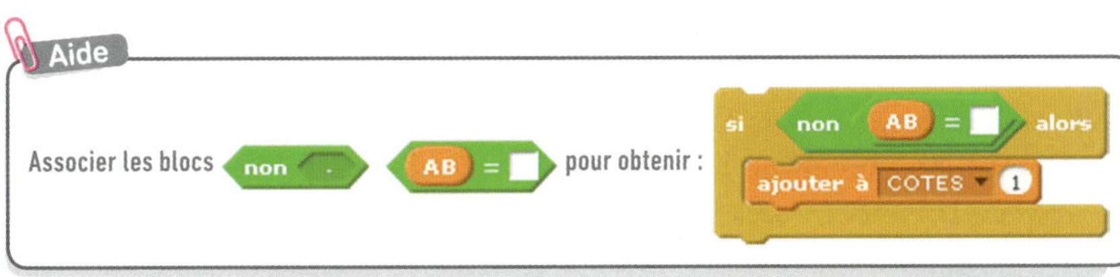

5 Créer un bloc « 2 COTES » qui exécutera les actions suivantes :
– calculer le troisième côté et affecter sa valeur à la variable concernée ;
– calculer la mesure des deux angles $\widehat{ABC}$ et $\widehat{ACB}$ et affecter ces valeurs aux variables concernées.

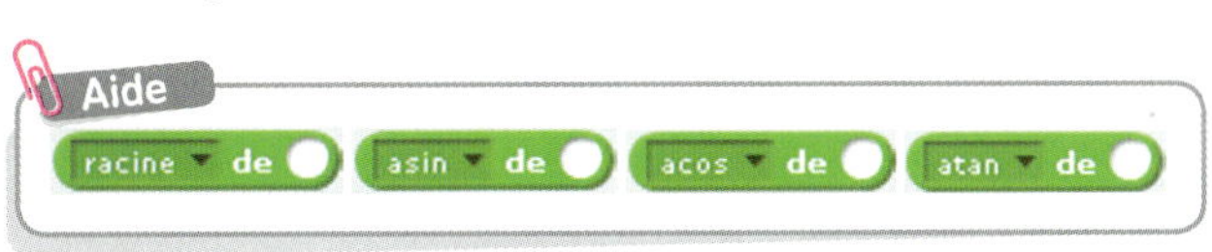

6 Créer un bloc « 1 COTE et 1 ANGLE » qui exécutera les actions suivantes :
– calculer la mesure de l'angle que l'on ne connaît pas et affecter sa valeur à la variable concernée ;
– calculer la mesure des deux côtés que l'on ne connaît pas.

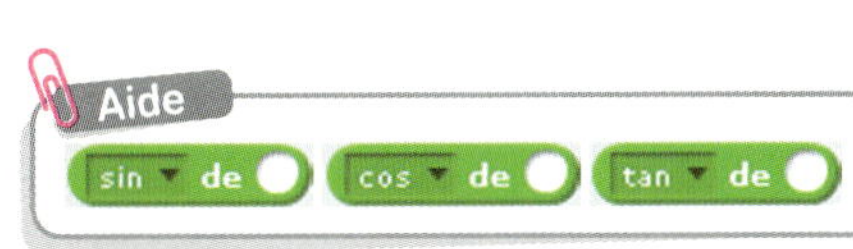

7 À la fin de chaque bloc, le lutin dira : « J'ai terminé de tout calculer ! » et stoppera tous les scripts.

8 Tester au fur et à mesure que l'on demande des mesures afin que dès que l'on connaît deux côtés, le bloc « 2 COTES » soit appelé et, de même, dès que l'on connaît un côté et un angle, le bloc « 1 COTE et 1 ANGLE » soit appelé. Si aucun bloc n'est appelé, le lutin doit dire : « Je n'ai pas assez d'informations ! ».

9 Tester le programme sur les derniers exercices de trigonométrie réalisés en classe.

tâches complexes

1 La tour de Pise

La tour de Pise est célèbre dans le monde entier, mais pour une raison peu commune. En effet, quasiment dès sa construction en 1173 cette tour a commencé à pencher.
Malgré les efforts des différents architectes pour « rectifier » cela, la tour a continué à pencher même après la fin des travaux en 1372. Heureusement, les travaux modernes ont permis depuis 1990 que l'inclinaison ne s'accroisse plus, ils ont même permis de redresser cette tour.

► **Comment a évolué son angle d'inclinaison depuis sa construction et quelle aura été la valeur maximale de cet angle ?**

DOC 1 Écartements par rapport à la verticale au fil du temps

Année	Écartement
1350	1,4 m
1817	3,8 m
1993	5,4 m
2006	4,5 m
2008	3,99 m

Pour des raisons de sécurité, les visites de la tour de Pise ont été interdites du 7 janvier 1990 au 15 décembre 2001 !

DOC 2 Mesures de la tour de Pise

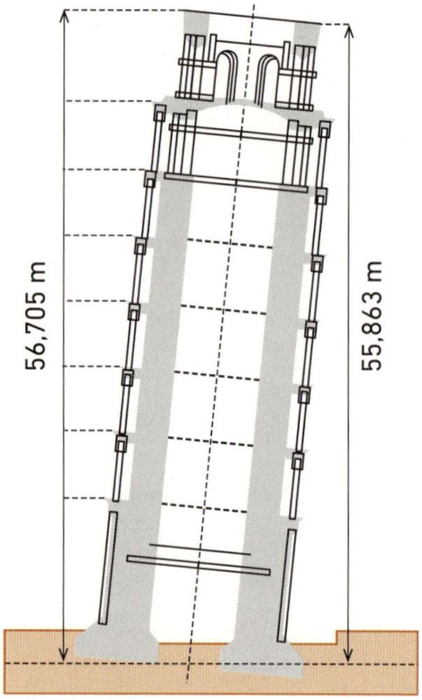

2 Les problèmes DUDU

Arnaud a installé un storebanne mais bien trop bas d'après Julien !

► **Peux-tu aider les DUDU ?**

Voir la vidéo : bordas.media/733819_088

Comment **estimer** la **hauteur** de monuments à l'aide de **sections** de **solides** ?

Pour le savoir, rendez-vous en fin de chapitre

chapitre 11

QCM de révision
Avant de commencer ce chapitre, fais le point sur tes connaissances : bordas.media/733819_089

Géométrie dans l'espace

objectifs

1. Je calcule l'aire d'une sphère et le volume d'une boule
2. Je me repère dans l'espace
3. Je calcule dans des sections de solides

EXEMPLES DE RÉUSSITE !

6 13 18 19 28 30

cherchons ensemble

Si tu ne comprends pas certains des mots utilisés ici, demande à ton professeur ou consulte le *Dico des maths*, p. 10.

Activité 1 — Découvrir la sphère et la boule

OBJECTIF 1

1 Si l'on place un point I sur une feuille de papier, comment appelle-t-on l'ensemble des points de cette feuille qui se trouve à une distance du point I :

a. égale à 5 cm ?

b. inférieure ou égale à 5 cm ?

2 Dans l'espace, on distingue deux objets, la *sphère* et la *boule*.
À l'aide de la classification ci-dessous, proposer une définition de la sphère et de la boule.

Sphère	Boule

Activité 2 — Calculer le volume d'une boule

OBJECTIF 1

On dispose d'une boule de rayon 3 cm et d'un cylindre de hauteur 6 cm dont le rayon du disque de base est identique à celui de la boule.

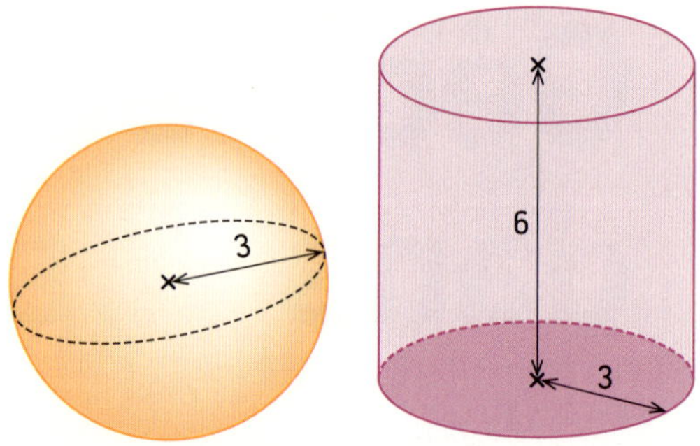

1 Calculer le volume du cylindre en cm^3.

Le volume d'un cylindre de rayon r et hauteur h est égal à $V = \pi \times r^2 \times h$.

2 On verse de l'eau dans le cylindre jusqu'au tiers de sa hauteur. On met ensuite la boule dans le cylindre et on constate que le niveau de l'eau monte jusqu'en haut du cylindre.

a. Quelle proportion du volume du cylindre occupe la boule ?

b. En déduire le volume de la boule en cm^3.

3 **a.** Reprendre les questions **1** et **2** avec une boule de rayon r et le cylindre de même rayon de disque de base et de hauteur $2r$.

b. Conjecturer la formule de calcul du volume de la boule.

Activité

3 Se repérer sur une sphère

OBJECTIF 2

1 Les points A, B et C sont trois points placés sur le globe terrestre.
En remarquant que les coordonnées de A sont (20° N ; 10° O), donner les coordonnées de B, puis celles de C.

2 Un avion décolle du point B et se déplace de 50° vers l'Ouest en suivant le parallèle.
Quelles sont ses nouvelles coordonnées ?

3 Quel déplacement devra ensuite faire l'avion pour se rendre au point A ?

4 Donner approximativement les coordonnées de Milan, ville située au nord de l'Italie.

5 Où se trouve le point de coordonnées (0° ; 0°) ?

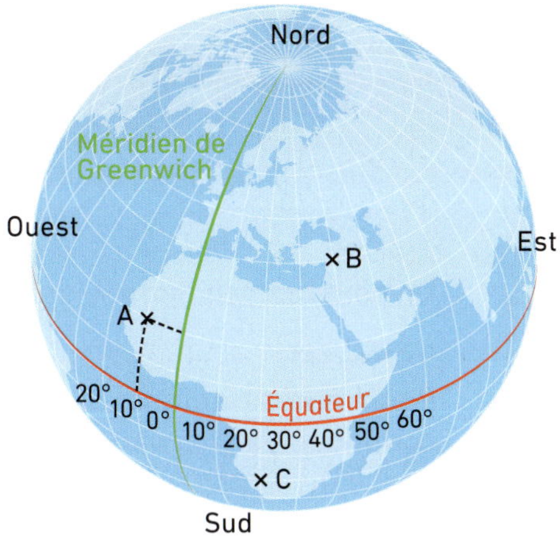

Activité

4 Utiliser des sections de cônes

OBJECTIF 3

On a représenté ci-dessous un cône de révolution. Sa hauteur AO est égale à 10 cm et le rayon de son disque de base est égal à 4 cm.
On coupe ce cône par un plan parallèle à sa base et qui passe par un point O′ du segment [AO] tel que AO′ = 3 cm.

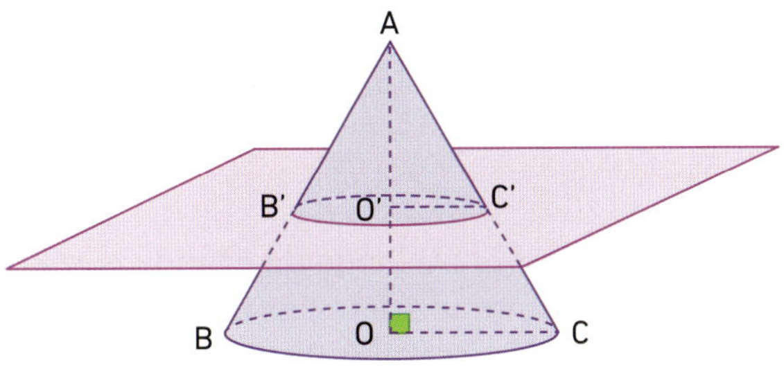

1 Quelle est la nature de la section du cône par ce plan ?

2 Représenter en vraie grandeur le triangle AOC et placer les points O' et C'.

3 Calculer la longueur O'C'.

Le volume d'un cône de rayon r et hauteur h est égal à $V = \dfrac{\pi \times r^2 \times h}{3}$.

4 En déduire le volume du cône de hauteur AO' et dont la base est le disque de rayon O'C'.

5 **a.** Quel est le coefficient de réduction qui permet de passer des mesures du grand cône à celles du petit cône ?
b. En déduire le coefficient de réduction qui permet de passer du volume du grand cône à celui du petit cône.
c. Quel est le coefficient de réduction qui permet de passer de l'aire du grand cône à celle du petit cône ?

COURS

1 Sphère et boule

OBJECTIF 1

DÉFINITIONS • Une **sphère** de centre O et de rayon r est l'ensemble des points M de l'espace tels que $OM = r$.
• Une **boule** de centre O et de rayon r est l'ensemble des points M de l'espace tels que $OM \leqslant r$.

On peut représenter une sphère en perspective.

Exemple

Pour représenter un point qui appartient à la sphère, comme le point D par exemple, on le place sur un cercle de centre O et de même rayon que la sphère. On appelle les cercles de centre O et de rayon r des grands cercles de la sphère.
Dans cette sphère : $OA = OB = OC = OD$.

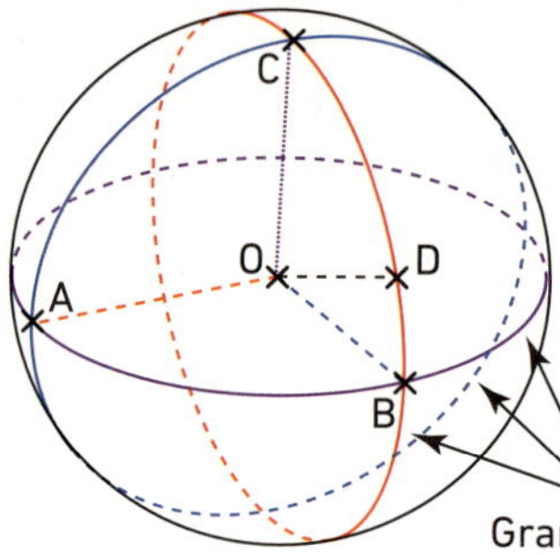

PROPRIÉTÉS • Une sphère de rayon R a pour aire : $4\pi R^2$.
• Une boule de rayon R a pour volume : $\frac{4}{3}\pi R^3$.

Propriétés admises

Exemples

1. L'aire d'une sphère de rayon 5,3 cm est égale à : $4 \times \pi \times 5{,}3^2 \approx 353$ cm².
2. Le volume d'une boule de rayon 2,7 m est égal à : $\frac{4}{3} \times \pi \times 2{,}7^3 \approx 82$ m³.

2 Repérage sur une sphère

OBJECTIF 2

On peut se repérer sur une sphère à l'aide de grands cercles.
Sur notre planète, que l'on assimile à une sphère, ces grands cercles sont des méridiens.
Le méridien de Greenwich est le premier d'entre eux.

DÉFINITIONS • La **latitude** exprime la position Nord-Sud par rapport à l'équateur.
• La **longitude** exprime la position Est-Ouest par rapport au méridien de Greenwich.

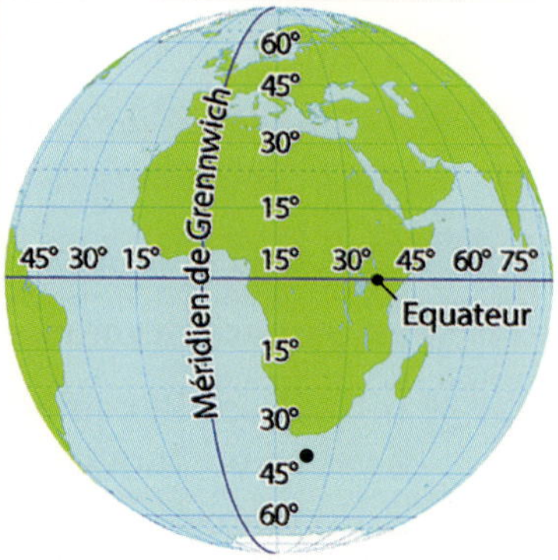

Exemple

Le point du globe de latitude 40° Sud (ou −40°) et de longitude 20° Est (ou +20°) se trouve en plein océan Indien, sous l'Afrique du Sud.

3 Sections planes de solides

OBJECTIF 3

a) Sections de différents solides

DÉFINITION On appelle **section** d'un solide par un plan l'intersection de ce solide avec ce plan.

Cube et parallélépipède rectangle

PROPRIÉTÉS
- La section d'un cube par un plan parallèle à l'une de ses faces est un carré de même dimension que cette face.
- La section d'un parallélépipède rectangle par un plan parallèle à l'une de ses faces est un rectangle identique à cette face.

→ Propriétés admises

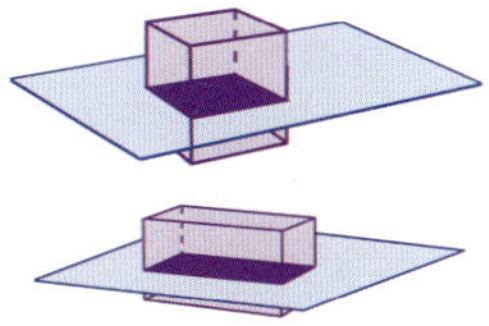

Cylindre

PROPRIÉTÉ La section d'un cylindre de révolution par un plan parallèle à sa base est un disque identique au disque de base.

→ Propriété admise

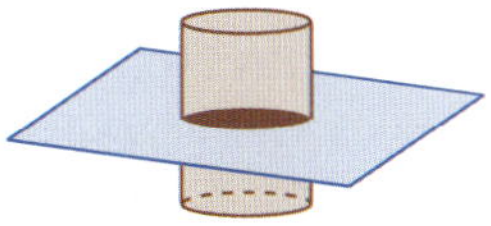

PROPRIÉTÉ La section d'un cylindre de révolution par un plan perpendiculaire à sa base est un rectangle.

→ Propriété admise

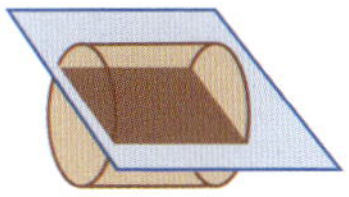

Cône et pyramide

PROPRIÉTÉ La section d'un cône de révolution par un plan parallèle à sa base est un disque (qui est une réduction du disque de base).

→ Propriété admise

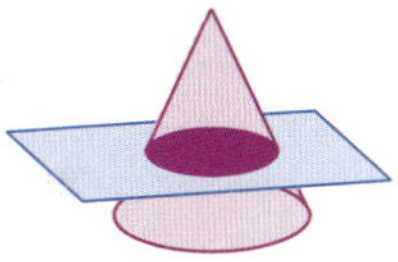

PROPRIÉTÉ La section d'une pyramide par un plan parallèle à sa base est un polygone (qui est une réduction du polygone de base).

→ Propriété admise

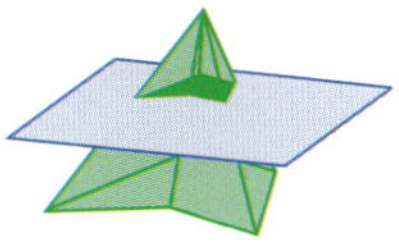

Sphère

PROPRIÉTÉ La section d'une sphère par un plan est un cercle.

→ Propriété admise

b) Agrandissements et réductions

DÉFINITIONS
- **Réduire** les dimensions d'une figure ou d'un solide, c'est multiplier ses dimensions par un nombre compris entre 0 et 1.
- **Agrandir** les dimensions d'une figure ou d'un solide, c'est multiplier ses dimensions par un nombre supérieur à 1.

PROPRIÉTÉS Quand on multiplie les dimensions d'une figure ou d'un solide par un nombre k, son **aire** est multipliée par k^2 et son volume par k^3.

→ Propriétés admises

objectif 1 Je calcule l'aire d'une sphère

Je comprends

Voir la vidéo : bordas.media/733819_091

1. Calculer la valeur exacte de l'aire d'une sphère de rayon 5 cm en cm².
Donner sa valeur approchée en mm².
2. Calculer la valeur exacte du volume d'une boule de rayon 5 cm en cm³.
Donner sa valeur approchée en litres.

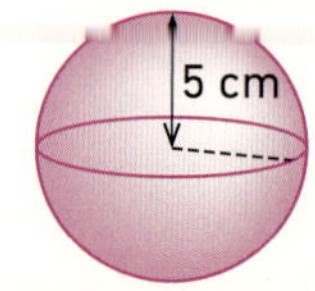

Exercice résolu

1. On calcule l'aire A d'une sphère de rayon 5 cm.

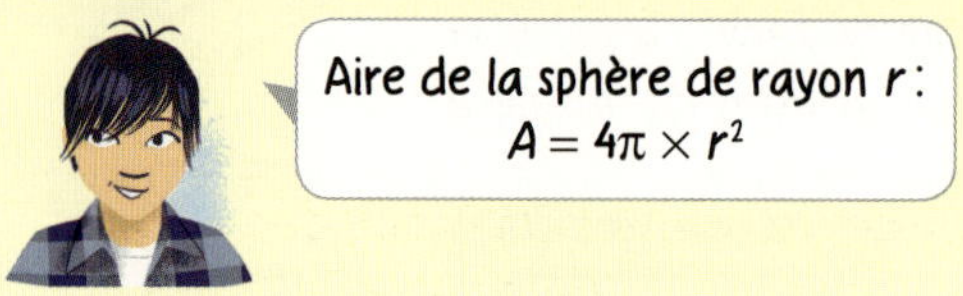

Ici, $A = 4 \times \pi \times 5^2 = 100\pi\ \text{cm}^2 \approx 314{,}16\ \text{cm}^2$.
$314{,}16\ \text{cm}^2 = 31\ 416\ \text{mm}^2$.
La valeur exacte de l'aire d'une sphère de rayon 5 cm est $100\pi\ \text{cm}^2$.
Sa valeur approchée est d'environ $31\ 416\ \text{mm}^2$.

2. On calcule le volume V d'une boule de rayon 5 cm.

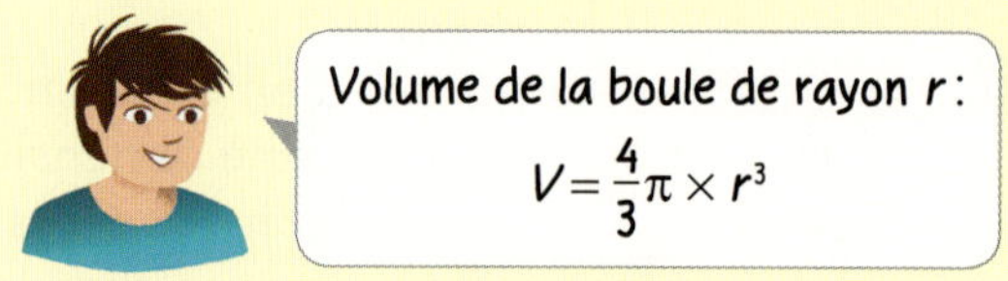

Ici, $V = \frac{4}{3} \times \pi \times 5^3 = \frac{500}{3}\pi\ \text{cm}^3 \approx 524\ \text{cm}^3$.
$524\ \text{cm}^3 = 0{,}524\ \text{dm}^3$.
On sait que $1\ \text{L} = 1\ \text{dm}^3$.
La valeur exacte du volume d'une boule de rayon 5 cm est de $\frac{500}{3}\pi\ \text{cm}^3$.
Sa valeur approchée est d'environ 0,524 L.

Je m'échauffe

1 QUESTIONS FLASH

1.

a.  b.  c. 

d.  e. 

2.

a.  b.  c. 

d.  e. 

2 Donner une valeur approchée :
a. de l'aire d'une sphère de rayon 3 cm ;
b. du volume d'une boule de rayon 3 cm ;
c. de l'aire d'une sphère de rayon 8 cm ;
d. du volume d'une boule de rayon 8 cm.

3 On a représenté ci-dessous une sphère de centre O et de rayon 4 cm.

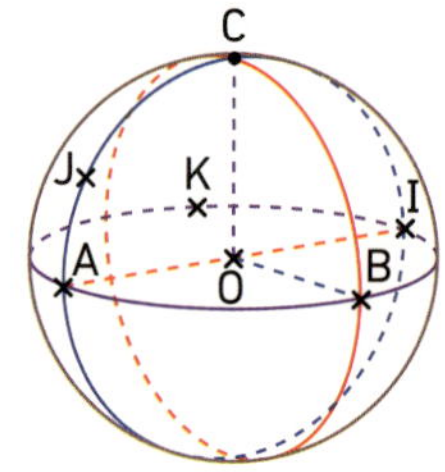

Donner, lorsque cela est possible, les longueurs suivantes :

a. OA **b.** OB **c.** OK **d.** OC **e.** AI
f. AK **g.** KI **h.** JK **i.** OJ **j.** BK

4 **1. a.** Calculer en valeur exacte l'aire d'une sphère de rayon 4 dm en mm².
b. Donner sa valeur approchée en cm².
2. a. Calculer le volume d'une boule de rayon 4 dm en valeur exacte en cm³.
b. Donner sa valeur approchée en dL.

Je m'entraîne 1

5 **1. a.** Calculer en valeur exacte l'aire en cm^2 d'une sphère de diamètre 8 cm.
b. Donner sa valeur approchée en mm^2.
2. a. Calculer le volume d'une boule de diamètre 8 cm en valeur exacte.
b. Donner sa valeur approchée en L.

6 Calculer l'aire de cette demi-sphère :

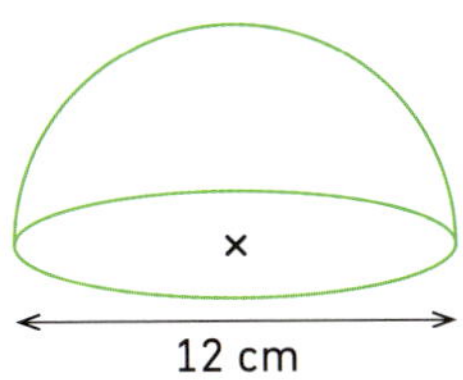

7 Sachant que l'aire d'une demi-sphère est d'environ 127,25 cm^2, donner une approximation de son rayon.

8 Calculer le volume de ce cylindre de hauteur 2 cm surmonté d'une demi-boule de même diamètre.

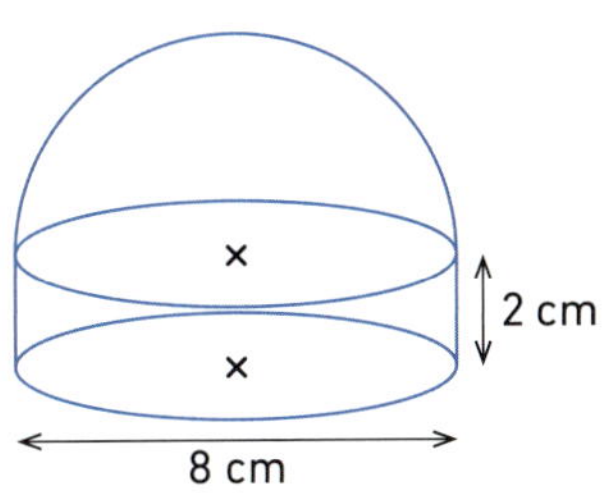

9 pix 1.3
Dans le tableur ci-dessous, quelle formule doit-on saisir en **B2** et copier dans la colonne **B** pour obtenir le volume des boules correspondantes ?

	A	B
1	Rayon de la boule (en cm)	Volume (en cm^3)
2	1	
3	2	
4	3	
5		

10 Un cylindre est rempli d'eau jusqu'à 12 cm de hauteur. On y dépose une boule de rayon 3 cm. Le cylindre va-t-il déborder ?

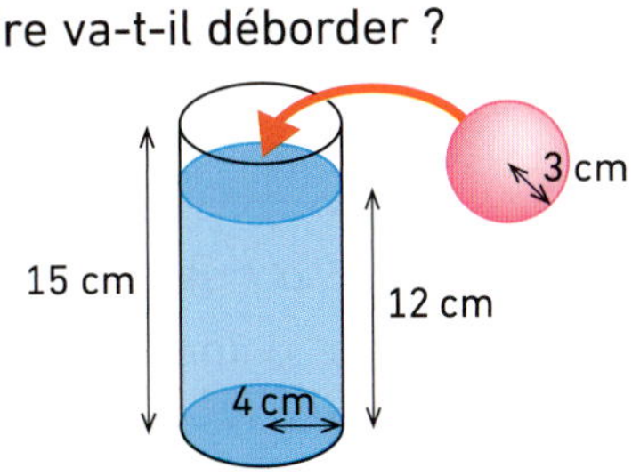

Je m'entraîne 2

11 Une boule a une aire de 169π cm^2. Peut-on calculer son volume ?

12 **Les maths autour de moi**
Christine a préparé un litre de pâte à muffins. Combien de gâteaux pourra-t-elle réaliser en remplissant à ras-bord les emplacements en forme de demi-sphère de son moule ?

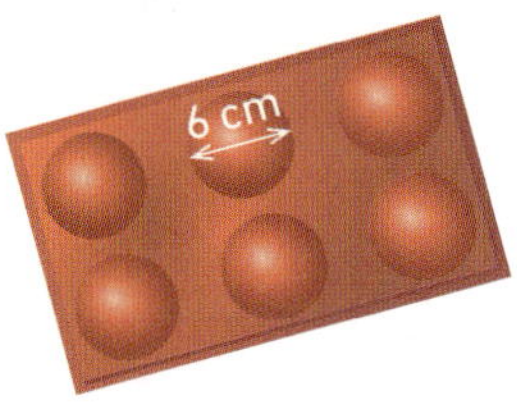

13 Calculer le volume restant dans cette boîte cylindrique de hauteur 30 cm où trois boules identiques de rayon 5 cm ont été placées comme indiqué dans le schéma ci-contre.

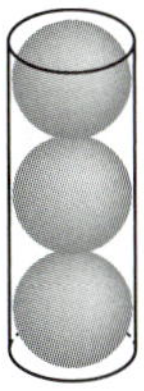

14 **1.** Sachant que la superficie externe de la Terre (océans et terres émergées) est d'environ 510,1 millions de km^2, peut-on donner une approximation de son rayon ?

2. a. En déduire le volume de la Terre.
b. Écrire le résultat précédent en notation scientifique.

15

16 **TOP Chrono** 10 min

Comparer les volumes de ces trois solides :

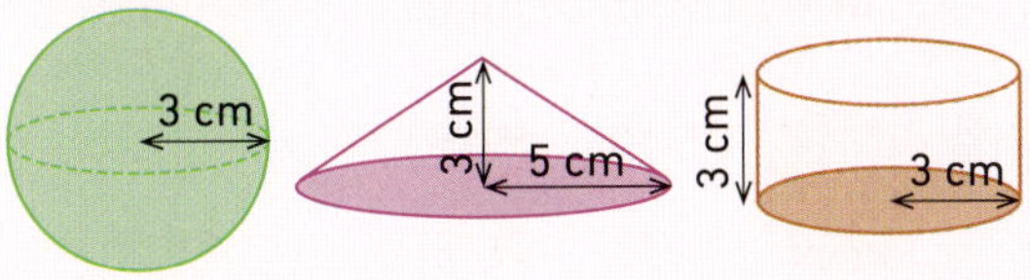

objectif 2 — Je me repère

Je comprends

Voir la vidéo : bordas.media/733819_092

1. Donner approximativement la latitude et la longitude de Paris.
2. Donner la latitude et la longitude d'un point du globe qui se trouve dans l'océan Atlantique.
3. Le point du globe de latitude −20° et de longitude +20° se trouve-t-il dans l'eau ou sur la terre ferme ?

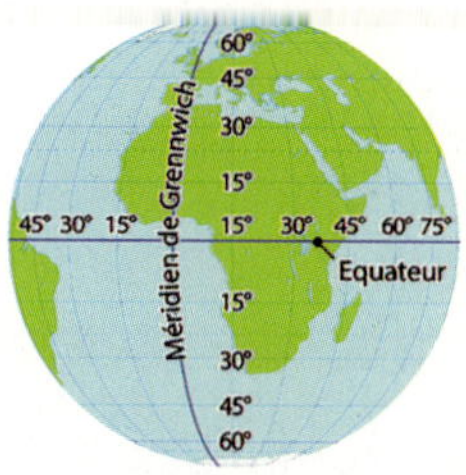

Exercice résolu

1. On cherche la position de Paris sur le globe et, par lecture directe, on voit que Paris a approximativement une latitude de 50° Nord (+50°) et une longitude de 2° Est (+2°).

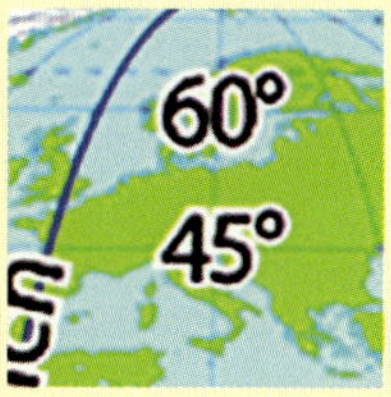

2. Le point de latitude 40° Nord (+40°) et de longitude 20° Ouest (−20°) se trouve dans l'océan Atlantique, au large du Portugal.

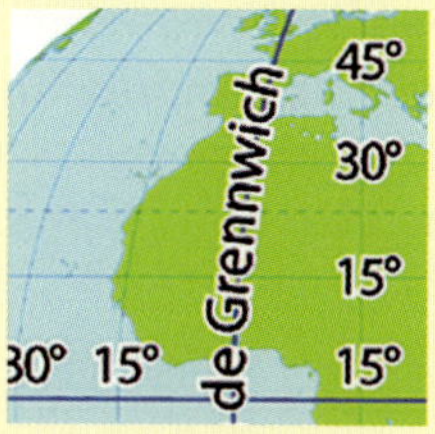

3. Le point du globe de latitude −20° (20° Sud) et de longitude +20° (20° Est) se trouve sur le continent africain, plus précisément en Namibie, sur la terre ferme.

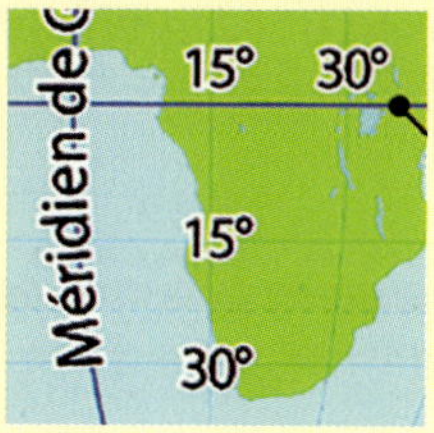

Je m'échauffe

17 QUESTIONS FLASH

1. Donner une autre expression de ces coordonnées en utilisant un signe positif ou négatif.

Ville	Latitude	Longitude
Perpignan	42.6985304° N	2.8953121° E
Le Cap	33.924869° S	18.424055° E
Mexico	23.634501° N	102.552784° O

2. Donner une nouvelle expression de ces coordonnées GPS en fonction des points cardinaux.

Ville	Latitude	Longitude
Sao Paulo	−33.469120	−70.641997
Tokyo	35.709026	139.731992
Tanger	35.759465	−5.833954

18 Placer les villes de Paris et Sidney sur le planisphère à l'aide de leurs coordonnées :

Paris
- Latitude : 48,8534
- Longitude : 2,3488

Sidney
- Latitude : −33,867487
- Longitude : 151,206990

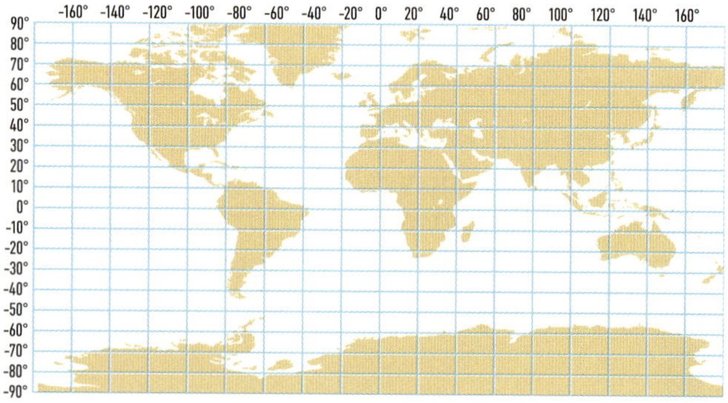

19 Donner les couleurs des « grands cercles » sur cette sphère.

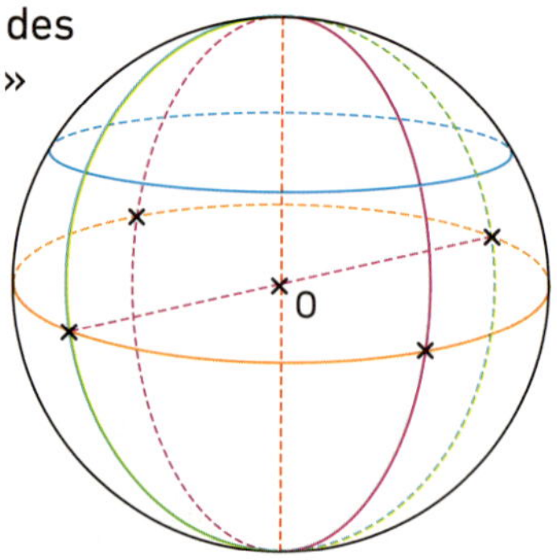

Je m'entraîne 1

20

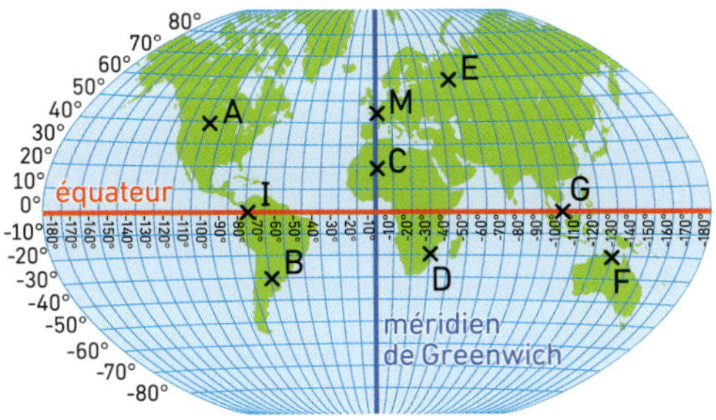

1. Quels sont les points placés sur l'équateur ?
2. Quels sont les points placés sur le méridien de Greenwich ?
3. Donner les coordonnées des villes repérées par les autres points sur le globe terrestre.

21 Utiliser ce tableau pour dire si les affirmations sont vraies ou fausses :

Ville	Pays	Longitude	Latitude
Quito	Equateur	79° Ouest	0°
Libreville	Gabon	9° Est	0°
Toronto	Canada	79° Ouest	44° Nord
Toulouse	France	1° Est	44° Nord
Almaty	Kazakhstan	79° Est	44° Nord

- **Affirmation 1.** Libreville et Quito sont situées sur le même méridien.
- **Affirmation 2.** Quito et Toronto sont situées sur le même parallèle.
- **Affirmation 3.** Toronto et Toulouse sont situées sur le même parallèle.
- **Affirmation 4.** Toronto et Almaty sont situées sur le même méridien.
- **Affirmation 5.** Toronto et Almaty sont symétriques par rapport au méridien de Greenwich.

22 **Les maths autour de moi**

Romane a de la chance. Elle n'a que 14 ans mais elle a déjà visité beaucoup de pays étrangers. Associer les grandes villes visitées par Romane à leurs coordonnées respectives.

Latitude	Longitude
40,7°	−74°
−22,9°	−43,2°
14,7°	−17,4°
39,9°	116,4°
−33,9°	151,2°
48,9°	2,3°

Ville
Dakar
New York
Paris
Sydney
Rio de Janeiro
Pékin

Je m'entraîne 2

23 pix 1.1

En faisant les recherches nécessaires sur Internet, préciser la latitude, la longitude et l'altitude des endroits suivants :
- le sommet de la tour Eiffel ;
- le sommet de l'Everest ;
- le sommet du volcan Teide à Ténérife ;
- le haut de la statue de la Liberté ;
- la plage de Copacabana ;
- la pyramide de Khéops.

24 Sur la surface d'une sphère, deux points *antipodaux* sont deux points diamétralement opposés. Un point antipodal est aussi appelé un antipode. À partir des coordonnées sphériques (sur une sphère) d'un point, on peut retrouver les coordonnées de son antipode en prenant l'opposé de sa latitude initiale et en enlevant 180° à sa longitude initiale pour les longitudes positives ou en ajoutant 180° à la longitude initiale pour les longitudes négatives.

1. Donner les coordonnées des antipodes des villes suivantes :
a. Îles Chatham (Archipel en Nouvelle-Zélande) (−44° ; −176°) ;
b. Buenos Aires (Argentine) (−35° ; −58°) ;
c. Irkoutsk (Russie) (+52° ; +104°).
2. En utilisant une carte, trouver les pays qui abritent les antipodes des villes ci-dessus.

25 **TOP Chrono** 20 min

pix 1.1

Recopier et compléter le tableau ci-dessous en s'aidant d'un planisphère :

Ville	Longitude	Latitude
Pékin		
Los Angeles		
Bombay		
Calcutta		
São Paulo		
Mexico		

Un planisphère est en téléchargement sur le site compagnon.

Je comprends

Voir la vidéo : bordas.media/733819_093

SABCD est une pyramide à base carrée de hauteur 12 cm coupée par un plan parallèle à sa base.
On obtient ainsi une réduction SEFGH telle que SE = 3 cm.
Calculer les dimensions des côtés de la section carrée EFGH.

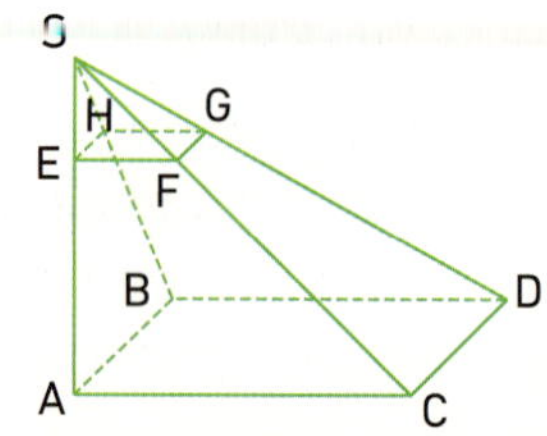

Exercice résolu

ÉTAPE 1. On se place dans un plan qui contient la longueur cherchée et qui va permettre de la déterminer.
Ici, on va se placer sur la face qui contient les points S, E, A, C et F telle que AC = 10 cm ; SE = 3 cm et SA = 12 cm.

ÉTAPE 2. On applique le théorème de Thalès car les droites (EF) et (AC) appartiennent à deux plans qui sont parallèles donc elles sont parallèles entre elles et (AE) et (CF) sont sécantes en S.

D'après le théorème de Thalès : $\frac{SE}{SA} = \frac{SF}{SC} = \frac{EF}{AC}$.

On remplace les lettres par leurs valeurs et on obtient :
$\frac{3}{4} = \frac{EF}{10}$, $EF = \frac{3 \times 10}{4} = \frac{30}{4} = 7{,}5$.

La section carrée EFGH a donc un côté de 7,5 cm de longueur.

Je m'échauffe

26 QUESTIONS FLASH

1. Donner la nature des sections de solides suivantes :

a.

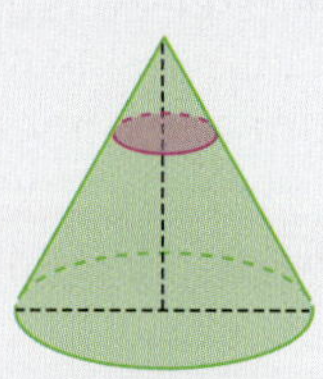

b.

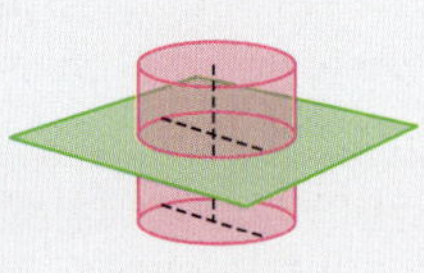

c.

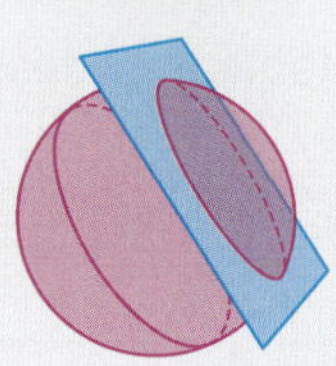

d.

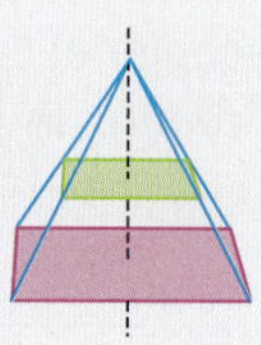

e.

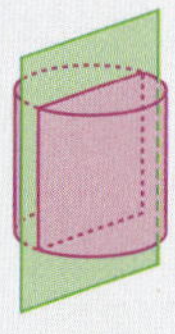

2. Recopier et compléter les phrases :
a. Multiplier les dimensions d'un solide par 3 revient à multiplier son aire par ...
b. Multiplier les dimensions d'un solide par 2 revient à multiplier son volume par ...

27 ABCDEFGH est un parallélépipède rectangle :

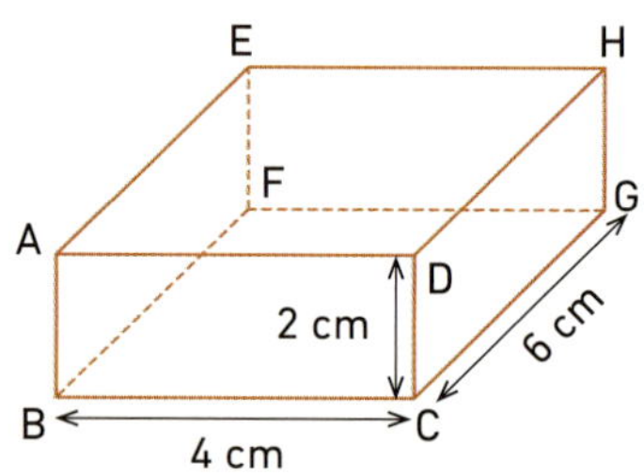

1. Quelle est la nature du quadrilatère DCGH ?
2. On coupe ce parallélépipède rectangle par un plan parallèle à la face DCGH.
a. Quelle est la nature de la section obtenue ?
b. Dessiner cette section en vraie grandeur.

28 **1.** Tracer un cube ABCDEFGH de 4 cm de côté en perspective cavalière.
2. Placer le point I, milieu de [AB].
3. Dessiner IJKL, la section de ce cube passant par le point I et parallèle à la base BCFG.

29 Un solide a un volume de 10 cm^3.
On multiplie ses longueurs par 2, donner le volume du nouveau solide obtenu.

Je m'entraîne 1

30 1. Tracer en perspective cavalière un cône de sommet S, de hauteur SO = 6 cm et de rayon du disque de base 3 cm.

2. Placer O' sur [SO] tel que SO' = 2 cm.

3. Calculer *r'*, rayon de la section obtenue.

4. Tracer la section de ce cône passant par O' parallèlement à sa base.

31 1. En utilisant les données fournies sur le schéma, calculer le coefficient de réduction de ce cône sectionné par un plan parallèle à sa base.

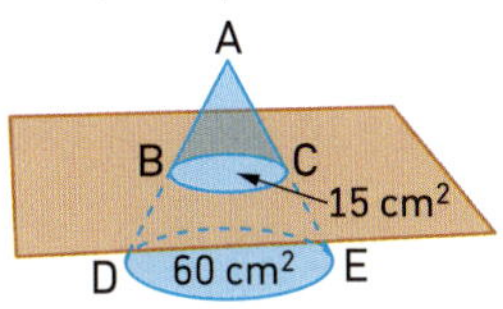

2. Que peut-on en déduire de la position de B par rapport à [AD] ?

32 On considère un cylindre de révolution de hauteur 7 cm dont le disque de base a un rayon de 4 cm. On coupe ce cylindre par un plan perpendiculaire à un rayon du disque de base et qui le coupe à 2 cm du centre du disque.

1. Quelle est la nature de la section du cylindre par ce plan ?

2. Pour trouver les dimensions de cette section, on travaille dans le disque de base dans lequel on veut calculer la longueur AC.

a. Préciser, sans justifier, les longueurs OC et OB.

b. En déduire la longueur BC.

c. Déterminer AC.

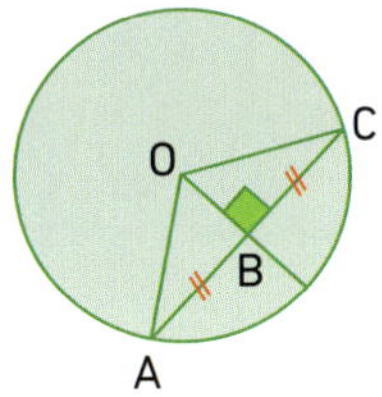

3. Représenter en vraie grandeur la section du cylindre avec ce plan et calculer son aire.

33 SFEHG est une pyramide à base carrée de côté 12 cm et de hauteur SO = 14 cm coupée par un plan parallèle à sa base.

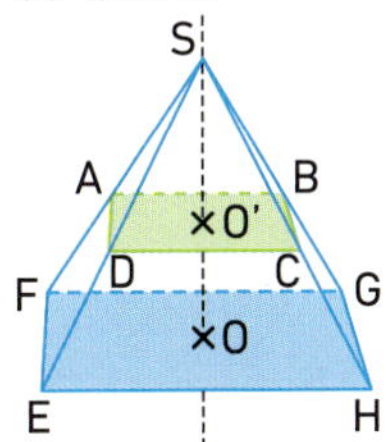

On obtient ainsi une réduction SABCD dont la hauteur SO' est égale à 3,5 cm.
Calculer les dimensions des côtés de la section carrée ABCD.

Je m'entraîne 2

34 **Les maths autour de moi**

Pénélope a acheté un aquarium sphérique de 25 cm de diamètre pour son poisson rouge. En considérant que la surface de l'eau forme un disque, Pénélope remarque que l'on pourrait estimer le diamètre de ce disque à 20 cm.

À quelle hauteur arrive l'eau à la surface de l'aquarium ?

35 On considère un cône de révolution de sommet S.

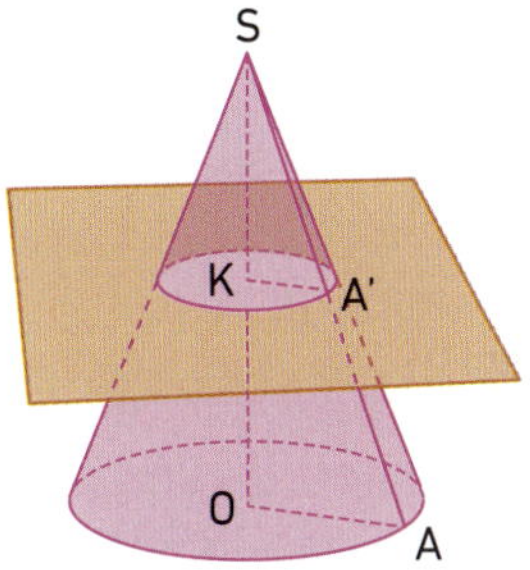

On appelle O le centre de son disque de base et A un des points de ce disque. On donne OA = 4,8 cm et OS = 8,6 cm.

On coupe ce cône par un plan parallèle à sa base. Ce plan coupe la hauteur [SO] en un point K tel que SK = 3,5 cm. On appelle A' le point d'intersection du plan et de l'arête [SA].

1. Quelle est la nature de cette section ?

2. Représenter en vraie grandeur le triangle SOA et placer les points K et A' dans ce triangle.

3. Calculer KA'.

4. Représenter en vraie grandeur la section du plan avec le cône.

36 **TOP Chrono** 20 min

SABCD est une pyramide à base carrée de hauteur 12 cm coupée par un plan parallèle à sa base.

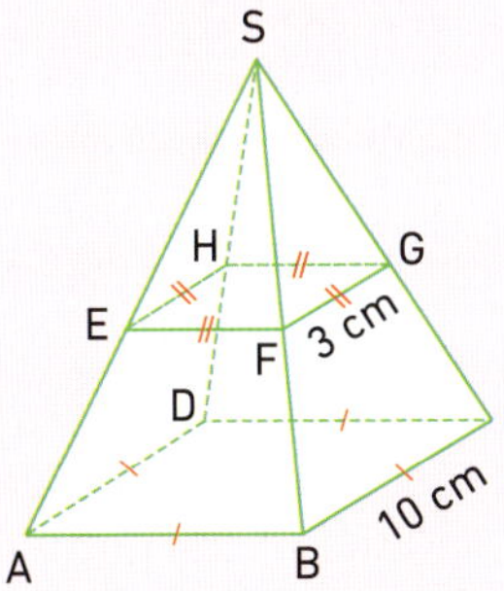

1. Calculer le coefficient de réduction de la pyramide.

2. Calculer le volume de la grande pyramide, puis en déduire celui de la petite.

je travaille seul(e)

ou en Accompagnement personnalisé

Je fais le point sur mon cours

QCM de révision
Retrouve un autre QCM interactif : bordas.media/733819_094

		A	B	C
37	Quelle est l'aire d'une sphère de 6 cm de rayon ?	144 cm²	144π cm²	24π cm²
38	Quel est le volume d'une boule de 4 cm de diamètre ?	$\frac{4}{3}\times\pi\times4^3$	$\frac{4}{3}\times\pi\times4^2$	$\frac{4}{3}\times\pi\times2^3$
39	Quelles sont les coordonnées de cette ville située en Australie ? 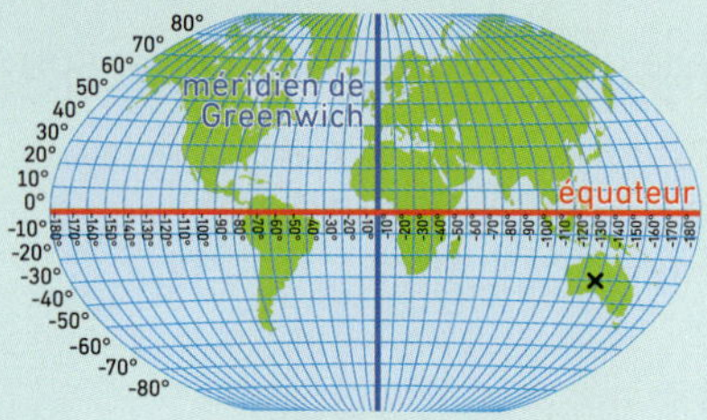	130° E ; 30° N	130° E ; 30° S	130° O ; 30° N
40	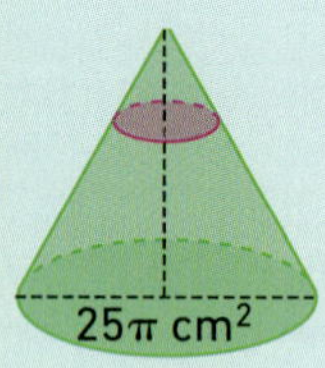 Sachant que le rayon de la section de ce cône par un plan parallèle à la base est cinq fois plus petit que celui du disque de base, quelle est l'aire de la surface rose ?	π cm²	125π cm²	5π cm²
41	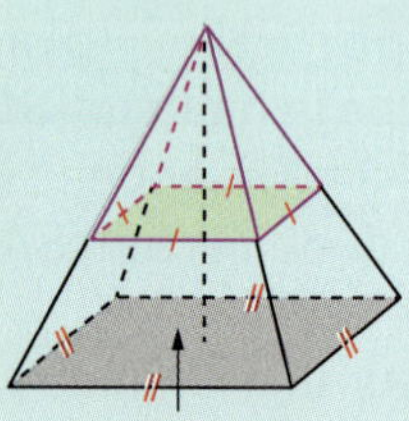 Sachant que le côté de la section de cette pyramide à base carrée par un plan parallèle à la base est deux fois plus petit que celui du carré de base, quel est le volume de la petite pyramide rose ?	43,75 cm³	87,5 cm³	21,875 cm³

Je fais le point sur mes objectifs

OBJECTIF 1

Je calcule l'aire d'une sphère et le volume d'une boule

42 **1.** Calculer le volume de cette boule en cm³.

2. Calculer l'aire de cette sphère en cm².

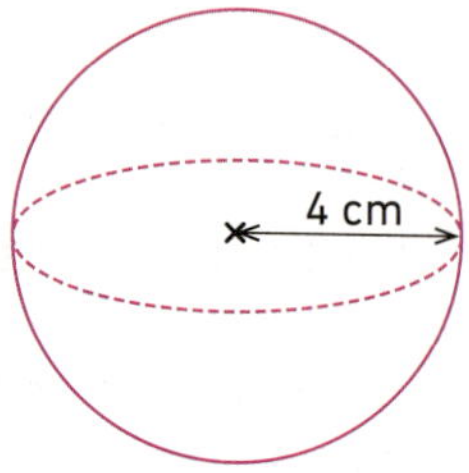

43 **1. a.** Calculer l'aire d'une sphère de rayon 5 cm en cm².

b. Donner sa valeur approchée en mm².

2. a. Calculer le volume d'une boule de rayon 3,5 cm.

b. Donner sa valeur approchée en L.

44 **1. a.** Calculer l'aire d'une sphère de diamètre 11 cm en cm².

b. Donner sa valeur approchée en mm².

2. a. Calculer le volume d'une boule de diamètre 13 cm.

b. Donner sa valeur approchée en L.

45 Calculer le volume en cm^3 de ce bouchon de pêche modélisé par un cône surmonté d'une demi-sphère.

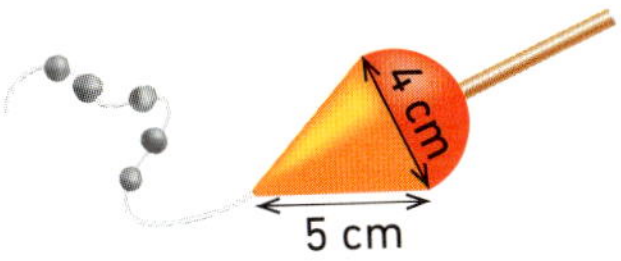

OBJECTIF 2
Je me repère dans l'espace

46 Donner les coordonnées des points A, B, C, D et E matérialisés sur ce planisphère.

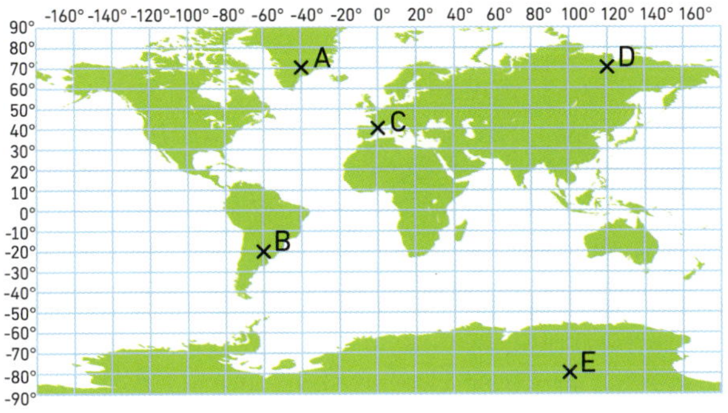

47 Un avion décolle de Madrid, son programme de vol est le suivant :

> Suivre le 40e parallèle et ajouter 75° de longitude.
> Suivre le méridien et soustraire 20° de latitude.

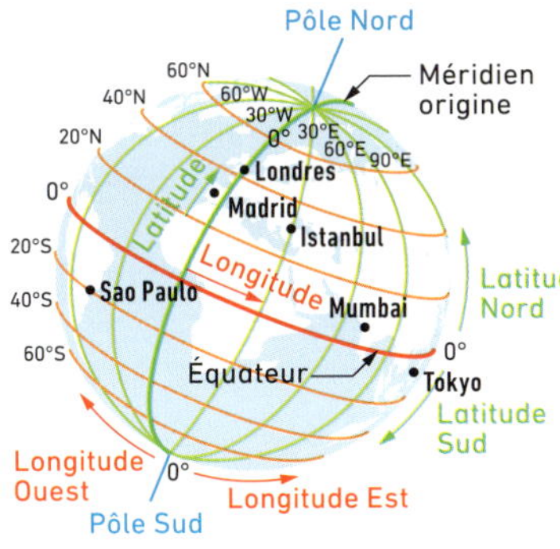

À côté de quelle grande ville atterrira-t-il ?

48 pix 1.1
Ces jeunes mariés se sont vus offrir ce joli souvenir de mariage ! Sur quel continent se sont-ils mariés ?

OBJECTIF 3
Je calcule dans des sections de solides

49 QCM On considère deux sphères de rayon r et R telles que $R = 3r$.
On appelle v le volume de la petite sphère et V le volume de la grande sphère.
Quelle égalité est vraie ? Justifier.

$V = 3v$ | $V = 9v$ | $V = 27v$

50 On considère la pyramide SABCD ci-dessous :
– la base est le rectangle ABCD de centre O ;
– AB = 40 cm et BD = 50 cm.
La hauteur [SO] mesure 81 cm.

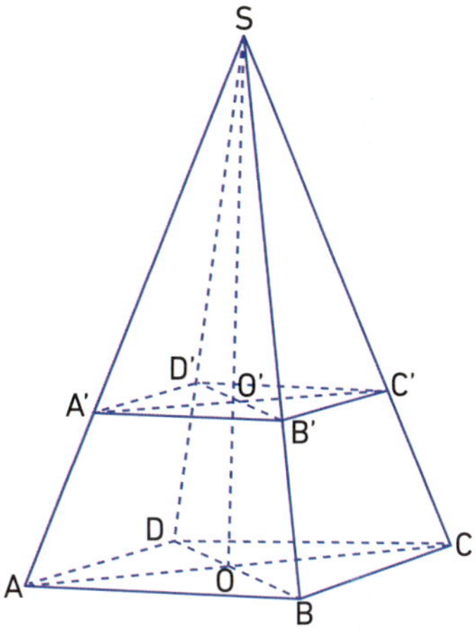

1. Montrer que AD = 30 cm.
2. Calculer, en cm^3, le volume de la pyramide SABCD.
3. Soit O' le point de [SO] tel que SO' = 54 cm.
On coupe la pyramide par un plan passant par O' et parallèle à sa base.
a. Quelle est la nature de la section A'B'C'D' obtenue ?
b. La pyramide SA'B'C'D' est une réduction de la pyramide SABCD.
Donner le coefficient de réduction.
c. Quel est le volume de SA'B'C'D' ?

51 Ce cône de 24 cm de hauteur a été sectionné parallèlement à son disque de base $\mathscr{C}$.
1. Quelle est la nature de la section obtenue ?
2. Donner le coefficient de réduction de la section.
3. Calculer le volume du grand cône, puis en déduire celui du petit.

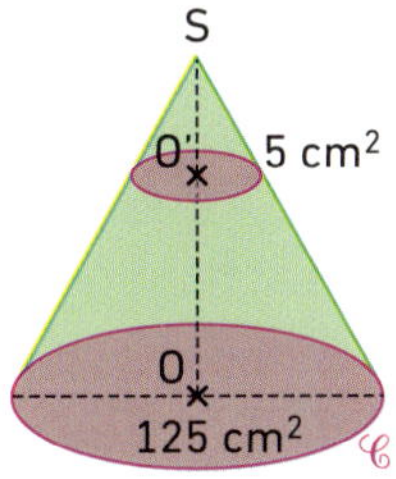

Je résous des problèmes

OBJECTIF 1

Je calcule l'aire d'une sphère et le volume d'une boule

52 L'écologie autour de moi

Léa a décidé de réaliser elle-même son luminaire en papier mâché.
Elle utilise un ballon de basket comme support et obtient un luminaire en forme de demi-cercle de 24,8 cm de diamètre.

Quelle quantité de peinture devra-t-elle acheter sachant qu'elle doit en passer trois couches à l'intérieur et à l'extérieur pour obtenir un résultat satisfaisant ?

53 Les maths autour de moi

Cloé a réalisé de délicieux « pop cakes » qu'elle a généreusement nappés d'une couche de 3 mm de chocolat fondu.
Sachant que le rayon de ces « pop cakes » est de 4 cm, déterminer la quantité nécessaire de chocolat pour en napper 30.

54 Comparer les volumes des deux parties de lampe sachant que le socle sphérique s'insère parfaitement dans l'abat-jour cubique.
Le rayon de la sphère est de 8 cm.

OBJECTIF 2

Je me repère dans l'espace

55 Décalage horaire

Pénélope a reçu son billet d'avion pour Hanoï au Vietnam (latitude +21° ; longitude +105°).
À quelle heure (heure locale) arrivera-t-elle à destination ?

Document 1

Les fuseaux horaires divisent la surface terrestre en plusieurs zones à l'intérieur desquelles l'heure est en principe identique en tous lieux. Au passage d'un fuseau à l'autre, l'heure augmente ou diminue d'une heure. Chaque zone couverte par un fuseau horaire est limitée par deux méridiens distants de 15° et s'étend du Pôle nord au Pôle sud. Le premier fuseau ou fuseau zéro est centré sur le méridien de Greenwich près de Londres. C'est à partir de ce point que l'on détermine l'heure dans le monde entier.
En allant vers l'est, on avance d'une heure par fuseau par rapport à l'heure de Greenwich. Inversement, en allant vers l'ouest, on retarde d'une heure par fuseau par rapport à l'heure de Greenwich.

Source : https://meridianes.org

Document 2

OBJECTIF 3

Je calcule dans des sections de solides

56 Bulle en plein air

Afin de rendre leurs séjours plus insolites, ce gîte hôtelier propose une chambre « bulle en plein air ».

1. Faire un schéma représentant la sphère et sa section.

2. Sachant que le diamètre de cette bulle est de 4 m et que la hauteur de la chambre bulle est de 3 m, déterminer le rayon r de la section obtenue.

3. Calculer la surface au sol de cette chambre si particulière.

57 Pyramide du Louvre

La pyramide du Louvre est constituée d'une structure d'acier de 95 tonnes et d'un châssis en aluminium de 105 tonnes. La largeur de son carré de base est de 35,4 mètres et elle mesure 21,6 mètres de hauteur.
Trois répliques entourent la pyramide principale bordée de bassins d'eau triangulaires. Elles ont chacune une hauteur d'environ 5 mètres.

1. Quelle est l'échelle de réduction de ces répliques ?

2. Calculer les dimensions du carré de base des petites pyramides et leur volume en m^3.

58 Le bouton

Un butoir de porte en aluminium est composé d'un cylindre surmonté d'une demi-boule de même diamètre.
Quelle est la masse de ce butoir de porte en aluminium ?

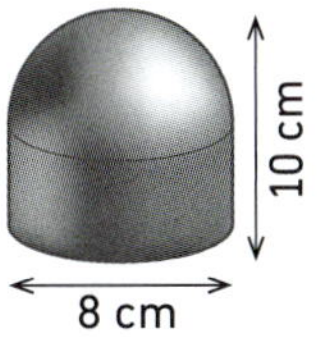

CARTE D'IDENTITÉ DE L'ALUMINIUM
Symbole : Al
Couleur : blanc-gris argenté
Propriétés : très léger et résistant, il est conducteur de l'électricité.
Masse volumique : l'aluminium est un métal peu dense, soit 2,7g/cm^3.
Température de fusion : 660° C.

MULTI OBJECTIFS

59 Sur la Terre

1. Sachant que le rayon de la Terre est d'environ 6 370 km, calculer la circonférence de la Terre.

2. Voici les coordonnées de Perpignan (43° N ; 3° E). Cette ville appartient donc au 43e parallèle.
Peut-on calculer la longueur du segment [MP] ?

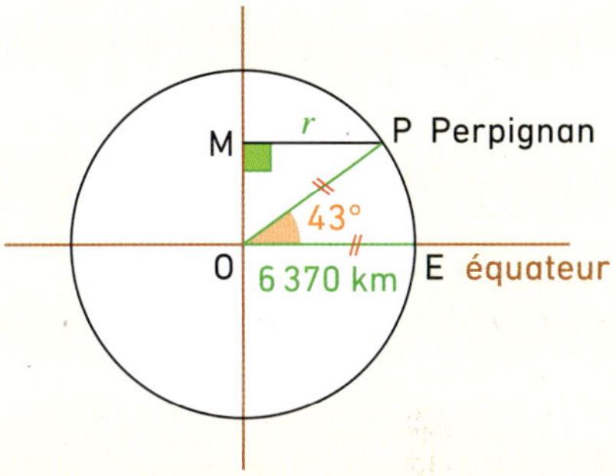

Rappel
Si deux angles alternes-internes sont formés par deux droites parallèles coupées par une sécante, alors ces deux angles ont la même mesure.

3. En déduire la longueur du 43e parallèle sur lequel se situe la ville de Perpignan.

60 Le plein de vitamines

Jérôme a pressé 20 oranges de 8 cm de diamètre pour se faire un jus de fruit frais.
Il a constaté, qu'en moyenne, il obtient un volume de jus par orange égal à 20% du volume de l'orange.

1. Quel volume de jus d'orange obtient-il avec ces 20 fruits ?

2. Il décide de transvaser le jus obtenu dans un saladier cubique de côté 12 cm.
Calculer la hauteur de jus obtenue.

3. Quelle est la nature de la section du saladier cubique par un plan parallèle à sa base ?

je développe mes compétences

RAISONNER | REPRÉSENTER | COMMUNIQUER | CALCULER | CHERCHER | MODÉLISER

J'apprends à CALCULER

J'OBSERVE

61 Comparer les volumes de ces trois solides en fonction du rayon r de la boule.

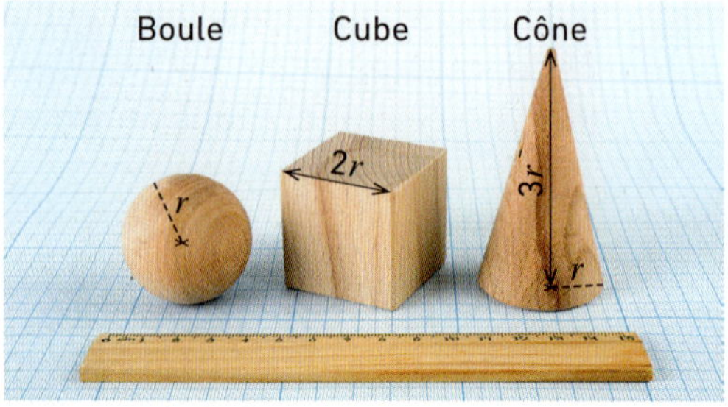

EXERCICE RÉSOLU

- Volume de la boule : $V_1 = \frac{4}{3}\pi r^3$.
- Volume du cône : $V_2 = \frac{\pi r^2 \times 3r}{3} = \frac{3\pi r^3}{3} = \pi r^3$.
- Volume du cube : $V_3 = (2r)^3 = 8r^3$.

On remarque $\pi < \frac{4}{3}\pi < 8$ donc :

$$V_2 < V_1 < V_3.$$

JE ME LANCE

62 Comparer les volumes de ces trois solides en fonction du rayon r de la boule.

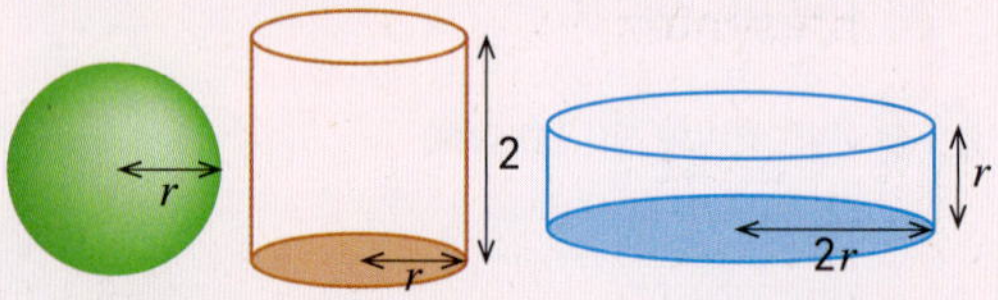

63 Comparer les volumes de ces deux solides en fonction du rayon r de la sphère.

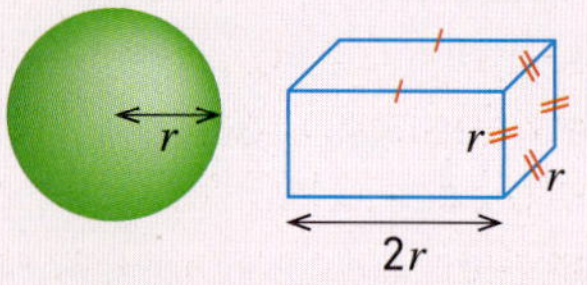

64 Comparer les aires des solides de l'exercice **63**.

J'apprends à MODÉLISER

J'OBSERVE

65 Calculer le pourcentage de chair comestible dans cette orange.

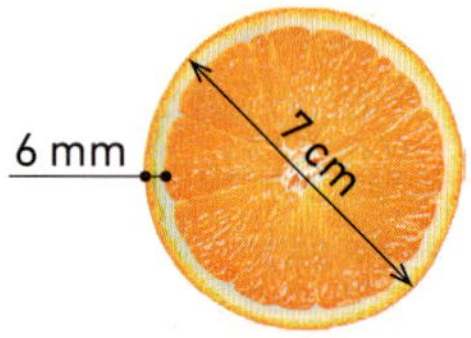

EXERCICE RÉSOLU

7 : 2 = 3,5 donc le rayon de l'orange est de 3,5 cm.

$$V_{\text{orange}} = \frac{4}{3} \times \pi \times 3{,}5^3 \approx 179{,}6 \text{ cm}^3.$$

L'écorce présente une épaisseur de 6 mm, soit 0,6 cm. Le rayon de la boule faite de l'orange pelée est donc égal à : 3,5 – 0,6 = 2,9 ; soit 2,9 cm.

$V_{\text{chair}} = \frac{4}{3} \times \pi \times 2{,}9^3 \approx 102{,}2 \text{ cm}^3$.

$$\frac{102{,}2}{179{,}6} \approx 0{,}57.$$

Il y a 57% de chair comestible environ dans cette orange.

JE ME LANCE

66 Calculer le pourcentage de chair comestible dans cette pastèque.

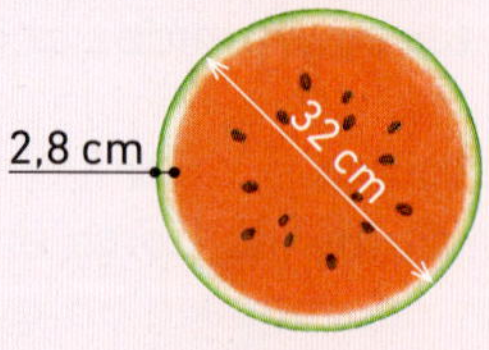

67 Sachant que le pourcentage de chair comestible dans ce pamplemousse est d'environ 62%, estimer le volume de chair du pamplemousse pelé.

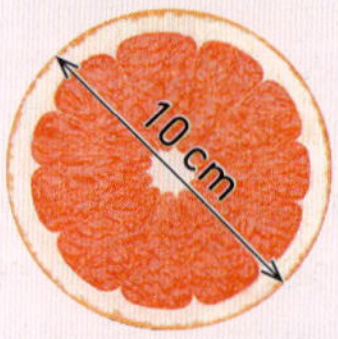

j'utilise mes compétences

68 La bague au doigt

MODÉLISER D4

Aurélie a une bague en 52 (ce qui signifie que le tour de son doigt mesure 52 mm). Elle la range sur son présentoir conique et constate qu'elle se place aux 2/3 de la hauteur du cône.

Peut-on en déduire le rayon de la base de ce présentoir ?

69 Perles d'eau

CHERCHER • CALCULER D1.3 et D4

Les perles d'eau sont des petites billes de 1,2 mm de diamètre que l'on place dans des vases afin de caler des plantes ou décorer tout simplement.

Les billes hydrogel sont vendues déshydratées par sachet de 500 pièces. Une fois réhydratées, leur diamètre initial est multiplié par 11 !

Lola place un sachet entier de billes dans son vase cylindrique de 7 cm de diamètre.

À quelle hauteur les billes vont-elles monter approximativement ?

On négligera l'espace perdu entre les boules.

70 Repérage sphérique

REPRÉSENTER D1.3 et D5

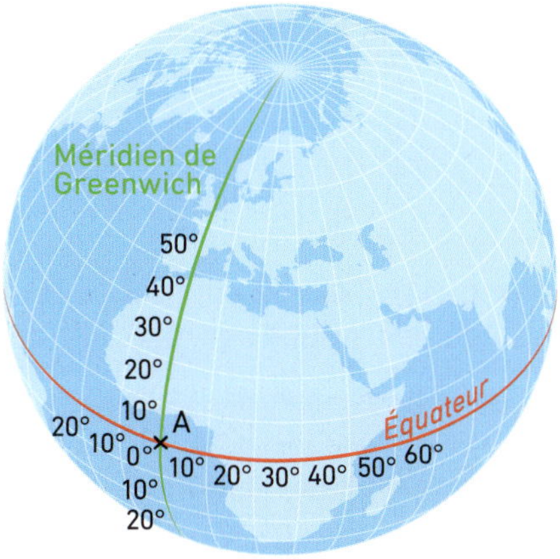

Un avion décolle de Valence en Espagne, ville située approximativement sur le méridien de Greenwich à 40° N de longitude.

Il se déplace sur le même parallèle de 30° vers l'Est, puis sur ce même méridien de 30° vers le Sud.

Sur quel continent va-t-il atterrir ?

71 Anglais Snooker !

CALCULER D1.3

Snooker is a very popular sport in the English-speaking world. It is played on a large table covered with green cloth and 22 snooker balls (15 red, 1 yellow, 1 green, 1 brown, 1 blue, 1 pink, 1 black and 1 white). Each snooker ball measures about 52.5 mm in diameter.

1. a. Calculate the volume of one snooker ball, rounded to the nearest cm^3.

b. What is the total volume of 22 snooker balls, expressed in liters?

2. In the American billiard, we play with 16 balls measuring about 57.2 mm in diameter. Is the total volume of these 16 balls greater or lesser than the total volume of the 22 snooker balls?

72 Je fais ma story

pix 1.3, 3.1 et 3.2

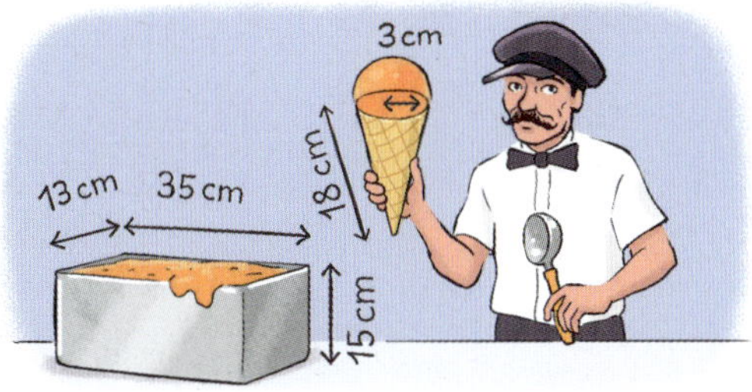

Un marchand de glace vend des cornets de glace entièrement remplis et surmontés d'une demi-boule de crème glacée

Combien de cornets pourrait-il faire en utilisant un bac en forme de pavé droit rempli entièrement de crème glacée ?

Présenter la solution du problème sous forme d'exposé, éventuellement dans une courte vidéo, en utilisant un support au choix (tableur, diaporama…)

vu au brevet

73 Un collégien français et son correspondant anglais ont de nombreux centres d'intérêt communs comme le basket qu'ils pratiquent tous les deux. Le tableau ci-dessous donne quelques informations sur leurs ballons :

Ballon du collégien français	**Ballon du correspondant anglais**
$A \approx 1\,950$ cm^2	$D \approx 9{,}5$ inch
A désigne l'aire de la surface du ballon et r son rayon. On a $A = 4 \times \pi \times r^2$.	D désigne le diamètre du ballon. L'inch est une unité de longueur anglo-saxonne. On a 1 inch = 2,54 cm.

Pour qu'un ballon soit utilisé dans un match officiel, son diamètre doit être compris entre 23,8 cm et 24,8 cm.

1. Le ballon du collégien français respecte-t-il cette norme ?

2. Le ballon du collégien anglais respecte-t-il cette norme ?

Polynésie, septembre 2018

74 Guillaume aimerait savoir combien de cheveux il a sur la tête. Pour cela, il représente sa tête par une sphère de rayon R.
Il mesure le tour de sa tête comme indiqué sur le schéma ci-dessous et obtient 56 cm.

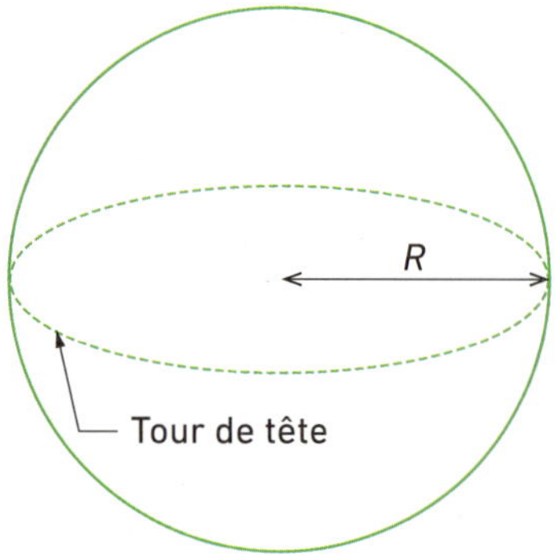

1. Montrer que le rayon d'un cercle de périmètre 56 cm est environ égal à 9 cm.

2. Guillaume considère que ses cheveux recouvrent la moitié de la surface de sa tête.
Sur 1 cm^2 de son crâne, il a compté 250 cheveux.
Estimer le nombre de cheveux de Guillaume.
Pour cette question, toute trace de recherche sera valorisée lors de la notation.

Nouvelle-Calédonie, décembre 2019

75 Le gros globe de cristal est un trophée attribué au vainqueur de la coupe du monde de ski. Ce trophée pèse 9 kg et mesure 46 cm de hauteur.

1. Le biathlète français Martin Fourcade a remporté le sixième gros globe de cristal de sa carrière en 2017 à Pyeongchang en Corée du Sud. Donner approximativement la latitude et la longitude de ce lieu repéré sur la carte ci-dessous :

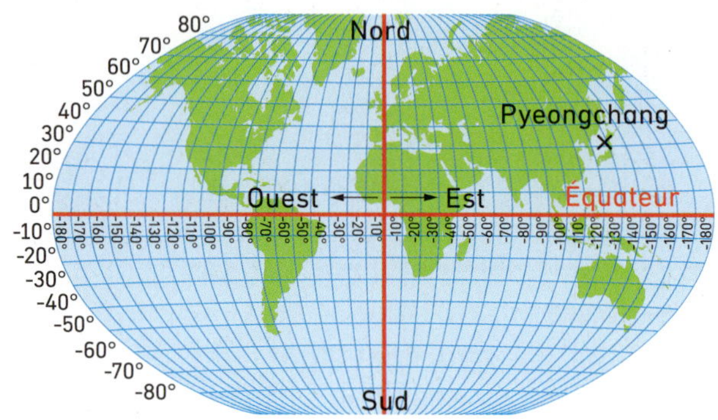

2. On considère que ce globe est composé d'un cylindre en cristal de diamètre 6 cm, surmonté d'une boule de cristal.
Voir schéma ci-dessous :

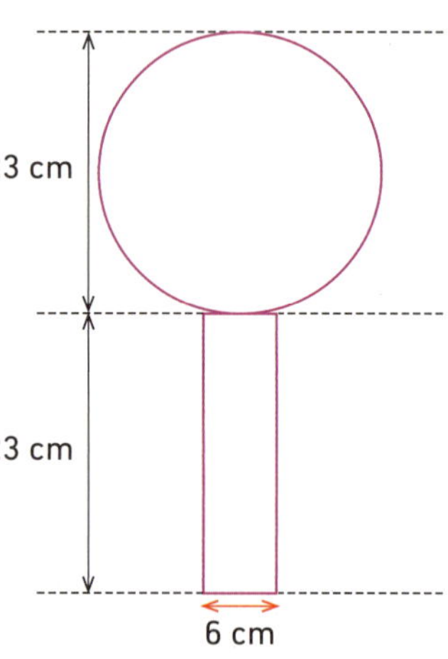

Montrer qu'une valeur approchée du volume de la boule de ce trophée est de 6 371 cm^3.

3. Marie affirme que le volume de la boule de cristal représente environ 90% du volume total du trophée. A-t-elle raison ?

Rappels
Volume d'une boule de rayon R :
$$V = \frac{4}{3}\pi R^3$$
Volume d'un cylindre de rayon r et de hauteur h :
$$V = \pi R^2 h$$

Métropole, juin 2018

Jeux mathématiques

76 Tu chauffes, tu refroidis

Ce jeu se joue à deux avec cette carte :

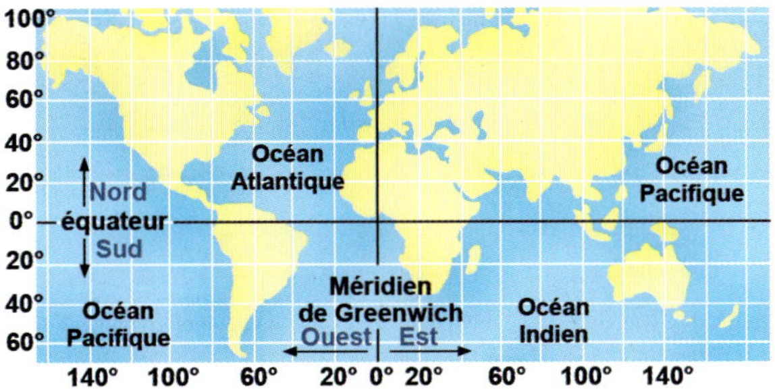

Règle du jeu

• Le joueur 1 choisit secrètement sur la carte une position dont la latitude et la longitude sont des entiers relatifs multiples de 10.

• Le joueur 2 tente de trouver cette position. À chaque proposition du joueur 2, le joueur 1 lui répond : « Tu chauffes » si le joueur 2 se rapproche de la position ou « Tu refroidis » s'il s'en éloigne.

Choisir un camarade de la classe pour jouer.

77 Mots mêlés

Retrouver dans cette grille dix mots de vocabulaire employés dans ce chapitre.

I	A	H	S	T	M	W	E	Z	O	Y	R	P
S	E	L	E	L	L	A	R	A	P	T	U	Z
N	D	P	W	G	T	I	Y	I	O	R	E	E
L	D	F	J	N	O	I	T	C	E	S	T	R
S	O	L	I	D	E	M	K	S	F	B	A	E
L	A	T	I	T	U	D	E	U	H	O	U	H
M	E	R	I	D	I	E	N	D	I	D	Q	P
O	G	E	D	U	T	I	G	N	O	L	E	S
N	T	K	O	E	L	U	O	B	N	A	V	F
P	D	L	P	R	R	E	P	E	R	A	G	E

78 Défi !

Peux-tu comparer le volume d'une boule de rayon r à celui d'un cylindre de même rayon de disque de base et de hauteur $2r$?

Énigme

79 Calculer le volume du plus grand cube que l'on puisse placer dans une sphère de rayon 5 cm.

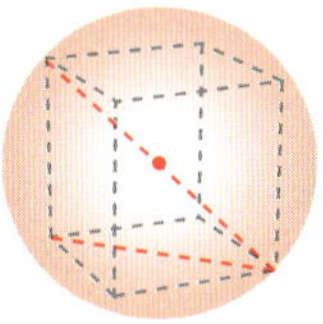

devoirs à la maison

80 Statue Stanislas

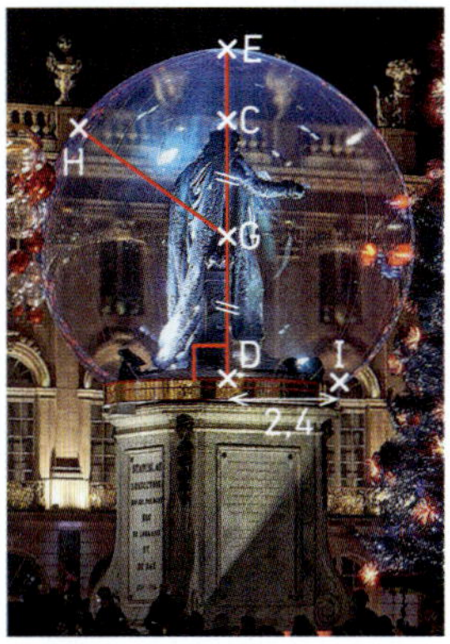

Lors des fêtes de fin d'année, la ville de Nancy a décidé de transformer une statue de la ville en « boule à neige » de 6 m 40 de diamètre.

1. Calculer le volume de la « boule à neige » si elle n'était pas tronquée.

2. Calculer la longueur GD.

3. En déduire la hauteur de la statue.

4. Réaliser le triangle GDI à l'échelle, puis achever la construction de la figure en entier (boule et statue).

On prendra 1 cm sur le dessin pour 1 m en taille réelle.

5. Vérifier sur le dessin l'approximation des calculs de la question **2**.

81 Un solide tronqué !

On découpe un cube ABCDEFGH d'arête 5 cm par le plan passant par les points EGB.

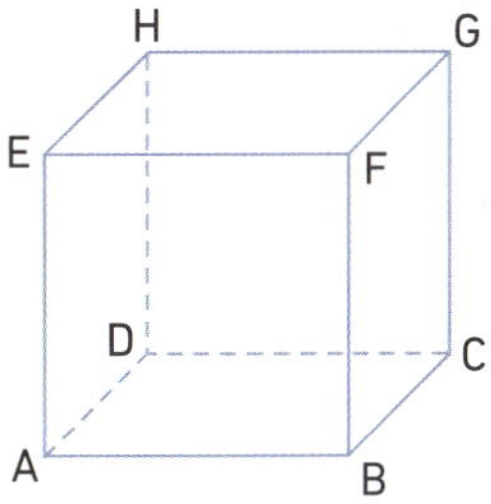

1. Décrire les deux solides obtenus et donner pour chacun le nombre de faces, d'arêtes et de sommets.

2. a. Représenter en vraie grandeur BEG.

b. Quelle est la nature de ce triangle ?

c. Démontrer que la hauteur relative à l'un des côtés de ce triangle mesure $5\dfrac{\sqrt{6}}{2}$ cm.

d. En déduire que l'aire du triangle BEG est égale à $25\dfrac{\sqrt{3}}{2}$ cm^2.

3. a. Calculer l'aire du solide EGBF.

b. Calculer l'aire du solide composé de l'autre morceau du cube.

avec un logiciel pix

Pour faire ces activités, télécharge les fiches logiciel Géométrie et Tableur sur le site college.editions-bordas.fr.

1 Volume d'une boule pix 1.3

Utiliser un logiciel de géométrie dynamique pour émettre une conjecture sur le volume d'une boule.

25'

Difficulté mathématique Difficulté technique

1 Ouvrir une fenêtre d'un logiciel de géométrie dynamique et placer un point A à l'origine du repère.

2 Dans le menu « Affichage », cliquer sur « Graphique 3D ». Placer un point B sur l'axe des altitudes.

3 Créer un cône de centre A, de sommet B et de rayon du disque de base [AB].

Sélectionne l'icône « cône », puis clique sur les points A, B et entre « AB » dans la fenêtre Rayon.

4 Afficher le volume de ce cône.

Dans les outils de graphique 3D, clique sur le bouton .

5 Créer une sphère de centre A et de rayon [AB].

Sélectionne l'icône « sphère centre-rayon », puis entre « AB » dans la fenêtre Rayon.

6 Afficher le volume de cette sphère.

7 À la calculatrice, vérifier que le volume de la sphère est quatre fois supérieur au volume du cône.

8 Déplacer les points A et B et émettre une conjecture sur la formule du volume d'une sphère.

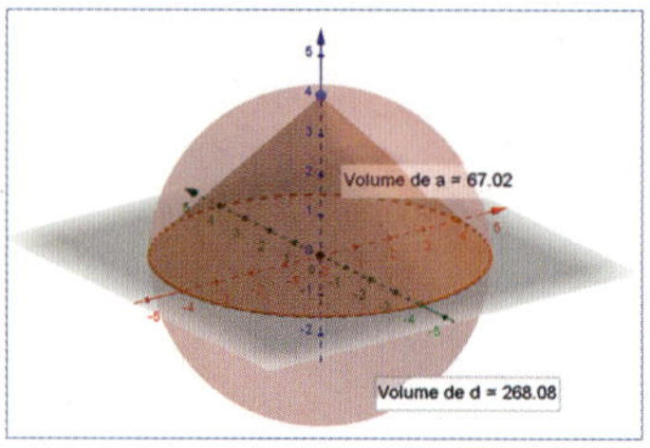

2 Le bon choix pix 1.3

Utiliser une feuille de calcul pour trouver le rayon d'une boule quand son volume est donné.

15'

Difficulté mathématique Difficulté technique

Laura a besoin d'un saladier en cuisine de contenance 7 litres en forme de demi-sphère.
Elle s'inquiète de savoir si elle pourra le ranger dans son placard qui ne dépasse pas 30 cm de profondeur.
Pour résoudre son problème, elle utilise une feuille de calcul :

	A	B	C
1	Diamètre du saladier (en cm)	Volume du saladier (en cm^3)	Volume du saladier (en litres)
2	20		
3	21		
4	22		

1 Recopier cette feuille de calcul dans un tableur.

2 Saisir la formule que Laura devra entrer en **B2** pour calculer le volume de la demi-sphère de rayon **A2**. Tableur 1

3 Saisir la formule que Laura devra entrer en **C2** pour convertir les centimètres cube en litres.

4 Copier les formules afin de savoir si un saladier de 7 litres rentrera dans son placard.

4 L'éclairage de l'allée

M. Spot veut installer quatre lampes murales avec un système de détection de mouvement pour éclairer son allée du portail à la porte d'entrée.
Pour éviter une pollution lumineuse excessive, il opte pour un modèle de lampe ayant un faible angle d'incidence.

► **À quelle hauteur doit-il fixer ces lampes pour éclairer convenablement son allée ?**

DOC 1 Plan de l'allée

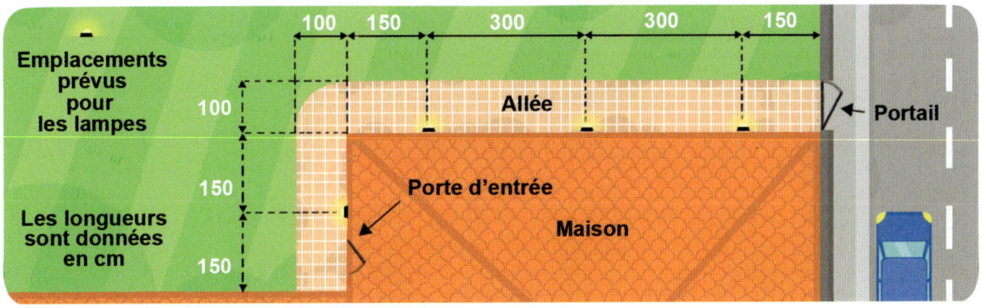

DOC 2 Caractéristiques du modèle de lampe choisi

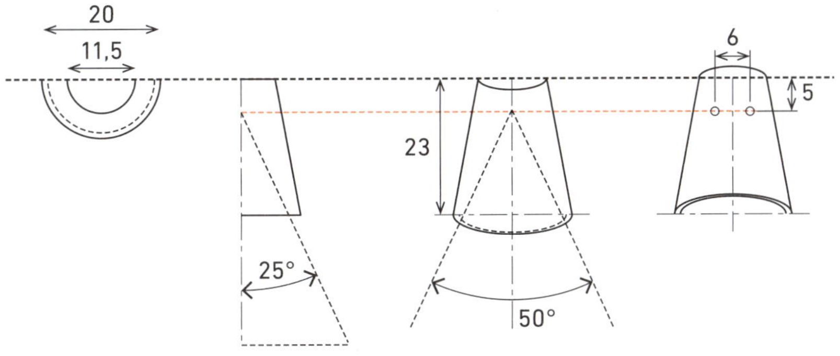

Les dimensions sont indiquées en cm.

DOC 3 Éclairages direct et indirect

- L'éclairage direct est celui qui provient directement des lampes. Pour le modèle de lampe choisi, l'incidence de cet éclairage au sol a la forme d'un demi-disque de rayon *R*.
- L'éclairage indirect provient de la réflexion de la lumière des lampes.
- On considère que l'allée est suffisamment éclairée si l'éclairage direct couvre au moins 40 % de la surface de l'allée.

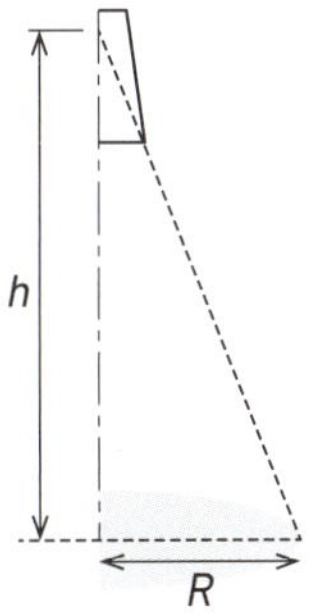

tâches complexes

5 Le daltonisme

La mère de Lisa est daltonienne, mais Lisa et son père ne le sont pas.
La naissance du petit frère de Lisa est prévue pour dans quelques mois et ses parents lui ont dit qu'il serait daltonien.
Lisa se demande, si elle a des enfants plus tard, quelle est la probabilité qu'ils soient daltoniens.

▶ **Reproduis et complète l'arbre généalogique de Lisa en indiquant les allèles du gène considéré pour chaque membre de la famille quand c'est possible, puis aide-la à avoir la réponse à sa question.**

DOC 1 L'arbre généalogique de la famille de Lisa (si elle a deux enfants)

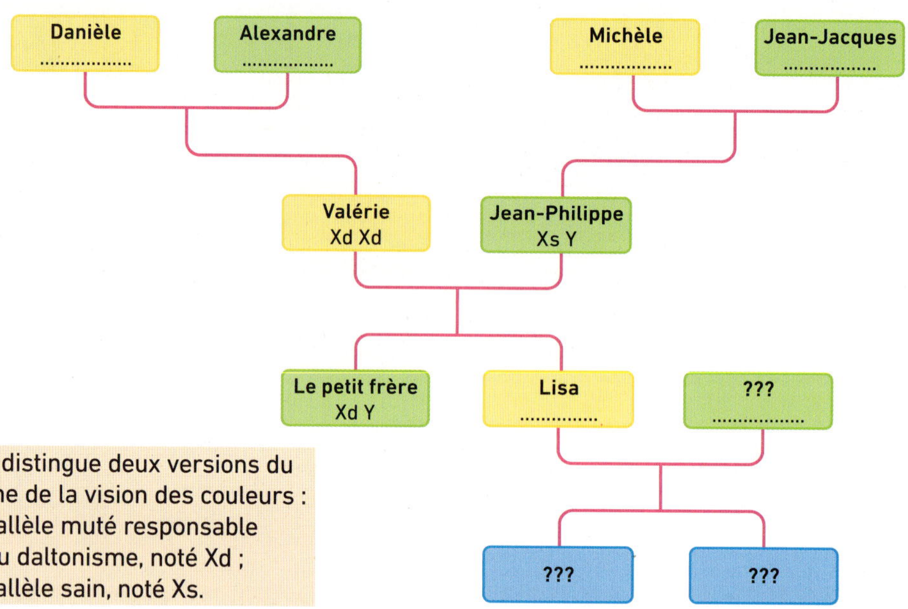

On distingue deux versions du gène de la vision des couleurs :
- l'allèle muté responsable du daltonisme, noté Xd ;
- l'allèle sain, noté Xs.

DOC 2 Génétique de la vision des couleurs

- L'allèle responsable du daltonisme est situé sur le chromosome X. Il est récessif, ce qui veut dire qu'il ne s'exprime pas en présence de l'allèle sain de la vision des couleurs.
- Une femme possède deux chromosomes X, elle n'est donc daltonienne que si ses deux parents lui ont transmis l'allèle muté.

  Une femme peut être porteuse de cet allèle sans qu'il ne s'exprime.
- Un homme a un seul chromosome X, hérité de la mère. Son daltonisme dépend donc de l'allèle transmis par la mère.

DOC 3 Dans la population française

La proportion de daltoniens est d'environ 8 % chez les hommes et 0,5 % chez les femmes.

DOC 4 Le cas du petit frère de Lisa

Père \ Mère	Xd	Xd
Xs	Xd Xs	Xd Xs
Y	**Xd Y**	**Xd Y**

en route vers le brevet

L'épreuve de mathématiques du BREVET DES COLLÈGES

- L'épreuve dure 2 heures, elle est notée sur 100 points. Le sujet est constitué de 6 à 10 exercices indépendants qui peuvent être traités dans n'importe quel ordre. L'usage de la calculatrice est autorisé.
- Chaque exercice est noté séparément. La présentation de la copie et l'utilisation de la langue française en cultivant précision, richesse de vocabulaire et syntaxe pour rendre compte des observations, expériences, hypothèses, conclusions sont prises en compte dans l'évaluation.
- Un des exercices peut être un QCM (Questionnaire à Choix Multiples).
- Un exercice d'algorithmique ou de programmation pourra être présent parmi les exercices à traiter. Pour réviser cette partie du programme, tu peux utiliser le livret *Algorithmique et programmation* qui se trouve page 15.

Quelques conseils

- Au moins un des exercices sera « peu guidé », tu devras y faire preuve d'initiative. Dans ce type d'exercice, toutes les recherches, même non abouties, peuvent être écrites sur la copie et seront évaluées. Des exercices à « prise d'initiatives » sont présents à la fin de ce livret (p. 294).

Tu peux aussi faire les **Tâches complexes**, page 281 à 286 et les exercices de la page **« Vu au Brevet »** des chapitres !

- Chaque question rapporte des points. Tu devras donc bien planifier ton temps et prévoir de passer au moins 10 à 15 minutes sur chaque exercice, afin de ne pas laisser de côté des questions que tu aurais su faire... si tu en avais eu le temps !

Tu devras aussi vérifier tes résultats et relire ton travail pour éviter de perdre des points par étourderie !

Pour finir, le jour de l'épreuve, pense à bien être à l'heure (un élève en retard ne pourra pas passer l'épreuve), à avoir une montre pour pouvoir gérer le temps (téléphones portables et Smartphones sont interdits) et à prendre de quoi boire et grignoter (c'est important pour faire marcher tes neurones).
Pour t'aider à réviser, je t'ai préparé un parcours qui te permettra de revoir l'essentiel pour le brevet, à travers des exercices basiques, des exercices-types et d'anciens sujets.

Bon travail !

Sommaire du parcours de révision

en route vers le brevet

1 Fractions

Addition – Soustraction

1 Calculer et donner le résultat sous la forme d'une fraction irréductible :

a. $\frac{2}{15}+\frac{7}{5}$ b. $\frac{5}{7}-\frac{31}{21}$ c. $\frac{3}{7}+\frac{2}{5}$ d. $\frac{7}{18}-\frac{1}{12}$

Pour additionner ou soustraire deux fractions, il faut d'abord les écrire avec le même dénominateur.

Multiplication

2 Calculer et donner le résultat sous la forme d'une fraction irréductible :

a. $\frac{7}{3}\times\frac{2}{9}$ b. $\frac{3}{7}\times\frac{5}{11}$ c. $\frac{15}{8}\times\frac{6}{25}$ d. $\frac{21}{20}\times\frac{15}{14}$

Division

3 Calculer et donner le résultat sous la forme d'une fraction irréductible :

a. $\frac{3}{4}:\frac{5}{7}$ b. $\frac{9}{5}:\frac{6}{11}$ c. $\frac{15}{8}:6$ d. $\dfrac{\frac{8}{7}}{12}$

Diviser par un nombre, c'est multiplier par son inverse.

Calcul contenant des fractions

4 Calculer et donner le résultat sous la forme d'une fraction irréductible :

a. $\frac{3}{7}+\frac{15}{7}\times\frac{3}{2}$ b. $\frac{9}{5}\times\left(\frac{1}{4}-\frac{5}{12}\right)$ c. $\left(\frac{3}{8}+\frac{7}{5}\right):\left(\frac{9}{4}-\frac{5}{3}\right)$

Il faut respecter les priorités opératoires. Commence par les calculs entre parenthèses, puis fais les multiplications et les divisions et termine par les additions et soustractions de gauche à droite.

5 **Exercice-type** *(Corrigés p. 302)*

On donne $A=5\times\frac{3}{4}-\frac{2}{7}:\frac{4}{3}$.

Écrire A sous la forme d'une fraction irréductible.

Fractions

Tu peux utiliser ta calculatrice pour vérifier tes calculs. Mais attention ! Ne mettre « que » le résultat sur la copie ne rapporte que très peu de points (voire pas du tout). Il faut détailler tes calculs !

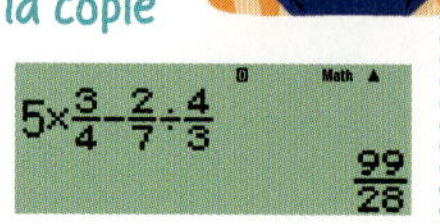

2 Puissances

Puissance d'un nombre

6 Calculer :

a. 2^4 b. 5^3 c. 3^{-2} d. 7^0

e. 14^1 f. 3^4 g. 2^{-3} h. 4^3

$$a^n=\underbrace{a\times a\times a\times\ldots\ldots\times a}_{n\text{ facteurs}}\quad\text{et}\quad a^{-n}=\frac{1}{a^n}$$

Puissances de 10

7 Recopier et compléter :

a. $10^3\times10^5=10^{\cdots}$ b. $10^{-7}\times10^9=10^{\cdots}$ c. $\frac{10^7}{10^4}=10^{\cdots}$

d. $\frac{10^{-3}}{10^9}=10^{\cdots}$ e. $(10^3)^2=10^{\cdots}$ f. $(10^{-4})^5=10^{\cdots}$

- $10^m\times10^n=10^{m+n}$ • $\frac{10^m}{10^n}=10^{m-n}$ • $(10^m)^n=10^{m\times n}$

Écriture scientifique

8 Donner l'écriture scientifique des nombres suivants :

a. 0,000153 b. 568 795

c. 987,145 d. 0,0000038

e. $57{,}87\times10^7$ f. $156{,}3\times10^{-9}$

g. $0{,}000057\times10^{15}$ h. $125\,487\times10^{-9}$

L'écriture scientifique d'un nombre positif est de la forme $a\times10^n$, où $1\leqslant a<10$ et n est un entier relatif.

9 **Exercice-type** *(Corrigés p. 302)*

On donne $B=\dfrac{2{,}5\times10^{-3}\times9\times10^5}{15\times10^4}$.

1. Calculer B. Le résultat sera donné sous forme décimale.
2. Écrire B en écriture scientifique.

Puissances

Pour ce type d'exercice, il peut être utile d'écrire le calcul ainsi :

$$B=\frac{2{,}5\times9}{15}\times\frac{10^{-3}\times10^5}{10^4}$$

Utilise ta calculatrice ! Elle te permet de vérifier tes calculs et peut te donner l'écriture scientifique d'un nombre. Calculatrice 3

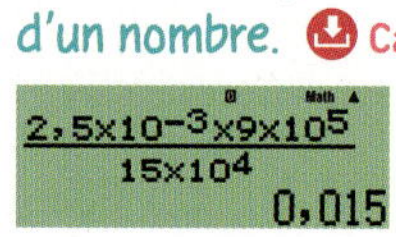

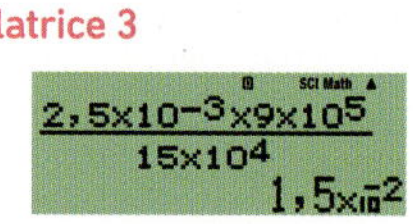

3 Équations du premier degré • Équations-produits

Équations

10 Résoudre les équations suivantes :

a. $5x - 7 = 2x + 8$ b. $2(3x - 4) = -7x + 9$

c. $(4x - 3) - 8 = 5x - (2x - 3)$

Équations-produits

11 Résoudre les équations suivantes :

a. $(2x - 12)(3x + 15) = 0$ b. $(5x + 7)(3x - 2) = 0$

c. $(4x + 1)(-7x + 5) = 0$ d. $(-3x + 5)(-2x - 7) = 0$

Un produit est nul quand l'un de ses facteurs est nul.

Équations se ramenant au premier degré

12 Développer et réduire les membres de ces équations, puis les résoudre :

a. $3x(4x - 7) - 2x(6x - 4) = 39$

b. $8x^2 - 3(2x - 5) = 2x(7 + 4x) + 12$

c. $2x(8 - 3x) + 6(4x - 5) = 10x^2 - 4x(7 + 4x)$

13 **Exercice-type** *(Corrigés p. 302)*

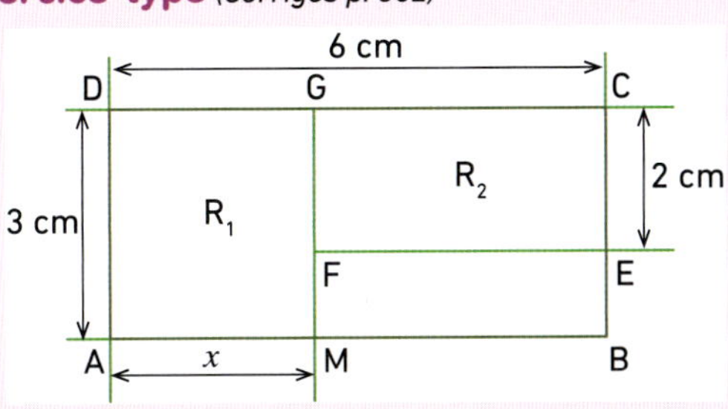

• ABCD est un rectangle tel que AB = DC = 6 cm et AD = BC = 3 cm ;

• M est un point du segment [AB] tel que AM = x, avec $0 < x < 6$ et x exprimé en cm ;

• E est le point du segment [CB] tel que CE = 2 cm.

On note R_1 le rectangle AMGD et R_2 le rectangle FECG.

1. P_1 et P_2 sont les périmètres des rectangles R_1 et R_2, exprimés en cm.

a. Calculer P_1 et P_2 en fonction de x.

b. Pour quelle valeur de x les périmètres P_1 et P_2 sont-ils égaux ?

2. S_1 et S_2 sont les aires des rectangles R_1 et R_2 exprimées en cm^2.

a. Calculer S_1 et S_2 en fonction de x.

b. Pour quelle valeur de x a-t-on $S_2 = S_1$?

Équations

En remplaçant dans l'équation l'inconnue par les solutions trouvées, tu pourras vérifier si ta résolution est correcte ou non.

4 Calcul littéral

Développement • Factorisation

• $k(a + b) = ka + kb$

• $(a + b)(c + d) = ac + ad + bc + bd$

• $(a + b)(a - b) = a^2 - b^2$

14 Développer et réduire les expressions suivantes :

a. $5x(3 - 6x) - 4x$ b. $(3x - 2)(5 - 4x) - 3(7x - 2)$

c. $5x^2 - 4(3 - 7x)$ d. $5(4x - 1) - (2x + 3)(-5x - 7)$

15 Factoriser les expressions suivantes :

a. $(2x + 3)(5x - 1) - (2x + 3)(4x - 7)$

b. $(3x - 5)^2 - 3(2x + 7)(3x - 5)$

c. $(2x - 4)(-3x + 7) - 5(2x - 4) + (2x - 4)(4x + 3)$

16 Développer les expressions suivantes :

a. $(x - 3)(x + 3)$

b. $(2x - 5)(2x + 5)$

c. $(4x + 7)(4x - 7)$

d. $(8 + 6x)(8 - 6x)$

17 Factoriser les expressions suivantes :

a. $x^2 - 81$

b. $16x^2 - 49$

c. $25 - 36x^2$

d. $64x^2 - 100$

18 **Exercice-type** *(Corrigés p. 302)*

Voici un programme de calcul :

• Choisir un nombre
• Soustraire 4
• Multiplier cette différence par le nombre de départ
• Ajouter 4 au résultat

1. Tester ce programme de calcul avec les nombres 3, 4, 5 et 6.

2. Quelle conjecture peut-on faire ?

3. En appelant x le nombre choisi au départ, prouver cette conjecture.

Calcul littéral

Tu peux facilement vérifier les développements et les factorisations en remplaçant les lettres par des nombres. Si cela ne donne pas le même résultat, c'est que tu t'es trompé(e). Il faut alors chercher ton erreur.

en route vers le brevet

5 Fonctions

Image • Antécédent

19 Soit la fonction f définie par $f(x) = 4x - 9$.

a. Quelle est l'image de 5 par f ?

b. Quel est l'antécédent de 5 par f ?

c. Quel nombre a pour image 27 par f ?

d. Quel nombre admet 1 comme antécédent par f ?

Fonction linéaire • Fonction affine

20 On considère quatre fonctions :

- $f(x) = -2x$
- $g(x) = 3x - 5$
- $h(x) = 0{,}5x$
- $k(x) = -3x + 4$

1. Préciser quelles sont les fonctions linéaires et quelles sont les fonctions affines.

2. a. Dans un même repère, représenter graphiquement ces quatre fonctions.

b. Lire graphiquement la solution de l'équation $f(x) = g(x)$.

c. Lire graphiquement les coordonnées du point d'intersection des droites représentant les fonctions h et k.

21 **Exercice-type** *(Corrigés p. 302)*

Pour aller à la piscine municipale, Arthur a le choix entre deux formules :

– **formule A** : payer 5 € l'entrée ;

– **formule B** : payer 25 € une carte annuelle et ensuite ne payer l'entrée que 3,50 €.

1. On appelle x le nombre de fois où Arthur va aller à la piscine sur une année. Exprimer, en fonction de x, le prix qu'il va payer avec la formule A et le prix qu'il va payer avec la formule B.

2. Représenter dans un même repère les fonctions f et g définies par :

$$f(x) = 5x \text{ et } g(x) = 3{,}5x + 25.$$

3. En déduire à partir de combien de séances de piscines par an il est intéressant d'acheter la carte de la formule B, puis vérifier ce résultat par le calcul.

Fonctions

Pour représenter graphiquement une fonction, tu peux rapidement créer un tableau de valeurs en utilisant la calculatrice. Calculatrice 14

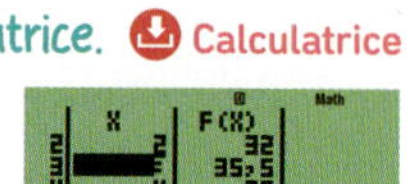

6 Statistiques

Moyenne • Médiane • Étendue

22 Voici une série de nombres classés par ordre croissant :

10 13 13 18 21 23 28 35 39 40
44 47 53 57 57 60 68 69 72 73

Pour cette série de données :

a. calculer la moyenne ;

b. calculer la médiane ;

c. calculer l'étendue.

23 Voici les statistiques du CDI du collège en ce qui concerne le nombre de livres empruntés par les élèves. On peut lire, par exemple, que 8 personnes ont emprunté 4 livres.

Livres	0	1	2	3	4	5	6	7	8	9	10
Effectif	0	0	3	2	8	5	0	2	3	3	4

Pour cette série de données :

a. calculer la moyenne ;

b. calculer la médiane ;

c. calculer l'étendue.

24 Dans la classe de Clara, 8 élèves mesurent entre 1,60 m et 1,65 m ; 6 élèves mesurent entre 1,65 m et 1,70 m ; 9 élèves mesurent entre 1,70 m et 1,75 m et 3 élèves mesurent entre 1,75 m et 1,80 m.

a. Quelle est la taille moyenne des élèves de cette classes ?

b. Entre quelles tailles se situe la médiane des tailles de cette classe ?

c. Quelles sont les valeurs possibles de l'étendue des tailles dans cette classe ?

25 **Exercice-type** *(Corrigés p. 302)*

Voici les notes obtenues par la classe de 3e B lors de la dernière évaluation de mathématiques :

17 17 9 1 19 7 15 9 20 5 11 14 17
16 19 2 9 8 14 5 16 11 16 1 15

1. Calculer la moyenne des notes de cette classe.

2. Calculer la médiane des notes de cette classe.

3. Calculer l'étendue des notes de cette classe.

4. Interpréter ces résultats.

Statistiques

Pense à écrire les calculs que tu effectues, plus particulièrement celui de la moyenne, et n'oublie pas de bien saisir à la calculatrice la somme des valeurs entre parenthèses avant de diviser.

7 Probabilités

Calculs de probabilités

26 On lance un dé à six faces numérotées de 1 à 6. Quelle est la probabilité d'obtenir un nombre supérieur ou égal à 5 ?

27 On lance deux fois de suite une pièce de monnaie parfaitement équilibrée. Quelle est la probabilité d'obtenir :

a. deux fois PILE ?

b. deux fois le même côté de la pièce ?

28 On lance une roue partagée en 12 secteurs égaux.

On considère que le lancer est suffisamment fort pour que l'on ne puisse pas prévoir sur quel secteur la flèche noire va s'arrêter.

a. Quelle est la probabilité que la flèche s'arrête sur un secteur rouge ?

b. Quelle est la probabilité que la flèche s'arrête sur un secteur vert ?

c. Quelle est la probabilité que la flèche s'arrête sur un secteur bleu ?

d. Quelle est la probabilité que la flèche s'arrête sur un secteur jaune ?

29 **Exercice-type** *(Corrigés p. 302)*

Dans une urne, il y a cinq boules rouges numérotés de 1 à 5 et trois boules noires numérotées de 1 à 3. On tire au hasard une boule dans cette urne. Quelle sont les probabilités des évènements A, B, C et D suivants ?

- **A** : « Obtenir une boule rouge »
- **B** : « Obtenir une boule numérotée 3 »
- **C** : « Obtenir une boule avec un nombre impair »
- **D** : « Obtenir une boule noire avec un nombre impair »

Probabilités

Pour calculer des probabilités, il est souvent utile de faire au préalable un arbre pour schématiser la situation.

8 Égalité de Pythagore

30 ABC est un triangle rectangle en C tel que AC = 5 cm et BC = 7 cm. Calculer, en cm, la valeur exacte de AB et en donner une valeur approchée au dixième.

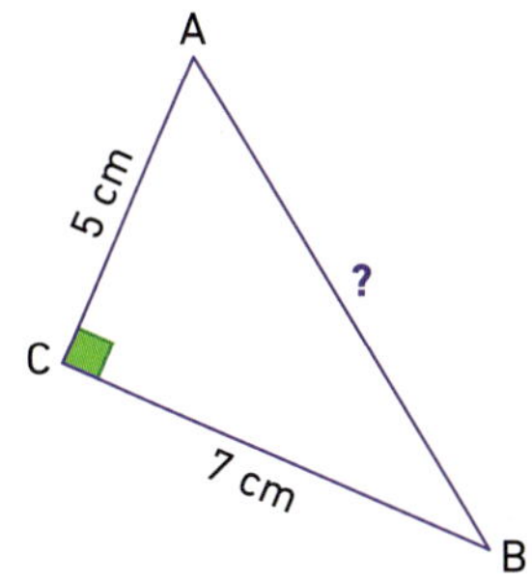

31 DEF est un triangle rectangle en E tel que DF = 13 cm et DE = 8 cm. Calculer, en cm, la valeur exacte de EF et en donner une valeur approchée au dixième.

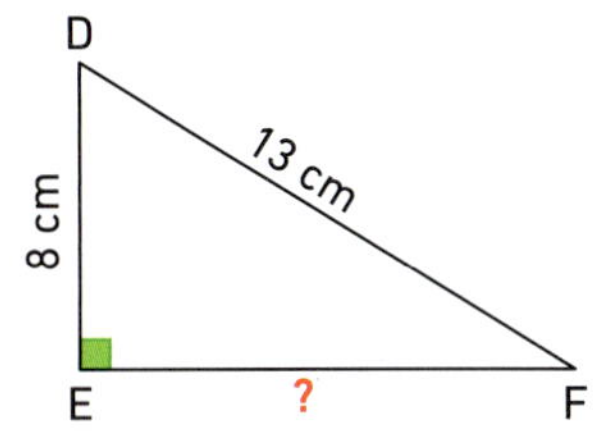

32 GHI est un triangle tel que GH = 5,1 cm ; GI = 6,8 cm et HI = 8,5 cm. Démontrer que le triangle GHI est rectangle et préciser en quel point.

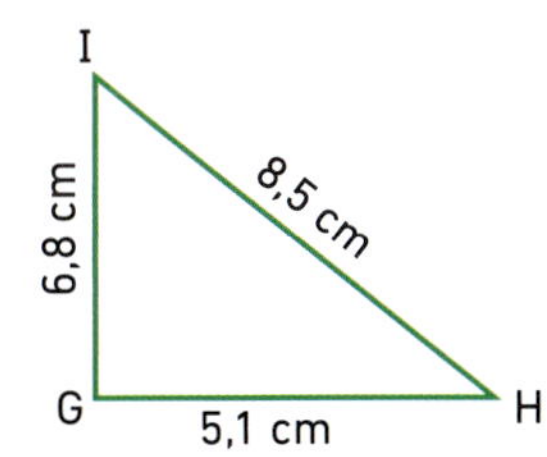

33 **Exercice-type** *(Corrigés p. 302)*

ABC est un triangle rectangle en A tel que BC = 8,9 cm et AB = 3,9 cm.

1. Calculer AC.
2. On place un point D tel que AD = 4,8 cm et CD = 6,4 cm. Démontrer que le triangle ACD est rectangle et préciser en quel point.

Égalité de Pythagore

Quand tu écris l'égalité de Pythagore, identifie bien l'hypoténuse (le plus grand côté du triangle). Pour savoir si un triangle est rectangle, il faut calculer séparément chacun des membres de l'égalité à vérifier.

La calculatrice peut donner la valeur exacte d'une longueur et sa valeur approchée. Calculatrice 16

Par exemple, dans le cas d'un triangle dont les côtés de l'angle droit mesurent 7 cm et 9 cm, on trouvera pour la longueur de l'hypoténuse :

- *Valeur exacte*

- *Valeur approchée*

9 Théorème de Thalès et/ou sa réciproque

Calcul de longueurs

34 Dans la figure ci-contre, AB = 8 cm ; BC = 5 cm ; AE = 5,7 cm et AD = 6 cm. Les droites (ED) et (CB) sont parallèles. Calculer AC et ED.

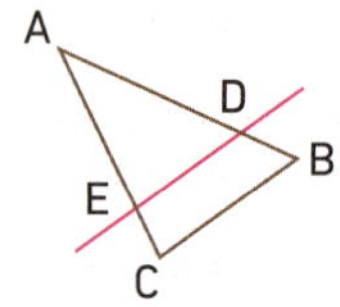

Droites parallèles

35 Dans la figure ci-dessous, GH = 9,6 cm ; JH = 7,2 cm, FJ = 1,9 cm et JI = 5,7 cm.

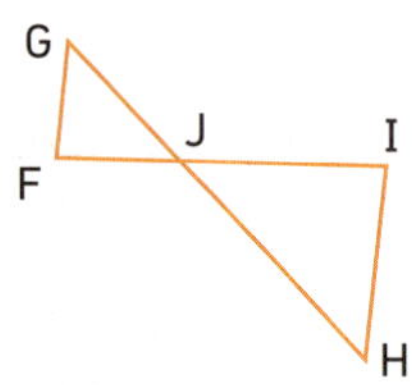

Démontrer que les droites (GF) et (IH) sont parallèles.

36 **Exercice-type** *(Corrigés p. 302)*

Dans la figure ci-contre :
KN = 6,5 m ; NL = 2,6 m ;
KO = 8,5 m ; KM = 11,9 m
et LM = 10,5 m.

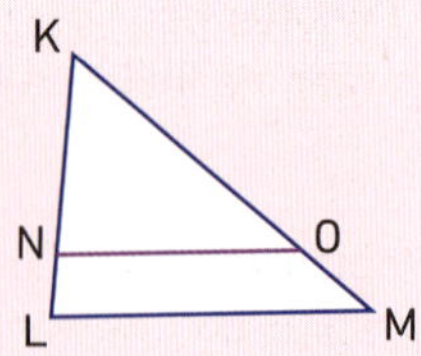

1. Démontrer que les droites (NO) et (LM) sont parallèles.

2. Calculer NO.

Théorème de Thalès

Repère bien les deux triangles qui ont leurs côtés proportionnels. Tu peux même les colorier de deux couleurs différentes, tu éviteras ainsi certaines des erreurs les plus courantes.
Quand elle le peut, ta calculatrice exprime le résultat d'un quotient de façon exacte sous la forme d'une fraction la plus simple possible (la fraction irréductible). Ainsi, tu peux rapidement savoir si deux quotients sont égaux ou non. Calculatrice 16

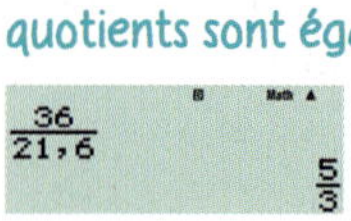

et

, on peut en déduire que les rapports $\frac{36}{21,6}$ et $\frac{31,5}{18,9}$ sont égaux.

et

, on peut en déduire que les rapports $\frac{40,6}{34,8}$ et $\frac{36,8}{27,6}$ ne sont pas égaux sinon leur simplification donnerait la même fraction irréductible.

10 Angles • Sinus • Cosinus • Tangente

Angle d'un triangle

37 Dans le triangle ABC, on connait la mesure de deux angles : $\hat{A} = 43°$ et $\hat{B} = 51°$.
Quelle est la mesure de l'angle $\hat{C}$?

38 Dans le triangle DEF, rectangle en D, l'angle $\hat{E}$ mesure 37°. Quelle est la mesure de l'angle $\hat{F}$?

39 Le triangle TRU est isocèle en T. On sait que $\hat{T} = 42°$. Donner la mesure des deux autres angles du triangle.

40 Le triangle PMG est isocèle en P. On sait que $\hat{M} = 23°$. Donner la mesure des deux autres angles du triangle.

Calculs de longueurs

41 Déterminer, en cm, les arrondis au dixième près des longueurs HF et HG dans le triangle HFG ci-contre.

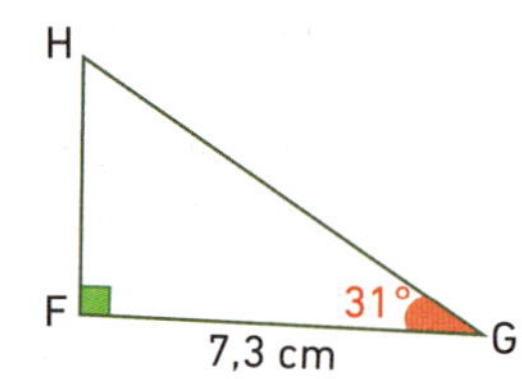

Calculs d'angles

42 Déterminer, au degré près, les mesures des angles $\widehat{JKI}$ et $\widehat{JIK}$ ci-dessous.

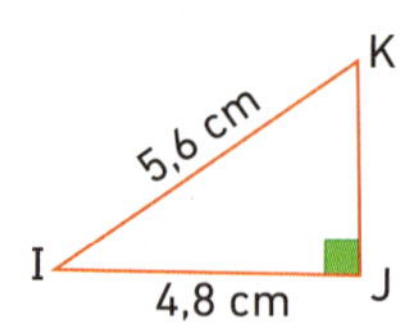

43 **Exercice-type** *(Corrigés p. 302)*

On donne BD = 4 cm ; BA = 6 cm et $\widehat{DBC} = 60°$.
On ne demande pas de faire une figure en vraie grandeur.

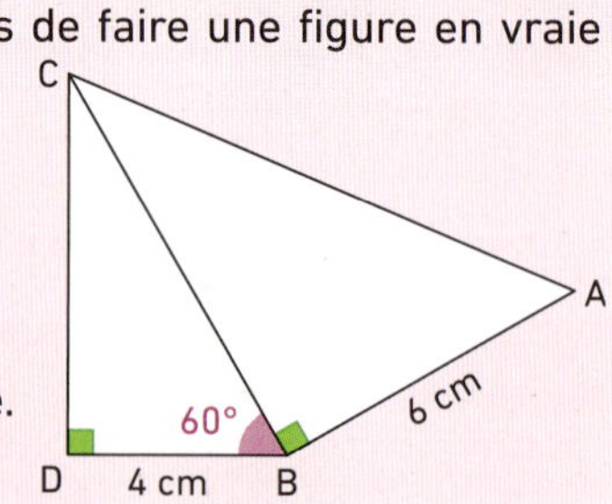

1. Montrer que BC = 8 cm.

2. Calculer CD. Donner la valeur arrondie au dixième.

3. Calculer AC.

4. Quelle est la valeur de $\tan\widehat{BAC}$?

5. En déduire la valeur arrondie au dixième de $\widehat{BAC}$.

6. Quelle est la mesure de l'angle $\widehat{DCA}$?

Angles • Sinus • Cosinus • Tangente

En fonction de l'angle que l'on considère, le côté opposé ou le côté adjacent sont différents. Il faut donc se poser la question à chaque calcul. Évidemment, tu dois connaitre les formules de calculs de sinus, cosinus et tangente par cœur.

11 Aires et volumes

Calculs d'aires

44 Calculer l'aire d'un rectangle de dimensions 4,5 cm et 8 cm.

45 Calculer l'aire d'un triangle dont un côté mesure 10 cm et dont la hauteur relative à ce côté mesure 7 cm.

46 Calculer l'aire d'un disque de rayon 7 cm.

47 Calculer l'aire d'une sphère de rayon 5 cm.

Calculs de volumes

48 Calculer le volume d'un pavé droit de dimensions 7 cm, 9 cm et 11 cm.

49 Calculer le volume d'un cylindre de hauteur 8 cm et dont le disque de base a un rayon de 5 cm.

50 Calculer le volume d'une pyramide à base carrée de côté 7 cm et de hauteur 12 cm.

51 Calculer le volume d'un cône de hauteur 9 cm et dont le disque de base a un rayon de 4 cm.

52 Calculer le volume d'une boule de rayon 3 cm.

53 **Exercice-type** *(Corrigés p. 302)*

Un solide est composé :
- d'un cylindre de hauteur 1 dm et dont le disque de base a pour diamètre 7 cm ;
- et d'un cône dont le disque de base a les mêmes dimensions que celui du cylindre et pour hauteur 6 cm.

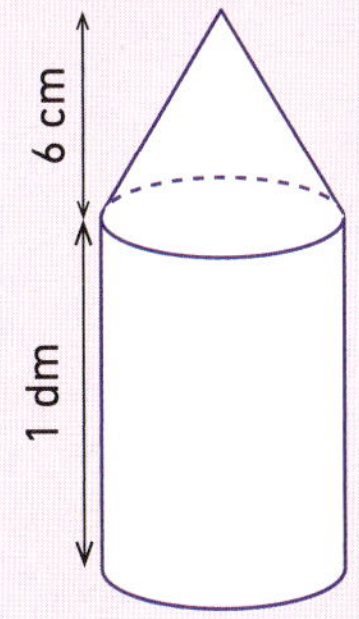

1. Calculer, en cm^3, le volume exact de ce solide.
2. Donner une valeur approchée au millième près de ce volume.

Aires et volumes

Avant d'effectuer un calcul d'aire ou de volume, il faut vérifier que toutes les longueurs sont exprimées dans la même unité !

12 Vitesses • Distances • Durées

Vitesses

54 Une voiture a parcouru 600 km en 6 h 15 min. Quelle a été, en km/h, sa vitesse moyenne sur ce parcours ?

55 Un cycliste a parcouru 210 km en 4 h 40 min. Quelle a été, en km/h, sa vitesse moyenne sur ce parcours ?

56 Exprimer en m/s les résultats trouvés aux exercices **54** et **55**.

57 Un véhicule rouge a une vitesse de 30 m/s. Un véhicule noir a une vitesse de 100 km/h.
Quel est le véhicule le plus rapide ?

Distances

58 Un piéton a marché à la vitesse moyenne de 5,8 km/h durant 4 h 30 min. Quelle distance a-t-il parcourue ?

59 Un train avance à la vitesse moyenne de 230 km/h durant 3 h 45 min. Quelle distance a-t-il parcourue ?

60 La vitesse moyenne d'un cycliste en côte est de 20 km/h. Sa vitesse moyenne en descente est de 50 km/h. Il met 1 h 15 min pour grimper un col et 36 minutes pour descendre l'autre versant du col.
Combien de kilomètres a-t-il parcourus ?

Durées

61 Combien de temps faut-il à un TGV roulant à la vitesse moyenne de 300 km/h pour relier deux villes distantes de 745 km ?

62 Pour aller de Montpellier à Bordeaux, il y a 484 km à parcourir. En roulant à la vitesse moyenne de 120 km/h, combien de temps mettra Bernard pour rallier Bordeaux de Montpellier ?

63 Alexis part à 08 h 15 min de son domicile. Il roule à la vitesse moyenne de 60 km/h et passe chercher Alexandre qui habite à 20 km de chez lui. Ensuite ils prennent l'autoroute et roulent à la vitesse moyenne de 120 km/h durant 300 km pour aller chez Vincent.
À quelle heure vont-ils arriver chez Vincent ?

64 **Exercice-type** *(Corrigés p. 302)*

1. Sam a parcouru 387 km en 3 h 45 min. Quelle a été sa vitesse moyenne sur ce trajet ?
2. S'il continue à rouler à la même allure, combien de temps mettra-t-il approximativement pour parcourir les 230 km qui lui restent à couvrir ?

Vitesses • Distances • Durées

Il faut bien vérifier la cohérence des unités employées avant de se lancer dans un calcul. Tu peux aussi vérifier, à l'aide d'ordres de grandeur, la vraisemblance des résultats.

13 Exercices à « prise d'initiatives »

Voici les consignes générales des exercices « peu guidés » que tu trouveras au brevet.

Dans ce type d'exercices, toute trace de recherche, même incomplète, sera prise en compte dans l'évaluation. Il est donc nécessaire et important de laisser des traces des pistes explorées sur la copie, même si l'on ne parvient pas à résoudre l'exercice.

Ces consignes s'appliquent à tous les exercices suivants.

65 Vu au brevet

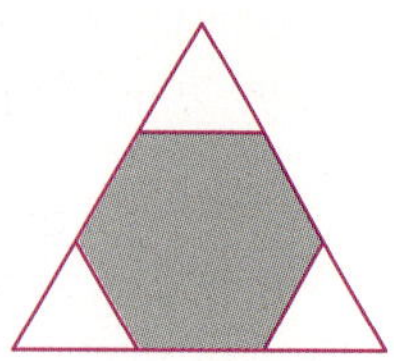

Trois triangles équilatéraux identiques sont découpés dans les coins d'un triangle équilatéral de côté 6 cm. La somme des périmètres des trois petits triangles est égale au périmètre de l'hexagone gris restant.
Quelle est la mesure du côté des petits triangles ?

66 Vu au brevet

À la fin d'une fête de village, tous les enfants présents se partagent équitablement les 397 ballons de baudruche qui ont servi à la décoration. Il reste alors 37 ballons.
L'année suivante, les mêmes enfants se partagent les 598 ballons utilisés cette année-là. Il en reste alors 13.
Combien d'enfants, au maximum, étaient présents ?

67 Vu au brevet

Sophie habite Toulouse et sa meilleure amie vient de déménager à Bordeaux. Elles décident de continuer à se voir. Sophie consulte les tarifs de train entre les deux villes :

– un aller-retour coûte 40 € ;

– si elle achète un abonnement pour une année à 442 €, un aller-retour coûte alors moitié prix.

Aider Sophie à choisir la formule la plus avantageuse en fonction du nombre de voyages.

68 Vu au brevet

Pour répondre à la demande d'un client, un décorateur a besoin de découper des triangles dans du carrelage. Les triangles doivent être rectangles et isocèles avec une hypoténuse de longueur 15 cm. Les carreaux qu'il doit utiliser sont des carrés de 12 cm de côté.
Ces carreaux sont-ils assez grands pour faire deux de ces triangles dans chacun d'eux ? Justifier.

69 Vu au brevet

Peio, un jeune Basque, décide de vendre des glaces du 1er juin au 31 août inclus à Hendaye.
Pour vendre ses glaces, Peio hésite entre deux emplacements :
– une paillotte sur la plage ;
– une boutique au centre-ville.
En utilisant les informations ci-dessous, aider Peio à choisir l'emplacement le plus rentable.
Rédiger la réponse en argumentant et en expliquant les raisons du choix à faire.

Information 1 : Les loyers des deux emplacements proposés
- La paillotte sur la plage : 2 500 € par mois.
- La boutique au centre-ville : 60 € par jour.

Information 2 : La météo à Hendaye
Du 1er juin au 31 aout inclus :
– le soleil brille 75% du temps ;
– les autres jours, le temps est nuageux ou pluvieux.

Information 3 : Prévisions des ventes par jour selon la météo

	Soleil	Nuageux – Pluvieux
La Paillotte	500 €	50 €
La boutique	350 €	300 €

On rappelle que le mois de juin comporte 30 jours et que les mois de juillet et aout comportent 31 jours.

70 Lors d'une croisière en voilier, Céline doit parcourir 84,5 milles marins. Le voilier prend la mer à 10 h 47 et navigue à la vitesse moyenne de 15 nœuds (1 nœud correspond à 1 mille marin par heure).
À quelle heure Céline arrivera-t-elle à destination ?

71 Résoudre l'équation $(2x - 3)(7x - 2) = 6$.

72 Ilyès affirme : « Le carré d'un nombre impair est toujours un nombre impair ».
Ilyès a-t-il raison ?

73 Aujourd'hui, nous sommes mardi. Quel jour serons-nous dans 233 jours ?

74 Un cycliste s'entraine progressivement. Il fait une petite sortie le lundi, puis du mardi au vendredi, il double chaque jour la distance parcourue la veille.
Le samedi, il réduit de moitié la distance parcourue le vendredi et se repose le dimanche. En une semaine, le cycliste fait au total 195 km.
Quelle distance a-t-il parcourue mercredi ?

je travaille seul(e)

Ces corrigés correspondent à la rubrique « Je travaille seul(e) » des chapitres.

CHAPITRE 1

58 A **59** C **60** C **61** C **62** B

63 • $8^2 = 64$ • $2^8 = 256$ • $5^3 = 125$ • $10^9 = 1\,000\,000\,000$

• $4^{-1} = \frac{1}{4} = 0{,}25$ • $5^{-1} = \frac{1}{5} = 0{,}2$ • $8^{-1} = \frac{1}{8} = 0{,}125$

• $10^{-5} = \frac{1}{100\,000} = 0{,}000\,01$.

64 • $A = 7^7$ • $B = 9^4$ • $C = 7^6$ • $D = (-6)^7$ • $E = 11^{-3}$ • $F = 10^5$

65 • $A = 25 + 4 \times 9 = 61$ • $B = \frac{9}{8} = 1{,}125$

• $C = 5 \times 1\,000 - 200 = 4\,800$ • $D = 27{,}25$.

66 a. $7{,}4 \times 10^3$ b. $5{,}8 \times 10^5$ c. $7{,}25 \times 10^{-3}$
d. $9{,}8 \times 10^8$ e. $4{,}73 \times 10^{-6}$ f. $9{,}5 \times 10^{-5}$

67 350×750 ko $+ 122 \times 4{,}5$ Mo $+ 37 \times 1{,}2$ Go $= 262\,500 \times 10^3$ octets $+ 549 \times 10^6$ octets $+ 44{,}4 \times 10^9$ octets $= 4{,}521\,15 \times 10^{10}$ octets, soit 45,211 5 Go.
Léonie doit avoir au moins 45,211 5 Go pour assurer la sauvegarde de tous ses fichiers.

68 a. 1, 3 et 9. b. 1, 2, 3, 4, 6 et 12.
c. 1, 11 et 22. d. 1, 2, 13 et 26.
e. 1, 2, 19 et 38. f. 1, 2, 23 et 46.
g. 1, 2, 29 et 58. h. 1, 2, 3, 4, 6, 8, 9, 12, 18, 24, 36, 72.

69 a. 6, 12, 18, 24, 30 b. 13, 26, 39, 52, 65
c. 17, 34, 51, 68, 85 d. 21, 42, 63, 84, 105
e. 22, 44, 66, 88, 110 f. 27, 54, 81, 109, 135
g. 34, 68, 102, 136, 170 h. 41, 82, 123, 164, 205

70 $125 = 18 \times 6 + 17$. Ethan pourra remplir six seaux.

71 1. $157 = 7 \times 22 + 3$.
Donc le voyage représente 22 semaines et 3 jours.
2. Si Allan part un lundi, il va revenir chez lui un jeudi.

72 On cherche un multiple de 4 et de 5 qui n'est pas multiple de 8 et qui est inférieur à 50. C'est 20. Il y avait donc 20 personnes à l'anniversaire d'Evan.

73 $540 = 50 \times 10 + 40$.
1. Il pourra donc réaliser 10 tartes.
2. Il lui restera 40 fraises.
3. $40 = 5 \times 8$ donc il pourra faire cinq tartelettes en utilisant tout son stock de fraises.

74 On cherche un diviseur commun à 44 et 66. Il y a 1, 2, 11, 22. Lilian peut donc faire 1 lot, 2 lots , 11 lots ou 22 lots identiques.

75 On cherche le plus petit multiple commun à 25 et 45 pour connaitre le nombre de tours.
$25 = 5 \times 5$ et $45 = 5 \times 9$. Le plus petit multiple commun à 25 et 45 est $5 \times 5 \times 9 = 225$.
$225 : 25 = 9$ donc la roue A fera 9 tours.
$225 : 45 = 5$ donc la roue B fera 5 tours.

76 Les fractions irréductibles sont $\frac{12}{25}$ et $\frac{17}{8}$.
Pour les autres : $\frac{7}{14} = \frac{1}{2}$; $\frac{12}{15} = \frac{4}{5}$; $\frac{36}{27} = \frac{4}{3}$.

77 $\frac{450}{630} = \frac{5}{7}$; $\frac{85}{238} = \frac{5}{14}$; $\frac{299}{414} = \frac{13}{18}$; $\frac{450}{198} = \frac{25}{11}$.

78 • $42 = 2 \times 3 \times 7$. • $84 = 2 \times 2 \times 3 \times 7$.
• $120 = 2 \times 2 \times 2 \times 3 \times 5$. • $900 = 2 \times 2 \times 3 \times 3 \times 5 \times 5$.

79 • $204 = 2 \times 2 \times 3 \times 17$. • $1\,400 = 2 \times 2 \times 2 \times 5 \times 5 \times 7$.
• $304 = 2 \times 2 \times 2 \times 2 \times 19$. • $2\,310 = 2 \times 3 \times 5 \times 7 \times 11$.

80 $\frac{391}{425} = \frac{23}{25}$; $\frac{168}{216} = \frac{7}{9}$; $\frac{80}{680} = \frac{2}{17}$; $\frac{1020}{1080} = \frac{17}{18}$.

81 1. $120 = 2 \times 2 \times 2 \times 3 \times 5$ et $144 = 2 \times 2 \times 2 \times 2 \times 3 \times 3$.
2. Le plus grand diviseur commun à 120 et 144 est $2 \times 2 \times 2 \times 3 = 24$.
3. a. Le vendeur pourra donc faire 24 coffrets au maximum.
b. $120 = 24 \times 5$ et $144 = 24 \times 6$ donc la composition de ces coffrets est de 5 flacons de parfum au tiaré et 6 savonnettes au monoï.

82 On cherche le plus grand diviseur commun à 102 et 68. C'est 34. 34 sera la longueur maximale du côté de ces petits terrains. On pourra en faire 6.

CHAPITRE 2

55 B **56** C **57** C **58** A **59** B

60 1. a. $17 - (-4) = 21$.
b. $(-4)^2 + 6 = 22$.
c. $(4 \times (-4) + 20)^2 = 16$.
2. a. $17 - \frac{2}{3} = \frac{49}{3}$. b. $\left(\frac{2}{3}\right)^2 + 6 = \frac{58}{9}$. c. $\left(4 \times \frac{2}{3} + 20\right)^2 = \frac{4624}{9}$.

61 a. $3 \times (-5 + 5^2) = 60$. b. $3 \times \left(-(-3) + (-3)^2\right) = 36$. c. 0

62 1. $7 \times \sqrt{16 - 12} = 28$ mm.
2. 48 ans environ. $7 \times \sqrt{48 - 12} = 42$

63 $8n$ conifères.

64 a. $27 = 2 \times 13 + 1$. b. $27 = 23 \times 9$. c. $27 = 13 + 14$.
d. $27 = (2 + 1) \times (5 + 4)$. e. $27 = 3 \times 4 + 3 \times 5$.

65 a. $(2n + 1)(2n + 3)$ b. $7n \times 7p$ c. $(2n + 1)^2 - (2n)^2$

66 • Carré d'une somme : *B* et *F* • Somme de carrés : *A D E*
• Carré d'un produit : Aucune • Produit de deux carrés : *C*

67 a. $2 - 5x$ b. $6x - 5$ c. $4 + 7x$ d. $3x - 3$

68 a. $10x^2 + 15x + 16x + 24 = 10x^2 + 31x + 24$
b. $30x - 60 + 3x^2 - 6x = 3x^2 + 24x - 60$
c. $x^2 - 64$ d. $9x^2 - 25$

69 a. $5(5 + 2x)$ b. $x(4x + 5)$ c. $6(2x - 1)$
d. $x(x - 1)$ e. $10x(2x - 1)$ f. $2(2x^2 - x + 3)$

70 a. $(2x + 10)(2x - 10)$ b. $(5 + 3x)(5 - 3x)$
c. $(x + 4)(x - 4)$ d. $(x + \sqrt{23})(x - \sqrt{23})$
e. $(9 - x)(9 + x)$ f. $(\sqrt{19} + x)(\sqrt{19} - x)$

71

Expressions développées	Expressions factorisées
$x^2 - 9$	$(x+3)^2 = x^2 + 6x + 9$
$x^2 + 3x$	$(x+3)(x-3) = x^2 - 9$
$x^2 - 3x$	$(x-3)^2 = x^2 - 6x + 9$
$2x^2 - 6x = 2x(x-3)$	$(x+2)(x+3) = x^2 + 5x + 6$
$25 - x^2 = (5+x)(5-x)$	$x(x-3) = x^2 - 3x$
$x^2 - 17 = \left(x + \sqrt{17}\right)\left(x - \sqrt{17}\right)$	
$4x^2 - 6 = \left(2x + \sqrt{6}\right)\left(2x - \sqrt{6}\right)$	

72 On peut tester les égalités avec $x = 10$.
$B = 4 - (2 \times 10 - 3) \times (-4) = 72$.
Pierre : $8 \times 10 - 4 = 76$; Marion : $8 \times 10 + 16 = 96$.
Malik : $8 \times 10 - 8 = 72$; Axelle : $-8 \times 10 + 16 = -64$.
Donc les propositions de Pierre, Marion et Axelle sont fausses. Preuve que celle de Malik est vraie :
$4 - (-8x + 12) = 4 + 8x - 12 = 8x - 8$.

73 Programme A : $\left(x^2 + 2\right) \times 4 - 2x = 4x^2 + 8 - 2x$.
Programme B : $(2x - 1) \times 2 \times x + 10 = 4x^2 - 2x + 10$.
L'écart entre le Programme A et le Programme B sera donc de : $4x^2 - 2x + 10 - \left(4x^2 + 8 - 2x\right) = 2$.

74 Un nombre pair s'écrit $2n$ où n est un nombre entier. Le carré de ce nombre est donc $2n \times 2n = 4n^2$.
$4n^2 = 2 \times 2n^2$, c'est donc un nombre pair. Vadim a raison.
Alex a tort de dire que ce que dit Vadim est faux mais il a raison quand il dit que c'est un multiple de 4 puisque $4n^2 = 4 \times n^2$.

75 En nommant h_1 et h_2, les deux hauteurs des cônes on a : Volume du « sablier » $= \dfrac{\pi \times R \times h_1}{3} + \dfrac{\pi \times R \times h_2}{3}$

$$= \frac{\pi \times R \times (h_1 + h_2)}{3}$$

et comme $h_1 + h_2 = h$,
on a bien $\dfrac{\pi \times R \times (h_1 + h_2)}{3} = \dfrac{\pi \times R \times h}{3}$ ce qui est le volume du cône de droite.

CHAPITRE 3

37 B **38** C **39** B **40** C **41** A

42 **a.** -2 est la seule solution. **b.** 5 et (-3) sont des solutions.

43 **a.** $x = 14$ **b.** $x = \dfrac{17}{3}$ **c.** $x = \dfrac{1}{2}$ **d.** $x = 1$

44 **a.** $x = 9$ **b.** $x = -5$ **c.** $x = -\dfrac{1}{2}$ **d.** $x = 2$

45 **a.** $3x + 20 = -3 + 7x$ et $x = \dfrac{23}{4}$.
b. $-15 - x = 10x + 7$ et $x = -2$.
c. $3x + 6 = -15x - 40$ et $x = -\dfrac{23}{9}$.

46 **a.** $6 \times 5x = (x - 1) \times 7$ donc $30x = 7x - 7$ et $x = -\dfrac{7}{23}$.
b. $\dfrac{3 + 2x}{5} = 8 + 4x$ et $3 + 2x = (8 + 4x) \times 5$ donc $3 + 2x = 40 + 20x$ et $x = -\dfrac{37}{18}$.

c. Attention : On ne peut pas diviser par 0 donc $x \neq -6$ sinon on a $11 \times (x + 6) = 3 \times 5x$ d'où $11x + 66 = 15x$ et $x = 16{,}5$.
d. Attention : On ne peut pas diviser par 0 donc $x \neq 2$ sinon on a $3 \times 4 = 5 \times (2 - x)$ d'où $12 = 10 - 5x$ et $x = -\dfrac{2}{5}$.

47 Soit x le prix du scooter on a : $\dfrac{1}{6}x + \dfrac{1}{3}x + 5 \times 330 = x$ donc $\dfrac{x}{6} + \dfrac{2x}{6} + 1650 = x$ et $x = 3\,300$.

48 Aire du triangle : $\dfrac{4x}{2} = 2x$; aire du rectangle : $4(6 - x) = 24 - 4x$. $2x = 24 - 4x$ pour $x = 4$.
Les aires sont égales pour $x = 4$ et si $x > 4$, c'est donc l'aire du triangle qui est supérieure.

49 Dans un triangle, la somme des angles est égale à 180° donc si x désigne le plus petit des deux angles inconnus : $123 + x + 2x = 180$ et finalement $x = 19$ donc le troisième angle mesure $19 \times 2 = 38°$.

50 **1.** Soit N le nombre de départ, on a :
$(N + 13) \times 5 = N \times 3 + 13$ et donc $N = -26$.
2. On a $(N + 13) \times 5 = -(N \times 3 + 13)$.
Donc $5N + 65 = -3N - 13$ et $N = -9{,}75$.

51 **1.** Si $x = 2$, les dimensions du rectangle sont $3 \times 2 - 2 = 4$ et $2 \times 2 + 5 = 9$.
2. Un carré est un rectangle qui a tous ces côtés égaux donc $3x - 2 = 2x + 5$, le rectangle est donc un carré pour $x = 7$.

52 Si on note x le septième nombre : $\dfrac{6 \times 7 + x}{7} = 10$, c'est-à-dire $42 + x = 70$ et $x = 28$.

53 Toutes ces équations sont des équations-produits nuls il y a, à chaque fois, deux solutions.
a. $x = -3$ ou $x = 5$; **b.** $x = -\dfrac{2}{3}$ ou $x = -\dfrac{7}{4}$;
c. $x = -\dfrac{3}{4}$ ou $x = 1$; **d.** $x = 3$ ou $x = \dfrac{11}{3}$.

54 Il faut se ramener à une équation nulle et factoriser à l'aide de $a^2 - b^2 = (a + b)(a - b)$.
a. $x^2 - 100 = (x + 10)(x - 10)$.
Il y a donc deux solutions $x = 10$ ou $x = -10$.
b. $x^2 - 25 = (x + 5)(x - 5)$.
Il y a donc deux solutions $x = 5$ ou $x = -5$.
c. $x^2 - 6 = \left(x + \sqrt{6}\right)\left(x - \sqrt{6}\right)$.
Il y a donc deux solutions $x = \sqrt{6}$ ou $x = -\sqrt{6}$.
d. $x^2 - 13 = \left(x + \sqrt{13}\right)\left(x - \sqrt{13}\right)$.
Il y a donc deux solutions $x = \sqrt{13}$ ou $x = -\sqrt{13}$.

55 Il faut se ramener à une équation nulle et factoriser à l'aide de $a^2 - b^2 = (a + b)(a - b)$.
a. $9x^2 - 64 = (3x + 8)(3x - 8)$, il y a donc deux solutions : $x = -\dfrac{8}{3}$ et $x = \dfrac{8}{3}$.

b. $4x^2 - 36 = (2x+6)(2x-6)$, il y a donc deux solutions : $x = -3$ et $x = 3$.
c. $100x^2 - 81 = (10x+9)(10x-9)$, il y a donc deux solutions : $x = -\frac{9}{10}$ et $x = \frac{9}{10}$.
d. $25x^2 - 16 = (5x+4)(5x-4)$, il y a donc deux solutions : $x = -\frac{4}{5}$ et $x = \frac{4}{5}$.

56 $x^2 + 5x + 6 = x^2 + 6$ donc $x = 0$.

57 Soit x la mesure du côté du carré ABCD. On a $x^2 = (x-15)(x+27)$ donc $x^2 = x^2 + 27x - 15x - 405$.
Et $0 = 12x - 405$.
Et donc $x = \frac{405}{12} = 33{,}75$.

58 Le triangle est rectangle d'après le théorème de Pythagore, on a donc en notant x la longueur de l'hypoténuse : $12^2 + (x-8)^2 = x^2$ et donc $144 + x^2 - 16x + 64 = x^2$ et $208 - 16x = 0$ et finalement $x = 13$.

59 **a.** $(2+(5x+6))(2-(5x+6)) = (8+5x)(-4-5x) = 0$, c'est une équation-produit nul. Il y a donc deux solutions : $x = -\frac{8}{5}$ et $x = -\frac{4}{5}$.
b. $(3x+(x+8))(3x-(x+8)) = (4x+8)(2x-8) = 0$, c'est une équation-produit nul. Il y a donc deux solutions : $x = -2$ et $x = 4$.
c. $(7x - 3 + (3-4x))((7x-3) - (3-4x))$
$= 3x(11x-6) = 0$, c'est une équation-produit nul. Il y a donc deux solutions : $x = 0$ et $x = \frac{6}{11}$.

60 **1.** Périmètre : $6x + 6 = 15$ donc $x = 1{,}5$.
2. Aire : $5x = 8$ et $x = \frac{8}{5}$.

61 On peut modéliser le problème avec deux inconnues : C le nombre de perles pour un collier et B le nombre de perles pour un bracelet.
On a alors : $5C - 17 = 9B + 28$ et $C = 2B$.
On en déduit en remplaçant C par $2B$ que $5 \times 2B - 17 = 9B + 28$ et que $B = 45$.
1. Elle avait donc : $9 \times 45 + 28 = 433$ perles.
2. Elle utilise 45 perles pour un bracelet et $45 \times 2 = 90$ perles pour un collier.

62 **1.** Soit x ce nombre d'années :
$42 + x = (11+x) + (9+x) + (4+x)$ d'où $x = 6$.
2. $38 + x = (18+x) + (12+x) + (8+x) + (6+x)$
$38 + x = 4x + 44$, $x = -2$.
Ce moment est déjà passé depuis 2 ans. Il n'est pas possible que cela se produise de nouveau.

CHAPITRE 4

38 C **39** A **40** A **41** C **42** B

43 **a.** Ce graphique représente **la température** (en °C) en fonction de l'**altitude** (en km).
b. Ce graphique représente **la puissance électrique d'une éolienne** (en kW) en fonction de **la vitesse du vent à hauteur du moyeu** (en m/s).

44 **1.** L'égalité $f(6) = 50$ signifie que le temps de téléchargement d'un fichier de 6 mégaoctets est de 50 secondes.
2. $f(45) = 375$ car 6 min 15 s = 375 s.

45 $f(x) = x^2 - 3$ et $g(x) = \frac{1}{x+5}$.

46 La fonction recherchée est par exemple : A : $x \mapsto x(15 - x)$.
En effet, comme le périmètre est de 30 cm, le demi-périmètre est de 15 cm. Les deux dimensions de ce rectangle sont donc x et $(15 - x)$.

47 **a.** $f(1) = \frac{1}{1} + 1 = 2$ **b.** $f(-1) = \frac{1}{-1} + (-1) = -2$
c. $f(2) = \frac{1}{2} + 2 = 2{,}5$ **d.** $f(4) = \frac{1}{4} + 4 = 4{,}25$
e. $f(-10) = \frac{1}{-10} + (-10) = -10{,}1$
f. $f(3) = \frac{1}{3} + 3 = \frac{1}{3} + \frac{9}{3} = \frac{10}{3}$

48 • $g(0) = 0^2 - 3 \times 0 = 0$; • $g(2) = 2^2 - 3 \times 2 = 4 - 6 = -2$;
• $g(-3) = (-3)^2 - 3 \times (-3) = 9 - (-9) = 18$;
• $g(5) = 5^2 - 3 \times 5 = 25 - 15 = 10$.

49

x	−3	−2	−1	0	1	2	3
$h(x)$	−26	−7	0	1	2	9	28

50 **a.** $f : 6 \mapsto$ **0** **b.** $f(10) =$ **1** **c.** $f : -4 \mapsto$ **−2** **d.** $f(0) =$ **−4**
e. L'image de −2 par la fonction f est **10**.
f. Un nombre qui a pour image 6 par la fonction f est **1**.

51 On répond avec la précision permise par les lectures graphiques.
1. L'image de 4 par la fonction g est −3, celle de −1 est 3,5.
2. Les nombres 0 ; 1 et 3 ont pour image 1 par la fonction g ; −1,4 a pour image 5 par cette fonction.

52 **a.** Faux, car $f(2) = \frac{2-1}{2+1} = \frac{1}{3} \neq 3$.
b. Vrai, car $f(1) = \frac{1-1}{1+1} = 0$.
c. Vrai, car $f(10) = \frac{10-1}{10+1} = \frac{9}{11} = \frac{90}{110}$
et $f(9) = \frac{9-1}{9+1} = \frac{8}{10} = \frac{88}{110}$.
d. Vrai, car $f(0) = \frac{0-1}{0+1} = -1$.
e. Vrai, car le numérateur d'une fraction doit être différent de 0 alors qu'avec $x = -1$, on a $-1 + 1 = 0$.

53 L'antécédent de 4 est 1 car c'est la solution de l'équation $5x - 1 = 4$. De même on trouve que :
l'antécédent de 0 est $\frac{1}{5}$; l'antécédent de −1 est 0 ;
l'antécédent de −9 est $-\frac{8}{5}$; l'antécédent de 14 est 3.

54 **a.** Les antécédents de 0 par f sont 3 et -5 car ce sont les solutions de l'équation $(x-3)(x+5)=0$.
De même, on trouve que :
b. les antécédents de 0 par g sont 0 et 7 ;
c. les antécédents de 0 par h sont $-\frac{5}{2}$ et -6 ;
d. l'antécédent de 0 par k est $\frac{1}{3}$.

55 **a.** $g : 3 \mapsto 9$ **b.** $g(6) = -1$ **c.** $g : 9 \mapsto 6$ **d.** $g(-7) = 5$
e. Un antécédent de -7 est -1.
f. Le nombre qui a pour antécédent 5 est **3**.

56 On répond avec la précision permise par les lectures graphiques.
1. a. Un antécédent de -5 est -6 ; des antécédents de 2 sont $-2,5$; 0 et 6,2 par la fonction h.
b. Le nombre qui a pour antécédent 7 est 4 ; le nombre qui a pour antécédent -3 est 1,5.
2. Le nombre -1 a exactement deux antécédents sur le graphique (ainsi que le nombre 2,7).

57 **a.** Faux, le nombre 2 a quatre antécédents : $-4,5$; 0 ; 4 et 6,25.
b. Vrai, car le point $(-3 ; 3)$ est sur la courbe représentative de la fonction f.
c. Faux, 6 n'a pas d'antécédent (en revanche, 4 a pour antécédent 6).
d. Vrai, aucun point de la courbe n'a une ordonnée égale à 5.

CHAPITRE 5

45 C **46** A **47** C **48** B **49** B

50 La droite (d_1) représente la fonction h. La droite (d_2) représente la fonction g. La droite (d_3) représente la fonction k. La droite (d_4) représente la fonction f.

51

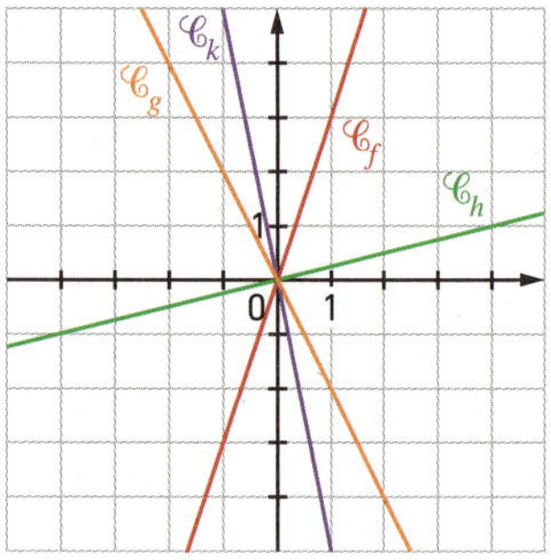

52 **1. a.** $f(-4) = 10$
• $f(-2) = 5$
• $f(0) = 0$
• $f(2) = -5$
• $f(4) = -10$

b. $g(-6) = -4$
• $g(-3) = -2$
• $g(0) = 0$
• $g(3) = 2$
• $g(6) = 4$

2.

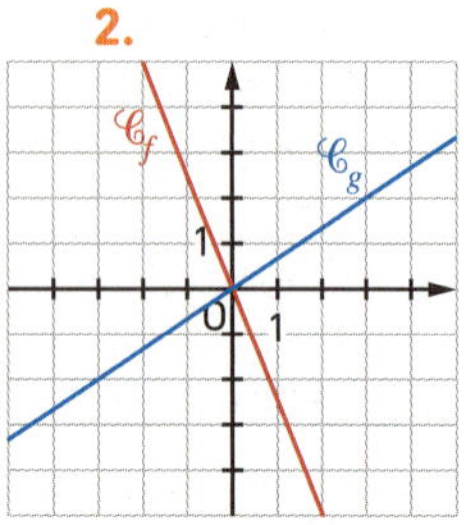

53 Toutes les fonctions sont linéaires donc de la forme $x \mapsto ax$. Pour chaque fonction, on cherche à déterminer la valeur de a.
• $f(-2) = a \times (-2) = 9$ donc $a = 9 : (-2) = -4,5$.
On a donc $f : x \mapsto -4,5\,x$. De même, on a :
• $g(-6) = a \times (-6) = -42$ donc $g : x \mapsto 7x$:
• $h(2) = a \times 2 = -1$ donc $h : x \mapsto -0,5x$:
• $k(20) = a \times 20 = 5$ donc $k : x \mapsto 0,25x$.

54 **1.** Le coefficient directeur de (D) est 2, l'ordonnée à l'origine est -3.
2. $f(1) = 2 \times 1 - 3 = -1$.
3. On résout $2x - 3 = 5$; on trouve $x = 4$.
4.

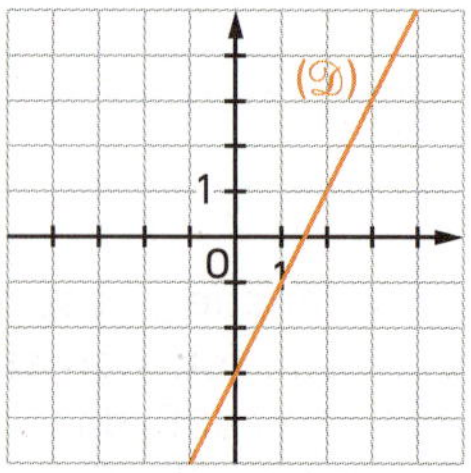

55 **a.**

x	-12	-6	-3	0	3	**15**
$f(x)$	0	**2**	**3**	**4**	**5**	9

b.

x	-5	-1	0	2	4	**9**
$g(x)$	17	**9**	**7**	**3**	-1	-11

56

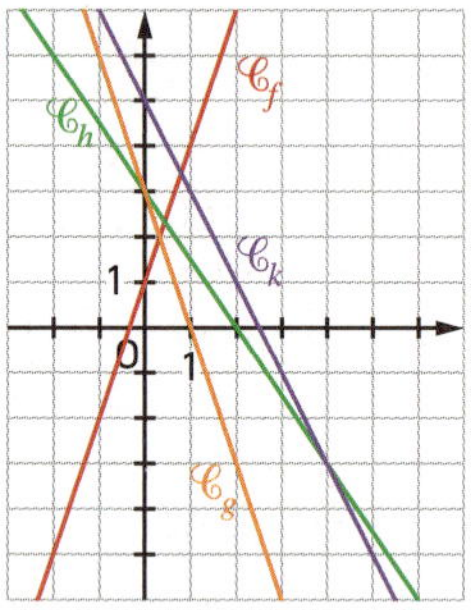

57
• La droite (d_1) représente la fonction h.
• La droite (d_2) représente la fonction k.
• La droite (d_3) représente la fonction g.
• La droite (d_4) représente la fonction f.

58 **1.** Si on note f cette fonction, on a $f : x \mapsto 9 + x$.
Cette fonction est affine (avec $a = 1$ et $b = 9$), mais non linéaire (car $b \neq 0$).
2. Si on note g cette fonction, on a $g : x \mapsto 6\,x$.
Cette fonction est affine et linéaire ($a = 6$ et $b = 0$).

59 **1.** $f(-1) = -6$ et $f(3) = 10$. **2.** $a = \dfrac{-6-10}{-1-3} = 4$.
3. On résout $4 \times -1 + b = -6$ ou $4 \times 3 + b = 10$.
On trouve $b = -2$
4. $f(x) = 4x - 2$.

60 Toutes les fonctions sont affines donc de la forme $x \mapsto ax + b$. Pour chaque fonction, on cherche à déterminer la valeur de a, puis la valeur de b.
• $a = \dfrac{(-15)-(-5)}{6-1} = -2$ donc $f(x) = -2\,x + b$.
Comme $f(1) = -5$, on résout $-2 \times 1 + b = -5$.
On trouve $b = -3$ donc $f(x) = -2\,x - 3$.
• $a = \dfrac{2-(-2)}{3-(-5)} = 0,5$ donc $g(x) = 0,5\,x + b$.
Comme $g(-5) = 3$, on résout $0,5 \times (-5) + b = 3$.
On trouve $b = 0,5$ donc $g(x) = 0,5\,x + 0,5$.
• $a = \dfrac{(-1)-(-2)}{4-0} = \dfrac{1}{4}$ donc $h(x) = \dfrac{1}{4}\,x + b$.
Comme $f(0) = -2$, $b = -2$ donc $h(x) = \dfrac{1}{4}\,x - 2$.
• $a = \dfrac{14-(-1)}{(-1)-2} = -5$ donc $k(x) = -5\,x + b$.
Comme $f(2) = -1$, on résout $-5 \times 2 + b = -1$.
On trouve $b = 9$ donc $k(x) = -5\,x + 9$.

je travaille seul(e)

61 • Pour $(d_1) : x \mapsto -x - 1$. • Pour $(d_2) : x \mapsto -0{,}5\,x + 2$.
• Pour $(d_3) : x \mapsto 4x + 3$. • Pour $(d_4) : x \mapsto \frac{3}{4}x - 2$.

62 1. Par exemple, A(– 5 ; 3), B(– 4 ; 11) et C(– 3 ; 19) car :

x	–6	–5	–4	–3
$f(x)$	–5	3	11	19

(+1 entre chaque valeur de x ; +8 entre chaque valeur de $f(x)$)

2. La fonction f est représentée par une droite donc c'est une fonction affine. Le coefficient directeur de la droite est 8, donc $f(x) = 8\,x + b$.
Comme $f(-5) = 3$, on résout $8 \times (-5) + b = 3$.
On trouve $b = 43$ donc $f(x) = 8\,x + 43$.
À l'aide de l'expression de f, on vérifie que :
$f(-5) = 3$; $f(-4) = 11$ et $f(-3) = 19$.

CHAPITRE 6

42 C **43** A **44** C **45** B **46** C

47 2 min 50 s = 170 s.
$42{,}195 \times 170 = 7\,173{,}15$ s donc ce coureur peut espérer courir le marathon en 7 173,15 secondes.
Or 2 h = 7 200 s donc ce coureur peut mettre moins de 2 h.

48 1. $\frac{49}{2} = \frac{122{,}5}{5} = \frac{200{,}5}{9} = \frac{318{,}5}{13} = \frac{416{,}5}{17} = 24{,}5$.
Donc le nombre de photos et de vidéos envoyées est proportionnel au nombre de semaines.
2. $\frac{1000}{24{,}5} \approx 40{,}8$ donc on aura dépassé 1 000 milliards de photos et vidéos au bout de 41 semaines.
3. $\frac{24{,}5}{7} = 3{,}5$ milliards de photos et vidéos envoyées chaque jour.

49 1. Environ 50 m. 2. Environ 160 m.
3. Les distances de freinage ne sont pas proportionnelles à la vitesse. Les graphiques ne sont pas des droites passant par l'origine du repère.

50 a. 230 m augmenté de 50 % = 345 m
b. 42 L augmenté de 30 % = 54,6 L
c. 12 € augmenté de 200 % = 36 €
d. 80 kg diminué de 50 % = 40 kg
e. 21 $ diminué de 30 % = 14,7 $
f. 80 Mo diminué de 90 % = 8 Mo

51 Pupitre de peintre : $4{,}8 \times 0{,}7 = 33{,}60$ €.
Toile vierge pour peintre : $23 \times 0{,}5 = 11{,}50$ €.
Palette de peinture d'artiste : 29,625 €.

52 $1{,}15 \times 1{,}20 = 1{,}38$ donc « Sur le premier semestre, nos ventes ont augmenté de 15 %. Sur le deuxième semestre, elles ont augmenté de 20 %. Le bilan annuel est donc une hausse de 38 % ».

53 27/32 = 0,843 75 donc ceci correspond à une baisse de 15,625 %.

54 $116 \times 0{,}60^8 = 1{,}95$ m ; $116 \times 0{,}60^9 = 1{,}17$ m ; donc après le 8e rebond la balle ne remonte pas au-dessus de 1,60 m.

55 Le jus d'orange de Gringo a une teneur en vitamine C de 360 mg/L.
1. $360 \times 0{,}15 = 54$ mg donc en prenant un verre de jus d'orange de 15 cL, Gringo absorbe 54 mg de vitamine C.
2. La quantité journalière recommandée est de 110 mg. donc on doit boire 36,7 cL de ce jus d'orange.

56 La masse volumique du plomb est de 11,3 kg/dm^3.
1. $4{,}5 \times 11{,}3 = 50{,}85$ kg.
2. $5 \times 5 \times 5 = 125$ cm^3 = 0,125 dm^3 et $0{,}125 \times 11{,}3 = 1{,}4125$ kg.
3. 1 m^3 = 1000 dm^3 donc la masse volumique du plomb est de 11 300 kg/m^3.

57 1.

Pays	Population (nombre d'habitants)	Superficie (en km^2)	Densité en hab/km^2
France	67 064 000	643 801	104,17
Espagne	49 331 076	505 990	97,49
Italie	60 244 639	301 338	199,92
Suisse	8 603 899	41 290	208,38
Allemagne	83 186 719	357 021	233,00
Belgique	11 570 762	30 689	377,03
Luxembourg	605 764	2 586	234,25
Royaume-Uni	65 105 246	242 495	268,48

2. Le pays à la plus forte densité est la Belgique.
Le pays à la plus faible densité est l'Espagne.
3. $10\,180\,000 \times 73 = 743\,140\,000$ habitants en Europe en 2020.
4. 7 800 000 000 : 52,5 = 148 571 429 km^2 de terres émergées.

CHAPITRE 7

42 C **43** B **44** B **45** C **46** B

47 a. Moyenne = 4,8. Médiane = 5. Étendue = 9
b. Moyenne = 12,5. Médiane = 15. Étendue = 16
c. Moyenne = 5. Médiane = 6. Étendue = 8
d. Moyenne = 5,4. Médiane = 6,1. Étendue = 5,3

48 Par exemple : 50 ; 100 ; 150 ; 150 ; 150.

49 1. 55 min 23 s + 57 min 42 s + 49 min 57 s + 58 min 27 s + 55 min 29 s + 52 min 31 s + 55 min 59 s = 385 min 28 s.
$\frac{385 \text{ min } 28 \text{ s}}{7}$ = 55 min 04 s donc le temps moyen mis pour faire un tour du lac est de 55 min 28 s.
2. La médiane de cette série de temps est 55 min 29 s.
3. L'étendue est de 7 min 45 s.

50 On peut dénombrer 19 + 55 + 70 + 45 + 38 + 28 + 18 + 12 + 5 = 290 ventes dont 19 + 55 + 70 + 45 = 189 coûtent moins de 20 €.
$\frac{189}{290} \approx 0{,}65$, soit près de 2/3 donc c'est vrai.

51

Nom du groupe	Effectif	Pourcentage
France Insoumise	17	2,98 %
GDR	15	2,63 %
Groupe Socialiste	28	4,90 %
EDS	17	2,98 %
Libertés et territoires	18	3,15 %
LREM	279	48,86 %
MoDem	46	8,06 %
UAI	35	6,13 %
Les Républicains	102	17,86 %
Non-Inscrits	14	2,45 %
TOTAL	571	100,00 %

52 La probabilité est de $\frac{5}{6} \times \frac{6}{20} = \frac{5}{20} = \frac{1}{4} = 0{,}25$.
On peut dire que c'est peu probable

53 **Arbre des possibles**

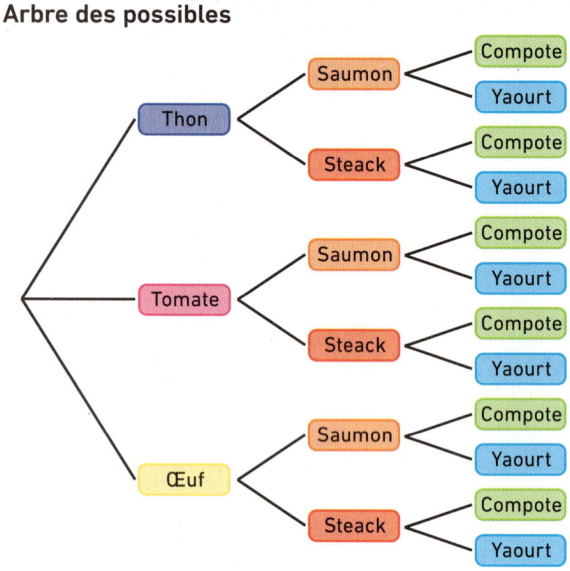

Il y a 12 menus possibles.

2. a. La probabilité qu'elle mange de la tomate est de $\frac{1}{3}$.

b. La probabilité qu'elle mange des pommes de terre est de $\frac{1}{2}$.

c. La probabilité qu'elle mange à la fois du thon en entrée et du saumon en plat est de $\frac{2}{12}$, soit $\frac{1}{6}$.

d. La probabilité qu'elle mange du thon ou du saumon ou les deux à la fois est de $\frac{8}{12}$, soit $\frac{2}{3}$ donc Fanny a raison.

54 **1.** En France, en prenant une personne au hasard dans la rue, la probabilité que son groupe sanguin soit O est de 0,42.

2. Parmi les pays présentés, la probabilité de trouver une personne du groupe sanguin A est la plus forte en France et au Brésil.

55 **1.** et **2.** : À vérifier sur le logiciel utilisé par l'élève.

3. La fréquence d'apparition du 10 peut être différente de la probabilité théorique (qui est de $\frac{1}{12}$, soit environ 0,0833) mais doit être assez proche car le nombre de simulations est assez élevé.

4. En simulant le lancer de deux dés à six faces dont on fait la somme des faces, on a une probabilité théorique d'obtenir 10 de 3 sur 36, soit $\frac{1}{12}$ donc la même que dans le jeu précédent.

CHAPITRE 8

37 B **38** B **39** B **40** B **41** B

42 **a.** $\frac{CD}{CA} = \frac{CE}{CB} = \frac{DE}{AB}$ **b.** $\frac{CD}{CA} = \frac{CE}{CB} = \frac{DE}{AB}$

43 **1.** Les droites (IL) et (KJ) se coupent en O. Les droites (IJ) et (KL) sont parallèles. D'après le théorème de Thalès : $\frac{OK}{OJ} = \frac{OL}{OI} = \frac{KL}{IJ} = \frac{5}{6}$.

2. $\frac{OK}{9} = \frac{5}{6}$ donc $OK = \frac{9 \times 5}{6} = 7{,}5$ cm.

44 **1.** Si deux droites parallèles sont perpendiculaires à une même troisième droite, alors elles sont parallèles entre elles. Donc (PE)//(HR).

2. Les conditions du théorème de Thalès sont vérifiées : $\frac{AR}{AE} = \frac{AH}{AP} = \frac{HR}{PE}$.

Ainsi : $\frac{4{,}4}{6} = \frac{HR}{1{,}5}$. Donc $HR = \frac{4{,}4 \times 1{,}5}{6} = 1{,}1$ m.

45 $\frac{AD}{AB} = \frac{5}{7}$ et $\frac{AE}{AC} = \frac{6}{8{,}4} = \frac{5}{7}$.
D'après la réciproque du théorème de Thalès, les droites (DE) et (BC) sont parallèles.

46 $\frac{ER}{EL} = \frac{4}{10} = 0{,}4$ et $\frac{ES}{EK} = \frac{5{,}8}{14{,}5} = 0{,}4$.
D'après la réciproque du théorème de Thalès, les droites (RS) et (LK) sont parallèles.

47 **1.** AR = 14 + 20 + 20 + 20= 74 cm ; AB = 74 + 60 = 134 cm ; AI = 40 cm et AC = 70 cm.

2. $\frac{AR}{AB} = \frac{74}{134} = \frac{37}{67} \approx 0{,}55$ et $\frac{AI}{AC} = \frac{4}{7} \approx 0{,}57$.

Donc $\frac{AR}{AB} \neq \frac{AI}{AC}$.

3. $\frac{AR}{AB} \neq \frac{AI}{AC}$. (BC) et (RI) ne sont donc pas parallèles.

48 $\frac{TL}{TG} = \frac{1{,}8}{6} = \frac{3}{10}$ et $\frac{TF}{TP} = \frac{3}{9} = \frac{1}{3}$. Ainsi $\frac{TL}{TG} \neq \frac{TF}{TP}$.
Les droites (LP) et (FG) ne sont pas parallèles.

49 Egalités des rapports de longueurs : $\frac{AB}{ED} = \frac{AC}{DF} = \frac{BC}{EF}$

50 **1.** Les triangles ABC et EDF sont semblables car ils ont trois côtés de même mesure. $\frac{BC}{EF} = \frac{AB}{DE} = \frac{AC}{DF}$.

2. $\frac{8}{1{,}6} = \frac{9}{DE} = \frac{10}{DF}$.

Donc $DE = \frac{1{,}6 \times 9}{8} = 1{,}8$ et $DF = \frac{1{,}6 \times 10}{8} = 2$.

51 **1.** Les triangles ADE et ABC sont égaux car les angles sont deux à deux de même mesure.

je travaille seul(e)

2. $\frac{AD}{AB} = \frac{AE}{AC} = \frac{ED}{BC}$

3. $\frac{0{,}5}{3{,}05} = \frac{0{,}6}{AC} = \frac{ED}{BC}$, ainsi $AC = 3{,}05 \times 0{,}6 : 0{,}5 = 3{,}66$ m.

CHAPITRE 9

31 A **32** B **33** B **34** B **35** B

36

	Carré en haut à droite	Carré en bas à gauche	Carré en bas à droite
Triangle noir	Symétrie centrale	Translation	Symétrie centrale
Triangle gris foncé	Translation	Symétrie centrale	Symétrie centrale
Triangle gris clair	Translation	Rotation	Symétrie axiale
Triangle blanc	Symétrie centrale	Rotation	Symétrie axiale

37 **Méthode 1 :** Prendre comme motif initial le triangle noir inscrit dans le carré. Effectuer une rotation de centre O et d'angle 90°, 180°, 270° (sens des aiguilles d'une montre) pour obtenir les trois autres motifs.
Méthode 2 : Prendre le motif initial, effectuer une rotation de centre O et d'angle 90° dans le sens des aiguilles d'une montre, puis construire le symétrique de ces deux motifs par la symétrie de centre O.

38 a. Le dessin suivant sera le chiffre 4 et son symétrique par rapport à un axe vertical.

b. Le dessin suivant sera le chiffre 4 et son symétrique par rapport à un point.

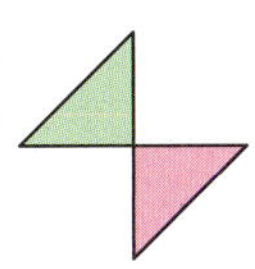

39 S : Rotation de centre P et d'angle 180° ;
R : Rotation de centre P et d'angle 90° dans le sens anti-horaire ;
T : Rotation de centre P et d'angle 90° dans le sens horaire.

40 a. Losange CBOD b. Losange DOFE c. Losange GHOF

41 **Affirmation 1 Vraie :** Si le rapport de l'homothétie est **négatif**, cela signifie qu'une figure et son image seront de part et d'autre du centre d'homothétie.
Affirmation 2 Fausse : Une homothétie de rapport –1 donne le même résultat qu'une symétrie centrale.

42 a. $k = 1{,}5$. Les deux tortues sont du même côté et OM' > OM donc $k > 1$.
b. $k = -0{,}5$ Les deux tortues sont de chaque côté du point O et OM' < OM donc $k < 0$.

43 1. et 2. **Constructions**

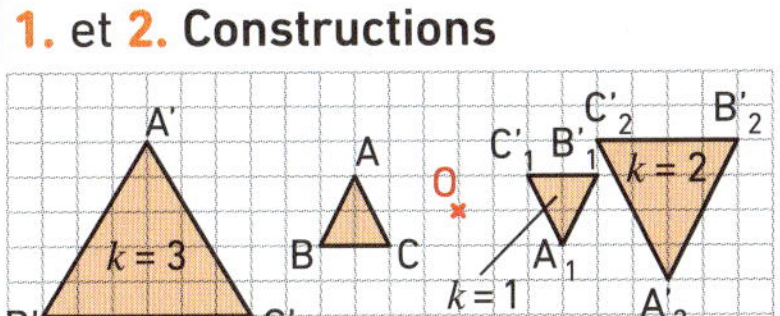

3. La figure obtenue par une homothétie de rapport –1 peut être aussi obtenue par une symétrie centrale.

43 1. Vrai. Dans une homothétie de rapport $k > 0$, les longueurs sont multipliées par k. Donc L = 0,5 L', soit L' = 2L.
2. Faux. Dans une homothétie de rapport $k > 0$, les volumes sont multipliés par k^3.
Ainsi $V' = 0{,}5^3 V = 0{,}125 V$.

44 1. $K = 2$. 2. Aire du pentagone $2 = 2^2 \times 7 = 28$ cm².

CHAPITRE 10

50 B **51** C **52** A **53** B **54** A

55 $\sin\hat{Z} = \frac{TW}{TZ}$, $\cos\hat{Z} = \frac{WZ}{TZ}$ et $\tan\hat{Z} = \frac{TW}{WZ}$.

56 1. $\sin\hat{A} = \frac{BC}{AB}$, $\cos\hat{A} = \frac{AC}{AB}$ et $\tan\hat{A} = \frac{BC}{AC}$.

2. $\sin\hat{B} = \frac{AC}{AB}$, $\cos\hat{B} = \frac{BC}{AB}$ et $\tan\hat{B} = \frac{AC}{BC}$.

3. $\sin\hat{A} = \cos\hat{B}$ et $\sin\hat{B} = \cos\hat{A}$.

57 Réponse b. $\frac{\sin x}{\cos x} = \tan x$.

58 Réponse a. $(\sin x)^2 + (\cos x)^2 = 1$.

59 1. AC est l'hypoténuse, BC est le côté opposé à $\hat{A}$ et AB est le côté adjacent à $\hat{A}$.
2. a. Il faut utiliser le cosinus de l'angle $\hat{A}$.
b. AB ≈ 3,2 cm.

60 1. DE est l'hypoténuse, EF est le côté opposé à $\hat{D}$ et DF est le côté adjacent à $\hat{D}$.
2. a. Il faut utiliser le sinus de l'angle $\hat{D}$.
b. DE ≈ 3,9 cm.

61 a. $EF = 3{,}9 \times \cos(52°) \approx 2{,}4$ cm.
b. $EF = \frac{3{,}4}{\tan(57°)} \approx 2{,}2$ cm.

62 1. $AB = 2{,}8 \times \tan(63°) \approx 5{,}5$ cm.
2. $BC = \frac{2{,}8}{\cos(63°)} \approx 6{,}2$ cm.

63 1. À vérifier sur le cahier de l'élève.
2. $GH = 7{,}8 \times \cos(35°) \approx 6{,}4$ cm.

64 1. À vérifier sur le cahier de l'élève.
2. $KL = \frac{4{,}3}{\tan(67°)} \approx 1{,}8$ cm.

65 1. $WV = \frac{3{,}8}{\tan(25°)} \approx 8{,}1$ cm 2. $XV = \frac{3{,}8}{\sin(25°)} \approx 9{,}0$ cm

66 1. $YA = 7{,}3 \times \tan(33°) \approx 4{,}7$ cm. 2. $ZA = \frac{7{,}3}{\cos(33°)} \approx 8{,}7$ cm

67 1. AB est l'hypoténuse, AC est le côté opposé à $\hat{B}$ et BC est le côté adjacent à $\hat{B}$.
2. a. On peut calculer le sinus de l'angle $\hat{B}$.
b. $\hat{B} \approx 36°$.

68 a. $\hat{C} \approx 63°$. b. $\hat{E} \approx 63°$.

69 2. $\widehat{KJL} = \text{Arctan}\left(\frac{5{,}8}{7{,}5}\right) \approx 38°$.

70 2. $\widehat{OMN} = \text{Arccos}\left(\frac{3{,}2}{5{,}6}\right) \approx 55°$.

71 2. $\widehat{PSR} = \text{Arcsin}\left(\frac{2{,}9}{7{,}2}\right) \approx 24°$.

72 Réponse d. $\widehat{DNB} = \text{Arcsin}\left(\frac{5{,}2}{7}\right) \approx 48°$.

CHAPITRE 11

37 B **38** C **39** B **40** A **41** C

42 1. $V = \frac{256\pi}{3} \approx 268 \text{ cm}^3$. 2. $A = 64\pi \approx 201 \text{ cm}^3$.

43 1. a. $A = 100\pi$; b. $A \approx 31\,416$ mm.

2. a. et b. $V = \frac{4}{3}\pi \times 3{,}5^3 \approx 179{,}6 \text{ cm}^3 \approx 0{,}18$ L.

44 1. a. $A = 4\pi \times 5{,}5^2 \approx 380 \text{ cm}^2$.
b. $38\,013 \text{ mm}^2$.

2. a. $V = \frac{4}{3}\pi \times 6{,}5^3 \approx 115\,035 \text{ mm}^3$.
b. 1,15 L.

45 Volume de la demi-sphère : $V_1 = \left(\frac{4}{3}\pi \times 2^3\right) : 2 = \frac{16\pi}{3}$.
D'après le théorème de Pythagore, $h^2 = 5^2 - 2^2$.
Donc $h \approx 4{,}58$.
Volume du cône : $V_2 = \frac{(\pi \times 2^2 \times h)}{3} \approx 57{,}3$.
$V = V_1 + V_2 \approx 74{,}3 \text{ cm}^3$.

46 A(70°N ; 40°O) ; B(20°S ; 60°O) ; C(40°N ; 0°E) ; D(70°N ; 120°E) et E(80°S ; 100°E).

47 Madrid se situe sur le 40e parallèle (40°N ; 3°O). Si on ajoute 75° de longitude, et on soustrait 20° de latitude ; la grande ville la plus proche est Mumbai en Inde.

48 Ces coordonnées GPS se trouvent sur le continent Américain.

49 $V = 27v$ car si les longueurs sont multipliées par 3, le volume sera multiplié par 3^3, soit 27.

50 1. En utilisant le théorème de Pythagore dans le triangle rectangle ABD, on a AD = 30 cm.

2. $V = \frac{40 \times 30 \times 81}{3} = 3240 \text{ cm}^3$.

3. a. A'B'C'D' est un rectangle.

b. Le coefficient de réduction est $\frac{54}{81} = \frac{2}{3}$.

c. $V' = \left(\frac{2}{3}\right)^3 \times 3240 = 960 \text{ cm}^3$.

51 1. C'est un disque.

2. $125 \times k^2 = 5$; $k^2 = 0{,}04$; $k = 0{,}2$.

3. $V = \frac{125 \times 24}{3} = 1000 \text{ cm}^3$; $V' = 1000 \times (0{,}2)^3 = 8 \text{ cm}^3$.

EN ROUTE VERS LE BREVET

5 $A = 5 \times \frac{3}{4} - \frac{2}{7} : \frac{4}{3}$; $A = \frac{5}{1} \times \frac{3}{4} - \frac{2}{7} \times \frac{3}{4}$;
$A = \frac{15}{4} - \frac{6}{28}$; $A = \frac{105}{28} - \frac{6}{28}$ et pour finir $A = \frac{99}{28}$.

9 1. $B = \frac{2{,}5 \times 10^{-3} \times 9 \times 10^5}{15 \times 10^4}$; $B = \frac{2{,}5 \times 9}{15} \times \frac{10^{-3} \times 10^5}{10^4}$;
d'où $B = 1{,}5 \times 10^{-2}$ et $B = 0{,}015$. 2. $B = 1{,}5 \times 10^{-2}$.

13 1. a. $P_1 = 2x + 6$ et $P_2 = 16 - 2x$. b. $P_1 = P_2$ pour $x = 2{,}5$.
2. a. $S_1 = 3x$ et $S_2 = 12 - 2x$. b. $S_2 = S_1$ pour $x = 2{,}4$.

18 1. Avec 3, on obtient 1. Avec 4, on obtient 4. Avec 5, on obtient 9. Avec 6, on obtient 16.
2. Avec ce programme de calcul, on obtient le carré d'un nombre égal à la différence entre le nombre de départ et 2. Si on choisit au départ un nombre x, on obtient à la fin le carré de $x - 2$.
3. $(x - 4) \times x + 4 = x^2 - 4x + 4 = (x - 2)^2$.

21 1. Formule A : $5 \times x$ Formule B : $3{,}5 \times x + 25$
2.

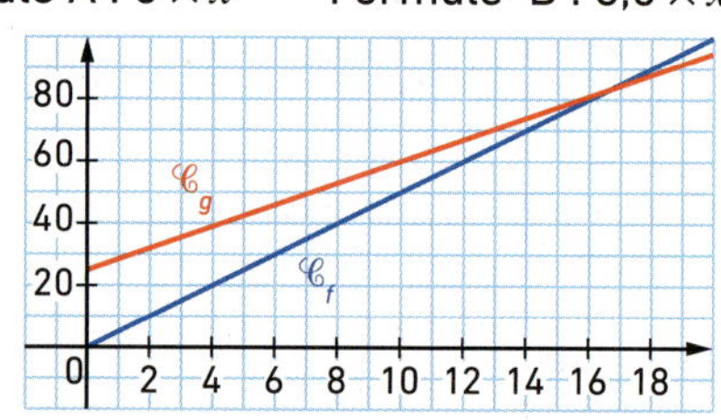

3. L'achat de la carte devient intéressant à partir de la 17e séance. Par le calcul, on résout :
$3{,}5x + 25 < 5x$ ce qui donne $x > \frac{25}{1{,}5}$ et $\frac{25}{1{,}5} \approx 16{,}7$.

25 1. Moyenne : 11,72. 2. Médiane : 14. 3. Étendue : 19.
4. La moyenne de la classe est de 11,72 mais au moins la moitié des élèves a eu une note supérieure ou égale à 14. L'écart entre la meilleure et la plus mauvaise note est de 19.

29 $P(\text{A}) = \frac{5}{8}$; $P(\text{B}) = \frac{2}{8} = \frac{1}{4}$; $P(\text{C}) = \frac{5}{8}$ et $P(\text{D}) = \frac{2}{8} = \frac{1}{4}$.

33 1. $\text{AC} = \sqrt{8{,}9^2 - 3{,}9^2} = \sqrt{64} = 8$ cm.
2. $\text{AC}^2 = 8^2 = 64$ et $\text{AD}^2 + \text{CD}^2 = 4{,}8^2 + 6{,}4^2 = 64$.
Donc ACD est rectangle en D.

36 1. $\frac{\text{KN}}{\text{KL}} = \frac{6{,}5}{9{,}1} = \frac{5}{7}$ et $\frac{\text{KO}}{\text{KM}} = \frac{8{,}5}{11{,}9} = \frac{5}{7}$ donc (NO) // (LM)
2. $\frac{6{,}5}{9{,}1} = \frac{8{,}5}{11{,}9} = \frac{\text{NO}}{10{,}5}$ d'où NO = 7,5 m.

43 1. $\text{BC} = \frac{4}{\cos(60°)} = 8$ cm. 2. $\text{CD} = \sqrt{8^2 - 4^2} \approx 6{,}9$ cm.
3. $\text{AV} = \sqrt{8^2 + 6^2} = 10$ cm. 4. $\tan\left(\widehat{\text{BAC}}\right) = \frac{8}{6} = \frac{4}{3}$.
5. La calculatrice donne $\widehat{\text{BAC}} \approx 53°$.
6. $\widehat{\text{DCA}} = (90 - 60) + (90 - 53) = 67°$.

53 1. $\pi \times 3{,}5^2 \times 10 + \frac{\pi \times 3{,}5^2 \times 6}{3} = 147\pi \text{ cm}^3$.
2. Environ $461{,}814 \text{ cm}^3$.

64 1. 3 h 45 min = 3,75 h. Donc 387 : 3,75 = 103,2 km/h.
2. $230 : 103{,}2 = \frac{575}{258} \approx 2{,}228\,682\,171$ h.
En convertissant, on obtient : 2 h 13 min 43 s environ.

Lexique

A

Algorithme : suite finie d'instructions, p. 20.

Antécédent : nombre dont un autre lui correspond par une fonction, p. 107.

B

Bloc d'instructions : programme autonome qui peut être appelé dans un autre programme, p. 28.

Boucle : procédé permettant de répéter une ou plusieurs instructions, p. 22.

Boule : ensemble de points de l'espace dont la distance à un point, le centre de la boule, est inférieure ou égale à un nombre donné, le rayon de la boule, p. 262.

C

Coefficient de proportionnalité : nombre qui permet, en multipliant, de passer de la première à la deuxième ligne d'un tableau de proportionnalité, p. 150.

Coefficient directeur : coefficient a de la droite représentative de la fonction affine $f(x) = ax + b$, p. 129.

Cosinus d'un angle : dans un triangle rectangle : quotient du côté adjacent à l'angle par l'hypoténuse, p. 240.

D

Diviseur d'un nombre n : nombre entier qui, multiplié par un autre entier, donne n, p. 42.

Double distributivité :
$(a + b)(c + d) = ac + ad + bc + bd$, p. 64.

E

Équation : égalité comportant une ou plusieurs inconnues, p. 86.

Étendue : différence entre les valeurs extrêmes d'une série, p. 172.

Événement : ensemble de résultats que l'on peut obtenir lors d'une expérience aléatoire, p. 173.

Expérience aléatoire : expérience dont le résultat n'est pas prévisible, p. 173.

F

Fonction : processus qui, à un nombre, fait correspondre un autre nombre unique, p. 106.

Fonction affine : fonction de la forme $f(x) = ax + b$, où a et b sont des nombres donnés, p. 128.

Fonction linéaire : fonction de la forme $f(x) = ax$, où a est un nombre donné, p. 128.

Frise : bande rectangulaire sur laquelle apparaît un motif de base de façon répétitive, p. 221.

G

Grandeur produit : grandeur obtenue en effectuant le produit de deux grandeurs, p. 151.

Grandeur quotient : grandeur obtenue en effectuant le quotient de deux grandeurs, p. 151.

H–I

Homothétie : transformation de plan. Une homothétie créé l'image d'un point, d'une figure par rapport à un centre O (un point) et un rapport k (un nombre), p. 219.

Identités remarquables : égalité permettant de développer ou de factoriser une expression littérale, p. 64.

Image : nombre correspondant à un autre par une fonction, p. 107.

Instruction : action à exécuter, p. 20.

Instruction conditionnelle : instruction de la forme « si condition, alors instruction(s) » ou « si condition, alors instruction(s)1, sinon instruction(s)2 », p. 26.

L

Latitude : position Nord-Sud d'un point sur la Terre ou sur une sphère, p. 262.

Longitude : position Est-Ouest d'un point sur la Terre ou sur une sphère, p. 262.

M

Médiane d'une série de valeurs : valeur qui partage une série ordonnée en deux séries de même effectif, p. 172.

Moyenne d'une série de valeurs : somme des valeurs divisée par le nombre de valeurs, p. 172.

Multiple d'un nombre entier n : nombre entier qui contient n un certain nombre de fois exactement, p. 42.

N–O

Nombre premier : entier naturel qui admet exactement deux diviseurs distincts, 1 et lui-même, p. 42.

Ordonnée à l'origine : coefficient b de la droite représentative de la fonction affine $f(x) = ax + b$, p. 129.

P

Pavage : reproduction d'une ou plusieurs figures à l'identique afin de recouvrir une surface (sans laisser de trous et sans chevauchement des figures), p. 221.

Pentagone : polygone à 5 sommets, 5 côtés et 5 diagonales, p. 231.

Pourcentage : proportion d'une quantité par rapport à une autre exprimée sous forme d'une écriture fractionnaire de dénominateur 100, p. 151.

Probabilité : nombre compris entre 0 et 1 qui exprime la « chance » qu'a un événement de se produire, p. 173.

R

Résoudre une équation : trouver toutes les solutions d'une équation, p. 86.

Rosace : ornement en forme de fleur ou d'étoile stylisée, composée de courbes inscrites dans un cercle, p. 223.

Rotation : transformation du plan. Effectuer une rotation à un point ou une figure, c'est faire tourner ce point ou cette figure d'un angle donné autour d'un centre de rotation, p. 219.

S

Section : résultat de la découpe d'un solide par un plan, p. 263.

Sens anti-horaire : sens contraire des aiguilles d'une montre, p. 219.

Sinus d'un angle : dans un triangle rectangle : quotient du côté opposé à l'angle par l'hypoténuse, p. 240.

Solution d'une équation : valeur de l'inconnue qui rend l'égalité vraie, p. 86.

Sphère : ensemble de points de l'espace équidistants d'un point, le centre de la sphère, p. 262.

Symétrie axiale : transformation du plan. Deux figures sont symétriques par rapport à une droite si, lorsque l'on plie le long de cette droite, elles se superposent exactement, p. 218.

Symétrie centrale : transformation du plan. Deux figures sont symétriques par rapport à un point, si en faisant tourner un calque d'un demi-tour autour de ce point, les deux figures se superposent, p. 218.

T

Tableau de proportionnalité : tableau dans lequel on passe de la première ligne à la deuxième en multipliant par un même nombre, p. 150.

Tangente d'un angle : dans un triangle rectangle : quotient du côté opposé à l'angle par le côté adjacent à l'angle, p. 240.

Translation : transformer un point ou une figure par translation, c'est faire glisser ce point ou cette figure selon une direction, un sens et une longueur donnée, p. 218.

Triangles semblables : triangles qui ont tous leurs angles égaux, p. 197.

V

Variable : mémoire permettant de stocker une information, p. 24.

Crédits photographiques

1re de couv ph © Shutterstock / Pixel-Shot
8 ph © Shutterstock / Pixel-Shot
13 biosphoto/groupe Photononstop
15 ph © Shutterstock / KOKTARO
22 ph © Rinz / FOTOLIA
34 © Tartila – stock.adobe.com
39 ph © kdshutterman – stock.adobe.com
45 g : ph © DR TERRY BEVERIDGE / BSIP
45 droit : ph © Paul LANGROCK/ZENIT-LAIF-REA
47 ht g : ph © Jean-Michel LECLERCQ – stock.adobe.com
47 bas g : ph © Pirate, English School, (20th centuy)/Private Collection/© Look and Learn / BRIDGEMAN IMAGES
47 ht droit : ph © Dragana Gordic – stock.adobe.com
47 bas droit : ph © POUPENEY Agathe / Divergence
49 ht g : ph © Vinícius Bacarin – stock.adobe.com
49 droit : ph © Jérôme Rommé – stock.adobe.com
49 bas : ph © Maria Sbytova – stock.adobe.com
50 ph © applezoomzoom – stock.adobe.com
51 ht g : ph © illustrez-vous – stock.adobe.com
51 m g : ph © anaumenko – stock.adobe.com
51 m droit : ph © Rafael Ben-Ari – stock.adobe.com
52 ph © VOJTa Herout – stock.adobe.com
55 ph © Philippe Minisini – stock.adobe.com
60 ht : ph © kdshutterman – stock.adobe.com
60 m droit : ph © Science Photo Library / Jensen, Mikkel Juul
60 bas g : ph © Science Photo Library / Rietze, Martin
60 bas droit : ph © Science Photo Library / VWPics / Alan Dyer
61 ph © James Stone – stock.adobe.com
67 ph © Frederic MAIGROT/REA
69 ph © TAROKICHI / FOTOLIA
71 nageur ph © Andrey Burmakin – stock.adobe.com
72 ph © VISUALS UNLIMITED/BSIP/T
74 ht : DR
74 bas : ph © Pictures news – stock.adobe.com
77 ph © coachwood – stock.adobe.com
79 ph © NOVAPIX/T
82 ht : ph © James Stone – stock.adobe.com
82 m : Sagredo/Wikimedia/Assembled from NASA Earth Observatory images by Jesse Allen, using data from the Advanced Microwave Scanning Radiometer 2 AMSR-2 sensor on the Global Change Observation Mission 1st-Water (GCOM-W1) satellite.
83 ph © photka – stock.adobe.com
84 ph © helivideo – stock.adobe.com
89 g : ph © Laure F – stock.adobe.com
89 droit : ph © Vladislav Gajic – stock.adobe.com
91 ht g : Pictures news/FOTOLIA
91 ht droit : China : Wu zetian (Empress wu), 624-705, Empress Regnant of the zhou dinasty (r.690-705)/Pictures from History/ Bridgeman Images
91 bas : ph © Markus Mainka – stock.adobe.com
93 ht : ph © Tatiana – stock.adobe.com
93 bas : ph © Rido – stock.adobe.com
94 ht : ph © Harry How / GETTY IMAGES NORTH AMERICA / Getty Images via AFP
94 bas : ph © Goffkein – stock.adobe.com
95 ht g : © www.consoglobe.com/
95 ht d : DR Les cinémas Gaumont Pathé
97 g : DR
97 Mauritius images/imageBROKER/Walter G. Allgôwer/Mauritius/PHOTONONSTOP
100 ph © Shutterstock / Shkvarko
102 ht : ph © photka – stock.adobe.com
103 ph © Pierre GLEIZES/REA
113 ph © Shutterstock / ejmacer
116 ph © Minerva Studio – stock.adobe.com
117 g : ph © Shutterstock / Hadrian
117 droit : Ben pipe Photography/cultura/ PHOTONONSTOP
119 ph © lukasx – stock.adobe.com
123 ImageBROKER/Alamy/HEMIS
124 ht : ph © Pierre GLEIZES/REA
124 m : ph © Lydie LECARPENTIER/REA
124 bas : ph © Jérôme Rommé – stock.adobe.com
125 ph © rh2010 – stock.adobe.com
126 Morenovel/FOTOLIA
127 ht : ph © shishkin137 – stock.adobe.com
127 bas : ph © Daniel J – stock.adobe.com
131 ph © Natali – stock.adobe.com
133 ht : ph © gunnar3000 – stock.adobe.com
133 bas : ph © DragonImages – stock.adobe.com
135 ph © 3desc – stock.adobe.com
138 g : ph © ThamKC – stock.adobe.com
138 d ph © Jean Claude MOSCHETTI/REA
139 /westend61/Plainpicture
141 ht : ph © HLPhoto – stock.adobe.com
141 bas : ph © Delphotostock – stock.adobe.com
143 ph © capic – stock.adobe.com
144 ACP prod/FOTOLIA
146 ph © rh2010 – stock.adobe.com
147 ph © Science Photo Library / Garlick, Mark
148 ph © Mulderphoto – stock.adobe.com
149 ph © kiang_fotolia – stock.adobe.com
153 ht g : ph © mshch – stock.adobe.com
153 ht droit : ph © Bertrand photos – stock.adobe.com
155 ph © Aldeca Productions – stock.adobe.com
157 bas g : ph © Erik Sampers/gamma rapho
157 bas droit : ph © pinkyone – stock.adobe.com
160 bas g : COSMOS
160 bas droit : ph © Arpad Nagy-Bagoly – stock.adobe.com
163 ph © Shutterstock / Alex Segre
165 ph © Sebastien ORTOLA/REA
166 ph © kurapatka – stock.adobe.com
168 ht : ph © Science Photo Library / Garlick, Mark
168 m : DR
169 ph © exentia – stock.adobe.com
175 ht : ph © Morenovel – stock.adobe.com
175 m : ph © dizfoto1973 – stock.adobe.com
182 ph © Shutterstock / Mike Chappazo
183 ph © New Africa – stock.adobe.com
184 ht : ph © Alexey Tulenkov
184 bas : ph © Giovanni Burlini – stock.adobe.com
185 ph © Shutterstock / NeydtStock
187 photo radar : ph © Iveta – stock.adobe.com
189 DR
192 ph © exentia – stock.adobe.com
193 ph © Patrice Correia / Biosphoto
205 ph © Christina Conti – stock.adobe.com
207 ph © Harry Collins – stock.adobe.com
214 ht : ph © Patrice Correia / Biosphoto
214 m : ph © Michel & Christine Denis-Huot / Biosphoto
215 ph © Granger / Bridgeman Images
220 ph © Cartoon Network/Courtesy Everett Collection
221 g : ph © marjory duc – stock.adobe.com
221 ht m : Sodacan/Wikimedia
221 ht droit : SanchoPanza/Wikimedia
221 bas m : Syryatsu/Wikimedia
221 bas droit : Celbusro/Wikimedia
222 ph © Cartoon Network/Courtesy Everett Collection
223 ph © akg-images / Album / Prisma
224 ph © Cartoon Network/Courtesy Everett Collection
228 ph © grafikplusfoto/FOTOLIA
229 ph © sergei_fish13 – stock.adobe.com
236 ht : ph © Granger / Bridgeman Images
236 bas g : ph © North Wind Pictures/Leemage
236 bas droit : ph © akg-images / Science Source
237 ph © Patryk Kosmider – stock.adobe.com
243 ph © Shutterstock / AC Rider
245 ph © into the wild – stock.adobe.com
247 ph © Patryssia – stock.adobe.com
250 ph © vmarien – stock.adobe.com
253 ht droit : ph © Dmitry Naumov – stock.adobe.com
253 m g : ph © Max Topchii – stock.adobe.com
253 bas droit : ph © F.NICKLIN/MINDEN Pictures/ GETTY IMAGES France/T
256 ph © LUTTIAU/PRESSE SPORTS
258 ht : ph © Patryk Kosmider – stock.adobe.com
258 m : ph © magann – stock.adobe.com
259 ph © Premium Collection – stock.adobe.com
260 ht g : ph © stockphoto-graf – stock.adobe.com
260 ht m g : ph © Cobalt – stock.adobe.com
260 bas g : ph © DenEmmanuel – stock.adobe.com
260 ht m droit : ph © Nomad_Soul – stock.adobe.com
260 ht droit : ph © egorxfi – stock.adobe.com
260 bas droit : ph © miaynata – stock.adobe.com
264 ht a. : ph © lapas77 – stock.adobe.com
264 ht b. : ph © dosunets – stock.adobe.com
264 ht c. : ph © EdNurg – stock.adobe.com
264 ht d. : ph © Ilya Rumyantsev – stock.adobe.com
264 ht e. : ph © Richard Villalon – stock.adobe.com
264 bas a. : ph © Dario Lo Presti – stock.adobe.com
264 bas b. : ph © stockphoto-graf – stock.adobe.com
264 bas c. : ph © freshidea – stock.adobe.com
264 bas d. : ph © Galina – stock.adobe.com
264 bas e. : ph © egorxfi – stock.adobe.com
265 ph © max dallocco – stock.adobe.com
269 ph © nele4you – stock.adobe.com
271 ph © amixstudio – stock.adobe.com
272 g : ph © Karel – stock.adobe.com
272 droit : ph © Karel – stock.adobe.com
273 ph © Shutterstock / Chanclos
274 ht : ph © arbalest – stock.adobe.com
274 bas g : ph © Alexstar – stock.adobe.com
274 m droit : ph © ILYA AKINSHIN – stock.adobe.com
274 bas droit : ph © vmenshov – stock.adobe.com
275 ht g : © www.oleegoliq.com
275 m g : DR
275 bas g : DR
275 ht droit : suttisak/FOTOLIA
277 ph © Saucourt Patrice/PHOTOPQR/L'EST REPUBLICAIN/MAXPP
280 ph © Premium Collection – stock.adobe.com
282 Andresinfinite/FOTOLIA
283 ht Monkey Business/FOTOLIA
283 bas Marek/FOTOLIA
284 Timnexto/FOTOLIA
285 Anterovium/FOTOLIA
286 Eveleen007/FOTOLIA

Édition : Béatrice Jovial-Vernet
Assistante éditoriale : Mireille Chu
Couverture : Yann Collin
Conception graphique : ADN
Illustrations : Jean-Gabriel Jauze
Recherche iconographique : Clémence Zagorski
Fabrication : Jean-Philippe Dore
Coordination artistique : Pierre Taillemite
Réalisation et schémas : Soft Office

À la mémoire de Marcel-André BOULLIS, professeur de mathématiques.

Scratch est un projet du groupe *Lifelong Kindergarten du Media Lab* de l'Institut de technologie du Massachusetts (MIT) situé à Boston aux États-Unis (http://scratch.mit.edu)

QR Code, marque déposée par la société Denso Wave Incorporated

Animations réalisées par Bordas sur Cabri Express et New Cabri

Les éditions Bordas tiennent à remercier particulièrement les sociétés Casio et Texas Instruments pour leur aide et leur collaboration à l'élaboration de ce manuel.

La Certification pix

Pix.fr est un service public en ligne gratuit et ouvert à tous pour évaluer et développer ses compétences numériques au travers de défis apprenants et ludiques.
La plateforme prépare à la Certification Pix, reconnue par l'État et par le monde professionnel.

Généralisation de Pix

Source : https://pix.fr/enseignement-scolaire/

Le ministère de l'Éducation nationale, de la Jeunesse et des Sports généralise Pix à partir de la 5ᵉ, avec l'introduction d'une certification des compétences numériques obligatoire pour les élèves de 3ᵉ dès cette année scolaire 2020-2021.

Accompagner les élèves avec Pix

Source : https://pix.fr/enseignement-scolaire/

- Chaque élève dispose d'un profil Pix, qui lui est personnel et gratuit. Il pourra le conserver et le faire évoluer tout au long de sa vie, des études supérieures jusque dans le monde du travail.
- Accompagné par l'enseignant, l'élève évalue et améliore son niveau de maîtrise du numérique, en classe ou à distance, au travers de parcours de test Pix proposés par l'enseignant ou grâce aux 16 compétences à tester en accès libre, disponible à partir de son profil Pix.
- Tout au long de l'année, il construit son profil Pix à partir duquel lui sera généré le test de certification qu'il passera au sein de son établissement. Il valide alors un score global sur 640 pix* et un score pour chaque compétence.

* À terme 1024 pix et 8 niveaux seront disponibles.

pix dans les manuels MYRIADE

Pix, c'est 16 compétences numériques réparties dans 5 domaines.

Durant le cycle 4, chaque élève doit pouvoir travailler ces compétences et progresser avec l'aide de ses professeurs pour passer la certification Pix en fin de cycle. Les exercices étiquetés Pix du manuel permettent de travailler la ou les compétences numériques citées.

La Certification pix te servira par la suite dans tes études ou tes recherches d'emploi.

Ces exercices ont été écrits par les auteurs Myriade et n'ont aucun lien avec les exercices proposés par la platefome Pix.

Exemple :

Cet exercice permet de travailler la compétence numérique 3.2 car l'élève va devoir réaliser une vidéo et/ou mettre en forme un document multimédia.

> **107 Je fais ma story**
> pix 3.2
> Réaliser une courte vidéo ou une présentation qui montre comment interviennent les nombres relatifs (et en particulier les nombres négatifs) dans la vie de tous les jours.

Les compétences numériques évaluées par pix

1. Informations et données
- 1.1. Mener une recherche et une veille d'information
- 1.2. Gérer des données
- 1.3. Traiter des données

2. Communication et collaboration
- 2.1. Interagir
- 2.2. Partager et publier
- 2.3. Collaborer
- 2.4. S'insérer dans le monde numérique

3. Création de contenu
- 3.1. Développer des documents textuels
- 3.2. Développer des documents multimédia
- 3.3. Adapter les documents à leur finalité
- 3.4. Programmer

4. Protection et sécurité
- 4.1. Sécuriser l'environnement numérique
- 4.2. Protéger les données personnelles et la vie privée
- 4.3. Protéger la santé, le bien-être et l'environnement

5. Environnement numérique
- 5.1. Résoudre des problèmes techniques
- 5.2. Construire un environnement numérique

MIXTE
Papier issu de sources responsables
FSC® C022030
www.fsc.org

Bordas est un éditeur qui s'engage pour la préservation de l'environnement et utilise du papier issu de forêts gérées de manière responsable et d'autres sources contrôlées.

Ce livre a été imprimé en France en mars 2021 par Pollina, imprimeur certifié IMPRIM'VERT®

N° de projet : 10266561 • Dépôt légal : mars 2021

Les vidéos du site compagnon **college.editions-bordas.fr**

CHAPITRE 1
Arithmétique

Objectif 1	Calculer avec des puissances de 10
Objectif 2	Déterminer les diviseurs d'un nombre
Objectif 3	Rendre une fraction irréductible
Problème DUDU	Le nouveau jeu de Julien

CHAPITRE 2
Expressions littérales

Objectif 1	Résoudre un problème à l'aide du calcul littéral
Objectif 2	Développer en appliquant la double distributivité
Objectif 3	Démontrer une propriété à l'aide du calcul littéral
Problème DUDU	Arnaud est-il un boss en calcul mental ?

CHAPITRE 3
Equations

Objectif 1	Résoudre une équation (1)
Objectif 2	Résoudre une équation-produit
La preuve par Du²	Égalité des produits en croix
Problème DUDU	Les DUDU et le prix impossible

CHAPITRE 4
Notion de fonction

Objectif 1	Utiliser une fonction pour résoudre un problème
Objectif 2	Calculer l'image d'un nombre par une fonction
Objectif 3	Lire graphiquement une image et un antécédent
Problème DUDU	Les DUDU et l'abri à buches

CHAPITRE 5
Fonctions linéaires et fonctions affines

Objectif 1	Déterminer graphiquement une fonction linéaire
Objectif 2	Représenter graphiquement une fonction affine
Objectif 3	Déterminer une fonction affine par deux nombres et leurs images
Problème DUDU	Les DUDU et la promo d' ABRICOT DEPOT

CHAPITRE 6
Proportionnalité

Objectif 1	Calculer une quatrième proportionnelle
Objectif 2	Effectuer des calculs de pourcentages
Objectif 3	Effectuer des calculs de vitesse
La preuve par Du²	Augmenter ou diminuer une quantité d'un pourcentage
Problème DUDU	Les DUDU font des cocktails

CHAPITRE 7
Statistiques et probabilités

Objectif 1	Calculer une moyenne, une médiane et une étendue (1)
Objectif 2	Calculer une moyenne, une médiane et une étendue (2)
Objectif 3	Calculer une probabilité
Problème DUDU	Les DUDU se disputent la télé

CHAPITRE 8
Triangles semblables – Théorème de Thalès

Objectif 1	– Appliquer le théorème de Thalès (1) – Appliquer le théorème de Thalès (2)
Objectif 2	– Démontrer que deux droites ne sont pas parallèles – Appliquer la réciproque du théorème de Thalès (2) – Démontrer que deux droites ne sont pas parallèles (2)
Objectif 3	Utiliser des triangles semblables (3)
La preuve par Du²	Propriétés des triangles semblables
Problème DUDU	Les DUDU se baladent

CHAPITRE 9
Transformations du plan : Rotation et Homothétie

Objectif 1	Construire l'image d'une figure par une translation
Objectif 2	Construire l'image d'une figure par une rotation
Objectif 3	Construire l'image d'une figure par une homothétie
Problème DUDU	Les DUDU posent des étagères

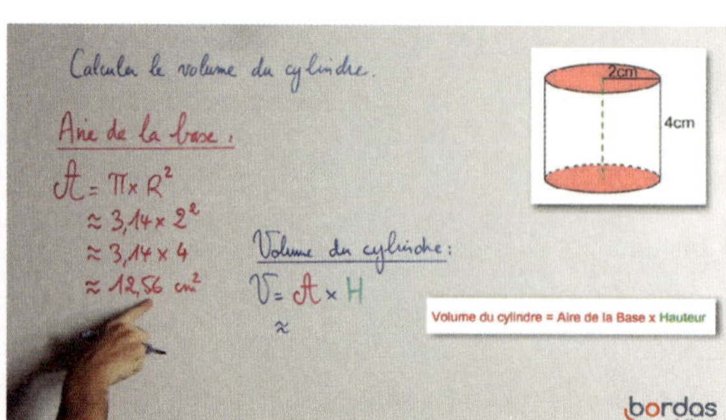